Elizabeth Castro, Bruce Hyslop

HTML5 und CSS3

Der Meisterkurs

Aus dem Englischen von Jürgen Dubau

Markt+Technik

Bibliografische Information der Deutschen Nationalbibliothek
Die Deutsche Nationalbibliothek verzeichnet diese Publikation in der Deutschen Nationalbibliografie; detaillierte bibliografische Daten sind im Internet über <http://dnb.dnb.de> abrufbar.

10 9 8 7 6 5 4 3 2 1

14 13 12

ISBN 978-3-8272-4762-9

Covergestaltung: Marco Lindenbeck, webwo GmbH, mlindenbeck@webwo.de
Lektorat: Dorothea Krist, dkrist@pearson.de
Übersetzung: Jürgen Dubau, Freiburg/Elbe
Fachlektorat: Dr. Claudia Nölker, Bielefeld
Korrektorat: Petra Kienle
Herstellung: Monika Weiher, mweiher@pearson.de
Satz: text&form GbR, Fürstenfeldbruck
Druck und Verarbeitung: GRAFOS S. A., Barcelona
Printed in Spain

Für die Familie

Danksagungen

Die Danksagungen stellen einen beim Schreiben eines Buchs mit vor die größte Herausforderung, weil man sicher sein will, dass alle, die es verdienen, entsprechend ihrer Mitarbeit gewürdigt werden. Dieses Buch konnte nur entstehen, weil so viele Menschen mich unterstützt, unermüdlich daran mitgearbeitet und ihre gute Laune nicht verloren haben. Ich hoffe, allen gerecht zu werden, und ebenso erhoffe ich mir von Ihnen, dass Sie mir meinen Wunsch nachsehen, mich umfassend bedanken zu wollen.

Mein aufrichtiger Dank richtet sich an die folgenden Personen:

Nancy Aldrich-Ruenzel und Nancy Davis, die mir diese Auflage eines Buchs anvertraut haben, das für Peachpit schon viele Jahre lang sehr wichtig gewesen ist.

Cliff Colby, der mich weiterempfahl und alles ermöglichte, für sein Vertrauen in mich und seine Geduld, Flexibilität und Anleitung – und für unsere zahllosen Gespräche und dass wir so viel gelacht haben.

Robyn Thomas für ihre riesengroßen Mühen, uns alle in der Spur zu halten. Ihr ermutigender Zuspruch sorgte regelmäßig für neuen Schwung.

Michael Bester für all das genau richtige Feedback und die Vorschläge. Er fing technische Fehler ab, deckte Auslassungen auf und half uns dabei, den Lesern die richtige Botschaft zu vermitteln. Es war wirklich eine Freude, zusammen mit ihm wieder an einem Buch zu arbeiten.

Chris Casciano im selben Zusammenhang für all seine technischen Expertisen, Vorschläge und das unverzichtbare Feedback. Ich weiß es wirklich sehr zu schätzen, dass du in den letzten Wochen vor Schluss zu uns gestoßen bist – wirklich ein Glück, dich dabei zu haben.

Cory Borman, weil er die Beaufsichtigung der Produktion dieses Buchs so exzellent überwachte und notfalls auch Diagramme erstellte – danke für deine wunderbar humorvolle Art.

Scout Festa für die sorgfältige Grammatik- und Rechtschreibkorrektur.

David Van Ness für seine große Sorgfalt beim Layout der Seiten und den Blick für die Details.

Nolan Hester für sein Expertenwissen, das er bei der Prüfung der layouteten Seiten einbrachte.

Valerie Haynes Perry für die Erstellung eines sinnvollen Indexes.

Die zahlreichen Kollegen und Kolleginnen aus den Abteilungen Marketing, Sales und anderen bei Peachpit, weil sie hinter den Kulissen für den Erfolg des Buchs sorgten.

Meine Familie und Freunde, die sich stetig nach meinem Vorankommen erkundigten und immer wieder mal für willkommene Pausen vom Schreiben sorgten. Insbesondere gilt mein Dank all jenen Freunden, die es wahrscheinlich leid waren, von mir immer wieder zu hören zu bekommen, ich hätte keine Zeit für ein Treffen, mich aber trotzdem immer wieder eingeladen haben.

Robert Reinhard wie stets, der mich überhaupt zum Schreiben von Büchern gebracht hat, und für seine Anleitung, dieses Buch in Angriff zu nehmen.

Die Web-Community für all ihre Innovationen und dafür, dass ihr euer Wissen weitergebt, damit viele davon profitieren (viel von euch habe ich im Verlauf dieses Buchs zitiert).

An Sie als Leser und als Leserin für Ihr Interesse, HTML und CSS zu erlernen und sich für dieses Buch zu entscheiden: Ich weiß, dass es auch noch viele andere gibt, die Sie hätten wählen können. Ich hoffe, dass Ihnen dieses Buch eine hilfreiche Unterstützung ist.

Vielen, vielen Dank auch an die folgenden Autoren, die an diesem Buch mitgearbeitet haben. Unsere Leser halten durch euren Einsatz nun ein wertvolleres Buch in Händen, und dafür bin ich dankbar.

Ich möchte mich bei Erik Vorhes entschuldigen, dass wir es nicht geschafft haben, die Anhänge A und B ins Buch aufzunehmen. Die Leser, die auf der Website für dieses Buch darauf stoßen, werden deine Arbeit sicher zu schätzen wissen.

In alphabetischer Reihenfolge handelt es sich bei den Mitautoren um folgende:

Scott Boms (Kapitel 14)

Scott ist ein mit Preisen ausgezeichneter Designer, Autor und Redner, der in seinen über 15 Jahren der Arbeit im Web mit solchen Organisationen wie PayPal, HSBC, Hyundai, DHL, XM Radio, dem Magazin *Toronto Life* und Masterfile zusammengearbeitet hat. Wenn er nicht gerade am Computer sitzt, macht er vielleicht Polaroids, spielt Schlagzeug bei seiner Band George oder genießt die Zeit mit seiner wunderbaren Frau und den beiden Kindern. Auf Twitter finden Sie ihn unter @scottboms.

Ian Devlin (Kapitel 17)

Ian kommt aus Irland und ist Webentwickler, Blogger und Autor. Ihm macht Programmieren und das Schreiben über neu entstehende Webtechnologien wie HTML5 und CSS3 sehr viel Spaß. Neben der Frontend-Entwicklung erstellt Ian auch Lösungen mit Backend-Technologien wie .NET und PHP. Kürzlich hat er das Buch *HTML5 Multimedia: Develop and Design* (Peachpit Press, 2011) veröffentlicht.

Seth Lemoine (Kapitel 5 und 16)

Seth ist Softwareentwickler und Lehrer aus Atlanta. Seit über zehn Jahren arbeitet er an herausfordernden Projekten und reizt unter Einsatz solcher Technologien wie HTML, JavaScript und CSS bis zu Objective-C und Ruby aus, was möglich ist. Egal, ob es darum geht, innovative Wege zu finden, seinen Schülern HTML5 und CSS beizubringen oder in seinem Outdoor-Wok ein Rezept aus Sezuchan zu perfektionieren: Kreativität ist seine Leidenschaft.

Erik Vorhes (Anhang A und B, erhältlich auf der Website des Buchs)

Erik Vorhes erstellt Sachen im Web mit VSA Partners und ist Redaktionsleiter bei Typedia (*http://typedia.com/*). Er lebt und arbeitet in Chicago.

Brian Warren (Kapitel 13)

Brian ist Senior Designer bei Happy Cog in Philadelphia. Wenn er nicht gerade schreibt oder designt, verbringt er seine Zeit damit, mit seiner wunderbaren Familie zu spielen, Musik zu hören und Bier zu brauen. Er bloggt zeitweise unter *http://begoodnotbad.com*.

Und schließlich möchte ich gerne mein ganz besonderes Dankeschön an Elizabeth Castro aussprechen. Sie hat vor über 15 Jahren die erste Ausgabe dieses Buchs verfasst und mit jeder folgenden Neuauflage ihr Publikum weiter versorgt und auf dem Laufenden gehalten. Ihre Art zu lehren hat in diesen Jahren bei buchstäblich Hunderttausenden von Lesern und Leserinnen für guten Nachhall gesorgt. Ich bin außerordentlich dankbar für die Gelegenheit, an diesem Buch mitarbeiten zu dürfen, und habe sehr aufmerksam versucht, den Vorgaben gerecht zu werden, als ich an dieser Auflage arbeitete.

—Bruce

Übersicht

Inhaltsverzeichnis

Einführung

Egal, ob Sie gerade damit beginnen, sich in die Welt der Website-Erstellung vorzuwagen, oder schon mal Webseiten erstellt haben und nun Ihr Wissen auffrischen und aktualisieren wollen – Sie treffen die Branche zu einem besonders spannenden Zeitpunkt an.

Die Art, wie wir Seiten programmieren und gestalten, die Browser, in denen wir diese Seiten betrachten, und die Geräte, auf denen die Browser laufen, haben in den vergangenen Jahren wesentliche Fortschritte erlebt. Wir waren einmal darauf beschränkt, von unseren Desktop-Computern oder Laptops aus zu surfen, aber nun können wir über eine Vielzahl von Geräten auf das Web zugreifen: Smartphones, Tablet-PCs und ja, auch Laptops und Desktops und noch mehr.

Und genauso sollte es auch sein, weil das Versprechen des Internets immer die Auflösung von Grenzen war: die Möglichkeit, Informationen weiterzugeben und darauf zuzugreifen – egal, ob man in einer Metropole lebt oder in einer ländlichen Gemeinde oder irgendwo dazwischen, und zwar von allen internetfähigen Geräten. Kurz gesagt liegt das Versprechen des Internets in seiner Universalität. Und die Reichweite des Internets erstreckt sich immer weiter, während die Technologie immer neue Wege findet, um Communitys zu finden, die bisher ausgeschlossen waren.

Außerdem trägt zur Großartigkeit des Internets bei, dass nun jeder eine Website erstellen und veröffentlichen kann. Dieses Buch zeigt Ihnen, wie das geht. Es ist ideal für alle Anfänger, die nichts über HTML oder CSS wissen und gerne mit dem Erstellen von Webseiten beginnen wollen. Sie finden hier klare, einfach zu befolgende Anweisungen, die Sie schrittweise durch den Prozess führen, wie man Webseiten erstellt. Außerdem ist dieses Buch auch als praktisches Nachschlagewerk gedacht, das man stets in Reichweite haben sollte. Sie gehen anhand von Inhalts- oder Schlagwortverzeichnis genau zu jenen Themen, über die Sie mehr Informationen brauchen.

HTML und CSS im Überblick

Der Erfolg des Internets beruht im Kern auf einer einfachen, textbasierten Auszeichnungssprache, die einfach zu lernen ist und von jedem Gerät mit einem simplen Browser gelesen werden kann: HTML. Jede Webseite erfordert zumindest ein wenig HTML, ohne das sie keine Webseite wäre.

Sie erfahren im Verlauf dieses Buchs ausführlicher, dass Sie mit HTML die Bedeutung Ihrer Inhalte definieren und dann anhand von CSS, wie die Webseiten mit Ihren Inhalten dann aussehen. Sowohl HTML-Seiten als auch CSS-Dateien (die sogenannten Formatvorlagen oder *Stylesheets*) sind Textdateien und somit einfach zu bearbeiten. Auf die ersten Codebeispiele in HTML und CSS treffen Sie im Abschnitt „Wie dieses Buch aufgebaut ist" am Ende dieser Einführung.

Sie steigen gleich in Kapitel 1 ein und lernen den Aufbau einer einfachen HTML-Seite kennen, und in Kapitel 7 erfahren Sie dann mehr darüber, wie Sie Ihre Seiten mit CSS formatieren. Im Abschnitt „Was Sie mit diesem Buch lernen" finden Sie eine Übersicht aller Kapitel und die Zusammenfassungen der besprochenen Themen.

Was ist HTML5?

Um HTML5 besser zu verstehen, ist es hilfreich, sich etwas mit den Ursprüngen von HTML auszukennen. HTML begann Anfang der 1990er Jahre als kurzes Dokument, in dem eine Handvoll Elemente vorgestellt wurden, aus denen man Webseiten erstellen konnte. Viele dieser Elemente dienten der Beschreibung von Inhalten auf Webseiten, z.B. Überschriften, Absätze und Listen. Die Versionsnummer von HTML ist gestiegen, da sich die Sprache durch die Einführung anderer Elemente und Regelanpassungen weiterentwickelt hat. Die aktuelle Version ist HTML5.

HTML5 stellt die natürliche Evolution von früheren Versionen von HTML dar und ist dazu gedacht, die Notwendigkeiten und Anforderungen an aktuelle und zukünftige Websites zu erfüllen. HTML5 hat die große Mehrheit seiner Features von den Vorgängern geerbt, und das bedeutet, wenn Sie schon HTML geschrieben haben, bevor HTML5 auf der Bildfläche erschien, kennen Sie bereits vieles von HTML5. Das bedeutet auch, dass viel von HTML5 sowohl in alten als auch in neuen Browsern funktioniert. Die sogenannte Abwärtskompatibilität ist ein zentrales Designprinzip von HTML5 (siehe *www.w3.org/TR/html-design-principles/*).

HTML5 bringt außerdem eine Schar neuer Features mit sich. Eine Reihe davon sind recht selbst erklärend wie die zusätzlichen Elemente (`article`, `section`, `figure` und viele andere mehr), mit denen Inhalte beschrieben werden. Andere sind recht komplex und helfen dabei, leistungsfähige Webanwendungen zu erstellen. Sie müssen in der Erstellung von Webseiten erst einmal sattelfest sein, bevor Sie sich zu den anspruchsvolleren Features aufmachen können, die durch HTML5 möglich sind. Durch HTML5 ist auch eine native Audio- und Videowiedergabe in Ihren Webseiten möglich – ebenfalls Thema dieses Buchs.

Was ist CSS3?

Die erste Version von CSS erschien erst, nachdem HTML schon ein paar Jahre im Einsatz war, und wurde 1996 offiziell verabschiedet. Wie HTML5 und seine Beziehungen zu den früheren Versionen von HTML auch ist CSS3 eine natürliche Erweiterung der vorangegangenen CSS-Versionen.

CSS3 ist leistungsfähiger als die früheren Versionen von CSS und führt verschiedene visuelle Effekte ein, z.B. Schlagschatten, Textschatten, abgerundete Ecken und Farbverläufe (in „Was Sie mit diesem Buch lernen" finden Sie weitere Inhalte).

Webstandards und Webspezifikationen

Sie fragen sich vielleicht, wer HTML und CSS überhaupt erfunden hat und wer das alles weiterentwickelt. Das World Wide Web Consortium (W3C) wird geleitet von Tim Berners-Lee, dem Erfinder des Internets und

HTML. Diese Organisation ist verantwortlich für die Anleitung und Entwicklung von Webstandards. Deren *Spezifikationen* sind Dokumente, die die Parameter der Sprachen wie HTML und CSS definieren. Anders ausgedrückt werden die Regeln durch die Spezifikationen standardisiert. Verfolgen Sie die Aktivitäten des W3C unter *www.w3.org* **A**.

Aus verschiedenen Gründen wurde eine andere Organisation (die Web Hypertext Application Technology Working Group, WHATWG *www.whatwg.org*) mit der Entwicklung der HTML5-Spezifikation betraut. Das W3C integriert die Arbeit der WHATWG in die offizielle Version der weiterentwickelten Spezifikation.

Mit den vorhandenen Standards können wir unsere Seiten aufgrund der vereinbarten Regeln erstellen und Browser wie Chrome, Firefox, Internet Explorer (IE), Opera und Safari werden so konstruiert, dass sie vor dem Hintergrund dieser Regeln unsere Seiten darstellen. (Im Großen und Ganzen implementieren Browser die Standards gut. Ältere Versionen des IE, vor allem der IE6, haben aber einige Probleme.)

Die Spezifikation durchläuft verschiedene Entwicklungsstufen, bevor sie als final erachtet wird und dann die Bezeichnung „Empfehlung" (*Recommendation*) erhält (*www.w3.org/2005/10/Process-20051014/tr*).

Bestimmte Bereiche der Spezifikation für HTML5 und CSS3 sind noch in der abschließenden Bearbeitung, aber Sie können trotzdem schon damit arbeiten. Es braucht seine Zeit (teilweise viele Jahre), bis der Standardisierungsprozess durchlaufen ist. Bei den Browsern werden bestimmte Features der Spezifikation bereits implementiert, lange bevor sie zur Empfehlung geworden ist, weil das den Entwicklungsprozess der Spezifikation selbst prägt. Also sind in den Browsern bereits eine Vielfalt von Features von HTML5 und CSS3 enthalten, auch wenn es sich dabei noch nicht um Empfehlungen handelt.

Insgesamt sind die in diesem Buch vorgestellten Features in der jeweiligen Spezifikation fest verwurzelt und somit ist das Risiko relativ gering, dass sie vor der Umwandlung in eine Empfehlung noch verändert werden.

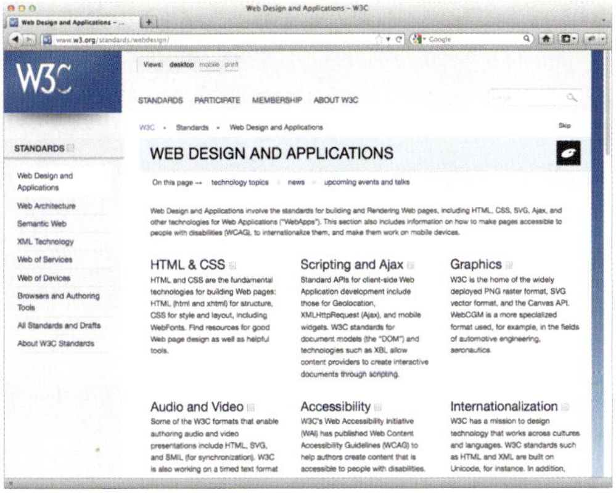

A *Die Site des W3C ist die primäre Quelle der Branche für die Spezifikation der Webstandards.*

Progressive Verbesserung als vorbildliche Praxis

Zu Beginn dieser Einführung sprach ich von der Universalität des Internets, also dem Konzept, dass Informationen im Internet für alle zugänglich sein sollen. Mit *Progressive Enhancement* (wörtlich: fortschreitende Verbesserung) erstellen Sie vor dem Hintergrund dieser Universalität Ihre Sites. Dabei handelt es sich nicht um eine Sprache, sondern um einen Ansatz beim Erstellen von Websites, den Steve Champeon 2003 geschaffen hat (*http://en.wikipedia.org/wiki/Progressive_enhancement*).

Dem liegt eine einfache, aber sehr wirksame Idee zugrunde: Starten Sie Ihre Site mit HTML-Inhalten und einem Verhalten, die für alle Besucher zugänglich sind **A**. Bei der *gleichen* Seite ergänzen Sie Ihr Design mit CSS **B** und fügen mit JavaScript zusätzliches Verhalten ein, das üblicherweise von externen Dateien geladen wird (Sie lernen in diesem Buch, wie das geschieht).

Als Resultat bekommen Geräte und Browser, die auf die einfachen Seiten zugreifen können, die vereinfachte Standardnutzung, während leistungsfähigere Geräte und Browser die verbesserte Version zu sehen bekommen. Die Nutzererfahrung Ihrer Site muss nicht für jeden gleich sein, solange Ihre Inhalte zugänglich sind. Im Wesentlichen sorgt das der progressiven Verbesserung zugrunde liegende Konzept dafür, dass alle gewinnen.

A *Eine einfache HTML-Seite ohne spezielles CSS. Das sieht vielleicht nicht sonderlich toll aus, aber die Information ist zugänglich – und genau das zählt. Sogar Browser aus den Anfangstagen des Internets vor über 20 Jahren können diese Seite darstellen – und auch die ältesten Handys mit Browsern. Außerdem kann man mit Screenreadern (Bildschirmlesegeräten, die Webseiten laut vorlesen) auf solchen Seiten gut navigieren.*

B *Die gleiche Seite in einem Browser aufgerufen, der CSS unterstützt. Man sieht die gleiche Information, sie wird aber anders präsentiert. Wer diese Seite mit leistungsfähigen Geräten und Browsern aufruft, erhält eine verbesserte Nutzererfahrung.*

In diesem Buch erfahren Sie, wie man progressiv verbesserte Sites erstellt, auch wenn das hier nicht ständig wiederholt wird. Es ist das natürliche Resultat bewährter Praktiken, die in diesem ganzen Buch weitergegeben werden.

Doch in den Kapiteln 12 und 14 wird es speziell um die progressive Verbesserung gehen. Werfen Sie einen Blick auf diese Seiten, um zu erfahren, wie Sie mit diesen Prinzipien eine Site erstellen, deren Layout sich an die Bildschirmgröße eines Geräts oder an die Fähigkeiten eines Browsers anpasst, oder wie ältere Browser dadurch vereinfachte Designs darstellen, während moderne Browser alle CSS3-Effekte nutzen.

Die progressive Verbesserung ist als „Best Practice“ zentral wichtig bei der Erstellung von Sites, die allgemein zugänglich sein sollen.

Ist dieses Buch für Sie?

In diesem Buch werden keine Vorkenntnisse bei der Erstellung von Websites vorausgesetzt. Also ist es in diesem Sinne für absolute Anfänger. Sie lernen sowohl HTML als auch CSS von Grund auf. Im Verlauf dessen erfahren Sie auch von Features, die in HTML5 und CSS3 neu sind, wobei wir jene speziell in den Vordergrund rücken, mit denen Designer und Entwickler in ihrer Alltagsarbeit verstärkt zu tun haben.

Doch auch wenn Sie mit HTML und CSS vertraut sind, werden Sie von diesem Buch profitieren, vor allem wenn Sie sich über die aktuellen Entwicklungen bei HTML5, CSS3 und die empfohlenen Vorgehensweisen informieren wollen.

Was Sie mit diesem Buch lernen

Im Vergleich zur vorigen Auflage haben wir ungefähr 130 neue Seiten aufgenommen, damit Sie so viel Material wie möglich bekommen (die allererste Ausgabe dieses Buchs erschien 1996 und hatte im Original gerade mal 176 Seiten *insgesamt!*). Wir haben außerdem fast jede Seite der letzten Ausgabe aktualisiert oder auch komplett neu geschrieben. Kurzum: Mit dieser Auflage halten Sie eine runderneuerte Überarbeitung in Händen.

Die Kapitel sind wie folgt strukturiert:

- Die Kapitel 1 bis 6 und 15 bis 18 erläutern die Prinzipien der Erstellung von HTML-Seiten sowie die Bandbreite der verfügbaren HTML-Elemente und zeigen, wann und wie sie jeweils eingesetzt werden.
- In den Kapiteln 7 bis 14 steigen wir in CSS ein und zeigen, wie Sie die ersten Formatierungsanweisungen nutzen, um mit CSS3 visuelle Effekte auszubauen.
- Kapitel 19 zeigt Ihnen, wie Sie vorhandenes JavaScript in Ihre Seiten einfügen.
- In Kapitel 20 erfahren Sie, wie Sie die Seiten vor einer Veröffentlichung im Internet testen und debuggen.
- Kapitel 21 erläutert, wie Sie sich einen Domänennamen sichern und Ihre Site im Internet veröffentlichen.

Als Erweiterung und darauf aufbauend werden bestimmte Themen vertieft:

- Das Erstellen, Speichern und Bearbeiten von HTML- und CSS-Dateien
- Das Schreiben von semantischem HTML und dessen Bedeutung
- Wie man die Inhalte der Seite (also das HTML) von der Darstellung (also dem CSS) trennt –ein zentraler Aspekt der progressiven Verbesserung
- Die Strukturierung der Inhalte in aussagekräftiger Weise durch lang bewährte HTML-Elemente und solche, die in HTML5 neu erscheinen
- Eine verbesserte Zugänglichkeit der Site mit ARIA Landmark Roles und anderen guten Programmierpraktiken
- Einbau von Bildern in Internetseiten und deren Optimierung fürs Web
- Die Verknüpfung von Webseiten miteinander oder die Verlinkung eines Bereichs mit einem anderen
- Die Formatierung von Text (Größe, Farbe, fett und kursiv usw.), Einfügen von Hintergrundfarben und -bildern sowie die Implementierung eines flüssigen, mehrspaltigen Layouts, das kleiner wird oder sich ausdehnt, um sich verschiedenen Bildschirmgrößen anzupassen
- Die Nutzung neuer Selektoren in CSS3, mit denen Formatierungen in größerer Vielfalt eingesetzt werden können als bisher möglich

- Die verschiedenen Optionen für Besucher mit mobilen Geräten
- Die Erstellung nur einer Site für alle User, egal ob sie die Seite mit Smartphone, Tablet, Laptop, Desktop-Computer oder einem anderen internetfähigen Gerät aufrufen, basierend auf vielen Prinzipien des „Responsive Web Design" (Kapitel 12), die bestimmte CSS3-Medienabfragen nutzen
- Eigene Webfonts mit `@font-face` einfügen
- Der Einsatz von CSS3-Effekten wie Opazität, Alphatransparenz des Hintergrunds, Farbverläufe, abgerundete Ecken, Schlagschatten, Schatten innerhalb von Elementen, Textschatten und mehrere Hintergrundbilder
- Die Erstellung von Formularen, um Eingaben der Besucher aufzunehmen, z.B. anhand neuer Formulareingabetypen in HTML5
- Der Einbau von Medien auf Ihren Seiten mit den HTML5-Elementen `audio` und `video`

Und vieles mehr.

Diese Themen werden ergänzt durch viele Dutzend Codebeispiele, mit denen Sie basierend auf empfohlenen Vorgehensweisen der Branche die Implementierung dieser Features erlernen.

Was Sie in diesem Buch nicht lernen

Leider gibt es so viel über HTML und CSS zu berichten, dass wir ein paar Themen weglassen müssen, obwohl wir im Vergleich zur Vorauflage viel mehr Seiten haben.

Mit einigen wenigen Ausnahmen haben wir uns daran gehalten, Themen wegzulassen, die seltener im Einsatz sind, die sich immer noch in Überarbeitung befinden, denen es an allgemeiner Browser-Unterstützung mangelt, für die Kenntnisse in JavaScript erforderlich sind oder bei denen es sich um sehr anspruchsvolle Aspekte handelt.

Zu den nicht behandelten Themen gehören:

- Die HTML5-Elemente `details`, `summary`, `menu`, `command` und `keygen`
- Das HTML5-Element `canvas`, mit dem Sie anhand von JavaScript Grafiken zeichnen und sogar Spiele erstellen
- Die HTML5-APIs und andere fortgeschrittene Features, für die man sich mit JavaScript auskennen muss oder die auf andere Weise nicht direkt mit den neuen semantischen HTML5-Elementen zusammenhängen
- CSS-Sprites. Bei dieser Technik werden mehrere Bilder zu einem einzigen zusammengefasst, was sehr hilfreich ist, um die Zahl der Dateien möglichst gering zu halten, die Ihre Seiten laden müssen. Weitere Informationen darüber finden Sie unter *www.bruceontheloose.com/sprites/*.
- CSS-Bildersetzung (*CSS Image Replacement*). Diese Technik tritt oft in Zusammenhang mit CSS-Sprites auf. Weitere Informationen darüber finden Sie unter *www.bruceontheloose.com/ir/*.
- Transformationen, Animationen und Übergänge mit CSS3
- Die neuen Layoutmodule von CSS3

Wie dieses Buch aufgebaut ist

Beinahe jeder Abschnitt des Buchs enthält Codebeispiele, die den praktischen Einsatz demonstrieren (A und B). Üblicherweise sind sie mit Screenshots gekoppelt, aus denen ersichtlich wird, wie dieser Code (als Webseite in einem Browser aufgerufen) aussieht C.

Die meisten Screenshots wurden mit der jeweils aktuellen Firefox-Version gemacht. Doch das beinhaltet keine implizite Bevorzugung von Firefox. Die Codebeispiele sehen auch in den aktuellen Versionen von Google Chrome, dem Internet Explorer, Opera oder Safari sehr ähnlich aus. Wie Sie in Kapitel 20 weiter erfahren, sollten Sie Ihre Seiten in möglichst vielen Browsern testen, bevor Sie sie ins Netz stellen, weil Sie nicht wissen können, mit welchen Browsern Ihr Publikum die Seiten aufrufen wird.

Der Code und die Screenshots werden durch Beschreibungen der jeweiligen HTML-Elemente bzw. CSS-Eigenschaften ergänzt, damit die Beispiele einen Kontext erhalten und Sie diese auch besser verstehen.

In vielen Fällen werden Sie merken, dass die Beschreibung und die Codebeispiele reichen, damit Sie die HTML- und CSS-Features gleich einsetzen können. Aber falls Sie explizite Anleitung benötigen, bekommen Sie stets schrittweise Instruktionen.

Schließlich enthalten die meisten Abschnitte Tipps, die zusätzliche Nutzungsinformationen, bewährte Vorgehensweisen, Verweise auf thematisch zusammenhängende andere Buchabschnitte, Links auf relevante Quellen usw. enthalten.

A *Sie finden auf vielen Seiten Ausschnitte aus dem HTML-Code, in dem die einschlägigen Abschnitte durch Fettdruck hervorgehoben sind. Eine Ellipse (...) steht für weiteren Code oder Inhalt, der aus Platzgründen weggelassen wurde. Oft wird der ausgelassene Teil in einer anderen Codeabbildung gezeigt.*

```
...
<body>
<header role="banner">
   ...
      <nav role="navigation">
         <ul class="nav">
         <li><a href="/" class="current">home</a></li>
         <li><a href="/about/">über</a></li>
         <li><a href="/resources/">quellen</a></li>
         <li><a href="/archives/">archiv</a></li>
         </ul>
      </nav>
   ...
</header>
...
</body>
</html>
```

B *Wenn CSS-Code für das Beispiel relevant ist, kommt er in einen eigenen Kasten und die entsprechenden Abschnitte werden hervorgehoben.*

```
/* Site-Navigation */
.nav li {
   float: left;
   font-size: .75em; /* macht die
   ➝ Gliederungspunkte kleiner */
}
.nav li a {
   font-size: 1.5em;
}
.nav li:first-child {
   list-style: none;
   padding-left: 0;
}
```

C *Screenshots mit einem oder mehreren Browsern demonstrieren, wie sich der Code auf die Seite auswirkt.*

Die Konventionen in diesem Buch

Dieses Buch arbeitet mit den folgenden Konventionen:

- Das Wort *HTML* ist allumfassend und repräsentiert die Sprache allgemein. *HTML5* wird dann benutzt, wenn es um diese spezielle Version von HTML geht, z.B. wenn ein Feature erläutert wird, das in HTML5 neu erscheint und in den vorigen HTML-Versionen nicht vorkam. Ebenso wird mit den Begriffen *CSS* (allgemein) und *CSS3* (speziell für CSS3) vorgegangen.
- Text oder Code, der als Platzhalter für einen Wert steht, den Sie selbst erstellen, erscheint in kursiver Schrift. Die meisten Platzhalter kommen in den schrittweisen Instruktionen vor. Hier ein Beispiel: „Oder tippen Sie `#`*`rrggbb`*, wobei *`rrggbb`* für die hexadezimale Repräsentation der Farbe steht."
- Code, den Sie wirklich selbst eintippen sollen oder der HTML- bzw. CSS-Code repräsentiert, erscheint in `dieser Schrift`.
- Ein Pfeil (®) in einer Codeabbildung steht für eine Fortführung der vorigen Zeile: Die Zeile wurde umbrochen, damit sie in die Buchspalte passt **B**. Der Pfeil gehört nicht zum Code selbst und braucht von Ihnen also nicht eingetippt zu werden. Sie tippen die Zeile demnach fortlaufend ein, als käme darin kein Zeilenumbruch vor.
- Wenn ein Wort zum ersten Mal erscheint und definiert wird, erscheint es in kursiver Schrift.
- Der *Internet Explorer* wird oft mit *IE* abgekürzt. Somit steht IE9 also für Internet Explorer 9.
- Sobald nach der Versionsnummer eines Browsers ein Pluszeichen (+) steht, heißt das: die aufgeführte Version plus die nachfolgenden Versionen. Also bezieht sich Firefox 8+ auf Firefox 8.0 und alle Versionen danach.

Die Website zum Buch

Auf *www.bruceontheloose.com/htmlcss/*, der Website des englischen Buchs, finden Sie das Inhaltsverzeichnis, die gesammelten Codebeispiele in Englisch, die in diesem Buch vorgestellt werden (außerdem noch einige extra, die hier nicht hineingepasst haben), Links auf im Buch zitierte Quellen und noch einige mehr, Informationen über Referenzen, die beim Schreiben verwendet wurden, eine Liste der Errata usw. Die Website der deutschen Ausgabe ist *www.mut.de/24762*.

Auf diesen Sites finden Sie auch Appendix A und B auf Englisch bzw. auf der deutschen Site die Anhänge A und B, die nicht mehr ins Buch gepasst haben. Dort können Sie schnell HTML-Elemente und -Attribute sowie CSS-Eigenschaften und -Werte nachschlagen (außerdem stehen dort noch einige Informationen, die im Buch nicht besprochen werden).

Sie finden die englischen Codebeispiele direkt unter *www.bruceontheloose.com/htmlcss/examples/*. Schauen Sie sich die Beispiele dort direkt an oder laden Sie alle HTML- und CSS-Dateien in einer Zip-Datei auf Ihren Computer herunter. Zur besseren Lesbarkeit wurden die englischen Codebeispiele für die Screenshots dieses Buchs weitgehend übersetzt. Der maßgebliche Code ist aber nur auf der englischen Website dieses Buchs erhältlich.

In einigen Fällen habe ich den Code mit zusätzlichen Kommentaren ergänzt, um mehr über dessen Aufgaben oder Einsatzmöglichkeiten zu erläutern. Im Buch wurden verschiedene Codebeispiele aus Platzgründen gekürzt ausgegeben, aber auf der Website zum Buch finden Sie die vollständigen Versionen. Den Code können Sie nach Bedarf verwenden und auch für eigene Projekte abändern.

Dies sind die URLs für einige wesentliche Buchabschnitte:

- Homepage: *www.bruceontheloose.com/htmlcss/*
- Englische Codebeispiele: *www.bruceontheloose.com/htmlcss/examples/*
- Anhang A – HTML-Referenz: *www.bruceontheloose.com/ref/html/*
- Anhang B – CSS-Eigenschaften und -Werte: *www.bruceontheloose.com/ref/css/*

Ich hoffe, Sie finden diese Site hilfreich.

Auch auf der Website zum Buch von Markt+Technik finden Sie die Codebeispiele und die Anhänge zum kostenlosen Download. Besuchen Sie uns auf *www.mut.de/24762*

1

Die Bestandteile einer Webseite

Während Webseiten immer komplexer werden, bleiben die zugrunde liegenden Strukturen bemerkenswert einfach. Als Erstes sollten Sie wissen, dass man eine Webseite nicht ohne HTML erstellen kann. Wie Sie hier lernen werden, beherbergt das HTML Ihre Inhalte und beschreibt deren Bedeutung. Die Browser wiederum stellen die in HTML gefassten Inhalte für die Anwender dar.

Eine Webseite besteht primär aus drei Komponenten:

- *Textinhalt:* der reine Text, der auf der Seite erscheint, um die Besucher über Ihre Firma, Familienferien, Produkte – oder was sonst der Schwerpunkt Ihrer Seite ist – zu informieren.
- *Verweise auf andere Dateien:* Diese Links laden Objekte wie Bilder oder Audio-, Video- und SVG-Dateien und verknüpfen mit anderen HTML-Seiten oder weiteren relevanten Inhalten und auch Stylesheets (Formatvorlagen, die das Layout der Seite steuern) und JavaScript-Dateien, die die Seite um bestimmte Effekte ergänzen.
- *Markup:* Diese HTML-Elemente (auch *Auszeichnungen* genannt) beschreiben Ihren Textinhalt und lassen die Querverweise funktionieren (das *M* in HTML steht für *Markup*, also Auszeichnung).

Übersicht

Bemerkenswerterweise bestehen alle diese Komponenten einer Webseite ausschließlich aus Text. Diese wesentliche Eigenschaft bedeutet, dass Webseiten in reinem Textformat gespeichert werden und praktisch mit jedem Browser auf jeder beliebigen Plattform (egal ob Desktop, Tablet-PC, Smartphone etc.) betrachtet werden können. Das garantiert die Universalität des Webs. Eine Seite sieht vielleicht etwas anders aus, wenn man sie auf zwei Geräten nebeneinander aufruft und vergleicht, aber das macht nichts. Wichtig ist hier als erster Schritt, dass die Inhalte für alle User zugänglich sind, und HTML leistet das.

Neben den drei Komponenten, aus denen eine Webseite hauptsächlich besteht, enthält sie auch HTML mit Informationen über die Seite selbst. Das Meiste davon werden Ihre User nicht explizit zu Gesicht bekommen, sondern es ist prinzipiell für Browser und Suchmaschinen gedacht. Das können beispielsweise Informationen über die primäre Sprache der Inhalte (Deutsch, Englisch usw.), die Zeichenkodierung (üblicherweise UTF-8) und anderes mehr sein.

In diesem Kapitel gehen wir eine einfache HTML-Seite durch, erläutern empfohlene Vorgehensweisen und erklären alle drei wichtigen Komponenten.

Anmerkung: Wie bereits in der Einführung erwähnt, spreche ich von *HTML*, wenn ich mich auf die Sprache im Allgemeinen beziehe. Wenn ich hingegen bestimmte Merkmale hervorheben will, die es nur bei einer Version der Sprache gibt, verwende ich den jeweiligen Namen. Beispiel: „*HTML5* führt mehrere neue Elemente ein und definiert andere neu bzw. eliminiert sie, die früher in *HTML 4* und *XHTML 1.0* vorkamen.“ Weitere Einzelheiten finden Sie im Abschnitt „Wie dieses Buch aufgebaut ist“ in der Einführung.

A *Eine typische Standarddarstellung der Seite. Zwar wird diese Seite hier in Firefox dargestellt, aber sie sieht in anderen Browsern ziemlich ähnlich aus.*

Eine HTML-Basisseite

Schauen wir uns eine ganz einfache HTML-Seite als Basis für das an, was in diesem Kapitel und im Verlaufe des Buchs noch kommt. Abbildung **A** zeigt, wie ein Desktop-Browser normalerweise den HTML-Code in **B** darstellt. Das soll Ihnen erst einen kleinen Vorgeschmack auf HTML liefern. Sie haben noch das ganze restliche Buch Zeit, mehr darüber zu lernen.

Sie können womöglich schon ein wenig von dem erraten, was im Code steht, vor allem im Abschnitt `body`. Schauen wir uns zuerst den Teil vor `body` an.

B *Dies ist der Code einer einfachen HTML-Seite. Ich habe die HTML-Teile hervorgehoben, damit Sie sie vom Textinhalt der Seite unterscheiden können. Wie in* **A** *demonstriert, erscheint das den Text umgebende HTML nicht, wenn Sie die Seite in einem Browser aufrufen. Doch wie Sie bald erfahren, ist dieses Markup ganz wesentlich, weil sie die Bedeutung des Inhalts beschreibt. Beachten Sie auch, dass jede Zeile mit Betätigen der Eingabetaste beendet wird. Das ist nicht unbedingt erforderlich und wirkt sich nicht auf die Darstellung der Seite aus.*

```
<!DOCTYPE html>
<html lang="de">
<head>
   <meta charset="utf-8" />
   <title>Blauer Flachs (Linum lewisii)</title>
</head>
<body>
   <article>
      <h1>Der unvergängliche Blaue Flachs</h1>

      <img src="blueflax.jpg" width="300" height="175" alt="Blauer Flachs (Linum lewisii)" />

      <p>Ich bin immer wieder <em>sehr</em> erstaunt über den wunderschönen, grazilen <a href="http://
      → en.wikipedia.org/wiki/Linum_lewisii" rel="external" title="Erfahren Sie mehr über den Blauen
      → Flachs">Blauen Flachs</a>, der in meinem Garten irgendwie Fuß gefasst hat. Jeden Morgen ist er von
      → Farben überflutet, doch am Nachmittag ist keine einzige Blüte mehr übrig. Das ist eine wahre
      → Verkörperung der Vergänglichkeit.</p>
   </article>
</body>
</html>
```

Alles oberhalb des Start-Tags <body> sind die bereits erwähnten Hinweise für Browser und Suchmaschinen **C**. Jede Seite beginnt mit der DOCTYPE-Deklaration, der der Browser entnimmt, welche HTML-Version er bei dieser Seite verwenden soll.

Sie sollten stets den DOCTYPE von HTML5 nehmen: Er lautet <!DOCTYPE html>. Dabei ist es egal, ob die Buchstaben groß oder klein geschrieben werden, aber es ist üblicher, DOCTYPE in Großbuchstaben zu schreiben. Ungeachtet dessen sollten Sie immer den DOCTYPE in Ihre Seiten aufnehmen (in Kapitel 3 finden Sie im Kasten „Der verbesserte DOCTYPE von HTML5" weitere Informationen).

Was nach <!DOCTYPE html> kommt und bis </head> reicht, ist für die Anwender unsichtbar – mit einer Ausnahme: Der Text zwischen <title> und </title> – Blauer Flachs (Linum lewisii) – erscheint als Titel ganz oben im Browser-Fenster und auf dem Browser-Tab (auch Reiter genannt) **B**.

Der Inhalt der Seite, also das, was für Ihre Besucher *sichtbar* ist, kommt dann zwischen <body> und </body>. Schließlich zeigt das End-Tag </html> das Ende der Seite an **D**.

Die Einrückungen im Code haben absolut keine Auswirkungen darauf, ob der Code valides HTML ist. Auch wirken sie sich nicht auf die Darstellung der Inhalte im Browser aus (die einzige Ausnahme ist das Element pre, von dem Sie in Kapitel 4 erfahren). Allerdings ist es üblich, Code einzurücken, der in einem übergeordneten Element verschachtelt ist, damit man auf einen Blick die Hierarchie der Elemente erkennen kann, wenn man den Code liest. Später in diesem Kapitel erfahren Sie mehr über unter- und übergeordnete Elemente. Außerdem gehen wir noch mehr auf die Standarddarstellung im Browser ein.

Zuerst wollen wir nun aber erläutern, was es bedeutet, semantisches HTML zu schreiben, und warum das eine Grundlage für eine effektive Website darstellt.

C *Das Textelement* title *ist der einzige Teil aus dem oberen Bereich eines HTML-Dokuments, den der Anwender sieht. Der Rest sind Informationen für Browser und Suchmaschinen über diese Seite.*

```
<!DOCTYPE html>
<html lang="en">
<head>
   <meta charset="utf-8" />
   <title>Der vergängliche Blaue Flachs
   → (Linum lewisii)</title>
</head>
```

D *Der Inhalt einer Seite existiert zwischen den Start- und Ende-Tags des* body*-Elements. Das Dokument endet mit* </html>.

```
<!DOCTYPE html>
<html lang="de">
. . . [Dokumentkopf] . . .
<body>
   <article>
      <h1>Der vergängliche Blaue Flachs</h1>

      <img src="blueflax.jpg" width="300"
      → height="175" alt="Blauer Flachs (Linum
      → lewisii)" />

      <p>Ich bin immer wieder <em>sehr</em>
      → erstaunt über den wunderschönen,
      → grazilen <a href="http://en.wikipedia.org/
      → wiki/Linum_lewisii" rel="external"
      → title="Erfahren Sie mehr über den Blauen
      → Flachs">Blauen Flachs</a>, der in meinem
      → Garten irgendwie Fuß gefasst hat. Jeden
      → Morgen ist er von Farben überflutet,
      → doch am Nachmittag ist keine einzige
      → Blüte mehr übrig. Das ist eine wahre
      → Verkörperung der Vergänglichkeit.</p>
   </article>
</body>
</html>
```

A *Der Inhalt unserer Grundseite plus ein zweiter Absatz, der am Ende eingefügt wird. Die HTML-Elemente diktieren nicht, wie der Inhalt erscheinen soll, nur was er bedeutet. Stattdessen regelt das in jedem Browser enthaltene Stylesheet, wie der Inhalt standardmäßig dargestellt werden soll* **B**.

```
...
<body>
   <article>
      <h1>Der vergängliche Blaue Flachs</h1>

      <img src="blueflax.jpg" width="300"
      → height="175" alt="Blauer Flachs (Linum
      → lewisii)" />

      <p>Ich bin immer wieder <em>sehr</em>
      → erstaunt über den wunderschönen,
      → grazilen <a href="http://en.wikipedia.org/
      → wiki/Linum_lewisii" rel="external"
      → title="Erfahren Sie mehr über den Blauen
      → Flachs">Blauen Flachs</a>, der in meinem
      → Garten irgendwie Fuß gefasst hat. Jeden
      → Morgen ist er von Farben überflutet,
      → doch am Nachmittag ist keine einzige
      → Blüte mehr übrig. Das ist eine wahre
      → Verkörperung der Vergänglichkeit.</p>

      <p><small>&copy; Blue Flax Society.
      → </small></p>
   </article>
</body>
</html>
```

Semantisches HTML – Markup mit Bedeutung

HTML ist ein ausgeklügeltes System, wie man Informationen über den Inhalt in einem Textdokument einbindet. Diese Informationen werden als *Markup* (Auszeichnung) bezeichnet und beschreiben die *Bedeutung* der Inhalte, also deren *Semantik*. In unserer einfachen HTML-Seite haben Sie bereits ein paar Beispiele gesehen, z.B. das Element p, das den Inhalt des Absatzes auszeichnet.

HTML definiert *nicht*, wie der Inhalt in einem Browser erscheinen soll. Das bleibt Aufgabe des CSS (*Cascading Style Sheets*). HTML5 betont diese Unterscheidung mehr als alle anderen früheren HTML-Versionen. Das ist der wesentliche Aspekt der Sprache.

Vielleicht fragen Sie sich, warum ein bestimmter Text in der HTML-Basisseite manchmal größer als anderer Text ist **A** oder in fett oder kursiv ausgegeben wird **B**.

Gute Frage! Der Grund ist, dass es bei jedem Browser eine eingebaute CSS-Datei gibt (ein Stylesheet, also eine Formatvorlage), die regelt, wie jedes HTML-Element standardmäßig dargestellt wird, außer Sie haben eine eigene CSS-Datei erstellt, die diese überschreibt. Die Standarddarstellung variiert etwas zwischen den verschiedenen Browsern, aber insgesamt ist sie recht konsistent. Wichtiger hingegen ist, dass die dem Inhalt zugrunde liegende Struktur und Bedeutung, wie sie durch Ihr HTML definiert werden, gleich bleiben.

Block- und Inline-Elemente und HTML5

Wie Sie sehen, werden manche HTML-Elemente (z.B. `article`, `h1` und `p`) in einer eigenen Zeile wie bei einem Absatz in einem Buch dargestellt, während andere (z.B. `a` und `em`) in der gleichen Zeile wie andere Inhalte präsentiert werden **B**. Auch dies ist eine Funktion der Standardformatierungsregeln des Browsers und nicht der HTML-Elemente selbst. Das möchte ich gerne näher ausführen. Vor HTML5 wurden die meisten Elemente entweder als *Block-Elemente* (die in einer eigenen Zeile dargestellt werden) oder als *Inline-Elemente* (die innerhalb einer Textzeile dargestellt werden) kategorisiert. HTML5 wirft diese Begrifflichkeiten über den Haufen, weil Elemente dann mit ihrer Darstellung verknüpft werden, was ja bekanntlich nicht die Aufgabe von HTML ist.

Stattdessen kann man allgemein sagen, dass Elemente, die man bisher als Inline bezeichnet hat, in HTML5 nunmehr als *Phrasing Content* (Textinhalte) kategorisiert werden, also Elemente und der Text, den sie enthalten, die vor allem in Absätzen erscheinen. (Kapitel 4 konzentriert sich fast ausschließlich auf diese Textinhalte. Die komplette Liste finden Sie unter http://dev.w3.org/html5/spec-author-view/content-models.html#phrasing-content-0.)

Die alten Block-Elemente fallen nun ebenfalls in neue HTML5-Kategorien, die sich auf deren Semantik konzentrieren. Viele dieser Elemente sorgen für die strukturellen Hauptabschnitte und Überschriften Ihrer Inhalte (schlagen Sie Kapitel 3 auf, um mehr über Elemente zu erfahren, die neue Bereiche der Gliederung beginnen oder für die Überschriften sorgen).

Nach dieser Vorrede ist noch festzustellen, dass Browser die Standardregeln für die Darstellung dieser Elemente nicht geändert haben und das auch nicht machen sollten. Immerhin wollen Sie ja beispielsweise nicht, dass sich die beiden Absätze (die `p`-Elemente) ineinander schieben oder der `em`-Text („sehr" im ersten Absatz der HTML-Seite) den Satz unterbricht, indem er in seiner eigenen Zeile erscheint (`em` ist das Element, mit dem Sie etwas zur Betonung hervorheben).

B *Die Standardformatvorlage eines Browsers stellt Überschriften (die Elemente `h1` bis `h6`) anders dar als normalen Text, macht `em`-Text kursiv und unterstreicht Links und gibt ihnen eine andere Farbe. Zusätzlich beginnen manche Elemente in ihrer eigenen Zeile (beispielsweise `h1` und `p`) und andere werden innerhalb des sie umgebenden Kontexts dargestellt (wie `a` und `em`). In diesem Beispiel kommt ein zweiter Absatz vor (der Copyright-Hinweis), um zu verdeutlichen, dass jeder Absatz in einer eigenen Zeile steht. Diese Darstellungsregeln können teilweise oder ganz durch eigene Stylesheets überschrieben werden.*

So werden Überschriften, Absätze und strukturelle Elemente wie `article` in einer eigenen Zeile dargestellt und der *Phrasing Content* erscheint in der gleichen Zeile wie der umgebende Inhalt. Und auch wenn in HTML5 die Begriffe Block- und Inline-Elemente nicht mehr vorkommen, ist es hilfreich, deren Bedeutung zu kennen. In Anleitungen tauchen sie häufig auf, weil sie vor HTML5 beim Reden über HTML allgemein fest verwurzelt waren. Gelegentlich werde ich diese Begriffe im Buch einsetzen, um schnell zu verdeutlichen, ob ein Element standardmäßig seine eigene Zeile beansprucht oder sie mit anderen teilt.

Wir werden uns in späteren Kapiteln eingehender mit CSS beschäftigen, aber für jetzt sollten Sie wissen, dass ein Stylesheet, also eine Formatvorlage, einfach nur Text ist, so wie eine HTML-Seite. Also können Sie ein solches Stylesheet mit dem gleichen Texteditor erstellen wie Ihr HTML.

Semantik im Fokus von HTML5

HTML5 betont die HTML-Semantik und überlässt die gesamte visuelle Gestaltung dem CSS. Das war bei früheren Versionen von HTML nicht immer der Fall.

Als das Web entstand, gab es noch eine korrekte Weise, um Seiten zu formatieren. HTML gab es schon ein paar Jahre, als im Dezember 1996 CSS1 formell eingeführt wurde. Um diese Lücke zwischenzeitlich zu füllen, wurden bei HTML eine Handvoll Darstellungselemente aufgenommen, deren Zweck es war, eine einfache Formatierung des Texts zu erlauben, also ihn z.B. fett, kursiv oder in anderer Größe als die umgebende Schrift darzustellen.

Diese Elemente waren damals für ihre Zwecke ganz dienlich, aber während sich die empfohlenen Vorgehensweisen im Web weiterentwickelten, fielen sie berechtigterweise in Ungnade. Im Kern dieser Denkweise stand (und steht immer noch) das Konzept, dass HTML nur für die Beschreibung der Bedeutung der Inhalte gedacht ist und nicht deren Darstellung.

Die darstellungsbezogenen HTML-Elemente durchbrachen diese bewährte Vorgehensweise. Somit bezeichnete man deren Verwendung in HTML 4 als veraltet und empfahl den Autoren, Text und andere Seitenelemente mit CSS zu formatieren.

HTML5 geht noch weiter: Es eliminiert bestimmte darstellungsbezogene Elemente und definiert andere neu, damit sie nur einen semantischen Wert enthalten und nicht die Darstellung diktieren.

Das Element `small` ist ein solches Beispiel. Anfänglich war es dazu gedacht, Text kleiner als Normaltext zu machen. Doch in HTML5 steht `small` für das „Kleingedruckte", z.B. rechtliche Hinweise. Sie können diesem Text mit CSS die größte Schrift auf der Seite geben, wenn Sie wollen, aber das ändert die inhaltliche Bedeutung von `small` nicht.

Mittlerweile existiert der alte Gegenpart von `small`, das Element `big`, in HTML5 nicht mehr. Es gibt noch weitere solche Beispiele, von denen Sie im Verlauf dieses Buchs erfahren.

HTML5 definiert auch neue Elemente wie `header`, `footer`, `nav`, `article`, `section` und viele andere mehr, die die Semantik des Inhalts bereichern. Auch davon später mehr.

Doch egal, ob Sie nun ein HTML-Element verwenden, das seit Anbeginn der Sprache existiert, oder eines, das durch HTML5 neu hinzukam, Ihr Ziel sollte das Gleiche bleiben: Wählen Sie die Elemente, die die Bedeutung Ihres Inhalts am besten beschreiben, ungeachtet ihrer Darstellung.

Die Semantik unserer HTML-Basisseite

Nun haben Sie die Rolle von HTML kennengelernt und wir wenden uns dem gedanklichen Prozess zu, der hinter der Auszeichnung von Inhalten steht. Wie Sie gleich merken werden, sind fürs Schreiben von semantischem HTML keine Zaubertricks nötig. Wenn Sie erst einmal mit den Ihnen zur Verfügung stehenden Elementen vertraut sind, müssen Sie eigentlich nur etwas überlegen. Wenden wir uns noch einmal dem `body` unserer Basisseite zu, um einen Eindruck von den am häufigsten verwendeten HTML-Elementen zu bekommen **C**.

Der gesamte Inhalt steht in einem `article`-Element **C**. Kurz gesagt definiert `article` einen ganz bestimmten Inhaltstyp. `article` ist das Element der Wahl, um den Inhalt unserer Basisseite einzufassen, aber nicht notwendigerweise auf jeder Seite, die Sie schreiben werden. Sie erfahren in Kapitel 3 mehr über den Einsatz von `article`.

Als Nächstes kommt eine Überschrift **D**. HTML bietet Ihnen die sechs Überschriftenebenen `h1`–`h6`, wobei `h1` die oberste und wichtigste ist. `h2` ist eine nachrangige Überschrift von `h1`, `h3` eine Unterüberschrift von `h2` usw., so als würden Sie in einer Textverarbeitung ein Dokument mit verschiedenen Überschriften eintippen.

Jede HTML-Seite sollte ein `h1` besitzen (oder abhängig vom Inhalt auch mehr). Also war es die naheliegende Wahl, auf der Basisseite die Überschrift mit `h1` auszuzeichnen. Die Überschriftenelemente `h1`–`h6` werden ausführlicher in Kapitel 3 vorgestellt.

Als Nächstes kommt ein Bild **E**. Das `img`-Element ist die primäre Wahl zur Darstellung eines Bilds, also gibt es auch hier keine Debatte darüber, welches Element passen würde. Das `alt`-Attribut liefert Text, der dargestellt wird, wenn das Bild nicht geladen oder die Seite in einem reinen Textbrowser aufgerufen wird. Mehr über Bilder erfahren Sie in Kapitel 5.

C *Der `body` unserer Basisseite enthält die Elemente `article`, `h1`, `img`, `p`, `em` und `a`, um die Bedeutung der Inhalte zu beschreiben. Der gesamte Inhalt wird im `article` verschachtelt.*

```
<body>
   <article>
      <h1>Der vergängliche Blaue Flachs</h1>

      <img src="blueflax.jpg" width="300"
      → height="175" alt="Blauer Flachs (Linum
      → lewisii)" />

      <p>Ich bin immer wieder <em>sehr</em>
      → erstaunt über den wunderschönen,
      → grazilen <a href="http://en.wikipedia.org/
      → wiki/Linum_lewisii" rel="external"
      → title="Erfahren Sie mehr über den Blauen
      → Flachs">Blauen Flachs</a>, der in meinem
      → Garten irgendwie Fuß gefasst hat. Jeden
      → Morgen ist er von Farben überflutet,
      → doch am Nachmittag ist keine einzige
      → Blüte mehr übrig. Das ist eine wahre
      → Verkörperung der Vergänglichkeit.</p>
   </article>
</body>
```

D *Die Überschriften sind wesentliche Elemente für die Definition der Seitengliederung. Damit werden die Seiten für Bildschirmlesegeräte besser zugänglich und Suchmaschinen nutzen sie, um den Schwerpunkt einer Seite zu bestimmen.*

```
<h1>Der vergängliche Blaue Flachs</h1>
```

E *Mit `img` kann man ganz einfach eine Seite durch ein Bild ergänzen. Wie durch das `alt`-Attribut definiert, wird „Blauer Flachs (Linum lewisii)“ dargestellt, falls das Bild nicht erscheint.*

```
<img src="blueflax.jpg" width="300" height="175"
→ alt="Blauer Flachs (Linum lewisii)" />
```

F *Das* p*-Element kann andere Elemente enthalten, die die Semantik von Sätzen in einem Absatz definieren. Die Elemente* em *und* a *sind dafür zwei Beispiele.*

```
<p>Ich bin immer wieder <em>sehr</em>
→ erstaunt über den wunderschönen, grazilen
→ <a href="http://en.wikipedia.org/
→ wiki/Linum_lewisii" rel="external"
→ title="Erfahren Sie mehr über den Blauen
→ Flachs">Blauen Flachs</a>, der in meinem Garten
→ irgendwie Fuß gefasst hat. Jeden Morgen ist er
→ von Farben überflutet, doch am Nachmittag ist
→ keine einzige Blüte mehr übrig. Das ist eine
→ wahre Verkörperung der Vergänglichkeit. </p>
```

G *Dieses* a*-Element definiert einen Link auf die Wikipedia-Seite über Blauen Flachs. Das optionale* rel*-Attribut ergänzt die Semantik, weil es darauf verweist, dass der Link auf eine andere Site zeigt. Der Link funktioniert allerdings auch ohne dieses Attribut. Das optionale Attribut* title *erweitert die Semantik des* a*, indem es Informationen über die verlinkte Seite bietet. Es erscheint im Browser, wenn der User mit der Maus über den Link fährt.*

```
<a href="http://en.wikipedia.org/wiki/Linum_
→ lewisii" rel="external" title="Erfahren Sie mehr
→ über den Blauen Flachs">Blauer Flachs</a>
```

Der Absatz (englisch *paragraph*) wird durch das Element p ausgezeichnet F. So wie in gedrucktem Material kann ein Absatz nur einen oder mehrere Sätze enthalten. Falls auf der Seite ein weiterer Absatz nötig ist, ergänzen Sie einfach ein weiteres p-Element nach dem ersten.

In unserem Absatz sind zwei Elemente verschachtelt, die die Bedeutung von bestimmten Textarten definieren: em und a F. Dies sind Beispiele für die verschiedenen textlichen Elemente, die HTML5 bietet, und die Mehrzahl davon verbessert die Semantik von Absatztexten. Wie bereits erwähnt, wird das in Kapitel 4 alles näher erklärt.

Das Element em betont etwas (steht für *emphasis*, Betonung). Bei unserer Seite wird das durch die Blumen ausgelöste Erstaunen betont F. Machen Sie sich noch einmal klar, dass HTML die Bedeutung des Inhalts beschreibt, und deswegen diktiert em eine semantische Betonung und keine visuelle Hervorhebung, auch wenn em-Text üblicherweise kursiv dargestellt wird.

Schließlich wird bei der Basisseite mit dem Element a (für *anchor*, Anker) ein Link auf eine andere Seite definiert. Dies ist das mächtigste Element im ganzen HTML, denn es macht das Web erst zum Web: Es verknüpft die Seiten untereinander oder mit anderen Quellen und verbindet einen Seitenbereich mit einem anderen (entweder auf der gleichen Seite oder woanders). Bezogen auf dieses Beispiel steht diese Verknüpfung dafür, dass der Text „Blauer Flachs“ ein Link auf eine Wikipedia-Seite ist G.

Ganz einfach, nicht wahr? Wenn Sie erst einmal die Ihnen zur Verfügung stehenden HTML-Elemente gelernt haben, ist es ein Kinderspiel, für Ihre Inhalte die richtigen zu wählen. Gelegentlich werden Sie auf bestimmte Inhalte stoßen, die man sinnvollerweise auch auf mehr als eine Weise auszeichnen kann, aber das macht nichts. Es gibt *nicht* immer einen richtigen und einen falschen Weg, nur meistens.

Schließlich versucht HTML5 nicht, für jeden denkbaren Inhaltstyp ein Element zu liefern, weil das die Sprache sonst sperrig machen würde. Stattdessen geht sie einen praktischen, an realen Gegebenheiten orientierten Weg und definiert Elemente, mit denen die große Mehrheit aller Fälle abgedeckt ist.

Zur Schönheit von HTML gehört, dass es für alle ganz einfach ist, die Grundlagen zu lernen, dann ein paar Seiten zu erstellen und von dort aus dann das eigene Wissen auszubauen. Also lassen Sie sich nicht davon abschrecken, dass es ungefähr 100 HTML-Elemente gibt. Es gibt im Wesentlichen eine Handvoll Elemente, die Sie dauernd einsetzen werden, und die restlichen bleiben weniger häufig vorkommenden Situationen vorbehalten. Sie haben bereits die Grundlagen mehrerer oft verwendeter Elemente erfahren und sind somit schon gut unterwegs.

Warum Semantik wichtig ist

Nachdem Sie nun von der Bedeutung des semantischen HTML erfahren und es im Einsatz gesehen haben, müssen Sie auch noch wissen, *warum* das so wichtig ist.

Dies sind einige der wichtigsten Gründe (aber diese Liste ist nicht vollständig), einige davon wurden schon angesprochen:

- Verbesserte Zugänglichkeit und Interoperabilität (die Inhalte stehen für Besucher mit bestimmten Einschränkungen oder Behinderungen, die anhand von assistiver Technologie darauf zugreifen, und für Browser auf Desktop, Handy, Tablet-PC und anderen Geräten gleichermaßen zur Verfügung)
- Verbessere Suchmaschinenoptimierung (Search Engine Optimization, SEO)
- (Üblicherweise) leichterer Code und schnellerer Seitenaufbau
- Leichtere Formatierung und Codepflege

Wenn Ihnen der Begriff Zugänglichkeit (*Accessibility*) nichts sagt: Das ist die Praxis, die Inhalte allen Nutzern verfügbar zu machen, egal welche Möglichkeiten oder Einschränkungen sie haben (siehe www.w3.org/standards/webdesign/accessibility). Von Tim Berners-Lee, dem Erfinder des Web, stammt das berühmte Zitat: „Die Macht des Internets liegt in seiner Universalität. Es kann sein volles Potenzial erst dann entfalten, wenn jeder Zugriff hat und eine Behinderung keine Rolle spielt."

Jedes Gerät mit einem Browser kann HTML darstellen, da es bloß Text ist. Doch die Mittel, wie ein Nutzer auf Inhalte zugreift, können sehr verschieden sein. Beispielsweise können sehende Nutzer die Inhalte anschauen, während sehbehinderte Nutzer die Seite oder Schrift vergrößern oder ein Bildschirmlesegerät (Screenreader) einsetzen. Diese Software liest die Inhalte laut vor (ein Beispiel für assistive Technologie). Manchmal kündigen Screenreader den Typ des HTML-Elements an, das den Inhalt einfasst, damit der Nutzer den Kontext dessen begreift, was folgen wird. Zum Beispiel erfährt der Nutzer so, dass er auf eine Liste gestoßen ist, bevor die einzelnen Listenelemente laut vorgelesen werden. Entsprechend erfahren die Nutzer auch, wenn sie auf einen Link gekommen ist, damit sie entscheiden können, ob diesem Link gefolgt werden soll.

Die Nutzer von Bildschirmlesegeräten können auf verschiedene Weise auf einer Seite navigieren, z.B. anhand von Tastaturbefehlen von einer Überschrift zur nächsten springen. Somit bekommen sie einen Überblick über die zentralen Themen einer Seite und können sich jene, die sie mehr interessieren, genauer anhören, anstatt die ganze Seite von oben bis unten vorgelesen zu bekommen.

Daran merken Sie also, warum eine gute Semantik den entscheidenden Unterschied für Nutzer mit Einschränkungen ausmacht.

Die Suchmaschinenoptimierung (bei der Ihre Seite in den Suchmaschinenergebnissen im Ranking steigt) kann verbessern werden, weil Suchmaschinen den Schwerpunkt auf jene Bereiche Ihrer Inhalte legen, die auf bestimmte Weise ausgezeichnet sind. Durch die Überschriften erfahren die Roboter der Suchmaschinen beispielsweise die wichtigsten Themen Ihrer Seite, was der Suchmaschine dabei hilft, deren Inhalte zu indexieren.

Während Sie sich in diesem Buch weiter voranarbeiten, erfahren Sie, wie gute Semantik Ihren Code effizienter macht, der dann auch einfacher zu pflegen und zu gestalten ist.

Markup: Elemente, Attribute und Werte

Nachdem Sie nun HTML etwas kennengelernt haben, wollen wir uns genauer anschauen, woraus das Markup, also die Auszeichnungen, bestehen.

HTML verfügt über drei wesentliche Markup-Komponenten: *Elemente*, *Attribute* und *Werte*. Von allen haben Sie schon Beispiele in unserer Basisseite gesehen.

Elemente

Elemente sind wie kleine Etiketten, die die verschiedenen Teile einer Webseite beschreiben: „Dies ist eine Überschrift, das Ding da drüben ist ein Absatz und diese Gruppe von Links ist die Navigation.“ Wir haben im vorigen Abschnitt einige Elemente diskutiert. Manche Elemente haben ein Attribut oder auch mehrere, die Aufgabe und Inhalt (falls vorhanden) des Elements näher beschreiben.

Elemente können Text und andere Elemente enthalten oder leer sein. Wenn ein Element nicht leer ist, enthält es ein *Start-Tag* (*tag*: Englisch für Etikett), also den Namen und gegebenenfalls die Attribute des Elements, die in größer-als- und kleiner-als-Symbole eingefasst sind, sowie ein *End-Tag*. Letzteres ist ein Schrägstrich (*Slash*), gefolgt vom Namen des Elements, wieder in die größer/kleiner-als-Zeichen gefasst **A**.

Ein *leeres Element* sieht wie eine Kombination aus Start- und End-Tag aus: zu Anfang ein kleiner-als-Zeichen, der Name des Elements, gegebenenfalls gefolgt von Attributen, ein optionales Leerzeichen, ein optionaler Schrägstrich und dann das erforderliche finale größer-als-Zeichen **B**.

In HTML5 sind Leerzeichen und Schrägstrich vor dem Ende eines leeren Elements optional. Ehrlich gesagt werden wahrscheinlich alle, die bereits XHTML geschrieben haben, bei dem der Schrägstrich zum Schließen eines leeren Elements erforderlich ist, das auch bei HTML5 so machen. Andere lassen es sicherlich weg. Ich nehme es in meinen Code auf, aber wenn Sie sich anders entscheiden, wird sich die Seite exakt genauso verhalten. Egal wie – ich rate aber auf jeden Fall dazu, es konsistent zu machen.

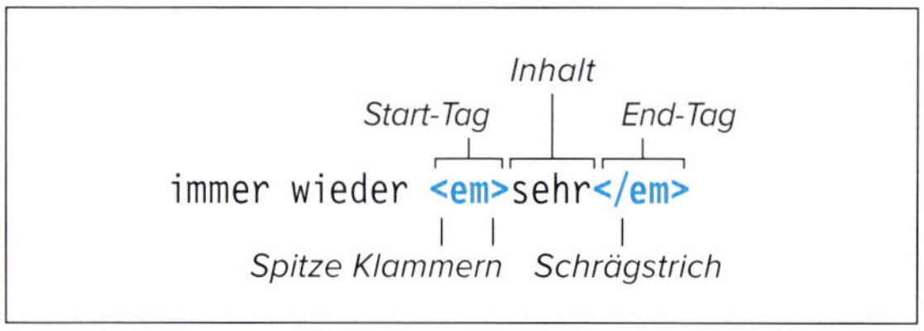

A *Dies ist ein typisches HTML-Element. Start- und End-Tag schließen den Text ein, den das Element beschreibt. In diesem Fall wird dank des* em*-Elements das Wort „sehr“ betont. Üblicherweise werden die Element-Tags in Kleinbuchstaben geschrieben.*

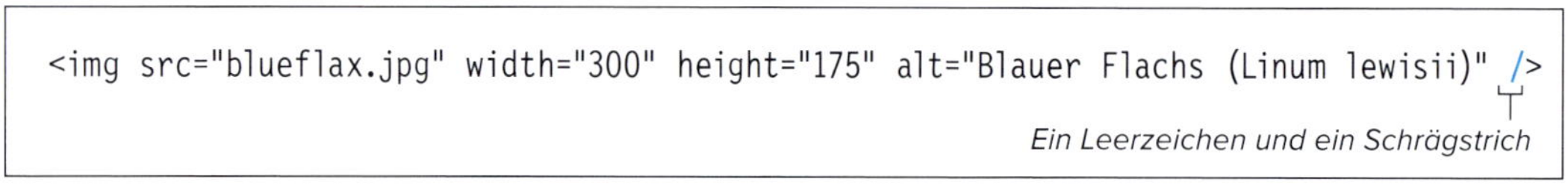

B *Leere Elemente wie das hier gezeigte* img *umgeben keinen Textinhalt (der Text des* alt*-Attributs gehört zum Element und wird nicht davon umschlossen). Sie haben nur ein Tag, mit dem das Element sowohl geöffnet als auch geschlossen wird. In HTML5 sind Leerzeichen und Schrägstrich optional, aber üblicherweise werden sie geschrieben. Aber das >, mit dem das Element abgeschlossen wird, darf nicht wegfallen.*

Üblicherweise werden die Elementnamen auch alle klein geschrieben, obwohl HTML5 hier nicht zimperlich ist und auch Großbuchstaben erlaubt. Allerdings ist es heutzutage eine Seltenheit, jemanden zu finden, der in Großbuchstaben schreibt. Wenn sich da bei Ihnen also nicht gerade der Rebell regt und Sie es nicht lassen können, rate ich davon ab. Es wird als veraltete Praxis betrachtet.

Attribute und Werte

Attribute enthalten Informationen über den Inhalt des Dokuments und sind selbst kein Inhalt (C und D). In HTML5 kann man den Wert eines Attributs optional in Anführungszeichen einschließen, aber üblicherweise wird das immer gemacht, und dazu rate ich Ihnen auch. Und wie bei den Elementnamen empfehle ich auch hier, die Attributnamen klein zu schreiben.

In diesem Buch werden Sie zwar Einzelheiten über akzeptable Werte für die meisten Attribute finden, aber ich möchte hier kurz umreißen, mit welcher Art Werten Sie es im weiteren Verlauf zu tun bekommen werden.

Manche Attribute akzeptieren jeden Wert, andere sind da eingeschränkter. Vielleicht am häufigsten werden jene eingesetzt, die Zahlen- oder vordefinierte Werte akzeptieren. Anders gesagt: Sie müssen sich aus einer Reihe von Standards etwas auswählen E. Achten Sie darauf, aufgezählte Attributwerte immer klein zu schreiben.

for ist ein Attribut von label

```
<label for="email">E-Mail-Adresse</label>
```

Der Wert des Attributs for

C *Hier ist ein label-Element (das ein Textetikett einem Formularfeld zuordnet) mit einem einfachen Attribut-Wert-Paar. Attribute befinden sich immer im Start-Tag eines Elements. Es ist üblich, sie in Anführungszeichen zu setzen.*

href ist ein Attribut von a — *Wert für href* — *rel ist auch ein Attribut von a* — *Wert für rel*

```
<a href="http://en.wikipedia.org/wiki/Linum_lewisii" rel="external"
→title="Erfahren Sie mehr über den Blauen Flachs">Blauer Flachs</a>
```

Wert für title — *title ist ein Attribut von a*

D *Manche Elemente wie das hier gezeigte a können mehr als ein Attribut annehmen, wobei jedes einen eigenen Wert bekommt. Die Reihenfolge ist nicht relevant. Trennen Sie die Attribut-Wert-Paare mit einem Leerzeichen voneinander.*

```
<link rel="stylesheet" media="screen" href="blueflax.css" />
```

Vordefinierter Wert

E *Manche Attribute akzeptieren nur spezielle Werte. Das Attribut media im Element link kann u.a. auf all, screen oder print gesetzt werden, aber Sie können sich dafür nicht einfach einen Wert ausdenken wie beim title-Attribut.*

Viele Attribute brauchen als Wert eine Zahl, vor allem solche, die Größe und Breite/Länge beschreiben. Ein numerischer Wert enthält nie eine Einheit, nur die Zahl. Wo Einheiten anwendbar sind wie z.B. in der Höhe und Breite eines Bilds bzw. Videos, werden sie als Pixel verstanden.

Manche Attribute wie `href` und `src` beziehen sich auf andere Dateien und müssen somit Werte in der Form eines URL (Uniform Resource Locator) enthalten. Das ist die eindeutige Adresse einer Datei im Internet. Über URLs erfahren Sie mehr im entsprechenden Abschnitt dieses Kapitels.

Eltern und Kinder

Wenn ein Element ein weiteres Element enthält, wird es als Eltern-Element des (untergeordneten oder eingeschlossenen) Kind-Elements bezeichnet. Alle Elemente, die im Kind-Element enthalten sind, bezeichnet man als Nachfahren des äußeren bzw. übergeordneten Eltern-Elements **F**. Sie können für eine Webseite einen regelrechten Stammbaum aufzeichnen, der sowohl die hierarchischen Beziehungen zwischen allen Elementen der Seite zeigt als auch jedes Element eindeutig identifiziert.

Diese zugrunde liegende stammbaumähnliche Struktur ist eine zentrale Eigenschaft des HTML-Codes und erleichtert es, den Elementen Stilvorlagen, sogenannte *Styles* (über die Sie in Kapitel 7 mehr erfahren) hinzuzufügen und JavaScript-Effekte darauf anzuwenden.

Ganz wichtig: Wenn ein Element andere Elemente enthält, dann muss jedes Element korrekt verschachtelt werden, d.h. vollständig in seinem Eltern-Element enthalten sein. Sobald Sie ein schließendes Tag verwenden, sollte es sich auf das letzte, nicht geschlossene öffnende Tag beziehen. Anders ausgedrückt: Zuerst wird Element 1 geöffnet, dann Element 2, dann wird Element 2 geschlossen und zum Schluss auch Element 1 **G**.

```
<article>
   <h1>Der unvergängliche Blaue Flachs</h1>
   <img src="blueflax.jpg"... />
   <p>... immer wieder <em>sehr</em> ... grazilen <a ...>Blauen Flachs</a> ...</p>
</article>
```

F *Das* `article`*-Element ist das Eltern-Element für* `h1`*,* `img` *und* `p`*. Umgekehrt sind die Elemente* `h1`*,* `img` *und* `p` *Kinder (und Nachfahren) von* `article`*. Das* `p`*-Element ist sowohl für* `em` *als auch* `a` *das Eltern-Element.* `em` *und* `a` *sind Kinder von* `p` *und auch Nachfahren (aber keine Kinder) von* `article`*. Umgekehrt ist* `article` *deren Vorfahr.*

Korrekt (keine Überkreuzungen)

```
<p>... wieder <em>sehr</em> ...</p>
<p>... wieder <em>sehr ...</p></em>
```

Unkorrekt (die Tags überkreuzen sich jeweils)

G *Elemente müssen korrekt verschachtelt sein. Wenn Sie erst* `p` *öffnen und dann* `em`*, müssen Sie zuerst* `em` *wieder schließen, bevor Sie* `p` *schließen.*

A *Der Textinhalt einer Seite ist im Wesentlichen alles, was sich außerhalb des Markups befindet. Beachten Sie, dass in diesem Beispiel jeder Satz mit mindestens einem Zeilenende abgeschlossen wird und manche Wörter durch mehrere Leerzeilen getrennt werden (um den Hinweis über das Zusammenfassen von Zeilenende- und Leerzeichen zu betonen). Außerdem habe ich die besondere Zeichenreferenz* `©` *für das Copyright-Symbol verwendet, damit es immer korrekt dargestellt wird, egal wie ich dieses Dokument abspeichere.*

```
<p>Ich bin immer wieder <em>sehr</em>erstaunt
→ über den wunderschönen,      grazilen Blauen
→ Flachs, der sich irgendwie in meinem Garten
→ durchgesetzt hat.

Jeden Morgen ist er      von Farben überflutet,
→ doch am Nachmittag ist keine
→ einzige Blüte mehr übrig.



Das ist eine wahre Verkörperung der
→ Vergänglichkeit. </p>
<p>&copy; Blue Flax Society.</p>
```

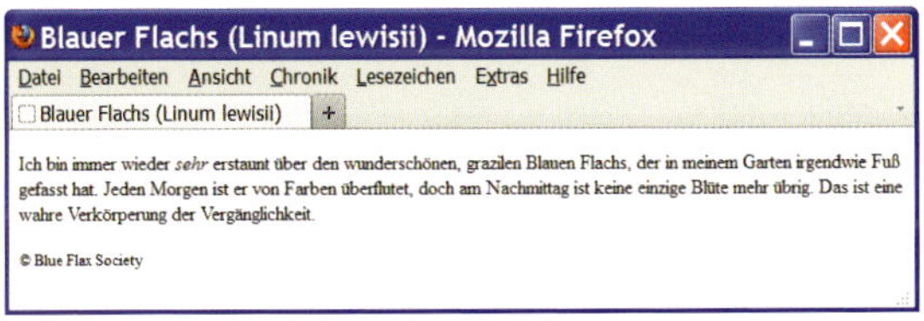

B *Beachten Sie, dass die zusätzlichen Zeilenende- und Leerzeichen ignoriert werden, wenn Sie das Dokument im Browser anschauen, und die Zeichenreferenz wird durch das entsprechende Symbol ersetzt (©).*

C *Geben Sie die Zeichenkodierung für Ihr Dokument direkt nach dem Start-Tag* `head` *ein. Das Attribut* `charset` *setzt den Kodierungstyp.*

```
<!DOCTYPE html>
<html lang="de">
<head>
   <meta charset="utf-8" />
   <title>Blue Flax (Linum lewisii)</title>
</head>
<body>
...
</body>
</html>
```

Der Textinhalt einer Webseite

Der Text, der in den Elementen enthalten ist, ist sozusagen die grundlegende Zutat bei Webseiten. Wenn Sie schon mal eine Textverarbeitung genutzt haben, haben Sie dabei sicher auch schon Text eingetippt. Der Text in einer HTML-Seite weist allerdings einige wichtige Unterschiede auf.

Zum einen fasst ein Browser bei der Darstellung von HTML alle zusätzlichen Leerzeichen oder Tabulatoren in ein einziges Leerzeichen zusammen und konvertiert Zeilenendezeichen (Eingaben mit der Return- oder Eingabetaste) und Zeilenumbrüche entweder in ein einziges Leerzeichen oder ignoriert sie völlig (**A** und **B**).

Außerdem war HTML auf ASCII-Zeichen beschränkt, das sind im Prinzip alle Buchstaben der englischen Sprache, Ziffern und ein paar der am häufigsten vorkommenden Symbole. Sonderzeichen wie Umlaute oder Buchstaben mit Akzenten, die in den meisten europäischen Sprachen vorkommen, und viele alltägliche Symbole mussten mit speziellen Zeichenreferenzen wie `é` (für é) oder `©` (für ©) erstellt werden. Eine vollständige Liste finden Sie unter www.elizabeth-castro.com/html/extras/entities.html.

Unicode entschärft eine Menge der Probleme mit Sonderzeichen. Die Standardpraxis, die Seiten in UTF-8 zu kodieren und HTML-Dateien mit der gleichen Kodierung zu speichern, haben wir auch bei unserer Basisseite befolgt **C** (siehe Abschnitt „Speichern der Webseite" in Kapitel 2). Ich rate Ihnen, es ebenso zu machen.

Weil Unicode ASCII beinhaltet (darin sind alle ASCII-Zeichen und noch viele andere Zeichen mehr enthalten), sind mit Unicode verfasste Dokumente zu vorhandenen Browsern und Editoren kompatibel. Browser, die kein Unicode verstehen, werden den ASCII-Abschnitt des Dokuments korrekt interpretieren, während Browser, die Unicode „sprechen", auch den Nicht-ASCII-Bereich darstellen. Und trotzdem ist es auch noch üblich, gelegentlich mit Zeichenreferenzen zu arbeiten, z.B. für das Copyright-Symbol, weil es so einfach ist, sich `©` zu merken und einzutippen **A**.

Links, Bilder und andere Nicht-Text-Inhalte

Lebendig wird das Web erst durch die Links (Verknüpfungen) zwischen den Seiten und die Bilder, Flash-Animationen, QuickTime-Filme, MP3-Songs usw. Anstatt die externen Dateien wie Videos tatsächlich in die HTML-Datei einzubinden, werden diese Dateien aber unabhängig gespeichert und auf der jeweiligen Webseite wird darauf verwiesen **A**. Weil der Verweis bzw. die Referenz nichts anderes ist als Text, bleibt die HTML-Datei praktisch universell zugänglich.

Die meisten Browser (außer reine Textbrowser) können ohne Probleme mit Links und Bildern umgehen **B**, was aber nicht unbedingt für alle anderen möglichen Dateiarten gilt. Wenn Sie eine Datei referenzieren, die der Browser Ihres Besuchers nicht versteht, wird er normalerweise versuchen, ein Plug-in oder eine andere Hilfsanwendung zu finden (also das entsprechende Programm auf dem Computer des Besuchers), das diese Dateiart öffnen kann.

Sie können dem Browser auch zusätzliche Informationen darüber geben, wie man Plug-ins zur Darstellung bestimmter Dateien herunterlädt, wenn der Besucher diese Miniprogramme noch nicht auf seinem Rechner hat.

Wenn ein Besucher sich um all das Herunterladen und Installieren von Plug-ins kümmern muss, stört das sein Erlebnis auf Ihrer Site – vorausgesetzt, er bleibt überhaupt dort. Plug-ins können auch für Performanceprobleme sorgen, weil sie kein nativer Teil des Browsers sind.

HTML5 versucht, viele dieser Probleme zu lindern, indem der Browser über die Elemente `audio` und `video` eine native Medienwiedergabe bekommt. Bedauerlicherweise wird unter den Browserherstellern noch debattiert, welche Medienformate unterstützt werden sollen. Also können Sie die Plug-ins noch nicht über Bord werfen. Aber ein Anfang ist gemacht.

A *In unserem Basis-HTML-Dokument wird auf eine Datei namens* `blueflax.jpg` *verwiesen, die der Browser suchen, öffnen und laden wird, wenn er den Rest der Seite lädt. Die Seite enthält auch einen Link auf eine andere Seite über Blauen Flachs.*

```
...
<article>
   <h1>Der vergängliche Blaue Flachs</h1>

   <img src="blueflax.jpg" width="300"
   height="175" alt="Blauer Flachs (Linum
   lewisii)" />

   <p>Ich bin immer wieder <em>sehr</em>
   → erstaunt über den wunderschönen, grazilen
   → <a href="http://en.wikipedia.org/
   → wiki/Linum_lewisii" rel="external"
   → title="Erfahren Sie mehr über den Blauen
   → Flachs">Blauen Flachs</a>, der in meinem
   → Garten irgendwie Fuß gefasst hat. Jeden
   → Morgen ist er von Farben überflutet, doch
   → am Nachmittag ist keine einzige Blüte mehr
   → übrig. Das ist eine wahre Verkörperung der
   → Vergänglichkeit. </p>
</article>
...
```

B *Auf Bilder und andere Inhalte, die kein Text sind, wird in dieser Webseite verwiesen, und der Browser stellt sie zusammen mit dem Text dar.*

Dateinamen

Wie andere Textdokumente hat auch eine Webseite einen Dateinamen, über den sie sich für Sie, Ihre Besucher und den Browser Ihrer Besucher identifiziert. Einige Dinge sollten Sie bei der Namensvergabe für Webseiten im Hinterkopf behalten, damit Sie Ihre Dateien besser organisieren, Browser die Webseiten besser finden bzw. öffnen und auch korrekt darstellen können und damit die Webseiten für die Suchmaschinen optimiert werden (A und B).

Kleinbuchstaben für Dateinamen

Weil der für Ihre Webseite gewählte Dateiname bestimmt, was Ihre Besucher eintippen müssen, um auf Ihre Seite zu gelangen, sollten Sie Ihre Besucher vor unbeabsichtigten Tippfehlern (und Kopfschmerzen) bewahren, indem Sie in den Dateinamen nur Kleinbuchstaben verwenden. Das ist auch eine große Hilfe, wenn Sie selbst Ihre Seiten untereinander verlinken. Wenn alle Dateinamen kleingeschrieben werden, müssen Sie zumindest dafür kein Gehirnschmalz verschwenden.

Trennen Sie Wörter mit einem Bindestrich

In den Dateinamen dürfen Sie keine Leerzeichen einsetzen. Nutzen Sie stattdessen Bindestriche, z.B. `mein-lieblingsfilm.html` oder `aufbau-der-firma.html`. Gelegentlich treffen Sie auf Sites, bei denen stattdessen Unterstriche verwendet werden („_"), doch das ist nicht empfehlenswert, weil Suchmaschinen Bindestriche bevorzugen.

Wählen Sie die korrekte Erweiterung

Der Browser erfährt hauptsächlich durch die Dateiendung, dass er ein Textdokument als Webseite lesen soll. Obwohl auch `.htm` funktioniert, wird üblicherweise `.html` geschrieben, und dazu rate ich Ihnen ebenfalls. Wenn die Seite eine andere Endung hat, z.B. `.txt`, wird der Browser sie als Text behandeln und dem Surfer all Ihren schönen Code zeigen.

TIPP Denken Sie daran, dass weder Mac OS noch Windows immer die wahre Dateiendung eines Dokuments zeigen. Ändern Sie gegebenenfalls die Ansicht unter den Ordneroptionen, damit auch Dateiendungen angezeigt werden.

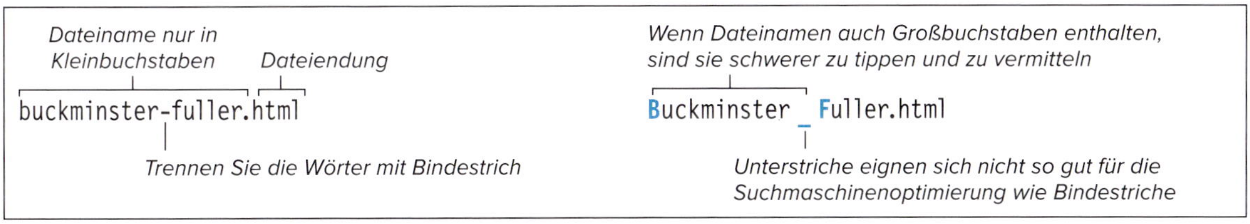

A *Denken Sie stets daran, die Dateinamen klein zu schreiben, Wörter mit Bindestrich zu trennen und die Dateiendung .html zu nehmen. Wenn Sie Groß- und Kleinbuchstaben mischen, wird es für Ihre Besucher schwerer, die Adresse korrekt einzutippen und Ihre Website zu finden.*

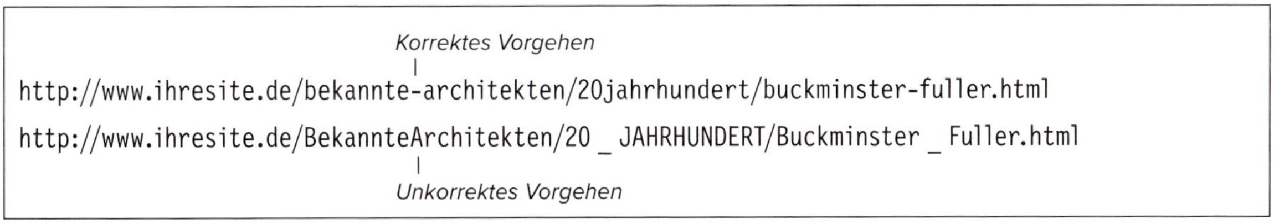

B *Schreiben Sie auch alle Verzeichnisse und Ordner klein. Wesentlich ist hier die Einheitlichkeit. Wenn Sie prinzipiell keine Großbuchstaben nehmen, müssen Ihre Besucher (und Sie) sich keine Gedanken darüber machen, ob das B nun groß oder klein war.*

URLs

Uniform Resource Locator (URL) ist einfach ein umständlicher Name für *Adresse*. Darin sind Informationen enthalten, wo sich eine Datei befindet und was ein Browser damit machen soll. Jede Datei im Internet hat einen eindeutigen URL.

Der erste Teil des URL wird als *Schema* bezeichnet. Daraus entnimmt der Browser, wie er mit der Datei umgehen soll, die er öffnen soll. Das Schema, das Sie am häufigsten sehen werden, ist *Hypertext Transfer Protocol* (HTTP). Mit diesem Protokoll wird auf Webseiten zugegriffen **A**.

Der zweite Teil des URL ist der Name des Servers, auf dem sich die Datei befindet, gefolgt von dem Pfad, der zu der Datei führt, und dem Namen der eigentlichen Datei. Manchmal fehlt bei einem URL der Dateiname und er endet mit einem Pfad, in dem ein Schrägstrich angehängt wird (oder auch nicht) **B**. In diesem Fall bezieht sich der URL auf die Standarddatei im letzten Verzeichnis des Pfads, üblicherweise mit Namen `index.html`.

Andere übliche Schemata sind `https` für sichere Webseiten, `ftp` (File Transfer Protocol) für das Herunterladen von Dateien **C**, `mailto` für das Versenden von E-Mails **D** und `file` für den Zugriff auf eine lokale Festplatte oder eine Datei in einem Netzwerk (Sie werden das Schema `file` nicht oft einsetzen, wenn überhaupt mal) **E**.

An das Schema schließen sich direkt ein Doppelpunkt und zwei Schrägstriche an. `mailto` und `news` sind die Ausnahmen, bei denen nur ein Doppelpunkt steht.

Beachten Sie, dass das Schema `file` einen Doppelpunkt und drei Schrägstriche bekommt. Das liegt daran, dass der Host, der bei den anderen Schemata zwischen dem zweiten und dritten Schrägstrich kommt, hier der lokale (also Ihr eigener) Computer ist. Schreiben Sie die Schemata immer mit Kleinbuchstaben.

Von diesen Schemata werden Sie `http` und `mailto` am häufigsten einsetzen. Die anderen sind für Sonderfälle gedacht.

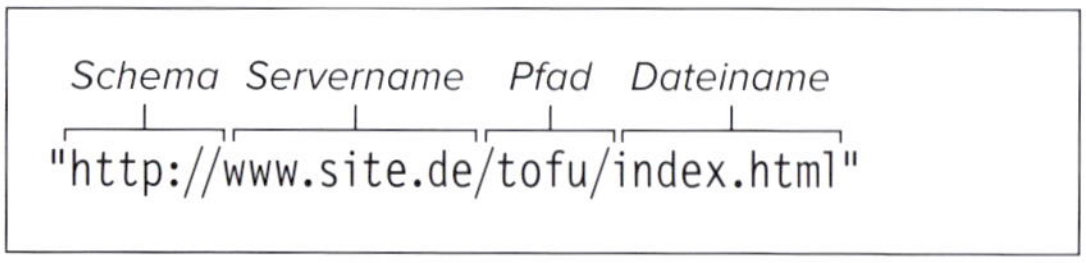

A *Ihr Basis-URL enthält ein Schema, den Servernamen, den Pfad und den Dateinamen.*

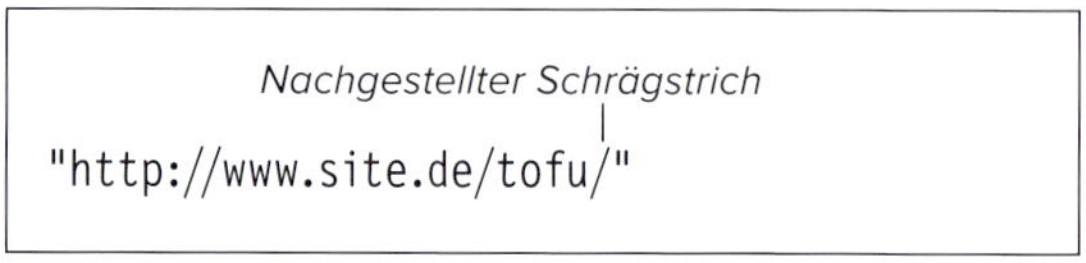

B *Ein URL mit einem angehängten Schrägstrich und ohne Dateinamen zeigt auf die Standarddatei im letzten genannten Verzeichnis (in diesem Fall das Verzeichnis `tofu`). Als Standarddateiname wird `index.html` am häufigsten verwendet. Also zeigen dieser URL und der aus dem vorigen Beispiel auf die gleiche Seite.*

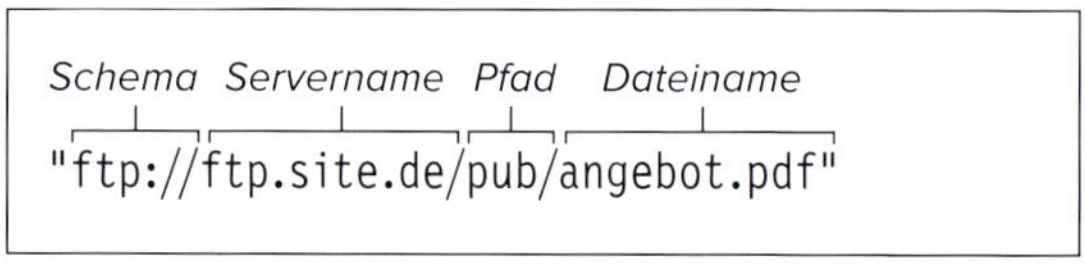

C *Wenn der User auf diesen URL klickt, wird der Browser einen FTP-Transfer der Datei `angebot.pdf` starten.*

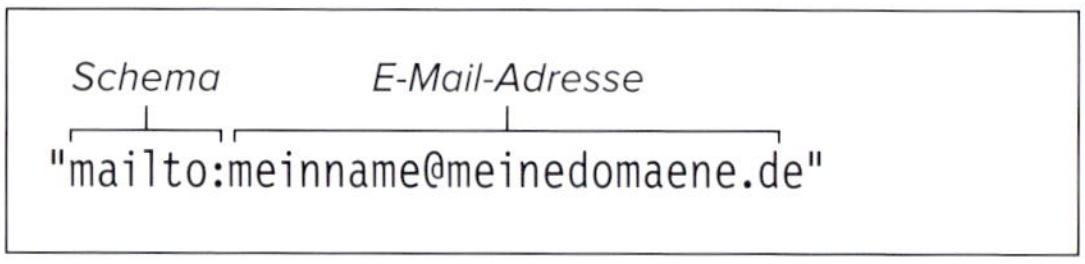

D *Der URL für eine E-Mail-Adresse enthält das `mailto`-Schema, gefolgt von einem Doppelpunkt, aber ohne Schrägstrich, und dann die eigentliche E-Mail-Adresse.*

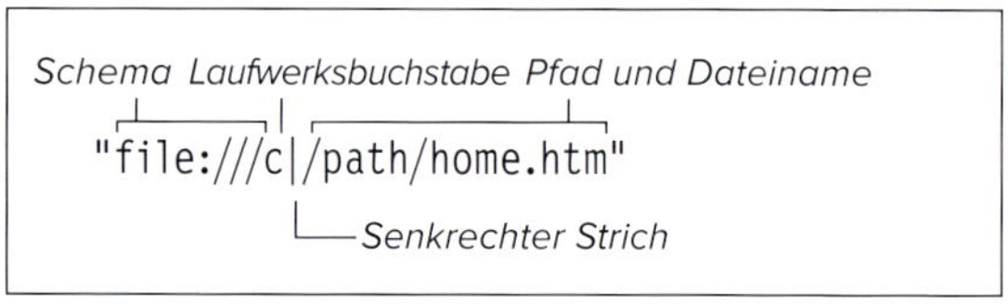

E *Um auf eine Datei auf einem lokalen Windows-Rechner zu verweisen, nimmt man das `file`-Schema. Bei einem Macintosh ist das `file:///festplatte/pfad/dateiname`. Senkrechte Striche sind nicht erforderlich (das funktioniert manchmal auch unter Windows).*

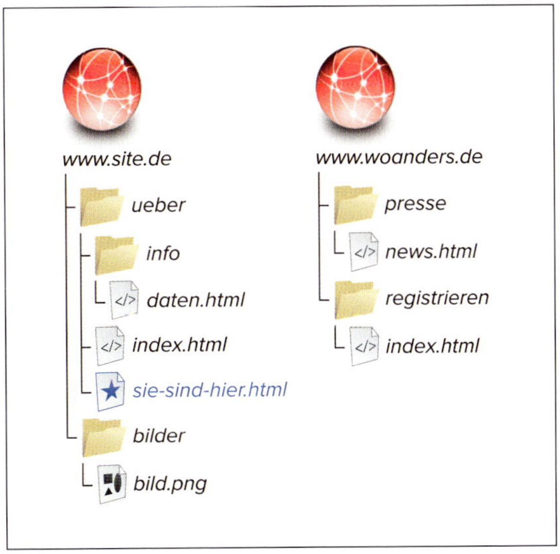

(F) *Das Dokument, das die URLs enthält (in diesem Fall* `sie-sind-hier.html`*) ist der Referenzpunkt für relative URLs. Solche URLs sind also relativ zum Standort dieser Datei auf dem Server. Bei absoluten URLs ist es egal, wo sie sich befinden, weil sie immer den kompletten URL zu einer Ressource enthalten.*

Absolute URLs

URLs sind entweder absolut oder relativ. Ein *absoluter URL* zeigt den gesamten Pfad zur Datei einschließlich Schema, Servername, den vollständigen Pfad und den Dateinamen selbst (F). Ein absoluter URL entspricht sozusagen einer vollständigen Anschrift inklusive Empfängername, Straße und Hausnummer, Postleitzahl, Stadt und Land. Egal, wo der Brief abgesendet wird, die Post kann den Empfänger ausfindig machen. Bezogen auf URLs bedeutet das, dass der Ort des absoluten URL selbst keinen Einfluss auf den Standort der referenzierten Datei hat: Diese kann sich auf irgendeiner Webseite bzw. auf Ihrem oder einem anderen Server befinden und der absolute URL sieht immer gleich aus.

Wenn Sie auf eine Datei verweisen, die sich auf einem fremden Server befindet, werden Sie immer einen absoluten URL verwenden. Sie brauchen absolute URLs auch für FTP-Sites oder generell jeden URL, der nicht mit dem HTTP-Protokoll arbeitet.

Tabelle 1.1 zeigt, wie Sie von `sie-sind-hier.html` auf verschiedene Dateien zugreifen (sowohl von der gleichen Site (site.de) wie die Seite als auch von einer anderen Site (woanders.de)), um den Unterschied zwischen relativen und absoluten URLs zu zeigen.

Tabelle 1.1 Gegenüberstellung von absoluten und relativen URLs

Dateiname	Absoluter URL (kann überall verwendet werden)	Relativer URL (funktioniert nur in sie-sind-hier.html)
index.html	http://www.site.de/ueber/index.html	index.html
daten.html	http://www.site.de/ueber/info/daten.html	/info/daten.html
bild.png	http://www.site.de/bilder/bild.png	../bilder/bild.png
news.html	http://www.woanders.de/presse/news.html	(keine: absoluten URL nehmen)
index.html	http://www.woanders.de/registrieren/index.html	(keine: absoluten URL nehmen)

Relative URLs

Wenn Sie zu einem Haus in meiner Nachbarschaft wollen, könnte ich Ihnen statt der kompletten Adresse einfach sagen: „Es ist drei Häuser weiter auf der rechten Seite." Das ist eine *relative* Adresse: Wohin man damit kommt, hängt vom Ursprung bzw. vom Bezugspunkt der Information ab. Mit der gleichen Information werden Sie aber in einer anderen Stadt nie zum gewünschten Nachbarhaus finden.

Auf die gleiche Weise beschreibt ein *relativer* URL den Standort der gewünschten Datei mit einer Referenz auf den Standort der Datei, die den URL selbst enthält. Also könnten Sie einen URL haben, der etwa die Aussage beinhaltet: „Zeige das Bild xyz, das sich im gleichen Verzeichnis befindet wie diese Seite."

Der relative URL für eine Datei, die sich im gleichen Verzeichnis wie die aktuelle Seite befindet (d.h. derjenigen, die den fraglichen URL enthält), sind einfach der Dateiname und die Dateiendung **G**. Sie erstellen den URL für eine Datei in einem Unterverzeichnis des aktuellen Verzeichnisses, indem Sie den Namen des Unterverzeichnisses, gefolgt von einem Schrägstrich (Slash) und dann den Namen und die Endung der gewünschten Datei eintippen **H**.

Um auf eine Datei in einem Verzeichnis in einer höheren Ebene der Dateihierarchie zu verweisen, nehmen Sie zwei Punkte und einen Schrägstrich **I**. Sie können die beiden Punkte und den Schrägstrich kombinieren und wiederholen, um auf jede beliebige Datei auf der gleichen Festplatte bzw. dem Server wie die aktuelle Datei zu verweisen.

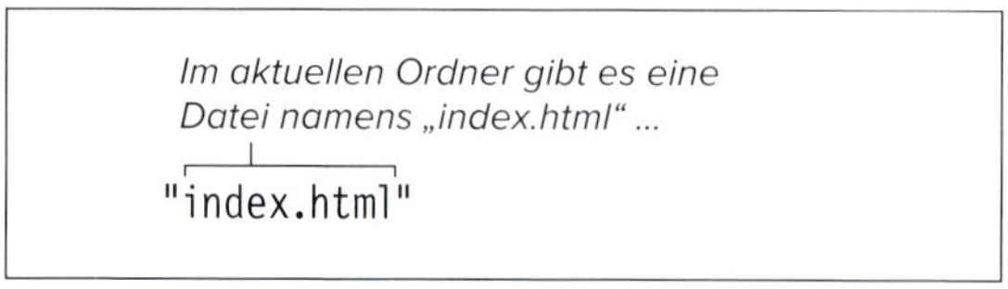

G *Der relative URL für eine Datei im gleichen Ordner (siehe* **F***). Im URL sind nur der Name und die Endung der Datei erforderlich, anstatt allem ein* `http://www.site.de/ueber/` *voranzustellen (also der Ordner, in dem sich beide Dateien befinden).*

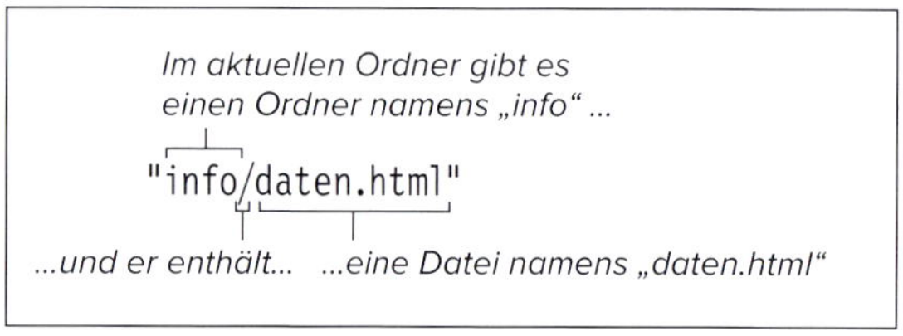

H *Bei einer Datei (in diesem Fall* `daten.html`*), die sich in einem Ordner innerhalb des aktuellen Ordners befindet (siehe* **F***), fügen Sie vor dem Dateinamen den Namen des Unterordners und einen Schrägstrich ein.*

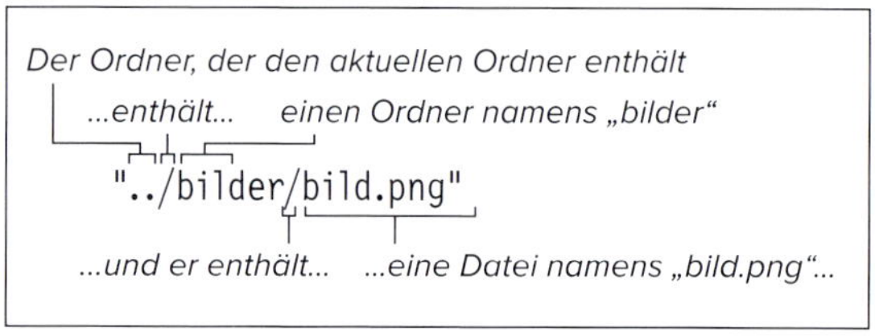

I *Diese Datei befindet sich in einem Ordner (bilder), wie Sie in* **F** *sehen können, der sich neben dem aktuellen Ordner (ueber) im Stammverzeichnis der Site befindet. In diesem Fall nehmen Sie zwei Punkte und einen Schrägstrich, um eine Ebene höher zu gehen, und schreiben dann das Unterverzeichnis, gefolgt von einem Schrägstrich und dem Dateinamen. (Im praktischen Einsatz sollten Sie einen aussagekräftigeren Dateinamen für das Bild wählen als* `bild.png`*, der für dieses Beispiel absichtlich allgemein gehalten wurde).*

Wenn sich Ihre Dateien auf einem Webserver befinden, können Sie alternativ umständliche Dateipfade wie `../../bilder/familie/urlaub.jpg` vermeiden, indem Sie direkt zum Stammverzeichnis Ihrer Site springen und sich dann von dort zur gewünschten Datei durchhangeln. Das geht mit einem einfachen Schrägstrich am Anfang. Also wäre der URL *relativ zum Stammverzeichnis* `/bilder/familie/urlaub.jpg` (vorausgesetzt, der Ordner `bilder` befindet sich im Stammverzeichnis der Site, was eigentlich üblich ist). Auch dies funktioniert nur auf einem Webserver, z.B. beim Internetprovider, der Ihre Site hostet, oder bei einem Server, der lokal auf Ihrem Rechner läuft (dafür wird meist Apache genommen).

Wenn Sie Ihre Site nicht lokal auf einem Server entwickeln, sollten Sie generell relative URLs nehmen (außer natürlich, Sie zeigen auf Dateien, die auf einem fremden Server liegen). So können Sie Ihre Seiten einfach von einem lokalen System auf einen Server verschieben. Solange die relative Position jeder Datei konstant bleibt, müssen Sie an den Pfaden nichts ändern und die Links funktionieren weiter korrekt.

Wichtige Kernpunkte

Die Grundlagen von HTML und einige zentrale bewährte Vorgehensweisen liefern die Grundlagen für die Erstellung effektiver Websites. Fassen wir die wichtigsten Punkte noch einmal zusammen:

- Eine Webseite besteht primär aus den drei Komponenten Textinhalte, Verweise auf andere Dateien und Markup.
- HTML-Markup setzt sich aus Elementen, Attributen und Werten zusammen.
- Üblicherweise wird HTML stets in Kleinbuchstaben geschrieben (DOCTYPE bildet hier die Ausnahme). Die Attributwerte stehen in Anführungszeichen und leere Elemente werden mit einem Leerzeichen und einem Schrägstrich (/) geschlossen.
- Beginnen Sie Ihre HTML-Dokument stets mit der DOCTYPE-Deklaration:

  ```
  <!DOCTYPE html>
  ```

- Der Inhalt einer Seite kommt in das `body`-Element. Instruktionen, die hauptsächlich für den Browser und Suchmaschinen gedacht sind, werden vorher aufgeschrieben und kommen meist in den `head`.
- Zeichnen Sie Ihre Inhalte mit semantischem HTML aus und achten Sie dabei nicht darauf, wie sie im Browser erscheinen sollen.
- Semantisches HTML verbessert die Zugänglichkeit (Accessibility), um Ihre Site effizienter zu machen. Außerdem ist sie so auch einfacher zu pflegen und zu formatieren.
- CSS steuert die Präsentation von HTML-Inhalten.
- Jeder Browser verfügt über ein eigenes Stylesheet (Formatvorlage), das die Standarddarstellung des HTML regelt. Diese Regeln können Sie mit eigenem CSS überschreiben.
- Erstellen Sie Datei- und Ordnernamen stets mit Kleinbuchstaben und trennen Sie die Wörter mit einem Bindestrich statt einem Leerzeichen oder Unterstrich.

Als Nächstes lernen Sie, wie man mit den Dateien einer Webseite arbeitet.

2

Die Arbeit mit Webseitendateien

Bevor Sie damit beginnen, HTML-Elemente und -Attribute zu schreiben, sollten Sie sich aneignen, wie man die Dateien für diese Art von Code erstellt und organisiert. In diesem Kapitel erfahren Sie, wie man Dateien für Webseiten erstellt, bearbeitet und abspeichert. Ich werde mit Ihnen auch einige Überlegungen zum Thema Konzeption und Organisation anstellen.

Wenn Sie es gar nicht abwarten können und über die Dateierstellung Bescheid wissen, springen Sie einfach zu Kapitel 3. Darin wird der eigentliche HTML-Code erklärt.

Übersicht

Die Konzeption Ihrer Site

Obwohl Sie natürlich gleich mit dem Schreiben von Webseiten loslegen können, sollten Sie sich vorab doch ein paar Gedanken über den Aufbau Ihrer Seite machen **A**. Auf diese Weise geben Sie sich selbst die Richtung vor und müssen später weniger umorganisieren.

Die Beschreibung einer Website

- Machen Sie sich klar, warum Sie diese Site erstellen. Was wollen Sie damit vermitteln?
- Denken Sie an Ihr Zielpublikum. Wie können Sie Ihre Inhalte so zuschneiden und aufbereiten, dass sie für dieses Publikum ansprechend sind?
- Wie viele Seiten werden Sie brauchen? Welche Struktur sollten diese haben? Sollen Ihre Besucher die Site in einer bestimmten Richtung durchgehen oder wollen Sie es ihnen erleichtern, die Site ganz nach Belieben zu erforschen?
- Skizzieren Sie Ihre Site auf Papier.
- Überlegen Sie sich ein einfaches, konsistentes Bezeichnungssystem für Seiten, Bilder und externe Dateien (siehe Abschnitt 1.6).

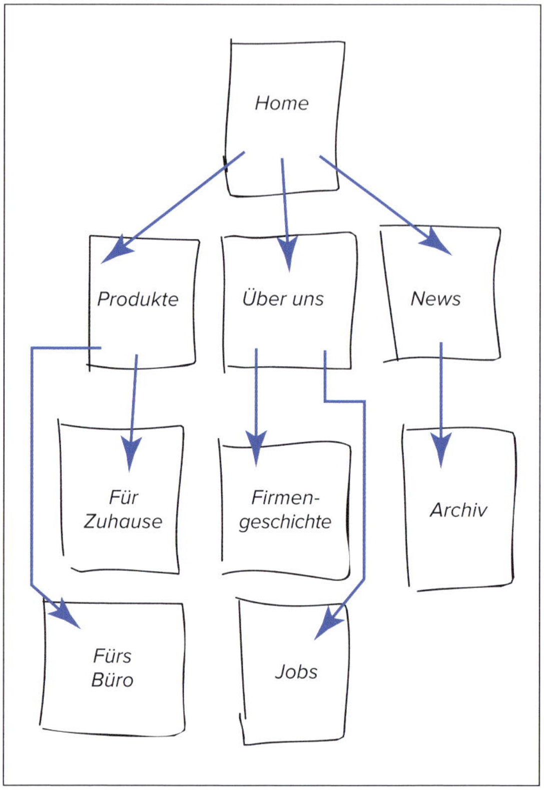

A *Wenn Sie Ihre Site als Skizze auf Papier anlegen und sich Gedanken über deren Inhalte machen, hilft das bei den strukturellen Entscheidungen.*

TIPP Übertreiben Sie es bei Ihrer Site nicht mit der Konzeptphase. Ab einem bestimmten Punkt müssen Sie einfach mit dem Schreiben der Inhalte und des Codes loslegen.

TIPP Wenn Sie mit dem Web nicht so gut vertraut sind, surfen Sie zuerst ein wenig herum, damit Sie eine Vorstellung von den Möglichkeiten bekommen. Sie könnten auf den Sites Ihrer Mit-Wettbewerber beginnen.

TIPP Es ist üblich, aber nicht erforderlich, dass die Ordnerstruktur Ihrer Site dem angepasst wird, wie die Site auf Papier organisiert ist A (siehe Abschnitt „Dateiorganisation“).

TIPP Schauen Sie sich den Artikel von Erin Kissane „A Checklist for Content Work“ an. Dort bekommen Sie Ideen, wie Sie die Organisation der Inhalte Ihrer Site angehen können (*http://www.alistapart.com/articles/a-checklist-for-content-work*). Darin bekommen Sie einen Vorgeschmack auf Erins Buch, das das Thema Inhalte strategisch angeht.

TIPP In *Gelungenes Webdesign – Die Prinzipien der Webseitengestaltung* (dpunkt Verlag 2011) von Jason Beaird informieren Sie sich, falls Sie kein Designer sind oder wenig Erfahrung damit haben, über die Gestaltung einer attraktiven, effektiven Site.

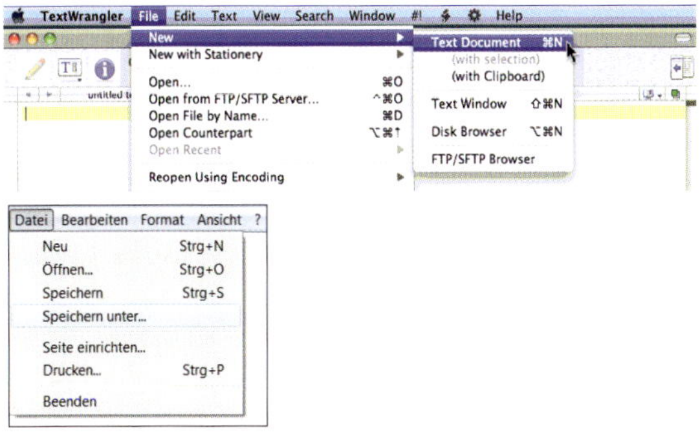

A *Öffnen Sie Ihre Textverarbeitung. Tippen Sie das HTML in das leere Dokument oder wählen Sie* DATEI > NEU. *Die genauen Menüoptionen können jeweils etwas verschieden sein. Wenn Sie TextWrangler für Mac verwenden, heißt es* FILE > NEW > TEXT DOCUMENT *(wie oben gezeigt). Das andere Bild zeigt den Editor unter Windows (unten).*

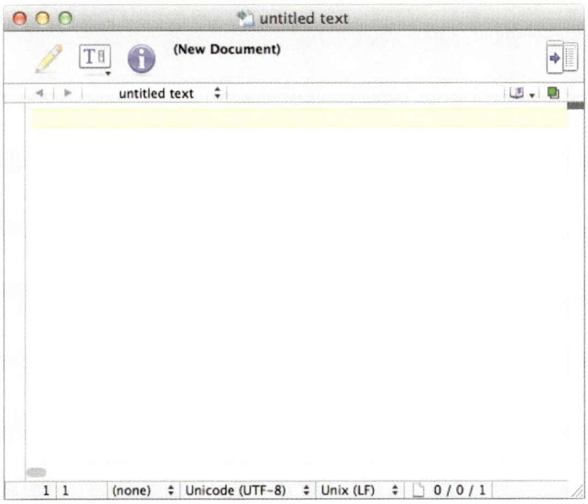

B *Auf einem Mac können Sie den HTML-Code für Ihre Seite mit TextWrangler schreiben. Eine Liste mit Mac-Editoren mit robusteren Features zum Schreiben von Code finden Sie bei den Tipps.*

Erstellen einer neuen Webseite

Sie brauchen keine spezielle Software, um eine Webseite zu erstellen. Nehmen Sie eine beliebige Textverarbeitung. Das geht sogar mit dem Notepad-Editor (**A** und **C**), in Windows enthalten, oder TextWrangler (**A** und **B**), als kostenloser Download für OS X erhältlich (*http://www.barebones.com/products/textwrangler/*). (Bei Macs gibt es einen Editor namens TextEdit, doch in manchen OS X-Versionen hat der einen Bug, so dass man damit schwer mit HTML-Dateien arbeiten kann.)

Um eine neue Webseite zu erstellen:

1. Öffnen Sie ein beliebiges Textverarbeitungsprogramm.
2. Wählen Sie DATEI > NEU, um ein neues, leeres Dokument zu erstellen **A**.
3. Erstellen Sie den HTML-Inhalt, wie es im restlichen Buch (beginnend mit Kapitel 3) erklärt wird.
4. Achten Sie darauf, dass Sie Ihre Datei so abspeichern, wie es in Abschnitt „Speichern der Webseite“ erklärt wird.

TIPP Es gibt verschiedene Texteditoren für OS X und Windows, die speziell auf das Coding von HTML (und CSS) zugeschnitten sind. Sie bieten Codehinweise und Codevervollständigung, damit Sie schneller und präziser coden können. Der Code wird unterschiedlich hervorgehoben, damit Sie einfacher zwischen HTML-Elementen und Ihrem eigenen Textinhalt unterscheiden können. Außerdem enthalten sie noch weitere hilfreiche Features, die der Notepad-Editor nicht hat. Es gibt auch kostenlose HTML-Editoren, aber die anderen sind ihr Geld meist wert und auch als kostenlose Probeversion erhältlich, um sie vor dem Kauf zu testen.

TIPP Zu den beliebten Editoren unter OS X gehören BBEdit (*www.barebones.com/products/bbedit/*), Coda (*www.panic.com/coda/*), Espresso (*http://macrabbit.com/espresso/*), Sublime Text (*www.sublimetext.com*) sowie TextMate (*http://macromates.com*) (TextWrangler wird oft als „BBEdit Lite" betrachtet). TextMate ist von diesen der beliebteste Editor, obwohl dessen Anwenderbasis durch die Konkurrenz kleiner wurde. Sublime Text gibt es auch für Windows, ebenso wie E Text Editor (*www.e-texteditor.com*), Notepad++ (*http://notepad-plus-plus.org*) und viele andere. Mehr darüber finden Sie, wenn Sie eine Suche nach `HTML Editor` starten.

TIPP Wenn Sie einen Editor wie einen aus dem vorigen Tipp einsetzen, ist der Prozess der Erstellung im Prinzip immer ähnlich. Und um eine vorhandene Seite zu bearbeiten, wählen Sie in Ihrem Programm DATEI > ÖFFNEN und öffnen die Datei (siehe Abschnitt „Die Bearbeitung von Webseiten"). Dann arbeiten Sie mit dem Rest dieses Buchs daran, Ihr eigenes HTML und CSS einzubauen und die gewünschten Seiten zu erstellen.

TIPP Nehmen Sie keine Textverarbeitung wie Microsoft Word, um HTML-Seiten zu bauen. Oft wird hier unnötiger oder ungültiger Code in Ihre Dateien eingebaut.

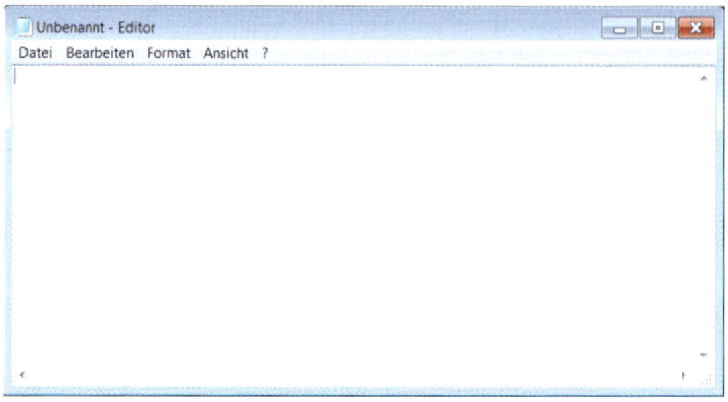

C *Dies ist der Notepad-Editor von Windows, das einfachste der Programme, mit dem Windows-User HTML-Seiten erstellen können. Es gibt auch noch andere (siehe Tipps).*

A *Eine Excel-Tabelle hat die Endung .xlsx und wird anhand des Excel-Symbols identifiziert (oben). Wenn Sie doppelt darauf klicken, wird sie in Excel geöffnet. Eine Webseitendatei (egal mit welcher Textverarbeitung sie erstellt wurde) hat die Endung .htm oder .html, wird aber mit dem Symbol des Standard-Browsers kenntlich gemacht. Wenn Sie darauf doppelklicken, wird sie mit dem Standard-Browser dargestellt (und nicht der Textverarbeitung).*

Speichern der Webseite

Webseiten werden mit einem Textverarbeitungsprogramm erstellt, sollen aber mit verschiedenen Browsern auf unterschiedlichen Plattformen betrachtet werden können. Damit sie für all diese vielfältigen Programme zugänglich sind, müssen Webseiten in einem universellen „Nur Text"-Format gespeichert werden, ohne irgendwelche herstellerspezifischen Formatierungen, die vielleicht von einer Textverarbeitung eingebaut werden.

Damit Browser (und Server) Webseiten erkennen und wissen, wie das darin enthaltene Markup zu interpretieren ist, und auch, um sie von reinen Textdateien unterscheiden zu können, die keine Webseiten sind, tragen die Dateien für Webseiten außerdem die Endung `.htm` oder `.html`. Obwohl auch `.htm` funktioniert, wird üblicherweise `.html` geschrieben, und dazu rate ich Ihnen ebenfalls.

Darum ist das Icon (Symbol) einer Webseite das Symbol des Standard-Browsers des Systems und nicht das der Textverarbeitung, mit dem die Datei geschrieben wurde **A**. Und tatsächlich: Wenn Sie doppelt auf eine Webseitendatei klicken, wird sie im Browser und nicht in der Textverarbeitung geöffnet. Das ist vielleicht praktisch, wenn man eine Seite im Browser testen will, doch bekommt die Bearbeitung von Webseiten so noch einen zusätzlich Arbeitsschritt (siehe Abschnitt „Die Bearbeitung von Webseiten").

Zusammenfassend gesagt müssen Sie Ihre Webseite im Format Nur Text und entweder mit der Endung `.htm` oder `.html` abspeichern.

Um eine Webseite zu speichern:

1. Wenn Sie Ihre Webseite erstellt haben, wählen Sie in der Textverarbeitung Datei > Speichern unter B.
2. In der daraufhin erscheinenden Dialogbox wählen Sie also Format Nur Text oder Text-Dokument (oder wie dieses Format in Ihrem Programm auch heißen mag).
3. Geben Sie dem Dokument die Endung `.htm` oder (besser noch) `.html` (das ist äußerst wichtig!).
4. Wählen Sie den Ordner, in dem die Webseite gespeichert werden soll.
5. Klicken Sie auf Speichern (C und D).

TIPP Es ist egal, ob Sie `.htm` oder `.html` nehmen, obwohl `.html` anzuraten ist, denn das ist üblich. Machen Sie es aber auf jeden Fall einheitlich, dann können Sie sich später Ihre URLs besser merken.

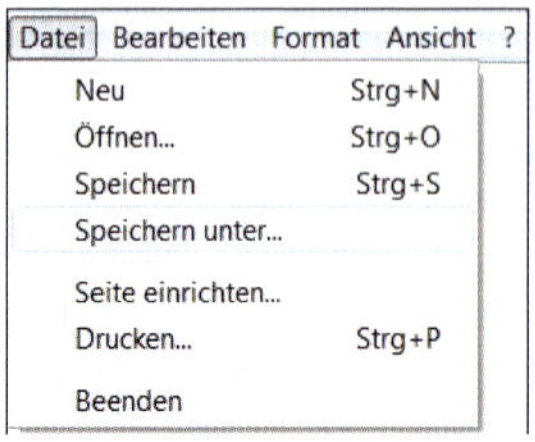

B *Wählen Sie im Texteditor Datei > Speichern unter.*

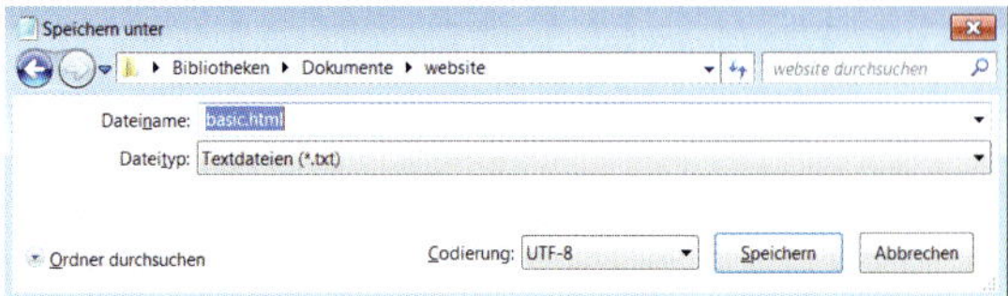

C *Beim Editor für Windows geben Sie der Datei einen Namen mit der Endung `.htm` oder `.html`, wählen unter Dateityp Textdokument, achten darauf, dass die Kodierung auf UTF-8 gesetzt ist (siehe letzter Tipp), und klicken auf Speichern. Diese Optionen können in einem anderen Texteditor anders heißen, arbeiten aber entsprechend.*

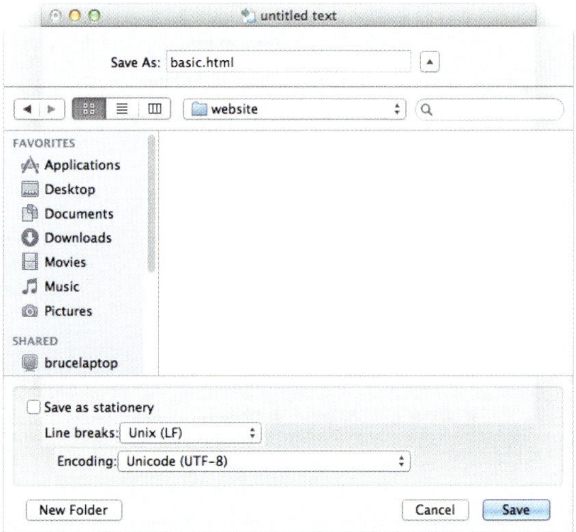

D *In TextWrangler vergeben Sie den Namen für die Datei, wählen den Speicherort und klicken auf Save. TextWrangler arbeitet standardmäßig mit UTF-8 (und das sollten Sie – außer in Sonderfällen – auch immer nehmen), aber Sie können im Drop-down-Menü für die Kodierung auch etwas anderes wählen (siehe letzter Tipp). Klicken Sie auf Save.*

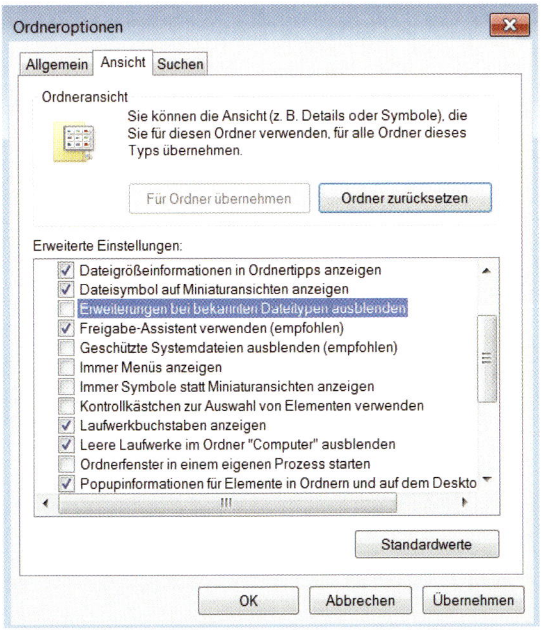

E *Im Windows-Explorer wählen Sie (abhängig von Ihrer Windows-Version) entweder* Organisieren > Ordner- und Suchoptionen > Ansicht *oder* Extras > Ordneroptionen > Ansicht, *um diesen Dialog aufzurufen. Je nach Windows-Version kann das auch noch anders aussehen. Klicken Sie auf den Reiter* Ansicht *und scrollen Sie so weit hinunter, bis Sie* Erweiterungen bei bekannten Dateitypen ausblenden *sehen. Entfernen Sie das Häkchen davor, damit Sie die Erweiterung auf dem Desktop sehen können (z.B. .html).*

F *Bei vielen Textverarbeitungsprogrammen können Sie die Kodierung für Ihre Datei wählen, so dass Sie Symbole und Zeichen aus verschiedenen Sprachen im selben Dokument abspeichern können. UTF-8 ist für die meisten Fälle die beste Wahl für die Kodierung. Ich empfehle die Wahl von UTF-8 ohne BOM (Byte-Order Mark), wenn das in Ihrem Editor möglich ist. Anderenfalls nehmen Sie UTF-8. Manche Editoren (wie das hier gezeigte TextWrangler) machen das standardmäßig.*

TIPP Manche Textverarbeitungsprogramme unter Windows fügen Dateien ihre Standardendung an, auch wenn Sie bereits `.htm` oder `.html` als Endung angegeben haben. (Allerdings wird das bei den meisten Editoren, die speziell für die Erstellung von HTML-Seiten gedacht sind, nicht vorkommen.) Ihre Datei, die nun webseite.html.txt heißt, kann dann nicht korrekt in einem Browser betrachtet werden. Um die Sache noch zu verschlimmern, versteckt Windows oft die Dateiendungen, so dass das Problem nicht einmal offensichtlich ist, insbesondere für unerfahrenere Computeruser. Es gibt zwei Lösungen: Die erste lautet, den Dateinamen in doppelte Anführungszeichen einzuschließen, wenn Sie das Dokument speichern. Das sollte verhindern, dass die zusätzliche Dateiendung angehängt wird. Als Nächstes können Sie sich die Endungen in Ihrem Datei-Explorer anzeigen lassen E, dann die störende Endung auswählen und sie eliminieren.

TIPP Wenn Sie beim Speichern der Dateien keine Kodierung explizit wählen, wird der Texteditor wahrscheinlich die Standardkodierung Ihres Systems wählen. Wenn Sie Webseiten mit einer anderen Kodierung erstellen wollen (z.B. weil dann spezielle Symbole oder fremdsprachige Texte eingebunden werden können), dann brauchen Sie einen Editor, bei dem Sie die Kodierung wählen können. Üblicherweise ist UTF-8 die beste Wahl für die Kodierung. Wenn Sie einen Editor haben, bei dem man Dateien als „UTF-8, kein BOM“, „UTF-8 ohne BOM“ oder ähnlich lautend abspeichern können, nehmen Sie das. Anderenfalls nehmen Sie UTF-8 F. In manchen Fällen enthält der UTF-8-Modus eines Editors das BOM nicht, auch wenn diese Tatsache im Kodierungsmenü nicht explizit angegeben wurde. (Wenn Sie wissen wollen, was BOM bedeutet, schauen Sie mal unter http://de.wikipedia.org/wiki/Byte_Order_Mark nach. Wundern Sie sich nicht, wenn Sie schwindelig werden!)

Die Angabe einer Standard- oder Homepage

Um eine Standardseite in Ordnern zu erkennen, haben die meisten Server ein System, das auf dem Namen der Datei basiert. In fast allen Fällen wird `index.html` als Standardseite erkannt **A**, obwohl Server üblicherweise dann nach Dateinamen wie `index.htm` und `default.htm` suchen, falls `index.html` nicht existiert. Wenn Ihre Besucher einen URL mit einem Verzeichnis eintippen, aber keinen Dateinamen angeben, wird die Standarddatei verwendet **B**.

Die Standardseite (üblicherweise `index.html`), die Sie in der obersten Ebene Ihres Webverzeichnisses erstellen (oft *root* oder Stammverzeichnis genannt), ist die Homepage Ihrer Site. Diese Seite erscheint, wenn Ihre Besucher Ihre Domäne eintippen und keine weitere Pfadinformationen ergänzen: *http://www.ihredomaene.de*.

Sie können für alle Verzeichnisse Ihrer Site eine Standardseite erstellen. Die Zielseite (also die Hauptseite) Ihrer Site für ein `/produkte/`- oder `/ueber-uns/`-Verzeichnis hieße beispielsweise ebenfalls `index.html`, aber sie ist in einem speziellen Ordner abgelegt (ein Verzeichnis ist einfach ein Ordner, so wie die auf der Festplatte Ihres Computers). Besucher greifen üblicherweise auf diese Abschnitte Ihrer Site zu, indem sie über die Homepage oder eine Hauptnavigation gehen, die auf jeder Seite existiert.

Eine Homepage für Ihre Site oder eine Zielseite für ein Verzeichnis darin angeben

Speichern Sie Ihre Datei als `index.html` (siehe „Speichern der Webseite") im gewünschten Ordner (falls auf dem Server Ihrer Site `index.html` als Standardseite nicht funktioniert, wenn Sie sie den Anweisungen in Kapitel 21 gemäß hochladen, konsultieren Sie Ihren Webhosting-Provider).

A *Speichern Sie die Datei als* `index.html` *ab, um sie als Standardseite (auch Default-Page genannt) zu kennzeichnen, die in diesem Verzeichnis geöffnet werden soll.*

B *Wenn ein Besucher den Pfad zu diesem Verzeichnis in seinen Browser eintippt, aber den Dateinamen selbst weglässt, wird der Standardname verwendet. In diesem Beispiel habe ich http://bruceontheloose.com/htmlcss/examples/antoni-gaudi/ eingetippt. Hätte ich stattdessen http://bruceontheloose.com/htmlcss/examples/antoni-gaudi/index.html eingetippt, wäre die gleiche Seite geladen worden.*

TIPP Wenn Sie nicht in allen Verzeichnissen solche Standardseiten haben, zeigen die meisten Server eine Liste der Verzeichnisinhalte an (die Sie möglicherweise Ihren Besuchern aber vorenthalten wollen). Um solche neugierigen Blicke fernzuhalten, erstellen Sie Standardseiten für alle Verzeichnisse Ihrer Site, die HTML-Seiten enthalten. Alternativ können Sie die Servereinstellungen ändern, damit die Dateiliste versteckt bleibt (sie kann auch gezeigt werden, falls sie bereits verborgen ist). Die Liste zu verstecken, ist ratsam bei Ordnern, in denen Dateien mit Inhalten für die Site abgelegt sind, z.B. Bilder, Mediendateien, Stylesheets und JavaScript-Dateien. Fragen Sie Ihren Webhosting-Provider, wie das zu machen ist.

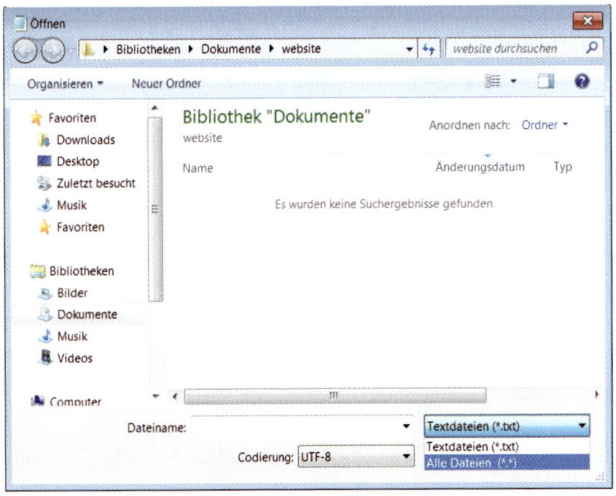

A *Manche Textverarbeitungsprogramme unter Windows wie der Notepad-Editor können die HTML-Dateien nicht automatisch sehen. Wählen Sie dann falls nötig unter Dateityp* Alle Dateien (*.*) *(oder die entsprechende Option), um Dateien mit beliebigen Endungen sehen zu können.*

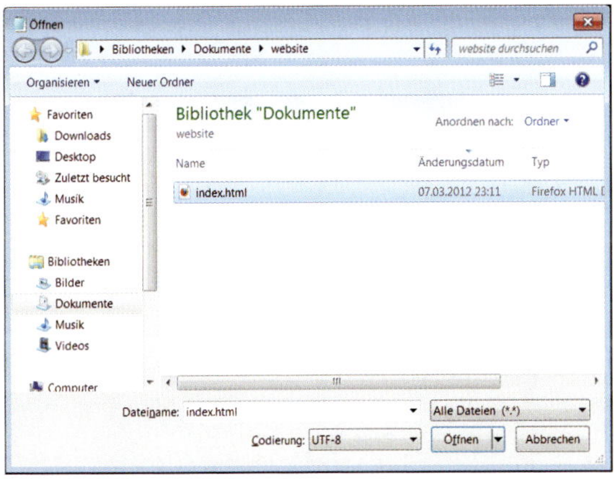

B *Wenn erst einmal alle Dateiendungen dargestellt werden, können Sie die gewünschte HTML-Datei mit Doppelklick öffnen.*

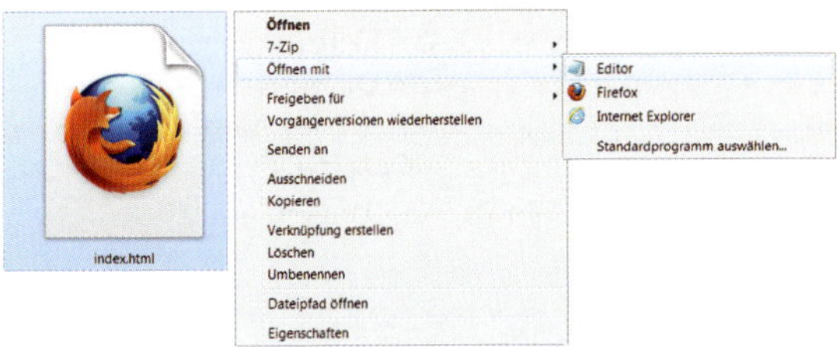

C *Unter Windows können Sie auch auf das Symbol des Dokuments mit der rechten Maustaste klicken und im Kontextmenü* Bearbeiten *oder* Öffnen mit *wählen. Auf einem Mac klicken Sie mit rechts auf das Symbol, wählen* Öffnen mit *im Pop-up-Menü und dann den gewünschten Texteditor.*

Die Bearbeitung von Webseiten

Weil Webseiten meistens mit einem Browser betrachtet werden, öffnet sich der Standard-Browser, sobald Sie auf eine solche Webseitendatei doppelt klicken, und stellt sie dar. Wenn Sie die Webseite dagegen bearbeiten wollen, müssen Sie sie manuell in Ihrer Textverarbeitung öffnen.

Die Bearbeitung von Webseiten

1. Starten Sie Ihre Textverarbeitung.
2. Wählen Sie Datei > Öffnen.
3. Wechseln Sie in das Verzeichnis, das die gewünschte Datei enthält.
4. Falls Ihre Datei nicht aufgelistet wird, wählen Sie die Option Alle Dateien (*.*) (oder eine ähnlich lautende) (**A** und **B**). Name und Standort können sich zwischen den verschiedenen Programmen und Plattformen leicht unterscheiden.
5. Klicken Sie auf Öffnen und Sie können die Datei bearbeiten.

TIPP Wenn Sie ein schon mal gespeichertes Dokument überarbeiten, können Sie einfach mit Datei > Speichern die Änderungen sichern, ohne sich weiter um das Format zu kümmern (wie in Abschnitt „Speichern der Webseite" beschrieben).

Dateiorganisation

Bevor Sie aufgrund der Anzahl der Dateien den Überblick verlieren, sollten Sie sich Gedanken darüber machen, in welcher Struktur sie abgelegt werden. Es ist üblich (aber nicht erforderlich), einen Ordner für jeden Hauptbereich innerhalb Ihrer Site zu erstellen, damit Sie zusammengehörige HTML-Seiten gruppieren können.

Die Organisation von Dateien

1. Erstellen Sie einen zentralen Ordner oder ein zentrales Verzeichnis, das das gesamte Material für Ihre Website enthält. Auf dem Mac wählen Sie im Finder DATEI > NEUER ORDNER **A**. Unter Windows klicken Sie mit rechts auf den Desktop (oder einem Ordner Ihrer Wahl) und wählen NEU > ORDNER **B**. Geben Sie dem Ordner einen Namen.
2. Erstellen Sie Unterordner, die die Organisation Ihrer Website widerspiegeln (**A** und **C**). Sie können beispielsweise für jeden Bereich Ihrer Site einen eigenen Ordner anlegen und darin jeweils nach Bedarf einzelne Unterordner erstellen.
3. Üblicherweise wird auf oberster Ebene der Site ein Bilderordner angelegt und optionale Unterordner, damit Sie Ihre Bilder nach den jeweiligen Bereichen oder anderen Kriterien organisieren können. Ein anderer Ansatz wäre, auf der obersten Ebene einen Ordner namens `Material` o.Ä. zu erstellen und dort hinein den Ordner mit den Bildern zu legen, zusammen mit Ordnern mit anderen Materialien wie Videos, Stylesheets usw. Mehr über Stylesheets erfahren Sie in Kapitel 7.

TIPP Nehmen Sie kurze, aufschlussreiche Namen für Ihre Dateien und Ordner und trennen Sie die Wörter mit einem Bindestrich (*nicht* mit Leerzeichen). Schreiben Sie alles klein, damit Ihre URLs leichter einzutippen und Ihre Seiten somit einfacher erreichbar sind. Mehr über das Erstellen von guten Dateinamen finden Sie im Abschnitt „Dateinamen" in Kapitel 1.

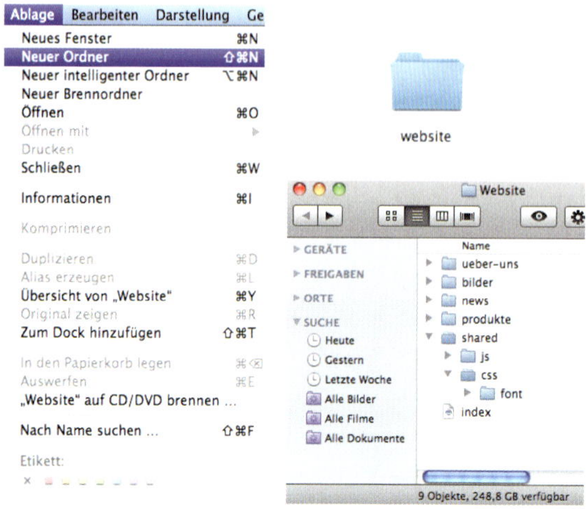

A *Auf einem Mac wählen Sie NEUER ORDNER und geben diesem einen Namen. Dann erstellen Sie für jeden Bereich Ihrer Site einen eigenen Ordner.*

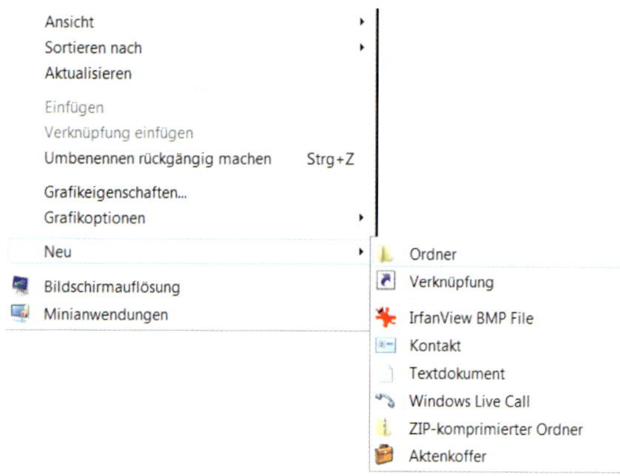

B *Unter Windows klicken Sie mit der rechten Maustaste auf den Desktop oder im Windows-Explorer und wählen NEU > ORDNER.*

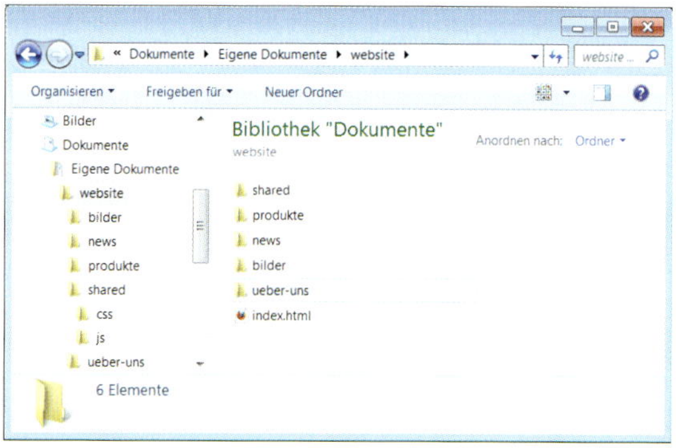

C *Sie können in den Ordner bei Bedarf auch weitere Unterordner einfügen.*

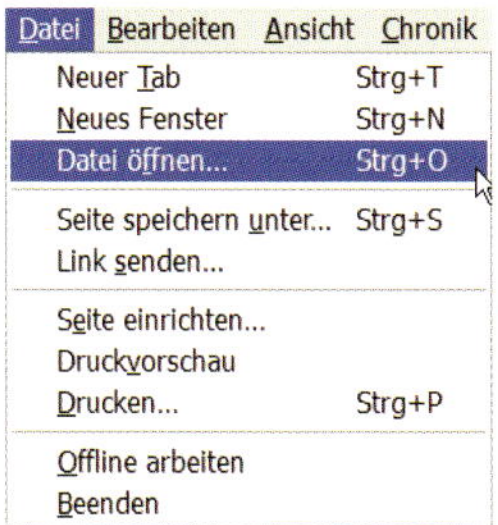

A *Im gewünschten Browser (dies ist Firefox) wählen Sie* DATEI > DATEI ÖFFNEN. *Im Internet Explorer heißt der Dialog* DATEI > ÖFFNEN.

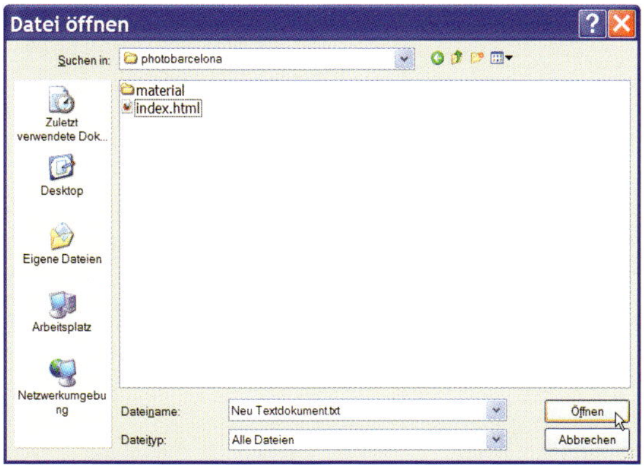

B *Wählen Sie die zu öffnende Datei aus und klicken Sie auf die Schaltfläche* ÖFFNEN.

C *Die Seite erscheint im Browser. Prüfen Sie sie genau, um zu sehen, ob sie wie geplant aussieht.*

Die Darstellung Ihrer Seite in einem Browser

Nach der Erstellung einer Seite wollen Sie sicher wissen, wie sie in einem Browser aussieht. Weil Sie ja nicht wissen können, mit welchem Browser Ihre Besucher kommen werden, sollten Sie sich Ihre Seite in verschiedenen Browsern ansehen.

Die Darstellung der Seite in einem Browser

1. Starten Sie einen Browser.
2. Klicken Sie (abhängig von Ihrem Browser) auf DATEI > ÖFFNEN, > DATEI ÖFFNEN oder > SEITE ÖFFNEN (aber nicht ADRESSE ÖFFNEN) **A**.
3. In der Dialogbox wechseln Sie zum Ordner auf Ihrem Computer, der die gewünschte Webseite enthält, wählen sie aus und klicken Sie auf ÖFFNEN **B**. Die Seite wird so im Browser dargestellt **C**, wie man sie auch sehen würde, wenn Sie sie auf einem Server veröffentlichen (siehe Kapitel 21). In den verschiedenen Browsern können sich diese Schritte ein wenig unterscheiden.

TIPP Sie können (meistens) auch auf das Symbol der Webseite doppelt klicken, um sie im Browser zu sehen. Oder wenn der Browser bereits geöffnet ist, können Sie das Dateisymbol oder den Dateinamen auch ziehen und im Browserfenster fallen lassen. Wenn Sie das erst einmal heraus haben, dann ist das oft der einfachste Weg, um eine Seite in einem Browser anzusehen.

TIPP Bei manchen modernen Browsern gibt es keine dem DATEI > ÖFFNEN-Dialog entsprechende Option. Probieren Sie dann die Drag&Drop-Methode, die im vorigen Tipp beschrieben wird.

TIPP Wenn Ihre Webseite im DATEI ÖFFNEN-Dialog nicht erscheint, sollten Sie nachschauen, ob sie wirklich als `Nur Text` und mit der Endung `.htm` oder `.html` abgespeichert wurde (siehe „Speichern der Webseite").

TIPP Sie müssen das Dokument im Texteditor nicht schließen, wenn Sie es im Browser ansehen wollen, aber es muss gespeichert werden. Wenn Sie die Seite im Editor ändern, nachdem Sie sie im Browser geöffnet haben, speichern Sie die Datei erneut und aktualisieren Sie den Browser (meist mit der Taste F5), um die Seite erneut zu laden (Sie könnten auch die Schritte durchlaufen, wie Sie anfänglich die Seite im Browser aufgerufen haben, aber das dauert länger).

TIPP Ihre Besucher werden Ihre Website erst dann sehen können, wenn Sie sie veröffentlicht haben (siehe Kapitel 21).

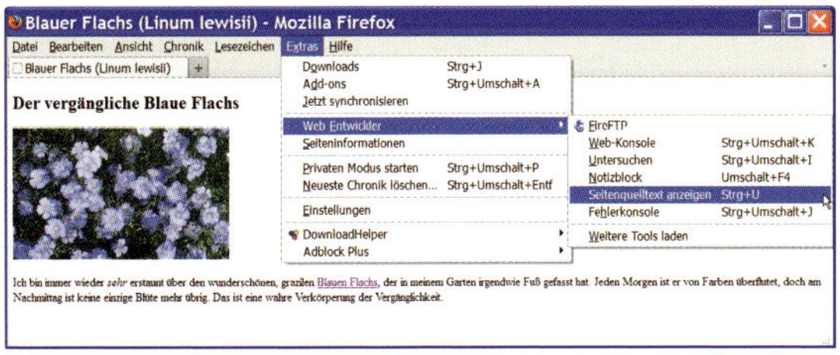

A *Alle Browser haben einen Menübefehl, über den Sie sich den HTML-Code einer Seite anzeigen lassen können. Die Bezeichnungen dafür variieren von* SEITENQUELLTEXT ANZEIGEN *(wie im hier gezeigten Firefox) bis zu* QUELLTEXT ANZEIGEN *(in Chrome ist das z.B.* TOOLS > QUELLTEXT ANZEIGEN*).*

B *In den meisten Browsern können Sie auch mit der rechten Maustaste auf die Seite klicken und dann aus dem Kontextmenü den Befehl für den Quelltext aufrufen, z.B.* SEITENQUELLTEXT ANZEIGEN.

C *Moderne Browser stellen den Code wie im Bild zu sehen in einem eigenen Tab (Reiter) oder Fenster dar, während bei älteren dafür ein spezieller Texteditor aufgerufen wird. Durch Farben wird der Seiteninhalt von den HTML-Elementen, Attributen und Attributswerten abgesetzt. Das nennt sich Syntaxhervorhebung.*

Inspiration durch andere

Um in HTML versierter zu werden, können Sie sich auch ganz einfach mal die Seiten anderer Designer und Entwickler vornehmen. Zum Glück kann man sich HTML einfach anschauen und leicht dazulernen. Doch beachten Sie, dass Texte, Grafiken, Sounds, Videos, Stylesheets und andere externe Dateien möglicherweise durch Copyright geschützt sind. Als Grundregel gilt: Lassen Sie sich von den Seiten anderer Designer für Ihr HTML inspirieren und schreiben Sie dann eigene Inhalte.

Den HTML-Code anderer Designer als Quelltext anschauen

1. Öffnen Sie eine Website mit einem beliebigen Browser.
2. Wählen Sie Quelltext anzeigen (oder die jeweilige Option im Browser) (**A** und **B**). Der HTML-Code wird gezeigt **C**.
3. Sie können die Datei abspeichern, um sie genauer zu untersuchen.

HTML-Code anderer Designer mit Entwicklertools anschauen

Man kann sich den Quelltext einer Seite auch mit den Entwicklertools des Browsers anschauen. Die Tools unterscheiden sich je nach Hersteller, aber einige überlappende Features sind allen gemein.

Diese Tools zeigen eine eher interaktive Ansicht des Quellcodes. Sie können das HTML und das CSS von bestimmten Bereichen der Seite inspizieren, im Browser bearbeiten und sofort sehen, wie sich die Änderungen auf die Darstellung der Seite auswirken. Und das können Sie bei beliebigen Seiten machen – nicht nur Ihrer eigenen. Die Änderungen sind nur temporär – sie überschreiben die eigentlichen HTML- und CSS-Dateien nicht, die die Seite geladen hat. Das ist sehr wertvoll fürs Lernen, weil Sie so sehen können, wie ein bestimmter Effekt erzielt wurde, oder ein wenig am Code herumfummeln, um zu sehen, was passiert, ohne Angst haben zu müssen, dass etwas kaputt geht.

Schauen Sie sich den Kasten „Die Entwicklertools der Browser" in Kapitel 20 an, wenn Sie mehr über die Entwicklertools wissen wollen, die sowohl für ältere als auch moderne Browser verfügbar sind.

TIPP Es gibt keine Regeln darüber, wer eine Site ins Web stellen darf. Das ist ja gerade das Tolle daran: Es ist ein offenes Medium mit einer relativ niedrigen Eintrittsschwelle. Da ist es egal, ob Sie Neuling oder Experte sind oder irgendetwas dazwischen. Behalten Sie das im Hinterkopf, wenn Sie sich den Code anderer Sites anschauen. Wenn Ihnen der Code suspekt vorkommt, sollten Sie nicht gleich annehmen, dass der Autor besser Bescheid weiß, bloß weil seine Site im Netz steht. Es gibt viele Sites, die als hervorragendes Beispiel dienen können, was die Best Practices beim Coding sind, und es gibt eine Menge anderer, die … sagen wir mal, suboptimal sind. Also bewahren Sie einen kritischen Blick und schlagen Sie in diesem Buch oder anderen Quellen nach, falls Sie nicht sicher sind, ob eine bestimmte Technik angemessen ist.

TIPP Sie können den Quellcode auch speichern, indem Sie ihn aus dem Fenster mit der Seitenquelltextdarstellung kopieren und in Ihren Editor einfügen. Anschließend speichern Sie die Datei.

TIPP Sie können den Quellcode und meist auch viel von dessen Ausgangsmaterial (z.B. Bilder) abspeichern: Der Dialog dazu lautet bei den meisten Browsern entweder DATEI > SPEICHERN UNTER oder DATEI > SEITE SPEICHERN UNTER. Allerdings könnte der Browser beim Speichern auch Teile des Codes umschreiben. Also ist der Quellcode möglicherweise nicht mehr exakt der gleiche, wie wenn Sie ihn anhand des vorigen Tipps gespeichert haben.

TIPP Wie Sie das CSS darstellen, erfahren Sie im Abschnitt „Inspiration durch andere – CSS" in Kapitel 8.

3

Die grundlegende HTML-Struktur

In diesem Kapitel geht es um die HTML-Elemente, mit denen Sie Ihrem Dokument Grundlage und Struktur verleihen. Damit sind die Gliederung und die primären semantischen Container für Ihre Inhalte gemeint.

Sie lernen Folgendes:

- Eine neue Webseite beginnen
- Die Gliederung eines HTML5-Dokuments
- Die Elemente `h1-h6`, `hgroup`, `header`, `nav`, `article`, `section`, `aside`, `footer`, und `div` (von denen die meisten in HTML5 neu hinzugekommen sind)
- Wie die ARIA-Attribute für `role` die Accessibility Ihrer Seite verbessern
- Wie man eine `class` oder `id` auf Elemente anwendet
- Wie man das Attribut `title` auf Elemente anwendet
- Wie man Kommentare in den Code einfügt

Wenn man eine klare und einheitliche Struktur schafft, werden die Webseiten nicht nur unter semantischen Gesichtspunkten gut vorbereitet, sondern es erleichtert auch, das Dokument anhand von Cascading Style Sheets (CSS) zu formatieren (darum geht es ab Kapitel 7).

Übersicht

Die erste Webseite beginnen

Ihre HTML-Dokumente sollten als Mindestvoraussetzungen die folgenden Komponenten enthalten – siehe **A**:

- Den DOCTYPE
- Das html-Element (mit dem Attribut , das optional, aber ratsam ist)
- Das head-Element
- Die Zeichenkodierung in einem meta-Element
- Das title-Element (dessen Inhalte Sie gleich einfügen werden)
- Das body-Element

Dies ist nun die HTML-Entsprechung eines leeren Blatts, da im body-Element ja noch kein Inhalt vorhanden ist **B**.

Bevor Sie nun weitere Inhalte einfügen, müssen Sie die Grundlage Ihrer Seite vorbereiten.

Eine HTML5-Seite beginnen

1. Tippen Sie `<!DOCTYPE html>`, um Ihre Seite als HTML5-Dokument zu deklarieren (im Kasten „Der verbesserte DOCTYPE von HTML5“ lesen Sie mit den früheren Versionen von HTML zusammenhängende Informationen).
2. Tippen Sie `<html lang="`*`sprach-code`*`">`, um den eigentlichen HTML-Bereich Ihres Dokuments zu beginnen, wobei `<html lang="`*`sprach-code`*`">` die Sprachkodierung ist, die zur Standardsprache Ihrer Seiteninhalte passt. Zum Beispiel steht `<html lang="de">` für Deutsch oder `<html lang="fr">` für Französisch. Weitere Sprachkodierungen finden Sie unter *www.bruceontheloose.com/references/language-codes.html*.

A *Dies ist die Grundlage aller HTML-Seiten. Die Einrückungen sind nebensächlich, aber die Struktur ist ganz wesentlich. In diesem Beispiel wird die Standardsprache (anhand des Attributs `lang`) auf `de` für Deutsch gesetzt. Die Zeichenkodierung ist UTF-8.*

```
<!DOCTYPE html>
<html lang="de">
<head>
   <meta charset="UTF-8" />
   <title></title>
</head>
<body>


</body>
</html>
```

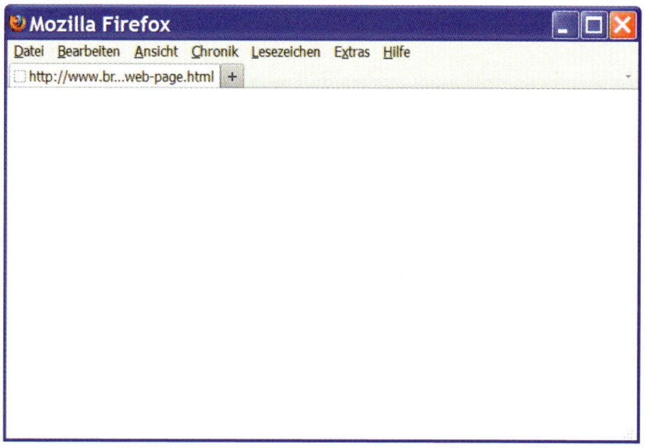

B *So sieht diese einfache HTML-Grundlage in Firefox aus. Wie Sie sehen, sehen Sie nichts! Doch gleich werden wir Inhalte einbringen.*

Wenn Sie Kapitel 1 noch nicht gelesen haben, rate ich nachdrücklich dazu, vor dem Weiterlesen sich erst noch dieses Kapitel vorzunehmen. Es zeigt eine einfache HTML-Seite und erklärt einige Grundlagen. Weil dies nun Ihr erster Blick auf eine Webseite sein wird, wiederhole ich einige (aber nicht alle) Infos hier noch einmal und gehe davon aus, dass Ihnen der Rest so vertraut ist, um auf diesen Konzepten aufbauen zu können.

3. Tippen Sie **<head>**, um den Dokumentkopf der Seite zu beginnen.
4. Tippen Sie **<meta charset="UTF-8" />**, um für die Zeichenkodierung Ihres Dokuments UTF-8 festzulegen. Sie können das auf Wunsch auch im HTML als `utf-8` schreiben. Außerdem sind Leerzeichen und Schrägstrich optional und somit funktioniert `<meta charset="UTF-8">` genauso gut. (Andere Zeichenkodierungen als UTF-8 sind auch gültig, aber UTF-8 ist am vielseitigsten. Also brauchen Sie nur selten davon abzuweichen.)
5. Tippen Sie **<title></title>**. Darin wird der Titel der Seite stehen. Sie werden den Text dafür im Abschnitt „Einen Titel erstellen" einfügen.
6. Tippen Sie **</head>**, um den Dokumentkopf der Seite zu beenden.
7. Tippen Sie **<body>**, um mit dem Textkörper der Seite zu beginnen. Hier kommen dann schließlich und endlich Ihre Inhalte hinein.
8. Lassen Sie ein paar Zeilen leer, um darin (anhand dieses Buchs) die Seiteninhalte zu erstellen.
9. Tippen Sie **</body>**, um den Textkörper zu beenden.
10. Tippen Sie **</html>**, um die Seite abzuschließen.

Das sind ganz schön viele Schritte, aber weil diese bei all Ihren Seiten auf diese Weise nötig sind, nehmen Sie am besten eine HTML-Seite und speichern Sie als Vorlage ab, um sich die viele Tipparbeit zu ersparen. Tatsächlich erlauben es die meisten Code-Editoren, dass man den Startcode für jede neue Seite abspeichert, was alles noch mehr erleichtert. Falls Sie in Ihrem Editor keine Optionen wie EINSTELLUNGEN oder PRÄFERENZEN finden, schauen Sie in der HILFE-Sektion nach.

Die beiden Bereiche einer Seite: Kopf und Körper

Als kurze Erinnerung des in Kapitel 1 Gelernten hier der Hinweis, dass HTML-Seiten in zwei Bereiche geteilt werden: `head` und `body` Ⓐ. Der DOCTYPE, der jede Seite einleitet, ist eine Art Präambel.

Im `head` des Dokuments definieren Sie den Seitentitel, schreiben über Ihre Seite Infos für Suchmaschinen wie Google, laden Stylesheets und gelegentlich auch JavaScript-Dateien (obwohl es aus Gründen der Performance meist zu bevorzugen ist, JavaScript direkt vor dem End-Tag `</body>` unten auf der Seite zu laden). Beispiele dafür werden Sie im Verlauf dieses Buchs kennenlernen. Der Besucher sieht außer dem `title`, um den es gleich gehen wird, erst einmal nichts vom Inhalt des Kopfabschnitts `head`, wenn er Ihre Seite besucht.

Das `body`-Element schließt den Inhalt der Seite ein, z.B. Text, Bilder, Formulare, Audio- und Videodateien sowie andere interaktive Inhalte. Mit anderen Worten sind es die Sachen, die Ihre Besucher sehen können. In diesem Buch gibt es mehrere Kapitel, die sich speziell den auf Inhalte bezogenen HTML-Elementen widmen, und auf ein paar dieser Elemente wird gleich noch hingewiesen.

TIPP Der DOCTYPE von HTML5 gewährleistet, dass die Browser alles in einem verlässlichen Modus darstellen, und informiert die HTML-Validatoren, dass Ihr Code anhand der für HTML5 erlaubten Elemente und Syntax geprüft werden soll. Um HTML-Validatoren geht es in Kapitel 20.

TIPP Beim DOCTYPE von HTML5 wird nicht zwischen Groß- und Kleinschreibung unterschieden. Manche schreiben das z.B. so: `<!doctype html>`. Aber die andere Schreibweise ist eher üblich: `<!DOCTYPE html>` **A**.

TIPP Das `html`-Element, das auf DOCTYPE folgt, muss alle anderen Elemente Ihrer Seite einschließen.

TIPP Achten Sie darauf, dass Ihr Code-Editor so konfiguriert ist, dass Dateien als UTF-8 gespeichert werden, damit sie zu dem über `<meta charset="UTF-8" />` gespeicherten Code passen **A** (falls Sie eine andere Kodierung nehmen wollen, dann müssen die Dateien natürlich darin gespeichert werden). Nicht alle Editoren speichern die Seiten standardmäßig als UTF-8, aber bei den meisten können Sie die Kodierung aus einem Menü oder einer Übersicht wählen (siehe „Speichern der Webseite" in Kapitel 2). Wenn keine UTF-8-Einstellung vorgenommen wird, könnten statt eines erwünschten Buchstabens wie ein i mit Akzent oder ein n mit einer Tilde (~) gelegentlich komische Zeichen in Ihrem Inhalt erscheinen.

TIPP Den Code im `head`-Element müssen Sie nicht einrücken **A**. Allerdings hätten Sie dann den Vorteil, gleich sehen zu können, wo das `head`-Element anfängt, was darin steht und wo es endet. Es kommt nicht selten vor, dass `head` auf manchen Seiten sehr lang wird.

Der verbesserte DOCTYPE von HTML5

Ach, um wie vieles einfacher ist es geworden, eine Webseite zu beginnen, seit wir HTML5 haben. Der DOCTYPE von HTML5 ist erfrischend kurz, vor allem verglichen mit den DOCTYPEs von damals.

Zu Zeiten von HTML 4 und XHTML 1.0 musste man sich noch unter den verschiedenen DOCTYPEs entscheiden und jeder stand sowohl für die HTML-Version als auch die Info, ob er im Transitional- oder Strict-Modus war. Man musste sich das von irgendwoher kopieren, weil sie einfach zu umfangreich waren, um sie sich einprägen zu können.

Dies ist z.B. der DOCTYPE für Dokumente in XHTML Strict:

```
<!DOCTYPE html PUBLIC "-//W3C//DTD XHTML 1.0 Transitional//EN" "http://www.w3.org/TR/xhtml1/DTD/xhtml1-strict.dtd">
```

Was für ein Aufwand!

Zum Glück verstehen alle Browser – egal ob alt oder neu – den DOCTYPE von HTML5. Also können Sie sich für all Ihre Seiten daran halten und vergessen einfach, dass es auch mal andere gab. (Das wäre höchstens dann noch relevant, wenn Sie eine ältere Site geerbt haben und der Besitzer es Ihnen nicht erlaubt, den DOCTYPE auf die HTML5-Version zu ändern.)

Den Seitentitel erstellen

Im HTML-Basiscode des vorigen Abschnitts stand <title></title> als Platzhalter, bis wir endlich Zeit finden, das title-Element weiter zu erläutern. Dieser Moment ist nun gekommen!

Jede HTML-Seite muss ein title-Element für den Seitennamen aufweisen. Ein Titel soll kurz, aussagekräftig und für jede Seite einmalig sein **A**. Bei den meisten Browsern erscheint der Seitenname in der Titelleiste des Fensters (Chrome stellt da die Ausnahme dar) **B**. Außerdem taucht er im Reiter der Seite auf, wenn der Browser das Tabbed Browsing (Registernavigation) unterstützt – also praktisch bei allen großen Browsern, die in den vergangenen Jahren erschienen. Der Seitenname erscheint auch im Browserverlauf sowie in den Favoriten- bzw. Bookmark-Listen **C**.

Vielleicht noch wichtiger ist, dass der Titel von Suchmaschinen wie Google, Bing und Yahoo! herangezogen wird. Das dient einerseits als Hinweis, mit welchen Informationen auf Ihrer Seite zu rechnen ist, und andererseits erscheint der Titel auch im Link, der in den Suchergebnissen dargestellt wird **D**.

Kurz gesagt verbessern Sie Ihre Suchmaschinenresultate und die Nutzererfahrung, wenn Sie das title-Element für jede Seite unverwechselbar und einmalig gestalten.

A *Das* title*-Element sollte im Header-Bereich platziert werden. Schreiben Sie es nach dem* meta*-Element, das die Zeichenkodierung angibt.*

```
<!DOCTYPE html>
<html lang="de">
<head>
   <meta charset="UTF-8" />
   <title>Antoni Gaudí - Einführung</title>
</head>
<body>


</body>
</html>
```

B *Bei den meisten Browsern wie Firefox wird der Titel der Webseite sowohl in der Titelleiste des Fensters als auch im Tab (Reiter) gezeigt. Doch Chrome (unten) zeigt den Titel nur im Tab.*

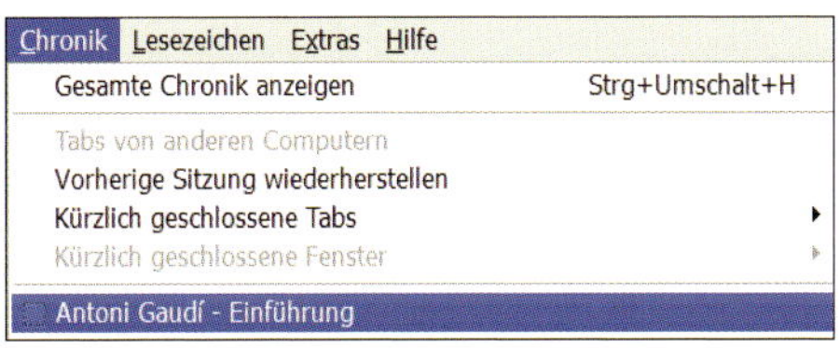

C *Der Seitenname erscheint auch in der (hier gezeigten) Chronik sowie in den Favoriten- bzw. Bookmark-Listen.*

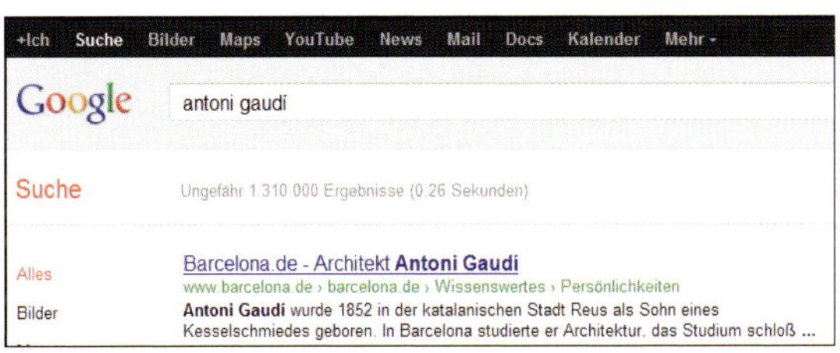

D *Vielleicht am wichtigsten ist, dass Ihr Seitentitel als verlinkter Text in den Suchresultaten von Google und anderen Suchmaschinen verwendet wird. Überdies ist es ein wichtiger Faktor, um die Relevanz einer Seite bei den Suchergebnissen zu bestimmen. Hier sehen Sie den Titel und einen Ausschnitt aus dem Textkörper, wie er in Google erscheint.*

Einen Titel erstellen

1. Platzieren Sie den Cursor zwischen `<title>` und `</title>` im `head` des Dokuments.
2. Geben Sie den Namen Ihrer Webseite ein.

TIPP Das `title`-Element muss vorhanden sein.

TIPP Ein Titel darf keine Formatierungen, HTML, Bilder oder Links auf andere Seiten enthalten.

TIPP Manche Code-Editoren füllen den `title` mit Standardtext, wenn Sie eine neue Seite beginnen, außer Sie haben – wie in „Die erste Webseite beginnen“ beschrieben – Ihren Editor so eingestellt, dass spezieller Startcode verwendet wird. Also achten Sie jeweils darauf und sorgen Sie ggf. dafür, Standardtext durch einen eigenen `title` zu ersetzen.

TIPP Wenn Ihr `title` Sonderzeichen wie Akzente oder Symbole enthält, müssen Sie diese entweder in Ihre Kodierung aufnehmen (bei UTF-8 normalerweise kein Problem) oder sie als Referenzen schreiben (eine Liste der verfügbaren Zeichen-Entity-Referenzen finden Sie unter *www.elizabethcastro.com/html/extras/entities.html*). Vergessen Sie außerdem nicht, Ihren Code-Editor so einzustellen, dass die Seiten mit der entsprechenden Kodierung gespeichert werden, also z.B. UTF-8, damit die Sonderzeichen korrekt gespeichert werden (siehe „Speichern der Webseite“ in Kapitel 2).

Seitentitel unter der Lupe

Viele Entwickler – darunter sogar wohlmeinende mit großer Erfahrung – schenken dem `title`-Element wenig Aufmerksamkeit. Sie geben einfach den Namen der Site ein und kopieren diesen dann auf alle anderen HTML-Seiten. Oder schlimmer noch – sie lassen einfach den `title`-Text stehen, den der Editor vielleicht standardmäßig einfügt. Wenn Sie es sich vorgenommen haben, Traffic auf Ihre Site zu leiten, leisten Sie sich und Ihren potenziellen Lesern einen riesengroßen Bärendienst, falls Sie genauso handeln.

Suchmaschinen arbeiten mit verschiedenen Algorithmen, um den Rang einer Seite zu bestimmen und dessen Inhalt zu indexieren. Bei allen spielt der `title` dabei allerdings eine Schlüsselrolle. Suchmaschinen schauen sich den `title` an, um festzustellen, worum es bei der Seite geht, und indexieren den Inhalt einer Seite auf der Suche nach dazugehörigem Text. Ein effektiver `title` konzentriert sich auf eine Handvoll Schlüsselwörter, die für den Seiteninhalt zentral sind.

Die empfehlenswerte Vorgehensweise ist, einen `title`-Text zu wählen, der den Dokumentinhalt kurz zusammenfasst – davon profitieren sowohl die Nutzer von Screenreadern als auch Ihr Ranking bei den Suchmaschinen. Zweitens geben Sie (optional) den Namen Ihrer Site im `title` an. Den Namen einer Site sieht man üblicherweise am Anfang des `title`, aber besser noch ist es, den typischen, für die Seite spezifischen `title`-Text stattdessen an den Anfang zu setzen.

Ich rate Ihnen, die zentrale Botschaft des `title` in den ersten 60 Zeichen (inklusive Leerzeichen) unterzubringen. Denn als Faustregel kann man sagen, dass Suchmaschinen die Darstellung ihrer Resultate etwa nach dieser Zeichenzahl abschneiden. Browser stellen in der Titelleiste oben im Fenster verschieden viele Zeichen dar (aber nie mehr als 60), bevor sie den Text abschneiden. Bei Browser-Tabs wird der Titel sogar noch eher beschnitten, weil es weniger Platz gibt.

Überschriften erstellen

Bei HTML können Sie für Ihre Webseite bis zu sechs Überschriftsebenen vergeben, um Ihre Seite zu unterteilen. Zeichnen Sie jede Überschrift mit einem der Elemente h1 bis h6 aus. Dabei ist h1 eine Überschrift erster Ordnung, h2 eine Unterüberschrift davon, h3 wiederum eine Unterüberschrift von h2 usw. Wie Sie bald erfahren, gehören Überschriften zu den wichtigsten HTML-Elementen jeder Seite.

Stellen Sie sich die h1-h6-Überschriften ähnlich vor wie jene aus Nicht-HTML-Dokumenten, die Sie sonst so verfassen, z.B. ein Verkaufsbericht, eine Hausarbeit, ein Produkthandbuch, ein Zeitungsartikel. Wenn Sie solche Arten von Dokumenten schreiben, kennzeichnen Sie jeden Hauptabschnitt des Inhalts passenderweise mit einer Überschrift und einer beliebigen Zahl von Unterüberschriften (und weiteren *Unter*-Unterüberschriften). Zusammengenommen repräsentieren diese Überschriften die Gliederung des Dokuments. Das Gleiche gilt für Ihre Webseiten **A**. Im nächsten Abschnitt „Die Gliederung eines HTML5-Dokuments" werde ich das weiter ausführen.

A *Sie können Ihr Dokument anhand von Überschriften in der Art einer Gliederung strukturieren. Hier sind „La Casa Milà" und „La Sagrada Família" – als* h2*-Elemente ausgezeichnet – Unterüberschriften der obersten Überschrift „Antoni Gaudí", weil diese ein* h1 *ist. (Der Teil* lang="es" *verweist darauf, dass der Inhalt auf Spanisch ist – er wirkt sich nicht auf die Gliederung aus.) Wäre „La Sagrada Família" stattdessen ein* h3*, wäre es eine Unterüberschrift von „La Casa Milà" (und eine Unterunterüberschrift von „Antoni Gaudí".) Die leere Zeile zwischen den Überschriften ist optional und wirkt sich nicht auf die Darstellung der Inhalte aus. Wenn Sie gleich darauf den Rest der Seite schreiben würden, dann würden die damit zusammenhängenden Inhalte (Absätze, Bilder, Videos usw.) direkt nach jeder Überschrift folgen. Auf den nächsten Seiten werden Sie Beispiele davon kennenlernen.*

```
<!DOCTYPE html>
<html lang="de">
<head>
   <meta charset="UTF-8" />

<title>Antoni Gaudí - Einführung</title>
</head>
<body>

<h1>Antoni Gaudí</h1>

<h2 lang="es">La Casa Milà</h2>

<h2 lang="es">La Sagrada Família</h2>


</body>
</html>
```

Eine Webseite mit Überschriften strukturieren

1. Im body-Abschnitt des HTML-Dokuments tippen Sie **<hn>** ein, wobei abhängig von der Überschriftsebene, die Sie erstellen wollen, *n* für eine Zahl zwischen 1 bis 6 steht. h1 ist die wichtigste und h6 die am wenigsten wichtige Überschrift.
2. Geben Sie den Inhalt der Überschrift ein.
3. Tippen Sie **</hn>** ein, wobei *n* die gleiche Zahl ist wie in Schritt 1.

TIPP Ihre Überschriften `h1`-`h6` sind wegen ihrer Wirkung auf die Definition Ihrer Seitengliederung besonders wichtig. Standardmäßig stellen Browser Überschriften fortschreitend kleiner dar, wenn sie von `h1` nach `h6` gehen **B**. Aber vergessen Sie nicht, Ihre Überschriftenebenen einzig danach auszurichten, welche Hierarchie für Ihren Inhalt passend ist, und nicht danach, wie groß oder klein der Text erscheinen soll. Damit wird Ihre Seite semantisch stärker, was im Gegenzug sowohl die SEO als auch die Accessibility (Zugänglichkeit) verbessert. Sie können die Überschriften z.B. mit einer bestimmten Schriftart, Schriftgröße bzw. Schriftfarbe usw. formatieren. Wie man das mit CSS macht, erfahren Sie in Kapitel 10.

TIPP Suchmaschinen bewerten Ihre Überschriften sehr stark, vor allem solche in `h1` (was nicht bedeutet, dass Sie Ihre Seite mit `h1`s vollstopfen sollten – dafür sind die Suchmaschinen zu clever). Mittlerweile nutzen Screenreader die Überschriften, um auf einer Seite per Tastatur navigieren zu können, weil man damit schnell auf die Inhalte einer Seite zugreifen und finden kann, was einen am meisten interessiert, ohne sich erst alles vorlesen lassen zu müssen. Noch ein weiterer Grund, sich eine logische Überschriftenhierarchie zuzulegen.

TIPP Gestalten Sie die Überschriftenebenen auf Ihrer Site durchgehend konsistent, um eine bessere Nutzererfahrung zu schaffen.

TIPP Sie können einer Überschrift auch ein `id` mitgeben, wenn Sie einen direkten Link auf diese Überschrift erstellen wollen (siehe „Anker erstellen" in Kapitel 6).

TIPP Anmerkung: In **A** habe ich das Attribut `lang` bei jedem `h2` genommen, um anzuzeigen, dass dessen Inhalte in einer anderen Sprache sind (Spanisch, wie man dem Sprachcode `es` entnehmen kann) als der Rest der Seite (Deutsch), der durch `<html lang="de">` deklariert wird.

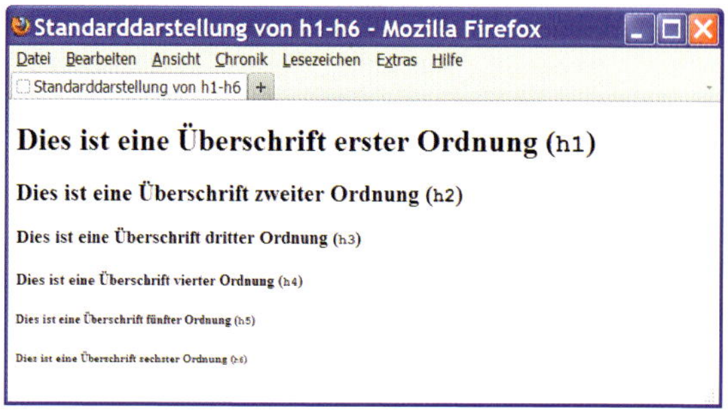

B *Zwar sind alle Überschriften standardmäßig fett, aber `h1` hat eine größere Schrift als `h2`, die wiederum größer ist als `h3` usw. Aber wie Sie ja wissen, ist das Aussehen irrelevant, wenn man sich überlegt, welche Überschriftenebene man einsetzen will. Die Darstellung können Sie mit CSS ändern.*

Die Gliederung eines HTML5-Dokuments

Im vorigen Abschnitt haben Sie erfahren, dass die Überschriftenelemente `h1`-`h6` zur Gliederung Ihrer HTML-Seite beitragen. In diesem Abschnitt werfen wir noch einen Blick hinter die Kulissen und lernen, wie eine Handvoll Elemente, die in HTML5 neu hinzukamen, sich ebenfalls auf die Gliederung auswirken.

Noch eine syntaktische Anmerkung, bevor Sie weitermachen: In den folgenden Erläuterungen und Seiten verwende ich oft den Begriff „Sektion" als generischen Begriff und meine damit einen Teil einer Seite – im Gegensatz zum speziellen `section`-Element (von dem Sie später noch mehr erfahren). Wenn ich genau das `section`-Element meine, dann wird das Wort genauso wie in diesem Satz formatiert.

Okay, also weiter.

Sie wissen nun also, dass jedes HTML-Dokument über eine „eingebaute" Gliederung verfügt – ähnlich wie ein Inhaltsverzeichnis –, die durch die Überschriftenelemente definiert wird. Die Gliederung wird nun von der Seite nicht explizit dargestellt – obwohl Browser eines Tages vielleicht über ein Mittel dafür verfügen –, sondern wie bei allen semantischen Elementen ist sie beispielsweise für Screenreader oder Suchmaschinen von Bedeutung, die diese Gliederung nutzen, um die Struktur Ihrer Seite zu erfassen und die Benutzer mit Informationen zu versorgen.

In den Versionen von HTML und XHTML, die HTML5 vorausgingen, blieben einem nur die Überschriftenelemente `h1`-`h6`, um die Gliederung zu strukturieren. HTML5 hingegen verfügt über vier Elemente, mit denen man eine Seite in Unterbereiche einteilen kann (das bezeichnet man als *sectioning content*), und zwar `article`, `aside`, `nav` und `section`. Diese grenzen Sektionen innerhalb eines Dokuments voneinander ab und definieren den Bereich der Elemente darin (und auch von `header` und `footer`).

Das bedeutet, dass jedes dieser abgrenzenden Elemente seine eigene `h1`-`h6`-Hierarchie hat, und das stellt einen Riesenfortschritt dar verglichen mit den früheren Versionen der Sprache. Außerdem gestattet die HTML5-Spezifikation, auf einer Seite sogar mehr als nur ein `h1` zu haben (machen Sie sich dazu mal einen Knoten ins Taschentuch, denn gleich werde ich erklären, warum Sie die `h1` begrenzen sollten).

All das wirkt sich auf die Gliederung aus. Vergleichen wir einmal zwei äquivalente Gliederungen, um zu sehen, wie das funktioniert. Für beide gehen wir davon aus, dass auf jede Überschrift eine Reihe von Absätzen und andere Inhalte folgen, die die Informationen des jeweiligen Abschnitts repräsentieren.

Die erste Gliederung ist valides HTML5 und allen vertraut, die sich mit HTML und XHTML auskennen. Sie arbeitet nur mit Überschriftenelementen **A**.

Die zweite Version **B** verwendet sowohl Überschriften als auch `section`-Elemente aus HTML5, darunter ein verschachteltes `section`. (Anmerkung: Dass der Code eingerückt ist, ist unwichtig und wirkt sich nicht auf die Gliederung aus, aber dadurch wird deutlicher, welche Elemente in anderen enthalten sind.)

A *Dokumentgliederung Version 1*

```
...
<body>
   <h1>Produktleitfaden für Anwender</h1>
   <h2>Einrichtung</h2>
   <h2>Basisfeatures</h2>
   <h3>Videowiedergabe</h3>
   <h2>Weitere Features</h2>
</body>
</html>
```

B *Dokumentgliederung Version 2 (gleiche Gliederung wie Version 1, aber aussagekräftiger ausgezeichnet)*

```
...
<body>
   <h1>Produktleitfaden für Anwender</h1>
   <section>
      <h2>Einrichtung</h2>
   </section>

   <section>
      <h2>Basisfeatures</h2>
      <section> <!-- verschachtelt und somit ein
      → Unterabschnitt des übergeordneten
      → Elements -->
         <h3>Videowiedergabe</h3>
      </section>
   </section>

   <section>
      <h2>Weitere Features</h2>
   </section>
</body>
</html>
```

C *Die Dokumentgliederung von Version 3 (nicht die gleiche Gliederung wie die Versionen 1 und 2)*

```
...
<body>
   <h1>Produktleitfaden für Anwender</h1>
   <h1>Einrichtung</h1>
   <h1>Basisfeatures</h1>
   <h1>Videowiedergabe</h1>
   <h1>Weitere Features</h1>
</body>
</html>
```

Vorhin hatte ich erwähnt, dass Browser bisher noch keine Gliederung anzeigen. Doch mit dem HTML 5 Outliner von Geoffrey Sneddon können Sie sie schon mal prüfen (*http://gsnedders.html5.org/outliner/*). Dieses einfache, aber tolle Tool gibt eine visuelle Darstellung der Dokumentgliederung aus. Wenn Sie aus beiden Versionen damit jeweils eine Gliederung generieren (**A** und **B**), sehen Sie, dass die Überschriftenebenen für `h1`-`h6` zwar unterschiedlich sind, aber beide diese Gliederung ergeben:

1. Produktleitfaden für Anwender
    1. Einrichtung
    2. Basisfeatures
        1. Videowiedergabe
    3. Weitere Features

Wie Sie sehen, wird in Version 2 **B** jedes `html`-Element zu einer Untersektion des am nächsten gelegenen `h1`-`h6` oder Vorfahrens, das die Seite aufteilt (*sectioning content*) (bei dem es sich in diesem Fall auch um `section` handelt). Das gleiche Verhalten gilt auch für die vier bereits erwähnten HTML5-Elemente für den Sectioning-Content (`article`, `aside`, `nav` und `section`) – auch wenn sie miteinander gemischt werden.

Im Vergleich wäre die Gliederung gänzlich anders, wenn Version 2 **B** keine `section`s hätte (nennen wir dies Version 3 **C**).

Jede Überschrift wäre nämlich auf der gleichen Wichtigkeitsstufe `h1` und das bedeutet, dass es *gar keine* untergeordneten Überschriften (oder Unterunterüberschriften) mehr gibt:

1. Produktleitfaden für Anwender
2. Einrichtung
3. Basisfeatures
4. Videowiedergabe
5. Weitere Features

Die beiden Gliederungen mit der gleichen Bedeutung (also Versionen 1 und 2) sind gültiges HTML5, aber die zweite wäre vorzuziehen, weil die `section`-Elemente semantisch mehr aussagen. In der Praxis könnten Sie den gesamten Inhalt von Version 2 in ein `article`-Element setzen, da das in diesem Kontext sogar noch angemessener wäre (aber die daraus resultierende Gliederung wäre etwas anders). Abbildung D zeigt ein Beispiel.

Vergessen Sie außerdem nicht, dass nach jeder Überschrift damit zusammenhängender Text, Bilder und anderer Inhalt folgen. Darüber erfahren Sie im weiteren Verlauf mehr. Aber für den Augenblick habe ich das alles weggelassen, damit Sie sich besser auf Überschriften und Gliederungen konzentrieren können.

Was Sie im heutigen Ökosystem machen können

Aber Moment mal! Da gibt es noch eine andere Anpassung, die Sie beim Code vornehmen sollten. Nun können Sie den Knoten wieder aus dem Taschentuch herausmachen: Warum sollen die `h1` nun limitiert werden? Zwar stimmt es, dass jedes Element, mit dem man Inhalt voneinander abgrenzen oder sektionieren kann (also `article`, `aside`, `nav` und `section`), seine Überschriftenhierarchie mit `h1` beginnen *kann*, aber zwingend ist das nicht. Vielmehr ist zutreffend, dass Sie bis in absehbarer Zukunft besser damit fahren, jede solche Sektion mit einem `h2` oder tiefer anzufangen, falls diese eine Unterüberschrift eines bereits vorhandenen `h1`-Elements für einen damit zusammenhängenden Inhalt darstellen soll.

Der Grund:

Das sich ständig weiterentwickelnde Internet enthält eine Vielzahl beweglicher Teile. Neue Spezifikationen wie HTML5 ändern sich täglich, bis sie final sind (das kann Jahre dauern und ist bei HTML5 noch gar nicht so weit). Neue Browser-Versionen erscheinen und neue Versionen von Screenreadern und weiterer assistiver Technologien werden entwickelt und veröffentlicht. Das alles ist nun gar nicht sonderlich synchron oder aufeinander abgestimmt.

D *Gliederungsbeispiel mit expliziter Semantik*

```
...
<body>
   <article>
      <h1>Produktleitfaden für Anwender</h1>
      <section>
         <h1>Einrichtung</h1>
      </section>

      <section>
         <h1>Basisfeatures</h1>
         <section>
         <h1>Videowiedergabe</h1>
         </section>
      </section>

      <section>
         <h1>Weitere Features</h1>
      </section>
   </article>
</body>
</html>
```

Stattdessen läuft das meist so ab, dass jeder Browser sein Spektrum inkrementell ausbaut (was im Allgemeinen eine gute Sache ist) und dabei nicht notwendigerweise wie seine Konkurrenz vorgeht (das ist hingegen meist nicht so gut) und ganz gewiss nicht nach dem gleichen Fahrplan wie die anderen. Das Gleiche gilt für Screenreader. Obwohl also moderne Browser viele der HTML5-Features unterstützen, ist keiner zum Zeitpunkt, während ich dies schreibe, in der Lage, für Screenreader die HTML5-Dokumentgliederung auszugeben, und Screenreader können sie ihren Nutzern gegenüber auch nicht ausgeben.

Kurz gesagt bedeutet das, dass Screenreader und andere assistive Technologien bisher nicht unterscheiden zwischen einem `h1`, das sich direkt im `body` befindet, und einem `h1`, das sich in einem `article`, `aside`, `nav` oder `section` befindet. Aus deren Perspektive ist alles `h1` auf oberster Ebene. Bruce Lawson, der bekannte Webevangelist für Opera, war meines Wissens der erste, der dies aufgezeigt hat. (*www.brucelawson.co.uk/2009/headings-in-html-5-and-accessibility/*; bitte beachten Sie, dass manche Informationen hier möglicherweise veraltet sind, weil sich die Spezifikation seitdem verändert haben kann. Lesen Sie dazu auch sein aktuell erschienenes *HTML5 – Eine Einführung für Umsteiger* (Addison-Wesley 2011), das er mit Remy Sharp verfasst hat.)

In der Zwischenzeit können sich Screenreader nicht den Luxus leisten abzuwarten, bis das Internet ihre Bedürfnisse erfüllt. Sie werden damit weitermachen, sich anhand der Überschriften einen Überblick über den Inhalt der Seite zu verschaffen und gleichzeitig auch über die Navigation darin, wie sie das bisher auch immer gemacht haben. Mit einer aussagekräftigen Hierarchie der Überschriften wird das einfacher und es sorgt für eine bessere Nutzererfahrung auf Ihrer Site.

Bis also das Ökosystem hier ein wenig aufgeholt hat, fahren Sie und Ihre Nutzer besser, wenn Sie in den Überschriften die Hierarchie explizit mit `h1`-`h6` anzeigen – genauso, wie Sie es machen würden, falls keine abgrenzenden Elemente vorhanden wären. Lawson und andere Kollegen der Branche empfehlen diesen Ansatz und ich schließe mich dem an.

Schauen wir uns nun an, wie vorzugehen ist **E**.

Was in der ersten Ebene der `section`-Elemente `h1` war, ist nun `h2`, und die Überschrift „Videowiedergabe", die sich in einem doppelt verschachtelten `section` befand, ist nun ein `h3` statt ein `h1`. Die Dokumentgliederung hat sich nicht geändert, nur die Überschriftenebenen.

Dieses Beispiel demonstriert nur `h1`-`h3`, aber falls Ihre Inhalte das hergeben, sollten Sie auch mit `h4`-`h6` arbeiten. Eine Unterüberschrift für „Videowiedergabe" wäre dann beispielsweise eine `h4` (mit oder ohne übergeordnetes Sektionierungselement – wie es Ihnen beliebt) usw.

Und denken Sie daran, dass diese Empfehlung für alle Sektionierungselemente (`article`, `aside`, `nav` und `section`) gilt und nicht nur für die in diesem Beispiel gezeigten.

E *Version 4 (der von allen vier Versionen empfehlenswerte Ansatz für Überschriften)*

```
...
<body>
<article>
   <h1>Produktleitfaden für Anwender</h1>
   <section>
      <h2>Einrichtung</h2>
   </section>

   <section>
      <h2>Basisfeatures</h2>
      <section>
      <h3>Videowiedergabe</h3>
      </section>
   </section>

   <section>
      <h2>Weitere Features</h2>
   </section>
</article>
</body>
</html>
```

Zusammenfassung

Ich schlage vor, dass Sie diese Erläuterungen über die HTML5-Dokumentgliederung erneut lesen, falls etwas davon noch nicht ganz eingängig war. Es ist nicht annähernd so kompliziert, wie es scheint. Ich rate Ihnen nachdrücklich, einfach mal ein paar unterschiedliche Testseiten zu erstellen und die Resultate im HTML5 Outliner zu vergleichen, damit Sie ein besseres Gefühl für die Arbeitsweise des Gliederungsalgorithmus bekommen. Nutzen Sie den Outliner auch in Ihrer Projektarbeit, um sicher zu sein, dass Ihre Struktur wie gewünscht ist. Zuerst prüfen Sie aber die HTML5-Seiten entweder unter *http://validator.nu/* oder *http://validator.w3.org/*, um Coding-Fehler aufzudecken (siehe „Den Code validieren" in Kapitel 20).

TIPP Hier soll allerdings nicht der Eindruck entstehen, dass Sie immer ein `article` verwenden müssen oder dass ein `section` immer (und ausschließlich) in einem `article` verschachtelt sein kann. Das hier erläuterte Beispiel war nur eine Möglichkeit, wie man diese Elemente verwenden kann, und tatsächlich kann man den gleichen Inhalt auch auf andere Weise auszeichnen und man hätte immer noch valides HTML5. Ich erkläre `article` und `section` später in diesem Kapitel noch genauer und Sie werden merken, dass abhängig von Ihren Inhalten verschiedene Anwendungen dafür möglich sind.

Wie der Gliederungsalgorithmus von HTML5 bei syndizierten Inhalten unterstützt

Wenn Sie bis hierhin alles mitverfolgt haben, wissen Sie, dass alle article-, aside-, nav- und section-Elemente aufgrund des Gliederungsalgorithmus von HTML5 und auch, weil sie alle zum Sectioning Content gehören, jeweils eine eigene Gliederung haben können. Diese beginnt mit h1 und kann bis h6 reichen.

Das erlaubt nicht nur eine große Flexibilität bei den Überschriften Ihres Dokuments, aber ein weiterer Vorteil ist nicht so offensichtlich: So können Ihre Inhalte auf anderen Seiten und sogar anderen *Websites* erscheinen, ohne dass damit die Gliederung des übergeordneten Dokuments zerschossen wird. Und die jeweils eigene Gliederung bleibt ebenfalls intakt.

Heutzutage werden immer mehr Inhalte von unterschiedlichen Sites gemeinsam genutzt. Es gibt Sites, auf denen Nachrichten aggregiert werden, Blogs mit RSS-Feeds, Twitter-Feeds usw. Wie Sie in „Einen Artikel erstellen" lernen werden, repräsentiert das article-Element eine eigenständige Komposition, die man syndizieren *kann* (das muss nicht sein, aber passenderweise sollte man das so machen).

Nehmen wir an, dass das folgende article von einer Site auf einer anderen Site dargestellt wird:

```
...
<h2>News aus dem Netz</h2>

<article>
   <h1>Teenager hört lieber Vinyl als digital</h1>

   <p>Ein Mädchen hat all ihre digitalen Musikstücke durch Vinyl ersetzt. "Das ist echt
   ➝ abgefahren", verkündete sie.</p>

   <h2>Süchtig schon nach dem ersten Album</h2>
   ...
</article>
...
```

Wenn Sie diesen Code mit dem HTML5 Outliner prüfen, bekommen Sie Folgendes zu sehen:

1. News aus dem Netz
   1. Teenager hört lieber Vinyl als digital
      1. Süchtig schon nach dem ersten Album

Obwohl also die Überschrift *Teenager* eine höhere Ebene (h1) ist als das h2, unter dem es sich befindet, ist es eine Unterüberschrift des h2, weil es in einem article unter dieser Überschrift steht. Und die h2-Überschrift mit *Süchtig* ist eine Unterunterüberschrift von der h2-Überschrift mit den News und befindet sich nicht auf gleicher Ebene.

Die News-Überschrift könnte eine h3, eine h4 oder *irgendeine* andere Überschriftenebene sein und die Gliederung wäre exakt die gleiche. Das Gleiche gilt für *Teenager* und *Süchtig*, solange sich *Teenager* auf einer höheren Ebene befindet.

Überschriften gruppieren

Manchmal hat eine Überschrift mehrere aufeinanderfolgende Ebenen, so wie bei Überschriften mit Unterzeilen, alternativen Titeln oder Slogans. Wenn man die alle in ein `hgroup`-Element gruppiert, zeigt man, dass sie zusammengehörig sind **A**. Jedes `hgroup` kann nur zwei oder mehr `h1`-`h6`-Überschriften enthalten, andere Elemente sind nicht erlaubt.

Nur die erste Instanz der höchstrangigen Überschrift in einer `hgroup` erscheint in der Dokumentgliederung (siehe „Die Gliederung eines HTML5-Dokuments“). Das könnte also ein weiterer zu berücksichtigender Aspekt sein, um sich für `hgroup` zu entscheiden. Der Klarheit halber sollte noch erwähnt werden, dass alle Überschriften in einer `hgroup` im Browser dargestellt werden **B**.

Zwei oder mehr Überschriften gruppieren

1. Tippen Sie **`<hgroup>`**.
2. Tippen Sie **`<hn>`**, wobei abhängig von der Überschriftsebene, die Sie erstellen wollen, *n* für eine Zahl zwischen 1 und 6 steht.
3. Geben Sie den Inhalt der Überschrift ein.
4. Tippen Sie **`</hn>`** ein, wobei *n* die gleiche Zahl ist wie in Schritt 2.
5. Wiederholen Sie die Schritte 2 bis 4 für alle Überschriften, die Sie in `hgroup` aufnehmen wollen. Üblicherweise wird die Überschriftenebene für jede nachfolgende Überschrift um eins hochgezählt (z.B. von `h1` zu `h2` usw.).
6. Tippen Sie **`</hgroup>`**.

A *Zwei zusammengehörige Überschriften werden gemeinsam gruppiert. In diesem Beispiel ist `h2` eine Unterüberschrift der `h1`-Überschrift des Artikels. Weil es mit der höchsten Überschrift ausgezeichnet wurde, erscheint in der Dokumentgliederung nur „Giraffe entflieht aus Zoo“, aber beide werden erwartungsgemäß im Browser dargestellt* **B**. *Wenn entsprechend ein zweites `h1` danach in der `hgroup` erschiene, fiele es in der Gliederung so wie das `h2` unter den Tisch. Weil das `h2` in der Gliederung nicht erscheint, könnte die nächste Überschrift im Artikel ein `h2` (statt eines `h3` sein) und auch als direkte Unterüberschrift des `h1` „Giraffe entflieht aus Zoo“ verstanden werden.*

```
...
<body>

<article>
   <hgroup>
      <h1>Giraffe entflieht aus Zoo</h1>
      <h2>Allerorten frohlocken die Tiere</h2>
   </hgroup>

   <p>... [Artikelinhalt] ...</p>
</article>

</body>
</html>
```

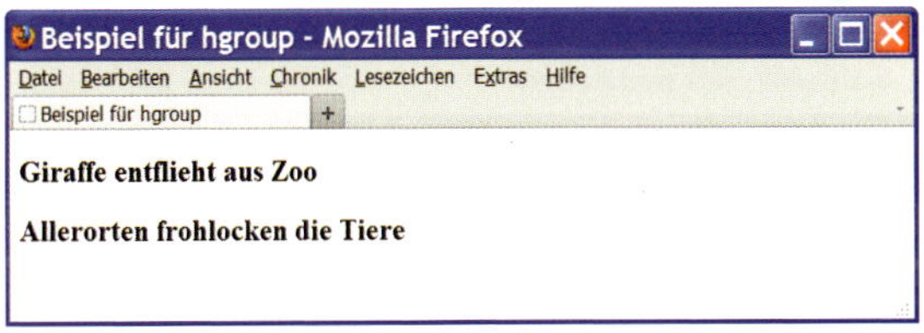

B *Beide Überschriften werden im Browser dargestellt, so als ob sie nicht in einer `hgroup` enthalten wären.*

TIPP Nehmen Sie `hgroup` nicht, wenn es nur eine einzige Überschrift gibt. Es ist für mindestens zwei gedacht.

TIPP Wie bereits erwähnt, erscheint nur die erste Instanz der höchstrangigen Überschrift in einer `hgroup` in der Dokumentgliederung. Die Reihenfolge der Überschriften ist irrelevant. Wenn in Ihrem `hgroup` also ein `h3` auf ein `h2` folgt, erscheint das `h2` in der Gliederung. Üblicherweise sortieren Sie Überschriften nach dem Prioritätslevel. Somit würde eine weniger gewichtete Überschrift wie `h3` nicht vor einer höheren wie `h2` kommen. Gelegentlich könnte es allerdings Ausnahmen geben.

Übliche Seitenkonstrukte

Zweifelsohne haben Sie schon Dutzende Sites besucht wie jene, die in **A** gezeigt wird. Wenn man sie vom Inhalt entkleidet, erkennen Sie vier Hauptkomponenten: eine Kopfzeile (Masthead) mit Navigation, einen Artikel im Hauptinhaltsbereich, eine Seitenleiste (Sidebar) mit weiterführenden Informationen und eine Fußzeile (Footer) **B**.

Nun können Sie eine solche Seite nicht so **A** formatieren oder sie wie gezeigt arrangieren (**A** und **B**), ohne CSS hinzuzunehmen. In Kapitel 7 geht es dann mit dem Erlernen von CSS los, über das Formatieren und Färben von Text erfahren Sie mehr in Kapitel 10 und mehrspaltige Layouts lernen Sie in Kapitel 11 kennen.

Doch die Semantik, die für diese üblichen Seitenkonstrukte angewendet werden, ist praktisch immer recht ähnlich, egal wie das Layout aussieht. Darum wird es nun vorrangig auf den restlichen Seiten dieses Kapitels gehen. Wir arbeiten uns von oben nach unten durch die Seite und lernen, wie man die Elemente `header`, `nav`, `article`, `section`, `aside` und `footer` nutzt, um die Struktur der Seiten zu definieren. Dann kommt `div` als generischer Container ins Spiel, der weiteren Formatierungen und anderen Zwecken dient. Außer `div` gab es vor HTML5 diese Elemente noch gar nicht. Bei ein paar haben Sie schon in einigen der früheren Codebeispiele und Erläuterungen einen kleinen Einblick bekommen.

Wenn Sie sich diese Elemente näher aneignen, sollten Sie sich nicht so sehr daran aufhängen, wo sie jeweils in den Seitenlayouts erscheinen, und sich stattdessen auf die semantische Bedeutung konzentrieren.

Auf den folgenden Seiten werden Sie vorab bereits auch andere Elemente kennenlernen, z.B. `ul` (unsortierte Liste) und `a` (für Links). In späteren Kapiteln werden diese alle ausführlich erläutert.

A *Ein übliches Layout mit der Hauptnavigation am oberen Rand, dem Hauptinhalt links, eine Seitenleiste rechts und der Fußzeile unten. Damit die Seite so aussieht, wird CSS benötigt.*

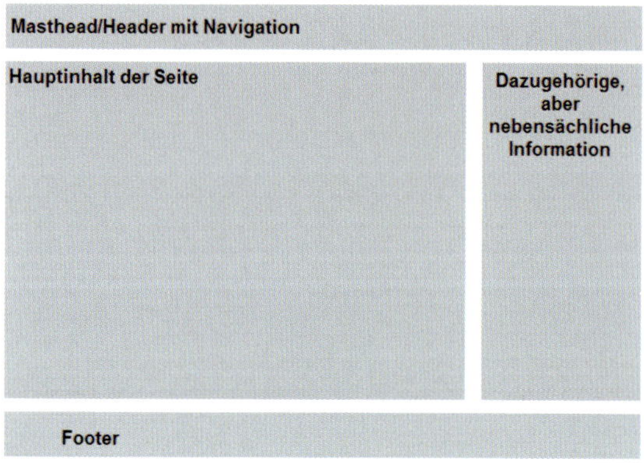

B *Diese Art Informationen findet man üblicherweise auf einer Seite. Dies ist nur ein mögliches Arrangement, allerdings ein recht häufiges.*

A Dieser `header` *repräsentiert den Header für die ganze Seite. Er enthält eine Liste von Links in einem* `nav`*-Element, um anzuzeigen, dass es sich um eine primäre Navigation auf der Seite handelt. Schauen Sie sich* C *an: Hier wird aus Gründen der besseren Zugänglichkeit das optionale* `role="banner"` *auf einen* `header` *auf Seitenebene angewendet (siehe Navigation auszeichnen", wenn Sie mehr über den fürs* `nav`*-Element spezifischen* `role`*-Wert wissen wollen).*

```
...
<body>
<header>
    <nav>
        <ul>
            <li><a href="#gaudi">Der Architekt von
            → Barcelona</a></li>
            <li lang="es"><a href="#sagrada-familia">
            → La Sagrada Família</a></li>
            <li><a href="#park-guell">Park Güell</a>
            → </li>
        </ul>
    </nav>
</header>
</body>
</html>
```

B *Der Header auf Seitenebene mit der Navigation*

Einen Header erstellen

Wenn es auf Ihrer Seite einen Bereich gibt, der eine Gruppe von einführenden oder navigationsbezogenen Inhalten hat, zeichnen Sie diesen mit dem `header`-Element aus.

Eine Seite kann eine beliebige Zahl `header`-Elemente bekommen und je nach Kontext kann sich deren Bedeutung unterscheiden. Ein `header` ganz oder recht weit oben auf einer Seite kann den Header (Kopfzeile) für die ganze Seite repräsentieren (manchmal auch Masthead genannt) A. Oft stehen in der Kopfzeile das Logo der Site, die Hauptnavigation B, andere globale Links und manchmal auch ein Suchfeld. Zweifellos wird das `header`-Element dafür am häufigsten eingesetzt, aber täuschen Sie sich nicht: Das ist nicht der einzige Verwendungszweck.

Ein `header` eignet sich auch zum Auszeichnen einer Gruppe von einführendem oder navigationsbezogenem Inhalt, die sich weiter unten auf der Seite befindet. Ein Beispiel dafür ist das Inhaltsverzeichnis eines Bereichs C.

Das `header`-Element ist eines der vier Elemente, die die Seite in Bereiche aufteilen können, von denen ich im Abschnitt „Die Gliederung eines HTML5-Dokuments" gesprochen habe. Das bedeutet, dass jede `h1`-`h6`-Überschrift innerhalb eines `header` als zum Kontext des `header` gehörig betrachtet wird und nicht der Seite insgesamt – zumindest, was die Dokumentgliederung angeht. Ein `header`-Element enthält also oft die Überschrift seines Abschnitts (ein `h1`-`h6` oder `hgroup`), aber das ist nicht zwingend. Sie sehen beispielsweise Überschriften in C, aber nicht in A.

Einen Header erstellen

1. Platzieren Sie den Cursor innerhalb des Elements, für das Sie einen Header erstellen wollen.
2. Tippen Sie **<header>**.
3. Tippen Sie die Inhalte des Headers. Das können die verschiedenen Inhaltstypen sein, die mit ihren jeweiligen HTML-Elementen ausgezeichnet werden (die meisten davon lernen Sie im restlichen Buch kennen). Ein `header` kann beispielsweise Überschriften der Ebene `h1` bis `h6` enthalten, ein oder mehrere Logos, die Navigation, ein Suchfeld usw.
4. Tippen Sie **</header>**.

C *Diese Seite hat zwei `header`: Einer dient als Header der Seite und ein anderer als Header für das übergeordnete `article`-Element mit den Frequently Asked Questions. Beachten Sie, dass im ersten keine `h1`-`h6`-Überschriften sind, aber im zweiten. Im letzten Tipp dieses Abschnitts finden Sie Informationen über das optionale Attribut `role` im ersten `header`.*

```
...
<body>
<header role="banner">
   ... [Site-Logo, Navigation etc.] ...
</header>

<article>
   <header>
      <h1>Frequently Asked Questions</h1>
      <nav>
         <ul>
            <li><a href="#antwort1">Wie lauten Ihre Rücknahmebedingungen?</a><li>
            <li><a href="#antwort2">Wie finde ich eine Filiale?</a><li>
            ...
         </ul>
      </nav>
   </header>

   <!-- Die Links im Header zeigen hierhin -->
   <article id="antwort1">
      <h2>Wie lauten Ihre Rücknahmebedingungen?</h2>
      <p> ... [Antwort] ... </p>
   </article>

   <article id="antwort2">
      <h2>Wie finde ich eine Filiale?</h2>
      <p> ... [Antwort] ... </p>
   </article>
   ...
</article> <!-- Ende des übergeordneten Artikels -->

</body>
</html>
```

TIPP Nehmen Sie header nur, wo es nötig ist. Wenn Sie nur ein h1-h6 oder hgroup haben und darin kein Inhalt steht, für den sich eine Gruppierung lohnt, gibt es meist keinen Grund, das alles in einen header zu fassen.

TIPP Ein header ist nicht mit einer Überschrift austauschbar wie die h1-h6-Elemente (siehe „Überschriften erstellen".) Alle haben ihren eigenen semantischen Zweck.

TIPP Sie dürfen kein footer-Element verschachteln oder einen header in einen anderen header stecken, auch kein header-Element in ein footer- oder address-Element stecken.

TIPP Ein header-Element muss nicht immer ein nav-Element enthalten wie in diesen Beispielen (A und C), aber in den meisten Fällen wird das so sein, wenn das header-Element Navigationslinks enthält. Bei C ist das nav um die Liste der Links für die FAQs passend, weil es sich um eine wichtige Navigationsgruppe auf der Seite handelt (siehe Erläuterungen in „Navigation auszeichnen").

TIPP In „Generische Container erstellen" erfahren Sie mehr, wie durch header eine der Rollen des div-Elements aus der Zeit vor HTML5 ersetzt wurde.

TIPP Über die Verwendung von role="banner" mit header erfahren Sie mehr im Abschnitt „Mit ARIA die Zugänglichkeit verbessern".

Navigation auszeichnen

Bei früheren Versionen von HTML gab es kein Element, das explizit eine Sektion von wichtigen Navigationslinks repräsentiert, aber HTML5 wartet nun damit auf: das `nav`-Element. Links in einem `nav` können auf Inhalte dieser Seite zeigen **A**, auf andere Seiten bzw. Ressourcen oder beides. In jedem Fall sollten Sie `nav` in Ihrem Dokument aber nur für die wichtigsten Gruppen von Links verwenden, nicht für alle.

Wenn Sie sich den Code im vorigen Abschnitt genauer anschauen, sehen Sie das `nav`-Element in Aktion. Ich greife dieses Codebeispiel noch einmal auf dieser Seite auf und hebe `nav` hervor **A**. Das `nav`-Element zwingt seinen Inhalten keine Standardformatierung auf **B**.

A *Diese Links (die `a`-Elemente) repräsentieren eine wichtige Navigationsgruppe, also habe ich sie in ein `nav`-Element verschachtelt. Normalerweise werden Sie eine Liste von Links mit dem `ul`-Element (unordered list, Aufzählungsliste) auszeichnen, außer es handelt sich um Breadcrumb-Links. In einem solchen Fall verwenden Sie `ol` (ordered list, nummerierte Liste). In Kapitel 15 erfahren Sie mehr über Listen. Das Attribut `role` ist nicht erforderlich, kann aber die Zugänglichkeit verbessern. Siehe den letzten Tipp in diesem Abschnitt, wie man `role="navigation"` auf `nav` anwendet.*

```
...
<body>
<header>
   <nav role="navigation">
      <ul>
         <li><a href="#gaudi">Der Architekt von
         → Barcelona</a></li>
         <li lang="es"><a href="#sagrada-familia">
         → La Sagrada Família</a></li>
         <li><a href="#park-guell">Park Güell</a>
         → </li>
      </ul>
   </nav>
</header>
</body>
</html>
```

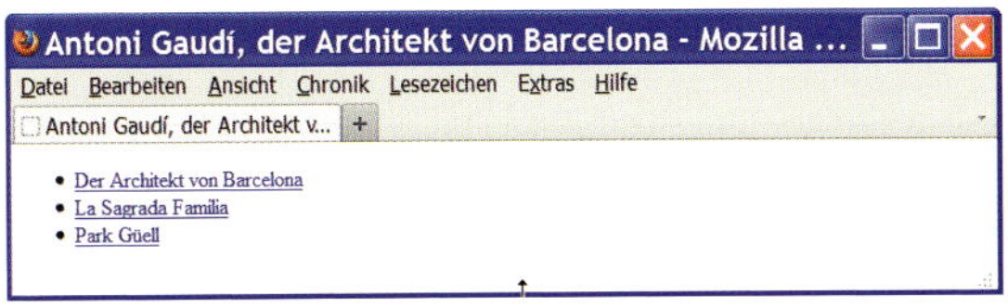

B *Unsere Navigation sieht standardmäßig recht schlicht aus. Die Gliederungspunkte (Bullets) sind kein Produkt des* `nav`*-Elements, das keine Standardformatierung aufweist, außer dass es in seiner eigenen Zeile beginnt. Die Gliederungspunkte werden dargestellt, weil jeder Link sich in einem* `li`*-Element befindet (list item, Listenelement). Mit CSS können Sie die Gliederungspunkte abschalten oder andere wählen sowie die Links auch horizontal anordnen, deren Farbe ändern, sie wie Schaltflächen aussehen lassen etc. Mehr über CSS erfahren Sie in Kapitel 7.*

Eine Link-Gruppe als wichtige Navigation kennzeichnen

1. Tippen Sie `<nav>`.
2. Tippen Sie Ihre Link-Liste strukturiert als `ul` (Aufzählungsliste), außer es kommt auf die Reihenfolge der Links an (z.B. bei einer Breadcrumb-Navigation). In diesem Fall sollten Sie sie als `ol` (nummerierte Liste) strukturieren (in den Kapiteln 6 bzw. 15 erfahren Sie mehr über Links bzw. Listen).
3. Tippen Sie `</nav>`.

TIPP **Falls Sie schon Erfahrung mit HTML oder XHTML haben, sind Sie es wohl schon gewöhnt, Ihre Links je nachdem in einem `ul`- oder einem `ol`-Element zu strukturieren. In HTML5 wird diese Best Practice durch `nav` nicht ersetzt. Arbeiten Sie weiterhin mit diesen Elementen und umschließen Sie sie einfach mit einem `nav` A.**

TIPP **Während Screenreader bei der neuen HTML5-Semantik generell gesehen immer noch versuchen, Anschluss zu finden, kann das `nav`-Element dabei helfen, die wichtige Navigation auf Ihrer Seite zu identifizieren. Damit können die User sie per Tastatur direkt anwählen. So wird Ihre Seite besser zugänglich, was die Nutzererfahrung verbessert.**

TIPP **Die HTML5-Spezifikation empfiehlt, nebensächliche Fußzeilen auf der Seite wie „Nutzungsbedingungen" oder „Datenschutzbestimmungen" nicht in ein `nav` zu stellen, was sinnvoll ist. Manchmal wird die allgemeine Top-Level-Navigation im Footer wieder aufgenommen oder es stehen andere wichtige Links wie „Suche nach Filialen" oder „Jobangebote" darin. Für die meisten Fälle halte ich es für ratsam, diese Arten von Footer-Links in ein `nav` zu stellen.**

TIPP **HTML5 erlaubt keine Verschachtelung eines `nav` innerhalb eines `address`-Elements.**

TIPP **Über die Verwendung von `role="navigation"` mit `nav` erfahren Sie mehr im Abschnitt „Mit ARIA die Zugänglichkeit verbessern" A.**

nav unter der Lupe

Wie bereits erwähnt, müssen Sie eine Gruppe von Links auf Ihrer Seite nicht notwendigerweise in ein nav stecken.

Das folgende Beispiel mit einer Nachrichtenseite enthält vier Listen mit Links, von denen nur zwei als so relevant erachtet werden, dass es sich lohnt, sie mit einem nav zu umschließen (der Code ist an bestimmten Stellen gekürzt).

```
...
<body>
   <header>
      <!-- Hier könnte das Site-Logo stehen -->
     <!-- Globale Navigation der Site -->

      <nav>
         <ul> ... </ul>
      </nav>
   </header>

   <div id="main">
      <h1>Kunst &amp; Unterhaltung</h1>
      <article>
         <h1>Galerieeröffnung stellt inspirierte Arbeiten vor</h1>
         <p>... [Inhalt der Story] ... </p>

         <aside>
            <h1>Andere Storys</h1>

            <!-- Nicht in nav gefasst -->
            <ul> ... [Story-Links] ... </ul>
         </aside>
      </article>
   </div>
```

```
    <aside id="sidebar">
        <nav><!-- Sekundäre Navigation -->
            <ul>
                <li><a href="/kunst/filme/">Filme</a></li>
                <li><a href="/kunst/musik/">Musik</a></li>
                ...
            </ul>
        </nav>
    </aside>

    <footer>
        <!-- Weniger relevante Links stehen nicht im nav. -->
        <ul> ... </ul>
    </footer>
</body>
</html>
```

Die sekundäre Navigation im aside (siehe „Ein aside angeben") erlaubt es dem User, auf die anderen Seiten im Verzeichnis „Kunst & Unterhaltung" zu navigieren, und konstituiert somit einen wichtigen Navigationsbereich auf der Seite. Aber beim aside „Andere Storys" mit Links ist das nicht der Fall.

Wonach entscheiden Sie nun also, ob eine Gruppe mit Links ein nav verdient? Letzten Endes fällen Sie diese Beurteilung basierend auf Ihrer inhaltlichen Organisation. Zumindest die globale Navigation der Site sollten Sie mit nav auszeichnen (also den Bereich, über den User auf andere Bereiche der Site springen können). Oft, aber nicht immer, erscheint dieses spezielle nav innerhalb eines header-Elements auf Seitenebene (siehe „Einen Header erstellen").

Einen Artikel erstellen

Ein anderes Element, das wir HTML5 zu verdanken haben, ist `article` **A**. Das haben Sie schon ein paar Mal in Aktion gesehen. Nun sollen Sie mehr darüber erfahren, wie es eigentlich funktioniert.

Am Namen können Sie schon merken, dass man in `article` Inhalte wie einen Zeitungsartikel packen kann. Doch darauf ist es nicht beschränkt. In HTML5 ähnelt ein „Artikel" eher einem „Element".

So wird das in HTML5 definiert:

> Das `article`-Element ist ein eigenständiger Teil in einem Dokument, einer Seite, Anwendung oder Site und im Prinzip unabhängig wiederverwendbar oder weitergebbar, z.B. in einer Syndizierung. Es ist beispielsweise anwendbar auf ein Forum-Posting, einen Magazin- oder Zeitungsartikel, einen Blog-Eintrag, einen Benutzerkommentar, ein interaktives Widget oder Gadget oder irgendein anderes, inhaltlich unabhängiges Element.

Andere `article`-Elemente könnten eine Film- oder Konzertrezension, eine Fallstudie, eine Produktbeschreibung usw. sein. Sie sind vielleicht überrascht, dass es auch ein interaktives Widget oder Gadget sein kann, aber auch dabei handelt es sich um unabhängige, wiederverwendbare Inhaltselemente.

A *Ich habe den Artikelinhalt und den nav-Code aus dem vorigen Abschnitt gekürzt, um das Beispiel überschaubar zu halten. Die komplette Version des Seitencodes finden Sie auf der Buchseite unter www.bruceontheloose.com/htmlcss/examples/. Obwohl dieses Beispiel nur Absätze und Bilder enthält, kann ein `article` inhaltlich sehr unterschiedliche Typen wie Video, Abbildungen, Listen usw. enthalten.*

```
...
<body>
<header>
    <nav role="navigation">
        ... [ul mit Links] ...
    </nav>
</header>
<article>
    <h1 id="gaudi">Der Architekt von Barcelona
    ➝ </h1>

    <p>Viele Touristen kommen extra nach
    ➝ Barcelona, um sich die unbeschreibliche
    ➝ Architektur von Antoni Gaudí anzuschauen.
    ➝ </p>

    <p>Seine Nonkonformität, die schon in
    ➝ Jugendjahren deutlich wurde, verbunden
    ➝ mit seiner ruhigen, aber innigen Hingabe an
    ➝ die Kirche, schufen eine einzigartige
    ➝ Grundlage für seine Gedanken und Ideen.
    ➝ Seine Suche nach Einfachheit basierte auf
    ➝ sorgfältigen Naturbeobachtungen, was sich
    ➝ sehr deutlich in seinem Werk niederschlägt
    ➝ - sei es der <a href="#park-guell">Park
    ➝ Güell</a> mit seinen märchenhaften
    ➝ Skulpturen und Mosaiken oder auch die Kirche
    ➝ der <a href="#sagrada-familia">Heiligen
    ➝ Familie</a> mit ihren organischen, an
    ➝ Bischofsmützen erinnernden Türme. </p>

    <h2 id="sagrada-familia" lang="es">La Sagrada
    ➝ Família</h2>

    ... [Bild und Absätze] ...

    <h2 id="park-guell">Park Güell</h2>

    ... [Bild und Absätze] ...
</article>

</body>
</html>
```

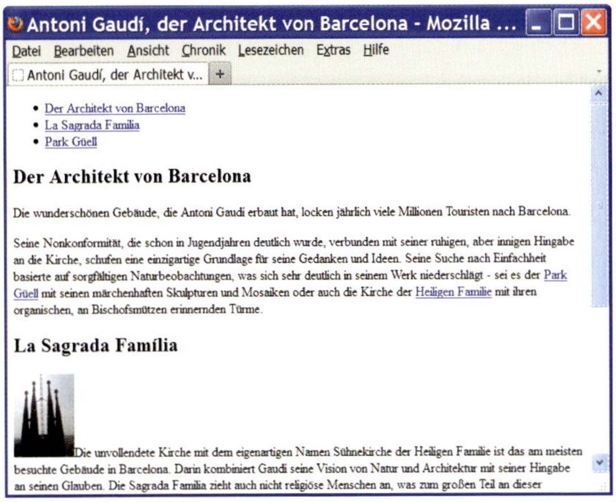

B *Nun enthält die Seite* `header`-, `nav`- *und* `article`-*Elemente und auch die entsprechenden Inhalte dafür. Die* `article`-*Überschriften können je nach Browser standardmäßig auch unterschiedliche Größen haben. Sie können das Aussehen auch browserübergreifend mit CSS vereinheitlichen (siehe Kapitel 10).*

Einen Artikel erstellen

1. Tippen Sie `<article>`.
2. Geben Sie die Inhalte des Artikels ein – eine beliebige Anzahl von Elementen wie Absätze, Listen, Audio, Video, Fotos, Abbildungen usw.
3. Tippen Sie `</article>`.

TIPP **Wie Sie im Abschnitt „Die Gliederung eines HTML5-Dokuments“ erfahren haben, ist `article` neben `header`, `section` und `aside` eines der vier Elemente, das die Seite in Bereiche aufteilen kann.**

TIPP **Sie können einen `article` in einem anderen verschachteln, solange das innere `article` mit dem `article` insgesamt zusammenhängt. Sie können allerdings ein `article` nicht in einem `address`-Element verschachteln.**

TIPP **Eine Seite kann mehrere `article`-Elemente (oder gar keins) enthalten. Die Homepage eines Blogs enthält beispielsweise üblicherweise ein paar der aktuellen Postings, und davon kann jedes ein eigener `article` sein.**

TIPP **Es ist nicht zwingend notwendig, dass ein `article` ein oder mehrere `section`-Elemente enthält. Valide wäre auch, wenn die `h1`-`h6`-Elemente innerhalb eines `article` für sich stehen, obwohl Sie durch die Definition von `section`s die Semantik des `article` expliziter machen. Und jede `section` kann ihre eigene Hierarchie von Überschriftenebenen haben – siehe die Erläuterungen in „Die Gliederung eines HTML5-Dokuments“.**

TIPP **Die Elemente `article` und `section` kann man leicht (und verständlicherweise) miteinander verwechseln, und deswegen habe ich direkt aus der HTML5-Definition zitiert. Ich wollte nicht, dass Sie davon sozusagen gefiltert erfahren. Ich werde `section` und die Wahl zwischen den beiden im Abschnitt „Einen Abschnitt (section) definieren“ erläutern.**

TIPP **Über die Verwendung von `role="main"` mit `article` unter bestimmten Umständen erfahren Sie mehr im Abschnitt „Mit ARIA die Zugänglichkeit verbessern“. Es wäre auch passend, ihn beim `article` in A aufzunehmen, weil es der Container für den Hauptinhalt der Seite ist. Aber ich habe es da weggelassen, um nicht den Eindruck zu erwecken, dass `role="main"` für alle `article`-Elemente richtig ist.**

Mehr article-Beispiele

Das vorige Beispiel **A** ist nur eine Einsatzmöglichkeit für article. Schauen wir uns einige andere an.

Beispiel 1 (einfacher Artikel):

```
<article>
   <h1>Die Vielfalt von Papua-Neuguinea</h1>
   <p>Papua-Neuguinea ist die Heimat von über 800 Stämmen und Sprachen ... </p>
   ... [restlicher Inhalt]

   <footer> <!-- Der Footer des Artikels, nicht der der Seite -->
      <p>Leandra Allen ist eine freiberufliche Journalistin, die ihren Abschluss in Anthropologie
      → an der Universität Kopenhagen gemacht hat.</p>
      <address>
      Sie erreichen sie unter <a href="mailto:leandra@therunningwriter.com">
      → leandra@therunningwriter.com</a>.
      </address>
   </footer>
</article>
```

Beachten Sie, wie hier die Elemente footer und address eingesetzt werden (weitere Erläuterungen darüber finden Sie in diesem Kapitel bzw. in Kapitel 4). Hier wird address nur auf das übergeordnete article (hier gezeigt) angewendet, nicht auf die Seite oder andere article, die innerhalb dieses article verschachtelt sind, z.B. die Leserkommentare in Beispiel 2.

Beispiel 2 demonstriert verschachtelte article-Elemente in Form von Benutzerkommentaren über das übergeordnete article. Das kennen Sie aus dem Kommentarbereich von Blogs oder News-Sites. Es zeigt auch eine Verwendung des section-Elements (siehe „Einen Abschnitt (section) definieren“ und das in Kapitel 4 besprochene time-Element.

Beispiel 2 (verschachtelte Artikel):

```
<article>
   <h1>Die Vielfalt von Papua-Neuguinea</h1>
   ... [Inhalt des übergeordneten article] ...

   <footer>
      ... [Footer des übergeordneten article] ...
   </footer>

   <section>
      <h2>Leserkommentare</h2>
      <article>
         <footer>travelgal schrieb am <time datetime="2011-11-17"
         → pubdate>17. November 2011</time>:</footer>
         <p>Toller Artikel! Ich war schon immer neugierig auf Papua-Neuguinea.</p>
      </article>
      <article>
         ... [nächster Leserkommentar] ...
      </article>
   </section>
</article>
```

Dies sind nur ein paar übliche Beispiele, wie man `article` und dessen begleitende Elemente einsetzen kann.

Einen Abschnitt (section) definieren

Das article-Element hat einen semantisch weniger spezifischen Cousin namens section – auch dies ist eine Neuerung in HTML5.

section wird in HTML5 so definiert:

> Das section-Element repräsentiert einen generischen Bereich eines Dokuments oder einer Anwendung. Mit Bereich ist in diesem Kontext eine thematische Gruppierung von Inhalten gemeint, üblicherweise zusammen mit einer Überschrift **A**.
>
> Beispiele für solche Bereiche wären Kapitel, die verschiedenen, mit Reitern (Tabs) versehenen Seiten in einer Dialogbox mit Tabs oder die nummerierten Abschnitte einer Hausarbeit. Die Homepage einer Website kann in die Bereiche Einleitung, News und Kontaktinformationen aufgeteilt werden.

Die Elemente article und section sind sich recht ähnlich. Wenn Sie nicht ganz sicher sind, wie beide zu unterscheiden sind, lesen Sie den Kasten „Wie unterscheiden Sie zwischen article und section?“.

Einen Abschnitt definieren

1. Tippen Sie **<section>**.
2. Geben Sie die Inhalte des Abschnitts ein – eine beliebige Anzahl von Elementen wie Absätze, Listen, Audio, Video, Fotos, Abbildungen usw.
3. Tippen Sie **</section>**.

A Der Code ist der gleiche wie vorher, außer dass ich beide Abschnitte des article, der auf die Einführung folgt, mit section eingefasst habe. Auch dieser Code wurde aus Platzgründen gekürzt.

```
...
<body>
<header>
   <nav role="navigation">
      ... [ul mit Links] ...
   </nav>
</header>

<article>
   <h1 id="gaudi">Der Architekt von Barcelona
   → </h1>

   <p>Viele Touristen kommen extra nach
   → Barcelona, um sich die unbeschreibliche
   → Architektur von Antoni Gaudí anzuschauen.
   → </p>

   ... [noch ein Absatz aus der Einleitung] ...

   <section>
      <h2 id="sagrada-familia" lang="es">La
      → Sagrada Família</h2>

      <p><img src="img/towers.jpg" width="75"
      → height="100" alt="Türme der Sagrada
      → Família" />Die unvollendete Kirche mit
      → dem eigenartigen Namen Sühnekirche der
      → Heiligen Familie ist das am meisten
      → besuchte Gebäude in Barcelona. Darin
      → kombiniert Gaudí seine Vision von Natur
      → und Architektur mit seiner Hingabe an
      → seinen Glauben. Die Sagrada Família zieht
      → auch nicht religiöse Menschen an, was
      → zum großen Teil an dieser tragischen
      → Geschichte liegt und dem immer
      → noch unvollendeten Zustand, der durch
      → die allgegenwärtigen Gerüste und
      → Baukräne sehr deutlich wird.</p>
   </section>

   <section>
      <h2 id="park-guell">Park Güell</h2>

      ... [noch ein Bild und weitere Absätze] ...
   </section>
</article>
</body>
</html>
```

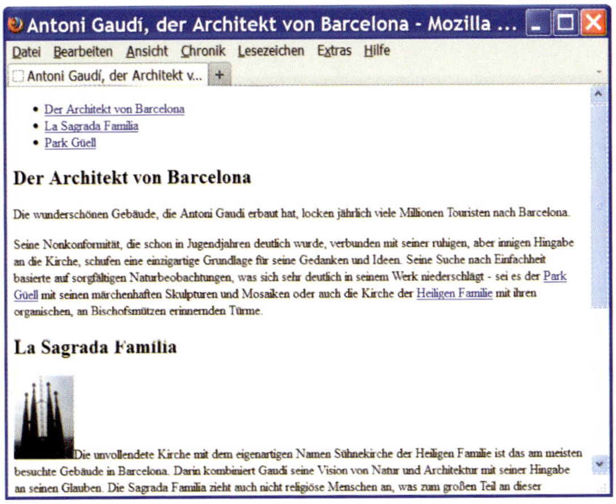

B *Nun besitzt die Seite* `header`-, `nav`-, `article`- *und* `section`-*Elemente und auch die entsprechenden Inhalte dafür. Die Standarddarstellung ist genauso wie vor dem Einfügen der* `section`-*Elemente.*

TIPP **Wie Sie im Abschnitt „Die Gliederung eines HTML5-Dokuments" erfahren haben, ist `section` neben `nav`, `article` und `aside` eines der vier Elemente, die die Seite in Bereiche aufteilen kann.**

TIPP **Standardmäßig werden Sie sicher keinen Unterschied erkennen, wenn Sie eine Seite mit `section`s (bzw. `article`s) ansehen. Wichtig ist hier aber, dass Sie die Semantik Ihres Dokuments stärken, wenn Sie sie einsetzen B. Natürlich können Sie die Elemente `section` und `article` nach Belieben mit CSS formatieren.**

TIPP **Behalten Sie im Hinterkopf, dass `section` kein generischer Container wie `div` ist, weil `section` immer eine bestimmte Bedeutung vermittelt und `div` hingegen gar keine semantische Aussagekraft hat (siehe „Generische Container erstellen").**

TIPP **Es gibt mehrere Beispiele in diesem Kapitel, die Ihnen helfen, ein Gefühl dafür zu bekommen, wie man sowohl `article` als auch `section` auf vielerlei Art verwendet.**

TIPP **Über die Verwendung von `role="main"` mit `section` unter bestimmten Umständen erfahren Sie mehr im Abschnitt „Mit ARIA die Zugänglichkeit verbessern".**

Wie unterscheiden Sie zwischen article und section?

Ich habe absichtlich die Definition von HTML5 von `section` und `article` zitiert (siehe „Einen Artikel erstellen"), damit Sie die Abgrenzung nachvollziehen können, weil sie manchmal sehr subtil ist. Gehen Sie wie folgt vor: Ist Ihr Inhalt ein unabhängiges Stück Inhalt, das sich für eine Syndizierung eignet? Falls ja, nehmen Sie `article`. (Anderenfalls nehmen Sie in den meisten Fällen `section`, und lesen Sie „Generische Container erstellen", um zu erfahren, wann man doch besser `div` nimmt.) Das bedeutet nicht, dass Sie eine Syndizierung vornehmen *müssen* oder Inhalte von `article` auf andere Weise zu veröffentlichen haben, sondern nur, dass sich der Inhalt dafür eignet.

Wenn Sie immer noch der Ansicht sind, dass sich `article` und `section` gelegentlich sehr ähneln – keine Sorge, das geht auch anderen so. Auch erfahrene Entwickler setzen diese beiden Elemente gelegentlich unterschiedlich ein.

Wie bereits in Kapitel 1 erwähnt, gibt es nicht *immer* die eine richtige Wahl, wenn es um das Auszeichnen von Inhalten geht, sondern nur *meist*. Bei den anderen Gelegenheiten läuft es auf eine persönliche Entscheidung hinaus, welche HTML-Elemente Ihres Erachtens den Inhalt am besten beschreiben.

Also überlegen Sie sich gut, wenn Sie zwischen `article` und `section` wählen, aber zerbrechen Sie sich nicht jedes Mal den Kopf, ob Sie diese Elemente immer exakt richtig verwenden. Manchmal ist das auch eine subjektive Entscheidung und in jedem Fall wird Ihre Seite auch weiterhin funktionieren. Außerdem wird Sie niemand deswegen mitten in der Nacht herausklingeln.

Tja, ich vielleicht schon, aber dann auch nur, weil es draußen dunkel und unheimlich ist.

Ein Beispiel für section ohne article

Bisher haben Sie Beispiele kennengelernt, wo `section` in einem `article` verschachtelt war **A**. Das ist nur eine Einsatzmöglichkeit für dieses Element.

Das folgende Beispiel stammt leicht verändert aus der HTML5-Spezifikation: Hier wird `section` ohne `article` verwendet. (Sie bekommen auch schon mal einen Eindruck von nummerierten Listen. Mehr über `ol` und die anderen Listenelemente lernen Sie in Kapitel 15.)

```
...
<body>
    <h1>Programm der Abschlussfeier</h1>

    <section>
        <h2>Zeremonie</h2>
        <ol>
            <li>Eröffnungsprozession</li>
            <li>Rede des Jahrgangsbesten</li>
            <li>Rede des Klassensprechers</li>
            <li>Präsentation der Diplome</li>
            <li>Abschiedsansprache des Rektors</li>
        </ol>
    </section>

    <section>
        <h2>Absolventen (alphabetisch)</h2>
        <ol>
            <li>Molly Carpenter</li>
            <li>Anastasia Luccio</li>
            <li>Ebenezar McCoy</li>
            <li>Karrin Murphy</li>
            <li>Thomas Raith</li>
            <li>Susan Rodriguez</li>
        </ol>
    </section>
</body>
</html>
```

(A) Dieses `aside` stellt Informationen über die architektonischen Sehenswürdigkeiten von Barcelona vor und hängt mit den Inhalten über Antoni Gaudí zusammen, die den Schwerpunkt der Seite bilden. Aber sie könnten auch für sich stehen. Ich hätte das auch im `article` verschachteln können, weil beides zusammenhängt, aber ich habe beschlossen, es hinter dem `article` aufzuführen, damit ich es später visuell als Sidebar behandeln kann (C). Das `role="complementary"` für das `aside` ist optional, kann aber die Zugänglichkeit verbessern. Weitere Infos im letzten Tipp.

Ein aside angeben

Manchmal haben Sie bestimmte Inhalte, die zum Hauptinhalt Ihrer Seite eine Beziehung haben, aber auch eigenständig sind (A). Wie können Sie das semantisch verdeutlichen?

```
...
<body>

<header>
   <nav role="navigation">
      ... [ul mit Links] ...
   </nav>
</header>

<article>
   <h1 id="gaudi">Der Architekt von Barcelona</h1>
   ... [einleitende Absätze] ...

   <section>
      <h2 id="sagrada-familia" lang="es">La Sagrada Família</h2>
       ... [Bild und Absatz] ...
   </section>

   <section>
      <h2 id="park-guell">Park Güell</h2>
      ... [weiteres Bild und mehr Absätze] ...
   </section>
</article>

<aside role="complementary">
   <h1>Die architektonischen Wunder von Barcelona</h1>

   <p>Neben den Werken von Gaudí finden sich in Barcelona noch viele weitere architektonische Wunder. Dazu
   ➝ gehören unter anderem:</p>
   <ul>
      <li lang="es">Arc de Triomf</li>
      <li>Die Kathedrale <span lang="es">(La Seu)</span></li>
      <li lang="es">Gran Teatre del Liceu</li>
      <li lang="es">Pavilion Mies van der Rohe</li>
      <li lang="es">Santa Maria del Mar</li>
   </ul>

   <p>Quelle: <a href="http://www.barcelona.de/en/barcelona-architecture-buildings.html"
   ➝ rel="external"><cite>Barcelona.de</cite></a>.</p>
</aside>

</body>
</html>
```

Erst seit HTML5 kann man das explizit angeben, und zwar mit dem `aside`-Element **B**.

Üblicherweise stellt man sich das `aside` wie eine Sidebar (Seitenleiste) vor **C**, aber man kann je nach Kontext ein `aside`-Element auch an andere Orte auf der Seite stellen. Es kann sich um einen Kasten (entweder vom Konzept her oder buchstäblich) innerhalb des Hauptinhalts selbst handeln, in der gleichen Spalte, aber nicht im Hauptinhalt verschachtelt, oder in einer (bzw. als eine) sekundäre Spalte wie eine Sidebar. Ein `aside` (wörtlich: Nebenbemerkung) kann ein hervorgehobenes Zitat sein, eine Seitenleiste, ein Kasten mit zum Artikel gehörigen Links auf einer News-Site, Gruppen von `nav`-Elementen (z.B. eine Blogroll), ein Twitter-Feed oder eine Liste von passenden Produkten auf einer kommerziellen Site.

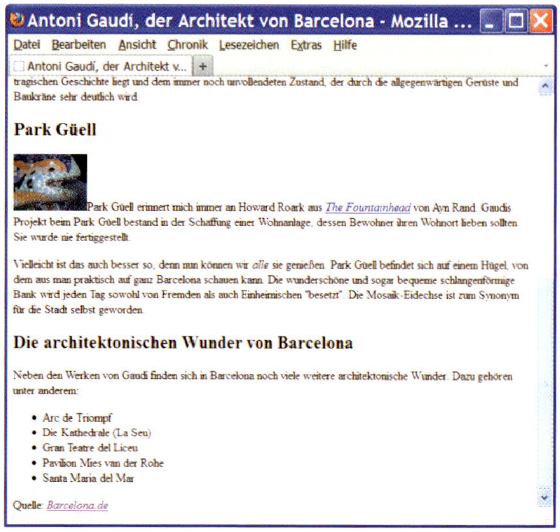

B *Das `aside` erscheint unterhalb des Artikels, weil es im HTML auch danach kommt* **A**. *Wie Sie sehen, formatieren Browser ein `aside` standardmäßig nicht irgendwie speziell (außer dass es in einer eigenen Zeile beginnt). Sie können dessen Erscheinungsbild jedoch komplett mit CSS steuern* **C**.

A *Wenn Sie die fertige Seite mit CSS formatieren, können Sie das* `aside` *(darin steht „Die architektonischen Wunder von Barcelona") neben dem Hauptinhalt erscheinen lassen statt darunter. Also haben Sie in diesem Fall das* `aside` *wie eine Sidebar eingesetzt (Sie erfahren in Kapitel 11, wie Sie ein zweispaltiges CSS-Layout erstellen).*

Ein aside erstellen

1. Tippen Sie **<aside>**.
2. Geben Sie die Inhalte des `aside` ein – eine beliebige Anzahl von Elementen wie Absätze, Listen, Audio, Video, Fotos, Abbildungen usw.
3. Tippen Sie **</aside>**.

TIPP **Obwohl mit einem `aside` auch Inhalte in einer Sidebar ausgezeichnet werden können C, wirkt sich das `aside`-Element nicht auf das Layout der Seite aus B.**

TIPP **Wenn Sie ein oder mehrere `aside`s als Sidebar oder in einer Sidebar verwenden, platzieren Sie den Inhalt der Sidebar im HTML nach dem Hauptinhalt der Seite A. Für SEO und Zugänglichkeit ist es besser, den wichtigsten Inhalt zuerst aufzuführen. Sie können mit CSS die Reihenfolge ändern, wie sie im Browser dargestellt werden.**

TIPP **Nehmen Sie das `figure`-Element (siehe Kapitel 4) und kein `aside`, um Abbildungen auszuzeichnen, die zum Inhalt gehören, z.B. ein Diagramm, ein Schaubild oder ein eingefügtes Foto mit Bildunterschrift.**

TIPP **HTML5 verbietet das Verschachteln eines `aside` innerhalb eines `address`-Elements.**

TIPP **Über die Verwendung von `role="complementary"` mit `aside` erfahren Sie mehr im Abschnitt „Mit ARIA die Zugänglichkeit verbessern".**

Andere Beispiele mit aside

Wie bereits erwähnt kann aside in der gleichen Spalte wie der Hauptinhalt erscheinen oder in Hauptinhalt verschachtelt sein oder zu einer Sidebar werden.

Beispiel 1 zeigt ein aside, das mit dem dazugehörigen Inhalt verschachtelt ist.

Beispiel 1 (verschachtelt im Hauptinhalt):

```
...
<body>
<article>
   <h1>Die Vielfalt von Papua-Neuguinea</h1>
   ... [Inhalt des Artikels] ...
   <aside>
      <h1>Kurzinfos über Papua-Neuguinea</h1>
      <ul>
         <li>In diesem Land gibt es 38 Arten der 43 bekannten Paradiesvögel</li>
         <li>Obwohl das Land in einigen Regionen recht tropisch ist, gibt es in anderen doch
         → gelegentlich Schneefälle.</li>
         ...
      </ul>
   </aside>
   ... [weiterer Artikelinhalt] ...
</article>
</body>
</html>
```

Das gleiche article kann z.B. ein Zitat aus dem Artikeltext hervorheben. Das wäre dann auch ein aside. Oder es könnte ein aside mit „Verwandte Storys" geben, in dem eine Liste mit Links auf andere Essays über das Land oder Regionen dieser Ecke der Welt enthalten ist (z.B. Indonesien, Australien usw.). Alternativ könnte dieses aside auch in einer anderen Seitenspalte stehen statt verschachtelt im article.

Sie haben bereits ein Beispiel eines solchen aside in einer Sidebar gesehen (A und C). Nun wollen wir uns als Beispiel einmal ein Design-Portfolio oder eine Gruppe Fallstudien anschauen, bei dem bzw. der jede HTML-Seite sich jeweils auf ein Projekt konzentriert. Sie bieten dann Links (die in einem nav verschachtelt sind) auf andere Projektseiten in einer benachbarten Spalte an (die von CSS und nicht einfach durch die Anordnung des Codes wie in Beispiel 2 gesteuert wird).

Beispiel 2 (aside ist nicht im Hauptinhalt verschachtelt und enthält ein nav):

```
...
<body>
<!-- Hauptinhalt der Seite -->
<article>
   <h1>... [Name des Projekts] ...</h1>
   <figure>... [Projektfoto] ...</figure>
   <p>... [Projektrezension] ...</p>
</article>

<!-- Dieses aside ist nicht im article verschachtelt -->
<aside>
   <h1>Andere Projekte</h1>
   <nav>
      <ul>
         <li><a href="habitat-for-humanity.html">Broschüre über Habitat for Humanity</a></li>
         <li><a href="royal-philharmonic.html">Site des Royal Philharmonic Orchestra</a></li>
         ...
      </ul>
   </nav>
</aside>
</body>
</html>
```

Hier wäre es absolut angemessen, wenn man gerade diese Nebenbemerkung auch im Projektartikel verschachtelt, weil beide sich aufeinander beziehen.

Einen Footer erstellen

Wenn es um einen Footer oder eine Fußzeile geht, dann denken Sie wahrscheinlich an die Fußzeile auf einer Webseite. Das `footer`-Element von HTML5 passt dafür, aber so wie `header` können Sie es auch woanders einsetzen.

Das `footer`-Element repräsentiert einen Footer für das nächstgelegene Element (z.B. `article`, `aside`, `blockquote`, `body`, `details`, `fieldset`, `figure`, `nav`, `section` oder `td`), in dem es verschachtelt ist. Es ist nur dann der Footer für die *ganze* Seite, wenn der nächste Vorfahr der `body` ist (**A** und **B**). Und wenn ein `footer` den *gesamten* Inhalt seines Abschnitts einfasst (z.B. ein `article`), dann repräsentiert er je nach Inhalt so etwas wie einen Anhang, einen Index, einen langen Kolophon oder ein langes Lizenzabkommen.

A *Dieser* `footer` *repräsentiert den Footer für die ganze Seite, weil der nächste Vorfahr das* `body`*-Element ist. Nun besitzt die Seite* `header-`, `nav-`, `article-`, `section-`, `aside-` *und* `footer`*-Elemente. Nicht jede Seite braucht das alles, aber sie repräsentieren die in HTML verfügbaren primären Seitenkonstrukte.*

```
...
<body>
<header>
   <nav role="navigation">
      ... [ul mit Links] ...
   </nav>
</header>

<article>
   <h1 id="gaudi">Der Architekt von Barcelona
   → </h1>
   ... [einleitende Absätze] ...

   <section>
      <h2 id="sagrada-familia" lang="es">La
      → Sagrada Família</h2>
      → ... [Bild und Absatz] ...
   </section>

   <section>
      <h2 id="park-guell">Park Güell</h2>
      ... [weiteres Bild und mehr Absätze] ...
   </section>
</article>

<aside role="complementary">

   <h1>Die architektonischen Wunder von
   → Barcelona</h1>
   ... [restlicher Inhalt des aside]
</aside>

<footer>
   <p><small>&copy; Copyright 2011</small></p>
</footer>

</body>
</html>
```

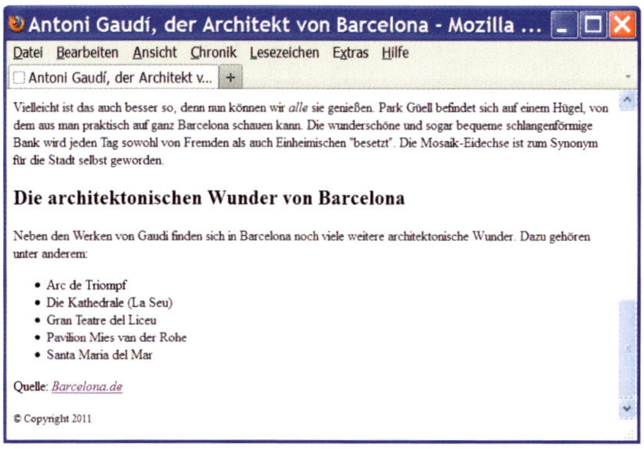

B *Das `footer`-Element selbst zwingt dem Text standardmäßig keine Formatierung auf. Hier ist der Copyright-Hinweis kleiner als normaler Text, weil es in einem `small`-Element verschachtelt ist, um semantisch das Kleingedruckte zu repräsentieren (siehe Kapitel 4). Wie bei allem anderen auch können Sie die Schriftgröße mit CSS ändern.*

Eine Fußzeile erstellen

1. Platzieren Sie den Cursor innerhalb des Elements, für das Sie einen Footer erstellen wollen.
2. Tippen Sie **`<footer>`**.
3. Geben Sie den Inhalt des Footer ein.
4. Tippen Sie **`</footer>`**.

TIPP **Ein `footer` enthält üblicherweise Informationen über seinen Abschnitt, z.B. Links zu verwandten Dokumenten, Copyright-Informationen, den Autor und ähnliche Elemente. Siehe die Beispiele 1 und 2 im Kasten „Andere `footer`-Beispiele".**

TIPP **Ein `footer` muss nicht unbedingt am Ende des Elements stehen, in dem es enthalten ist (es ist aber meistens so).**

TIPP **Es ist nicht erlaubt, in einem `footer` einen `header` oder einen anderen `footer` zu verschachteln. Außerdem können Sie keinen `footer` innerhalb eines `header`- oder `address`-Elements verschachteln.**

TIPP **In „Generische Container erstellen" erfahren Sie mehr, wie durch `footer` eine der Rollen des `div`-Elements aus der Zeit vor HTML5 ersetzt wurde.**

TIPP **Über die Verwendung von `role="contentinfo"` mit `footer` unter bestimmten Umständen erfahren Sie mehr im Abschnitt „Mit ARIA die Zugänglichkeit verbessern". Es wäre auch passend, ihn beim `footer` in A aufzunehmen, weil es den Footer für die ganze Seite repräsentiert. Aber ich habe es da weggelassen, um nicht den Eindruck zu erwecken, dass `role="contentinfo"` für alle `footer`-Elemente richtig ist. In „Andere `footer`-Beispiele" sehen Sie ein Beispiel, das sowohl den Unterschied zeigt als auch die Rolle korrekt anwendet.**

Andere footer-Beispiele

Sie haben ein kleines Beispiel gesehen, wo ein Footer für die ganze Seite gilt (A und B). Hier ist ein anderer Seiten-Footer, aber mit mehr Inhalt.

Beispiel 1 (als Seiten-Footer):

```
...
<body>
... [Seitenkopf und Inhalt] ...

<!-- Dies ist ein Seiten-Footer, weil der nächste Vorfahr body ist -->
<footer role="contentinfo">
   <p><small>&copy; Copyright 2011 The Corporation, Inc.</small></p>

   <ul>
      <li><a href="terms-of-use.html">Nutzungsbedingungen</a></li>
      <li><a href="privacy-policy.html">Datenschutzbestimmungen</a></li>
   </ul>
</footer>
</body>
</html>
```

Das nächste Beispiel demonstriert einen footer im Kontext eines Seitenabschnitts (in diesem Fall ein article) und einen zweiten footer für die ganze Seite (in „Mehr article-Beispiele“ wird erklärt, welchen Geltungsbereich das address-Element hier hat).

Beispiel 2 (ein Footer für einen Seitenabschnitt und die ganze Seite):

```
...
<body>
...
<article>
   <h1>... [Artikelüberschrift] ...</h1>
   <p>... [Artikelinhalt] ...</p>

   <!-- Der footer des article -->
   <footer>
      <p>Leandra Allen ist eine freiberufliche Journalistin, die ihren Abschluss in Anthropologie
      → an der Universität Kopenhagen gemacht hat.</p>
      <address>
      Sie erreichen sie unter <a href="mailto: leandra@therunningwriter.com">leandra@
      → therunningwriter.com</a>.
      </address>
   </footer>
</article>

<!-- der Footer der Seite -->
<footer id="footer-page" role="contentinfo">
   ... [Copyright, Nutzungsbedingungen, Datenschutzbestimmungen] ...
</footer>
</body>
</html>
```

Die `id="footer-page"` (Sie können jede gültige `id` angeben) im Seiten-Footer ist optional und dient nur dazu, sie zur Steuerung der Formatierung vom anderen `footer` unterscheiden zu können. Beachten Sie, dass nur der Seiten-`footer` die optionale `role="contentinfo"` bekommt. Über diese Rolle erfahren Sie mehr im Abschnitt „Mit ARIA die Zugänglichkeit verbessern".

Generische Container erstellen

Manchmal müssen Sie ein Inhaltssegment in einen Container legen, weil Sie CSS-Formatierungen anwenden oder einen Effekt mit JavaScript erzielen wollen. Ihre Seite wäre ohne das einfach nicht die gleiche **A**. Aber wenn Sie sich den Inhalt genau anschauen, kommen Sie zu der Beurteilung, dass solche Elemente wie `article`, `section`, `aside` oder `nav` semantisch nicht angemessen wären. Sie brauchen eigentlich einen generischen Container, also einen ohne jegliche semantische Bedeutung. Dieser Container ist das `div`-Element (steht für *division*, also Abschnitt) **B**. Über dieses `div` können Sie die gewünschte Formatierung oder den gewollten JavaScript-Effekt anwenden. Lesen Sie den Kasten zu diesem Thema, in dem steht, wann Sie auf Ihren Seiten mit `div` arbeiten sollten.

A *Dieses Design habe ich ohne jegliches* `div`*-Element auf der Seite erzielt. Doch indem ich ein* `div` *um den gesamten Inhalt der Seite gelegt habe* **B**, *steht mir nun ein generischer Container zur Verfügung, den ich formatieren kann (siehe die Ergebnisse in* **C**).

B *Nun fasst ein* `div` *den gesamten Inhalt ein. Die Semantik der Seite bleibt unverändert, aber ich habe einen generischen Container, den ich mit CSS formatieren kann* **C**.

```
...
<body>

<div>
  <header>
    <nav role="navigation">
      ... [ul mit Links] ...
    </nav>
  </header>

  <article>
    <h1 id="gaudi">Der Architekt von
    ➝ Barcelona</h1>
    ... [einleitende Absätze] ...

    <section>
      ... [Überschrift, Bild und Absatz] ...
    </section>

    <section>
      ... [Überschrift, weiteres Bild und mehr
      ➝ Absätze] ...
    </section>
  </article>

  <aside role="complementary">
    <h1>Die architektonischen Wunder von
    ➝ Barcelona</h1>
    ... [restlicher Inhalt des aside]
  </aside>

  <footer>
    ... [Copyright] ...
  </footer>
</div>

</body>
</html>
```

C *Ein* `div`*-Element hat standardmäßig keine eigene Formatierung, außer dass es in einer neuen Zeile beginnt. Doch Sie können* `div` *formatieren, um Ihre Designs zu implementieren. Hier habe ich einen hellblauen Hintergrund und einen Schatten ins* `div` *eingefügt. So kann ich den Hintergrund des* `body`*-Elements in Violett ändern, um den Inhalt hervorzuheben. Dem* `aside` *habe ich auch einen dünnen Rahmen gegeben. Wie ich das gemacht habe, können Sie dem HTML und CSS dieser Seite unter www.bruceontheloose.com/htmlcss/examples/ entnehmen.*

D *Das ist die gleiche Seite, aber weder für das* `div` *noch für Überschriften, Absätze oder andere Elemente ist CSS angewendet worden. Wie Sie sehen, schafft das* `div` *auf sich allein gestellt es nicht, die Seite schicker aussehen lassen.*

Einen generischen Container erstellen

1. Tippen Sie `<div>`.
2. Erstellen Sie die Inhalte des Containers mit beliebig vielen Elementen.
3. Am Ende des Containers tippen Sie `</div>` ein.

TIPP **Wie `header`, `footer`, `article`, `section`, `aside`, `nav`, `h1-h6`, `p` und viele andere Elemente auch wird `div` standardmäßig automatisch in eine neue Zeile gestellt.**

TIPP **`div` ist ebenfalls praktisch, wenn man bestimmte Interaktionen oder Effekte mit JavaScript einbauen will. Damit können Sie beispielsweise ein Foto oder eine Dialogbox mit einem halbtransparenten „Deckblatt" darstellen, das die Seite abdeckt (dieses Deckblatt ist üblicherweise ein `div`).**

TIPP **Ich betone zwar dauernd, dass HTML die Bedeutung Ihrer Inhalte beschreibt, aber `div` ist das einzige Element, das keinen semantischen Wert hat. Das `span`-Element ist das Gegenstück zu `div`. Während `div` ein Container ohne Semantik für inhaltliche Blöcke ist, ist `span` (das wird `<span>hier kommt der Inhalt</span>` geschrieben) nur für Text gedacht, z.B. innerhalb eines `p`-Elements für Absätze. Mehr über `span` erfahren Sie in Kapitel 4.**

TIPP **Wie Sie Landmark-Rollen mit `div` verwenden, erfahren Sie im Abschnitt „Mit ARIA die Zugänglichkeit verbessern".**

Ein paar historische Angaben über div und wie man es in HTML5 einsetzt

Von den in diesem Kapitel vorgestellten strukturellen Elementen ist `div` neben `h1`-`h6` das einzige, das noch aus den Zeiten vor HTML5 stammt. Bis zum Erscheinen von HTML5 war `div` die De-facto-Wahl, um inhaltlich zusammengehörige Blöcke wie Header, Footer, Hauptinhalt, Einfügungen und Sidebars einer Seite einzufassen, damit man diese alle mit CSS formatieren kann. Aber damals wie heute hatte `div` keine semantische Bedeutung.

Darum wurden in HTML5 `header`, `footer`, `article`, `section`, `aside` und `nav` eingeführt. Diese Typen von Grundbausteinen waren auf Webseiten derart verbreitet, dass sie ihre eigenen Elemente *mit* Bedeutung verdienten. `div` ist in HTML5 nun nicht untergegangen, aber es gibt einfach weniger Gelegenheiten als früher, es einzusetzen.

Schauen wir uns einige übliche Instanzen an, bei denen `div` die richtige Wahl ist.

Eine kennen Sie bereits: wenn man eine ganze Seite zu Formatierungszwecken mit einem Container einfassen will (B und C).

Wie habe ich das zweispaltige Layout mit `div` hinbekommen? Auf das `article`-Element habe ich CSS angewendet, damit dieses als Spalte 1 und das `aside`-Element als Spalte 2 dargestellt wird. (In Kapitel 7 geht's dann mit dem CSS richtig los und in Kapitel 11 erfahren Sie mehr über Layouts mit CSS.)

Meistens (wenn nicht gar immer) haben Spalten allerdings mehr als nur einen inhaltlichen Bereich. Vielleicht soll beispielsweise ein weiteres `article`-Element (oder `section` oder `aside` usw.) im Hauptbereich unterhalb des ersten `article` stehen. Und vielleicht möchten Sie in der zweiten Spalte ja noch ein weiteres `aside` unterbringen, das z.B. eine Liste mit Links zu anderen Sites über Gaudí enthält. Oder in diese Spalte soll gar eine ganz andere Art Element eingefügt werden.

Sie müssen dafür die Inhalte, die in jeder Spalte repräsentiert werden, in einem `div` gruppieren E und dieses `div` dann entsprechend formatieren. (Falls Sie auf den Gedanken kommen, dass auch `section` dafür eine Option wäre: Dies ist nicht als generischer Container fürs Formatieren gedacht.) Ich stelle Ihnen hier ein Diagramm F vor, das Ihnen helfen soll, die Beziehung zwischen dem Code E und dem möglichen CSS-Layout zu visualisieren. Bedenken Sie aber, dass es sich dabei nur um eine Layoutmöglichkeit für dieses HTML handelt: CSS ist sehr leistungsfähig.

Es ist also recht üblich, dass ein `div` um jede Gruppe von Inhalten steht, die Sie als eine Spalte formatieren wollen (natürlich können Sie auch mehr als zwei nehmen). Was dann da jeweils hineinkommt, kann – basierend auf den jeweiligen Inhalten für Ihre Seite – sehr breit variieren. Vergessen Sie nicht, dass `article`, `section`, `aside` und `nav` als Ihre primären Container für Inhaltsbereiche praktisch überall auftauchen können. Und in diesem Kapitel haben Sie auch gelernt, dass das auch für `header` und `footer` gilt. Lesen Sie nicht zu viel in die Tatsache hinein, dass das Beispiel (E und F) nur `articles` im Hauptinhaltsbereich zeigt und in der Sidebar `asides` stehen.

Um da allerdings sicher zu sein, sollte `div` Ihre letzte Zuflucht für einen Container sein, weil es keinen semantischen Wert hat. Meist ist es richtig, stattdessen so etwas wie `header`, `footer`, `article`, `section`, `aside` und vielleicht noch `nav` zu verwenden. Doch Sie sollten diese *nicht* nehmen, bloß um `div` zu vermeiden, wenn das semantisch unpassend ist. `div` hat seinen Platz, Sie sollten es einfach nur beschränkt nutzen.

Nachdem das nun geklärt ist, soll noch auf eine Situation verwiesen werden, in der es gerechtfertigt ist, statt der neuen HTML5-Elemente `div` für alle Container (oder die meisten, das liegt an Ihnen) auf einer Seite zu nehmen. Mehr Infos darüber finden Sie im Abschnitt „HTML5-Elemente in älteren Browsern formatieren" in Kapitel 11.

E *Diese Seite hat ein* `div`*, das die ganze Seite beinhaltet, plus zwei neue. Ein* `div` *mit* `id="content"` *gruppiert den Hauptinhalt, damit er als Spalte eins formatiert werden kann. Ein anderes* `div` *mit* `id="sidebar"` *umgibt den Inhalt, den Sie als Spalte zwei darstellen wollen. Dann nehmen Sie die* `id` *in Ihrem CSS, um jedes spezifische* `div` *präzise formatieren zu können.*

```
...
<body>

<!-- Start Seiten-Container -->
<div id="container">
   <header>
      ...
   </header>

   <!-- Spalte eins, wenn CSS angewendet wird -->
   <div id="content">
      <article>
         ...
      </article>

      <article>
         ...
      </article>

      ... [weitere Abschnitte nach Bedarf] ...
   </div>
   <!-- Ende Spalte eins -->

   <!-- Spalte zwei, wenn CSS angewendet wird -->
   <div id="sidebar">
      <aside>
         ...
      </aside>

      <aside>
         ...
      </aside>

      ... [weitere Abschnitte nach Bedarf] ...
   </div>
   <!-- Ende Spalte zwei -->

   <footer>
      ...
   </footer>
</div>
<!-- Ende Seiten-Container -->

</body>
</html>
```

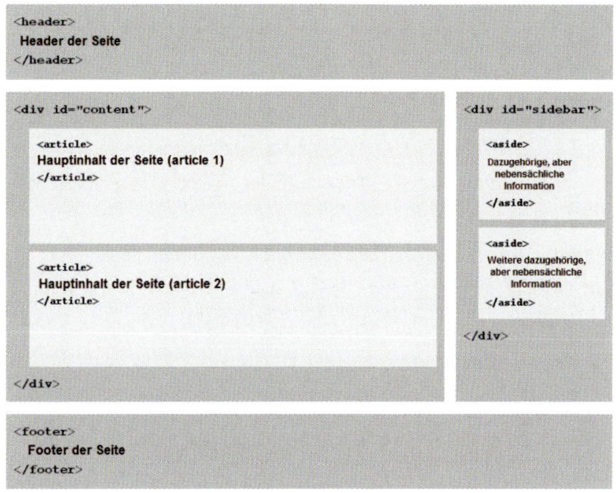

F *Dieses Diagramm illustriert, wie der Code in* E *zu einem CSS-Layoutkonzept passen kann. Zwar ist dies ein sehr weit verbreitetes Arrangement, aber auch nur eine der vielen Möglichkeiten, die Ihnen mit dem gleichen HTML zur Verfügung stehen. Werfen Sie einen Blick in den nächsten Abschnitt „Mit ARIA die Zugänglichkeit verbessern" – hier erfahren Sie, wie man Semantik und Zugänglichkeit Ihrer Seiten noch weiter optimiert.*

Mit ARIA die Zugänglichkeit verbessern

Wie Sie in Abschnitt „Warum Semantik wichtig ist“ aus Kapitel 1 gelernt haben, wird die Zugänglichkeit einfach dadurch verbessert, dass man den Inhalt mit dem HTML auszeichnet, das ihn am besten beschreibt. Falls Sie bereits so arbeiten, ist das großartig. In diesem Abschnitt erzähle ich Ihnen, wie Sie mit einigen einfachen Attributen im HTML Ihren Besuchern noch mehr helfen.

WAI-ARIA (Web Accessibility Initiative's Accessible Rich Internet Applications) oder kurz ARIA ist eine Spezifikation, die sich selbst zur „Brückentechnologie“ erklärt hat. Das heißt, sie füllt semantische Lücken mit Attributen, bis Sprachen wie HTML ihre eigenen semantischen Äquivalente gefunden haben.

Mit welchem HTML-Markup lassen Sie beispielsweise einen Screenreader wissen, wie er zum Hauptinhalt Ihrer Seite (oder daran vorbei) wechseln kann? Oder zu einem Suchfeld? Wie Sie gleich erfahren, gibt es Überlappungen zwischen ARIA und HTML5 (Letzteres hat ebenfalls versucht, ein paar der Lücken zu füllen), aber nicht einmal HTML5 hat Lösungen für beides. Die *Landmark Roles* von ARIA hingegen sorgen dafür: Sie identifizieren eine Gruppe von Seitenbereichen vor allem zu diesem Zweck: `application`, `banner`, `complementary`, `contentinfo`, `form`, `main`, `navigation` und `search`.

Es gibt zwar Schnittpunkte zwischen Landmark Roles und HTML5-Elementen, aber die Screenreader-Unterstützung ist für ARIA weiter fortgeschritten. Also können Sie wie gehabt mit dem Erstellen von HTML weitermachen und ARIA-Roles einbauen, um die Zugänglichkeit Ihrer Seiten zu verbessern.

In **A** habe ich ARIA Landmark Roles und ein `nav`-Element in das Beispiel aus „Generische Container erstellen“ eingebaut. Obwohl ich in jedes `aside`-Element eine `complementary`-Rolle platziert habe, wäre `<div id="sidebar" **role="complementary"**>` genauso valider Code, mit dem stattdessen die ganze Sidebar markiert wäre. Bevor Sie bei Ihren Seiten so vorgehen, sollten Sie ganz sicher sein,

A *Das Beispiel aus „Generische Container erstellen“ mit einem ergänzten* `nav`*-Element und fünf verschiedenen Landmark Roles*

```
...
<body>

<!-- Start Seiten-Container -->
<div id="container">
   <header role="banner">
      ...
      <nav role="navigation">
         ... [ul mit Links] ...
      </nav>
   </header>

   <!-- Spalte eins, wenn CSS angewendet wird -->
   <div id="content" role="main">
      <article>
         ...
      </article>

      <article>
         ...
      </article>

      ... [weitere Abschnitte nach Bedarf] ...
   </div>
   <!-- Ende Spalte eins -->

   <!-- Spalte zwei, wenn CSS angewendet wird -->
   <div id="sidebar">
      <aside role="complementary">
         ...
      </aside>

      <aside role="complementary">
         ...
      </aside>

      ... [weitere Abschnitte nach Bedarf] ...
   </div>
   <!-- Ende Spalte zwei -->

   <footer role="contentinfo">
      ...
   </footer>
</div>
<!-- Ende Seiten-Container -->

</body>
</html>
```

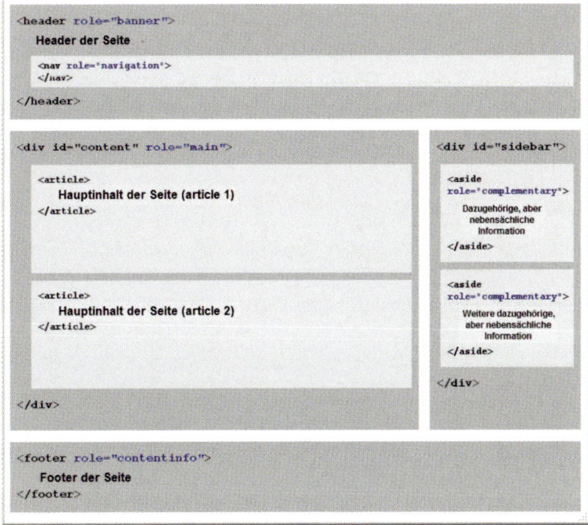

B *Dies ist das Layoutdiagramm aus „Generische Container erstellen", aber nun enthält es die ARIA-Rollen. Wie angemerkt, könnte das Sidebar-`div` auch `role="complementary"` statt der `aside`-Elemente enthalten.*

dass alle Ihre `div`-Inhalte als `complementary`-Inhalt geeignet sind.

Hier folgen nun ein paar Definitionen für Landmark Roles aus der ARIA-Spezifikation, im Anschluss daran meine Empfehlungen zur Nutzung. Sie werden in **A** demonstriert und in einem Diagramm **B**, ähnlich wie das aus „Generische Container erstellen".

- `role="banner"`

  Ein Bereich, der statt seitenspezifischer Inhalte vor allem solche Inhalte enthält, die an der Site insgesamt orientiert sind.

  Site-orientierte Inhalte bestehen üblicherweise aus solchen Dingen wie Logo oder Identität des Sponsors dieser Site und ein für die ganze Site gedachtes Suchwerkzeug. Ein Banner erscheint üblicherweise oben auf der Seite und erstreckt sich meist über die ganze Breite.

  Verwendung: Fügen Sie es auf dem für die Seite gedachten Masthead ein (meist ein `header`-Element) und nehmen Sie es pro Seite nur einmal.

- `role="navigation"`

  Eine Sammlung navigationsbezogener Elemente (meist Links), um im Dokument oder damit zusammenhängenden Dokumenten zu navigieren.

  Verwendung: Dies spiegelt das `nav`-Element von HTML5 wider. Also fügen Sie es in jedes `nav`-Element ein, und wenn keines vorhanden ist, legen Sie es in den Container, der Ihre Links umgibt. Sie können diese `role` mehr als einmal pro Seite verwenden.

- `role="main"`

  Der Hauptinhalt eines Dokuments.

  Verwendung: Fügen Sie es in den Container Ihres Hauptinhalts ein. Oft wird es sich dabei um ein `div`-Element handeln, aber es kann auch ein `article` oder `section` sein. Außer in ganz seltenen Umständen sollte Ihre Seite nur über einen Bereich verfügen, der mit `main` ausgezeichnet ist.

- `role="complementary"`

  Ein ergänzender Abschnitt des Dokuments, der als komplementär zum Hauptinhalt gedacht ist . . . aber auch dann noch aussagekräftig ist, wenn er vom Hauptinhalt getrennt wird.

  Die komplementäre Rolle zeigt an, dass der Inhalt darin für den Hauptinhalt relevant ist.

  Verwendung: Dies spiegelt das `aside`-Element von HTML5 wider. Also fügen Sie es in ein `aside` oder ein `div` ein, das den gesamten komplementären Inhalt enthält. Sie können mehr als eine `complementary`-Rolle auf jeder Seite einbauen.

- `role="contentinfo"`

  Eine große, wahrnehmbare Region, die Informationen über das übergeordnete Dokument enthält.

  Zu den Beispielen in diesem Bereich der Seite gehören Copyright-Angaben und Links auf Datenschutzbestimmungen.

  Verwendung: Fügen Sie diese einmal in den Footer auf Seitenebene ein (üblicherweise ein `footer`-Element).

Zusammengefasst ist es generell eine gute Idee, ARIA Landmark Roles in Ihr HTML einzubauen. Ich habe sie bei verschiedenen anderen Beispielen des Buchs integriert wie auch auf der Site für das Buch. Um es deutlich zu sagen: Ihre Seiten funktionieren auch ohne sie, aber die Nutzererfahrung wird für bestimmte User verbessert. Gewiss finden Sie die Screenreader-Testergebnisse, die in den Tipps aufgeführt werden, hilfreich für die Entscheidung, ob Sie diese auch selbst nutzen sollten (diese Rollen werden durchgängig unterstützt, nur vom Screenreader Window Eyes 7.5 nicht).

TIPP Die Rolle `form` ist semantisch redundant mit dem `form`-Element, `search` markiert ein Suchformular (BBC, Yahoo! und Google nutzen diese sowie auch in manchen Fällen andere Landmark Roles) und `application` ist für fortgeschrittene Anwendungsmöglichkeiten gedacht.

TIPP Landmark Roles sind nur eines der vielen Features der ARIA-Spezifikation (*www.w3.org/TR/wai-aria/*). Vielleicht interessiert Sie auch dieser Implementierungsleitfaden: *www.w3.org/WAI/PF/aria-practices/*.

TIPP Die Accessibility-Befürworter Steve Faulkner und Jason Kiss haben mehrere Tests über die Unterstützung von Landmark Roles durch Screenreader gepostet, und zwar unter *www.html5accessibility.com/tests/landmarks.html* bzw. *www.accessibleculture.org/research/html5-aria-2011/*. Siehe Faulkners damit zusammenhängende Diskussion unter *www.paciellogroup.com/blog/2011/11/latest-aria-landmark-support-data/* und unter *www.paciellogroup.com/blog/2011/07/html5-accessibility-chops-aria-landmark-support/*.

TIPP NVDA (Windows, kostenloser Download unter *www.nvda-project.org/*), VoiceOver (kostenloser Bestandteil von Mac OSX und iOS 4+) sowie JAWS (Windows, kostenlose Probeversion unter *www.freedomscientific.com/*) gehören zu den fortschrittlichsten erhältlichen Screenreadern. Ich kann gar nicht nachdrücklich genug dazu raten, dass Sie zumindest einen davon mal ausprobieren, um besser würdigen zu können, wie sich Ihre semantischen HTML-Entscheidungen auf die Nutzererfahrung bei Screenreadern auswirken. Besser wäre noch, wenn Sie Ihre Seiten als Teil Ihres normalen Entwicklungsprozesses mit einem Screenreader testen.

TIPP Sie können diese ARIA-Rollenattribute in Ihren CSS-Selektoren nutzen. Tatsächlich können Sie anhand der korrekten Landmark Roles die Attribute `id="content"` und `id="sidebar"` vom Code-Sample A weglassen. In Kapitel 11 erfahren Sie mehr.

Das class-Attribut und Mikroformate

Es gibt das übliche Missverständnis, dass das class-Attribut einzig dafür erstellt wurde, um CSS auf Gruppen von Elementen anzuwenden. Das ist aber nicht der Fall. Es wurde auch deswegen designt, um die Semantik von HTML zu bereichern, ohne mehr Elemente in die Markup-Sprache einzuführen.

Mikroformate machen genau das: Sie arbeiten mit vereinbarten class-Namen, um ein Stück HTML z.B. als Ereignis oder Kalendereintrag zu identifizieren (das hCalendar-Mikroformat), um Personen, Organisationen und Firmen zu identifizieren (hCard) oder um die Beziehung zwischen Personen zu beschreiben (XFN). Das sind nur ein paar der vielen bis heute definierten Mikroformate, und weitere sind immer in Arbeit.

Anwendungen, Suchroboter und andere Software können die Mikroformate in Ihrem HTML lesen und nutzen. Das Firefox-Add-on *Operator* zeigt beispielsweise die Mikroformate einer beliebigen Seite an.

Über die Implementierung von Mikroformaten erfahren Sie mehr unter *http://microformats.org*.

Elemente mit einer Klasse oder ID benennen

Obwohl es nicht erforderlich ist, können Sie Ihren HTML-Elementen einen eindeutigen Identifikator geben bzw. sie einer bestimmten Klasse (oder mehreren Klassen) zuweisen oder beides. Danach können Sie diese Elemente je nach ihrem id- oder class-Namen formatieren. Das ist sicher die hauptsächliche, aber nicht die einzige Verwendung (siehe Tipps in diesem Abschnitt).

Ein Element mit einer eindeutigen id benennen

Innerhalb des Start-Tags des Elements tippen Sie **id="name"**, wobei **name** das Element eindeutig identifiziert **A**. **name** kann praktisch alles sein, solange es nicht mit einer Zahl beginnt oder Leerzeichen enthält.

Einem Element eine Klasse zuweisen

Innerhalb des Start-Tags des Elements tippen Sie **class="name"**, wobei **name** der identifizierende Name der Klasse ist **A**. Wenn Sie mehr als eine Klasse zuweisen wollen, trennen Sie diese mit einem Leerzeichen so wie hier: **class="name anderername"**. (Man kann mehr als zwei Klassennamen zuweisen.)

TIPP Jede id in einem HTML-Dokument muss eindeutig sein. Anders gesagt dürfen nicht zwei Elemente in der gleichen Seite mit der gleichen id bezeichnet werden und jedes Element darf nur eine id haben. Die gleiche id kann auf mehreren Seiten erscheinen und muss nicht jedes Mal dem gleichen Element zugewiesen werden, obwohl das normalerweise so gehandhabt wird.

TIPP Umgekehrt kann ein bestimmter class-Name einer beliebigen Zahl Elementen auf einer Seite zugewiesen werden und ein Element kann mehr als eine class besitzen.

A *Vergeben Sie ein eindeutiges Attribut* id *an ein Element, um es später formatieren oder darauf verlinken zu können oder ein JavaScript-Verhalten zuzuweisen. Geben Sie einer Gruppe von Elementen das Attribut* class*, um alle Elemente in dieser Gruppe auf einen Rutsch formatieren zu können. Die Klassen* architect *und* project *könnten zum Beispiel auf Inhalte über andere Architekten angewendet werden, um die Formatierung zu vereinheitlichen. Die Links im* nav *zeigen auf die* ids *der* h1- *und* h2-*Elemente (siehe Kapitel 6 für weitere Informationen über Links). Die anderen* ids *sind für die Formatierung. In „Generische Container erstellen" finden Sie weitere Infos über* ids *sowie ein anderes Beispiel für deren Einsatz. Die Attribute* id *und* class *wirken sich nicht auf das Erscheinen eines Elements aus, außer sie werden im CSS referenziert.*

```
...
<body>

<div id="container">
   <header>
      <nav role="navigation">
         <ul id="toc">
            <li><a href="#gaudi">Der Architekt von Barcelona</a></li>
            <li><a href="#sagrada-familia" lang="es">La Sagrada Família</a></li>
            <li><a href="#park-guell">Park Güell</a></li>
         </ul>
      </nav>
   </header>

   <article class="architect" role="main">
      <h1 id="gaudi">Der Architekt von Barcelona</h1>

      <p>Viele Touristen kommen extra nach Barcelona, um sich die unbeschreibliche Architektur von Antoni
      ➝ Gaudí anzuschauen.</p>
      ...

      <section class="project">
         <h2 id="sagrada-familia" lang="es">La Sagrada Família</h2>
         ...
      </section>

      <section class="project">
         <h2 id="park-guell">Park Güell</h2>
         ...
      </section>
   </article>
   ...
</div>
</body>
</html>
```

TIPP Die Attribute `class` und `id` kann man beliebigen HTML-Elementen hinzufügen. Ein Element kann sowohl eine `id` als auch eine beliebige Anzahl von `class` haben.

TIPP Wie man Stylesheets auf ein Element mit einer bestimmten `id` oder `class` anwendet, erfahren Sie im Abschnitt „Elemente nach Klasse oder ID auswählen" in Kapitel 9.

TIPP Wählen Sie aussagekräftige (d.h. semantische) Namen für Ihre `id` und `class`, egal wofür Sie sie nutzen wollen. Wenn Sie z.B. eine `class` zur Formatierung nutzen wollen, vermeiden Sie Namen, die die Präsentation beschreiben, also etwa `class="rot"`. Das wäre eine Todsünde. Im Ernst: `class="rot"` ist eine schlechte Wahl, weil Sie vielleicht in der nächsten Woche beschließen, das Farbschema Ihrer Site auf Blau umzustellen. Zwar ist es unglaublich einfach, mit CSS die einer `class` zugewiesene Farbe zu ändern, aber dann stünde in Ihrem HTML eine `class` namens `rot`, die in Wirklichkeit eine andere Farbe darstellt. Alle `class`-Namen im HTML zu ändern, ist meist nicht so simpel.

TIPP Wenn man wählen kann, ob man zur Formatierung eine `class` oder eine `id` auf ein Element anwendet, sollte man meist lieber eine `class` nehmen, weil man die damit verknüpften Formatierungen auf andere Elemente mit der gleichen `class` erneut verwenden kann. Doch es kann aber auch Situationen geben, bei denen Sie Ihre Formatierungen über dessen `id` auf ein Element (und vielleicht auch auf dessen Nachfahren) anwenden wollen.

TIPP Das Attribut `id` verwandelt das Element automatisch in einen benannten Anker (*anchor*), mit dem Sie eine direkte Verknüpfung (Link) vornehmen können. Weitere Details erfahren Sie im Abschnitt „Anker erstellen" in Kapitel 6.

TIPP Sie können mit dem `class`-Attribut Mikroformate implementieren (weitere Details dazu im Kasten).

TIPP Sie können mit JavaScript auf die Attribute `id` und `class` zugreifen, um Verhalten für bestimmte Elemente anzuwenden.

Wie man das title-Attribut auf Elemente anwendet

Sie können mit dem title-Attribut – nicht zu verwechseln mit dem title-*Element* – praktisch alle Bereiche Ihrer Website mit Tooltipps (eine Art Sprechblase) ergänzen (A und B). Das ist allerdings nicht nur für Tooltipps gedacht. Auch Screenreader können den Text im title vorlesen und verbessern damit die Zugänglichkeit.

Elemente auf einer Webseite mit title ergänzen

Im HTML-Tag des zu kennzeichnenden Elements fügen Sie **title="label"** ein, wobei **label** der kurze, beschreibende Text ist, der im Tooltipp erscheinen soll, wenn ein Besucher mit der Maus auf das Element zeigt. Dieser Text wird auch im Screenreader vorgelesen.

TIPP Ältere Versionen des Internet Explorers (IE7 und früher) machen aus dem alt-Attribut, das in img-Elementen verwendet wird, ebenfalls Tooltipps (siehe Kapitel 5). Doch wenn in einem img-Element sowohl das title- und auch das alt-Attribut vorhanden sind, wird der Tooltipp aus dem Inhalt des title-Attributs befüllt und nicht aus dem alt-Attribut.

A *Sie können Titel bei jedem beliebigen Element einfügen, meist macht man das aber bei Links.*

```
...
<body>
   <header role="banner">
      <nav role="navigation">
         <ul id="ivz" title="Inhaltsverzeichnis">
            <li><a href="#gaudi" title="Erfahren
            → Sie mehr über Antoni Gaudí">Der
            → Architekt von Barcelona</a></li>
            <li><a href="#sagrada-familia"
            → lang="es">La Sagrada Família</a>
            → </li>
            <li><a href="#park-guell">Park Güell
            → </a></li>
         </ul>
      </nav>
   </header>

   ...
</body>
</html>
```

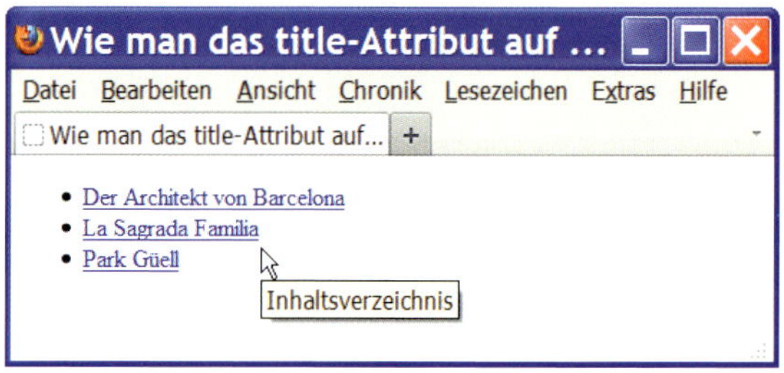

B *Wenn der Besucher auf das gekennzeichnete Element zeigt, erscheint der Titel. Wenn man die Maus über den Link „Der Architekt von Barcelona" hält, sieht man „Erfahren Sie mehr über Antoni Gaudí", weil es ein eigenes title-Attribut hat.*

Kommentare einfügen

Wenn Sie in Ihre HTML-Dokumente Kommentare einfügen, können Sie damit kennzeichnen, wo Sektionen beginnen oder enden, für sich selbst (oder spätere Bearbeiter) Hinweise einflechten, wozu ein bestimmter Codeabschnitt gedacht ist, verhindern, dass Inhalte dargestellt werden, und vieles mehr **A**. Diese Kommentare erscheinen nur, wenn das Dokument mit einem Editor oder über die Browser-Option Quelltext anzeigen geöffnet wird. Besucher sehen sie in ihrem Browser nicht **B**.

A *In diesem Beispielcode stehen vier Kommentare. Zwei zeigen kombiniert Anfang und Ende des Artikels an. Mit dem nächsten wird der erste Absatz „auskommentiert", damit er auf der Seite nicht dargestellt wird (wenn Sie auf lange Sicht diesen Absatz ausschließen wollen, wäre es besser, ihn im HTML zu löschen). Der letzte Kommentar ist eine Erinnerung, weitere Inhalte einzufügen, bevor die Seite live geschaltet wird. Achten Sie allerdings genau darauf, solche temporären Kommentar wie „To-do-Listen" zu entfernen, bevor Sie die Seite veröffentlichen, falls sich Besucher Ihren Code ansehen. Im Abschnitt „Generische Container erstellen" finden Sie weitere Kommentarbeispiele.*

```
...
<body>
  ...

  <!-- ==== START ARTICLE ==== -->
  <article class="architect">
     <h1 id="gaudi">Der Architekt von Barcelona</h1>

  <!-- Dieser Absatz wird nicht dargestellt, weil er auskommentiert ist.
     <p>Viele Touristen kommen extra nach Barcelona, um sich die unbeschreibliche Architektur von Antoni
     ➝ Gaudí anzuschauen.</p>
  -->

     <p>Seine Nonkonformität, die schon in Jugendjahren deutlich wurde, verbunden mit seiner ruhigen,
     ➝ aber innigen Hingabe an die Kirche, schufen eine einzigartige Grundlage für seine Gedanken und
     ➝ Ideen. Seine Suche nach Einfachheit ... </p>

     <section class="project">
        <h2 id="sagrada-familia" lang="es">La Sagrada Família</h2>
        ...
     </section>

     <section class="project">
        <h2 id="park-guell">Park Güell</h2>
        ...
     </section>
  </article>
  <!-- Ende article -->

  <!-- To Do: Hier noch einen Artikel über andere berühmte Bauwerke einstellen, bevor die Seite live geht.
  -->

  ...
</body>
</html>
```

Kommentare auf einer HTML-Seite einfügen

1. In Ihrem HTML-Dokument tippen Sie dort, wo Sie einen Kommentar einfügen wollen, `<!--` ein.
2. Schreiben Sie die entsprechenden Kommentare.
3. Mit Eingabe von `-->` schließen Sie den kommentierten Text ab.

TIPP Meist nutzt man Kommentare dafür, sich (und zukünftige Bearbeiter) daran zu erinnern, bestimmte Abschnitte aufzunehmen, zu entfernen oder zu aktualisieren (A).

TIPP Ein weiterer Grund für Kommentare ist das Vermerken einer Revisionsnummer.

TIPP Üblicherweise fügt man zu Beginn und am Ende von größeren Codeabschnitten Kommentare ein, damit Sie und andere die Seiten einfacher bearbeiten können (Seiten können ganz schön lang werden). Ich nehme gerne ein auffälliges Format, wenn ich einen Kommentar beginne, und ein weniger deutliches fürs Ende, damit ich auf einen Blick schnell diese beiden wichtigen Punkte erkenne, wenn ich den Code überfliege (A).

TIPP Sie sollten sich Ihre kommentierte Seite mit einem Browser anschauen, bevor Sie sie veröffentlichen. So vermeiden Sie es, unabsichtlich vielleicht gar private Kommentare zu publizieren, weil ein Kommentar womöglich falsch formatiert wurde.

TIPP Vorsicht allerdings vor Kommentaren, die tatsächlich allzu privat sind. Man kann sie im Browser zwar nicht gleich sehen, aber sie können ganz einfach sichtbar gemacht werden, wenn der User sich die Seite über die Option QUELLCODE ANZEIGEN anschaut oder die Seite als HTML-Quellcode speichert.

TIPP Kommentare sollten nicht in anderen Kommentaren verschachtelt werden.

TIPP Die hier gezeigte Syntax gilt nur für HTML-Kommentare. CSS und JavaScript haben eine andere Kommentarsyntax. CSS und JavaScript arbeiten beide mit `/* Hier kommt der Kommentar */` für einen Kommentar, der über eine oder mehrere Zeilen geht, während bei JavaScript noch die Schreibweise `// Hier kommt der Kommentar` für einzeilige Kommentare möglich ist.

(B) Kommentare sind unsichtbar (obwohl man sie lesen kann, wenn man sich den Quellcode anzeigen lässt). Entsprechend werden Inhalte, die Sie in Kommentarzeichen setzen, nicht dargestellt (A). Hier wird der erste Absatz im Code nicht gezeigt.

4 Text

Wenn eine Site nicht gerade schwerpunktmäßig Videos vorstellt oder eine Fotogalerie enthält, dann besteht der meiste Inhalt von Webseiten aus Text. Dieses Kapitel erklärt, welche HTML-Semantik für verschiedene Textarten passend ist, vor allem (aber nicht nur) für Text innerhalb eines Satzes.

Das `em`-Element ist beispielsweise speziell dafür gestaltet, damit betonter Text hervorgehoben wird, und das `cite`-Element dient dem Zitieren von Werken aus Kunst, Film, Büchern etc.

Browser formatieren üblicherweise viele Textelemente anders als normalen Text. Zum Beispiel werden sowohl `em`- als auch `cite`-Elemente in Kursivschrift ausgegeben. Ein anderes Element, `code`, ist speziell dafür gedacht, Codezeilen aus einem Skript oder Programm zu formatieren, und wird standardmäßig in nichtproportionaler Schrift gezeigt.

Wie Inhalte aussehen werden, ist irrelevant, wenn man festlegt, wie sie ausgezeichnet werden sollen. Demnach sollten Sie `em` oder `cite` nicht einfach nur deswegen nehmen, weil Sie kursiven Text brauchen. Das ist Aufgabe des CSS.

Stattdessen konzentrieren Sie sich darauf, HTML-Elemente zu wählen, die den Inhalt beschreiben. Wenn ein Browser sie standardmäßig so formatiert, wie Sie das mit CSS machen würden, ist das einfach nur ein Bonus. Wenn das nicht der Fall ist, können Sie die Standardformatierung mit eigenem CSS überschreiben.

Übersicht

Einen neuen Absatz beginnen

HTML erkennt keine Absatzendezeichen oder Leerzeichen, die Sie in Ihren Texteditor eintippen. Um einen neuen Absatz auf der Webseite zu beginnen, nehmen Sie das p-Element (A und B).

Einen neuen Absatz beginnen

1. Tippen Sie <p> ein.
2. Geben Sie den Inhalt des neuen Absatzes ein.
3. Tippen Sie </p>, um den Absatz zu beenden.

TIPP Sie können die Überschriften z.B. mit einer bestimmten Schriftart, Schriftgröße bzw. Schriftfarbe formatieren. Mehr Details finden Sie in Kapitel 10.

TIPP Wie der Zeilenabstand geregelt wird, erfahren Sie im Abschnitt „Den Zeilenabstand setzen“ in Kapitel 10. Um die Abstände zwischen den Absätzen anzugeben, schauen Sie im Abschnitt „Margins um ein Element festlegen“ oder „Padding für Elemente“ nach – beide in Kapitel 11.

TIPP Sie können Absatztext links- oder rechtsbündig ausrichten, ihn in Blocksatz oder zentriert setzen – alles mit CSS (siehe „Textausrichtung“ in Kapitel 10).

A *Nicht überraschend, dass p zu den am häufigsten benutzten HTML-Elementen gehört.*

```
...
<body>

<article>
   <h1>Antoni Gaudí</h1>
   <p>Viele Touristen kommen extra nach
   → Barcelona, um sich die unbeschreibliche
   → Architektur von Antoni Gaudí anzuschauen.
   → </p>

   <p>Im Jahre 2002 feierte Barcelona den 150.
   → Geburtstag von Gaudí.</p>

   <h2>La Casa Milà</h2>
   <p>Das Werk von Gaudí ist ausgesprochen
   → nützlich. <span lang="es">La Casa Milà
   → </span> ist ein Apartmenthaus, in dem echte
   → Menschen leben.</p>

   <h2>La Sagrada Família</h2>
   <p>Die unvollendete Kirche mit dem
   → eigenartigen Namen Sühnekirche der Heiligen
   → Familie ist das am meisten besuchte Gebäude
   → in Barcelona.</p>
</article>

</body>
</html>
```

B *Hier sehen Sie die typische Standarddarstellung von Absätzen. Wie bei allen Inhaltselementen können Sie die Formatierung mit CSS umfassend steuern.*

(A) *Diese Seite hat zwei address-Elemente: eine für den Autor des article und eine im footer auf Seitenebene über die Personen, die sich um die Seite insgesamt kümmern. Beachten Sie, dass address für den article nur Kontaktinfos enthält. Obwohl sich die Hintergrundinformation über Tracey Wong auch im footer des article befindet, steht sie außerhalb des address-Elements.*

```
...
<body>

<article>
   <h1>Museum wird im Hafengebiet eröffnet</h1>
   <p>Das neue Kunstmuseum stellt nicht nur
   → eine Vielfalt zeitgenössischer Kunst in der
   → Stadt vor, sondern gehört zur
   → städtebaulichen Weiterentwicklung des
   → Hafengebiets.</p>
   ... [restliche Story] ...

   <!-- Der Footer des Artikels mit
   → Adressinformationen über den Artikel -->
   <footer>
      <p>Tracey Wong schreibt für <cite>The Paper
      → of Papers</cite>, seit sie vor drei
      → Jahren ihren MFA in Kunstgeschichte
      → erhalten hat.</p>
      <address>
      Sie erreichen sie per Mail unter
      → <a href="mailto:traceyw@
      → thepaperofpapers.com">
      → traceyw@thepaperofpapers.com</a>.
      </address>
   </footer>
</article>

<!-- Der Footer der Seite mit Adressinformationen
→ über die gesamte Seite -->
<footer>
   <p><small>&copy; 2011 The Paper of Papers,
   → Inc.</small></p>

   <address>
   Haben Sie eine Frage oder eine Anmerkung zu
   → der Site? <a href="site-feedback.html">
   → Schreiben Sie unserem Webteam</a>.
   </address>
</footer>

</body>
</html>
```

Kontaktinformationen über den Autor einfügen

Man könnte leicht annehmen, dass das address-Element zum Auszeichnen einer postalischen Anschrift gedacht ist, aber das ist nicht der Fall (außer unter einer Bedingung – siehe Tipps). Tatsächlich gibt es kein HTML-Element, das speziell für diesen Zweck gedacht ist.

Stattdessen definiert address die Kontaktinformationen für den Autor, die Personen oder Organisation, die für eine HTML-Seite oder einen Teil davon relevant ist (normalerweise erscheint das am Ende der Seite, wenn überhaupt), z.B. bei einem Bericht oder einem Zeitungsartikel ((A) und (B)).

Kontaktinformationen über den Autor einfügen

1. Wenn Sie Kontaktinfos über den Autor eines article bieten wollen, platzieren Sie den Cursor innerhalb dieses article. Alternativ platzieren Sie den Cursor innerhalb des body (üblicher ist noch, das auf dem footer der Seite zu machen), wenn Sie Kontaktinfos über den Autor der Seite insgesamt angeben wollen.
2. Tippen Sie <address>.
3. Tippen Sie die E-Mail-Adresse des Autors, einen Link auf eine Seite mit Kontaktinfos u. Ä. ein.
4. Tippen Sie </address>.

TIPP Meist werden Kontaktinfos in Form der E-Mail-Adresse des Autors oder eines Links auf eine Seite mit Kontaktinfos u.Ä. angegeben. Dabei könnte es sich auch um die postalische Adresse des Autors handeln und dann wäre es auch valide, das mit `address` auszuzeichnen. Aber wenn Sie für Ihre Firma die Kontaktseite erstellen und dort die Standorte Ihrer Filialen angeben, wäre es nicht korrekt, sie mit `address` auszuzeichnen.

TIPP `address` gehört zum nächsten Vorfahren des `article`-Elements oder zum `body` der Seite, falls `address` nicht in einem `article` verschachtelt ist. Üblicherweise wird `address` in einem `footer`-Element platziert, wenn man Kontaktinfos über den Autor der Seite insgesamt angeben will (A).

TIPP Ein `address` in einem `article` liefert Kontaktinfos über den Autor dieses `article` (A), nicht für etwaige `article`, die darin verschachtelt sind, z.B. Benutzerkommentare.

TIPP In `address` dürfen nur Kontaktinfos über den Autor stehen und nichts anderes wie das letzte Änderungsdatum des Dokuments oder `article` (A). Außerdem verbietet HTML5 die Verschachtelung von einem der folgenden Elemente innerhalb von `address`: `h1–h6`, `article`, `address`, `aside`, `footer`, `header`, `hgroup`, `nav` und `section`.

TIPP In Kapitel 3 erfahren Sie mehr über die Elemente `article` und `footer`.

B *Das `address`-Element wird standardmäßig in kursiver Schrift dargestellt.*

A *Dieses `figure` enthält ein Diagramm, obwohl auch mehr als ein Bild oder andere Inhaltstypen (z.B. eine Datentabelle oder ein Video) erlaubt sind. Das `figcaption`-Element ist nicht vonnöten, aber wenn Sie es einbinden, dann muss es das erste oder letzte Element in einem `figure` sein. Ein `figure` hat keine weitere Standardformatierung, außer dass es in modernen Browsern in einer eigenen Zeile beginnt* **B**.

```
...
<body>

<article>
   <h1>2011 Einnahmen nach Branche</h1>
   ... [Inhalte des Berichts] ...

   <figure>
      <figcaption>Abbildung 3: 2011 Einnahmen
      ➝ nach Branche</figcaption>

      <img src="diagramm-einnahmen.png"
      ➝ width="180" height="143" alt=
      ➝ "Einnahmendiagramm: Bekleidung 42%,
      ➝ Spielwaren 36%, Lebensmittel 22%" />
   </figure>

   <p>Wie Abbildung 3 verdeutlicht, ... </p>

   ... [weitere Inhalte des Berichts ] ...
</article>

</body>
</html>
```

Eine Abbildung erstellen

Wie Sie ja wissen, werden in der gedruckten Welt Abbildungen üblicherweise gerne mit Text verknüpft. Dabei kann es sich um Diagramme, Grafiken, Fotos, Illustrationen, Codesegmente etc. handeln. Das haben Sie schon in Zeitungen, Magazinen, Berichten usw. gesehen. Tja, und auch dieses Buch enthält auf den meisten Seiten Abbildungen.

Vor HTML5 war diesem Zweck kein Element zugeordnet. Also haben die Entwickler sich eigene Lösungen zurechtgeschustert, zu denen oft das suboptimale, nichtsemantische `div`-Element gehörte. HTML5 biegt das mit `figure` und `figcaption` wieder gerade. Per Definition ist `figure` ein eigenständiger Inhalt (mit einer optionalen Bildunterschrift), auf den man aus dem Hauptinhalt des Dokuments referenziert (**A** und **B**). Das optionale `figcaption` ist die Bildunterschrift oder Legende eines `figure` und kann entweder zu Beginn oder am Ende des Inhalts eines `figure` erscheinen **A**.

Ein Bild mit Bildunterschrift erstellen

1. Tippen Sie `<figure>`.
2. Optional tippen Sie `<figcaption>`, um die Bildunterschrift zu beginnen.
3. Schreiben Sie den Text der Bildunterschrift.
4. Tippen Sie `</figcaption>`, falls Sie in Schritt 2 und 3 eine Bildunterschrift verfasst haben.
5. Erstellen Sie Ihre Abbildung, indem Sie Code für Bilder, Videos, Datentabellen etc. einfügen.
6. Falls Sie vor dem Inhalt von `figure` keine `figcaption` eingefügt haben, folgen Sie optional den Schritten 2 bis 4, um nach dem Inhalt eine einzustellen.
7. Tippen Sie `</figure>`.

TIPP Üblicherweise gehört `figure` zu dem Inhalt, der sich darauf bezieht **A**, aber es könnte auch woanders auf der Seite stehen oder auf einer ganz anderen Seite, z.B. einem Anhang.

TIPP Das `figure`-Element kann auch mehrere verschiedene Inhalte aufnehmen. Zum Beispiel können in **A** zwei Diagramme stehen: eins für die Einnahmen und eins für den Gewinn. Denken Sie allerdings daran, dass egal wie viel Inhalt ein `figure` hat, nur ein `figcaption` erlaubt ist.

TIPP Verwenden Sie `figure` aber nicht nur, um alle Instanzen selbstständiger Inhalte innerhalb von Text einzubetten. Oftmals ist stattdessen das `aside`-Element passender (siehe „Einen `aside` angeben" in Kapitel 3).

TIPP Das `figure`-Element wird in HTML5 auch dafür verwendet, um die Seite in Unterbereiche aufzugliedern (diesen Vorgang nennt man auch *sectioning root*). Das bedeutet, es kann `h1`-`h6`-Überschriften enthalten (und somit auch eine eigene Gliederung), trägt aber nicht zur Gliederung des Dokuments bei. Das ist völlig anders, als *Inhalte* aufzugliedern. Bitte lesen Sie dazu den Abschnitt „Die Gliederung eines HTML5-Dokuments" in Kapitel 3.

TIPP Sie können das optionale `figcaption`-Element nur dann verwenden, wenn es sich mit anderen Inhalten in einem `figure` befindet.

TIPP `figcaption`-Text muss nicht mit „Abbildung 3" oder „Anlage B" anfangen. Es kann auch eine kurze Beschreibung des Inhalts sein, z.B. eine Fotounterschrift.

TIPP Wenn Sie ein `figcaption` einbauen, muss es entweder das erste oder das letzte Element von `figure` sein.

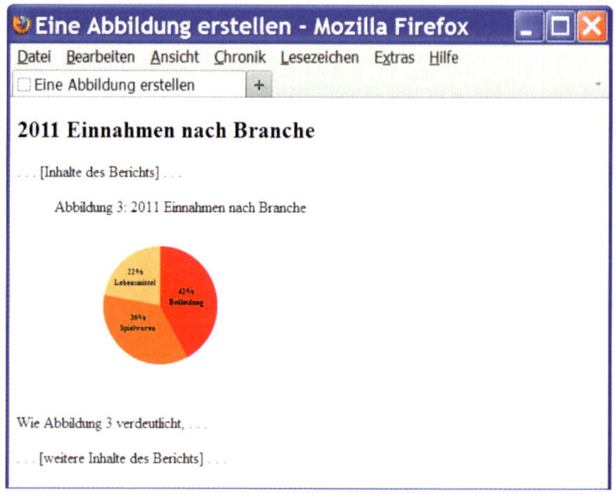

B *Das* `figure` *mit Diagramm und Bildunterschrift erscheint innerhalb des* `article`*-Texts. Es wäre einfach, das* `figure` *mit CSS so zu formatieren, dass es beispielsweise einen Rahmen bekommt und der Text des Artikels ihn so einfasst.*

A Das Attribut datetime und der Text des time-Elements reflektieren das gleiche Datum, obwohl sie unterschiedlich geschrieben werden können (siehe C für weitere Beispiele). Dieses time-Element repräsentiert das Datum, an dem der Artikel veröffentlicht wurde, weil es das pubdate-Attribut enthält.

```
...
<body>

<article>
   <header>
      <h1>Gepard und Gazelle werden schnell
      → Freunde</h1>
      <p><time datetime="2011-10-15"
      → pubdate="pubdate">15. Oktober 2011
      → </time></p>
   </header>

   ... [Inhalt des Artikels] ...
</article>

</body>
</html>
```

B Das Publikationsdatum des article erscheint unterhalb der Überschrift. Der Textinhalt des time-Elements wird dargestellt, nicht der datetime-Wert.

Zeit und Datum angeben

Mit dem time-Element können Sie eine genaue Uhrzeit oder ein Kalenderdatum angeben. Dieses Element ist in HTML5 neu hinzugekommen. (In der Seitenleiste „Das datetime-Format verstehen“ finden Sie weitere Angaben über das Kalenderdatumsystem.)

Mit am häufigsten wird mit time angegeben, wann ein article-Element publiziert wurde. Dafür fügen Sie das pubdate-Attribut ein. Das time-Element mit pubdate repräsentiert das Veröffentlichungsdatum des nächstgelegenen article-Vorfahr-Elements A. Sie können über ein article auch Benutzerkommentare mit einem Zeitstempel versehen, und zwar anhand von time, datetime und pubdate (vorausgesetzt, jeder Kommentar ist in ein article-Element eingefasst, das in den article verschachtelt ist, zu dem der Kommentar gehört – siehe in Kapitel 3 im Abschnitt „Einen Artikel erstellen“ in der Seitenleiste das Beispiel 2).

Sie können die Zeit mit dem time-Element auf vielfältige Weise repräsentieren (A und C). Der optionale Textinhalt in time (d.h. <time>**text**</time>) erscheint auf dem Bildschirm als für Menschen lesbare Version (A und B) des optionalen, von Maschinen lesbaren datetime-Werts.

Uhrzeit, Datum oder beides präzise angeben

1. Tippen Sie <time, um ein time-Element zu beginnen.
2. Bei Bedarf tippen Sie datetime="*time*", wobei *time* im gültigen Format repräsentiert wird (siehe „Das datetime-Format").
3. Wenn die Zeit für das Veröffentlichungsdatum eines article oder der ganzen Seite stehen soll, tippen Sie entweder pubdate="pubdate" oder pubdate.
4. Mit > schließen Sie das Start-Tag ab.
5. Wenn die Zeit im Browser dargestellt werden soll, tippen Sie einen Text, der der Zeit, dem Datum oder beidem entspricht (siehe den ersten Tipp über das erlaubte Textformat).
6. Tippen Sie </time>.

TIPP Wenn Sie das datetime-Attribut weglassen, muss der Textinhalt konform zum validen Datums- oder Zeitformat sein. Anders ausgedrückt: Das erste Beispiel in C kann man nicht so schreiben: <p>Der Zug trifft um <time>8:45</time> und <time>16:20</time> am <time>4. Oktober 2012</time> ein.</p>. Wenn Sie aber datetime einfügen wollen, können Sie das Datum oder die Zeit im Textinhalt nach Belieben repräsentieren – siehe das zweite und dritte Beispiel von C.

TIPP Nehmen Sie time nicht, um ungenaue Daten oder Uhrzeiten auszuzeichnen, z.B. „Mitte des 19. Jahrhunderts", „kurz nach Mitternacht", „in der Endphase der Renaissance" oder „Anfang letzter Woche".

TIPP Bauen Sie immer eine Textversion von Zeit und Datum in das time-Element ein, wenn es in Ihrer Seite gezeigt werden soll. Falls es fehlt, sollen die Browser Text darstellen, der auf dem Wert von datetime basiert, aber während ich dies hier schreibe, wird das noch nicht allgemein unterstützt D.

C Das time-Element kann auf verschiedene Weise eingesetzt werden. Bei der einfachsten Form (im ersten Beispiel) fehlt ein datetime-Attribut. Aber auf jeden Fall liefert es Datum und Zeit im gültigen Format, das erforderlich ist, wenn datetime weggelassen wird. Die oberen drei Beispiele enthalten Zeit und/oder Datum mit Text innerhalb von time, das auf dem Bildschirm ausgegeben wird D. Ich rate Ihnen dazu, stets diese auch von Menschen lesbare Zeit einzufügen, weil aktuell die Browser sonst keinen Wert darstellen B.

```
...
<body>

<p>Der Zug trifft um <time>08:45</time>
  und <time>16:20</time> am
  <time>04.10.2012</time> ein.</p>

<p>Wir begannen mit dem Abstieg vom Gipfel des
  Mount Everest am <time datetime="1952-06-12T11:
  05:00">12. Juni 1952 um 11:05
  </time></p>

<p>Sie haben einen Tisch für
  <time datetime="2011-09-20T18:
  30:00">heute um 18:30</time> bestellt.</p>

<p>Die CD-Release-Party ist am <time
  datetime="2011-12-09"></time>.</p>

</body>
</html>
```

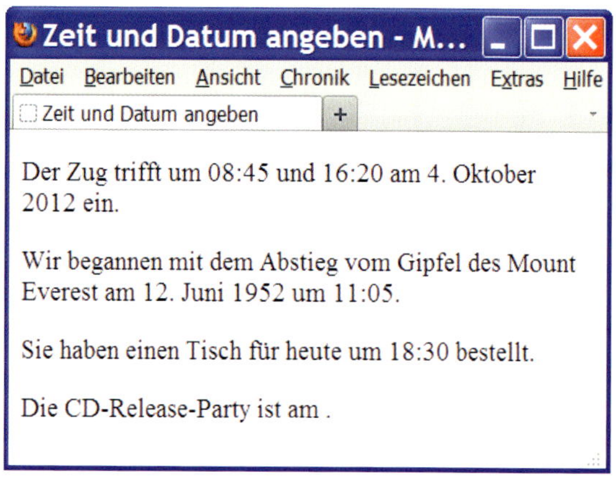

D Die ersten drei Absätze zeigen eine Uhrzeit, der letzte nicht (siehe letzten Tipp).

Das datetime-Format

Die Zeit des `time`-Elements basiert auf einer 24-Stunden-Uhr mit einem optionalen Zeitzonenversatz von UTC (Universal Time Coordinated, koordinierte Weltzeit). Das `datetime`-Attribut liefert Datum und Zeit in einem maschinenlesbaren Format, das ich für dieses erste Beispiel vereinfacht habe:
`YYYY-MM-DDThh:mm:ss`

Ein Beispiel für eine lokale Zeit:

```
2011-11-03T17:19:10
```

Das steht für „3. November 2011, zehn Sekunden nach 17:19 lokaler Zeit". `T` trennt Datum (`YYYY-MM-DD`) und Zeit (`hh:mm:ss`) und wenn Sie eine Zeit angeben, sind die Sekunden optional. (Sie können auch Zeitangaben mit Millisekunden im Format `hh:mm.sss` machen. Beachten Sie den Punkt vor den Millisekunden.)

Auf Wunsch können Sie Ihre Zeit auch in einem globalen Kontext angeben. Fügen Sie am Ende ein `Z` ein und die Zeitzone ist UTC.

Ein Beispiel (globale Zeit in UTC):

```
2011-11-03T17:19:10Z
```

Oder Sie können auch einen spezifischen Zeitzonenversatz von UTC angeben, indem Sie das Z weglassen und dem Versatz ein – (Minus) oder + (Plus) voranstellen.

Ein Beispiel (globale Zeit mit einem Versatz von UTC):

```
2011-11-03T17:19:10-03:30
```

Das steht für „3. November 2011, zehn Sekunden nach 17:19. Neufundland-Standardzeit (es ist 3,5 Stunden vor der UTC)". Eine Liste der Zeitzonen mit dem Versatz zu UTC finden Sie unter *http://en.wikipedia.org/wiki/List_of_time_zones_by_UTC_offset*.

Wenn Sie `datetime` doch einbinden, ist nicht die ganze Latte Informationen nötig, die ich gerade beschrieben habe, wie die Beispiele in Ⓒ zeigen. Technisch gesprochen, basieren die Daten im `time`-Element auf dem proleptischen Gregorianischen Kalender (wie Sie sicher wissen, ist der Gregorianische Kalender das international akzeptierte zivile Kalendersystem, das heutzutage allgemein verwendet wird). Von daher empfiehlt HTML5, dass Sie es nicht für Daten aus vorgregorianischer Zeit verwenden (für Ihre Inhalte wird das wahrscheinlich kein Problem sein, aber Sie sollten es wissen). Über diese Einschränkung hat es eine Menge Diskussionen gegeben, aber es ist auch ein kompliziertes Thema. Unter *http://dev.w3.org/html5/spec-author-view/the-time-element.html* finden Sie weitere Informationen und Beispiele und unter *www.quirksmode.org/blog/archives/2009/04/making_time_saf.html* gibt es eine ausführliche Erläuterung einiger Probleme.

TIPP **Wenn Sie `time` mit `pubdate` verwenden, um das Veröffentlichungsdatum eines `article` anzuzeigen, ist es üblich, aber nicht zwingend, es entweder in einem `header`- oder `footer`-Element des `article`-Elements zu platzieren. Doch ungeachtet dessen sollten Sie darauf achten, dass es irgendwo innerhalb des relevanten `article` verschachtelt ist.**

TIPP **Wenn ein `time`-Element mit dem Attribut `pubdate` kein `article`-Element als Vorfahr hat, repräsentiert es Uhrzeit und Datum der Veröffentlichung der ganzen Seite.**

TIPP **Sie dürfen das `time`-Element nicht in einem anderen Element verschachteln.**

TIPP **Sie können `pubdate` entweder so spezifizieren**

```
<time pubdate></time>
```

oder so `<time pubdate="pubdate"></time>`.

Doch sobald Sie es einfügen, ist entweder ein `datetime` oder eine textliche Version der Zeitangabe erforderlich Ⓐ.

TIPP **Das maschinenlesbare Format des Attributs `datetime` (siehe „Das `datetime`-Format") erlaubt die Synchronisierung von Zeit- und Datumsangaben zwischen Webanwendungen. Zum aktuellen Zeitpunkt stellt kein Browser den `datetime`-Wert dar (Ⓑ und Ⓓ).**

Wichtigen und hervorzuhebenden Text auszeichnen

Das strong-Element kennzeichnet wichtigen Text, während em eine Betonung vermittelt. Sie können sie je nach inhaltlicher Anforderung einzeln oder zusammen verwenden (A und B).

Wichtigen Text auszeichnen

1. Tippen Sie <strong>.
2. Geben Sie den Text ein, der als wichtig ausgezeichnet werden soll.
3. Tippen Sie </strong>.

Text hervorheben

1. Tippen Sie <em>.
2. Geben Sie den Text ein, der hervorgehoben werden soll.
3. Tippen Sie </em>.

TIPP Verwenden Sie die Elemente b und i nicht als Ersetzungen für strong bzw. em. Obwohl sie sich im Browser ähneln, sind ihre Bedeutungen sehr unterschiedlich (siehe den Kasten „Die Elemente b und i – in HTML5 neu definiert").

TIPP Sie können strong-Text in einem Satz verschachteln, der ebenfalls mit strong ausgezeichnet ist. Wenn Sie das machen, wird die Bedeutung von strong-Text jedes Mal gesteigert, wenn es ein Nachfahre eines anderen strong wird. Das Gleiche gilt für den Grad der Betonung für em-Text, der in einem anderen em verschachtelt ist. Beispielsweise ist das „bis zum 17. November" als semantisch wichtiger als der andere strong-Text in diesem Satz ausgezeichnet: `<p><strong>Denken Sie daran, dass Eingaben <strong>bis zum 17. November</strong> fällig sind.</strong></p>`.

TIPP Sie können mit CSS jeden Text in fett oder kursiv ausgeben und auch die Standardformatierung eines Browsers für die Elemente wie strong und em überschreiben B. Weitere Einzelheiten finden Sie in Kapitel 10 in den Abschnitten „Kursivschrift erstellen" und „Text als fett formatieren".

A Der erste Satz hat sowohl strong als auch em, während der zweite nur em aufweist. Wenn <em>unter keinen Umständen</em> stattdessen als <strong>unter keinen Umständen</strong> ausgezeichnet würde, hätte es eine größere Bedeutung als der Text, der im umgebenden strong steht.

```
...
<body>

<p><strong>Warnung: Nähern Sie sich den Zombies
→ <em>unter keinen Umständen</em>. </strong> Sie
→ <em>wirken</em> vielleicht freundlich, aber nur
→ deswegen, weil sie Appetit auf Ihren Arm
haben.</p>

</body>
</html>
```

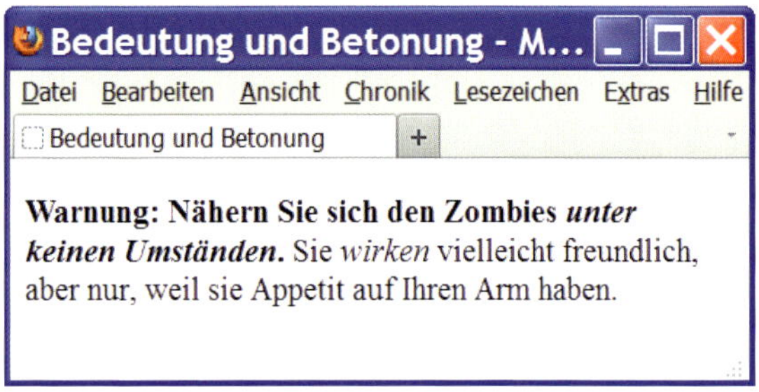

B Browser stellen strong-Text normalerweise fett dar und em-Text kursiv. Wenn em Nachfahr eines strong-Elements ist (siehe erster Satz in A), wird dessen Text sowohl kursiv als auch fett.

TIPP Wenn Sie schon vor HTML5 Erfahrungen mit HTML gemacht haben, wissen Sie sicher, dass strong damals Text repräsentierte, der stärker betont war als mit em-Text. Doch in HTML5 ist em das einzige Element, das für Betonung steht, und strong geht nun mehr in Richtung Wichtigkeit.

Die Elemente b und i – in HTML5 neu definiert

HTML5 konzentriert sich auf die Semantik und nicht auf die Präsentation eines Elements. Die Elemente `b` und `i` sind Überbleibsel aus den frühesten Tagen von HTML und wurden seinerzeit dazu verwendet, Text fett oder kursiv auszugeben (damals gab es noch kein CSS). Bei HTML 4 und XHTML 1 fielen sie berechtigterweise in Ungnade wegen ihrer präsentationsbezogenen Natur. Programmierer wurden darin bestärkt, lieber `strong` statt `b` und `em` statt `i` zu nehmen. Es stellt sich allerdings heraus, dass `em` und `strong` semantisch nicht immer angemessen sind. HTML5 begegnet dem durch eine Neudefinition von `b` und `i`.

Manche typografischen Konventionen des traditionellen Verlagswesens gehen bei der verfügbaren HTML-Semantik verloren. Dazu gehört die Kursivschreibung bestimmter wissenschaftlicher Namen (z.B. „Die ***Ulmus americana*** ist der offizielle Staatsbaum von Massachusetts."), Namen von Fahrzeugen (z.B. „Wir reisten im ***Orient-Express***.") und von fremdsprachigen Ausdrücken (z.B. „Das Pärchen zeigte eine ***joie de vivre***, das ansteckend war."). Diese Begriffe werden nicht zur Hervorhebung kursiv geschrieben, sondern nur aufgrund von Konventionen formatiert.

Anstatt nun mehrere neue semantische Elemente zu erstellen (und alles noch nebulöser zu machen), geht HTML5 hinsichtlich solcher Fälle auf praktische Weise vor und begnügt sich mit dem, was verfügbar ist: `em` für alle Stufen der Betonung, `strong` für die Wichtigkeit sowie `b` und `i` für alle anderen, nicht abgedeckten Fälle.

Das zugrunde liegende Konzept ist, dass `b` und `i` zwar keine explizite semantische Bedeutung innewohnt, aber der Leser erkennen wird, dass ein Unterschied impliziert ist, weil dadurch der Text anders erscheint als seine Umgebung. Und Sie können immer noch per CSS das Aussehen von kursiv und fett ändern. HTML5 legt Wert auf die Feststellung, dass man `b` und `i` nur als letztes Mittel nehmen sollte, wenn es kein anderes Element (wie `strong`, `em`, `cite` u.a.) gibt, das passt.

Das Element b – Kurzvorstellung

HTML5 definiert das Element `b` mit diesen Worten neu:

> Das Element `b` repräsentiert einen Textabschnitt, auf den aus Gründen der Zweckmäßigkeit aufmerksam gemacht werden soll, ohne dass eine besondere Wichtigkeit vermittelt werden und keine alternative Stimme oder Stimmung impliziert sein soll, z.B. Schlüsselwörter in einer Dokumentzusammenfassung, Produktnamen in einer Rezension, anklickbare Wörter in interaktiver textgesteuerter Software oder ein Artikelbeginn.

Beispiel:

```
<p>Der <b>XR-5</b>, auch bezeichnet als <b>Extreme Robot 5</b>, ist der beste Roboter, den wir je getestet
→ haben.</p>
```

Das `b`-Element wird standardmäßig in fett dargestellt.

Das Element i – Kurzvorstellung

HTML5 definiert das Element `i` mit diesen Worten neu:

> Das `i`-Element repräsentiert einen Textabschnitt in einer anderen Artikulierung oder Stimmung oder einer anderen Abweichung vom normalen Tonfall, und zwar auf eine Weise, die eine andere Qualität des Texts erkennen lässt, z.B. eine taxonomische Kennzeichnung, ein technischer Begriff, eine idiomatische Formulierung

Ein paar Beispiele dafür:

```
<p>Die <i lang="la">Ulmus americana</i> ist der offizielle Staatsbaum von Massachusetts.</p>

<p>Der <i>Orient-Express</i> begann seinen Dienst im Jahre 1883.<p>

<p>Das Pärchen zeigte eine <i lang="fr">joie de vivre</i>, die ansteckend war.<p>
```

Das `i`-Element wird standardmäßig in kursiver Schrift dargestellt.

Ein Zitat oder eine Referenz kennzeichnen

Nehmen Sie das cite-Element für ein Zitat oder den Verweis auf eine Quelle. Das kann man z.B. für den Titel eines Theaterstücks oder Buchs nehmen, den Namen eines Lieds, Fotos oder einer Skulptur, ein Konzert oder eine musikalische Tournee, eine Spezifikation, eine Zeitung oder eine juristische Schrift u.v.m. (**A** und **B**).

Eine Referenz zitieren

1. Tippen Sie <cite>.
2. Tippen Sie den Namen der Referenz.
3. Tippen Sie </cite>.

TIPP Wenn Sie direkt aus einer Quelle zitieren, nehmen Sie das Element blockquote bzw. q (je nachdem, was besser passt), um den zitierten Text auszuzeichnen (siehe „Text zitieren"). Um es ganz klar zu sagen: cite ist nur für die Quelle, nicht für das gedacht, was Sie daraus zitieren.

A *Das cite-Element passt zum Auszeichnen der Werke aus den Bereichen Kunst, Musik, Film und Literatur.*

```
...

<p>Er hörte sich <cite>Abbey Road</cite> an,
→ während er sich <cite>A Hard Day's Night</cite>
→ anschaute und <cite>The Beatles Anthology
→ </cite> las.

<p>Als er in den Louvre ging, erfuhr er, dass
→ die <cite>Mona Lisa</cite> auch als <cite
→ lang="it">La Gioconda</cite> bekannt ist.</p>

...
```

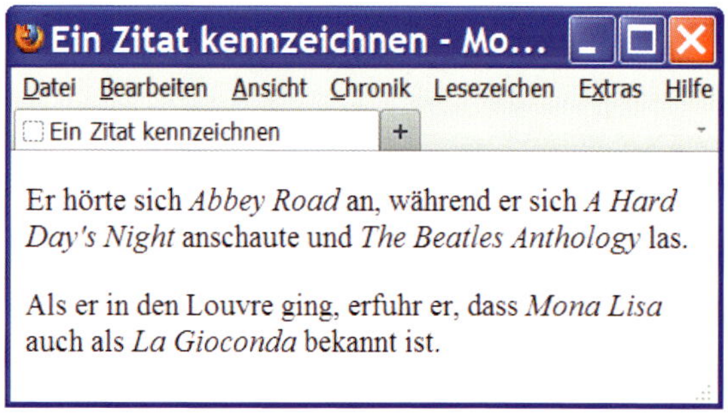

B *Das cite-Element wird standardmäßig in kursiver Schrift dargestellt.*

HTML5 und die Verwendung des cite-Elements für Namen

Trotz großem Widerspruch innerhalb der Entwickler-Community deklariert HTML5 explizit, dass es ungültig ist, cite für einen Verweis auf einen Personennamen einzusetzen, auch wenn das in früheren Versionen von HTML erlaubt war und viele Entwickler und Designer es so eingesetzt haben.

Die Spezifikation von HTML 4 enthält das folgende Beispiel (ich habe die Elementnamen klein geschrieben:

```
Wie <cite>Harry S. Truman</cite> sagte:
<q lang="en-us">The buck stops here.</q>
```

Ergänzend zu solchen Beispielen wurde cite oft auf Websites für die Namen von Besuchern eingesetzt, die Blogpostings oder Artikel kommentieren. (Das Standard-Theme von WordPress macht das auch.)

Viele Entwickler haben deutlich herausgestellt, dass sie auf ihren HTML5-Seiten damit weitermachen werden, cite für Namen zu nutzen, die mit Zitaten verknüpft sind, weil HTML5 keine Alternative anbietet, die ihres Erachtens akzeptabel ist (namentlich die Elemente span und b). Jeremy Keith hat sich lautstark für den Fall eingesetzt – siehe *http://24ways.org/2009/incite-a-riot/*.

(A) Ein `blockquote` kann so kurz oder lang sein wie nötig. Sie können optional das `cite`-Attribut einfügen (nicht zu verwechseln mit dem `cite`-Element, das im ersten Absatz gezeigt wird), um auf die Quelle des zitierten Texts zu verweisen. Doch Browser stellen die Information des `cite`-Attributs nicht dar (B) (im zweiten Tipp eine Empfehlung dazu).

```
...
<body>

<p>Ihm machte dieser Ausschnitt aus <cite>
→ Huckleberry Finns Abenteuer und Fahrten</cite>
→ von Mark Twain viel Spaß:</p>

<blockquote cite="http://www.marktwainbooks.edu/
→ the-adventures-of-huckleberry-finn/">
   <p>Wir sagten, so ein Zuhause wie aufm Floß
   → gibts nicht woanders. Andere Orte wirken so
   → vollgestopft und erdrückend, aber auf einem
   → Floß ist das nicht so. Da fühlst du dich
   → mächtig frei und unbeschwert und wohl.</p>
</blockquote>

<p>Das erinnerte ihn an seine eigene Jugend, als
→ er vom Fluss aus die Gegend erkundet hatte.
→ </p>

</body>
</html>
```

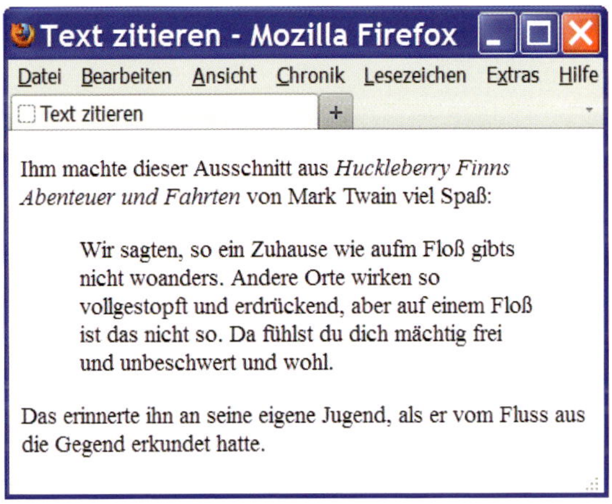

(B) Browser rücken `blockquote`-Text normalerweise standardmäßig ein. Historisch gesehen haben Browser die Information des `cite`-Attributs nicht dargestellt (im zweiten Tipp eine Empfehlung dazu). Das `cite`-Element wird andererseits von allen Browsern unterstützt und wie gezeigt typischerweise kursiv dargestellt. All diese Standardeinstellungen können mit CSS überschrieben werden.

Text zitieren

Es gibt zwei spezielle Elemente, um aus einer Quelle zitierten Text auszuzeichnen. Das `blockquote`-Element repräsentiert ein Zitat (meist ein längeres, aber nicht notwendigerweise), das für sich steht (A), und gibt es standardmäßig in seiner eigenen Zeile aus (B). Das `q`-Element hingegen ist für kurze Zitate gedacht, z.B. innerhalb eines Satzes (C).

Browser sollen Text in einem `q`-Element automatisch in sprachspezifischen Anführungszeichen setzen, aber der Internet Explorer unterstützt das erst seit Version 8. Manche Browser haben auch Probleme mit verschachtelten Zitaten. Lesen Sie die Tipps aufmerksam, um Alternativen zum `q`-Element kennenzulernen.

Einen Textblock zitieren

1. Tippen Sie `<blockquote`, um einen Zitatblock zu beginnen.
2. Auf Wunsch können Sie `cite="`*`url`*`"` tippen, wobei *`url`* die Adresse der Zitatquelle ist.
3. Mit `>` schließen Sie das Start-Tag ab.
4. Schreiben Sie den Text, den Sie zitieren wollen, und setzen Sie ihn in `p`- oder andere passende Elemente.
5. Tippen Sie `</blockquote>`.

Einen kurzen Text zitieren

1. Tippen Sie `<q`, um mit dem Zitat eines Wortes oder Satzes zu beginnen.
2. Auf Wunsch können Sie `cite="url"` tippen, wobei *url* die Adresse der Zitatquelle ist.
3. Wenn die Sprache des Zitats sich von der Standardsprache der Seite unterscheidet (die über das `lang`-Attribut im `html`-Element angegeben wird), tippen Sie `lang="xx"`, wobei *xx* der aus zwei Buchstaben bestehende Code der Sprache besteht, aus der das Zitat stammt. Dieser Code *soll* für die Art der verwendeten Anführungszeichen sorgen ("" für Englisch, „“ für Deutsch, «» für viele andere europäische Sprachen usw.), allerdings wird das von Browsern unterschiedlich unterstützt.
4. Mit `>` schließen Sie das Start-Tag ab.
5. Geben Sie den Text ein, der zitiert werden soll.
6. Tippen Sie `</q>`.

TIPP **Zwar ist es erlaubt, Text direkt zwischen Anfang und Ende der `blockquote`-Tags zu schreiben, aber das sollten Sie lieber nicht machen. Schließen Sie ihn lieber in ein `p` oder ein anderes semantisch passendes Element innerhalb des `blockquote`s ein.**

TIPP **Sie können das optionale `cite`-Attribut bei `blockquote` und `q` nehmen und damit einen URL zu der zitierten Quelle bieten. Bedauerlicherweise präsentieren Browser ihren Usern den `cite`-URL traditionell nicht B, also ist das für sich gesehen kein sonderlich nützliches Attribut. Konsequenterweise empfehle ich, falls Sie ein `cite` einbinden, den URL in einem Link (dem `a`-Element zu wiederholen) im Inhalt zu wiederholen und so Ihren Besuchern den Zugriff zu ermöglichen. Sie könnten den Wert von `cite` auch per JavaScript verfügbar machen, aber das ist weniger effektiv.**

C *Schreiben Sie das `lang`-Attribut in das `q`-Element, wenn der zitierte Text in einer anderen Sprache ist als die Standardsprache der Seite (wird im `lang`-Attribut des `html`-Elements angegeben).*

```
...
<body>

<p>Und dann sagte sie: <q>Haben Sie <cite>High
→ Tide in Tucson</cite> von Barbara Kingsolver
→ gelesen? Das ist sehr inspirierend.</q></p>

<p>Sie versuchte es noch einmal, diesmal auf
→ Französisch: <q lang="fr">Avez-vous lu le livre
→ <cite>High Tide in Tucson</cite> de Kingsolver?
→ C'est inspirational.</q></p>

</body>
</html>
```

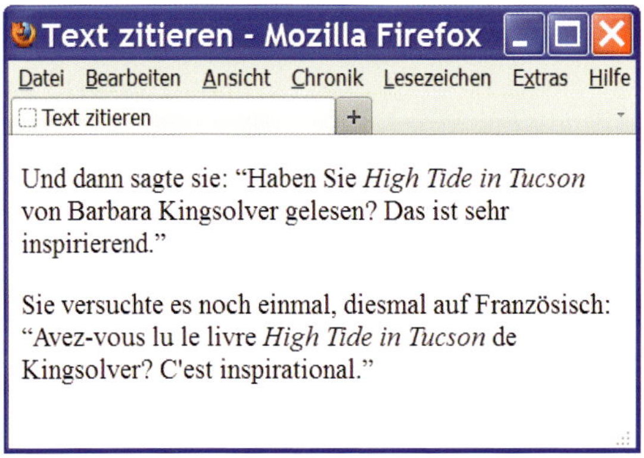

D *Browser sollen automatisch geschweifte, doppelte Anführungszeichen um q-Elemente legen (und geschweifte einfache Anführungszeichen um verschachtelte q-Elemente). Wie hier gezeigt macht der Firefox das, aber das kann man nicht von allen Browsern sagen (z.B. ist das auch bei älteren Versionen des Internet Explorers so).*

TIPP Das `blockquote`-Element wird in HTML5 auch dafür verwendet, um die Seite in Unterbereiche aufzugliedern (auch *sectioning root* genannt). Das bedeutet, es kann `h1`-`h6`-Überschriften enthalten (und somit auch eine eigene Gliederung), trägt aber nicht zur Gliederung des Dokuments bei. Das ist völlig anders als *Inhalte* aufzugliedern. Bitte lesen Sie dazu den Abschnitt „Die Gliederung eines HTML5-Dokuments“ in Kapitel 3.

TIPP Das `q`-Element kann man nicht für Zitate nehmen, die länger als ein Absatz sind.

TIPP Nehmen Sie auf keinen Fall `q` einfach nur deswegen, weil Sie um ein Wort oder einen Satz Anführungszeichen brauchen. Der Satz `<p>Immer, wenn ich das Wort <q>Wippsteert</q> höre, muss ich lachen.</p>` ist unzulässig, weil „Wippsteert“ kein Zitat aus einer Quelle ist.

TIPP Sie können `blockquote`- und `q`-Elemente verschachteln, zum Beispiel so: `<p>Die Kurzgeschichte begann mit den Worten: <q>Als Kind sagte sie <q>Hallo, Fremder!</q> zu jedem, dem sie begegnete.</q></p>`. Verschachtelte `q`-Elemente sollten automatisch die passenden Anführungszeichen bekommen (im Deutschen sind die äußeren Anführungszeichen doppelt und die inneren einfach), aber das wird von Browsern unterschiedlich unterstützt. Weil äußere und innere Anführungszeichen bei den Sprachen unterschiedlich behandelt werden, fügen Sie nach Bedarf das `lang`-Attribut in `q` in (**C** und **D**).

TIPP Wegen der browserübergreifenden Probleme mit `q` **D**, entscheiden sich viele (wahrscheinlich die meisten) Programmierer dafür, einfach die Anführungszeichen einzutippen oder statt des `q`-Elements die Zeichenentitäten zu nehmen. In seinem ausführlichen Artikel „Quoting and citing with `<blockquote>`, `<q>`, `<cite>`, and the `cite` attribute“ diskutiert Oli Studholme auf HTML5 Doctor dieses und weitere Themen, z.B. eine Reihe von Optionen für die Formatierung von Anführungszeichen mit dem `header`-Element und die damit zusammenhängenden Informationen über Browser-Support (*http://html5doctor.com/blockquote-q-cite/*).

Text hervorheben

Sicher hat schon jeder einmal einen Textmarker benutzt. Vielleicht im Studium als Vorbereitung auf ein Examen oder bei der genauen Prüfung eines Vertrages. Dann haben Sie mit dem Textmarker zentrale Begriffe oder Sätze hervorgehoben, die in diesem Zusammenhang für die Aufgabe relevant waren.

HTML5 repliziert dies mit dem neuen `mark`-Element. Stellen Sie sich `mark` als semantische Version eines Textmarkers vor. Anders gesagt ist es wichtig, dass Sie bestimmte Wörter markieren – wie sie erscheinen, ist irrelevant. Formatieren Sie den Text mit CSS nach Belieben (oder gar nicht), aber nehmen Sie `mark` nur, wenn es sachdienlich ist.

Sie nutzen `mark` dafür, die Aufmerksamkeit des Lesers auf ein bestimmtes Textsegment zu richten. Das kann z.B. in solchen Fällen passen:

- Um einen Suchbegriff hervorzuheben, wenn er auf einer Seite mit Suchergebnissen oder in einem Artikel erscheint. Wenn man über `mark` spricht, ist das der üblichste Kontext. Nehmen wir an, Sie haben die Suchfunktion einer Webseite genutzt, um nach „Solarmodule" zu suchen. In den Suchergebnissen oder den daraus sich ergebenden Artikeln könnte der Begriff mit `<mark>Solarmodule</mark>` im ganzen Text deutlicher sichtbar gemacht werden.
- Um die Aufmerksamkeit auf einen Teil des Zitats zu richten, das vom Autor in der ursprünglichen Form nicht hervorgehoben war (**A** und **B**).
- Um ein bestimmtes Codefragment auffallend zu machen (**C** und **D**).

A *Zwar wird `mark` meist bei Suchergebnissen eingesetzt, aber dies ist eine andere mögliche Verwendungsform. Die Formulierung „15 Minuten" war in den Instruktionen auf der Verpackung nicht hervorgehoben. Stattdessen verwendete dieser HTML-Autor `mark`, um dies als Teil der Geschichte hervorzuheben. Die Standarddarstellung der Browser von `mark`-Text variiert* **B**.

```
...
<body>

<p>Ich kehrte also noch einmal zurück, um die
→ Instruktionen selbst zu lesen, um
→ festzustellen, was ich verkehrt gemacht hatte.
→ Da stand:</p>

<blockquote>
   <p>Nehmen Sie die Schale aus dem Karton.
   → Stechen Sie mehrmals mit einer Gabel in die
   → Deckhülle und garen Sie für <mark>15
   → Minuten</mark> auf hoher Stufe. Nach halber
   → Zeit drehen.</p>
</blockquote>

<p>Ich dachte, er hätte zu mir <em>fünfzig</em>
→ gesagt. Kein Wunder, dass das in der Mikrowelle
→ explodierte.</p>

</body>
</html>
```

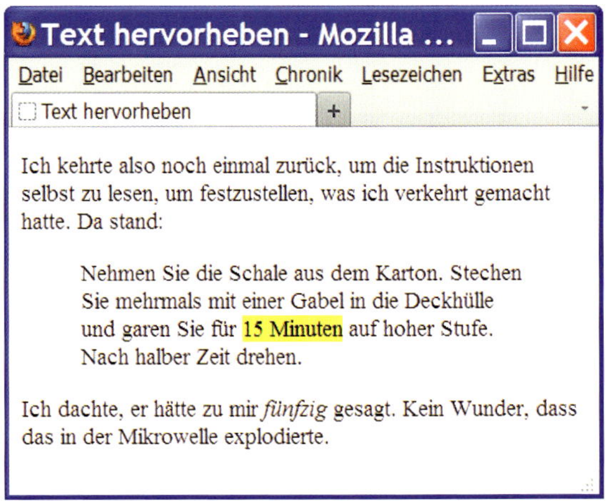

B *Browser mit nativer Unterstützung des `mark`-Elements stellen standardmäßig den Text vor einem gelben Hintergrund dar. Ältere Browser machen das nicht, aber mit einer einfachen Regel im Stylesheet können Sie sie dazu bewegen (siehe Tipps).*

C *Dieses Beispiel nutzt* `mark`*, um die Aufmerksamkeit auf ein bestimmtes Codesegment zu lenken.*

```
...
<body>

<p>Es ist eine schlechte Praxis, einen
→ Klassennamen zu verwenden, der beschreibt, wie
→ ein Element aussehen soll - siehe den
→ gekennzeichneten Teil des CSS weiter unten:
<pre>
   <code>
   <mark>.gruenerText</mark> {
      color: green;
   }
   </code>
</pre>

</body>
</html>
```

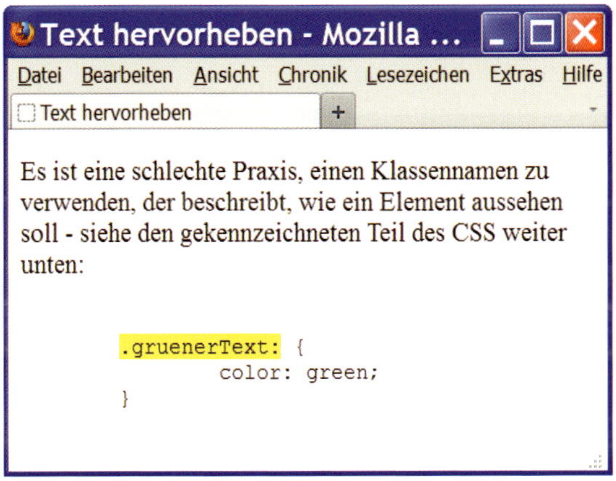

D *Dieser mit* `mark` *gekennzeichnete Code hebt sich ab.*

Text hervorheben

1. Tippen Sie `<mark>`.
2. Schreiben Sie das Wort oder die Formulierung, auf das aufmerksam gemacht werden soll.
3. Tippen Sie `</mark>`.

TIPP **Das `mark`-Element ist etwas ganz anderes als `em` (das etwas betonen soll) oder `strong` (das für Wichtigkeit steht). Beide werden in diesem Kapitel ebenfalls erläutert.**

TIPP **Weil `mark` in HTML5 neu ist, rendern ältere Browser standardmäßig keine Hintergrundfarbe C und D. Sie können sie dazu anweisen, indem Sie in das Stylesheet `mark { background-color: yellow; }` einfügen.**

TIPP **Nehmen Sie `mark` auf keinen Fall nur dafür, um einem Text eine Hintergrundfarbe zu geben oder anders visuell zu behandeln. Wenn Sie nur einen Weg suchen, um Text zu formatieren, und kein passendes semantisches HTML-Element verfügbar ist, in das der Text eingefasst werden kann, nehmen Sie das `span`-Element (wird auch in diesem Kapitel erläutert) und formatieren Sie es mit CSS.**

Abkürzungen erklären

Es gibt unzählige Abkürzungen so wie Jr., ZDF oder auch das gute alte HTML selbst. Sie können mit dem `abbr`-Element Abkürzungen auszeichnen und deren Bedeutung erklären (A bis C). Sie müssen nicht jede Abkürzung in `abbr` setzen, sondern nur dann, wenn es Ihrer Meinung nach sinnvoll ist, den Besuchern die ausgeschriebene Bedeutung an die Hand zu geben.

Abkürzungen erklären

1. Tippen Sie `<abbr`.
2. Optional tippen Sie als Nächstes `title="`*`erklaerung`*`"`, wobei *`erklaerung`* für die Wörter stehen, die die Abkürzung repräsentieren.
3. Tippen Sie `>`.
4. Dann schreiben Sie die Abkürzung selbst.
5. Schließen Sie dann mit `</abbr>` ab.
6. Optional tippen Sie ein Leerzeichen und dann *`(erklaerung)`*, wobei *`erklaerung`* für die Wörter steht, die die Abkürzung repräsentieren.

A *Nehmen Sie das optionale `title`-Attribut, um die ausgeschriebene Version der Abkürzung bereitzustellen. Alternativ (und zweifellos vorzuziehen) schreiben Sie die ausgeschriebene Version in Klammern nach der Abkürzung. Oder mischen beides. Den meisten Leuten sind Begriffe wie Laser oder GEZ vertraut. Also wäre eine Auszeichnung mit `abbr` nicht wirklich notwendig, aber zu Demonstrationszwecken habe ich das hier so gemacht.*

```
...
<body>

<p>Die <abbr title="National Football League">
→ NFL</abbr> versprach nach jedem Abendspiel
→ eine <abbr title="Light Amplification by
→ Stimulated Emission of Radiation">Laser</abbr>-
→ Show um 21 Uhr.</p>

<p>Aber nicht umsonst werden im <abbr>ZDF</abbr>
→ (Zweites Deutsches Fernsehen) Werbespots dafür
→ geschaltet. Immerhin werden die Gebühren von
→ der <abbr title="Gebühreneinzugszentrale">GEZ
→ </abbr> eingezogen.</p>

</body>
</html>
```

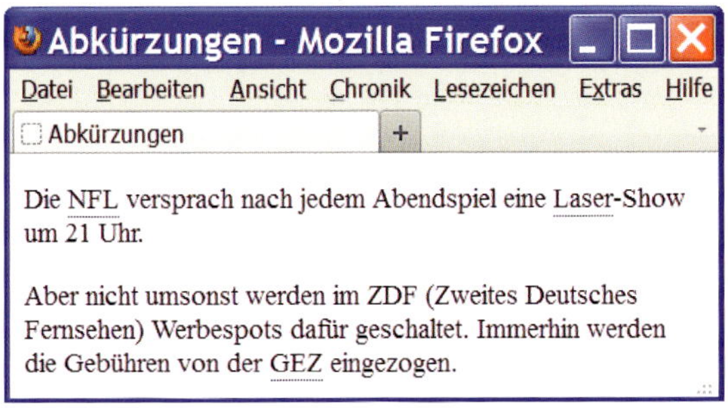

B *Wenn Abkürzungen ein `title`-Attribut haben, lenken Firefox und Opera die Aufmerksamkeit durch eine gepunktete Unterstreichung darauf. (Sie können mit CSS auch andere Browser dazu bringen – siehe Tipps.) In allen Browsern außer IE6 wird der Inhalt des `title` des Elements in einem Tooltipp gezeigt, wenn der Besucher mit der Maus über ein `abbr` fährt.*

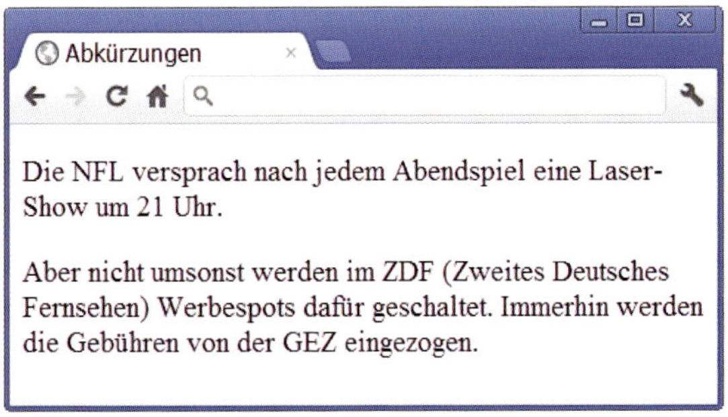

C *Chrome und einige andere Browser zeigen den `title` von Abkürzungen als Tooltipp, aber sie stellen die Abkürzung selbst nicht anders dar, außer Sie selbst schreiben etwas CSS dazu.*

TIPP Die übliche Praxis ist, die Ausschreibung einer Abkürzung (über einen `title` oder in Klammern gesetzt) nur das erste Mal aufzuführen, wenn sie auf einer Seite erscheint A.

TIPP Die Ausschreibung in Klammern ist die deutlichste Art, um eine Abkürzung zu beschreiben, und bringt diesen Inhalt an die größtmögliche Besuchergruppe A. Beispielsweise können User mit Touchscreen-Geräten wie Smartphones und Tablet-PCs ja nicht mit Mauszeiger über ein `abbr`-Element fahren, um den `title`-Tooltipp zu sehen. Wenn Sie also die Abkürzung auch ausschreiben, sollten Sie sie möglichst in Klammern einfügen.

TIPP Wenn Sie eine Abkürzung im Plural nutzen, nehmen Sie dann beim Ausschreiben die Pluralform.

TIPP Als visuellen Hinweis an sehende Nutzer stellen Browser wie Firefox und Opera `mark` mit einem gepunkteten unteren Rand dar, falls ein `title` vorhanden ist B. Wenn Sie diesen Effekt in allen Browsern replizieren wollen (außer IE6), fügen Sie Folgendes ins Stylesheet ein: `abbr[title] { border-bottom: 1px dotted #000; }`. Browser zeigen die Inhalte des `title`-Attributs als Tooltipp an C, egal ob `abbr` mit einem Rahmen formatiert wurde oder nicht.

TIPP Wenn Sie im Internet Explorer 7 den gepunkteten unteren Rahmen bei `mark` nicht sehen, versuchen Sie mal, die CSS-Eigenschaft `line-height` des übergeordneten Elements anzupassen (siehe Kapitel 10).

TIPP IE6 unterstützt `abbr` nicht, also werden Sie da weder einen Rahmen noch einen Tooltipp sehen, sondern nur den Text. Wenn Sie für IE6 `mark` wirklich formatieren wollen, können Sie vor Ihr CSS in einer JavaScript-Datei, die für IE6 gedacht ist, `document.createElement('abbr');` einfügen. Doch ich bin dafür, das nicht zu machen und den IE6 für diesen Fall als Ausnahme zu betrachten (siehe Kapitel 11 – dort erfahren Sie mehr über `document.createElement`, das sich um die Formatierung solcher Elemente in IE8 und früher kümmert, die neu in HTML5 sind).

TIPP Bei HTML gab es vor HTML5 ein `acronym`-Element, aber Entwickler und Designer fanden oft die Unterscheidung zwischen Abkürzung und Akronym verwirrend. Deswegen wurde in HTML5 das `acronym`-Element zugunsten von `abbr` in allen Instanzen eliminiert.

Einen Begriff definieren

Das dfn-Element markiert den Ort in Ihrem Dokument, an dem Sie einen Begriff definieren. Eine nachfolgende Verwendung des Begriffs wird nicht markiert. Sie schließen mit dfn nur den Begriff ein, den Sie definieren, nicht die Definition selbst **A**.

Es ist wichtig, wo Sie die dfn in Relation zu ihrer Definition platzieren. HTML5 legt fest: „Der Absatz, die Definitionslistengruppe oder die Sektion, die der nächste Vorfahr des dfn-Elements ist, muss auch die Definition(en) für den Begriff enthalten, die durch das dfn-Element gegeben wird." Das bedeutet, dass dfn und dessen Definition dicht beieinander sein sollten. Dies ist der Fall sowohl in **A** als auch im Beispiel aus dem dritten Tipp: dfn und dessen Definition befinden sich im gleichen Absatz.

Die definierende Instanz eines Begriffs markieren

1. Tippen Sie <dfn>.
2. Schreiben Sie den Begriff, den Sie definieren wollen.
3. Tippen Sie </dfn>.

TIPP Sie können dfn auch in einer Definitionsliste (dem dl-Element) verwenden (siehe Kapitel 15).

TIPP Wenn Sie die Benutzer zu der definierenden Instanz eines Begriffs leiten wollen, können Sie dem dfn ein id mitgeben und von anderen Stellen der Site darauf verlinken.

TIPP dfn kann auch ein anderes textliches Element wie abbr umschließen, wenn es passt. Ein Beispiel: `<p>Ein <dfn><abbr title="Junior">Jr.</abbr></dfn> ist ein Sohn mit dem gleichen Vor- und Nachnamen wie sein Vater.</p>`.

TIPP HTML5 besagt, dass wenn man das optionale title-Attribut bei einem dfn verwendet, dann sollte es den gleichen Wert haben wie der dfn-Begriff. Wie im vorigen Tipp: Wenn Sie ein einzelnes abbr in dfn verschachteln, und das dfn hat keinen eigenen Textknoten, dann sollte das optionale title nur bei abbr stehen.

A Beachten Sie, dass „Pleonasmus" zwar im Beispiel zweimal erscheint, aber dfn nur das zweite Vorkommen markiert, da ich dort den Begriff definiere (das ist also die definierende Instanz). Wenn ich dann entsprechend Pleonasmus später im Dokument wieder verwende, schließe ich es nicht in dfn ein, weil es bereits definiert wurde. Standardmäßig formatieren Browser einen dfn-Text anders als normalen Text **B**. *Außerdem müssen Sie nicht das cite-Element jedes Mal verwenden, wenn Sie dfn einsetzen – nur dann, wenn Sie auf eine Quelle verweisen.*

```
...
<body>

<p>Die Kandidatin wurde aufgefordert,
→ "Pleonasmus" zu buchstabieren. Sie erfragte die
→ Definition und erfuhr, dass mit
→ <dfn>Pleonasmus</dfn> eine "überflüssige
→ Häufung sinngleicher Begriffe" gemeint ist
→ (Quelle: <cite><a href="http://www.duden.de/
→ suchen/dudenonline/pleonasmus" rel="external">
→ duden.de</a></cite>).</p>

</body>
</html>
```

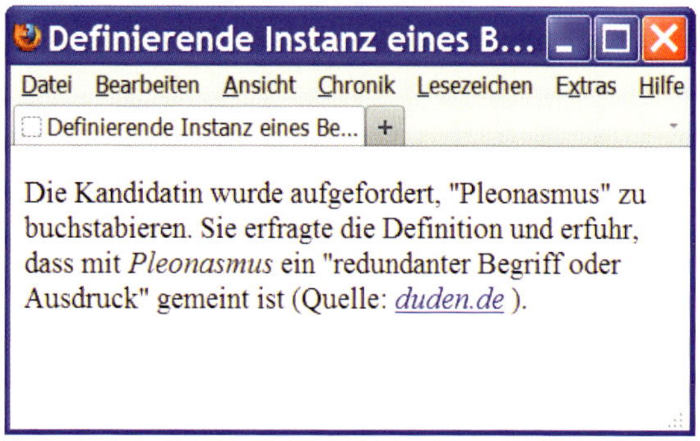

B Das dfn-Element wird so wie cite von manchen Browsern standardmäßig kursiv dargestellt (hier Firefox) – aber nicht in Webkit-basierten Browsern wie Safari und Chrome. Sie können das konsistent machen, indem Sie dfn { font-style: italic; } ins Stylesheet einfügen (siehe Kapitel 8 und 10).

A *Ein Einsatzgebiet für das* sup*-Element sind Fußnoten. Ich habe diese in einen* footer *im* article *gelegt statt auf der Seite insgesamt, weil sie damit verknüpft sind. Ich habe auch jede Fußnotenziffer mit dem Text zu dessen Fußnote im Footer verlinkt, damit die Leser einfacher darauf zugreifen können. Beachten Sie, dass auch das* title*-Attribut bei den Links einen weiteren Hinweis liefert.*

```
...
<body>

<article>
   <h1>Berühmte Katalanen</h1>
   <p>Als ich in der sechsten Klasse war, habe
   → ich Cello gespielt. An meiner Schule gab es
   → einen Lehrer, der mich immer gefragt
   → hat, ob ich wisse, wer "Pablo Casals"
   → sei. Damals wusste ich das noch nicht
   → (obwohl ich Rostropowitsch mal bei einem
   → Konzert getroffen habe). Tatsächlich hieß
   → Pablo Casals in Wirklichkeit <i>Pau</i>
   → Casals (Pau ist die katalanische Version
   → von Pablo) <a href="#footnote-1" title=
   → "Fußnote lesen"><sup>1</sup></a>.</p>

   <p>Er war nicht nur ein ausgezeichneter
   → Cellist, sondern man erinnert sich in diesem
   → Land auch an seine leidenschaftliche
   → Ansprache gegen die nukleare Bedrohung
   → bei den Vereinten Nationen<a href=
   → "#footnote-2" title="Fußnote lesen"><sup>2
   → </sup></a>, die er mit folgenden Worten
   → begann: "Ich bin Katalane. Katalonien ist
   → eine unterdrückte Nation."</p>

   <footer>
      <p><sup>1</sup>Auf Deutsch Paul.</p>
      <p><sup>2</sup>Im Jahre 1963, glaube ich.
      → </p>
   </footer>
</article>

</body>
</html>
```

Hoch- und tiefgestellter Text

Buchstaben oder Zahlen, die relativ zum Haupttext leicht nach oben oder unten verschoben sind, nennt man hoch- bzw. tiefgestellten Text **A**. HTML besitzt Elemente, um beide Arten von Text zu definieren. Hochgestellter Text wird üblicherweise bei Markenzeichen-Symbolen, Exponenten und Fußnoten **B** verwendet. Tiefgestellte Zeichen finden sich z.B. bei chemischen Formeln.

B *Leider machen die Elemente* sub *und* sup *den Zeilenabstand kaputt. Beachten Sie, dass es zwischen den Zeilen 5 und 6 im ersten Absatz und den Zeilen 2 und 3 des zweiten Absatzes mehr Abstand gibt. Doch hier hilft ein wenig CSS aus – siehe den Kasten „Den Zeilenabstand bei Verwendung von* sub *oder* sup *korrigieren“. Sie können auch den Umgang mit verlinktem hochgestelltem Text verändern, damit eine Unterstreichung nicht so weit weg vom hochgestellten Text erscheint.*

Hoch- oder tiefgestellten Text erstellen

1. Tippen Sie <sub> für hochgestellten oder <sup> für tiefgestellten Text.
2. Schreiben Sie die Zeichen oder Symbole, die als hoch- bzw. tiefgestellter Text gedacht sind.
3. Tippen Sie </sub> oder </sup>, abhängig von dem, was Sie in Schritt eins genommen haben, um das Element zu vervollständigen.

TIPP Die meisten Browser reduzieren automatisch die Schriftgröße von hoch- oder tiefgestelltem Text um ein paar Punkte.

TIPP Hochstellungen sind ideal, um bestimmte fremdsprachliche Abkürzungen wie Mlle für das französische *Mademoiselle* oder 3^{a} beim spanischen *tercera* abzukürzen.

TIPP Tiefstellungen kommen z.B. bei der Schreibung chemischer Moleküle wie H_2O zum Einsatz. Beispiel:

```
<p>Ich bin ganz ausgedörrt. Könnte ich bitte ein
Glas H<sub>2</sub>O bekommen?</p>.
```

TIPP Hoch- bzw. tiefgestellte Zeichen bringen den gleichmäßigen Zeilenabstand ein wenig durcheinander (B). Im Kasten finden Sie einen Lösungsvorschlag.

Den Zeilenabstand bei Verwendung von sub oder sup korrigieren

Die Elemente sub und sup bringen gerne den Abstand zwischen Textzeilen durcheinander (B). Zum Glück können Sie das mit ein wenig CSS wieder geradebiegen.

Der folgende Code stammt aus dem hervorragenden normalize.css von Nicolas Gallagher und Jonathan Neal (*http://necolas.github.com/normalize.css/*). Sie haben die folgende Methode nicht erfunden, sondern sich bei *https://gist.github.com/413930* bedient und die Codekommentare entfernt. Im zweiten GitHub-Link wird dieses CSS umfassend erklärt. Es lohnt sich also, dort vorbeizuschauen. Schauen Sie sich auch mal normalize.css an, das Sie in eigenen Projekten einsetzen können. Es hilft Ihnen, eine konsistente Grundlinie für die browserübergreifende Darstellung zu erzielen, und ist sehr gut dokumentiert (siehe „Standardformatierungen zurücksetzen oder normalisieren“ in Kapitel 11).

```
/*
* Verhindert in allen Browsern, dass sub und sup die Zeilenhöhe beeinflussen
* gist.github.com/413930
*/
sub,
sup {
   font-size: 75%;
   line-height: 0;
   position: relative;
   vertical-align: baseline;
}

sup {
   top: -0.5em;
}

sub {
   bottom: -0.25em;
}
```

Wahrscheinlich müssen Sie dieses CSS noch ein wenig auf Ihre jeweilige Schriftgröße anpassen, um den richtigen Zeilenabstand zu bekommen, aber zumindest ist es doch ein guter Start. Sie erfahren in Kapitel 8 mehr über die Erstellung von Stylesheets und wie man dieses CSS auf der eigenen Site einbaut.

Bearbeitungshinweise und falscher Text

Für den Fall, dass Sie inhaltliche Bearbeitungen, die seit der vorigen Version Ihrer Seite erfolgt sind, kennzeichnen bzw. Text hervorheben wollen, der nicht mehr korrekt oder relevant ist, gibt es zwei Elemente für Bearbeitungshinweise: Das ins-Element repräsentiert eingefügten Inhalt, und das del-Element kennzeichnet gestrichene oder entfernte Inhalte (A bis B). Sie können beide zusammen oder einzeln verwenden.

Das s-Element hingegen ist für Inhalt gedacht, der nicht mehr länger korrekt oder relevant ist (also nicht bearbeitet werden soll) (E und F).

Einen neu eingefügten Text markieren

1. Tippen Sie <ins>.
2. Schreiben Sie den neuen Inhalt.
3. Tippen Sie </ins>.

Einen gelöschten Text markieren

1. Platzieren Sie den Cursor vor den Text oder das Element, was Sie als gelöscht markieren wollen.
2. Tippen Sie <del>.
3. Platzieren Sie den Cursor hinter den Text oder das Element, das als gelöscht markiert werden soll.
4. Tippen Sie </del>.

A Ein Element (das Fahrrad) wurde dieser Geschenkliste seit der letzten Veröffentlichung hinzugefügt, und gekaufte Elemente wurden entfernt (gekennzeichnet durch die del-Elemente). Sie müssen nicht jedes Mal del nehmen, wenn Sie ins verwenden, bzw. umgekehrt. Browser kennzeichnen die Inhalte dieser Elemente jeweils standardmäßig visuell B.

```
...
<body>

<h1>Wunschliste für wohltätige Geschenke</h1>

<p>Wir würden uns freuen, wenn Sie eines oder
→ mehrere der folgenden Dinge im Gemeindesaal
→ unseres Ortes spenden würden:</p>

<ul>
   <li><del>2 Tische</del></li>
   <li>1 Tafel</li>
   <li><del>4 <abbr>OLPC</abbr> (One Laptop Per
   → Child) XO-Laptops</del></li>
   <li><ins>1 Fahrrad</ins></li>
</ul>

</body>
</html>
```

B Browser stellen gelöschten Text normalerweise durchgestrichen und eingefügten Text unterstrichen dar. Diese Darstellung können Sie mit CSS ändern.

C *del und ins sind insofern besondere Elemente, weil sie – wie hier gezeigt – sowohl Sätze (in Zeiten vor HTML5 nannte man das „inline") als auch ganze Absätze (in Zeiten vor HTML5 als „block" bezeichnet) von Inhalt umgeben können. Doch die Standarddarstellung der Browser ist unterschiedlich* **D**.

```
...
<body>

<h1>Wunschliste für wohltätige Geschenke</h1>
<del>
   <p>Wir würden uns freuen, wenn Sie eines oder mehrere der folgenden Dinge im Gemeindesaal unseres Ortes
   → spenden würden:</p></del>

<ins>
   <p>Bitte beachten Sie, dass alle Geschenke gekauft worden sind.</p>
   <p><em>Vielen, vielen Dank</em> für Ihre großzügigen Spenden!</p>
</ins>

<del>
   <ul>
      <li><del>2 Tische</del></li>
      <li>1 Tafel</li>
      <li><del>4 <abbr>OLPC</abbr> (One Laptop Per Child) XO-Laptops</del></li>
      <li><ins>1 Fahrrad</ins></li>
   </ul>
</del>

</body>
</html>
```

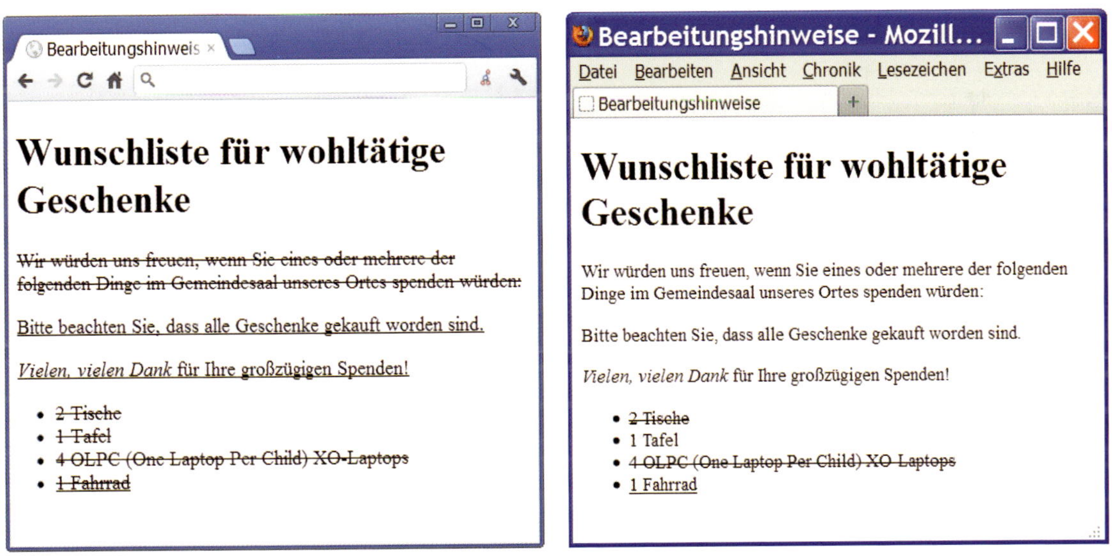

D *Die meisten Browser wie Chrome (links) stellen* del *und* ins*, die um Inhaltsblöcke gelegt wurden, standardmäßig wie erwartet dar. Das heißt, sie zeigen an, dass ganze Inhaltsabschnitte gelöscht oder eingefügt wurden. Das macht der Firefox aktuell nicht, sondern rendert nur die Zeilen für mit* del *und* ins *markiertem Text innerhalb anderer Elemente. Mit welcher Lösung Sie das geradebiegen, erfahren Sie im Kasten „Wie* del *und* ins *korrekt dargestellt werden".*

Text markieren, der nicht mehr korrekt oder relevant ist

1. Platzieren Sie den Cursor vor den Text, den Sie als nicht mehr länger korrekt oder relevant markieren wollen.
2. Tippen Sie <s>.
3. Platzieren Sie den Cursor hinter den Text, der markiert werden soll.
4. Tippen Sie </s>.

TIPP **Sowohl `del` als auch `ins` akzeptieren zwei Attribute: `cite` und `datetime`. Das `cite`-Attribut (nicht zu verwechseln mit dem `cite`-Element) liefert den URL auf die Quelle, in der erklärt wird, warum die Bearbeitung vorgenommen wurde. Beispiel: `<ins cite="http://www.movienews.com/ticket-nachfrage-gestiegen.html">14 Uhr (diese Vorstellung ist neu im Programm!)</ins>`. Mit dem `datetime`-Attribut geben Sie die Zeit der Bearbeitung an (im Abschnitt „Zeit und Datum angeben" erfahren Sie das akzeptable Format für `datetime`). Browser stellen die Werte nicht dar, die Sie einem dieser Attribute zuweisen. Also werden sie auch nicht weithin eingesetzt, aber Sie können sie einfach dazu nutzen, um Ihre Inhalte mit Kontext zu ergänzen. Die Werte liest man mit JavaScript oder einem Programm, das Ihre Seite parst.**

E Dieses Beispiel zeigt eine nummerierte Liste (mit dem `ol`-Element) der Vorstellungszeiten. Die Zeitfenster, in denen die Ticketverfügbarkeit nicht mehr relevant ist, wurden mit dem `s`-Element markiert. Sie können `s` bei beliebigem Text nehmen, nicht nur solchen, der in Listenelementen (`li`-Elementen) steht – aber nicht um einen ganzen Absatz oder ein anderes „Blockelement", wie das bei `del` und `ins` geht.

```
...
<body>

<h1>Die heutigen Vorstellungen</h1>

<p>Tickets sind heute für die folgenden Zeiten
→ erhältlich:</p>

<ol>
   <li><ins>14 Uhr (diese Show ist neu im
   → Programm!)</ins></li>
   <li><s>17 Uhr</s> AUSVERKAUFT</li>
   <li><s>20:30 Uhr</s> AUSVERKAUFT </li>
</ol>

</body>
</html>
```

F Das `s`-Element wird standardmäßig in den Browsern durchgestrichen dargestellt.

Wie del und ins korrekt dargestellt werden

Browser stellen den Inhalt in einem Blocklevel-del und ins inkonsistent dar. Die meisten stellen wie zu erwarten del durchgestrichen und ins unterstrichen für den gesamten verschachtelten Inhalt dar, aber zumindest Firefox macht das nicht D.

Das können Sie mit den folgenden expliziten CSS-Regeln wieder zurechtrücken (das * bedeutet, dass alle Elemente in del und ins so behandelt werde,):

```
del * {
   text-decoration: line-through;
}

ins * {
   text-decoration: underline;
}
```

Schauen Sie in Kapitel 8 nach, wenn Sie nicht sicher sind, wie dieses CSS in ein Stylesheet eingefügt wird.

TIPP Nehmen Sie del und ins immer dann, wenn Sie Ihre Besucher über Inhalte informieren wollen, die sich irgendwie weiterentwickelt haben. Sehr oft treffen Sie in Tutorials über Webentwicklung oder Design darauf. Dort soll es Informationen kennzeichnen, die seit dem ersten Posting hinzugekommen sind, und gleichzeitig soll die Kopie aus Gründen der Vollständigkeit wie im Original erhalten und einsehbar bleiben. Das Gleiche gilt für Blogs, News-Sites usw.

TIPP Mit dem ins-Element markierter Text ist generell unterstrichen B. Weil Links ebenfalls oft unterstrichen sind (wenn schon nicht auf Ihrer, dann auf vielen anderen Sites), verwirrt das manche Besucher. Sie sollten dann u.U. die Formatierung ändern, wie eingefügte Passagen (oder Links) dargestellt werden (siehe Kapitel 10).

TIPP Mit dem del-Element markierter Text ist generell durchgestrichen B. Warum dann nicht einfach löschen und fertig? Das hängt vom Kontext Ihres Inhalts ab. Mit der Durchstreichung erkennen sehende Besucher leicht, was sich geändert hat. (Und Screenreader können auch mitteilen, dass der Inhalt entfernt wurde, aber das wird historisch schon lange nicht gut unterstützt).

TIPP Nehmen Sie del, ins und s nur aus semantischen Gründen. Wenn Sie Text rein aus kosmetischen Gründen durchstreichen oder unterstreichen wollen, erledigen Sie das mit CSS (siehe „Text dekorieren" in Kapitel 10).

TIPP HTML5 vermerkt, dass „das s-Element unpassend ist, wenn Dokumentbearbeitungen angezeigt werden sollen. Um einen Textbereich als aus dem Dokument gelöscht zu kennzeichnen, nehmen Sie das del-Element." Möglicherweise finden Sie diese Unterscheidung gelegentlich sehr subtil. Ihnen bleibt die Entscheidung überlassen, welches die passende semantische Wahl für Ihren Inhalt ist.

Code auszeichnen

Falls in Ihrem Inhalt Codebeispiele, Datei- oder Programmnamen erscheinen, ist das `code`-Element genau richtig (A und B). Wollen Sie einen alleinstehenden Codeblock (außerhalb eines Satzes) zeigen, fassen Sie das `code`-Element in ein `pre`-Element, um die Formatierung zu bewahren (in „Vorformatierter Text“ finden Sie ein Beispiel).

Code oder Dateinamen auszeichnen

1. Tippen Sie `<code>`.
2. Tippen Sie den Code oder Dateinamen.
3. Tippen Sie `</code>`.

TIPP Sie können den Standardfont für nichtproportionale Schrift, der auf `code` angewendet wird B, mit CSS ändern (siehe Kapitel 10).

A Das `code`-Element zeigt an, dass dieser Text Code oder ein Dateiname ist. Es wird standardmäßig auch als nichtproportionaler Font dargestellt B. Wenn im Code <- oder >-Zeichen dargestellt werden müssen, nehmen Sie stattdessen die Zeichenentitäten `<` bzw. `>`. Hier wird das durch die zweite Instanz von `code` demonstriert. Falls Sie einfach < und > schreiben, würde der Browser Ihren Code als HTML-Element behandeln und nicht wie Text.

```
...
<body>

<p>Die Funktion <code>showPhoto()</code> zeigt
den Thumbnail aus unserer <code>&lt;ul id=
"thumbnail"&gt;</code> Karusselliste in voller
Größe.</p>

<p>Diese CSS-Kurzform bewirkt einen Margin auf
allen Seiten der Absätze <code>p { margin:
20px; }</code>. Schauen Sie sich in <code>base.
css</code> weitere Beispiele an.</p>

</body>
</html>
```

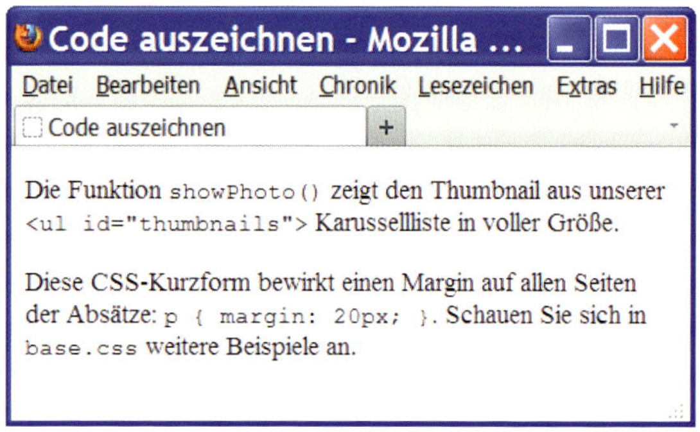

B Der Text des `code`-Elements sieht wegen des nichtproportionalen Standardfonts selbst wie Code aus.

Andere auf Computer bezogene Elemente: kbd, samp und var

Die Elemente kbd, samp und var kommen nicht so häufig zum Einsatz, aber gelegentlich könnten Sie das in Ihrem Inhalt auch mal nutzen. Ich erkläre sie kurz im Einzelnen.

Das kbd-Element

Mit kbd zeichnen Sie Instruktionen für Anwendereingaben aus.

```
<p>So loggen Sie sich in die Demo ein</p>
<ol>
   <li>Tippen Sie <kbd>tryDemo</kbd> ins Feld Benutzername</li>
   <li>Wechseln Sie mit <kbd>TAB</kbd> ins Passwortfeld und tippen Sie <kbd>demoPass</kbd> ein</li>
   <li>Drücken Sie <kbd>RETURN</kbd> oder <kbd>ENTER</kbd></li>
</ol>
```

Wie code wird auch kbd standardmäßig in nicht-proportionaler Schrift dargestellt.

Das samp-Element

Das samp-Element zeigt beispielhaft die Ausgabe eines Programms oder Systems.

```
<p>Nachdem der Bezahlvorgang abgewickelt war, meldete die Site <samp>Thanks for your order!</samp>.</p>
```

Auch samp wird standardmäßig in nicht-proportionaler Schrift dargestellt.

Das var-Element

Das var-Element repräsentiert eine Variable oder einen Platzhalterwert.

```
<p>Einstein ist am bekanntesten für sein <var>E</var>=<var>m</var><var>c</var><sup>2</sup>.</p>
```

var kann auch beispielsweise bei Lückentexten als Platzhalterwert dienen, wo Sie z.B. `<var>Adjektiv</var>`, `<var>Verb</var>` usw. schreiben.

var wird standardmäßig kursiv dargestellt.

Wichtig ist noch zu sagen, dass Sie auch das Element math und andere MathML-Elemente auf Ihren HTML5-Seiten nutzen können, um anspruchsvollere mathematikbezogene Auszeichnungen vorzunehmen. Weitere Informationen finden Sie unter *http://dev.w3.org/html5/spec-author-view/mathml.html*.

Vorformatierter Text

Normalerweise fassen die Browser alle zusätzlichen Absatzende- und Leerzeichen zusammen und nehmen den Zeilenumbruch passend zur Fenstergröße automatisch vor. Mit vorformatiertem Text können Sie die ursprünglichen Zeilenumbrüche und Leerzeichen erhalten und darstellen, die Sie in den Text eingefügt haben. Das ist ideal für Beispiele mit Computercode **A**, kann aber auch für Text verwendet werden (z.B. bei ASCII-Kunst!).

Vorformatierten Text verwenden

1. Tippen Sie <pre>.
2. Schreiben oder kopieren Sie den Text, den Sie so darstellen wollen, wie er ist, mit allen nötigen Absatzende- und Leerzeichen sowie Zeilenumbrüchen. Zeichnen Sie den Text nicht mit irgendwelchem HTML wie p-Elementen aus – außer es handelt sich um Code.
3. Tippen Sie </pre>.

A *Das pre-Element ist ideal für Text, der wichtige Leerzeichen und Zeilenumbrüche enthält wie der hier gezeigte CSS-Code. Beachten Sie ebenfalls, dass hier das code-Element vorkommt, um Code bzw. mit Code zusammenhängenden Text außerhalb von pre auszuzeichnen (für weitere Details siehe „Code auszeichnen“).*

```
...
<body>

<p>Fügen Sie Folgendes in Ihr Stylesheet ein,
→ wenn Sie einen gepunkteten Rahmen unterhalb
→ des Elements <code>abbr</code> darstellen
→ wollen, sobald dieses das Attribut <code>title
→ </code> enthält.</p>

<pre>
    <code>
    abbr[title] {
       border-bottom: 1px dotted #000;
    }
    </code>
</pre>

</body>
</html>
```

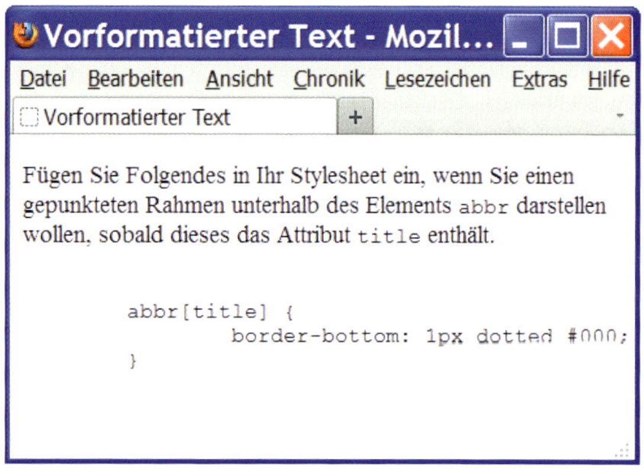

B *Beachten Sie, dass die Einrückungen und Zeilenumbrüche im pre-Inhalt erhalten bleiben.*

Anmerkungen zur Präsentation mit pre

Seien Sie sich dessen bewusst, dass Browser üblicherweise automatisch die Wörter des Inhalts in einem pre umbrechen. Falls das also zu breit wird, könnte sich das aufs Layout auswirken oder eine horizontale Scrollleiste erzwingen. Mit der folgenden CSS-Regel wird der Umbruch innerhalb von pre in vielen Browsern aktiviert, aber nicht im Internet Explorer 7 und früher.

```
pre {
   white-space: pre-wrap;
}
```

In diesem Zusammenhang möchte ich anmerken, dass ich von der CSS-Deklaration `white-space: pre;` für ein Element wie div als Ersatz von pre abrate, weil der Leerraum für die Semantik des eingeschlossenen Inhalts (vor allem Code) wesentlich sein kann, und nur pre bewahrt ihn immer. (Und wenn der User in seinem Browser das CSS deaktiviert hat, geht die Formatierung verloren.)

Lesen Sie die Ausführungen über CSS ab Kapitel 7. Die Formatierung von Text wird speziell in Kapitel 10 erklärt.

TIPP Vorformatierter Text wird normalerweise mit einem nichtproportionalen Font wie Courier oder Courier New dargestellt B. Sie können den Font auf Wunsch mit CSS ändern (siehe Kapitel 10).

TIPP Wenn das, was Sie darstellen wollen (z.B. ein Codebeispiel in einem Tutorial) HTML-Elemente enthält, müssen Sie jedes < und > um den Elementnamen mit den entsprechenden Zeichenentitäten < bzw. > ersetzen (in „Code auszeichnen“ sehen Sie ein Beispiel). Anderenfalls wird der Browser womöglich diese Elemente darstellen. Achten Sie darauf, Ihre Seiten zu validieren, um zu sehen, ob Sie verkehrterweise HTML-Elemente in code verschachtelt haben (siehe „Den Code validieren“ in Kapitel 20).

TIPP Das pre-Element ist keine Abkürzung, um sich das Auszeichnen des Inhalts mit passender Semantik und die Formatierung der Präsentation mit CSS zu ersparen. Wenn Sie beispielsweise einen Nachrichtenartikel posten wollen, den Sie mit einer Textverarbeitung geschrieben haben, sollten Sie den nicht einfach deswegen, weil die Abstände Ihnen da so gefallen, mit Copy & Paste in ein pre einfügen. Stattdessen sollten Sie Ihren Inhalt (und andere relevante Textelemente) in p einfassen und etwas CSS schreiben, um das Layout wie gewünscht zu steuern.

TIPP pre wird wie ein Absatz standardmäßig immer in einer neuen Zeile dargestellt B.

Kleingedrucktes angeben

HTML5 zufolge werden durch small begleitende Kommentare wie z.B. das Kleingedruckte repräsentiert, „in dem üblicherweise ein Haftungsausschluss, Warnungen, juristische Einschränkungen oder Copyright-Angaben stehen. Das Kleingedruckte wird manchmal auch für die Erläuterung oder Zuweisung von Lizenzanforderungen genutzt.“ small ist gedacht für kurze Blöcke von Inlinetext, nicht für Text, der über mehrere Absätze oder andere Elemente geht (A und B).

Kleingedrucktes angeben

1. Tippen Sie <small>.
2. Schreiben Sie den Text, der für einen Haftungsausschluss, eine Notiz oder Zuordnung usw. stehen soll.
3. Tippen Sie </small>.

TIPP Denken Sie daran, dass small nur dann verwendet werden soll, weil es zu Ihrem Inhalt passt, und nicht nur, um die Textgröße zu reduzieren, wie das in manchen Browsern passiert A. Sie können dessen Größe immer mit CSS anpassen (und bei Bedarf sogar größer als Normaltext machen). Weitere Informationen finden Sie in „Die Schriftgröße setzen“ in Kapitel 10.

TIPP small ist das Element der Wahl, wenn man auf einer Seite Copyright-Hinweise geben will (A und B). Es ist für solche kurzen Formulierungen gedacht. Packen Sie da also nicht alle Ihre langen Rechtshinweise wie Nutzungsbedingungen oder Angaben über Datenschutz hinein. Diese wiederum sollten nach Bedarf mit Absätzen und anderer Semantik ausgezeichnet werden.

A Das small-Element kennzeichnet in beiden gezeigten Instanzen kurze rechtliche Hinweise. Das zweite ist ein Copyright-Hinweis, der in einem footer auf Seitenebene enthalten ist – eine übliche Konvention.

```
...
<body>

<p>Bestellen Sie jetzt - dann wird kostenfrei
  geliefert. <small>(Dafür kann es bestimmte
  Einschränkungen geben.)</small></p>

...

<footer>

<p><small>&copy; 2011 The Super Store. Alle
  Rechte vorbehalten.</small></p>
</footer>

</body>
</html>
```

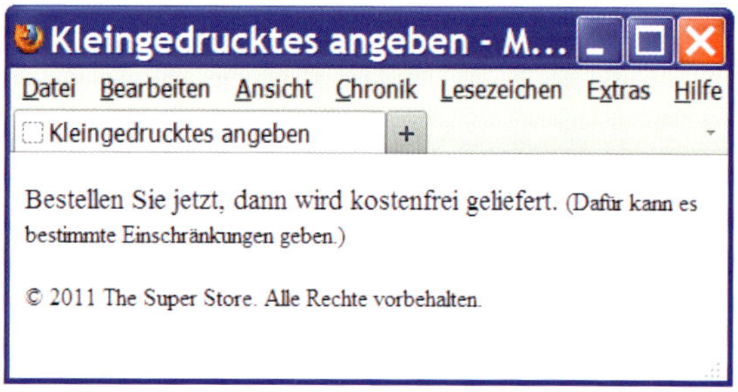

B Das small-Element kann in manchen Browsern kleiner als normaler Text dargestellt werden, aber die visuelle Größe ist unbedeutend dafür, wie Sie Ihren Inhalt auszeichnen.

A Die gleiche Adresse erscheint zweimal, aber ich habe sie zu Demonstrationszwecken ein wenig unterschiedlich geschrieben. Denken Sie daran, dass die Zeilenendezeichen im Code immer ignoriert werden. Somit werden beide Absätze auf gleiche Weise dargestellt B.

```
...
<body>

<p>53 North Railway Street<br />
Okotoks, Alberta<br />
Canada T1Q 4H5</p>

<p>53 North Railway Street <br />Okotoks, Alberta
→ <br />Canada T1Q 4H5</p>

</body>
</html>
```

B *Wegen des* br*-Elements beginnen die nachfolgenden Elemente in einer neuen Zeile.*

Einen Zeilenumbruch erstellen

Browser brechen Text entsprechend der Breite des Blocks oder Fensters, das den Inhalt enthält, automatisch um. Am besten lässt man in den meisten Fällen den Inhalt einfach fließen, aber manchmal soll ein Zeilenumbruch auch manuell erzwungen werden. Das erledigen Sie mit dem `br`-Element.

Um es deutlich zu sagen: `br` sollte taktisch nur als letzte Zuflucht genommen werden, weil hier das HTML mit der Präsentation vermischt wird, anstatt dem CSS die Gesamtkontrolle zu überlassen. Nehmen Sie z.B. nie `br`, um den Abstand zwischen Absätzen zu simulieren. Zeichnen Sie dann vielmehr die beiden Absätze mit `p`-Elementen aus und definieren Sie den Abstand dazwischen mit der CSS-Eigenschaft `margin`.

Wann wäre `br` nun also angebracht? Nun, das `br`-Element passt für den Umbruch in Gedichten, in einer postalischen Anschrift (A und B) und gelegentlich auch in anderen kurzen Textzeilen, die nacheinander erscheinen sollen.

Einen Zeilenumbruch einfügen

Tippen Sie `<br />` (oder `<br>`) ein, wo der Zeilenumbruch erfolgen soll. Es gibt kein separates End-Tag bei `br`, denn es handelt sich um ein sogenanntes *leeres Element*: Darin steht nichts weiter.

TIPP Sie können `br` entweder als <br /> oder <br> tippen – beides ist gültiges HTML5.

TIPP Über Stylesheets können Sie den Abstand zwischen den Zeilen in einem Absatz (siehe „Zeilenhöhe setzen“ in Kapitel 10) und zwischen den Absätzen selbst steuern (siehe „Margins um ein Element festlegen“ in Kapitel 11).

TIPP Das hCard-Mikroformat (`http://microformats.org/wiki/hcard`) ist für „die Darstellung von Personen, Firmen, Organisationen und Orten“ auf semantische Weise gedacht und von Menschen und Maschinen gleichermaßen lesbar. Sie können damit auch statt des angegebenen Beispiels eine postalische Adresse angeben A.

Einen Span-Bereich erstellen

Das span-Element hat wie small absolut keine semantische Bedeutung. Der Unterschied besteht darin, dass span nur um ein Wort oder einen Satz herum gültig ist, während div für ganze Blöcke Inhalt zuständig ist (siehe „Generische Container erstellen" in Kapitel 3).

span ist praktisch, wenn Sie etwas aus der folgenden Liste auf einen kurzen Inhalt anwenden wollen, für das es in HTML kein passendes semantisches Element gibt:

- Attribute wie class, dir, id, lang, title und anderes (A und B)
- Formatierungen mit CSS
- JavaScript-Effekte

Weil span keine semantische Bedeutung zuweist, nutzen Sie es nur als letzte Zuflucht, wenn kein anderes Element passt.

Spans einfügen

1. Tippen Sie <span.
2. Auf Wunsch können Sie auch id="*name*" eingeben, wobei *name* den Bereich des span-Inhalts eindeutig identifiziert.
3. Sie können außerdem class="*name*" eintippen, wobei *name* der Name der Klasse ist, zu der der span-Bereich gehört.
4. Auf Wunsch können Sie andere Attribute (wie dir, lang oder title) und deren Werte eingeben.
5. Mit > schließen Sie das Start-Tag span ab.
6. Erstellen Sie den Inhalt, der in den span hinein soll.
7. Tippen Sie </span>.

TIPP Bei einem span gibt es keine Standardformatierung B, aber so wie bei anderen HTML-Elementen können Sie eigenes CSS anwenden (siehe Kapitel 10 und 11).

A In diesem Fall will ich die Sprache für einen Textbereich angeben, aber es gibt kein HTML-Element, dessen Semantik auf „La Casa Milà" im Kontext eines Satzes passt. Das h1, das vor dem Absatz „La Casa Milà" enthält, ist semantisch passend, weil der Text die Überschrift für den folgenden Inhalt darstellt. Also habe ich für die Überschrift einfach das lang-Attribut in das h1 eingefügt, anstatt einen span um den ganzen Überschriftentext zu legen, was zu diesem Zweck unnötig wäre.

```
...
<body>

<h1 lang="es">La Casa Milà</h1>

<p>Das Werk von Gaudí ist ausgesprochen nützlich.
→ <span lang="es">La Casa Milà</span> ist ein
→ Apartmenthaus, in dem <em>echte Menschen</em>
→ leben.</p>

</body>
</html>
```

B Das span-Element hat keine Standardformatierung.

TIPP Sie können einem span-Element sowohl ein class- als auch ein id-Attribut zuweisen, obwohl es üblicher ist, entweder das eine oder das andere (wenn überhaupt) zu nehmen. Der Hauptunterschied ist, dass class für eine Gruppe von Elementen und id zur Identifizierung von einzelnen, eindeutigen Elementen verwendet wird.

TIPP Mikroformate nutzen span oft dafür, Inhalten semantische Klassennamen anzuhängen, um damit die Lücke zu füllen, dass HTML kein passendes semantisches Element enthält. Über die Implementierung von Mikroformaten erfahren Sie mehr unter *http://microformats.org*.

Andere Elemente

In diesem Abschnitt werden die anderen Elemente vorgestellt, die Sie in Text einfügen können, aber die meist eher seltener Anwendung finden oder die nicht so allgemein von Browsern unterstützt werden (oder beides).

Das u-Element

Wie b, i, s und small wurde das u-Element in HTML5 umdefiniert, um es von seiner Vergangenheit als nicht-semantisches, präsentationsbezogenes Element zu lösen. Damals war es zur Unterstreichung von Text gedacht. Nun ist es für unausgesprochene Annotationen vorgesehen. HTML5 definiert es wie folgt:

> Das u-Element repräsentiert einen Textbereich mit einer unausgesprochenen, aber explizit dargestellten nicht-textlichen Annotation, z.B. wenn der Text als korrekter Name in einem chinesischen Text gekennzeichnet wird (also ein korrektes chinesisches Namenszeichen oder auch Text, der als falsch buchstabiert markiert wird.

In diesem Beispiel sehen Sie, wie Sie mit u falsch geschriebene Wörter kennzeichnen:

```
<p>Als sie die Postsendung <u
class="spelling">empfiengen</u>, legten sie es zu
ihren anderen <u class="spelling">Packeten</u>, um
sie alle später auf einmal zu öffnen.</p>
```

class ist völlig optional, und dessen Wert (der beliebig sein kann) wird nicht mit dem Inhalt dargestellt, um explizit einen Tippfehler anzuzeigen. Aber Sie können damit verkehrt geschriebene Wörter unterschiedlich formatieren (obwohl u weiterhin standardmäßig unterstrichen dargestellt wird). Oder Sie können ein title-Attribut mit einer Anmerkung wie „[sic]" einfügen. Mit dieser Konvention werden in manchen Sprachen Schreibfehler angezeigt.

Nehmen Sie u nur, wenn ein Element wie cite, em oder mark nicht die gewünschte Semantik erfüllt. Außerdem ist es am besten, die Formatierung zu ändern, falls u-Text mit Link-Text verwechselt wird, der ebenfalls standardmäßig unterstrichen wird (A).

Das wbr-Element

HTML5 führt einen Verwandten von br namens wbr ein. Damit wird „ein möglicher Zeilenumbruch" repräsentiert. Das können Sie zwischen Wörtern und Buchstaben in einem langen, ununterbrochenen Satz (oder auch einem URL) nehmen, um anzuzeigen, wo bei Bedarf der Text umbrochen werden kann, damit der Text in gut lesbarer Weise in den verfügbaren Raum eingepasst wird. Also erzwingt wbr anders als br keinen Umbruch, sondern lässt den Browser bloß wissen, wo er für einen Zeilenumbruch sorgen *kann*.

Hier sind einige Beispiele:

```
<p>Ihnen machte es Spaß, so schnell wie möglich
→"Donaudampfschiffahrtskapitänsmütze<wbr />
→Donaudampfschiffahrtskapitänsmütze<wbr />
→Donaudampfschiffahrtskapitänsmütze<wbr />
→" und immer wieder zu sagen.</p>

<p>Seine Lieblings-Website ist dies<wbr />ist<wbr />
→aber<wbr />eine<wbr />echt<wbr />langeurl.de.</p>
```

Sie können wbr entweder <wbr /> oder <wbr> schreiben. Wie Sie sich sicher denken können, gibt es nicht viele Gelegenheiten, um mal wbr einzusetzen. Außerdem wird es zum aktuellen Zeitpunkt von Browsern nur inkonsistent unterstützt. Obwohl wbr in den aktuellen Versionen von Chrome und Firefox funktioniert, wird es von Opera und dem Internet Explorer einfach ignoriert.

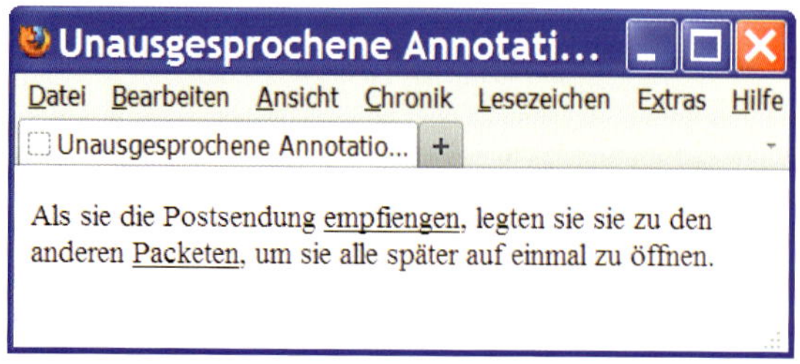

(A) *Wie Links werden u-Elemente standardmäßig unterstrichen. Das kann aber verwirrend sein, bis Sie eins davon oder beides mit CSS ändern.*

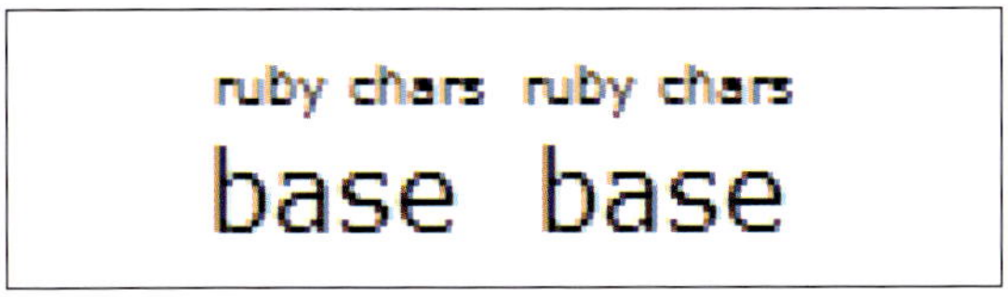

B *Wenn ein Browser dies unterstützt, wird er den Ruby-Text über der Grundlinie (oder vielleicht auch daneben) ohne Klammern darstellen.*

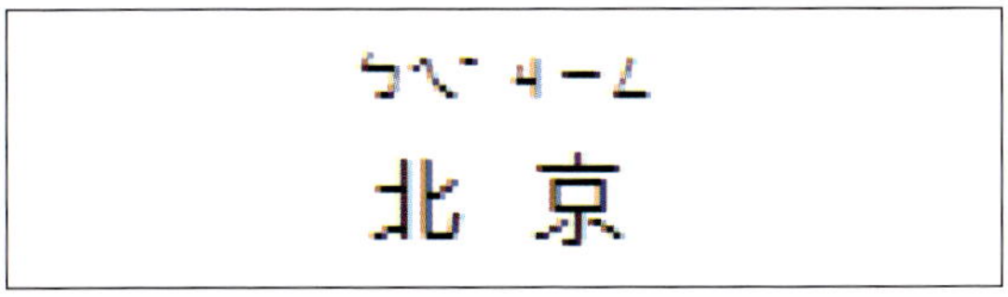

C *Nun das Ruby-Markup für „Beijing", wie es ein dazu fähiger Browser darstellt.*

Die Elemente ruby, rp und rt

Eine *Ruby-Annotation* ist eine Konvention in ostasiatischen Sprachen wie Chinesisch und Japanisch und wird üblicherweise dazu verwendet, die Aussprache wenig bekannter Zeichen zu verdeutlichen. Diese kleinen, annotativen Zeichen erscheinen entweder über oder rechts neben den annotierten Zeichen. Sie werden oft einfach als *Ruby* oder *Rubi* bezeichnet, und die japanischen *Ruby*-Zeichen nennt man *furigana*.

HTML5 sieht das `ruby`-Element sowie dessen Kindelemente `rt` und `rp` vor, um diese Aussprachehinweise in Ihren Inhalt einzufügen. `rt` legt die *Ruby*-Zeichen fest, die die Basiszeichen annotieren. Mit dem optionalen `rp`-Element werden in Browsern, die `ruby` nicht unterstützen, Klammern um den *ruby*-Text gesetzt.

Das folgende Beispiel demonstriert diese Struktur mit einem deutschen Platzhaltertext, damit Sie das Arrangement der Information sowohl im Code als auch in einem unterstützenden Browser erkennen können **B**. Der Bereich für den *ruby*-Text ist hervorgehoben:

```
<ruby>
   base <rp>(</rp><rt>Ruby-Zeichen</rt><rp>)</rp>
   base <rp>(</rp><rt>Ruby-Zeichen</rt><rp>)</rp>
</ruby>
```

Nun ein echtes Beispiel mit den beiden chinesischen Basiszeichen für „Beijing" und deren dazugehörigen Ruby-Zeichen **C**:

```
<ruby>
   北 <rp>(</rp><rt>ㄅㄟˇ</rt><rp>)</rp>
   京 <rp>(</rp><rt>ㄐㄧㄥ</rt><rp>)</rp>
</ruby>
```

Sie können sehen, wie wichtig die Klammern für Browser sind, die `ruby` unterstützen **D**. Ohne sie würden der Basis- und der Ruby-Text zusammenlaufen und die Botschaft unleserlich machen.

TIPP Während ich dies schreibe, unterstützen nur Safari 5+, Chrome 11+ und alle Versionen des Internet Explorers `ruby` grundlegend (ein weiterer Grund, im Markup mit `rp` zu arbeiten). Für den Übergang hilft das Firefox-Addon HTML Ruby aus (*https://addons.mozilla.org/en-US/firefox/addon/6812*).

TIPP Über Ruby-Zeichen erfahren Sie unter *http://en.wikipedia.org/wiki/Ruby_character* mehr.

Die Elemente bdi und bdo

Wenn sich auf Ihren HTML-Seiten jemals Zeichen, die (wie die lateinischen Zeichen in den meisten Sprachen) von links nach rechts geschrieben werden, mit solchen mischen, die von rechts nach links geschrieben werden (wie in arabischer oder hebräischer Sprache), dann werden Sie sich für die Elemente `bdi` und `bdo` interessieren.

Doch zuerst etwas Hintergrund. Die Grundausrichtung Ihres Inhalts ist standardmäßig links nach rechts, außer Sie setzen das `dir`-Attribut im `html`-Element auf `rtl`. Beispielsweise wird mit `<html dir="rtl" lang="he">` die Grundausrichtung des Inhalts von rechts nach links festgelegt, wobei die Grundsprache Hebräisch ist.

So wie ich das mit `lang` in verschiedenen Beispielen dieses Buches mache, können Sie `dir` bei Elementen auf der Seite auch setzen, wenn der Inhalt von der Grundeinstellung für die Seite abweicht. Falls die Basis also Deutsch ist (`<html lang="de">`) und Sie einen Absatz in Hebräisch einfügen möchten, zeichnen Sie ihn wie folgt aus: `<p dir="rtl" lang="he">...</p>`.

D *Ein Browser, der* `ruby` *unterstützt, ignoriert die* `rp`*-Klammern und präsentiert nur den* `rt`*-Inhalt* **B** *und* **C**. *Wenn er das aber nicht kann, stellt er nur wie hier gezeigt den* `rt`*-Inhalt in Klammern dar.*

Unter diesen Einstellungen wird der Inhalt meistens in der gewünschten Ausrichtung dargestellt. Der bidirektionale („bidi“) Algorithmus von Unicode kümmert sich darum.

Das bdo-Element (*bidirectional override*, bidirektionale Überschreibung) ist für jene Situationen gedacht, wo der Algorithmus den Inhalt *nicht* wie beabsichtigt ausgibt und überschrieben werden muss. Meist ist das der Fall, wenn der Inhalt in der HTML-Quelle nach visuellen statt nach logischen Gesichtspunkten geordnet ist.

Mit *visueller Reihenfolge* ist gemeint, dass der Inhalt des HTML-Quellcodes in der gleichen Reihenfolge ist, in der er Ihrem Wunsch folgend dargestellt werden soll. *Logische Reihenfolge* ist das Gegenteil z.B. für eine Sprache wie Hebräisch, die von rechts nach links geschrieben wird: Das erste Zeichen, das von rechts nach links geht, wird zuerst getippt, dann das zweite Zeichen (anders gesagt, dasjenige links davon) usw.

Bewährte Vorgehensweisen berücksichtigend, erwartet Unicode bidirektionalen Text in logischer Reihenfolge. Wenn er dann aber visuell geordnet ist, wird der Algorithmus die Zeichenfolge immer noch umkehren und sie somit genau anders herum darstellen wie beabsichtigt. Wenn Sie den Text in der HTML-Quelle nicht zur logischen Reihenfolge ändern können (weil er z.B. aus einer Datenbank oder einem Feed stammt), bleibt Ihnen als letzte Zuflucht nur, ihn in ein bdo einzupacken.

Um bdo einzusetzen, müssen Sie das dir-Attribut einbinden und setzen es entweder auf ltr (*left-to-right*, links nach rechts) oder rtl (*right-to-left*, rechts nach links), um die gewünschte Richtung anzugeben. Greifen wir noch einmal das Beispiel eines hebräischen Absatzes in einer ansonsten deutschen Seite auf: Sie müssen nun `<p lang="he"><bdo dir="rtl">...</bdo></p>` schreiben. bdo ist für Formulierungen oder Sätze innerhalb eines Absatzes gedacht. Aber über mehrere Absätze hinweg wird das nicht eingesetzt.

Das bdi-Element ist neu in HTML5 und für solche Fälle gedacht, wo die Richtung des Inhalts unbekannt ist. Das dir-Attribut müssen Sie nicht einbinden, weil es standardmäßig auf *auto* gesetzt wird. HTML5 bringt folgendes Beispiel (das ich etwas modifiziert habe):

> Dieses Element ist besonders praktisch, wenn man benutzergenerierte Inhalte mit unbekannter Ausrichtung einbetten will.
>
> In diesem Beispiel werden die Benutzernamen zusammen mit der Anzahl der Posts angegeben, die der Benutzer übermittelt hat. Wäre das bdi-Element nicht verwendet worden, dann brächte der arabische Benutzer am Ende den Text durcheinander (der bidirektionale Algorithmus würde den Doppelpunkt und die Zahl „3“ neben das Wort „Benutzer“ stellen anstatt neben das Wort „Posts“).

```
<ul>
  <li>Benutzer <bdi>jcranmer</bdi>: 12 Postings.
  → </li>
  <li>Benutzer <bdi>hober</bdi>: 5 Postings.</li>
  <li>Benutzer <bdi>إيان</bdi>: 3 Postings.</li>
</ul>
```

TIPP Wenn Sie mehr über das Thema Einbinden der von rechts nach links geschriebenen Sprachen wissen möchten, empfehle ich die Lektüre des W3C-Artikels „Creating HTML Pages in Arabic, Hebrew, and Other Right-to-Left Scripts“ (*www.w3.org/International/tutorials/bidi-xhtml/*).

Das meter-Element

Das meter-Element ist dank HTML5 ebenfalls neu im Geschäft. Damit können Sie einen Bruchwert oder eine Maßangabe innerhalb eines bekannten Bereichs angeben. Oder anders ausgedrückt ist es die Art Maßstab, den Sie beispielsweise für Wahlergebnisse nehmen (also etwa „30 % Müller, 37 % Meyer, 33 % Schulze"), die Zahl verkaufter Tickets (z.B. „811 von 850"), numerische Testzensuren oder Festplattennutzung.

HTML5 schlägt vor, dass Browser ein meter ähnlich wie ein auf die Seite gelegtes Thermometer darstellen sollen: eine horizontale Leiste mit dem gemessenen Wert in einer anderen Farbe als der maximale Wert (natürlich für den Fall, dass beide sich unterscheiden). Chrome ist einer der bisher wenigen Browser, der meter unterstützt E. Wenn ein Browser das nicht unterstützt, können Sie meter in gewisser Hinsicht mit CSS formatieren oder es noch mit JavaScript erweitern.

Obwohl nicht zwingend nötig, schreibt man in meter am besten Text hinein, der der aktuellen Messung entspricht, damit auch Browser das darstellen können, die meter nicht kennen F.

Hier sind ein paar meter-Beispiele (siehe E und F):

```
<p>Status Projektfertigstellung: <meter value="0.80">
→ 80% abgeschlossen</meter></p>
<p>Abnutzung des Bremsbelags: <meter low="0.25"
→ high="0.75" optimum="0" value="0.21">21%
→ abgenutzt</meter></p>
<p>Gelaufene Kilometer während des Halbmarathons:
→ <meter min="0" max="13.1" value="4.5"
→ title="Kilometer">4,5</meter></p>
```

Bei meter gibt es keine definierten Messeinheiten, aber Sie können Text wie im letzten Beispiel mit dem title-Attribut nach Wahl angeben. Chrome stellt diesen als Tooltipp dar E.

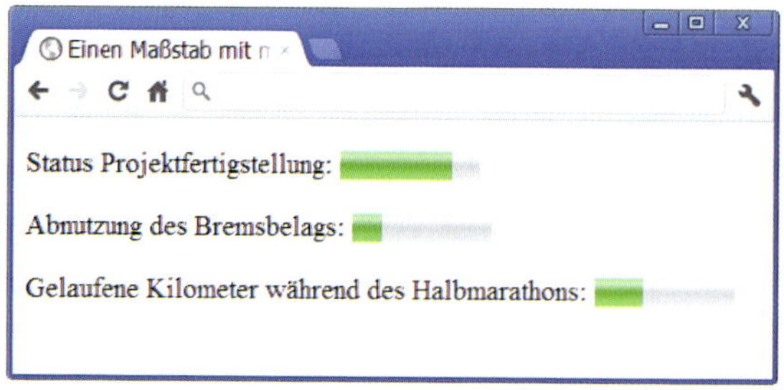

E *Ein Browser wie Chrome, der meter unterstützt, stellt den Maßstab automatisch dar und koloriert ihn basierend auf den Attributwerten. Er stellt den Text zwischen <meter> und </meter> nicht dar.*

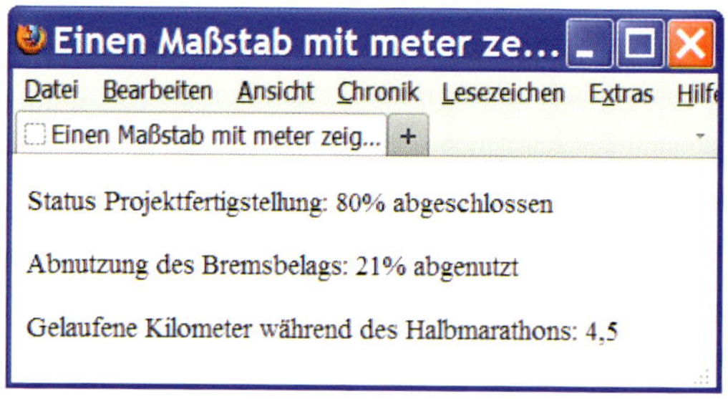

F *Die meisten Browser wie Firefox unterstützen meter nicht. Folglich stellen sie statt der kolorierten Leiste den Textinhalt im meter-Element dar. Die Darstellung können Sie mit CSS ändern.*

TIPP meter unterstützt mehrere Attribute. Nur das meter-Attribut ist erforderlich. Für min und max wird standardmäßig 0 bzw. 1.0 angenommen, falls es nicht angegeben wurde. Die Attribute low, high und optimum arbeiten zusammen, um den Messbereich in niedrige, mittlere und hohe Segmente aufzuteilen. optimum zeigt die optimale Position im Messbereich an, z.B. in einem der Beispiele „0 Bremsbelagabnutzung". Setzen Sie optimum mittig, falls weder ein niedriger noch ein hoher Wert optimal ist.

TIPP Während ich dies schreibe, wird meter aktuell nur von Chrome 11+ und Opera 11+ unterstützt. Das erklärt zum Teil, warum Sie es bisher draußen noch nicht so oft in Aktion gesehen haben. Setzen Sie es einfach mal ein, aber denken Sie daran, dass die meisten Browser standardmäßig statt der visuellen Maßangabe den meter-Text darstellen (F).

TIPP Der Stil der Maßangabe kann bei den unterstützenden Browsern variieren.

TIPP Einige haben mit der Formatierung von meter mit CSS experimentiert, und zwar für beide Arten Browser. Suchen Sie online nach „HTML5 meter mit CSS formatieren", dann finden Sie welche. (Hinweis: Einige arbeiten mit JavaScript.)

TIPP meter ist nicht gedacht für die Auszeichnung von generellen Maßstäben wie Höhe, Gewicht, Entfernung oder Umfang, die keinen bekannten Bereich haben. Sie können beispielsweise Folgendes nicht machen: `<p>Ich lief gestern <meter value="4.5">4,5</meter> Meilen.</p>`.

TIPP Achten Sie darauf, dass Sie die Elemente meter und progress nicht mischen.

Das progress-Element

Das progress-Element gehört ebenfalls zu den neuen HTML5-Elementen. Sie verwenden es für einen Fortschrittsbalken, wie er z.B. in einer Webapplikation gezeigt wird, um den Fortschritt beim Speichern oder Laden großer Datenmengen anzuzeigen.

Wie bei meter stellen die dieses Element unterstützenden Browser einen Fortschrittsbalken basierend auf den Werten des Attributs dar **G**. Und wie auch bei meter schreibt man in progress am besten gleich Text mit dazu (z.B. „0% gespeichert" wie im gezeigten Beispiel), damit auch ältere Browser den aktuellen Fortschritt anzeigen können **H**, auch wenn das nicht erforderlich ist.

Hier ist ein Beispiel:

```
<p>Bitte warten Sie, während Ihre Daten gespeichert
→ werden. Aktueller Fortschritt: <progress max="100"
→ value="0">0% gespeichert</progress></p>
```

Umfassende Ausführungen über progress würden den Rahmen dieses Buches sprengen, weil man normalerweise dynamisch sowohl das value-Attribut und den inneren Text mit JavaScript aktualisiert, während die Erledigung der Aufgabe voranschreitet (um zum Beispiel anzuzeigen, dass der Vorgang zu 37 % abgeschlossen ist). Das visuelle Ergebnis ist das Gleiche, egal ob Sie das per JavaScript erledigen oder im HTML fest kodieren, also etwa so: `<progress max="100" value="37">37% gespeichert</progress>` **I**. Natürlich werden Browser, die das nicht unterstützen, es ähnlich wie **H** darstellen.

TIPP **Das progress-Element unterstützt drei Attribute, die alle optional sind: max, value und form. Das max-Attribut gibt den Gesamtarbeitsaufwand für die Aufgabe an und muss größer als 0 sein. value ist die in Bezug auf die Aufgabe bereits erledigte Menge. Wenn Sie das progress-Element mit einem form-Element verknüpfen wollen, in dem es nicht verschachtelt ist, dann weisen Sie das form-Attribut der id eines form-Elements auf der Seite zu.**

TIPP **Die Formatierung des progress-Balkens kann je nach unterstützendem Browser variieren, doch in bestimmtem Maße können Sie ihn selbst mit CSS formatieren.**

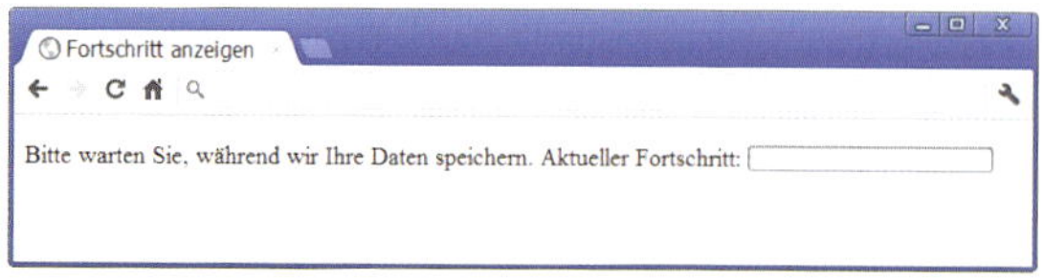

G *Ein Browser wie Chrome, der progress unterstützt, stellt den Fortschrittsbalken automatisch dar und koloriert ihn auf dem Wert basierend. Er stellt den Text zwischen <progress> und </progress> nicht dar. Das value-Attribut ist in diesem Beispiel auf 0 gesetzt, also ist die ganze Leiste in der gleichen Farbe.*

H *Firefox unterstützt progress nicht. Somit stellt er statt der kolorierten Leiste den Textinhalt des Elements dar. Die Darstellung können Sie mit CSS ändern.*

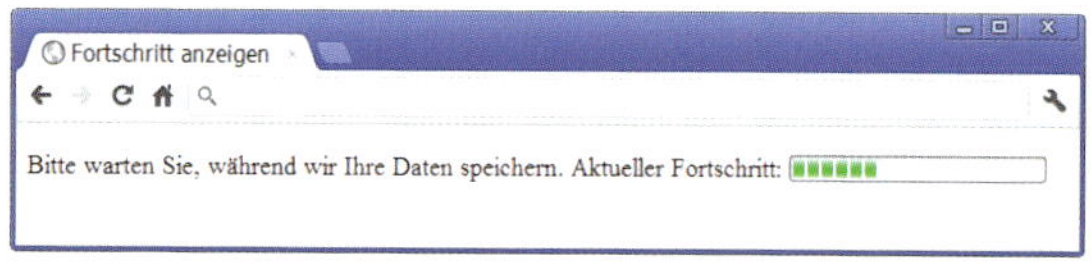

I *Die progress-Leiste in Chrome, wenn das value-Attribut programmatisch mit JavaScript (oder direkt im HTML) auf 37 gesetzt wird, max="100" vorausgesetzt.*

TIPP **Hier kommt ein kleiner Vorgeschmack, wie man ein progress-Element mit JavaScript modifizieren kann. Nehmen wir an, dass der Balken mit einer id Ihrer Wahl kodiert wurde – etwa so:**

```
<progress max="100" value="0" id="progressBar">0%
→ gespeichert</progress>
```

Mit dem folgenden JavaScript greifen Sie auf das Element zu:

```
var bar = document.getElementById('progressBar');
```

Dann können Sie den Wert je nach Bedarf via bar.value auslesen oder setzen. Zum Beispiel wird er mit bar.value = 37; gesetzt.

TIPP **Das progress-Element wird zum Zeitpunkt dieses Schreibens von modernen Browsern allgemein unterstützt: Chrome 11+, Firefox 6+, Internet Explorer 10 (ist aktuell, während ich dies schreibe, nur als Platform Preview erhältlich) und Opera 11+, aber von Safari nicht.**

5 Bilder

Wenn Sie Bilder für das Internet machen, läuft das etwas anders als die Erstellung von Bildern für die Ausgabe auf Papier. Obwohl Web- und Druckbilder gleiche Charakteristika aufweisen, kann man sechs Faktoren aufzählen, durch die sich beide unterscheiden: Format, Farbe, Größe/Auflösung, Geschwindigkeit, Transparenz und Animation. In diesem Kapitel erfahren Sie die wichtigen Aspekte dieser sechs Faktoren, um möglichst effektive Bilder für Ihre Website zu produzieren.

Nach Erstellung der Bilder lernen Sie alles darüber, wie man sie auf Ihrer Website einsetzt.

Übersicht

Allgemeines über Bilder im Web

Schauen wir uns nun die sechs Faktoren an, die Sie für die Produktion von Webbildern berücksichtigen sollten.

Format

Wer Bilder auf Papier ausgibt, muss sich keine Gedanken darüber machen, mit welchem Gerät sich die Leser die Bilder anschauen. Bei Ihnen ist das anders. Im Internet sind täglich Millionen verschiedener Computer unterwegs, von Macs über Windows-Rechner und Handys bis hin zu Tablet-PCs und anderen Geräten. Die Bilder, die Sie auf Ihrer Webseite einsetzen, sollten in einem Format dargeboten werden, das alle diese Betriebssysteme erkennen können. Aktuell sind die drei im Web am häufigsten verwendeten Formate GIF, PNG und JPEG. Aktuelle Browser stellen alle drei Bildformate dar.

Sie sollten ein Format wählen, bei dem Sie die beste Qualität bei gleichzeitig möglichst geringer Dateigröße bekommen.

Das JPEG-Format eignet sich für Farbfotos, weil es gut mit großen Farbmengen umgehen kann, Außerdem ist die Komprimierung gut, was die Dateigröße klein hält A. Es ist ein sogenanntes verlustbehaftetes Format und somit verlieren Sie etwas von der ursprünglichen Bildinformation, wenn Sie es als JPEG speichern. Aber diesen Kompromiss ist es meist wert, weil die Bilder schnell laden. Darüber erfahren Sie mehr im Abschnitt „Geschwindigkeit".

Die Formate PNG und GIF werden vor allem eingesetzt, wenn Sie Dateien wie Logos mit großen Bereichen von satten Farben und Mustern speichern oder wenn Sie Transparenz benötigen. Diese beiden Formate komprimieren Bereiche von gleichen Farben oder sich wiederholenden Mustern besser als JPEG. PNG ist oft die bessere Wahl, weil es einen besseren Komprimierungsalgorithmus für kleinere Dateigrößen hat und einen überlegenen Transparenzsupport aufweist (die Alpha-Transparenz) B.

A *Farbenprächtige Fotos sollten im Format JPEG oder PNG-24 gespeichert werden.*

B *Logoschriften und andere computergenerierte Bilder oder Bilder mit nur wenigen Farben werden effizient mit ZIP komprimiert und somit oft im PNG-8-Format abgespeichert.*

C *Dieses Bild ist 2048 Pixel breit. In Photoshop hat es eine Ausgabeauflösung von 256 ppi und misst nur ca. 15 x 20 cm. Hier in Firefox wird die Auflösung durch den Monitor des Besuchers bestimmt, die etwa 72 ppi beträgt. Das Bild ist also ca. 71 cm breit!*

D *Dieses Bild ist 500 Pixel breit, hat also etwa die halbe Breite eines normalen Browser-Fensters, das 1024 Pixel breit ist.*

Farben

Die meisten Computermonitore können Millionen Farben darstellen, was aber früher nicht immer der Fall war. Manche Bildformate weisen eine eingeschränkte Farbpalette auf. GIF- und PNG-8-Bilder haben manchmal nur 256 Farben, was sich gut für Logos und Icons eignet.

Fotos und komplexe Illustrationen sollten in den Formaten JPEG oder PNG-24 gespeichert werden, weil sie mehr Farben in einem Bild unterbringen können.

Größe und Auflösung

Die Maßeinheit für Digitalbilder ist Pixel. Eine Digitalkamera mit 3 Megapixel kann Fotos machen, die 2048 Pixel breit und 1536 Pixel hoch sind. Wie groß ist das? Kommt drauf an: Wenn Sie ein solches Bild auf einem Drucker mit 256 ppi (*pixels per inch*, Pixel pro Zoll) ausgeben, wird es ca. 15 cm x 20 cm groß sein. Doch wenn Sie diese Seite im Internet verwenden, hängt die Bildgröße von der Monitorauflösung Ihres Besuchers ab, die eher ca. 86 ppi beträgt (und zwischen 72 bis ca. 100 ppi betragen kann). Das Bild wird dann etwa 75 x 54 cm groß sein. Das ist zu groß **C**.

Es ist wahrscheinlich besser, sich die Bildgröße in Bezug auf die durchschnittliche Webseite vorzustellen. Weil Monitore mit einer Auflösung von 1024 x 768 Pixel schon so lange Standard sind, haben sich die Webdesigner daran gewöhnt, ihre Seiten um die 960 Pixel breit zu halten, damit der Betrachter ohne Scrollen den ganzen Seiteninhalt auf einen Blick sehen kann.

Zwar ist es richtig, dass immer mehr Leute immer größere Monitore besitzen (d.h. mehr als 85 Prozent sind größer als 1024 x 768), doch diese größeren Bildschirme sind nicht unbedingt nur mit einem Browser-Fenster ausgefüllt. Mal abgesehen davon, dass auch andere Programme parallel in anderen Fenstern laufen (oder auch mehrere Browser-Fenster geöffnet sind), ist es sehr mühselig, Text in einem Browser zu lesen, der zu breit läuft. Aber Designer gehen immer mehr dazu über, ihr Seitenlayout breiter zu machen und auch Designs mit flexibler Breite zu verwenden, die sich mit dem Browser-Fenster ausdehnen bzw. kleiner werden.

Überdies werden immer mehr Smartphones und Tablet-PCs eingesetzt. Deswegen sollten Sie stets die Bildschirmgröße und eingeschränkte Download-Geschwindigkeit berücksichtigen.

Beachten Sie, dass mit Auflösung zwei ganz unterschiedliche Konzepte gemeint sein können: die eigentliche Anzahl der Pixel auf einem Monitor bzw. in einem Bild (sagen wir 640 x 480) oder die Anzahl der Pixel in einem Zoll dieses Monitors oder Bilds (beispielsweise 72 oder 86 ppi). Je höher allerdings die Auflösung ist, desto mehr Pixel sind vorhanden. Auf Papier können mehr Pixel zu mehr Details *oder* mehr Größe führen. Auf dem Bildschirm bedeuten mehr Pixel *immer* ein größeres Bild.

Geschwindigkeit

Der nächste grundlegende Unterschied zwischen gedruckten Bildern und solchen im Web ist, dass Ihre Besucher darauf warten müssen, bis die Bilder aus dem Internet heruntergeladen sind. (Stellen Sie sich mal vor, Sie müssten darauf warten, dass in Ihrer Zeitung endlich die Bilder erscheinen!)

Wie können Sie die Download-Zeit auf ein Minimum beschränken? Am leichtesten geht das, indem Sie nur kleine Bilder verwenden. Je größer eine Bilddatei ist, desto länger dauert es, bis sie vor den Augen des Besuchers erscheint.

Sie können die Download-Zeit auch über die Komprimierung des Bilds beschleunigen. Mit JPEG kann die Bildgröße dramatisch reduziert werden, aber dieses Format hat zwei wesentliche Nachteile. Erstens verbraucht die Komprimierungsinformation viel Platz und lohnt sich von daher bei kleinen Bildern nicht. Zweitens ist es eine verlustreiche Komprimierung: Es werden also Details dauerhaft eliminiert, um Platz zu sparen. Wenn man das Bild dekomprimiert, werden die verlorenen Daten nicht mehr hergestellt. Wenn Sie vorhaben, ein Bild später erneut zu bearbeiten, sollten Sie eine Kopie in einem unkomprimierten Format abspeichern (z.B. PSD oder TIFF) und es erst nach der Bearbeitung als JPEG abspeichern.

PNG und GIF sind verlustfreie Formate, mit denen Bilder ohne Qualitätsverlust komprimiert werden. Am besten eignen sich dafür Bilder, in denen große Bereiche nur eine Farbe haben (etwa Logos), oder gerenderter Text oder Illustrationen. PNG komprimiert besser als GIF.

Transparenz

Transparenz ist aus zwei Gründen wichtig: Erstens können Sie damit komplexe Layouts erstellen, indem Sie ein Bild hinter ein anderes schieben. Zweitens können Sie Bildern mit Transparenz einen Umriss geben, der nicht rechteckig sein muss. So werden Ihre Seiten optisch interessanter. Sowohl GIF als auch PNG kann mit Transparenz umgehen, JPEG hingegen nicht.

Im GIF-Format kann ein Pixel transparent sein oder auch nicht. PNG unterstützt die Alpha-Transparenz. Mit dieser Methode wird sowohl eine teilweise als auch eine komplette Transparenz möglich. Das bedeutet, dass Bilder mit komplexen transparenten Hintergründen als PNG oft besser aussehen als im GIF-Format, weil die Kanten geglätteter erscheinen.

Animationen

Auch in nächster Zukunft werden Sie wahrscheinlich keine sich bewegenden Bilder auf Papier sehen. Doch im Web gibt es diese überall. Animierte Bilder werden im GIF-Format abgespeichert, aber nicht als JPEG oder PNG.

Animationen innerhalb eines Bilds gibt es immer seltener. Animationen werden generell mittels Flash, CSS-Animationen und JavaScript erstellt. In den letzten Jahren gerät Flash im Web bei Animationen immer mehr aus der Mode, weil das Apple-Betriebssystem iOS kein Flash unterstützt und JavaScript sowie CSS immer leistungsfähiger werden.

Creative-Commons-Lizenzen

Creative Commons (*http://de.creativecommons.org*) ist eine nicht profitorientierte Organisation. Sie hat ein Copyrightsystem entwickelt, mit dem Künstler ihre Werke auf festgelegte Weise nutzen lassen können, ohne alle Rechte an ihrem Werk abzugeben. Website-Designer, Musiker und Fotografen gehören zu den vielen Künstlern, die solche Creative-Commons-Lizenzen nutzen, um ihre Arbeiten auf den Markt zu bringen, ohne fürchten zu müssen, dass sie auf eine von ihnen nicht gewünschte Weise verwendet werden.

Flickr, das beliebte Webportal für die Weitergabe von Fotos (*http://www.flickr.com/*), bittet seine Nutzer, für alle hochgeladenen Fotos eine Creative-Commons-Lizenz zu nennen. Auf Flickr können die Besucher dann anhand der zugewiesenen Lizenzen nach Fotos suchen. Auch hier finden Sie eine Riesenauswahl an Bildern für Ihre Website.

Sie können auch bei Google die Suchläufe auf Verwendungsrechte beschränken. Klicken Sie auf ERWEITERTE SUCHE und wählen Sie dann im Drop-down-Menü der NUTZUNGSRECHTE die gewünschte Option.

Bilder produzieren

Wie kommen Sie nun an die Bilder, mit denen Sie Ihre Webseite schmücken? Ihnen stehen verschiedene Wege offen: Sie können vorgefertigte Bilder kaufen oder herunterladen, Fotos oder selbst gemalte Bilder mit einem Scanner digitalisieren, eine Digitalkamera verwenden oder Bilder in einem Bildbearbeitungsprogramm wie Photoshop von Grund auf neu erstellen. Wenn Sie die Bilder erst einmal auf Ihrem Computer haben, können Sie sie nach Bedarf ans Web anpassen.

Bilder besorgen

- Sie können mit Google Bilder im Web finden, indem Sie auf den Bilder-Link über der Suchbox klicken und wie gewohnt Ihre Suchkriterien eingeben. Im Kasten erfahren Sie mehr über das Copyright für diese Bilder.
- Im Allgemeinen sind auch im Web gefundene kostenlose bzw. lizenzfreie Bilder auf die eine oder andere Art in der Verwendung eingeschränkt (lesen Sie auch dazu den Kasten). Gekaufte Bilder können Sie normalerweise für jeden Zweck einsetzen (Sie dürfen sie nur nicht weiterverkaufen). Lesen Sie sorgfältig die Nutzungs- oder Lizenzbedingungen.
- Viele Firmen verkaufen Bildsammlungen oder Fotos auf CD zu akzeptablen Preisen. Solche CDs enthalten oft mehrere Versionen eines Bilds für unterschiedliche Einsatzzwecke.
- Mit Scannern und Digitalkameras können Sie auf einfache und effektive Weise eigene Bilder schaffen.

Die Wahl des Bildbearbeitungsprogramms

Es gibt eine unüberschaubare Zahl Programme, mit denen Sie Bilder für das Web erstellen und sichern können. Die meisten modernen Bildbearbeitungsprogramme haben spezielle Tools zur Erstellung von Bildern und Fotos fürs Web, die die weiter oben in diesem Kapitel angesprochenen Faktoren berücksichtigen.

Der Branchenstandard ist zweifelsohne Photoshop, hinzu kommt sein Cousin Adobe Fireworks (*www.adobe.com*). Fireworks ist ein eigenständiges, sehr leistungsfähiges Programm. Beide gibt es sowohl für Macintosh als auch für Windows. Anhand dieser beiden Programme veranschauliche ich in diesem Kapitel einige Techniken.

Allerdings möchte ich deutlich darauf hinweisen, dass die grundlegenden Strategien zur Optimierung von Bildern für die Verwendung im Internet ungeachtet der verwendeten Software stets gleich sind. Die Bezeichnungen für die Befehle unterscheiden sich vielleicht ein wenig und es gibt womöglich mal mehr, mal weniger Schritte, aber die Konzepte bleiben gleich.

Zu Photoshop gibt es viele Alternativen, z.B. für Windows Paint.NET (*www.getpaint.net*) oder GIMP (*www.gimp.org*) und Acorn oder Pixelmator (für den Mac, *www.pixelmator.com*). Auch solche Online-Editoren wie Photoshop.com und Aviary.com werden immer leistungsfähiger. Nehmen Sie einfach das Programm, mit dem Sie am liebsten arbeiten.

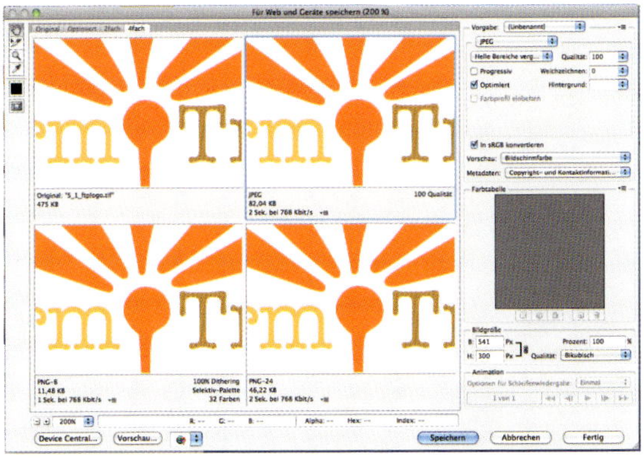

A *In diesem Teil der Dialogbox Für Web und Geräte speichern sehen Sie das Ausgangsbild (oben links) und drei mögliche komprimierte Versionen. Dieses Bild hat große, einfarbige Bereiche und auch Text, der scharf bleiben soll. Beachten Sie, dass das PNG-8-Format (unten links) das Bild am besten komprimiert: auf etwas mehr als 10K. Mit PNG-24 gibt es mehr Farben und die Datei ist 35K groß. Das JPEG ist bei hoher Qualität riesig. Wenn Sie das JPEG auf mittlere Qualität anpassen (hier nicht gezeigt), ist es immer noch groß und hässlich.*

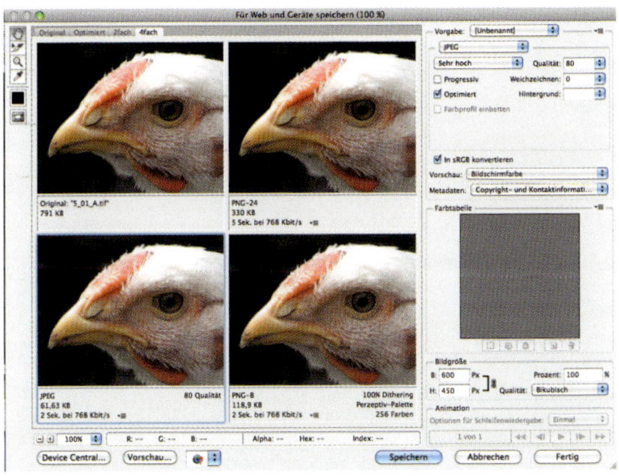

B *Das JPEG (unten links) bietet eine gute Bildqualität bei kleinster Dateigröße (61K). Bei der PNG-8-Kompression (unten rechts) entsteht im Helligkeitsverlauf ein Banding (sichtbar abgegrenzte Streifen) und die Dateigröße ist mit 118K fast doppelt so groß wie das JPEG. Das PNG-24 (oben rechts) bietet ein qualitativ hochwertiges Bild, ist aber als Datei weitaus größer (330K).*

Bilder speichern

Nachdem Sie Bilder erstellt haben, müssen Sie diese natürlich auch speichern. Bei diesem Prozess haben Sie die visuelle Qualität des Bilds gegenüber dessen Dateigröße auszubalancieren.

Sie können mit Testversionen von Photoshop und Fireworks arbeiten, wenn Sie die Software nicht gleich für Ihren Computer kaufen wollen.

Adobe Photoshop

Photoshop enthält im Datei-Menü den Befehl Für Web und Geräte speichern. Darüber können Sie optisch das Ausgangsbild mit bis zu drei optimierten Versionen vergleichen und sich gleichzeitig die Einsparungen hinsichtlich Dateigröße und Download-Zeit anzeigen lassen.

Den Befehl „Für Web und Geräte speichern" verwenden

1. Öffnen Sie Photoshop und erstellen Sie Ihr Bild. Oder öffnen Sie ein vorhandenes Bild und bereiten Sie es mittels Beschneiden, Größenanpassung und weiterer Bearbeitung auf die Veröffentlichung vor.
2. Wählen Sie Datei > Für Web und Geräte speichern. Der Dialog Für Web und Geräte speichern erscheint.
3. Klicken Sie auf den Reiter 2fach, um eine optimierte Version zu sehen, oder auf 4fach für drei optimierte Versionen.
4. Klicken Sie auf Wunsch auf eine optimierte Version.
5. Wählen Sie das gewünschte Format.

   Generell kann man sagen, dass auf einem Computer erstellte Bilder wie Logos, Banner, Strichzeichnungen, Text und jede andere Grafik mit großen, einfarbigen Bereichen und vielen Details als PNG-8 oder GIF gespeichert werden sollten **A**.

   Bilder mit Farbübergängen wie Fotos sollten entweder als JPEG oder als PNG-24 gespeichert werden **B**.

6. Passen Sie die weiteren Einstellungen an, die anschließend erscheinen, bis Sie die kleinstmögliche Datei mit einer akzeptablen Qualität bekommen.
7. Klicken Sie auf SPEICHERN. Wählen Sie ein Verzeichnis und vergeben Sie einen Dateinamen. Die Datei wird automatisch die Dateiendung des gewählten Formats annehmen (und somit normalerweise das Ausgangsbild nicht überschreiben).

Adobe Fireworks

Mit Photoshop können vielfältigste Dinge erledigt werden, während Fireworks zur Erstellung von Bildern für das Web gedacht ist (C und D). Früher konnte es PNGs besser (kleiner) komprimieren als Photoshop, aber letzteres Programm schließt hier auf. Fireworks bietet eine zusätzliche Exportoption für PNGs in höherer Qualität: das PNG-32-Format.

TIPP Denken Sie daran, dass es das Hauptziel ist, die kleinste mögliche Dateigröße zu bekommen und gleichzeitig eine akzeptable Bildqualität zu bewahren.

TIPP Bilder sollten im RGB- und nicht im CMYK-Modus (der ist für den Druck) ausgegeben werden.

TIPP Wenn Sie unsicher sind, welches Format Sie wählen sollen, vergleichen Sie zwei Optimierungen und achten Sie darauf, welches Format besser komprimiert wird.

TIPP PNG-24 ist ein leistungsfähiges, verlustfreies Format, das sowohl für computergenerierte als auch für „natürliche" Farbbilder verwendet werden kann. Es ist oft besser als PNG-8, aber nicht ganz so gut wie JPEG.

TIPP Bilder mit beiden Arten von Inhalt können Sie entweder in mehrere Teile aufsplitten und diese separat komprimieren (und dann mit CSS wieder zusammensetzen) oder Sie entscheiden sich einfach für ein Format und akzeptieren das Ergebnis.

TIPP Der Befehl FÜR WEB UND GERÄTE SPEICHERN erstellt ein neues Bild und lässt das ursprüngliche Bild intakt – außer Sie speichern das neue Bild unter dem gleichen Namen und der gleichen Erweiterung sowie im gleichen Ordner wie das alte.

TIPP In der optimierten Version werden nur die sichtbaren Ebenen des Bilds gespeichert.

C Beachten Sie, dass das PNG-8-Bild (unten links) eine etwas geringere Dateigröße hat als sein Photoshop-Gegenstück. Die anderen beiden Formate JPEG (oben rechts) und PNG-24 (unten rechts) sind größer.

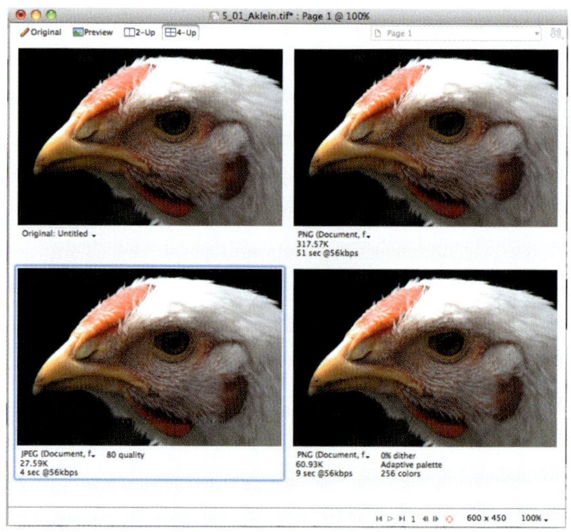

D Fireworks optimiert dieses Bild wesentlich besser und führt bei JPEG (unten links), PNG-8 (unten rechts) und PNG-24 (oben rechts) zu kleineren Dateien. Die JPEG- und PNG-8-Dateien sind halb so groß wie die von Photoshop!

A *Der URL für dieses Bild zeigt an, dass das Bild sich im gleichen Ordner wie diese Webseite befindet, weil er nur den Dateinamen und keine Pfadangabe enthält.*

```
...
<body>

<h2>Der Markt von Barcelona</h2>

<img src="cornermarket.jpg" />


<p>Dieses erste Bild zeigt einen der Obststände
→ im Mercat de la Boquería, dem zentralen Markt
→ in der Nähe der Ramblas. Es ist ein unglaublich
→ schöner Ort - voll mit allen möglichen Obst-
→ und Gemüsesorten, Fleisch, Fisch oder was
→ immer Sie auch sonst brauchen. Ich habe recht
→ lange gebraucht, bis ich tatsächlich soweit
→ war, dort Fotos zu machen. Vielleicht glauben
→ Sie, dass ich mich anstelle, aber weil ich
→ einige Zeit in Barcelona gelebt habe, war es
→ irgendwie komisch. Fotografieren Sie in dem
→ Supermarkt, wo Sie täglich einkaufen? </p>

</body>
</html>
```

B *Bilder werden auf der Seite linksbündig dargestellt, um zur Ausrichtung des Texts zu passen. Sie können die Ausrichtung ändern oder Text um ein Bild fließen lassen, indem Sie solche CSS-Eigenschaften wie float verwenden (siehe „Elemente floaten lassen" in Kapitel 11).*

Bilder auf einer Seite einfügen

Sie können auf Ihrer Webseite alle möglichen Bilder einbauen: Logos, Fotos, Grafiken etc. Die in der hier beschriebenen Weise platzierten Bilder erscheinen automatisch, wenn der Besucher auf Ihre Seite kommt (wenn im Browser die Bilddarstellung nicht abgeschaltet ist).

Ein Bild auf einer Seite einfügen

1. Platzieren Sie den Cursor dort im HTML-Code, wo das Bild erscheinen soll.
2. Tippen Sie `<img src="bild.url"`, wobei *bild.url* für den Standort des Bilds auf dem Server steht.
3. Geben Sie ein Leerzeichen ein und dann das abschließende />.

TIPP Bilder müssen vorher auf den Server hochgeladen werden, damit die Besucher sie sehen können.

TIPP Gehen Sie nie davon aus, dass Ihre Besucher lange warten wollen, bis Ihre Seite endlich geladen ist und angeschaut werden kann. Testen Sie die Seiten (und bedenken Sie, dass Sie vielleicht einen schnelleren Internetzugang haben als Ihre Besucher). Wenn *Sie* schon keine Lust zum Warten haben, wird es Ihren Besuchern ähnlich gehen. Eine Alternative ist, von großen Bildern kleine Vorschaubilder zu erstellen und den Besuchern dann die Wahl zu überlassen, die größeren Bilder über einen Link aufzurufen.

TIPP Das veraltete `border`-Attribut (`border="n"`, wobei *n* die Breite in Pixel ist) legt einen Rahmen um Bilder oder entfernt ihn, vor allem den automatischen Rahmen, der um in Links verwendete Bilder erscheint. Doch es ist besser, diesen und alle anderen Aspekte von Bildern über Stylesheets zu steuern.

Alternativtexte anbieten

Bilder sind sehr schön bei einer schnellen Verbindung auf einem großen Monitor, aber unpraktisch oder gar problematisch, wenn es um Handhelds, Handys, langsame Verbindungen oder Menschen mit Sehbehinderungen oder Blinde geht. Sie können einen beschreibenden Text einbinden, wenn (aus welchen Gründen auch immer) das Bild nicht erscheint. Dieser Text wird dann auch von Screenreadern vorgelesen.

Alternativtext für nicht dargestellte Bilder angeben

1. Im `img`-Tag tippen Sie nach dem `src`-Attribut und dessen Wert `alt="` ein.
2. Geben Sie den Text ein, der anstelle des Bilds erscheinen soll, falls das Bild nicht dargestellt wird (**A** und **B**).
3. Schließen Sie mit `"` ab.

TIPP **Das `alt`-Attribut ist bei allen `img`-Elementen in HTML5 erforderlich.**

TIPP **Bildschirmlesegeräte wie JAWS für blinde oder sehbehinderte Menschen lesen den Alternativtext laut vor, so dass blinde Besucher eine Ahnung davon bekommen, worum es bei dem Bild geht.**

TIPP **Wenn das Bild für nicht sehende User irrelevant ist, schlägt das W3C vor, dass Sie `alt=""` verwenden. Bilder mit einer Legende oder einem Text, der in der Nähe steht und das Bild genau beschreibt, können einen leeren `alt`-Text bekommen.**

A *Der Alternativtext kann theoretisch beliebig lang sein, doch die meisten Browser brechen lange Zeilen nicht automatisch um. Von daher ist es gut, den Text auf ca. 50 Zeichen zu beschränken.*

```
...
<body>

<h2>Der Markt von Barcelona</h2>

<img src="cornermarket.jpg" alt="Obststand auf
→ dem Markt" />


<p>Dieses erste Bild zeigt einen der Obststände
→ im Mercat de la Boquería, dem zentralen Markt
→ in der Nähe der Ramblas. Es ist ein unglaublich
→ schöner Ort - voll mit allen möglichen Obst-
→ und Gemüsesorten, Fleisch, Fisch oder was
→ immer Sie auch sonst brauchen. Ich habe recht
→ lange gebraucht, bis ich tatsächlich soweit
→ war, dort Fotos zu machen. Vielleicht glauben
→ Sie, dass ich mich anstelle, aber weil ich
→ einige Zeit in Barcelona gelebt habe, war es
→ irgendwie komisch. Fotografieren Sie in dem
→ Supermarkt, wo Sie täglich einkaufen? </p>

</body>
</html>
```

B *Beim Internet Explorer erscheint der Alternativtext neben einem kleinen Kasten mit einem roten X. In anderen Browsern wird der Text alleine angezeigt.*

A *Klicken Sie mit rechts auf das Bild im Browser, damit das Kontextmenü erscheint. Der Browser bietet die Möglichkeit, das Bild zu untersuchen, dessen Eigenschaften anzuzeigen oder die Dimensionen zu erfahren.*

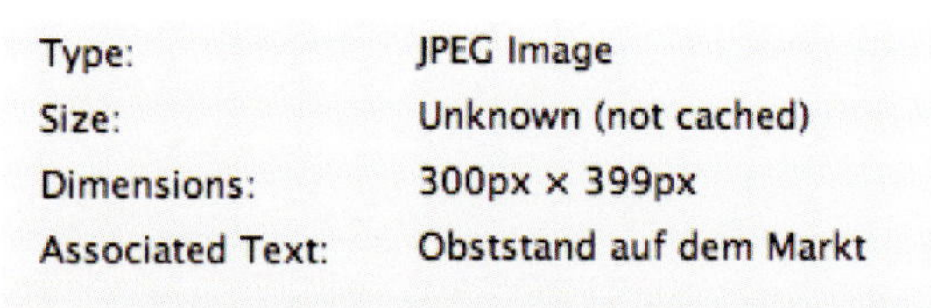

B *Ein Kasten erscheint, der je nach Browser anders aussieht und dem Sie die Bildgröße in Pixel entnehmen können.*

C *In Photoshop klicken Sie auf die Dokumentinfoleiste am unteren Rand des Bildfensters, um sich die Eigenschaften des Bilds anzeigen zu lassen (wenn die Dokumentinfoleiste nicht zu sehen ist, ziehen Sie das Fenster weiter auf.)*

Die Bildgröße angeben

Wenn Sie eine Webseite laden, sehen Sie manchmal den Text zuerst und wenn dann die Bilder einige Momente später geladen werden, springt der Text, um sich ihnen anzupassen. Dies geschieht, weil die Bildgröße im HTML nicht festgelegt wurde.

Wenn ein Browser zum HTML-Code eines Bilds kommt, muss er das Bild laden, um zu sehen, wie groß es ist und wie viel Platz dafür reserviert werden muss. Wenn Sie Höhe und Breite eines Bilds angeben, kann der Browser den Text um das Bild herum einfügen, während das Bild geladen wird. So bleibt Ihr Layout stabil, während die Seite geladen wird.

Sie können die genauen Maße Ihres Bilds dem Browser oder dem Bildbearbeitungsprogramm entnehmen.

Browser werden ein Bild unter Umständen auch ausdehnen oder schrumpfen, damit es in die von Ihnen im HTML (bzw. CSS) angegebene Größe passt. Das können Sie auch zum eigenen Vorteil nutzen, wenn Sie die gleiche Bilddatei in unterschiedlichen Kontexten einsetzen wollen. Aber achten Sie unbedingt darauf, den Code zu aktualisieren, wenn Sie das Bild bearbeiten und dessen Maße verändern.

Die Bildgröße aus dem Browser entnehmen

1. Klicken Sie mit rechts auf das Bild. Ein Kontextmenü erscheint **A**.
2. Wählen Sie (abhängig vom Browser) Element untersuchen oder Grafik-Info anzeigen **A**. In einem Kasten werden dann die Maße dieses Bilds in Pixel angegeben **B**.

Die Bildgröße in Photoshop feststellen

1. Öffnen Sie das Bild in Photoshop.
2. Machen Sie das Fenster für das Bild so groß, dass Sie die Infoleiste („Dok") unten links am Fensterrand sehen können.
3. Klicken Sie auf die Infoleiste. Ein kleiner Kasten erscheint, dem Sie Informationen über das Bild wie die Größe entnehmen können **A**.

Die Bildgröße im HTML festlegen

1. Bestimmen Sie die Größe des Bilds anhand einer der Techniken, die in den Abschnitten „Die Bildgröße aus dem Browser entnehmen" bzw. „Die Bildgröße in Photoshop feststellen" beschrieben werden.
2. Innerhalb des `img`-Tags tippen Sie nach dem `src`-Attribut `width="x" height="y"` ein und nehmen die Werte für x und y in Pixel, die Sie in Schritt 1 erfahren haben (die Höhe und Breite Ihres Bilds).

TIPP **Die Attribute `width` und `height` müssen nicht unbedingt der tatsächlichen Größe des Bilds entsprechen.**

TIPP **Wenn Sie mehrere Bilder haben, die alle gleich groß sind, können Sie anhand von Stylesheets die Höhe und Breite für alle auf einmal festlegen.**

TIPP **Sie erfahren anhand des Browsers die Bildgröße auch, wenn Sie das Bild in einem eigenen Fenster öffnen, weil dann die Größe in der Titelleiste angezeigt wird E.**

TIPP **In Photoshop oder Fireworks können Sie auch das Bild insgesamt wählen und dann in der Infopalette nach der Bildgröße suchen.**

D *Wenn Sie Höhe und Breite des Bilds exakt in Pixel angeben, muss der Browser sich nicht darum kümmern und kann das Bild schneller darstellen.*

```
...
<body>

<h2>Der Markt von Barcelona</h2>

<img src="cornermarket2.jpg" alt="Obststand auf
→ dem Markt" width="300" height="399" />


<p>Dieses erste Bild zeigt einen der Obststände
→ im Mercat de la Boquería, dem zentralen Markt
→ in der Nähe der Ramblas. Es ist ein unglaublich
→ schöner Ort - voll mit allen möglichen Obst-
→ und Gemüsesorten, Fleisch, Fisch oder was
→ immer Sie auch sonst brauchen. Ich habe recht
→ lange gebraucht, bis ich tatsächlich soweit
→ war, dort Fotos zu machen. Vielleicht glauben
→ Sie, dass ich mich anstelle, aber weil ich
→ einige Zeit in Barcelona gelebt habe, war es
→ irgendwie komisch. Fotografieren Sie in dem
→ Supermarkt, wo Sie täglich einkaufen? </p>

</body>
</html>
```

E *Wenn Sie ein Bild direkt im Browser öffnen (hier Firefox für Windows), wird die Bildgröße in der Titelleiste angezeigt.*

A *Bei der Originalgröße von 440 x 341 Pixel ist das Bild für die Seite viel zu groß.*

B *Passen Sie die Attribute* `height` *und* `width` *an, aber achten Sie darauf, dass das Seitenverhältnis nicht verändert wird. In diesem Fall haben wir* `height` *und* `width` *einfach durch zwei geteilt.*

```
...
<h1>Stupas</h1>
<img src="stupa.jpg" alt="Zwei Stupas"
→ width="220" height="170" />
<p>Diese Stupas im chinesischen Yunnan sind
→ buddhistische Heiligtümer, an denen gebetet
→ wird.</p>
...
```

C *Das Bild erscheint halb so groß wie das Original. Doch braucht es zum Laden genauso viel Zeit wie vorher, immerhin handelt es sich um die gleiche Datei.*

Bilder mit dem Browser skalieren

Sie können die Darstellungsgröße eines Bilds ändern, indem Sie einfach Höhe und Breite in Pixel neu angeben (**A** bis **C**). Am besten ist es allerdings, wenn die Bilder in der Originalgröße angezeigt werden.

Die Methoden, die Browser für die Skalierung der Bilder einsetzen, sind nicht so ausgefeilt wie die von Photoshop oder anderen Bildbearbeitungsprogrammen. Von daher sollten Sie die Resultate also testen.

Um die Ladezeiten zu reduzieren, können Sie das Bild skalieren, indem Sie im HTML oder CSS die Höhe und Breite anpassen. Doch seien Sie sich im Klaren darüber, dass Bilder körnig und hässlich werden, wenn man sie zu sehr vergrößert.

Ein Bild mit dem Browser skalieren

1. Tippen Sie `<img src="`*`bild.url`*`"`, wobei `bild.url` für den Standort des Bilds auf dem Server steht.
2. Geben Sie `width="`*`x`*`" height="`*`y`*`"` ein, wobei *x* und *y* die gewünschte Höhe bzw. Breite Ihres Bilds in Pixel sind.
3. Ergänzen Sie diesen Eintrag mit anderen gewünschten Bildattributen und tippen Sie das abschließende />.

TIPP Sie können in Schritt 2 auch einen Prozentwert verwenden, der sich auf das Browser-Fenster bezieht (nicht auf die Originalbildgröße).

TIPP Wenn Sie auf schnelle Weise ändern wollen, wie ein Bild auf der Webseite dargestellt wird, ändern Sie einfach die Attribute `width` and `height`. Doch da die Datei selbst nicht verändert wurde, wird der Besucher immer beschummelt. Reduzierte Bilder brauchen länger, bis sie angezeigt werden, als wenn die Bilder tatsächlich diese Größe haben, und vergrößerte Bilder erscheinen körnig. Besser ist es, über das Bildbearbeitungsprogramm die Bildgröße zu ändern.

TIPP Sie können nur die Höhe bzw. nur die Breite angeben und den Browser den anderen Wert proportional einstellen lassen.

Bilder mit einem Bildbearbeitungsprogramm skalieren

Die meisten Bilder sind für eine Webseite einfach zu groß. Während ein zur Ausgabe als Druck bestimmtes Bild schon mal 1800 Pixel breit sein kann, damit es bei 300 ppi dann 15 cm quer misst, sollten Bilder für Webseiten praktisch nie breiter als 600 Pixel, sondern eher um die 200 Pixel breit sein.

Wenn Sie größere Bilder brauchen, suchen Sie sich ein größeres Originalbild und skalieren es mit einem Bildbearbeitungsprogramm herunter. Wenn das keine Option ist, sieht das Bild besser aus, wenn Sie es mit einem Bildbearbeitungsprogramm hochskalieren, als wenn Sie das dem Browser überlassen. Aber es wird die Dateigröße sowie die Ladezeit der Seite steigern.

Ein Bild mit Photoshop skalieren

1. Im unteren rechten Bereich des Fensters Für Web und Geräte speichern klicken Sie im Bereich Bildgröße auf das Feld B (Breite) oder H (Höhe) **A**.
2. Geben Sie eine neue Höhe oder Breite in Pixel oder einen Prozentwert ein und drücken Sie anschließend die ⇥-Taste, damit die Vorgabe angewendet wird **B**.
3. Sie können die Größe solange nach oben oder unten verändern, bis Sie zufrieden sind. Das Bild wird erst dann neu berechnet, wenn Sie auf Speichern klicken.

A *Das Originalbild, das mit den Standardwerten meiner Digitalkamera aufgenommen wurde, betrug 2048 x 1536 Pixel. Das schlägt mit 290,3 K zu Buche, wenn es als JPEG in hoher Qualität komprimiert wird, mal abgesehen davon, dass es fast vier Bildschirme einnimmt.*

B *Tippen Sie die gewünschte neue Breite von 400 Pixel in das Feld für die Breite und klicken Sie auf Anwenden. Das reduzierte Bild passt korrekt auf die Seite und braucht nur 1 Sekunde für den Download mit einer 768-Kbps-Verbindung (mit einer besseren Verbindung geht's noch flotter).*

TIPP **Sie können die Größe eines Bilds auch ändern, bevor Sie für Web und Geräte speichern, indem Sie den Befehl Bildgrösse aus dem Menü Bild verwenden. Denken Sie daran, dass die Angabe der Auflösung irrelevant ist (sie bezieht sich auf die Ausgabeauflösung, die im Web nicht von Ihnen oder Photoshop bestimmt wird, sondern vom Monitor Ihres Besuchers). Berechnen Sie die Größe lieber anhand der Anzahl von Pixeln im Bild. Sie müssen dazu in der Auswahlbox Bild neu berechnen einen Haken setzen, damit die Bildgröße verändert wird (im Gegensatz zu seiner Ausgabeauflösung).**

TIPP **Auch über das Wegschneiden unerwünschter Bereiche kann die Bildgröße reduziert werden.**

A *Favicons kommen „in freier Wildbahn" oft in noch kleinerer Version vor. Diese sind gerade mal 16 x 16 Pixel groß.*

B *Die meisten Browser werden Ihr Favicon ohne dieses* link*-Element darstellen, wenn Sie die Dateien mit* favicon.ico *und* apple-touch-icon.png *benennen und sie ins Stammverzeichnis Ihrer Site stellen.*

```
...
<head>
   <meta charset="utf-8" />
   <title>Farm Training Podcasts</title>
   <link rel="shortcut icon"
   → href="/favicon.ico" />
   <link rel="apple-touch-icon"
   → href="/apple-touch-icon.png" />
   ...
</head>
...
```

Icons auf der Website einfügen

Das kleine, mit einer Website verknüpfte Icon, was Sie in Adressleisten, Tabs und Bookmarks sehen, nennt man *Favicon* (kurz für Favoritenicon).

Apple verlangt auf den Home-Bildschirmen seiner Geräte (iPhone, iPod touch und iPad) größere Icons und empfiehlt eine Größe von 114 x 114 Pixel. Machen Sie sich keine Sorgen um die schicken abgerundeten Ecken, den Schlagschatten und den Glanzpunkt – darum kümmert sich das Betriebssystem. Das Android-Betriebssystem unterstützt diese Icons ebenfalls.

Ein Icon für eine Website angeben

1. Erstellen Sie ein Bild mit 16 x 16 Pixel und speichern Sie es im .ico-Format **A**. Sie können es auch in den Formaten PNG und GIF speichern.
2. Erstellen Sie ein Bild mit 114 x 114 Pixel für Touchscreen-Geräte und speichern Sie es im PNG-Format.
3. Im Kopfabschnitt Ihres HTML5-Dokuments tippen Sie <link rel="shortcut icon" href="*favicon.ico*" />, wobei *favicon.ico* durch den Namen und den Standort Ihres Icons auf dem Server ersetzt wird. Wenn es sich um ein PNG-Bild handelt, tippen Sie <link rel="icon" type="image/png" href="favicon.png" />. Bei einem GIF-Bild tippen Sie <link rel="icon" type="image/gif" href="favicon.gif" />.
4. Im Kopfabschnitt Ihres HTML5-Dokuments tippen Sie <link rel="apple-touch-icon" href="*apple-touch-icon.png*" />, wobei *apple-touch-icon.png* durch den Namen und den Standort Ihres Icons auf dem Server ersetzt wird.

TIPP **Favicons sollten generell im .ico-Format gespeichert werden (B und C). Bei Telegraphics finden Sie ein praktisches Plug-in, um mit Photoshop Symbolbilder im .ico-Format zu schaffen (*http://www.telegraphics.com.au/sw/*).**

TIPP **Sie können Favicons auch in den Formaten PNG und GIF schaffen. Achten Sie darauf, bei `type` den korrekten MIME-Typen anzugeben.**

TIPP **Beim Internet Explorer musste die favicon.ico-Datei ursprünglich im Stammverzeichnis der Website gespeichert werden. Das ist nicht mehr länger erforderlich, aber Browser werden noch weiterhin dort hineinschauen, falls das `link`-Element nicht vorhanden ist.**

C Das Favicon erscheint normalerweise in der Adressleiste, dem Favoritenmenü und den Tabs (Reitern). Weil der Browser Ihr Icon oft über grauer oder anderer Farbe darstellt, sollten Sie den Hintergrund des Icons transparent machen.

D Das `apple-touch-icon` nehmen Sie, wenn Sie Ihre Website dem Home-Screen von iOS-Geräten von Safari hinzufügen wollen.

6

Links

Die als Links bezeichneten Verknüpfungen sind die charakteristische Eigenschaft des World Wide Web. Ohne sie stünde jede Seite nur für sich allein und wäre praktisch von allen anderen abgeschnitten.

Übersicht

Die Anatomie eines Links

Ein Link besteht aus zwei Hauptteilen: der Zieladresse und dem Text für den Link (eine Art Etikett). Der erste Teil, die *Zieladresse*, ist wahrscheinlich der wichtigste. Darüber geben Sie an, was passiert, wenn der Besucher auf den Link klickt. Sie können Links erstellen, mit denen man auf eine andere Seite weiterverbunden wird, innerhalb der gleichen Seite an eine andere Stelle springt, ein Bild aufruft, Dateien herunterlädt, eine E-Mail versendet etc. Die am häufigsten vorkommende Art von Links verknüpfen die Webseiten untereinander **A** und manchmal auch mit speziellen Zieladressen auf anderen Webseiten, den sogenannten *Ankern*. Alle Zieladressen werden über einen URL definiert (siehe Kapitel 1) und sind für den Besucher üblicherweise nur in der Statuszeile des Browsers sichtbar.

Der zweite Teil des Links ist der *Link-Text*, also der Teil, den der Besucher sieht bzw. in einem Screenreader hört und auf den er klickt, um zum Zielort zu gelangen. Das kann ein Text sein, ein Bild oder auch beides. Browser zeigen den Link-Text standardmäßig meist unterstrichen und in Blau. Das kann man leicht mit CSS ändern.

Beachten Sie, dass man üblicherweise davon spricht, dass ein Besucher einen Link *anklickt* – das verweist auf die Allgegenwärtigkeit einer Maus als Mittel, um auf Webseiten zu navigieren. Wann irgend möglich vermeide ich diesen Begriff allerdings und ziehe Formulierungen wie *auslösen*, *triggern* oder *aktivieren* vor, um die unterschiedlichen Arten zu würdigen, in denen ein Besucher mit Links interagieren kann. Besucher mit Touchscreen-Geräten (z.B. wie bei den meisten Smartphones und Tablet-PCs) tippen auf Links, während andere mobile Nutzer einen Link mit einem Trackball aktivieren könnten. Wieder andere navigieren auf den Seiten anhand der Tastatur, entweder weil es ihnen mehr liegt oder weil sie es müssen, da sie eine körperliche Einschränkung haben, durch die es schwer oder unmöglich wird, mit Maus, einem digitalen Stift oder einem ähnlichen Gerät zu arbeiten.

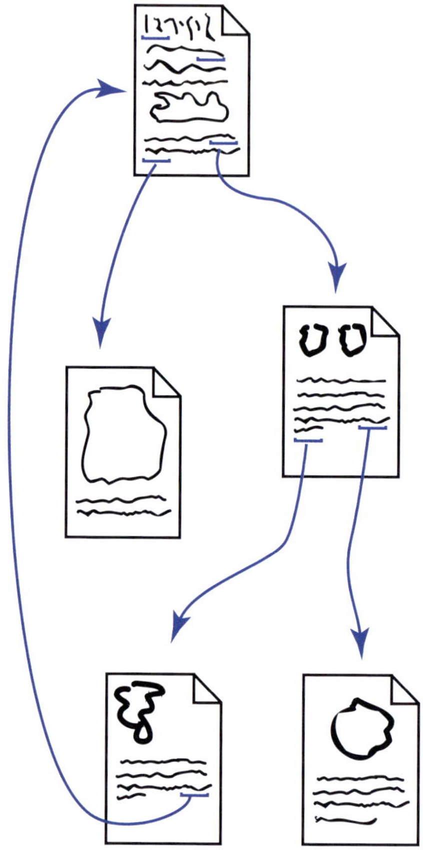

A *Ihre Seiten können Links zu anderen Seiten enthalten. Andere Seiten können wiederum nur einen Link aufweisen. Und manche Seiten haben gar keinen Link.*

(A) *Weil im `href`-Attribut nur ein Dateiname (und kein Pfad) angegeben ist, muss sich die Datei `pioneer-valley.html` im gleichen Verzeichnis befinden wie die Webseite, die den Link enthält. Denn sonst kann der Browser `pioneer-valley.html` nicht finden, wenn der User den Link aktiviert.*

```
...
<body>

<article>
   <h1>Cookie und Woody</h1>

   <img src="img/cookiefora.jpg" width="143"
   → height="131" alt="Cookie" />

   <img src="img/woodygran.jpg" width="202"
   → height="131" alt="Woody" />

   <p>Allgemein werden diese beiden als
   → die süßesten und doch unabhängigsten
   → Katzen im gesamten <a href="pioneer-valley.
   → html">Pioneer Valley</a> betrachtet, aber
   → von ihren bescheidenen Dosenöffnern
   → fortwährend unterschätzt.</p>
</article>

</body>
</html>
```

(B) *Wenn ein Besucher mit der Maus über einen Link fährt (dieser wird in den meisten Browsern standardmäßig als unterstrichener blauer Text dargestellt), wird der URL der Zieladresse in der Statusleiste angezeigt. Die Standarddarstellung können Sie mit CSS ändern. Klickt er dann tatsächlich auf den Link …*

Einen Link auf eine andere Webseite erstellen

Wenn Ihre Site mehr als eine Webseite aufweist, wollen Sie sicher Links von einer Seite zur nächsten (und wieder zurück) haben (A bis D). Sie können auch Links auf andere Sites haben, die von anderen gestaltet wurden (F bis H).

Einen Link auf eine Webseite erstellen

1. Tippen Sie `<a href="`*`seite.html`*`">`, wobei *`seite.html`* der URL der Zielwebseite ist.
2. Geben Sie den Link-Text ein, also die Zeichenfolge, die standardmäßig hervorgehoben ist (B). Wenn der Besucher sie dann aktiviert, wird er zu der Seite gebracht, auf die in Schritt 1 verwiesen wird. Alternativ (oder als Ergänzung des Link-Texts) fügen Sie ein `img`-Element als Link-Text ein (siehe (A) in „Andere Arten von Links erstellen" und auch „Vorschaubilder verlinken" in diesem Abschnitt).
3. Tippen Sie `</a>` ein, um die Link-Definition abzuschließen.

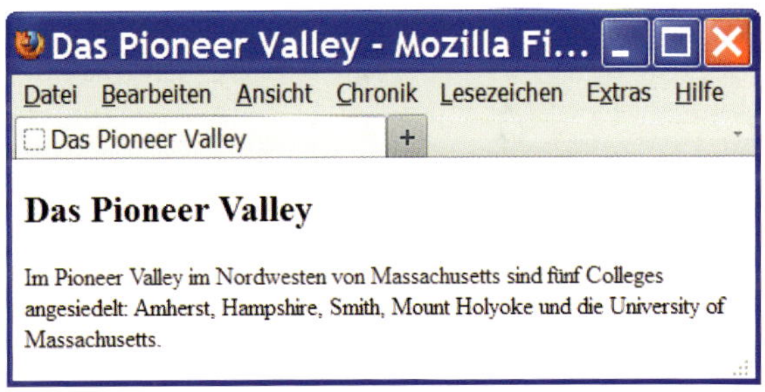

(C) *… wird die damit verknüpfte Seite im Browser dargestellt.*

Die Blocklevel-Links von HTML5

Mit HTML5 kann man einen Link um fast jede Art von Element oder Elementgruppe legen **D**, z.B. Absätze, Listen, ganze Artikel oder Abschnitte – also praktisch alles außer interaktiven Inhalten wie andere Links, `audio`, `video`, Formularelemente, `iframes` usw. Wenn Sie Ihre Seiten in einem HTML-Validator testen (siehe „Den Code validieren" in Kapitel 20), wird deutlich, ob Sie unerlaubterweise ein Element mit einem Link versehen haben.

Diese *Blocklevel-Links*, wie sie inoffiziell genannt werden, gab es bei den früheren Versionen von HTML nicht: Damals war es nur erlaubt, Text, Bilder und die damals sogenannten Inline-Elemente zu verlinken. Damit sind Elemente gemeint, die Textformulierungen auszeichnen, z.B. `em`, `strong`, `cite` u.Ä. (diese werden in HTML5 als textliche Inhalte (*phrasing content*) kategorisiert).

Lustigerweise waren Blocklevel-Links in den früheren HTML-Spezifikationen nicht erlaubt, sie wurden aber trotzdem von den Browsern unterstützt. Das bedeutet, Sie können damit arbeiten, weil sie von älteren und modernen Browsern gleichermaßen unterstützt werden. Doch seien Sie bei deren Einsatz vorsichtig (**D** und **E**).

Man muss auf ein paar Accessibility-Aspekte achten, vor allem hinsichtlich dessen, wie verschiedene Screenreader mit Blocklevel-Links umgehen. Diese beiden Artikel der Accessibility-Experten Derek Featherstone bzw. Steve Faulkner erläutern die Problematik eingehend: *http://simplyaccessible.com/article/html5-block-links/* und *www.paciellogroup.com/blog/2011/06/html5-accessibility-chops-block-links/*. Sie raten, die relevanten Inhalte an den Anfang eines Links zu setzen und nicht zu viel Inhalt in einen einzelnen Link zu legen. Featherstone merkt diesbezüglich an, dass die Accessibility-Probleme wahrscheinlich vorübergehender Natur seien, weil Screenreader und Browser sich die Blocklevel-Links nach und nach auch offiziell aneignen werden.

D *Diese Art Link ist in früheren Versionen von HTML ungültig, aber in HTML5 erlaubt.*

```
...
<body>

<a href="giraffe-entflieht.html">
   <hgroup>
      <h1>Giraffe entflieht aus Zoo</h1>
      <h2>Allerorten frohlocken die Tiere</h2>
   </hgroup>
</a>

...
</body>
</html>
```

E *Übertreiben Sie es nicht. Vermeiden Sie das, was hier gezeigt wird: einen Link um einen längeren Inhalt herumzulegen. Der Link wird zwar funktionieren und ist als HTML5 auch gültig, aber ein Screenreader könnte den Inhalt öfter als einmal lesen. Aber auch, wenn er das nur einmal vorliest, ist das mehr Link-Information, als ein Besucher normalerweise vertragen würde. Besser wäre es, den Fokus des Links auf den relevanten Inhalt zu legen.*

```
...
<body>

<a href="pioneer-valley.html">
   <article>
      <h1>Cookie und Woody</h1>

      <img src="img/cookiefora.jpg" width=
      ➝ "143" height="131" alt="Cookie" />

      <img src="img/woodygran.jpg" width=
      ➝ "202" height="131" alt="Woody" />

      <p>Allgemein werden diese beiden als die
      ➝ süßesten und doch unabhängigsten Katzen
      ➝ im gesamten Pioneer Valley betrachtet,
      ➝ aber von ihren bescheidenen Dosenöffnern
      ➝ fortwährend unterschätzt.</p>
   </article>
</a>

...
</body>
</html>
```

F *Wenn Sie Links auf eine externe Website verwenden, müssen Sie einen absoluten URL nehmen, der aus* `http://`*, dem Server, dem kompletten Dateipfad und dem Dateinamen besteht. Die Attribute* `rel` *und* `title` *sind optional, aber ich empfehle,* `rel="extern"` *zu verwenden, um anzuzeigen, dass der Link auf eine andere Site zeigt (in Kapitel 4 erfahren Sie mehr über das* `cite`*-Element).*

```
...
<body>

<article>
   <h1>Unsere Katzen</h1>

   <p><a href="http://de.wikipedia.org/wiki/
   → Hauskatzen" rel="extern" title="Wikipedia-
   → Artikel über Hauskatzen">Katzen</a> sind
   → wunderbare Gefährten. Egal ob es ein
   → Kronkorken, ein langer Faden oder Ihre
   → Beine sind – diese Gesellen finden immer
   → etwas, dem sie nachjagen können.</p>

   <p>Tatsächlich sind Katzen solch großartige
   → Geschöpfe, dass sie sogar <a href="http://
   → www.cats.de/" rel="extern" title="Offizielle
   → Website von Andrew Lloyd Webbers Musical">
   → ihr eigenes Musical</a> haben. Inspiriert
   → wurde es von T.S. Eliots <cite>Old Possums
   → Katzenbuch</cite>.</p>
</article>

</body>
</html>
```

G *Wenn ein Besucher auf einen Link auf eine andere Site zeigt (standardmäßig blau und unterstrichen dargestellt), wird der Ziel-URL so wie bei einem seiteninternen Link in der Statuszeile und dem* `title`*-Text (wenn angegeben) nahe beim Link gezeigt. Wenn der Besucher auf einen Link klickt, …*

Generell gesagt sollten Sie sich an den einfacheren, traditionellen Link-Stil halten, der im ersten Beispiel gezeigt wird **A**, und sich einfach merken, dass Ihnen außerdem auch pfiffig geschaffene Blocklevel-Links zur Verfügung stehen.

TIPP **`href` steht für *Hypertext Reference* (Hypertextverweis).**

TIPP **Sie können die Standardformatierung des Link-Texts ändern (siehe Kapitel 10) oder auch ein Bild als Link einrichten (siehe „Andere Arten von Links erstellen“ in diesem Kapitel).**

TIPP **Als Faustregel sollten Sie relative URLs bei Links auf andere Seiten Ihrer Website verwenden und absolute URLs bei Links für Webseiten auf fremden Sites. Weitere Details erfahren Sie in „URLs“ in Kapitel 1.**

TIPP **Ein Link auf die Webseite einer anderen Site sieht also etwa wie folgt aus: `<a href="http://www.site.de/verzeichnis/seite.html" rel="extern">Linktext</a>` (F bis H). Das `rel`-Attribut ist optional, weil der Link auch ohne funktioniert. Damit wird die Beziehung zwischen der Seite beschrieben, die den Link enthält, mit jener, mit der verlinkt wird. Es ist außerdem eine weitere Chance, die Semantik Ihres HTML zu verbessern. Suchmaschinen können diese Information auch nutzen. Eine ständig ergänzte Liste von `rel`-Werten wird unter *http://microformats.org/wiki/existing-rel-values* geführt.**

H *… wird die damit verknüpfte Seite im Browser dargestellt.*

TIPP Wenn Sie den Pfad angeben, aber den Dateinamen weglassen, verlinken Sie auf die Standarddatei für ein Verzeichnis (meist ist das `index.html`): `www.site.de/verzeichnis/`. Wenn Sie den Pfad auch weglassen, verlinken Sie auf die Standard-(Home-)Page der Site: `www.site.de`.

TIPP Schreiben Sie Ihre URLs stets klein, außer Sie wollen auf eine Seite oder ein Verzeichnis zeigen, wo der Name auch Großbuchstaben enthält (bei Ihren eigenen Sites sollten Sie alle Ordner- und Dateinamen klein schreiben und Ihre Link-URLs entsprechend anpassen).

TIPP Machen Sie den Link-Text nicht zu lang. Wenn der Link-Text zu einem Satz gehört, sollten Sie nur die Schlüsselwörter in die Link-Definition aufnehmen und der Rest des Satzes bleibt dann vor und hinter den größer/kleiner-als-Zeichen des `a`-Elements.

TIPP Vermeiden Sie als Link-Text möglichst „Hier klicken". Diese Art von verlinktem Text ist leider im Web viel zu sehr verbreitet. Das ist für die Bedienbarkeit (Usability) schlecht, für die Zugänglichkeit (Accessibility) ebenso und überdies für Sie als Eigentümer der Site. Wenn die Nutzer die Links auf einer Seite überfliegen (entweder visuell oder per Screenreader), dann fehlt einem „Hier klicken" jeglicher Kontext („Hier klicken? Warum denn?"). Es gibt nur wenig Anreiz, den Link zu aktivieren, und es bleibt dem Besucher überlassen, ob er den Text um den Link herum liest in der Hoffnung, daraus den Zweck des Links entnehmen zu können. Wahrscheinlich wird er den Link eher überspringen – und das ist auch verständlich. Außerdem gilt das Wort „klicken" – wie bereits zu Anfang des Kapitels erwähnt – nicht für alle Arten, wie ein Nutzer mit Links arbeiten kann. Arbeiten Sie stattdessen mit den bereits in Ihrem Text vorhandenen Schlüsselwörtern, um den Link zu kennzeichnen. Schreiben Sie beispielsweise: „Erfahren Sie mehr über unsere Angebote" statt „Klicken Sie hier, um von unseren Angeboten zu erfahren".

TIPP Achten Sie darauf, dass jede Seite Ihrer Website eine Navigation zu den zentralen Bereichen Ihrer Site enthält, z.B. der Startseite. So können die Besucher Ihre Site ungehindert durchstöbern – egal, ob sie direkt auf Ihre Site gekommen sind oder über einen Link von einer anderen Site. Sie wissen nie, wie die Besucher auf Ihre Site kommen. Es könnte über einen „Deep Link" (*http://de.wikipedia.org/wiki/Surface_Links_und_Deep_Links*) auf eine site-interne Seite passiert sein und dann sollten Sie Ihren Besuchern auch anbieten, über die Navigation zur restlichen Site zu kommen.

TIPP Um einen Link auf eine bestimmte Stelle einer Seite vorzunehmen, setzen Sie einen Anker ein (siehe „Anker erstellen" in diesem Kapitel).

TIPP Wie in der Kapiteleinführung erwähnt, kann die Navigation auf einer Seite auch per Tastatur erfolgen. Jedes Mal, wenn Sie die [Tab]-Taste drücken, wechselt der Fokus zum nächsten Link, zum nächsten Formulareingabefeld oder zur Image-Map – je nachdem, wie diese Objekte *im HTML-Code* erscheinen. Das muss sich nicht unbedingt decken mit der Reihenfolge, wie sie auf dem Bildschirm erscheinen, weil das CSS-Layout einer Seite anders sein kann. Mit dem HTML-Attribut `tabindex` ändern Sie die Tab-Reihenfolge, aber davon rate ich ab, weil das in den meisten Fällen eine unnötige, veraltete Praxis ist (unter bestimmten Umständen ist es hilfreich, aber das betrifft meist das Verbessern einer Interaktion mit JavaScript, doch das ist ein Thema für Fortgeschrittene). Besser ist es, den Inhalt so auszuzeichnen, dass die Tab-Sequenz logisch ist. Testen Sie das, indem Sie per Tab durch Ihre Seiten navigieren und schauen, ob Ihnen als Nutzer das gefällt. Dann passen Sie gegebenenfalls das HTML entsprechend an.

Das target-Attribut

Man kann – abhängig vom Browser – einen Link in einem neuen Fenster oder Tab öffnen, aber das wird als schlechte Praxis betrachtet, deswegen rate ich davon ab. Dazu gibt es einige gute Argumente.

Zuallererst sollte es in der Entscheidung des Nutzers liegen, ob ein Link in einem neuen Fenster oder Tab geöffnet wird, und nicht von Ihnen oder mir als HTML-Entwickler entschieden werden. Anderenfalls diktieren wir anstelle unserer Nutzer das Verhalten des Browsers.

Außerdem spricht aus Sicht von Usability und Accessibility einiges dagegen. Weniger erfahrene Nutzer könnte es verwirren, wenn sie einen Link aktivieren, und das Ergebnis davon wird nicht im aktuellen Fenster dargestellt. Die Nutzung eines Browsers ist nicht für alle gleichermaßen unkompliziert. Ich habe Browser-Tabs schon verschiedenen Personen unterschiedlichen Alters gezeigt und die hatten vorher keine Ahnung, dass man mehr als eine Seite gleichzeitig geöffnet haben kann. Entsprechend müssen die Nutzer von assistiven Geräten wie Screenreadern irgendwie zu diesem neuen Fenster oder Tab hingelangen – unter der Voraussetzung, dass überhaupt klar ist, welches den neuen Inhalt geladen hat.

Wenn diese Gründe Sie nicht davon überzeugen konnten, Links nicht mehr in anderen Fenstern oder Tabs zu öffnen, oder Ihr Chef bzw. Kunde den angesprochenen Argumenten gegenüber beratungsresistent ist, verrate ich Ihnen nun, wie das zu machen ist. Innerhalb der Link-Definition tippen Sie **`target="fenster"`**, wobei *fenster* durch den Namen des Fensters ersetzt wird, in dem die korrespondierende Seite dargestellt werden soll.

Zum Beispiel wird mit `<a href="beliebige-seite.html" target="hierlanden">Eine Seite</a>` die Datei `beliebige-seite.html` in einem neuen Fenster oder einem Tab namens `hierlanden` geöffnet.

Wenn Sie bei mehreren Links das gleiche Fenster als Zielfenster angeben (z.B. indem Sie den gleichen Namen verwenden), werden die Links alle in genau diesem Fenster geöffnet. Oder wenn Sie wollen, dass ein Link immer in einem anderen Fenster oder Tab geöffnet werden soll (sogar wenn Sie den gleichen Link mehr als einmal aktiviert hatten), dann nehmen Sie den vordefinierten HTML-Namen `_blank`, also etwa `target="_blank"`.

Aber verraten Sie niemandem, dass Sie das hier aus diesem Buch haben.

Es gibt noch eine weitere Verwendung für `target`: Damit wird ein Link in einem `iframe` geöffnet. Sie können das `target` auf gleiche Weise schreiben, aber dessen Wert sollte zur `id` des `iframe` passen. Sie werden aber wenig Gelegenheit bekommen, das zu nutzen, insbesondere weil von der Verwendung von `iframe`s generell abgeraten wird (gelegentlich könnte es für sie aber doch eine berechtigte Nutzung geben). Mehr über das `iframe`-Element erfahren Sie unter *https://developer.mozilla.org/de/HTML/Element/iframe*.

Zwar führen wir Image-Maps hier nicht weiter aus, aber Sie sollten schon mal wissen, dass man damit einen oder mehrere Bereiche eines Bilds mit einem Link versehen kann. Sie definieren die Form aller verlinkten Bereiche als Rechteck, Kreis oder Polygon. Weniger erfahrene Programmierer nutzen das fälschlich, um eine auf Bildern basierende Navigation zu erstellen, anstatt dazu lieber solche Techniken wie mit CSS formatierten HTML-Text zu nehmen (oder eine Bildersatztechnik zu nehmen, wenn CSS alleine nicht reicht). Die Blütezeit der Image-Maps lag viele Jahre vor der Zeit, bevor diese Techniken sich allgemein verbreiteten (oder überhaupt möglich waren). Heutzutage werden Ihnen kaum noch Image-Maps unterkommen, aber gelegentlich gibt es dafür doch noch ein Einsatzgebiet – z.B. das Bild eines Lands, wo Sie Links auf verschiedene Regionen, Provinzen oder Staaten einbauen können. Mehr über Image-Maps erfahren Sie bei einer Online-Suche nach „HTML Image Maps".

Anker erstellen

Generell bringt die Aktivierung eines Links den Besucher an den *Anfang* der entsprechenden Webseite. Wenn er direkt zu einem bestimmten Abschnitt dieser Seite springen soll, erstellen Sie einen *Verweis* (den sogenannten *anchor*, Anker) und referenzieren im Link darauf **A**.

A *Jeder* href*-Wert, der mit einem # beginnt, wird mit dem Element verankert, das die korrespondierende* id *enthält (ohne das #). Zum Beispiel verankert* <a href="#rising-action">Spannungsaufbau</a> *mit dieser Überschrift:* <h2 id="rising-action">Spannungsaufbau</h2>*. Sie können eine* id *auf jedes Element anwenden, solange eine beliebige* id *pro Seite nur einmal vorkommt (siehe „Elemente mit einer Klasse oder ID benennen" in Kapitel 3). In diesem Beispiel bekommen Sie vorab schon mal einen Eindruck einer Aufzählungsliste (*ul*, unordered list). Dieser Listentyp kommt im Web weitaus am häufigsten vor (Listen werden ausführlich in Kapitel 15 erläutert).*

```
...
<body>

<h1>Frankie und Johnny</h1>

<header>
   <h2>Inhaltsverzeichnis</h2>
   <nav>
      <ul>
         <li><a href="#intro">Einführung</a></li>
         <li><a href="#main-characters">Beschreibung der Hauptpersonen</a></li>
         <li><a href="#rising-action">Spannungaufbau</a></li>
      </ul>
   </nav>
</header>

<article>
   <h2 id="intro">Einführung</h2>
   <p>Dies ist die Einführung. Wenn mir genug Sachen einfallen, über die ich schreiben könnte, dann würde
   ➝ich damit ein paar Seiten füllen und alle Informationen angeben können, die in einer Einführung sein
   ➝müssten.</p>

   <h2 id="main-characters">Beschreibung der Hauptpersonen</h2>
   <p>Frankie und Johnny sind die Hauptpersonen. Sie ist eifersüchtig und hat offenbar auch allen Grund
   ➝dazu. Er ist ein Mistkerl und wird den Preis dafür bezahlen.</p>

   <h2 id="rising-action">Spannungaufbau</h2>
   <p>Dies ist der Ausgangspunkt der Handlung: Johnny geht ohne Frankie aus und sagt ihr noch nicht einmal,
   ➝wohin er geht. Sie findet das nicht toll, lässt ihn aber gehen. Ein wenig später merkt sie, dass sie
   ➝Lust auf ein Bier hat, und geht in die Eckkneipe, um einen zu trinken. Beim Plausch mit dem Wirt
   ➝erfährt sie, dass Johnny vorhin hier gewesen ist, und zwar mit niemand anderem als Nellie Bly. Wütend
   ➝springt sie in den nächsten Bus in die Stadt, um ihn zu finden.</p>
</article>

</body>
</html>
```

B *Das erste Beispiel* **A** *wurde vom Design her einfach gehalten, um hier nur die Grundlagen der Verankerung zu demonstrieren. Doch Sie können die Semantik noch einen Schritt weiter treiben, indem Sie jede Antwort in ein* `section`*-Element einfassen und die* `id`*s dann darauf setzen und nicht auf die Überschriften. Damit werden sie als Sektionen des übergeordneten* `article` *gekennzeichnet. Und noch eine andere Möglichkeit (hier nicht gezeigt), um diesen Inhalt auszuzeichnen: Sie könnten jede Antwort auch als jeweils eigenen* `article` *behandeln, indem Sie den übergeordneten* `article` *entfernen und jedes* `section` *durch einen* `article` *ersetzen. Es hängt nur davon ab, wie Sie die Bedeutung Ihres Inhalts beschreiben wollen (betrachten Sie die Antworten als einen Artikel mit Inhalt oder als individuelle Artikel?).*

```
...
<header>
   <h2>Inhaltsverzeichnis</h2>
   <nav>
      <ul>

<li><a href="#intro">Einführung</a></li>
         ...
      </ul>
   </nav>
</header>

<article>
   <section id="intro">
      <h2>Einführung</h2>
      <p>Dies ist die Einführung...</p>
   </section>

   <section id="main-characters">

<h2>Beschreibung der Hauptpersonen</h2>
      ...
   </section>

   <section id="rising-action">
      <h2>Spannungsaufbau</h2>
      ...
   </section>
</article>

</body>
</html>
```

Einen Anker erstellen

1. Platzieren Sie den Cursor im Start-Tag des Elements, zu dem der Besucher springen soll.
2. Tippen Sie `id="`*`zielanker`*`"` ein, wobei *`zielanker`* durch den Text ersetzt werden muss, den Sie intern zur Identifikation dieses Webseitenabschnitts verwenden. Achten Sie auf das Leerzeichen zwischen dem Elementnamen und der `id`, z.B. `<h2 id="rising-action">`.

TIPP Geben Sie den Anker-`id`s aussagekräftige Namen, um Ihr HTML-Dokument semantisch zu bereichern. Anders gesagt sollten Sie `id`s nicht generisch etwa mit `anker01` oder `element5` bezeichnen.

TIPP In `id`s darf kein Leerzeichen enthalten sein. Trennen Sie `id`-Werte mit mehreren Wörtern durch Bindestrich.

TIPP In manchen Fällen sollten Sie einen Link unterhalb der jeweiligen Inhaltsabschnitte einfügen, um einen Anker zum Inhaltsverzeichnis zu setzen (das haben Sie sicher schon mal als „Zurück nach oben"-Links gesehen). Wenn auf Ihrer Seite allerdings mehrere lange Abschnitte vorkommen, sollten Sie überlegen, sie stattdessen auf mehrere Seiten zu verteilen.

Auf einen bestimmten Anker verweisen

Wenn Sie per `id` einen Anker erstellt haben, können Sie einen Link definieren, so dass der Anwender, wenn er ihn auslöst, direkt zu dem Abschnitt des Dokuments springt, das den Anker enthält (A und B), und nicht nur an den Anfang des Dokuments.

Einen Link zu einem Anker erstellen

1. Tippen Sie `<a href="#zielanker">` ein, wobei *`zielanker`* durch den Wert des `id`-Attributs ersetzt werden muss (siehe Schritt 2 von „Einen Anker erstellen“).
2. Geben Sie den Link-Text ein, also die Zeichenfolge, die hervorgehoben ist (meist blau und unterstrichen), die den Besucher beim Aktivieren dann zu dem Abschnitt bringt, auf den in Schritt 1 verwiesen wird.
3. Tippen Sie `</a>` ein, um die Link-Definition abzuschließen.

TIPP Wenn sich der Anker in einem separaten Dokument befindet, verweisen Sie über `<a href="seite.html#ankername">` auf diesen Abschnitt (zwischen URL und # sollte kein Leerzeichen stehen). Wenn sich der Anker auf einer Seite auf einem anderen Server befindet, müssen Sie `<a href="http://www.site.de/pfad/seite.html#ankername">` tippen.

TIPP Natürlich können Sie auf fremden Seiten keine Anker einfügen, aber die bereits von anderen erstellten Anker können Sie nutzen. Schauen Sie sich den Quellcode der Dokumente an, um zu sehen, welche Anker zu welchen Abschnitten gehören (wie Sie den Quellcode darstellen, erfahren Sie in „Inspiration durch andere“ in Kapitel 2).

TIPP Wenn der Anker unten auf der Seite ist, wird er wahrscheinlich nicht ganz oben im Fenster dargestellt, sondern eher in der Mitte.

A Wenn ein Besucher mit der Maus auf einen Link mit einem Anker zeigt, erscheinen URL und Ankername bei Desktop-Browsern in der Statuszeile (in der linken unteren Ecke des Fensters).

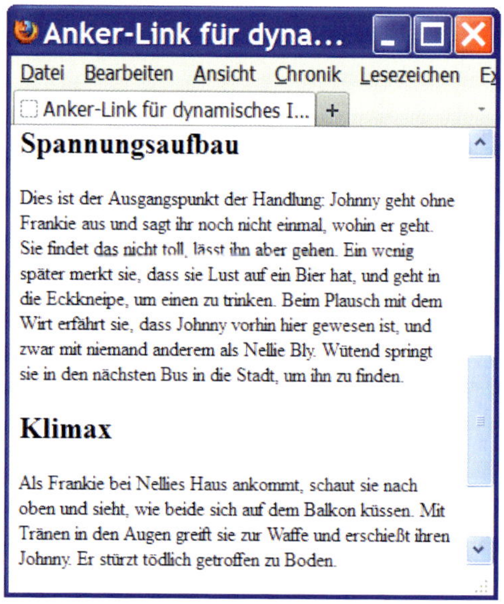

B Wenn der Besucher den Link aktiviert, wird der jeweilige Teil der Seite, auf den sich der Anker bezieht, im Browser-Fenster oben dargestellt.

Andere Arten von Links erstellen

Sie sind nicht darauf beschränkt, nur Links auf andere Webseiten zu erstellen – das geht auch zu einem beliebigen URL: RSS-Feeds, Dateien, die Ihre Besucher herunterladen sollen, E-Mail-Adressen usw. **A**.

A *Sie können Links zu unterschiedlichen Arten von URLs erstellen. Auf dieser Seite sind fünf Links enthalten, aber die beiden um die Bilder sind womöglich nicht in allen Browsern erkennbar* **B**. *(In diesem Beispiel kommt verschiedentlich auch das* `abbr`*-Element zum Einsatz, um Abkürzungen auszuzeichnen, sowie das* `code`*-Element, das – nicht überraschend – Inhalte kennzeichnet, die aus Code bestehen. Beide werden in Kapitel 4 erläutert.)*

```
...
<body>

<h1>Andere Arten von Links</h1>
<p>Auf einer Webseite können Sie viele verschiedene Arten von Links erstellen. Genauer gesagt gibt es eine
→ Menge unterschiedlicher Dateien, auf die Sie von Ihrer Webseite aus verlinken können.</p>

<p>Sie können Links direkt auf <a href="img/blueflax.jpg">ein Foto</a> erstellen oder auch Links aus Fotos
→ machen.</p>

<p>Hier erscheinen zum Beispiel wieder Cookie und Woody, doch dieses Mal sind sie mit anderen Seiten
→ verlinkt.
→ <a href="cookie.html" title="Alles über Cookie"><img src="img/cookiefora.jpg" width="143" height="131"
→ alt="Cookie" /></a> <a href="woody.html" title="Alles über Woody"><img src="img/woodygran.jpg"
→ width="202" height="131" alt="Woody" /></a></p>

<p>Sie können auch direkt auf <a href="http://www.sarahsnotecards.com/catalunyalive/segadors.mov"
→ rel="external">ein Video</a> verlinken, obwohl es meist besser ist, auf eine Seite zu verlinken, in der
→ das Video eingebettet ist, z.B. mit dem <abbr title="Hypertext Markup Language revision 5">HTML5</abbr>-
→ Element <code>video</code>.</p>

<p>Sie können zwar mit dem Protokoll <code>mailto:</code> auch einen Link auf eine <a href="mailto:person@
→ irgendeinedomain.com">E-Mail-Adresse</a> setzen, aber davon rate ich ab, weil so etwas von Spambots
→ aufgegriffen wird, und dann wird diese Adresse mit Spam bombardiert. Das ist sehr schade, weil solche
→ Links eigentlich ganz praktisch sind. Wenn Sie den Link aktivieren, öffnet sich das eigene E-Mail-
→ Programm. Es ist wahrscheinlich besser, wenn Sie Ihre E-Mail-Adresse ausführlich hinschreiben, z.B. wie
→ &quot;person at irgendeinedomain,&quot;, obwohl ich auch hier bezweifle, dass das idiotensicher ist.</p>

<body>
</html>
```

Andere Arten von Links erstellen

1. Tippen Sie `<a href="` ein.
2. Geben Sie den URL an:

   Für einen Link zu irgendeiner Datei im Internet (z.B. Bilder, Zip-Dateien, Programme, PDFs, Excel-Tabellen) tippen Sie `http://www.`*`site.de/pfad/datei.end`*, wobei *`site.de`* für den Namen des Servers steht und *`pfad/datei.end`* durch die jeweilige Datei einschließlich ihrer Endung ersetzt werden muss.
3. Tippen Sie `">`.
4. Geben Sie den Link-Text ein, also die Zeichenfolge, die standardmäßig unterstrichen und hervorgehoben ist, die den Besucher beim Aktivieren dann zu dem URL bringt, auf den in Schritt 2 verwiesen wird. – Alternativ (oder als Ergänzung des Link-Texts) fügen Sie als anklickbaren Link ein `img`-Element ein (siehe A und „Vorschaubilder verlinken“).
5. Tippen Sie `</a>`.

B *Egal, wo einen ein Link hinführt, er sieht in Browsern immer recht gleich aus, außer Sie verbinden ihn mit einem Foto (manche Browser legen um das Bild einen Rahmen, manche nicht). Beachten Sie, dass ich den Link-Text in den Text eingebettet habe, anstatt „Hier klicken“ zu nehmen.*

Vorschaubilder verlinken

Sie haben sicher schon einmal eine Seite mit einer Fotogalerie gesehen, auf der mehrere Vorschaubilder (sogenannte *Thumbnails*) stehen, die mit den jeweils größeren Versionen der Fotos verlinkt sind. So können Sie viele Fotos auf einmal überblicken, bevor Sie sich entscheiden, welche in voller Größe dargestellt werden sollen.

Im Prinzip ist eine einfache Version davon schon bei dem Beispiel-Code zu sehen, der die Bilder von Cookie und Woody mit anderen Seiten verlinkt Ⓐ. Jede dieser Seiten enthält ein Foto in voller Größe (man kann auch eine einzelne, dynamische Seite erstellen, doch das wäre ein anspruchsvolleres Vorhaben, das die Fähigkeiten von HTML allein übersteigt).

Achten Sie sorgfältig darauf, es mit der Anzahl der Vorschaubilder auf jeweils einer Seite nicht zu übertreiben. Einzeln sind sie vielleicht klein, aber jedes Vorschaubild ist eine separate Anfrage an den Webserver. Das kann sich addieren und Ihre Seite verlangsamen. Es gibt keine bestimmte Regel, wie viele Bilder angemessen sind. Es hängt teilweise von der Anzahl und Größe der anderen Elemente ab, die auf der Seite geladen werden, und auch von Ihrem Zielpublikum. Beispielsweise werden die Bestandteile einer Webseite von mobilen Geräten normalerweise langsamer geladen.

Wenn Sie also viele Thumbnails haben, dann sollten Sie sie besser auf mehrere Seiten verteilen. Generell ist die Zahl von 20 bis 30 Thumbnails vernünftig – aber berücksichtigen Sie stets die von mir angesprochenen Faktoren. Am besten testen Sie die Seiten, dann wissen Sie, was funktioniert.

Schließlich empfehle ich, dass Sie Ihre Liste der Thumbnails mit einer Aufzählungsliste (`ul`) auszeichnen – siehe Kapitel 15.

TIPP Wenn der Browser den Link auf eine Datei nicht öffnen kann (z.B. eine Excel-Datei), wird der Browser entweder versuchen, ein Hilfsprogramm zu öffnen oder sie auf die Festplatte des Anwenders herunterzuladen.

TIPP Obwohl Sie auf PDFs und andere Nicht-HTML-Dokumente (z.B. Word, Excel) verlinken können, sollten Sie das wenn möglich lieber lassen. Verlinken Sie besser auf eine HTML-Seite, die diese Informationen enthält. Es kann lange dauern, bis PDFs geladen sind, und manche Browser und Systeme (vor allem ältere) werden schwerfällig, wenn sie versuchen, PDFs darzustellen. Bei solchen Gelegenheiten, wenn Ihnen keine andere Option als ein PDF bleibt, machen Sie die Nutzer darauf aufmerksam, dass der Link auf ein PDF zeigt und nicht auf eine andere HTML-Seite, damit es keine Überraschungen gibt (Surfer im Web lieben es im Allgemeinen nicht, zu zeitraubenden Downloads verführt zu werden). Dieser Rat gilt auch für andere Nicht-HTML-Dokumente. Sie vermitteln diese Info einfach dadurch, dass Sie in Klammern Dateigröße und -typ angeben, auch ein Icon ist hier hilfreich. Hier ist ein Beispiel (ohne Icon): `<a href="q2-verkaufsbericht.pdf">Verkaufsbericht 2. Quartal (PDF, 725 KB)</a>`**. Sie sollten bei dem Link auch ein** `title`**-Attribut einfügen (z.B.** `title="Öffnet ein PDF"`**), vor allem wenn die Anmerkung in Klammern außerhalb des Links steht.**

TIPP Große Dateien und Gruppen von Dateien, die Ihre Besucher herunterladen, sollten Sie vorher komprimieren, z.B. eine Gruppe von Photoshop-Vorlagen, die als PSD-Dateien gespeichert wurden. Suchen Sie online nach „ZIP und RAR", dann finden Sie Tools sowohl zum Erstellen als auch zum Öffnen von Dateiarchiven, die mit diesen populären Komprimierungsformaten arbeiten.

TIPP Wenn Sie „Links auf Inhalte im iTunes Store, App Store, iBookstore und Mac App Store erstellen" wollen (per URL, die folgt), können Sie dazu den Link Maker von Apple nehmen (*http://itunes.apple.com/linkmaker*), um den URL zu generieren, den Sie ins HTML einbauen können. Wenn Sie ein Partner (*www.apple.com/de/itunes/affiliates/*) von Apple sind, zahlt Apple Ihnen eine Provision für Songs, die über Ihre Links von Apple gekauft werden.

7

CSS-Bausteine

Mit HTML bekommen Ihre Webseiten die Grundstruktur und ihre Inhalte Bedeutung, aber Cascading Style Sheets (CSS) bestimmen ihr Aussehen.

Ein Stylesheet ist eine einfache Textdatei, die eine oder mehrere *Regeln* enthält. Mittels *Eigenschaften* und *Werten* legen diese Regeln fest, wie bestimmte Elemente auf der Webseite dargestellt werden sollen. Es gibt CSS-Eigenschaften zur Steuerung solch grundlegender Formatierungen wie Größe und Farbe der Schrift, Layouteigenschaften wie Positionierungen und Textumfluss oder mit Angaben darüber, wo ein Seitenumbruch erscheinen soll, wenn eine Seite ausgedruckt wird. CSS verfügt ebenfalls über eine Reihe von dynamischen Eigenschaften, über die man Elemente erscheinen oder verschwinden lassen kann und die praktisch sind, um Drop-down-Listen und andere interaktive Komponenten zu gestalten.

Das Wunderbare an CSS ist, dass es außerhalb von einer Webseite erstellt und dann auf alle Seiten einer Site auf einmal angewendet werden kann. CSS ist flexibel, leistungsfähig und effizient, wodurch Sie viel Zeit und Bandbreite einsparen.

Um alle Vorteile von CSS nutzen zu können, müssen Sie Ihre Webseiten gut und konsistent auszeichnen und sich dabei an die Empfehlungen aus den HTML-Kapiteln halten.

Übersicht

Eine Formatierungsregel konstruieren

Jede CSS-Regel in einem Stylesheet hat zwei Hauptteile: den *Selektor*, der bestimmt, welche Elemente betroffen sind, und den *Deklarationsblock*, der aus einem oder mehreren Eigenschaft-Wert-Paaren besteht (jedes Paar macht eine *Deklaration* aus) und in dem angegeben wird, was genau gemacht werden soll (A und B).

Eine CSS-Regel konstruieren

1. Tippen Sie den `selektor` ein (`selektor` definiert die jeweils zu formatierenden Elemente). Sie erfahren in Kapitel 9, wie man alle möglichen Selektoren erstellt.
2. Geben Sie { (öffnende geschweifte Klammer) ein, um den Deklarationsblock zu beginnen.
3. Tippen Sie *`eigenschaft: wert;`*, wobei *`eigenschaft`* der Name der CSS-Eigenschaft ist, die die von Ihnen gewünschte Formatierung anwendet, und *`wert`* eine der verschiedenen, für diese Eigenschaft erlaubten Optionen ist. Die Beschreibung von CSS-Eigenschaften und -Werten beginnt in Kapitel 8.
4. Wiederholen Sie bei Bedarf Schritt 3. Üblich ist, jedes `eigenschaft: wert`-Paar (zusammen als Deklaration bezeichnet) in einer eigenen Zeile einzutragen.
5. Mit } schließen Sie die Deklaration und die CSS-Regel ab.

TIPP Sie können zusätzliche Leerzeichen, Tabs oder Absatzendezeichen in einer Formatierungsregel eingeben, damit das Stylesheet lesbar bleibt B. Das Format im Beispiel ist unter den Programmierern wahrscheinlich am üblichsten.

TIPP Zwar sollten alle Eigenschaft-Wert-Paare durch ein Semikolon voneinander getrennt sein, doch das Semikolon, das eigentlich dem letzten Paar in der Liste folgen sollte, können Sie auch weglassen. Aber ich rate Ihnen, es stets zu schreiben, denn auch das ist eine bewährte Vorgehensweise.

TIPP Fehlende (oder überzählige) Semikolons können dazu führen, dass der Browser die CSS-Regel ignoriert.

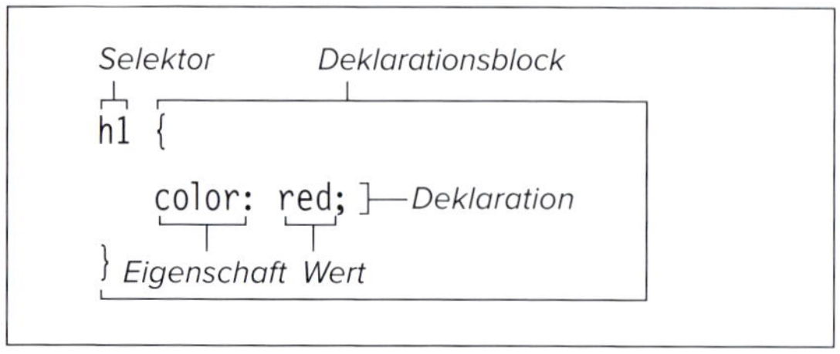

A Eine CSS-Regel besteht aus einem Selektor (der anzeigt, welche Elemente formatiert werden) und einem Deklarationsblock (der die auszuführende Formatierung beschreibt). Jede Deklaration innerhalb des Blocks ist ein Eigenschaft-Wert-Paar, das durch Doppelpunkt getrennt wird und mit einem Semikolon endet. Die linke geschwungene Klammer beginnt einen Deklarationsblock, eine rechte geschwungene Klammer beendet ihn.

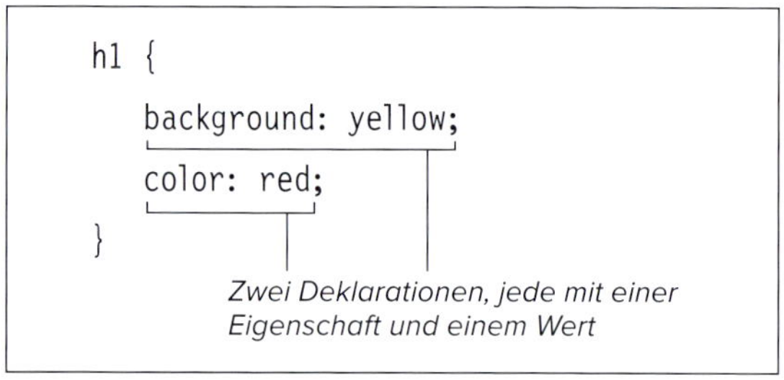

B Die Reihenfolge der Deklarationen ist nicht wichtig, außer die gleiche Eigenschaft wird zweimal definiert. In diesem Beispiel könnte `color: red` auch vor `background: yellow` kommen und den gleichen Effekt bewirken. Beachten Sie die zusätzlichen Leerzeilen und die Einrückung (optional, aber empfehlenswert), damit alles besser lesbar ist.

CSS2 ist die Version, die sowohl von alten als auch neuen Browsern am besten unterstützt wird. Darum beschäftigen wir uns ausführlich mit dieser Version. CSS3 befindet sich als Spezifikation immer noch in Entwicklung und baut auf CSS2 auf, um Features anzubieten, nach denen Designer und Entwickler schon lange verlangt haben. Das Tolle ist, dass moderne Browser bereits einige CSS3-Komponenten implementiert haben, so dass Sie sie bereits heute nutzen können. Sie werden hier ein paar der hilfreichsten Features kennenlernen, die mit am weitesten unterstützt werden.

A *Kommentare können lang oder kurz sein (meist sind sie eher kurz gefasst). Nutzen Sie sie nach eigenem Gutdünken, um den Zweck einer Formatierungsregel oder einer Gruppe von zusammenhängenden Regeln zu beschreiben. Mit Kommentaren sorgen Sie in hohem Maße dafür, dass Ihr Stylesheet einfacher zu pflegen ist.*

```
/* Dies ist ein CSS-Kommentar. Er kann nur eine
→ Zeile lang sein oder über mehrere Zeilen
→ reichen. Dieser Kommentar ist länger als die
→ meisten. Doch ein CSS-Kommentar wird - egal
→ wie lang er ist - nie im Browser neben Ihren
→ HTML-Inhalten dargestellt. Der nächste
→ Kommentar ist mehr so, wie man sie
→ üblicherweise nutzt. */

/* Die Standarddarstellung bestimmter HTML5-
→ Elemente für ältere Browser setzen. */

article, aside, details, figcaption, figure,
→ footer, header, hgroup, menu, nav, section {
   display: block;
}
```

Kommentare in die Formatierungsregeln einfügen

Es ist ratsam, das CSS mit Kommentaren zu versehen, um die primären Bereiche Ihres Stylesheets zu kennzeichnen oder einfach eine bestimmte Regel bzw. Deklaration zu erläutern. Mit Kommentaren helfen Sie nicht nur sich selbst, sondern auch anderen, die Ihren Code lesen. Schreiben Sie diese Kommentare sich selbst zuliebe. Später werden Sie froh sein, wenn Ihnen dadurch auf die Sprünge geholfen wird, warum Sie sich beim Gestalten der Seite jeweils so entschieden haben.

Kommentare in CSS-Regeln einfügen

1. Tippen Sie im Stylesheet /*, um den Kommentar zu beginnen.
2. Schreiben Sie den Kommentar.
3. Mit */ kennzeichnen Sie das Ende des Kommentars.

TIPP Kommentare können auch Absatzendezeichen enthalten und somit über mehrere Zeilen laufen A.

TIPP Sie dürfen Kommentare nicht ineinander verschachteln. Anders gesagt, in Kommentaren darf kein */ vorkommen.

TIPP Sie können Kommentare in ihrer eigenen Zeile A, innerhalb eines Deklarationsblocks B oder nach einer Regel anfangen B.

B *Sie können auch Kommentare innerhalb des Deklarationsblocks oder nach einer Regel einfügen.*

```
/* Abgerundete Ecken in Browsern einfügen, die sie unterstützen */
.box {

-webkit-border-radius: 12px; /* Safari 3-4 */

-moz-border-radius: 12px; /* Firefox 3.6 und älter */

border-radius: 12px; /* Moderne Browser */
} /* Sicherheitshalber noch einen Kommentar hinten dran! */
```

TIPP Kommentare sind als Mittel zur Organisation außerordentlich hilfreich. Stylesheets werden schnell recht lang und somit ist es ein wesentlicher Aspekt, sie gut zu organisieren, damit das CSS leicht weiterentwickelt und gepflegt werden kann. Als allgemeine Praxis werden zusammengehörige Regeln gemeinsam gruppiert und sie bekommen einen beschreibenden Kommentar vorangestellt **C**.

TIPP Wie auch immer Sie Ihre Kommentare formatieren **C**, mein Ratschlag lautet, dass Sie sich eine Konvention aneignen und sie durchgehend einsetzen, vor allem wenn Sie im Team arbeiten.

TIPP Sie können Kommentare vor oder in die Formatierungsregeln setzen, um sie vor dem Browser zu verstecken **D**. Das ist eine gute Möglichkeit, ein Stylesheet zu testen. Denn so brauchen Sie den sogenannten „auskommentierten" Bereich erst dann permanent zu entfernen, wenn Sie es wirklich wollen. Es ist ein hilfreiches Debugging-Tool: Wenn Sie etwas auskommentieren, das Sie für problematisch halten, können Sie die Seite im Browser neu laden und nachsehen, ob das Problem behoben wurde.

TIPP Die hier vorgestellten Beispiele sind aus Demonstrationsgründen zwar mit Kommentaren vollgestopft, aber Sie sollten sich nicht bemüßigt fühlen, alles zu kommentieren. Wahrscheinlich werden Sie merken, dass Stylesheets schwerer zu lesen sind, wenn sie zu viele Kommentare enthalten. Sicher werden Sie je nach Bedarf feststellen, dass zu einer guten Mischung organisatorische und beschreibende Kommentare gehören. Finden Sie den ausgewogenen Mix, der für Sie und die anderen in Ihrem Team gut geeignet ist.

C *Mit Kommentaren erleichtern Sie sich das Leben bei der Verwaltung von Stylesheets. Kommentieren Sie einfach primäre Bereiche mit Regeln in Ihren Stylesheets, um sie zu organisieren. Meines Erachtens verdeutlicht das hier verwendete Format (alles in Großbuchstaben und unterstrichen) gut, wo jede Hauptgruppe anfängt. Ein solches Vorgehen trennt sie klar von anderen Kommentaren wie in* **A** *und* **B**.

```
/* GLOBALE NAVIGATION
------------------------------- */
... Regeln für globale Navigation


/* HAUPTINHALT
------------------------------- */
... Regeln für Hauptinhalt ...


/* FORMULAR ZUR REGISTRIERUNG
------------------------------- */
... Regeln für Registrierungsformular ...


/* FOOTER DER SEITE
------------------------------- */
... Regeln für den Seiten-Footer ...
```

D *Sie können eine Deklaration „auskommentieren", die auf einer Seite nicht umgesetzt werden soll. Hier bekommen alle Bilder einen durchgehenden roten Rahmen mit 4 Pixel, aber der rechte Margin nicht, weil sich* `margin-right: 12px;` *innerhalb eines Kommentars befindet. Ein Kommentar kann auch eine Regel komplett einschließen, solange keine Kommentare darin enthalten sind.*

```
img {
   border: 4px solid red;
   /* margin-right: 12px; */
}
```

A *Dies ist das Stylesheet für das HTML-Dokument in* **B**. *Nehmen Sie erst einmal zur Kenntnis, dass es eine Regel für* `p`*-Elemente gibt, aber nicht für* `h1`*-,* `em`*- oder* `small`*-Elemente.*

```
p {
   color: #36c;

font-family: "Trebuchet MS", "Helvetica",
→ sans-serif;
   font-weight: bold;
}

img {
   float: left;
   margin-right: 10px;
}
```

B *Die Elemente* `em` *und* `small` *sind im* `p`*-Element enthalten und somit untergeordnete Elemente (auch Kinder genannt) von* `p`*. Doch beim* `h1` *ist das nicht der Fall* **C**.

```
...
<body>

<h1>Der vergängliche Blaue Flachs</h1>

<img src="img/blueflax.jpg" width="300" height=
→ "175" alt="Blauer Flach (Linum lewisii)" />
<p>Ich bin immer wieder <em>sehr</em> erstaunt
→ über den wunderschönen, grazilen Blauen
→ Flachs, der sich irgendwie in meinem Garten
→ durchgesetzt hat. Jeden Morgen ist er von
→ Farben überflutet, doch am Nachmittag ist
→ keine einzige Blüte mehr übrig. Das ist eine
→ wahre Verkörperung der Vergänglichkeit.</p>

<p><small>&copy; Blue Flax Society</small></p>

</body>
</html>
```

C *Weil keine Regel für die Elemente* `em` *und* `small` *in* **A** *explizit festgelegt wird, erben sie Font, Gewicht und Farbe von ihrem übergeordneten, nämlich dem* `p`*-Element. Die kursive Schrift stammt von der Standardformatierung des Browsers für* `em`*. Die Größe des rechtlichen Hinweises, die mit* `small` *ausgezeichnet wurde (d.h. das „Kleingedruckte“), ist aus dem gleichen Grund reduziert. Das* `h1` *hat keine eigene Formatierung und ist kein Kind von* `p`*, also wird es ganz in Übereinstimmung mit dem Browserstandard dargestellt.*

Die Kaskade – wenn Regeln konkurrieren

Regeln kommen aus vielen Quellen. Wie wir bereits in Kapitel 1 festgestellt haben, hat jeder Browser seine eigenen Standard-Stylesheets. Aber Sie können Ihre eigenen Formatierungen anwenden, um diese zu überschreiben oder zu ergänzen. Das geht auf dreierlei Weise: Sie können eine oder mehrere Regeln aus einer externen Datei laden (die empfohlene Methode) **A**, die Regel oben in ein HTML-Dokument einfügen oder sie direkt im Code auf ein spezielles HTML-Element anwenden (obwohl das, wenn irgend möglich, vermieden werden sollte). Im nächsten Kapitel wird jede Methode vorgestellt.

Sie könnten sich nun fragen, was passiert, wenn es mehr als eine CSS-Regel gibt, die auf ein bestimmtes Element angewendet werden kann. CSS arbeitet mit dem Konzept der Kaskade (*cascade*, daher auch das große C), um solche wichtigen Merkmale wie *Vererbung*, *Spezifität* und *Standort* zu berücksichtigen, um zu wissen, welche Regel im Konfliktfall „gewinnen“ soll.

Fangen wir mit der Vererbung an. Viele CSS-Eigenschaften wirken sich nicht nur auf die vom Selektor definierten Elemente aus, sondern werden auch an die „Nachkommen“ dieser Elemente vererbt (**A** bis **C**). Nehmen wir beispielsweise an, Sie machen alle `h1`-Elemente blau und geben ihnen einen roten Rahmen. Hier wird nun die Eigenschaft `color` vererbt, nicht aber `border`. Somit sind alle Elemente, die sich in den `h1`-Elementen befinden, ebenfalls blau, haben aber keinen eigenen roten Rahmen.

Während die Vererbung bestimmt, was passiert, wenn für ein Element keine CSS-Regel angewendet wird, kommt die *Spezifität* ins Spiel, wenn mehr als eine Regel angewendet wird (**D** bis **F**). Die Regel der Spezifität besagt: Je spezifischer der Selektor ist, desto stärker ist die Regel. Das klingt vernünftig, oder? Wenn also eine Regel besagt, dass alle `h1`-Elemente blau sein sollen, aber eine zweite Regel festlegt, dass alle `h1`-Elemente mit der `class spanisch` rot sein sollen, dann wird die zweite Regel bei all jenen `h1`-Elementen mit der `class spanisch` die erste Regel überschreiben, weil `h1.spanisch` ein spezifischerer Selektor ist als einfach `h1`.

Beachten Sie, dass `id`-Attribute als die Elemente betrachtet werden, die am spezifischsten sind (weil sie in einem Dokument nur einmal vorkommen dürfen), während die Anwesenheit eines `class`-Attributs einen Selektor spezifischer macht als einen einfachen Selektor, der keine `class` hat. Tatsächlich ist ein Selektor mit *mehr als* einer `class` spezifischer als einer mit *nur einer* `class`. In der Spezifitäthierarchie folgen dann Selektoren nur mit einfachen Elementnamen; vererbte Regeln werden als die allgemeinsten Regeln überhaupt betrachtet und von allen anderen Regeln überschrieben.

Die genauen Regeln der Berechnung für die Spezifität erfahren Sie im Abschnitt 6.4.3 der CSS-Spezifikation (*http://www.w3.org/TR/CSS21/cascade.html#specificity*). Eine deutsche Erläuterung finden Sie unter *http://jendryschik.de/wsdev/einfuehrung/css/kaskade*.

D *In diesem Beispiel gibt es vier Regeln mit unterschiedlicher Spezifität. Die erste wirkt sich auf alle alten `p`-Elemente aus, die zweite nur auf jene `p`-Elemente mit der Klasse `group` und die dritte und vierte Regel finden nur auf das einzige `p`-Element mit der `id` „`last`" Anwendung.*

```
p {
   color: red;
}

p.group {
   color: blue;
}

p#last {
   color: green;
}

p#last {
   color: magenta;
}
```

E *Hier sind drei Absätze: ein allgemeiner, einer mit nur einer `class` und einer mit einer `class` und einer `id`.*

```
...
<body>

<p>Hier ist ein allgemeines <code>p</code>-
→ Element. Es wird rot sein.</p>

<p class="group">Hier ist ein <code>p</code>-
→ Element mit der <code>class</code>
→ <code>group</code>. Es gibt zwei Regeln, die
→ angewendet werden, aber weil die Regel
→ <code>p.group</code> spezifischer ist, wird
→ dieser Absatz blau.</p>

<p id="last" class="group">Hier ist ein
→ <code>p</code>-Element mit der <code>id</
→ code> <code>intro</code>. Es gibt vier Regeln,
→ die auf diesen Absatz angewendet werden
→ könnten. Die ersten beiden werden von den
→ spezifischeren letzten beiden überschrieben.
→ Die Position unterbricht die Verbindung
→ zwischen den letzten beiden: die Regel, die
→ später kommt, gewinnt, und darum ist die
→ Schrift in diesem Absatz in Magenta.</p>

</body>
</html>
```

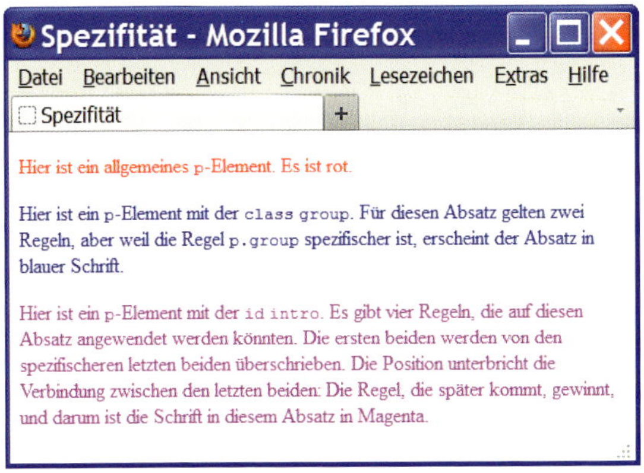

F *Weil die dritte und vierte Regel die gleiche Spezifität aufweisen, wird ihre Position relevant – und somit gewinnt die vierte, weil sie nach der dritten kommt.*

Manchmal reicht die Spezifität nicht aus, um bei konkurrierenden Regeln den Gewinner festzustellen. In diesem Fall wendet der *Standort* der Regel ein Unentschieden ab, weil Regeln, die später erscheinen, höher gewichtet werden (D bis F). Beispielsweise betrachtet man Regeln, die lokal direkt im HTML-Element angewendet werden (noch einmal: von der lokalen Verwendung der Regel ist abzuraten), als später erscheinend (und die haben dann mehr Gewicht) als ebenso spezifische Regeln, die entweder in einem externen Stylesheet oder intern ganz oben im HTML-Dokument angewendet werden. Weitere Details erfahren Sie in „Die Bedeutung des Standorts" in Kapitel 8.

Als wäre das noch nicht genug, können Sie auch das ganze System überschreiben, indem Sie deklarieren, dass eine bestimmte Regel wichtiger sein soll als die anderen, indem Sie ihr am Ende noch ein `!important` mitgeben. (Das ist ebenfalls nicht empfehlenswert – außer in ungewöhnlichen Fällen.)

Zusammenfassend gesagt werden bei fehlenden Regeln viele CSS-Regeln vom übergeordneten an die untergeordneten Elemente vererbt. Bei zwei konkurrierenden Regeln gilt: Je spezifischer die Regel ist, desto wichtiger ist sie und desto mehr wird sie auch gewichtet – ungeachtet ihres Standorts. Bei zwei Regeln mit gleicher Spezifität gewinnt diejenige, die im Stylesheet später erscheint.

Wenn sich das irgendwie verwirrend anhört, sollten Sie sich jetzt keine Sorgen machen. Wenn Sie erst einmal mit CSS und den verschiedenen Selektoren herumspielen, gehe ich fest davon aus, dass Sie immer besser nachvollziehen werden, dass die Kaskade in den meisten Fällen so funktioniert, wie Sie das erwarten würden.

Der Wert einer Eigenschaft

Jede CSS-Eigenschaft akzeptiert unterschiedliche Werte. Manche Eigenschaften akzeptieren nur einen Wert aus einer Liste mit vordefinierten Werten. Andere nehmen Zahlen, Integer, relative Werte, Prozentangaben, URLs oder Farben. Manche können auch mehr als eine Art von Wert akzeptieren. Die akzeptierten Werte für jede Eigenschaft werden in dem Abschnitt aufgeführt, der diese Eigenschaft beschreibt (also vor allem in den Kapiteln 10 und 11), doch will ich hier die Grundlagen dieses Systems vorstellen.

inherit

Sie können den Wert `inherit` (engl. *vererben*) für alle Eigenschaften nehmen, wenn Sie explizit festlegen wollen, dass der Wert für diese Eigenschaft der gleiche sein soll wie beim übergeordneten Element.

Vordefinierte Werte

Die meisten CSS-Eigenschaften haben einige vordefinierte Werte, die man verwenden kann. Die Eigenschaft `float` kann beispielsweise auf `left`, `right` oder `none` gesetzt werden. Im Gegensatz zu HTML brauchen Sie vordefinierte Werte nicht in Anführungszeichen zu setzen (und Sie *dürfen* das auch gar nicht!) A.

Längen- und Prozentangaben

Bei vielen CSS-Eigenschaften kann man als Wert eine *Länge* angeben. Alle Längenangaben müssen eine Zahl und eine Einheit enthalten, wobei kein Leerzeichen zwischen ihnen stehen darf, z.B. `3em` oder `10px` B. Die einzige Ausnahme ist `0`, die man mit oder ohne Einheit verwenden kann.

Ein vordefinierter Wert

```
border: none;
```

A *Viele CSS-Eigenschaften akzeptieren nur Werte aus einer vordefinierten Liste. Tippen Sie sie genau so ein und lassen Sie die Anführungszeichen weg.*

Eine Längenangabe

```
font-size: 24px;
```

B *Bei Längenangaben muss immer explizit die Einheit angegeben werden (zwischen der Zahl und der Einheit darf kein Leerzeichen stehen).*

Prozentwert

```
font-size: 80%;
```

C *Prozentwerte sind generell relativ zum übergeordneten Element. In diesem Beispiel wird die Schrift also auf 80 % der Schriftgröße des übergeordneten Elements gesetzt.*

Zahlenangabe

```
line-height: 1.5;
```

D *Verwechseln Sie Zahlen und Integer nicht mit Längenangaben. Eine Zahl oder ein Integer hat keine Einheit wie px. In diesem Fall ist der hier gezeigte Wert der Faktor, mit dem die Schriftgröße multipliziert wird, um die Zeilenhöhe zu bekommen.*

Es gibt Längenangaben, die relativ zu anderen Werten sind. Ein `em` entspricht normalerweise der Schriftgröße des Elements. Also wäre `2em` „doppelte Schriftgröße" (wenn man mit einem `em` die `font-size`-Eigenschaft eines Elements selbst angibt, wird dessen Wert von der Schriftgröße des übergeordneten Elements hergeleitet). Ein `ex` entspricht der x-Höhe der Schrift, also der Höhe des kleinen „x" aus dieser Schrift, aber das wird nicht gut unterstützt und deswegen werden Sie es wahrscheinlich auch nicht einsetzen.

Pixel (`px`) sind nicht relativ zu anderen Formatierungsregeln. Werte in `px` sind beispielsweise nicht von der Einstellung `font-size` betroffen, wie das bei `em` der Fall ist. Ein Pixel auf dem einen Gerät hat nicht unbedingt die gleiche Größe wie auf einem anderen (siehe die detaillierte Beschreibung von Peter-Paul Koch unter *www.quirksmode.org/blog/archives/2010/04/a_pixel_is_not.html*).

Es gibt auch die weitgehend selbst erklärenden absoluten Einheiten wie Punkt (`pt`). Diese Einheit sollte für Print-Stylesheets reserviert bleiben. (Es gibt auch noch andere, aber es ist wenig sinnvoll, darüber zu sprechen, weil sie in der Praxis nicht zum Einsatz kommen.) Generell sollten Sie absolute Längenangaben nur dann nehmen, wenn die Größe der Ausgabe feststeht (wie bei `pt` und einer gedruckten Seite).

Prozentangaben wie beispielsweise **`65%`** funktionieren weitgehend wie `em`s, sind also relativ zu einem anderen Wert **C**.

Von all diesen werden Sie `em`s, Pixel und Prozentwerte am häufigsten einsetzen.

Reine Zahlen

Ganz wenige CSS-Eigenschaften akzeptieren einen Wert in Form einer Zahl ohne Einheit wie z.B. **3**. Meist wird das bei `line-height` (**D**) und `z-index` eingesetzt (siehe „Zeilenhöhe angeben" in Kapitel 10 bzw. „Elemente in 3D positionieren" in Kapitel 11). (Die anderen sind hauptsächlich für Print- und Audio-Stylesheets und werden noch nicht sonderlich gut unterstützt.)

URLs

Bei bestimmten CSS-Eigenschaften können Sie den URL einer Datei angeben, vor allem bei Bildern. In diesem Fall nehmen Sie `url(`*`datei.ext`*`)`, wobei *`datei.ext`* für Pfad und Name der gewünschten Datei steht **E**. Beachten Sie, dass in der Spezifikation festgelegt ist, dass URLs relativ zum Stylesheet sein sollten und nicht zum HTML-Dokument.

Sie können den Dateinamen in Anführungszeichen setzen (das ist aber nicht erforderlich). Andererseits sollte zwischen dem Wort `url` und der öffnenden Klammer kein Leerzeichen sein. Leerzeichen zwischen den Klammern und der Adresse sind erlaubt, aber nicht erforderlich (oder üblich).

Weitere Informationen zur Schreibweise von URLs finden Sie im Abschnitt „URLs“ in Kapitel 1.

Ein URL

```
background: url(bg_flax.jpg);
```

E *URLs in CSS-Eigenschaften müssen nicht in Anführungszeichen gesetzt werden.*

CSS-Farben

Farben können auf verschiedenen Wegen für CSS-Eigenschaften angegeben werden. Erstens und am einfachsten geht's über einen der 16 vordefinierten Farbnamen. CSS3 spezifiziert eine Basisliste mit 16 Namen **F** und fügt weitere 131 hinzu, um sich an die 147 SVG-1.0-Schlüsselwörter für Farben anzupassen. Die komplette Liste finden Sie unter *www.w3.org/TR/css3-color/#svg-color*.

Natürlich kann sich niemand all die Farbnamen merken – außer gerade mal die offensichtlichsten. Außerdem bekommen Sie die Farben normalerweise von solchen Programmen wie Adobe Photoshop und darin wird kein CSS-Farbname verwendet. Also ist es in der Praxis üblicher, die CSS-Farben im hexadezimalen Format zu definieren (das ist bei weitem der üblichste Weg) oder im RGB-Format. Später werden Sie erfahren, dass man Farben auch im HSL-Format bzw. den Grad der Farbtransparenz mit RGBA und HSLA angeben kann. All dies ist in CSS3 neu hinzugekommen.

F *Üblicherweise wird eine Farbe in CSS über Hexadezimalzahlen beschrieben, indem die Farbanteile für Rot, Grün und Blau angegeben werden.*

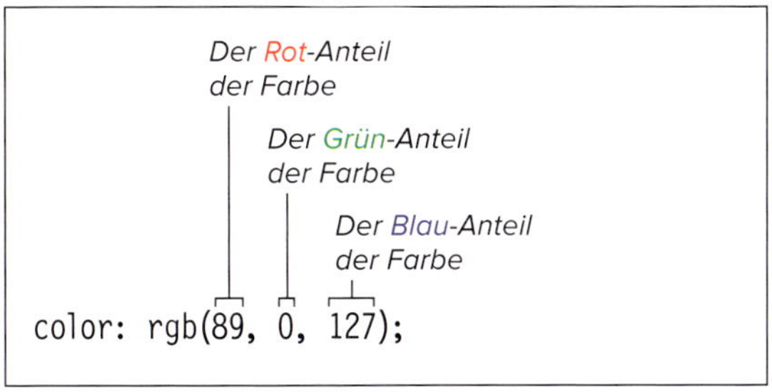

G *Farben kann man in CSS auch mit numerischen RGB-Werten zwischen 0 und 255 angeben. Zuerst wird Rot definiert, dann Grün und Blau.*

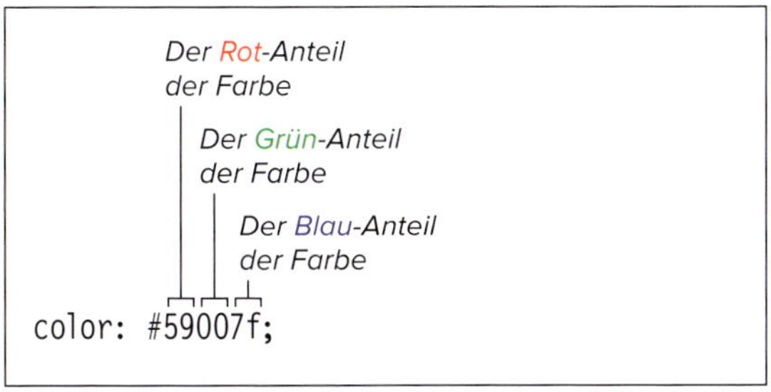

H *Üblicherweise wird eine Farbe in CSS über Hexadezimalzahlen beschrieben, indem die Farbanteile für Rot, Grün und Blau angegeben werden.*

RGB

Sie können Ihre eigene Farbe konstruieren, indem Sie die Anteile von Rot, Grün und Blau angeben (darum der Name *RGB*). Sie geben die Werte der Farbanteile als Zahl zwischen 0 und 255, als Prozentwert oder als Hexadezimalzahl ein. Wenn Sie beispielsweise ein dunkles Purpur haben wollen, nehmen Sie 89 Anteile Rot, kein Grün und 127 Blau. Diese Farbe kann man auch so schreiben: `rgb(89, 0, 127)` – siehe G.

Alternativ können Sie jeden Wert als Prozentangabe repräsentieren, obwohl das weitaus weniger üblich ist, wahrscheinlich weil Sie aus Bildbearbeitungsprogrammen wie Photoshop numerische RGB-Werte bekommen. Aber wenn Sie Prozentwerte nehmen wollen, können Sie die gleiche Farbe so schreiben: `rgb(35%, 0%, 50%)`, denn 89 ist 35 % von 255 und 127 ist 50 % von 255.

Hexadezimal

Die üblichste Methode kommt nun zuletzt H. Konvertieren Sie die numerischen Werte in Hexadezimalzahlen, führen Sie sie zusammen und stellen Sie dem Wert ein `#` voran, also etwa `#59007F` (59 ist das hexadezimale Äquivalent von 89, 00 das von 0 und 7F die Hex-Entsprechung von 127). Sie können `7F` auch als `7f` schreiben (ich ziehe das vor, aber viele Entwickler und Designer machen es anders).

Wenn eine hexadezimale Farbe aus drei Paaren sich wiederholender Zahlen besteht (z.B. `#ff3344`), können Sie sie auf `#f34` kürzen. Tatsächlich ist dies eine bewährte Praxis, weil es keinen Grund gibt, den Code länger als nötig zu machen.

Wenn Hex-Zahlen für Sie ein Buch mit sieben Siegeln sind, zerbrechen Sie sich nicht den Kopf deswegen. So wie bei Photoshop und ähnlichen Programmen Tools für die Farbwahl und die Darstellung ihrer RGB-Werte enthalten sind, gibt es das auch für Hex-Zahlen.

Weitere Farboptionen in CSS3: RGBA, HSLA und HSL

Mit CSS3 wird ein weiterer Weg zur Festlegung von Farben möglich, und zwar HSL. Außerdem kann man die Alpha-Transparenz über RGBA und HSLA angeben (mit hexadezimaler Notation ist keine Alpha-Transparenz möglich).

RGBA

RGBA ist das Gleiche wie RGB, außer dass das *A* für *Alpha-Transparenz* steht. Sie können den Grad der Transparenz nach den Werten für Rot, Grün und Blau mit einer Dezimalzahl zwischen 0 und 1 angeben. Die Syntax ist also wie folgt:

```
eigenschaft: rgba(rot, grün, blau,
alpha-transparenz);
```

Je näher der Alpha-Wert der 0 kommt, desto transparenter wird die Farbe. Steht er dann auf 0, wird sie völlig transparent, als wäre gar keine Farbe angegeben. Entsprechend ist 1 völlig opak, d.h. gar nicht transparent. Hier sind einige beispielhafte Deklarationen, um dies zu veranschaulichen:

```
/* keine Transparenz, also das Gleiche wie
   rgb(89, 0, 127); */
background: rgba(89,0,127,1);

/* völlig transparent */
background: rgba(89,0,127,0);

/* 25% transparent */
background: rgba(89,0,127,0.75);

/* 60% transparent */
background: rgba(89,0,127,0.4);
```

I *In diesem einfachen Stylesheet werden ein sich wiederholendes Hintergrundbild und eine Standardtextfarbe auf die ganze Seite angewendet, wobei der Hintergrund der* `h1`*-*`h3`*-Überschriften etwas anders behandelt wird. Moderne Browser zeigen das Ergebnis wie in* **J***. Wie Sie später noch erfahren, unterstützen die Internet-Explorer-Versionen vor IE9 kein RGBA und ignorieren somit die Deklarationen für* `h1` *und* `h2`*.*

```
/* Sich wiederholendes Hintergrundbild und
→ Standardtextfarbe setzen */
body {
   background: url(../blueflax.jpg);
   color: #ff0;
}

/* 25% transparent */
h1 {
   background: rgba(89,0,127,0.75);
}

/* 60% transparent */
h2 {
   background: rgba(89,0,127,0.4);
}

/* Kein transparenter Hintergrund */
h3 {
   background: rgb(89,0,127);
}
```

J *In diesem knalligen, aber wirksamen Beispiel scheint das Hintergrundbild der Seite bei den ersten beiden Überschriften durch, aber nicht bei der letzten. Die Hintergrundfarbe ist bei allen dreien gleich, aber aufgrund der jeweils anderen Alpha-Transparenz-Einstellungen sieht man drei unterschiedliche Tönungen von Violett. (Der Text wird gelb, weil die Eigenschaft* `color`*, die für das* `body`*-Element angegeben wurde, auf den gesamten Text einer Seite kaskadiert wird, wenn sie nicht von einer Formatierungsregel für ein anderes Element überschrieben wurde.)*

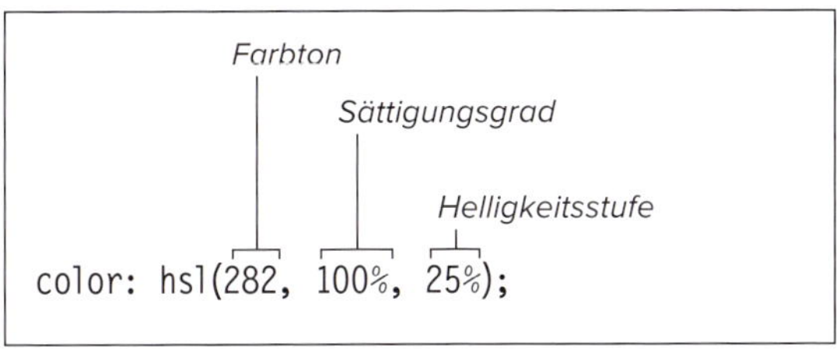

K *Die Aufschlüsselung der HSL-Formatierung*

Damit das funktioniert, müssen Sie das natürlich in eine oder mehrere Regeln schreiben I.

Wie hier beispielhaft gezeigt ist, kann man die Alpha-Transparenz mit der Hintergrundfarbe eines Elements kombinieren, weil man anhand der Alpha-Transparenz etwas zeigen kann, was hinter dem Element liegt, z.B. ein Bild, andere Farben, Text. Das scheint dann durch und mischt sich optisch J. Der Deutlichkeit halber sei noch erwähnt, dass man Alpha-Transparenz auch bei anderen farbbasierten Eigenschaften wie `color`, `border`, `border-color`, `box-shadow` und `text-shadow` setzen kann. Das wird hingegen von Browsern unterschiedlich gut unterstützt (bei modernen Browsern haben Sie da aber freie Fahrt).

Wie Sie sehen, sind die RGB-Farb*werte* die gleichen wie im Code, aber die Farben selbst erscheinen im Browser aufgrund ihrer verschiedenen Transparenzgrade unterschiedlich J.

HSL und HSLA

HSL und HSLA sind neue Ergänzungen in CSS3. Letzteres ist die Alternative zu RGBA, um die Alpha-Transparenz für eine Farbe anzugeben. Diese setzen Sie genauso wie bei RGBA. Wie, das erfahren Sie sofort, aber erst schauen wir noch mal kurz, wie HSL funktioniert.

HSL steht für *Hue, Saturation, Lightness* (also Farbton, Sättigung und Helligkeit). Der Farbton kann eine Zahl zwischen 0 und 360 sein und Sättigung sowie Helligkeit werden als Prozentwert zwischen 0 und 100 angegeben K. In CSS ist die Syntax dann:

```
eigenschaft: hsl(Farbton, Sättigung, Helligkeit);
```

Und wie Sie sich sicher gedacht haben, lautet die HSLA-Formatierung so:

```
eigenschaft: hsla(Farbton, Sättigung, Helligkeit, 
Alpha-Transparenz);
```

Hier ist beispielsweise das gleiche Violett aus dem RGBA- und RGB-Beispiel **I** stattdessen in HSLA und HSL ausgedrückt:

```
/* 25% transparent */
h1 {

background: hsla(282,100%,25%,0.75);
}

/* 60% transparent */
h2 {

background: hsla(282,100%,25%,0.4);
}

/* Hintergrund nicht transparent */
h3 {
   background: hsl(282,100%,25%);
}
```

Das Ergebnis sieht in modernen Browsern so wie vorher aus **J**.

Stellen Sie sich den Wert für den Farbton wie die Gradangabe in einem Kreis vor, in dem sich 0 und 360 oben treffen. Das bedeutet, dass sowohl 0 als auch 360 von gleicher Farbe sind: Rot. (Verwechseln Sie HSL nicht mit HSB oder HSV. Sie sind ähnlich, aber nicht gleich.)

Nicht alle Bildbearbeitungsprogramme können im Lieferzustand HSL darstellen (für Photoshop gibt es ein Plug-in). Doch der *HSL Color Picker* von Mathis ist ein tolles, kostenloses Online-Tool, mit dem Sie eine Farbe auswählen und dann deren Wert als HSL, Hex oder RGB bekommen. Sie können auch Werte für eines dieser Formate eintippen und sehen, wie sich die Farbe ändert. Ein anderes Tool findet sich unter *www.workwithcolor.com/hsl-color-picker-01.htm*. Es zeigt die Farben kreisförmig an, so dass Sie ein besseres Gefühl für HSL bekommen. (Im Kontrast dazu zeigt der *HSL Color Picker* sie auf einer Linie.) Weitere solche Farbtools finden Sie durch eine Online-Suche.

Wie man in HSL denken lernt

Es dauert etwas, bis man sich die Logik von HSL angeeignet hat, aber wenn Sie das erst einmal verinnerlicht haben, werden Sie damit sicher einfacher arbeiten als mit anderen Formaten. Im Abschnitt „Why?" seiner Site für den *HSL Color Picker* (*http://hslpicker.com*) liefert Brandon Mathis eine schöne Erklärung von HSL. Er schreibt:

„Wählen Sie einen Farbton zwischen 0 und 360 mit einer Sättigung von 100 und einer Leuchtkraft von 50, dann haben Sie die reinste Form dieser Farbe. Reduzieren Sie die Sättigung und Sie bewegen sich in Richtung Grau. Durch Erhöhen der Leuchtkraft gehen Sie in Richtung Weiß und durch Vermindern in Richtung Schwarz."

Hier folgen einige Farbbeispiele auf dem Weg durch den Kreis:

- Rot ist `hsl(0,100%,50%);`
- Gelb ist `hsl(60,100%,50%);`
- Grün ist `hsl(120,100%,50%);`
- Cyan ist `hsl(180,100%,50%);`
- Blau ist `hsl(240,100%,50%);`
- Magenta ist `hsl(300,100%,50%);`

(L) Moderne Browser stellen die RGBA-Deklaration dar, weil sie nach der Standard-Hexadezimaleinstellung für den Hintergrund kommt (die sie ebenfalls verstehen, deswegen ist die Reihenfolge so wichtig). Ältere Versionen vor IE9 ignorieren hingegen die RGBA-Einstellung, weil sie sie nicht verstehen. Also „gilt" der Hex-Hintergrund. Sie könnten in der ersten Zeile auch RGB (aber nicht RGBA) nehmen, doch wie angemerkt ist die hexadezimale Schreibweise der üblichste Weg, um nichttransparente Farben anzugeben.

```
/* Die Reihenfolge der Hintergrunddeklarationen
→ist wichtig. Ältere Versionen des IE nehmen
→die erste Zeile und moderne Browser verstehen
→beide Zeilen, wenden aber die zweite an, weil
→sie zuletzt kommt. */

h1 {
   background: #59007f;
   background: rgba(89,0,127,0.75);
}
```

(M) Nicht zu lange anschauen, sonst brennen Ihnen die Augen! Diese wortreiche Mischung von Code packt Deklarationen für IE-Versionen vor IE9 (hervorgehoben) sandwich-mäßig um die Standard-RGBA-Notation (nicht hervorgehoben). Wie gewöhnlich beachten die älteren Versionen des IE nichts, was sie nicht kapieren. Entsprechend ignorieren moderne Browser die Werte für `-ms-filter`, `filter` und `zoom`, weil sie die nicht verstehen. Die Reihenfolge der Deklarationen ist wesentlich, damit diese Technik funktionieren kann.

```
/* Wenn es Ihnen geht wie mir, dann sind Sie
→schon den Tränen nahe. Jede Deklaration außer
→der zweiten ist für ältere Versionen des IE
→gedacht, um Alpha-Transparenz nachzuahmen. */

h1 {
   background: transparent;
   background: rgba(89,0,127,0.75);

   /* IE8 */
   -ms-filter: "progid:DXImageTransform.
   →Microsoft.gradient(startColorstr=
   →#BF59007F,endColorstr=#BF59007F)";

   /* IE6 & 7 */
   filter: progid:DXImageTransform.
   →Microsoft.gradient(startColorstr=
   →#BF59007F,endColorstr=#BF59007F);

   zoom: 1;
}
```

RGBA, HSL und HSLA im Internet Explorer

Wie leider so oft bei den neuesten Entwicklungen in der Welt der Webstandards werden diese Features von keiner Version des Internet Explorers vor IE9 unterstützt. Stattdessen ignorieren diese Versionen einfache jede Deklaration, die sie nicht verstehen.

Es gibt einen Notbehelf bezüglich RGBA und HSLA für Versionen vor IE9. Aber mit Blick auf HSL sollten Sie bei den hexadezimalen (oder RGB-)Werten bleiben, um Farben anzugeben.

Bei RGBA und HSLA für die älteren IE-Versionen bleiben Ihnen drei Optionen (Sie können aber nur jeweils eine nehmen):

- Machen Sie nichts und akzeptieren Sie, dass Ihre Seiten in diesen Versionen recht unterschiedlich aussehen.
- Geben Sie als Plan B eine Farbdeklaration an, d.h., diese Browser zeigen dann eine satte Farbe und keine Transparenz (L).
- Ahmen Sie die Alpha-Transparenz nach, indem Sie Deklarationen speziell für diese Versionen einfügen. Das Meiste davon ist proprietäres IE-CSS, aber moderne Browser nutzen trotzdem das Standard-CSS (M).

Diese letzte Option arbeitet mit dem Farbverlaufsfilter des Internet Explorers und nutzt dafür proprietären (also nur für diese Software gedachten) Code, den kein anderer Browser versteht. Das bedeutet, moderne Browser ignorieren es einfach und verwenden stattdessen die Standardnotation. Diese lautet wie folgt: `background: rgba(89,0,127,0.75);` (damit wird der vorige `background`-Wert überschrieben). Achten Sie darauf, dass die Deklarationen in der gezeigten Reihenfolge erscheinen, damit der Transparenzeffekt sowohl bei modernen als auch anderen Browsern korrekt angewendet wird (M).

Ich mache mir hier nicht die Mühe zu erklären, wie die IE-Syntax für den Farbverlaufsfilter aussieht, denn sie ist so umständlich, dass Sie das wahrscheinlich nie per Hand schreiben werden. Ich jedenfalls nicht. Stattdessen können Sie sich von einem weiteren Online-Tool retten lassen. (Von solchen Tools werden Sie weitere kennenlernen, wenn Sie sich mehr mit CSS3 beschäftigen.)

Hier spreche ich vom *RGBa & HSLa CSS Generator for Internet Explorer* von Michael Bester (*http://kimili.com/journal/rgba-hsla-css-generator-for-internet-explorer*). Dort geben Sie eine RGBA- oder HSLA-Deklaration ein und das Tool erstellt das entsprechende CSS für IE-Versionen vor IE9. Das kopieren Sie dann und fügen es in Ihr Stylesheet ein. Ein wichtiger Hinweis: Der von diesem Tool generierte Code enthält *nicht* die Standarddeklarationen für RGBA oder HSLA für moderne Browser. Also müssen Sie das selbst einfügen: *direkt nach* `background: transparent` – so wie im Beispiel gezeigt Ⓜ. Alternativ (und oft ratsamer) können Sie, wie Michael Bester anmerkt, das CSS für Versionen vor IE9 in ein eigenes Stylesheet legen und es in die sogenannten *Conditional Comments* (bedingte Kommentare) laden (*http://reference.sitepoint.com/css/conditionalcomments* für weitere Informationen).

TIPP Die Filter des Internet Explorers wie der Farbverlaufsfilter Ⓜ können sich auf die Performance des Browsers auswirken, da sie dem Prozessor zusätzliche Leistung abfordern. Sie werden wahrscheinlich keine spürbaren Probleme bekommen, wenn ein Filter auf eine moderate Anzahl von Elementen einer Seite angewendet wird. Aber falls es mehr Elemente werden, kann es zu Verzögerungen kommen. Das hängt auch davon ab, was sonst auf Ihrer Seite noch so steht. Also behalten Sie das im Hinterkopf, wenn Sie eine Seite erstellen. Wenn Sie dann merken, dass der IE langsamer wird, sollten Sie mal den Filter abschalten, um der Lösung des Problems auf die Spur zu kommen. Die IE-Filter zeitigen manchmal unerwartete Nebeneffekte, z.B. negative Auswirkungen auf die Qualität der Textdarstellung. Noch mal ganz deutlich gesagt: Das wirkt sich nicht auf andere Browser aus, weil die gar keine Filter verstehen.

8

Die Arbeit mit Stylesheets

Vor dem ersten Einsatz Ihrer Stylesheets müssen Sie erst einmal wissen, wie die Dateien, die die Stylesheets enthalten, erstellt und verwendet werden. In diesem Kapitel erfahren Sie, wie man eine Stylesheet-Datei erstellt und dieses CSS dann auf mehrere Webseiten (oder eine ganze Site), eine einzelne Seite oder ein individuelles HTML-Element anwendet. Das bewerkstelligen Sie über folgende drei Methoden: externe Stylesheets (die zu bevorzugende Methode), eingebettete Stylesheets und Inline-Stylesheets (die am wenigsten wünschenswerte Methode).

In späteren Kapiteln lernen Sie, wie man diese Stylesheets mit Inhalt füllt.

Übersicht

Ein externes Stylesheet erstellen

Mit externen Stylesheets können Sie für viele oder alle Seiten Ihrer Website ein einheitliches Aussehen bestimmen. Sie fassen z.B. alle CSS-Regeln in einem externen Stylesheet zusammen und jede Seite Ihrer Site lädt dann diese externe Datei und kennt so die gewünschten Styles. So sind Sie sicher, dass überall die gleichen Einstellungen vorgenommen werden. Zwar lernen Sie später noch, wie man mit eingebetteten und Inline-Stylesheets umgeht, aber die bewährte Praxis besteht darin, Ihre Seite/n durch eine externe Stylesheet-Datei zu steuern. Also rate ich Ihnen nachdrücklich zu dieser Methode (mit gelegentlichen Ausnahmen).

Ein externes Stylesheet erstellen

1. Erstellen Sie in einem Textverarbeitungsprogramm ein neues Textdokument **A**.
2. Definieren Sie, wie ab Kapitel 7 beschrieben, die CSS-Regeln für Ihre Webseiten. Schreiben Sie auch je nach Bedarf CSS-Kommentare hinzu **A**.
3. Speichern Sie das Dokument im gewünschten Verzeichnis in einem reinen Textformat. Den Namen können Sie beliebig wählen, aber geben Sie dem Dokument die Endung .css, um es als Cascading Style Sheet zu kennzeichnen **B**.

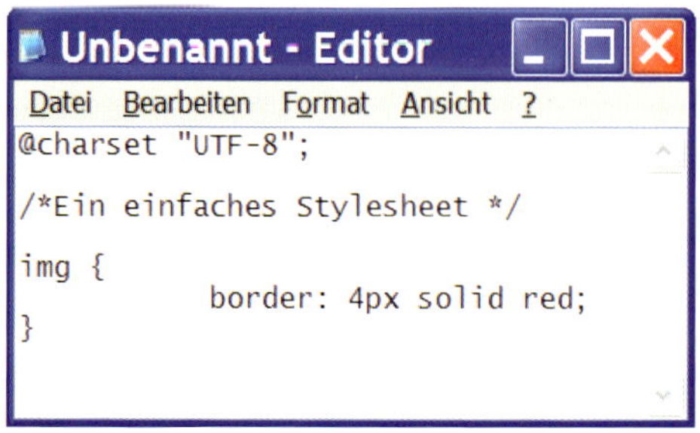

A *Mit einem beliebigen Textverarbeitungsprogramm schreiben Sie Stylesheets. Dies ist der Notepad-Editor (eine ältere Version). Die meisten Leute nehmen den gleichen Editor, um HTML- und CSS-Dokumente zu erstellen. Der Text zwischen /* */ ist ein CSS-Kommentar, der sich weder auf die Darstellung der Seite auswirkt noch auf der Seite zu sehen sein wird.*

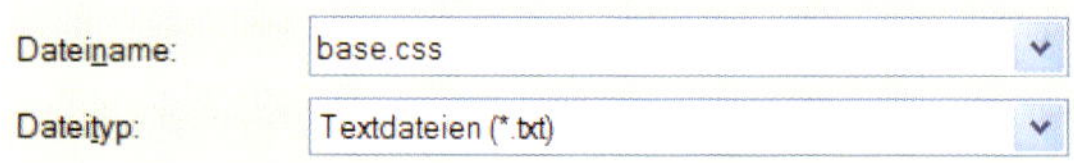

B *Achten Sie darauf, die CSS-Datei mit der Endung .css und als reines Textdokument abzuspeichern (also als* TEXTDOKUMENT, NUR TEXT *oder* ASCII-TEXT *oder wie Ihr Texteditor dieses Format nennt).*

TIPP Sie können Ihre Stylesheets nach Belieben benennen. `base.css` und `global.css` sind zwei beliebte Namen für dieses Stylesheet, in dem die Darstellungsregeln für alle oder die Mehrheit der Seiten einer Site enthalten sind. Site-Autoren erstellen oft zusätzliche, abschnittspezifische CSS-Dateien, um die Basisformatierungen zu ergänzen. Wenn Sie beispielsweise eine kommerzielle Site aufbauen, könnten in `produkte.css` die Regeln für die produktbezogenen Seiten enthalten sein. Es ist egal, wie Sie die Dateien benennen, aber achten Sie auf jeden Fall darauf, dass im Dateinamen keine Leerzeichen enthalten sind.

TIPP Externe Stylesheets kann man entweder per Link verknüpfen (wie im Abschnitt „Mit externen Stylesheets verknüpfen" demonstriert) oder importieren (per `@import`), obwohl ich von Letzterem abrate. Die `@import`-Direktive wirkt sich negativ auf den Seiten-Download und die Darstellungsgeschwindigkeit aus, vor allem im Internet Explorer. Das erläutert Steve Souders unter *www.stevesouders.com/blog/2009/04/09/dont-use-import/*.

TIPP Die Deklaration `@charset`, mit der das Stylesheet eingeleitet wird, ist nicht immer erforderlich, aber es schadet nicht, sie stets einzufügen **A**. Falls aber im Stylesheet Nicht-ASCII-Zeichen enthalten sind, *muss* sie aufgeführt werden. Das wäre der Fall, wenn Sie mit CSS-generierten Inhalten arbeiten (ein eher fortgeschrittenes Thema) oder einem Webfont mit Sonderzeichen in seinem Namen. Aus diesem Grund sollten Sie `@charset` einfach immer einfügen, denn so müssen Sie sich nicht mehr merken, dass es später eingefügt werden muss, falls Ihr Stylesheet es braucht. Achten Sie nur darauf, dass diese Deklaration in der allerersten Zeile Ihres CSS-Dokuments steht. Allerdings dürfen Sie `@charset` nie in eingebetteten oder Inline-Stylesheets einfügen (mehr darüber weiter hinten in diesem Kapitel).

Externe Stylesheets verknüpfen

Nachdem Sie nun ein Stylesheet erstellt haben **A**, müssen Sie es in Ihre HTML-Seiten laden, damit die Formatierungsregeln auf den Inhalt angewendet werden. Am besten macht man das durch eine Verlinkung mit dem Stylesheet **B**.

Mit einem externen Stylesheet verknüpfen

1. Tippen Sie `<link rel="stylesheet"` im `head`-Abschnitt jeder HTML-Seite, in der das Stylesheet verwendet werden soll.
2. Geben Sie ein Leerzeichen und dann `href="url.css"` ein; dabei ist `url.css` der Name Ihres CSS-Stylesheets (siehe voriger Abschnitt).
3. Geben Sie ein Leerzeichen ein und dann das abschließende `/>` (oder wenn Ihnen das lieber ist: kein Leerzeichen und einfach nur `>`. HTML5 erlaubt beides und beides funktioniert genau gleich.)

TIPP Wenn Sie ein externes Stylesheet abändern, werden alle Seiten, die sich darauf beziehen, automatisch ebenfalls aktualisiert (C und D). Deswegen sind externe Stylesheets so unglaublich leistungsfähig!

TIPP Ein weiterer Vorteil von externen Stylesheets: Wenn ein Browser sie für eine Seite geladen hat, dann braucht er sie normalerweise nicht für die nachfolgenden Seiten erneut vom Server zu laden. Der Browser nutzt seinen Cache, d.h., er speichert sie auf dem Computer des Anwenders und nutzt dann diese Version. Das beschleunigt die Ladezeiten Ihrer Seiten. Aber keine Sorge: Falls Sie Ihr Stylesheet später mal ändern und auf den Webserver laden, laden die Browser die aktualisierte Datei herunter und nehmen nicht die Version aus dem Cache (technisch gesehen gibt es da Ausnahmen, aber keine, auf die Sie oft treffen werden).

A *Hier ist das externe Stylesheet `base.css`, das weiter vorne im Kapitel erstellt wurde (der Kommentar „Ein einfaches Stylesheet“ fehlt, weil es keine Auswirkungen auf die Darstellung des HTML hat). Machen Sie sich noch keine Gedanken über die Eigenschaften und Werte (das CSS hier bedeutet nur „Erstelle einen durchgehenden roten Rahmen um alle `img`-Elemente“).*

```
@charset "UTF-8";

img {
   border: 4px solid red;
}
```

B *Das `link`-Element kommt in den `head`-Abschnitt Ihres HTML-Dokuments. Ihre Seite kann mehr als ein `link`-Element enthalten, aber am besten hält man deren Gesamtzahl minimal, damit die Seite schneller lädt.*

```
<!DOCTYPE html>
<html lang="de">
<head>
   <meta charset="UTF-8" />
   <title>El Palau de la Música</title>
   <link rel="stylesheet" href="base.css" />
</head>
<body>
<article>
   <h1>El Palau de la Música</h1>

   <img src="img/palau250.jpg" width="250"
   ➝ height="163" alt="El Palau de la Música" />
   <img src="img/tickets.jpg" width="87"
   ➝ height="163" alt="Das Fenster zum Kauf von
   ➝ Eintrittskarten" />

   <p>Ich liebe den <span lang="es">Palau de la
   ➝ Música</span>. Er ist reich geschmückt,
   ➝ auffällig bunt und mit allem, was am
   ➝ Modernismus wundervoll ist. Dort ist
   ➝ auch der <span lang="es">Orfeó Català</span>
   ➝ beheimatet, wo ich den wunderbaren
   ➝ Muskateller kennengelernt habe.</p>
</article>
</body>
</html>
```

C *Die CSS-Regel (ein roter, durchgehender Rahmen in vier Pixel Breite) wird auf alle* img*-Elemente angewendet.*

D *Andere Dokumente werden mit genau diesem externen Stylesheet verknüpft, damit die gleichen Formatierungen angewendet werden.*

TIPP Um dies einfach zu halten, gehen wir bei diesem link-Beispiel davon aus, dass sich die HTML-Seite im gleichen Verzeichnis wie base.css befindet **B**. Doch in der Praxis ist es am besten, wenn Sie Ihre Stylesheets in einem Unterordner ablegen, statt sie unter die HTML-Seiten zu mischen. Gerne tauft man diese Stylesheet-Ordner z.B. css oder styles, aber das bleibt Ihnen überlassen, solange Sie darauf korrekt im href-Wert des links verweisen. Wenn sich also beispielsweise base.css in einem Ordner namens css befindet und das HTML in einem Ordner darüber, dann müsste man das link-Element so schreiben: <link rel="stylesheet" href="css/base.css" />

TIPP URLs *in* einem externen Stylesheet sind relativ zum Standort der Stylesheet-Datei auf dem Server, nicht zum Standort der HTML-Seite. Das können Sie sich in Aktion ansehen, wenn Sie sich in Kapitel 10 mit CSS-Hintergrundbildern beschäftigen („Den Hintergrund eines Texts festlegen“).

TIPP Die Regeln eines externen Stylesheets können durch Formatierungen innerhalb eines HTML-Dokuments überschrieben werden. Im Abschnitt „Die Bedeutung des Standorts“ weiter hinten in diesem Kapitel wird der relative Einfluss von Formatierungen, die auf unterschiedliche Weise angewendet werden, zusammengefasst.

TIPP Sie können mit mehreren Stylesheets gleichzeitig verknüpfen. Falls eine strittige Darstellungsregel in mehr als einer Datei erscheint, wird jene befolgt, die in der später geladenen Datei steht.

TIPP Sie können auch alternative Versionen von verknüpften Stylesheets anbieten und Ihre Besucher auswählen lassen (siehe „Alternative Stylesheets anbieten“ später in diesem Kapitel).

TIPP Sie können Stylesheets auf eine bestimmte Ausgabeart beschränken, indem Sie das Attribut media setzen. Mehr erfahren Sie im Abschnitt „Medienspezifische Stylesheets“ später in diesem Kapitel.

TIPP Bei früheren Versionen sollten Sie type="text/css" in die link-Element-Definition einfügen, aber bei HTML5 ist das nicht erforderlich. Also können Sie das weglassen, wie auch ich bei den Code-Beispielen dieses Kapitels verfahre.

Ein eingebettetes Stylesheet erstellen

Ein eingebettetes Stylesheet ist die zweite Möglichkeit, wie man CSS auf eine Seite anwenden kann. Damit können Sie die Formatierungen direkt in das HTML-Dokument schreiben, für die sie gelten (üblicherweise werden sie in den `head` geschrieben) **A**. Weil sich die Formatierungsangaben nur in dieser HTML-Datei befinden, wirkt sich das CSS nicht auf andere Seiten aus, wie es bei einem verknüpften externen Stylesheet der Fall ist. Auch auf den Vorteil des Cache müssen Sie verzichten. Wie bereits erwähnt, ist ein externes Stylesheet für die meisten Fälle die empfohlene Vorgehensweise, aber man sollte sich auf jeden Fall mit anderen Optionen auskennen, falls man mal davon abweichen muss.

A *Das* `style`*-Element mit seinen Formatierungsregeln kommt beim Einbetten des Stylesheets üblicherweise in den* `head`*-Abschnitt Ihres Dokuments. Der Browser stellt die Seite dann genauso dar, als hätte er die Formatierungen aus einem externen Stylesheet geladen* **B**. *Beachten Sie, dass eingebettete Stylesheets nie die* `@charset`*-Deklaration zu Beginn (oder irgendwo anders) haben sollten.*

```
...
<head>
   <meta charset="UTF-8" />
   <title>El Palau de la Música</title>
   <style>
   img {
      border: 4px solid red;
   }
   </style>
</head>
<body>
...
   <img src="img/palau250.jpg" width="250"
   → height="163" alt="El Palau de la Música" />
   <img src="img/tickets.jpg" width="87"
   → height="163" alt="Das Fenster zum Kauf von
   → Eintrittskarten" />
...
</body>
</html>
```

B *Das Ergebnis ist exakt so, als hätten Sie die Styles mit einem externen Stylesheet verknüpft. Der Unterschied besteht darin, dass keine andere Webseite die auf dieser Seite verwendeten Styles nutzen kann.*

Ein eingebettetes Stylesheet erstellen

1. Tippen Sie `<style>` in den `head`-Abschnitt Ihres HTML-Dokuments.
2. Definieren Sie alle CSS-Regeln, die Sie brauchen (siehe Abschnitt „Eine Formatierungsregel konstruieren" in Kapitel 7).
3. Mit `</style>` schließen Sie das eingebettete Stylesheet ab **A**.

TIPP **Miteinander in Konflikt stehende Formatierungsregeln, die in einem eingebetteten Stylesheet angewendet werden, überschreiben externe Stylesheets – aber nur dann, wenn das `style`-Element nach dem `link`-Element kommt. Mehr erfahren Sie im Abschnitt „Die Bedeutung des Standorts" später in diesem Kapitel.**

TIPP **Eingebettete Stylesheets sind die zweitbeste Möglichkeit, wie man CSS auf eine Seite anwenden kann. (Es gibt seltene Ausnahmen, z.B. Sites mit sehr hohem Traffic unter bestimmten Bedingungen.) Das empfehlenswerte Vorgehen ist, externe Stylesheets zu laden. Weitere Informationen finden Sie in „Ein externes Stylesheet erstellen" weiter vorne in diesem Kapitel.**

TIPP **Obwohl ich *nachdrücklich* davon abrate, können Sie Formatierungen auch direkt auf einzelne HTML-Elemente anwenden. Mehr erfahren Sie im Abschnitt „Inline-Stylesheets anwenden" später in diesem Kapitel.**

TIPP ***Technisch gesehen* ist es möglich, ein Stylesheet auch im `body` einer Seite einzubetten, aber das sollten Sie wenn möglich stets vermeiden. Wenn man HTML und CSS mischt, verletzt man eine zentrale bewährte Vorgehensweise, dass nämlich Inhalt (HTML), Präsentation (CSS) und Verhalten (JavaScript) getrennt gehalten werden sollen. Unter praktischen Aspekten ist es einfacher, das CSS zu pflegen, wenn es sich in einem externen Stylesheet befindet, als wenn es im HTML eingebettet ist (vor allem im `body`).**

Inline-Styles anwenden

Inline-Stylesheets sind die dritte Möglichkeit, CSS auf HTML anzuwenden. Allerdings ist dies die weitaus am wenigsten wünschenswerte Option, weil Sie so Inhalt (HTML) mit Präsentation (CSS) mischen – eine Ohrfeige für die empfohlene Vorgehensweise **A**. Ein Inline-Stylesheet wirkt sich nur auf ein Element aus **B**, also verlieren Sie einen der zentralen Vorteile, den externe Stylesheets bieten: einmal schreiben und überall anwenden. Stellen Sie sich mal vor, Sie müssen sich durch einen Haufen HTML-Seiten graben, bloß um eine Textfarbe zu ändern. Dann wird Ihnen schnell klar, warum Inline-Stylesheets nicht für den regelmäßigen Einsatz gedacht sind.

Doch ein Inline-Stylesheet kann hilfreich sein, wenn Sie schnell mal etwas testen wollen, bevor Sie es aus Ihrem HTML entfernen und ins externe Stylesheet packen (natürlich nur, wenn Sie mit dem Ergebnis zufrieden sind). Dort können Sie es dann im weiteren Verlauf einfacher pflegen.

A *Lokal angewendete Regeln betreffen nur ein einziges Element – in diesem Fall das erste* `img`.

```
...
<head>
   <meta charset="UTF-8" />
   <title>El Palau de la Música</title>
</head>
<body>
...
   <img src="palau250.jpg" width="250"
   → height="163" alt="El Palau de la Música"
   → style="border: 4px solid red" />
   <img src="tickets.jpg" width="87"
   → height="163" alt="Das Fenster zum Kauf von
   → Eintrittskarten" />
...
</body>
</html>
```

B *Nur das linke Bild bekommt einen Rahmen. Um den Effekt zu wiederholen, der im restlichen Kapitel gezeigt wird, müssen Sie alle* `img`*-Elemente einzeln durch* `style="border: 4px solid red"` *ergänzen. Dem können Sie also entnehmen, dass Inline-Stylesheets nicht sonderlich effizient sind. Will man sie für eine ganze Site anwenden, kann man sich für deren Aktualisierung schon mal Kopfschmerztabletten hinstellen.*

Inline-Stylesheets anwenden

1. Tippen Sie `style="` innerhalb des HTML-Elements, das Sie formatieren wollen (fügen Sie es bei nichtleeren Elementen ins Start-Tag ein).
2. Erstellen Sie eine CSS-Regel ohne geschweifte Klammern oder Selektor. Der Selektor ist nicht erforderlich, weil Sie die Regel direkt im gewünschten Element ablegen.
3. Um zusätzliche Definitionen von CSS-Regeln zu erstellen, tippen Sie das Semikolon ; und wiederholen Schritt 2.
4. Tippen Sie abschließend ein Anführungszeichen ".

TIPP Passen Sie auf, dass Sie das Gleichheitszeichen nicht mit dem Doppelpunkt verwechseln. Weil über beide Werte zugewiesen werden, vertauscht man sie leicht einmal, wenn man nicht aufpasst.

TIPP Trennen Sie auf jeden Fall mehrere Eigenschaftendefinitionen mit einem Semikolon voneinander.

TIPP Vergessen Sie auch nicht, Ihre Definitionen der CSS-Regeln in gerade Anführungszeichen einzufassen.

TIPP Wenn Formatierungen inline erfolgen, werden sie allen anderen Formatierungsangaben gegenüber bevorzugt, außer eine damit in Konflikt stehende Formatierungsregel ist mit `!important` ausgezeichnet (siehe „Die Bedeutung des Standorts" in diesem Kapitel).

TIPP Wenn Sie die Schriftfamilie in einer Inline-Formatierung deklarieren, müssen Sie mehrere Schriftnamen in *einfache* Anführungszeichen setzen, um Konflikte mit den *doppelten* Anführungszeichen des `style`-Elements zu *vermeiden*. Sie dürfen nur nicht beide Arten von Anführungszeichen an beiden Stellen nehmen.

TIPP Wahrscheinlich werden Inline-Formatierungen am häufigsten auf Elemente aus JavaScript-Funktionen angewendet, um bestimmte Bereiche einer Seite dynamisch zu machen. Vielleicht fallen Ihnen diese generierten Inline-Formatierungen auf, wenn Sie sich den Quellcode einer Seite z.B. in Firebug oder in den Entwicklertools von Chrome anschauen. In den meisten Fällen wird das angewendete JavaScript vom HTML separiert, damit die gewünschte Trennung von Inhalt (HTML), Präsentation (CSS) und Verhalten (JavaScript) gewahrt bleibt.

Die Bedeutung des Standorts

Es ist nicht unüblich, dass auf ein Element mehrere Formatierungsregeln angewendet werden, vor allem auf größeren Sites, bei denen die Organisation des CSS mehr Aufwand bedeutet. Wie bereits in „Die Kaskade – wenn Regeln kollidieren" in Kapitel 7 besprochen, verhindert der *Standort* einer CSS-Regel ein Patt, wenn Vererbung und Spezifität miteinander konkurrieren. Die Grundregel lautet (vorausgesetzt, alles andere ist gleich), dass die CSS-Regel desto gewichtiger ist bzw. den größeren Vorrang hat, je später sie erscheint (**A** bis **D**).

Also haben lokal angewendete CSS-Regeln den größten Vorrang und werden alle damit in Konflikt stehenden Regeln überschreiben, die vorher angewendet wurden.

In einem `style`-Element werden alle vorhandenen `@import`-Regeln gegenüber individuellen CSS-Regeln verlieren, die ebenfalls im `style`-Element erscheinen (weil sie per Definition den `@import`-Regeln folgen müssen).

Die Beziehung zwischen dem eingebetteten `style`-Element und verknüpften externen Stylesheets hängt von ihren relativen Positionen ab. Wenn das `link`-Element im HTML-Code später kommt, überschreibt es das `style`-Element. Wenn es früher kommt, überschreibt das `style`-Element (und alle darin enthaltenen importierten Stylesheets) die Regeln im verknüpften Stylesheet.

A *In diesem Beispiel kommt das `style`-Element als Letztes. Von daher werden dessen Regeln Vorrang vor den Regeln im `base.css`-Stylesheet haben (solange die miteinander in Konflikt stehenden Regeln die gleichen Vererbungs- und Spezifitätsfaktoren aufweisen).*

```
...
<head>
   <title>El Palau de la Música</title>
   <link rel="stylesheet" href="base.css" />
   <style>
   img {
      border-style: dashed;
   }
   </style>
</head>
...
```

B *Der gestrichelte Rahmen des `style`-Elements gewinnt gegenüber dem durchgezogenen Rahmen aus dem verknüpften `base.css`.*

C *Hier kommt das verknüpfte Stylesheet zuletzt. Es hat Vorrang vor den Regeln im `style`-Element (wenn alles andere ansonsten gleich ist).*

```
...
<head>
   <title>El Palau de la Música</title>
   <style>
   img {
      border-style: dashed;
   }
   </style>
   <link rel="stylesheet" href="base.css" />
</head>
...
```

D *Der durchgezogene Rahmen aus dem `base.css`-Stylesheet gewinnt gegenüber dem gestrichelten Rahmen des internen `style`-Elements.*

Externe Stylesheets können auch `@import`-Regeln enthalten (obwohl ich wie bereits erwähnt aus Gründen der Performance davon abrate). In diesem Fall werden die importierten Regeln von den anderen Regeln überschrieben, die im externen Stylesheet enthalten sind (weil sie per Definition der `@import`-Regel folgen müssen). Ihre Beziehung zu den anderen Stylesheets des Dokuments wird wie gewöhnlich von der Position der Verknüpfung mit dem externen Stylesheet bestimmt.

Doch eine Ausnahme gibt es dabei, wie die Reihenfolge konkurrierender Formatierungen sich darauf auswirkt, welche gewinnt: Eine mit `!important` ausgezeichnete Formatierung gewinnt immer – egal ob sie zuerst oder zuletzt kommt oder mittendrin steht. Hier ist ein Beispiel: `p { margin-top: 1em !important; }`. Aber so etwas sollten Sie lieber vermeiden. Ihre Deklarationen werden dadurch zu mächtig und Sie stopfen Ihr CSS mit längeren Regeln voll, wenn Sie etwas überschreiben müssen.

Das Einzige, was eine Deklaration mit `!important` noch übertrumpfen kann, ist das Stylesheet eines *Anwenders*. Genau: Sie und ich als Besucher einer Site können unsere eigenen Stylesheets für den Browser erstellen und diese werden dann bevorzugt. Wir könnten z.B. immer eine bestimmte Schriftgröße haben wollen oder einen bestimmten Kontrast zwischen Text und Hintergrundfarbe wünschen. Doch die meisten Besucher haben gar keine Ahnung, dass das überhaupt geht, und somit ist das recht unüblich geblieben.

Medienspezifische Stylesheets

Sie können festlegen, dass ein Stylesheet nur bei einer bestimmten Ausgabeform verwendet werden soll, z.B. nur für den Druck oder nur die Bildschirmdarstellung im Browser. Sie erstellen beispielsweise ein allgemeines Stylesheet, das sowohl die für die Druck- als auch die Bildschirmversion gemeinsamen Features enthält, und dann Stylesheets für Druck und Bildschirm, die jeweils entsprechend angewendet werden.

Medienspezifische Stylesheets kennzeichnen

1. Ergänzen Sie die `link`- oder `style`-Start-Tags mit `media="output"`, wobei *output* durch eines oder mehrere der folgenden Wörter ersetzt wird: `print`, `screen` oder `all` (das sind die häufigsten Typen, doch es gibt auch noch andere) **A**. Trennen Sie mehrere Werte mit Komma.
2. Alternativ schreiben Sie die `@media`-Regel ins Stylesheet **B**. Bei dieser Methode muss im `link`-Element kein Medientyp angegeben werden.

A *Wenn das Stylesheet nur für eine bestimmte Ausgabeart gelten soll, fügen Sie dem `link`-Element das Attribut `media` hinzu. In diesem Beispiel wirkt sich `base.css` auf die Seite aus, wenn sie im Browser aufgerufen wird (wegen `media="screen"`), während `print.css` die Druckausgabe der Seite beeinflusst (wegen `media="print"`).*

```
...
<head>
   <meta charset="UTF-8" />
   <title>El Palau de la Música</title>
   <link rel="stylesheet" href="base.css"
   → media="screen" />
   <link rel="stylesheet" href="print.css"
   → media="print" />
</head>
<body>
...
   <img src="img/palau250.jpg" width="250"
   → height="163" alt="El Palau de la Música" />
   <img src="img/tickets.jpg" width="87"
   → height="163" alt="Das Fenster zum Kauf von
   → Eintrittskarten" />
...
</body>
</html>
```

B *Mit der `@media`-Regel können Sie in einem Stylesheet ebenfalls speziell auf andere Medientypen abgestimmt designen (siehe Kapitel 12). Dieses Beispiel zeigt Formatierungen ganz oben, die sich auf alle Medientypen auswirken (z.B. auch Print), und print-spezifische Formatierungen ganz unten. Eine Druckvorschau oder der Ausdruck einer Seite mit diesem Stylesheet enthält keine Bilder (die werden mit `display: none` abgeschaltet) sowie schwarzen Absatztext in Kursivschrift. Die Deklaration `font-style: italic` wirkt sich auch auf den Print-Modus aus, weil das Print-Stylesheet keinen abweichenden `font-style` angibt.*

```
@charset "UTF-8";

/* Formatierungen für alle Medien */
img {
   border: 4px solid red;
}

p {
   color: green;
   font-style: italic;
}

/* Print-Stylesheet */
@media print {
   img {
      display: none;
   }

   p {
      color: black;
   }
}
```

TIPP **Der Standardwert für das `media`-Attribut ist `all` und somit wäre die Deklaration `media="all"` redundant. Anders gesagt können Sie das `media`-Attribut weglassen, außer Sie müssen spezifisch sein. Manche Programmierer sind lieber ganz explizit und fügen stets `media="all"` ein.**

TIPP **Neun Ausgabearten sind möglich: `all`, `aural`, `braille`, `handheld`, `print`, `projection`, `screen`, `tty` sowie `tv`, die verschieden gut unterstützt werden – bei den meisten ist der Support moderat. Praktisch gesehen werden Sie wahrscheinlich überhaupt eher nur `screen` und `print` verwenden (und vielleicht noch `all`), die jeweils allgemein unterstützt werden. Andererseits wurde `handheld` von Geräten nie sonderlich gut unterstützt. Also werden Sie meist eher `screen` nehmen, wenn Sie für Handys designen (siehe Kapitel 12). Der Projektionsmodus von Opera (Opera Show) unterstützt den Typ `projection`, der für Beamer und ähnliche Ansichten gedacht ist.**

TIPP **Im Artikel von Christian Krammer unter *www.smashingmagazine.com/2011/11/24/how-to-set-up-a-print-style-sheet/* erfahren Sie, wie man ein Print-Stylesheet einrichtet.**

Alternative Stylesheets anbieten

Sie können auf mehr als nur ein Stylesheet verlinken **A** und dann die Besucher wählen lassen, welches ihnen am besten gefällt. Die Spezifikation erlaubt Folgendes: einen grundlegenden Satz *durchgehender* Styles **B**, die ungeachtet der Wahl Ihrer Besucher angewendet werden, einen Standard- oder *bevorzugten* Style-Satz mit ergänzenden Regeln **C**, der angewendet wird, falls die Besucher nichts auswählen, oder einen bzw. mehrere *alternative* Stylesheets **D**, aus denen die Besucher wählen können **E**. Dann wird der bevorzugte (aber nicht der grundlegende) Style-Satz deaktiviert und ignoriert. Mit alternativen Stylesheets können Sie verschiedene Themen für Ihre Site anbieten.

Alternative Stylesheets anbieten

1. Um das Stylesheet zu kennzeichnen, das als Grundlage verwendet wird, egal welche Voreinstellungen ein Besucher hat, verwenden Sie die einfache Syntax aus „Mit externen Stylesheets verknüpfen" ohne `title`.
2. Für das Stylesheet, das als erste Wahl angeboten werden soll, aber durch eine andere Auswahl deaktiviert werden kann, ergänzen Sie das `link`-Element mit `title="label"`, wobei *`label`* für das bevorzugte Stylesheet steht.
3. Beim Stylesheet für die Alternativauswahl geben Sie im `link`-Element `rel="alternate stylesheet" title="label"` ein, wobei *`label`* das alternative Stylesheet ist.

A *Hier habe ich der Reihe nach das grundlegende, das bevorzugte (oder automatisch zu ladende) und ein alternatives Stylesheet definiert. Jedes Stylesheet benötigt ein eigenes `link`-Element.*

```
...
<head>
   <meta charset="UTF-8" />
   <title>Palau de la Música</title>
   <link rel="stylesheet" href="base.css" />
   <link rel="stylesheet" href="preferred.css"
   ➝ title="Gestrichelt" />
   <link rel="alternate stylesheet"
   ➝ href="alternate.css" title="Gepunktet" />
</head>
...
```

B *Beispielhaft wird diese CSS-Datei (`base.css`) zu unserem grundlegenden Stylesheet, das auf jeden Fall angewendet wird, egal was der Besucher macht.*

```
img {
   border: 4px solid red;
}
```

C *Dieses Stylesheet (`preferred.css`) wird neben `base.css` standardmäßig geladen, wenn der Besucher auf die Seite kommt.*

```
img {
   border-style: dashed;
}
```

D *Der Besucher kann auf Wunsch auch dieses alternative Stylesheet nehmen. Es heißt hier zwar `alternate.css`, aber wie auch bei den anderen können Sie den Namen beliebig wählen.*

```
img {
   border-style: dotted;
}
```

E *Wenn die Seite geladen wird, hat sie einen gestrichelten Rahmen (der bevorzugte Wert überschreibt den grundlegenden Wert für den durchgehenden Rahmen, aber die Grundfarbe bleibt erhalten). Wenn der Besucher sich für „Gepunktet“ entscheidet, kommt das alternative Stylesheet zum Einsatz.*

TIPP Sie brauchen kein bevorzugtes Stylesheet anzubieten, um ein alternatives Stylesheet bereitstellen zu können. Im gezeigten Beispiel hätten auch nur die `link`-Elemente für `base.css` und `alternate.css` stehen können. Entsprechend hätte es auch auf `preferred.css` und `alternate.css` verlinken können, ohne ein persistentes Stylesheet angeben zu müssen. Sie können auch mehr als nur ein alternatives Stylesheet vorhalten.

TIPP Bei Firefox **E** und Opera kann man leicht von einem Stylesheet zu einem anderen wechseln. Für andere gibt es Lösungen per JavaScript. Mehr darüber finden Sie, wenn Sie eine Suche nach „Stylesheet Switcher“ starten, um sich einbaufähigen Code zu suchen.

TIPP Alternative Stylesheets waren vor einigen Jahren üblich, damit Anwender zwischen mehreren Schriftgrößen wählen konnten. Heutzutage erleichtern einem die Browser das Heraufsetzen der Schriftgröße, ohne dass dazu ein alternatives Stylesheet nötig wäre, und viel mehr Nutzer kennen diese Features (das wichtigste davon ist der Seitenzoom).

TIPP Sie können auch Stylesheets laden, die nur zum Ausdruck der Webseite gedacht sind. Mehr erfahren Sie im Abschnitt „Medienspezifische Stylesheets“ in diesem Kapitel.

Inspiration durch andere – CSS

In Kapitel 2 habe ich Ihnen gezeigt, wie Sie sich den Quellcode einer Webseite anschauen. Will man sich CSS-Code eines anderen Programmierers anschauen, ist das auch nicht schwerer.

CSS-Code anderer Designer anschauen

1. Schauen Sie sich zuerst den HTML-Code der Seite an **A**. Wie man den Quellcode aufruft, erfahren Sie in „Inspiration durch andere“ in Kapitel 2.

   Wenn sich der CSS-Code in einem eingebetteten Stylesheet befindet, können Sie ihn nun schon sehen.

2. Wenn das CSS sich in einem externen Stylesheet befindet, suchen Sie den Verweis darauf im HTML und klicken auf den Dateinamen **A**. Das Stylesheet wird im Browserfenster dargestellt **B**. Sie können es dann auf Wunsch von dort kopieren und in Ihren Texteditor einfügen.

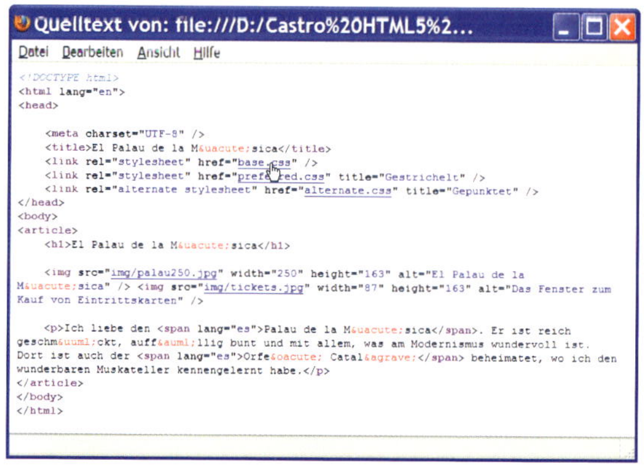

A *Schauen Sie sich den Quellcode für die HTML-Seite an, in der das gewünschte Stylesheet enthalten ist, und klicken Sie auf den Dateinamen des Stylesheets.*

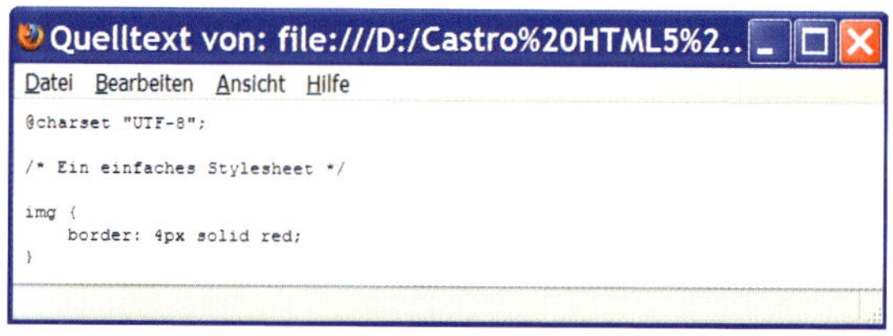

B *Das Stylesheet wird dann im Browserfenster dargestellt.*

TIPP **Wie beim HTML sollten Sie sich durch Code anderer Designer inspirieren lassen und dann eigene Stylesheets schreiben. Passen Sie aber auch gut auf, wenn Sie sich anderen Code anschauen. Nur weil dieser Code im Web steht, heißt das noch lange nicht, dass er als Code-Beispiel vorbildlich ist, um einen bestimmten Effekt zu erzielen – egal wie gut der Autor es gemeint hat.**

TIPP **Bei modernen Browsern klicken Sie auf den Stylesheet-Namen im HTML-Quellcode, wie aus den Bildern ersichtlich ist. Um ein Stylesheet in einem älteren Browser anzusehen, müssen Sie eventuell den im `link`-Element gezeigten URL kopieren, in die Adresszeile Ihres Browsers einfügen (und so dann den HTML-Dateinamen ersetzen) und auf ↵ drücken. Wenn der URL des Stylesheets eine relative Adresse hat (siehe „URLs“ in Kapitel 1), müssen Sie den URL des Stylesheets wahrscheinlich selbst zusammenbauen, indem Sie den URL der Webseite mit dem relativen URL des Stylesheets kombinieren.**

TIPP **Mit den Entwicklertools, die in modernen Browsern verfügbar sind, können Sie schnell das CSS einer Seite aufrufen. Bei den meisten Browsern sind diese schon enthalten und für Firefox gibt es eine Erweiterung namens Firebug (siehe Kapitel 20).**

9

Selektoren definieren

Wie Sie im Abschnitt „Formatierungsregel konstruieren“ in Kapitel 7 gesehen haben, besteht eine CSS-Regel aus zwei Hauptbestandteilen. Der *Selektor* bestimmt, welche Elemente zu formatieren sind, und die *Deklarationen* definieren, welche Formatierungen überhaupt genommen werden. In diesem Kapitel beschäftigen wir uns mit dem Definieren der CSS-Selektoren.

Mit den einfachsten Selektoren können Sie alle Elemente eines bestimmten Typs formatieren, beispielsweise alle `h1`-Überschriften, aber mit komplexeren Selektoren werden Elemente (basierend auf deren `class` oder `id`, Kontext, Status usw.) anhand von Formatierungsregeln formatiert.

Hier geht es um die Definition der Selektoren und in den Kapiteln 10 bis 14 machen Sie mit der Erstellung der Deklarationen weiter. Einige spezielle Eigenschaften von CSS-Regeln erläutern wir im Verlauf des restlichen Buchs. Bis dahin arbeiten wir in unseren Beispielen mit dem einfachen und leicht nachvollziehbaren `{color:red;}`, um die Farbe auf Rot zu setzen.

Übersicht

Selektoren konstruieren

Der *Selektor* bestimmt, auf welche Elemente eine CSS-Regel angewendet wird. Wenn Sie beispielsweise alle p-Elemente mit der Schrift Times und der Größe 12 Pixel formatieren wollen, erstellen Sie einen Selektor, der nur die p-Elemente identifiziert und alle anderen Elemente in Ihrem Code in Ruhe lässt. Wenn Sie das erste p in jedem Bereich mit einer speziellen Einrückung formatieren wollen, müssen Sie einen etwas komplizierteren Selektor schaffen, der nur genau diese p-Elemente identifiziert, die das erste Element in ihrem Bereich der Seite sind.

Ein Selektor kann für die Auswahl der zu formatierenden Elemente bis zu fünf verschiedene Kriterien definieren:

- Typ oder Name des Elements **A**,
- Kontext, in dem sich das Element befindet **B**,
- `class` oder `id` des Elements (**C** und **D**),
- Pseudo-Klasse eines Elements oder eines Pseudo-Elements **E** selbst (das erkläre ich gleich – versprochen!)
- und ob ein Element bestimmte Attribute und Werte hat oder nicht **F**.

Name des gewünschten Elements

```
h1 {
   color: red;
}
```

A *Der einfachste Selektor besteht nur aus dem Namen des Elements, das formatiert werden soll (in diesem Fall das* `h1`*-Element).*

Kontext — *Name des gewünschten Elements*

```
h1 em {
   color: red;
}
```

B *Dieser Selektor beachtet den Kontext. Die CSS-Regel wird nur auf die* `em`*-Elemente in* `h1`*-Elementen angewendet. Anderswo vorkommende* `em`*-Elemente sind nicht betroffen.*

Klasse

```
.very {
   color: red;
}
```

ID

```
#gaudi {
   color: red;
}
```

C *Der erste Selektor wählt alle Elemente, die zur Klasse* `very` *gehören. Anders ausgedrückt: jedes Element, bei dem im HTML-Start-Tag* `class="very"` *steht. Der zweite wählt das eine Element aus, das die* `id` `gaudi` *hat, wie es in dessen HTML-Start-Tag mit* `id="gaudi"` *spezifiziert wird. Sie werden sich erinnern, dass es jede* `id` *nur einmal pro Seite geben darf, während eine* `class` *mehrfach erscheinen kann.*

Im restlichen Kapitel wird erklärt, wie man Selektoren definiert.

Name des gewünschten Elements

Klasse

```
em.very {
   color: red;
}
```

Name des gewünschten Elements

ID

```
article#gaudi {
   color: red;
}
```

D *Sie können spezifischer sein, indem Sie einem* `class`*- oder* `id`*-Selektor den Namen des Elements voranstellen, für das er gedacht ist. In diesem Fall wählt der erste Selektor nur die* `em`*-Elemente mit der Klasse* `very` *aus, anstatt jedes Element mit der Klasse* `very`*. Entsprechend wählt der zweite das eine* `article`*-Element aus, das die* `id` `gaudi` *hat. Generell sollten Sie nur, wenn's denn sein muss, auf diese Weise vorgehen. Der weniger spezifische Selektor im vorigen Beispiel* **C** *ist zu bevorzugen.*

Name

Pseudo-Klasse

```
a:link {
   color: red;
}
```

E *In diesem Beispiel wählt der Selektor* `a`*-Elemente, die zur Pseudo-Klasse* `link` *gehören (anders ausgedrückt sind das die* `a`*-Elemente, die noch nicht besucht wurden).*

Name

Attribut

```
a[name] {
   color: red;
}
```

F *In eckigen Klammern geben Sie einem Selektor Informationen über die Attribute und/oder Werte des gewünschten Elements mit.*

Selektoren können diese Kriterien beliebig kombinieren, um exakt das gewünschte Element zu bestimmen. Meist verwenden Sie bloß ein oder zwei Selektoren. Überdies können Sie die gleichen Deklarationen auf verschiedene Selektoren auf einmal verwenden, wenn Sie die gleichen CSS-Regeln auf unterschiedliche Elementgruppen anwenden müssen (siehe „Gruppen von Elementen spezifizieren" weiter hinten in diesem Kapitel).

Elemente nach Name auswählen

Das wohl am häufigsten vorkommende Kriterium für die Wahl der zu formatierenden Elemente ist der Name (der sogenannte *Typ*) des Elements. Sie können also beispielsweise alle h1-Elemente groß und fett hervorheben und alle p-Elemente mit einer serifenlosen Schrift formatieren.

A *Dieser HTML-Code hat zwei* h2*-Elemente. (Falls es Sie interessiert: Das* lang*-Attribut zeigt an, dass der Inhalt in einer anderen Sprache ist als die Standardsprache der Seite. Diese wird im* html*-Element angegeben, das auf den DOCTYPE am Anfang jeder Seite folgt. In diesem Fall zeigt* lang="es" *bei jedem* h2 *an, dass der Inhalt auf Spanisch ist.)*

```
<!DOCTYPE html>
<html lang="de">
<head>
...
</head>
<body>
...
<article class="about">
   <h1>Antoni Gaudí</h1>

   <p>Viele Touristen kommen extra nach Barcelona, um sich die unbeschreibliche Architektur von Antoni
   ➝ Gaudí anzuschauen.</p>
   <p>Im Jahre 2002 <a href="http://www.gaudi2002.bcn.es/english/" rel="external">feierte</a> Barcelona den
   ➝ 150. Geburtstag von Gaudí.</p>

   <section class="project">
      <h2 lang="es">La Casa Milà</h2>
      <p>Das Werk von Gaudí ist ausgesprochen nützlich. <span lang="es">La Casa Milà</span> ist ein
      ➝ Apartmenthaus, in dem <em>echte Menschen</em> leben.</p>
   </section>

   <section class="project">
      <h2 lang="es">La Sagrada Família</h2>
      <p>Die unvollendete Kirche mit dem eigenartigen Namen Sühnekirche der Heiligen Familie ist das <em>am
      ➝ meisten besuchte</em> Gebäude in Barcelona.</p>
   </section>
</article>
...
```

B *Dieser Selektor wählt alle* `h2`*-Elemente des Dokuments aus und macht sie rot* **C**.

```
h2 {
   color: red;
}
```

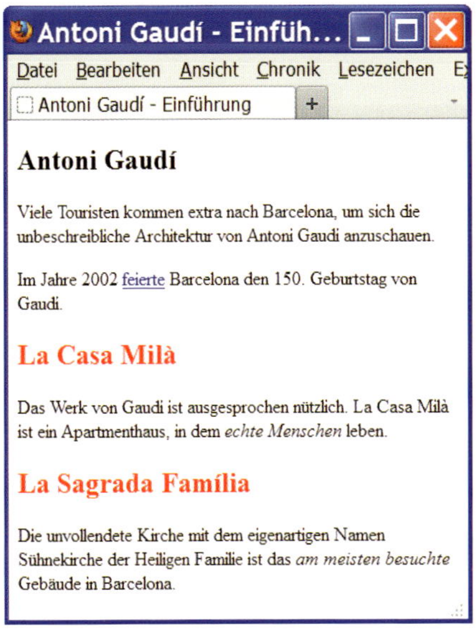

C *Alle* `h2`*-Elemente werden rot.*

Elemente zur Formatierung nach Typ auswählen

Tippen Sie *`selektor`*, wobei *`selektor`* der Name des gewünschten Elementtyps ohne irgendwelche Attribute ist **B**.

TIPP Wenn Sie es (anhand der Techniken aus dem restlichen Kapitel) nicht anders angeben, werden alle Elemente des angegebenen Typs formatiert, egal wo diese in Ihrem Dokument vorkommen.

TIPP Nicht bei allen Selektoren muss der Name eines Elements angegeben werden. Wenn Sie die Formatierung auf eine ganze Klasse von Elementen anwenden wollen, egal welche Arten von Elementen in dieser Klasse definiert sind, müssen Sie den Namen aus dem Selektor weglassen. Im nächsten Abschnitt wird dies näher erklärt.

TIPP Der Platzhalter * (Sternchen) steht für einen beliebigen Elementnamen in Ihrem Code. Beispiel: `* { border: 2px solid green; }` **gibt jedem Element einen durchgehenden grünen Rahmen, der zwei Pixel breit ist!**

TIPP Sie können eine Gruppe von Elementnamen für einen Selektor auswählen, indem Sie sie über Komma voneinander trennen. Mehr erfahren Sie im Abschnitt „Gruppen von Elementen spezifizieren" später in diesem Kapitel.

Elemente anhand von Klasse oder ID auswählen

Wenn Sie Elemente mit einer `id` oder `class` **A** ausgezeichnet haben (siehe Kapitel 3), können Sie dieses Kriterium in einem Selektor verwenden, um nur solcherart gekennzeichnete Elemente zu formatieren.

A *Es gibt zwei `article`-Elemente, die `about` als `class` haben. Ein kurzer Absatz ohne die `class` steht dazwischen.*

```
...
<article id="gaudi" class="about">
   <h1>Antoni Gaudí</h1>

   <p>Viele Touristen kommen extra nach Barcelona, um sich die unbeschreibliche Architektur von Antoni
   ➝ Gaudí anzuschauen.</p>
   <p>Im Jahre 2002 <a href="http://www.gaudi2002.bcn.es/english/"rel="external">feierte</a> Barcelona den
   ➝ 150. Geburtstag von Gaudí.</p>

   <section class="project">
      <h2 lang="es">La Casa Milà</h2>
      <p>Das Werk von Gaudí ist ausgesprochen nützlich. <span lang="es">La Casa Milà</span> ist ein
      ➝ Apartmenthaus, in dem <em>echte Menschen</em> leben.</p>
   </section>

   ...
</article>

<p>Dieser Absatz enthält kein <code>class="about"</code>. Darum wird er nicht rot, wenn das CSS angewendet
➝ wird.</p>

<article class="about">
   <h1>Lluís Domènech i Montaner</h1>

   <p>Lluís Domènech i Montaner war ein Zeitgenosse von Gaudí.</p>
   ...
</article>
...
```

B *Dieser Selektor wird die Elemente wählen, die die* `class` `about` *aufweisen. In diesem Fall handelt es sich bei beiden um* `article`*-Elemente, aber Sie könnten die Klassen auf beliebige Elemente anwenden. Wenn Sie die Formatierung nur dann anwenden wollten, wenn ein* `article`*-Element diese Klasse aufweist, könnten Sie den Selektor so schreiben:* `article.about`*. Aber das ist spezifischer, als Sie normalerweise sein müssten.*

```
.about {
   color: red;
}
```

C *Der* `article` *mit der Klasse* `about` *wird rot dargestellt, aber das* `p`*-Element am Ende der Seite nicht. (Falls Sie sich fragen, warum der Link blau ist: Das liegt an der Standardformatierung des Browsers, aber Sie können diese auch mit einer eigenen Regel überschreiben.)*

Elemente zur Formatierung über class auswählen

1. Tippen Sie . (einen Punkt).
2. Ohne Leerzeichen dazwischen tippen Sie sofort *`klassenname`*, wobei *`klassenname`* das Element eindeutig identifiziert, für das die CSS-Regeln gelten sollen.

Elemente zur Formatierung über id auswählen

1. Tippen Sie # ein (das Rautenzeichen).
2. Ohne Leerzeichen dazwischen tippen Sie sofort *`id`*, wobei *`id`* das Element eindeutig identifiziert, für das die CSS-Regeln gelten sollen.

TIPP **Sie können `class`- und `id`-Selektoren alleine oder zusammen mit anderen Selektorkriterien verwenden. Beispielsweise betrifft `.news {color: red;}` alle Elemente der Klasse `news`, während `h1.news {color: red;}` sich nur auf die `h1`-Elemente der Klasse `news` auswirkt. Am besten lässt man den Elementnamen aus einem `id`- oder `class`-Selektor weg, außer Sie wollen speziell darauf zielen.**

TIPP Beachten Sie, dass ich in Ⓐ und Ⓒ einen `class`-Namen (`about`) verwende, der die Bedeutung des Inhalts enthält, auf den er angewendet wird. Ich nenne ihn nicht einfach bloß `red`. Am besten verwendet man sowieso keine `class`-Namen, die beschreiben, wie etwas aussieht. Denn vielleicht entscheiden Sie sich später, dass die Formatierung geändert wird und der Text etwa grün werden soll. Und mit `class` erhöhen Sie den semantischen Wert Ihres HTML, so wie Elemente das machen.

TIPP Wenn man das Beispiel Ⓑ umschreibt und `#gaudi { color: red; }` nimmt, dann wäre nur der Text im ersten `article` rot, weil dies das einzige mit der `id="gaudi"` ist. Jede `id` muss eindeutig bzw. einmalig sein. Also können Sie diese `id` nicht im `article` über Lluís Domènech i Montaner nehmen.

TIPP Weitere Informationen, wie man den Elementen im HTML-Code Klassen zuweist, bekommen Sie im Abschnitt „Elemente mit einer Klasse oder ID benennen" in Kapitel 3.

class-Selektoren vs. id-Selektoren

Wenn Sie zwischen `class`- und `id`-Selektoren wählen müssen, dann schlage ich vor, wenn irgend möglich stets `class`-Selektoren zu nehmen – vor allem deswegen, weil Sie diese mehrfach verwenden können. Manche Leute sind der Ansicht, dass man gar keine `id`s nehmen sollte. Dieses Argument verstehe ich, doch letzten Endes bleibt die Wahl Ihnen überlassen, wenn Sie Ihre Sites entwickeln. Dieses Thema kann auf beiden Seiten die Wellen recht hoch schlagen lassen. Auf jeden Fall sollten Sie zwei der Probleme kennen, die durch `id`-Selektoren hervorgerufen werden:

- Die damit verknüpften Formatierungen können nicht erneut bei anderen Elementen verwendet werden. (Denken Sie daran, dass eine `id` nur bei einem Element auf einer Seite erscheinen darf.) Das kann dazu führen, dass Formatierungen bei anderen Elementen wiederholt werden, anstatt sie einfach mit einer `class` weiterzugeben.
- Sie sind weitaus spezifischer als `class`-Selektoren. Das bedeutet, wenn Sie je eine Formatierung überschreiben müssen, die mit einem `id`-Selektor definiert wurde, müssen Sie eine CSS-Regel schreiben, die noch spezifischer ist. Ein paar davon kann man noch leicht managen, aber wenn Sie an einer Site arbeiten, die schon anständig groß ist, wird Ihr CSS länger und möglicherweise komplizierter als nötig.

Diese beiden Punkte werden Ihnen wahrscheinlich klarer, je mehr Sie mit CSS arbeiten. (Im Gegenzug ist das einer der Gründe, warum manche gerne mit `id`s arbeiten: Sie wissen sofort auf einen Blick, ob ein Element einmalig ist.)

Also lautet meine Empfehlung, nach Gelegenheiten Ausschau zu halten, bei denen man Formatierungen in einer oder mehreren `class` kombinieren kann, um sie gemeinsam zu nutzen. Außerdem sollten `id`-Selektoren möglichst dünn gesät bleiben, falls Sie doch welche einsetzen – schauen Sie sich die Beispielseite in Kapitel 11 an, um zu erfahren, wie das zu bewerkstelligen ist. So werden Ihre Stylesheets kürzer und können einfacher verwaltet werden.

Elemente nach Kontext auswählen

In CSS können Sie Elemente abhängig von ihren Vorfahren, ihren übergeordneten oder den gleichberechtigten Elementen (siehe „Eltern und Kinder" in Kapitel 1) zielgenau auswählen (A bis D).

Ein *Vorfahr* ist ein Element, das das gewünschte Element enthält (den *Nachfahren*), ungeachtet der Anzahl von Generationen, die sie voneinander trennen.

A *Hier ist der Text gekürzt, damit die Beziehungen zwischen den Elementen besser ersichtlich sind. Jede Einrückung repräsentiert eine Generation. Beachten Sie, dass es hier zwei* `p`*-Elemente der zweiten Generation direkt innerhalb des* `article` *in der Klasse* `about` *und ein* `p`*-Element der dritten Generation innerhalb der* `project-section` *(im* `article`*) gibt. Im kompletten Code gibt es ein weiteres* `p`*-Element der dritten Generation (hier nicht gezeigt). Die* `h2`*-Instanzen sind ebenfalls dritte Generation.*

```
...
<article class="about">
   <h1>Antoni Gaudí</h1>

   <p>Viele Touristen ... </p>
   <p>Barcelona ... </p>

   <section class="project">
      <h2 lang="es">La Casa Milà</h2>
      <p>Das Werk von Gaudí ... </p>
   </section>

   <section class="project">
      <h2 lang="es">La Sagrada Família</h2>
      ...
   </section>
</article>
...
```

B *Das Leerzeichen zwischen* `article.about` *und* `p` *bedeutet, dass dieser Selektor jedes* `p`*-Element finden wird, das Nachfahr von* `article` *mit der Klasse* `about` *ist, egal aus welcher Generation. Wenn man dem* `class` *(oder insbesondere einer* `id`*) den Elementnamen voranstellt, wird das meist viel spezifischer, als Sie in der Praxis sein müssen. Im nächsten Beispiel werden weniger spezifische Selektoren vorgestellt* C.

```
article.about p {
   color: red;
}
```

C *Es gibt oft mehr als einen Weg, wie Sie Ihre Selektoren formulieren können, um den gewünschten Effekt zu erzielen. Es läuft darauf hinaus, wie spezifisch Sie unbedingt sein müssen. Der Selektor im ersten Beispiel hier (*`article p { }`*) ist weniger spezifisch als die beiden, die dem folgen (*`.about p { }`*) und dem in* B*. Im zweiten Beispiel hier wird ein* `class`*-Selektor mit einem Nachfahren-Selektor kombiniert; Sie können auch* `id`*-Selektoren kombinieren. Sie werden wahrscheinlich meist mit diesen arbeiten anstatt mit dem spezifischeren und wortreicheren Modell in* B.

```
/* Andere Wege, um den gleichen Effekt zu erzielen
-------------------------------------- */

/* Jedes p, das Nachfahr eines articles ist.
→ Dieser Ansatz ist am wenigsten spezifisch. */
article p {
   color: red;
}

/* Jedes p, das Nachfahr irgendeines Elements
→ mit der class about ist. Das zweit-
→ spezifischste Beispiel der drei.   */
.about p {
   color: red;
}
```

Elemente zur Formatierung auf dem Vorfahren basierend auswählen

1. Tippen Sie *vorfahr*, wobei *vorfahr* der Name des Elements ist, das das zu formatierende Element enthält.
2. Tippen Sie ein Leerzeichen.
3. Falls nötig, wiederholen Sie die Schritte 1 bis 2 für alle folgenden Vorfahrgenerationen.
4. Geben Sie *nachfahr* ein, wobei *nachfahr* der Name des Elements ist, das Sie formatieren wollen.

TIPP Ein Selektor, der auf dem Vorfahren eines Elements beruht, heißt *Nachfahren-Selektor* (*descendant selector*), doch in CSS3 wurde er in *Nachfahren-Kombinator* (*descendant combinator*) umgetauft (manche Leute sprechen hier immer noch von „Selektor").

TIPP Lassen Sie sich im Beispiel nicht von dem `article.about` verwirren B. Denken Sie daran, das heißt einfach „der `article`, dessen `class` gleich `about` ist". Also heißt `article.about p` einfach: „Wähle jedes `p`-Element, das sich in einem `article`-Element befindet, dessen `class` gleich `about` ist." Im Vergleich dazu bedeutet das weniger spezifische `.about p` „jedes `p`-Element, das in *irgendeinem* Element enthalten ist, dessen `class` gleich `about` ist" C. Das liegt daran, dass `id`-Selektoren in diesem Kontext spezifischer sind als Element- und `class`-Selektoren.

D Alle `p`-Elemente, die sich in dem Element mit der Klasse `about` befinden, sind rot, auch wenn sie im Element mit der Klasse `about` ebenfalls innerhalb von anderen Elementen stehen. Jede der Formatierungsregeln in B und C führen zu dem hier gezeigten Ergebnis.

E *Dieser Selektor wird nur jene `p`-Elemente wählen, die Kinder von `article`-Elementen mit der Klasse `about` sind (also keine Enkel, Urenkel usw.). Damit das für sie gilt, dürfen sie in keinem anderen Element enthalten sein.*

```
article.about > p {
   color: red;
}
```

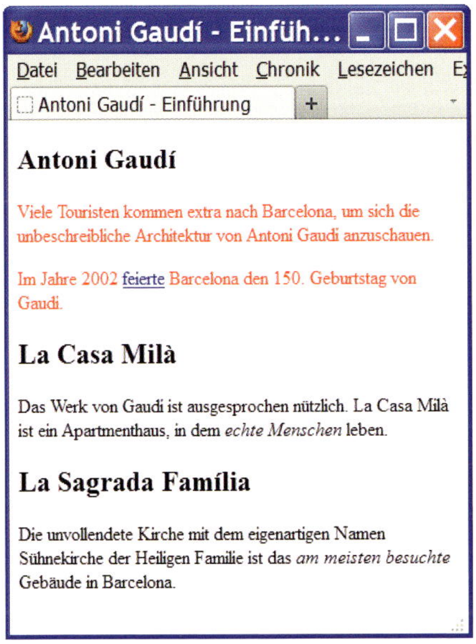

F *Nur die ersten beiden `p`-Elemente sind Kinder (und Nachfahren) der `about`-Klasse `article`. Die anderen beiden `p`-Elemente sind Kinder des `section`-Elements innerhalb des `article`. Den in diesem Beispiel verwendeten HTML-Code sehen Sie bei* **A**.

In den vorigen Beispielen wurden Nachfahren-Kombinatoren gezeigt. Bei CSS gibt es auch *Kind-Kombinatoren* (*child combinators*), mit denen Sie eine Regel für einen direkten Nachfahren (auch *Kind* genannt) eines Elternelements definieren. Diese sind Ihnen aus der Terminologie vor CSS3 vielleicht noch als *Kindselektoren* bekannt. Ein übergeordnetes oder *Elternelement* ist dasjenige, das ein anderes Element (das untergeordnete Element oder *Kindelement*) enthält – die beiden sind also nur eine Generation auseinander.

Elemente zur Formatierung auf dem Vorfahren basierend auswählen

1. Tippen Sie *`elternelement`*, wobei *`elternelement`* der Selektor des Elements ist, das das zu formatierende Element enthält.
2. Tippen Sie ein > (das Größer-als-Zeichen) **E**.
3. Falls nötig, wiederholen Sie die Schritte 1 bis 2 für alle folgenden Vorfahrgenerationen.
4. Geben Sie *`nachfahr`* ein, wobei *`nachfahr`* der Name des Elements ist, das Sie formatieren wollen.

TIPP So wie Sie es beim Nachfahren-Kombinator gesehen haben, können Sie den Elementnamen vor der `class` weglassen. Tatsächlich empfehle ich das auch (außer Sie brauchen diese besondere Spezifität, um die gewünschte Formatierung zu bekommen). Beispielsweise bewirkt in diesem Fall `.about > p {color: red; }` den gleichen Effekt. Oder um sogar noch weniger spezifisch zu sein, können Sie `class` auch ganz weglassen – wie hier in `article > p { color: red; }`. Nehmen Sie wenn irgend möglich diese einfacheren Formen, bevor Sie auf spezifischere ausweichen. Einige der im restlichen Kapitel folgenden Beispiele könnte man auf ähnliche Weise vereinfachen. Nun haben Sie einen Eindruck bekommen, wie das zu machen ist, aber ich werde diese Alternativen nicht weiter vorstellen. Behalten Sie einfach im Hinterkopf, dass es generell besser ist, weniger spezifisch zu sein, damit die Formatierungen einfacher wiederverwendbar sind.

TIPP Sie können `id`-Selektoren auch im Kind-Kombinator verwenden, obwohl ich dazu rate, wenn möglich weniger spezifische Selektoren wie den Elementtyp oder `class` zu nehmen.

TIPP Der Internet Explorer 6 unterstützt den Kindselektor nicht.

Manchmal ist es praktisch, wenn man nur das *erste* Kind eines Elements auswählen kann und nicht alle Kinder eines Elements. Das geht anhand der Pseudo-Klasse `:first-child` (G bis J).

Elemente zur Formatierung wählen, die das erste Kind ihrer Eltern sind

1. Optional geben Sie *`eltern`* ein, wobei *`eltern`* der Selektor für das gewünschte Elternelement ist.
2. Wenn Sie in Schritt 1 ein *`eltern`* eingefügt haben, dann tippen Sie ein Leerzeichen, danach ein >, gefolgt von einem weiteren Leerzeichen.
3. Optional tippen Sie den Selektor, der das erste Kind repräsentiert, das Sie formatieren wollen (zum Beispiel `p` oder `.news`).
4. Tippen Sie `:first-child` (genauso geschrieben) I. (Beachten Sie, dass Sie in Schritt 1 keine Eltern spezifizieren müssen. Die folgende Angabe `p:first-child { font-weight: bold; }` würde also jeden Absatz, der das erste Kind eines Elements ist, in fett ausgeben.)

G *Der Pseudo-Selektor `:first-child` wählt nur das erste Kind eines Elements, nicht die erste Instanz eines Elements, das ein Kind ist. Nun denken Sie vielleicht, dass durch die gezeigte Regel der erste Absatz der Beispielseite rot wird, aber das trifft nicht zu* H*, weil das `h1` das erste Kind des `article` ist, dem die Klasse `about` zugewiesen wurde. Den in diesem Beispiel verwendeten HTML-Code sehen Sie bei* A.

```
/* Vielleicht glauben Sie, dass dies den ersten
→ Absatz rot macht, aber das stimmt nicht! */

.about > p:first-child {
   color: red;
}
```

H *Die Regel wirkt sich nicht auf die Seite aus, weil es kein `p`-Element gibt, das das erste Kind eines Elements mit der Klasse `about` ist.*

I *Dieser Selektor wählt nur das `h1`-Element aus, das das erste Kind von Elementen ist, denen im HTML `class="about"` zugewiesen wurde. Diese Regel hingegen wirkt sich auf die Darstellung unserer Seite aus* J.

```
/* h1 ist das erste Kind, also funktioniert dies
→ hier. */

.about > h1:first-child {
   color: red;
}
```

J *Das `h1`-Element, das im `article` enthalten ist, wird rot, weil es das erste Kind eines Elements mit der Klasse `about` ist. Gäbe es andere `h1`-Elemente im `article`, wären sie nicht rot.*

Wenn man nun die Familienmetapher weiterführt, sind *Geschwister*elemente solche Elemente beliebiger Art, die Kinder der gleichen Eltern sind. *Benachbarte Geschwister* (*adjacent siblings*) sind Elemente, die direkt nebeneinander stehen, d.h., dazwischen gibt es keine anderen Geschwister. Im folgenden primitiven Beispiel sind `h1` und `p` benachbarte Geschwister und auch `p` und `h2`, aber `h1` und `h2` nicht. Doch alles sind Geschwister (und Kinder des `body`-Elements):

```
...
<body>
   <h1>...</h1>
   <p>...</p>
   <h2>...</h2>
</body>
</html>
```

Mit dem Benachbarte-Geschwister-Kombinator können Sie im CSS ein Geschwisterelement auswählen, das direkt einem von Ihnen spezifizierten Geschwisterelement nachfolgt (siehe den letzten Tipp über den allgemeinen *Geschwister-Kombinator*, der in CSS3 neu ist).

Elemente zur Formatierung basierend auf dem benachbarten Geschwisterelement auswählen

1. Tippen Sie `geschwisterelement`, wobei *`geschwisterelement`* für den Selektor des Elements steht, das direkt vor dem gewünschten Element innerhalb des gleichen Elternelements steht. (Diese müssen, wie weiter vorn erklärt, nicht unbedingt vom gleichen Elementtyp sein, solange sie direkt nebeneinander stehen.)
2. Tippen Sie + ein (das Pluszeichen).
3. Falls nötig, wiederholen Sie die Schritte 1 bis 2 für alle nachfolgenden Generationen von gleichberechtigten Elementen.
4. Geben Sie `element` ein, wobei *`element`* der Selektor des Elements ist, das Sie formatieren wollen **K**.

TIPP Schauen Sie sich auch den Abschnitt „Eltern und Kinder" in Kapitel 1 an.

TIPP Der `:first-child`-Bestandteil des Selektors wird als *Pseudo-Klasse* bezeichnet, denn sie bezeichnet eine Gruppe von Elementen, ohne dass Sie als Designer oder Entwickler diese im HTML-Code extra markieren müssten.

TIPP Weder `:first-child` noch benachbarte Geschwisterselektoren werden von IE6 unterstützt.

TIPP In CSS3 wird der *Allgemeine Geschwister-Kombinator* eingeführt. Damit können Sie ein Geschwisterelement auswählen, dem nicht unbedingt ein anderes Geschwisterelement vorangeht. Der einzige Unterschied in der Syntax bezogen auf einen Benachbarte-Geschwister-Kombinator ist, dass Sie statt eines + ein ~ (Tilde) nehmen, um die Geschwister voneinander zu trennen. Zum Beispiel wird durch `h1~h2 { color: red; }` jedes `h2`-Element rot, solange ihm ein Geschwister-`h1` irgendwo innerhalb des Elternelements vorangeht (es könnte direkt benachbart sein, muss es aber nicht).

K *Dieser Benachbarte-Geschwister-Kombinator wählt nur solche* `p`*-Elemente aus, die direkt auf ein gleichberechtigtes* `p`*-Element (Geschwisterelement) folgen.*

```
.about p+p {
   color: red;
}
```

L *Nur die* `p`*-Elemente sind rot, die direkt einem gleichberechtigten* `p`*-Element nachfolgen. Gäbe es einen dritten, vierten oder weiteren Absatz, dann wären diese alle ebenfalls rot. Mit diesem Benachbarte-Geschwister-Kombinator kann man z.B. alle Absätze außer dem ersten einrücken.*

A *Man kann nicht abschätzen, welche Wörter durch* `first-line` *betroffen sind, bis Sie die Seite im Browser anschauen und sehen, wie der Textfluss ist. Im HTML selbst wird nicht festgelegt, in welcher Zeile die Wörter stehen.*

```
<article class="about">
   <h1>Antoni Gaudí</h1>

   <p>Viele Touristen kommen extra nach
   → Barcelona, um sich die unbeschreibliche
   → Architektur von Antoni Gaudí anzuschauen.
   → </p>
   <p>Im Jahre 2002 <a href="http://www.
   → gaudi2002.bcn.es/english/"rel="external">
   → feierte</a> Barcelona den 150. Geburtstag
   → von Gaudí.</p>

   <section class="project">
      <h2 lang="es">La Casa Milà</h2>
      <p>Das Werk von Gaudí ist ausgesprochen
      → nützlich. <span lang="es">La Casa Milà
      → </span> ist ein Apartmenthaus, in dem
      → <em>echte Menschen</em> leben.</p>
   </section>

   <section class="project">
      <h2 lang="es">La Sagrada Família</h2>
      <p>Die unvollendete Kirche mit dem
      → eigenartigen Namen Sühnekirche der
      → Heiligen Familie ist das <em>am meisten
      → besuchte</em> Gebäude in Barcelona.</p>
   </section>
</article>
```

B *Dieser Selektor wird die erste Zeile in jedem* `p`*-Element auswählen.*

```
p:first-line {
   color: red;
}
```

Teile eines Elements auswählen

Sie können auch nur den ersten Buchstaben oder die erste Zeile eines Elements auswählen und anschließend formatieren.

Die erste Zeile eines Elements auswählen

1. Tippen Sie *`element`* ein, wobei *`element`* der Selektor für das Element ist, dessen erste Zeile formatiert werden soll.
2. Geben Sie `:first-line` ein, um die ganze erste Zeile des in Schritt 1 bezeichneten Elements auszuwählen.

C *Wenn man die Fensterbreite anpasst, verändert sich der Inhalt der ersten Zeile (und somit das, was formatiert wird).*

Den ersten Buchstaben eines Elements auswählen

1. Tippen Sie `element` ein, wobei `element` der Selektor für das Element ist, dessen erste Zeile formatiert werden soll.
2. Geben Sie `:first-letter` ein, um den ersten Buchstaben des in Schritt 1 bezeichneten Elements auszuwählen.

TIPP **Auf das `:first-letter`-Pseudo-Element können nur bestimmte CSS-Eigenschaften angewendet werden: `font`, `color`, `background`, `text-decoration`, `vertical-align` (solange `:first-letter` nicht gefloatet ist), `text-transform`, `line-height`, `margin`, `padding`, `border`, `float` und `clear`. Diese besprechen wir in den Kapiteln 10 und 11.**

TIPP **Sie können die Pseudo-Elemente `:first-letter` oder `:first-line` auch mit komplizierteren Selektoren kombinieren als jenen, die wir in diesem Beispiel genommen haben. Wenn Sie beispielsweise nur den ersten Buchstaben eines jeden Absatzes wählen wollen, der in Elementen mit der Klasse `project` enthalten ist, dann müsste Ihr Selektor `.project p:first-letter` heißen.**

(D) Dieser Selektor wird den ersten Buchstaben in jedem p-Element auswählen. Für den dazugehörigen HTML-Code siehe (A).

```
p:first-letter {
   color: red;
}
```

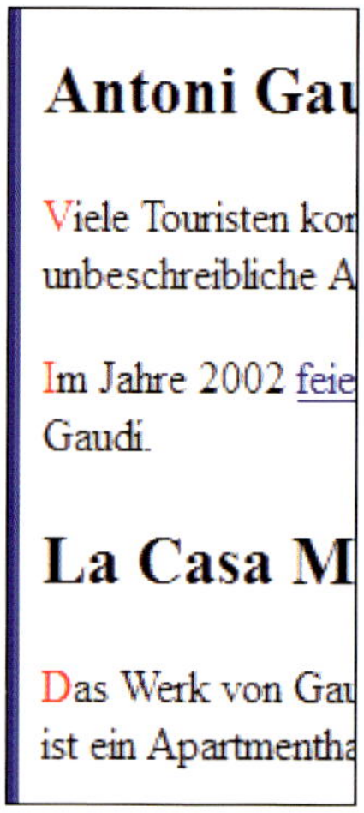

(E) Mit dem `first-letter`-Selektor kann man herausstechende Initiale schaffen (wenn wir neben der Farbe erst einmal mehr Eigenschaften kennengelernt haben).

Die Syntax von Pseudo-Elementen, Pseudo-Klassen und den CSS-Eigenschaften ::first-line und ::first-letter

Die Syntax von `:first-line` ist in CSS3 `::first-line` und die von `:first-letter` ist `::first-letter`. Beachten Sie, dass dort ein zweifacher Doppelpunkt statt eines einfachen steht.

Mit dieser Änderung wurde bezweckt, die vier Pseudo-Elemente `::first-line`, `::first-letter`, `::before` und `::after` von Pseudo-Klassen wie `:first-child`, `:link`, `:hover` zu unterscheiden.

Ein Pseudo-Element ist ein Element, das als solches nicht im HTML existiert. Man zeichnet beispielsweise den ersten Buchstaben oder die erste Textzeile nicht mit HTML aus, das es als solches definiert. Stattdessen gehören sie inhaltlich zu einem anderen Element, z.B. den `p`-Elementen im Beispiel.

Eine *Pseudo-Klasse* hingegen *wird* auf ein HTML-Element angewendet. Das haben Sie bei `:first-child` gesehen, das das spezifizierte Element auswählt, das das erste Kind seines Elternelements ist.

Die Syntax von `::first-line` und `::first-letter` mit dem zweifachen Doppelpunkt treibt dies voran und moderne Browser unterstützen sie. Die ursprüngliche Syntax mit dem einfachen Doppelpunkt gilt als veraltet, aber wegen der Abwärtskompatibilität unterstützen die Browser das weiterhin. Allerdings unterstützt keine IE-Version vor IE9 den zweifachen Doppelpunkt. Also können Sie sich auch entscheiden, mit der einfachen Doppelpunkt-Syntax weiterzumachen, außer Sie wollen für IE8 und früher ein anderes CSS schreiben.

Links basierend auf ihrem Zustand auswählen

Mit CSS können Sie Links abhängig von ihrem *Status* formatieren, also ob der Besucher mit der Maus gerade darüber fährt, ob ein Link bereits besucht wurde usw. Das erreichen Sie mit einer Reihe Pseudo-Klassen.

Links basierend auf dem Status formatieren

1. Tippen Sie `a` (weil `a` der Name des Link-Elements ist).
2. Dann geben Sie: (den Doppelpunkt) ein.
3. Tippen Sie `link`, um das Aussehen von Links zu verändern, die noch nicht aktiviert wurden oder die aktuell nicht aktiviert oder gezeigt sind.

   Oder verwenden Sie `visited`, um Links zu verändern, die ein Besucher schon aktiviert hat.

   Oder tippen Sie `focus`, falls der Link über die Tastatur ausgewählt wurde und aktiviert werden kann.

   Oder nehmen Sie `hover`, damit sich das Aussehen des Links verändert, wenn die Maus darauf zeigt.

   Oder schreiben Sie `active`, damit sich das Aussehen des Links verändert, wenn er aktiviert wird.

A *Sie können im Code nicht angeben, welchen Status ein Link haben wird, weil das von Ihren Besuchern gesteuert wird. Mit Pseudo-Klassen können Sie auf den Zustand zugreifen und nach Belieben die Darstellung ändern.*

```
...
   <p>Viele Touristen kommen extra nach
   → Barcelona, um sich die unbeschreibliche
   → Architektur von Antoni Gaudí anzuschauen.
   → </p>
   <p>Im Jahre 2002 <a href="http://www.
   → gaudi2002.bcn.es/english/">feierte</a>
   → Barcelona den 150. Geburtstag von Gaudí.</p>
...
```

B *Styles für Links müssen immer in dieser Reihenfolge definiert werden, um zu vermeiden, dass Eigenschaften überschrieben werden, wenn ein Link mehr als nur einen Status hat (wenn der Besucher z.B. den Cursor über einen bereits aktivierten Link hält).*

```
a:link {
   color: red;
}

a:visited {
   color: orange;
}

a:focus {
   color: purple;
}

a:hover {
   color: green;
}

a:active {
   color: blue;
}
```

TIPP Sie können die Pseudo-Klassen `:active` und `:hover` auch auf andere Elemente anwenden. Zum Beispiel wird durch `p:hover { color: red; }` die Farbe eines jeden Absatzes, über den man mit der Maus fährt, in Rot geändert. (Um exakt zu sein: Dies funktioniert im Internet Explorer 7 und neuer, aber nicht in IE6.) Weder IE6 noch IE7 unterstützen `:active` für Elemente außer `a`. Alle anderen Browser unterstützen beide Features.)

TIPP Weil sich ein Link in mehr als einem Zustand befinden kann (er ist z.B. gleichzeitig aktiv und der Cursor schwebt darüber) und spätere Regeln frühere überschreiben, ist es wichtig, die Regeln in der folgenden Reihenfolge zu definieren: `link`, `visited`, `focus`, `hover`, `active` (LVFHA). In der CSS-Szene hat sich als Eselsbrücke dafür „Lord Vader's Former Handle Anakin" eingebürgert, im Deutschen z.B. auch „Leichtes Verlinken für HTML-Anfänger". Manche wollen lieber die Regeln stattdessen als LVHFA sortieren – funktioniert genauso.

C *Links sind rot, wenn sie „frisch" sind und noch nicht aufgerufen wurden.*

D *Wenn der Link bereits einmal besucht wurde, ändert er seine Farbe in Orange.*

E *Wenn der Link den Fokus bekommt (meistens mit der Tabulatortaste), wird er lila.*

F *Wenn der Besucher mit dem Cursor auf den Link zeigt, ist er grün.*

G *Wenn der Besucher den Link aktiviert, nimmt der Link die blaue Farbe an.*

Elemente nach Attribut auswählen

Sie können auch nur jene Elemente formatieren, die ein bestimmtes Attribut oder einen bestimmten Attributswert haben.

Elemente zur Formatierung auf dem Attribut basierend auswählen

1. Tippen Sie *`element`* ein, wobei *`element`* der Selektor für das Element ist, um dessen Attribute es geht.
2. Geben Sie [*`attribut`* ein, wobei *`attribut`* für den Namen des Attributs steht, das ein Element haben muss, um ausgewählt zu werden.
3. Auf Wunsch können Sie `="`*`wert`*`"` eintippen, wenn Sie den *`wert`* angeben wollen, den das Attribut im Element haben muss, um ausgewählt zu werden.

   Oder Sie geben `~="`*`wert`*`"` ein, um einen exakten *`wert`* anzugeben, den der Wert des Attributs (neben anderen, durch Leerzeichen getrennten

A *Zu Demonstrationszwecken habe ich den Wert von `class` beim zweiten `section`-Element von `project` in `work` geändert.*

```
<article class="about">
   <h1>Antoni Gaudí</h1>

   <p>Viele Touristen kommen extra nach Barcelona, um sich die unbeschreibliche Architektur von Antoni
   ➝ Gaudí anzuschauen.</p>
   <p>Im Jahre 2002 <a href="http://www.gaudi2002.bcn.es/english/"rel="external">feierte</a> Barcelona den
   ➝ 150. Geburtstag von Gaudí.</p>

   <section class="project">
      <h2 lang="es">La Casa Milà</h2>
      <p>Das Werk von Gaudí ist ausgesprochen nützlich. <span lang="es">La Casa Milà</span> ist ein
      ➝ Apartmenthaus, in dem <em>echte Menschen</em> leben.</p>
   </section>

   <section class="work">
      <h2 lang="es">La Sagrada Família</h2>
      <p>Die unvollendete Kirche mit dem eigenartigen Namen Sühnekirche der Heiligen Familie ist das <em>am
      ➝ meisten besuchte</em> Gebäude in Barcelona.</p>
   </section>
</article>
```

Inhalten) für sein Element enthalten kann, damit es ausgewählt wird. Es muss zu einem vollständigen Wort passen, ein Wortteil reicht nicht.

Oder Sie können auch ein `|="wert"` eintippen (das Pipe-Symbol, also weder die Zahl „1" noch der Buchstabe „l"), um anzugeben, dass der Wert des Attributs gleich *wert* sein oder damit beginnen soll (d.h. wenn das von Ihnen Eingetippte vor einem Gedankenstrich steht), damit dessen Element ausgewählt wird. (Das macht man vor allem bei der Suche nach Elementen, die das `lang`-Attribut enthalten.)

Oder tippen Sie `^="wert"`, um anzugeben, dass der Wert des Attributs mit *wert* entweder als ganzes Wort oder als Substring beginnen soll (neu in CSS3, siehe Tipp in diesem Abschnitt).

Oder tippen Sie `$="wert"`, um anzugeben, dass der Wert des Attributs mit *wert* entweder als ganzes Wort oder als Substring enden soll (neu in CSS3, siehe Tipp in diesem Abschnitt).

Oder Sie geben `*="wert"` ein, um anzugeben, dass der Wert des Attributs mindestens eine Instanz des *wert*-Substrings haben muss, damit es ausgewählt wird. Anders ausgedrückt muss *wert* nicht unbedingt als vollständiges Wort im Wert des Attributs erscheinen (neu in CSS3, siehe Tipp in diesem Abschnitt).

4. Tippen Sie].

TIPP Die Auswahl von Elementen, basierend auf den darin enthaltenen Attributen (und Werten), wird von allen aktuellen großen Browsern unterstützt (auch Internet Explorer bis zur Version 7). Bei IE7 und IE8 gibt es ein paar Ausnahmen, die mit den drei Attributselektoren zusammenhängen (die wurden bereits in Schritt 3 als in CSS3 neu gekennzeichnet). Siehe *http://reference.sitepoint.com/css/css3attributeselectors* für weitere Informationen.

B *Die eckigen Klammern schließen das gewünschte Attribut und jeden gewünschten Wert ein. In diesem Fall ist der Wert weggelassen worden, um jeden Abschnitt mit einem* `class`-*Attribut zu wählen.*

```
section[class] {
   color: red;
}
```

C *Jedes* `section`-*Element, das ein* `class`-*Attribut enthält (egal, wie der Wert der Klasse lautet), ist rot.*

Weitere Beispiele für Attributselektoren

Attributselektoren sind sehr leistungsfähig. Hier folgen einige weitere Beispiele, um die vielerlei Wege zu demonstrieren, wie sie zu nutzen sind.

- Hiermit wird jedes a-Element gewählt, dessen rel-Attribut gleich external ist (muss exakt übereinstimmen).

```
a[rel="external"] {
    color: red;
}
```

- Stellen Sie sich vor, Sie haben ein section-Element mit zwei Klassen, also etwa eine Klasse mit <section **class="project barcelona"**> und eine andere mit <section **class="barcelona"**>. Die Syntax ~= prüft, ob es einen teilweisen Treffer eines vollständigen Worts innerhalb einer durch Leerzeichen getrennten Wortliste gibt. Dann werden wie in diesem Fall beide Elemente rot.

```
section[class~="barcelona"] {
    color: red;
}

/* Dies würde ebenfalls einen Treffer ergeben, weil diese Selektor für teilweise Strings passt (Wörter
müssen nicht vollständig sein). */
section[class*="barc"] {
    color: red;
}

/* Dies würde NICHT passen, weil barc kein vollständiges Wort aus der mit Leerzeichen getrennten Wortliste
ist. */
section[class~="barc"] {
    color: red;
}
```

- Damit wird jedes h2 mit einem lang-Attribut ausgewählt, das mit es beginnt. In diesem HTML-Codebeispiel kommen zwei solche Instanzen vor **A**.

```
h2[lang|="es"] {
    color: red;
}
```

- Anhand des universellen Selektors wird hier *jedes* Element mit einem lang-Attribut ausgewählt, das mit es beginnt. In diesem HTML-Codebeispiel kommen drei solche Instanzen vor **A**.

```
*[lang|="es"] {
    color: red;
}
```

- Durch Kombination mehrerer Methoden wird hier jedes `a`-Element gewählt, das sowohl ein `href`-Attribut enthält als auch ein `title`-Attribut, das das Wort `howdy` enthält.

  ```
  a[href][title~="howdy"] {
       color: red;
  }
  ```

- Dies ist eine weniger präzise Variante des vorigen Beispiels. Hier wird jedes `a`-Element gewählt, das sowohl ein `href`-Attribut als auch ein `title`-Attribut enthält, in dem `how` als ganzes Wort oder Substring steht (der Treffer ist gültig, sobald der `title`-Wert von `how`, `howdy`, `show` usw. lautet, egal wo im Wert `how` erscheint).

  ```
  a[href][title*="how"] {
       color: red;
  }
  ```

- Dies sortiert jedes `a`-Element aus, das ein `href`-Attribut aufweist, das mit `http://` beginnt.

  ```
  a[href^="http://"] {
       color: orange;
  }
  ```

- Dies trifft auf jedes `img`-Element zu, das ein `src`-Attribut mit genau `logo.png` enthält.

  ```
  img[src="logo.png"] {
       border: 1px solid green;
  }
  ```

- Dies ist weniger spezifisch als das vorige Beispiel. Damit wird jedes `img`-Element getroffen, dessen `src`-Attribut auf `.png` endet.

  ```
  img[src$=".png"] {
       border: 1px solid green;
  }
  ```

Damit wird keinesfalls erschöpfend alles gezeigt, was möglich ist, sondern es inspiriert Sie hoffentlich dazu, dieses Thema eingehender zu erforschen.

A *Der Code enthält ein h1- und zwei h2-Elemente.*

```
...
<article id="gaudi" class="about">
   <h1>Antoni Gaudí</h1>

   <p>Viele Touristen kommen extra ...</p>
   <p>Im Jahre 2002 feierte Barcelona ...</p>

   <section class="project">
      <h2 lang="es">La Casa Milà</h2>
      <p>Das Werk von Gaudí ... </p>
   </section>

   <section class="project">
      <h2 lang="es">La Sagrada Família</h2>
      <p>Die unvollendete Kirche ...</p>
   </section>
</article>
...
```

Elemente gruppenweise auswählen

Oft ist es nötig, die gleichen CSS-Regeln auf mehr als nur ein Element anzuwenden. Sie können entweder die Regeln für jedes Element wiederholen oder Selektoren kombinieren und die Regeln auf einen Rutsch anwenden. Natürlich ist Letzteres effizienter und dadurch werden Ihre Stylesheets generell auch einfacher zu pflegen.

CSS-Regeln auf eine Gruppe von Elementen anwenden

1. Geben Sie `selektor1` ein, wobei `selektor1` der Name des ersten Elements ist, für das die CSS-Regel gelten soll.
2. Geben Sie das Komma , ein.
3. Tippen Sie `selektor2`, wobei `selektor2` das nächste Tag ist, auf das die CSS-Regel angewendet werden soll.
4. Wiederholen Sie für jedes weitere Element die Schritte 2 bis 3.

TIPP **Elemente als Gruppe zu formatieren, können Sie auch praktisch abkürzen: Die Regel `h1, h2 {color: red;}` besagt genau das Gleiche wie die beiden Regeln `h1 {color: red; }` und `h2 {color: red; }`.**

TIPP **Sie können beliebige Selektorenarten gruppieren – von den einfachsten (wie in B gezeigt) bis zu ganz komplexen. Sie könnten beispielsweise über `h1, .project p:first-letter` die Überschriften erster Ordnung *plus* den ersten Buchstaben der p-Elemente in Elementen wählen, deren `class` gleich `project` ist.**

TIPP **Manchmal ist es ganz praktisch, erst einmal eine CSS-Regel mit allgemeinen, für mehrere Selektoren geltenden Styles zu erstellen und dann individuelle CSS-Regeln mit jenen Styles zu schreiben, die sie nicht gemeinsam haben sollen. Denken Sie daran, dass später vorkommende Regeln jene überschreiben, die im Stylesheet vorher spezifiziert wurden (siehe „Die Kaskade – wenn Regeln konkurrieren" in Kapitel 7).**

B Sie können jede beliebige Anzahl individueller Selektoren zusammenstellen (egal ob darin Elementnamen, `id` oder `class` enthalten sind), müssen sie aber mit Komma voneinander trennen. Es muss nicht jeder Selektor wie gezeigt in einer eigenen Zeile stehen, doch viele Entwickler arbeiten mit dieser Konvention, damit der Code einfacher zu lesen ist. Wie vorteilhaft das ist, merkt man eher, wenn die Selektoren länger sind.

```
h1,
h2 {
   color: red;
}
```

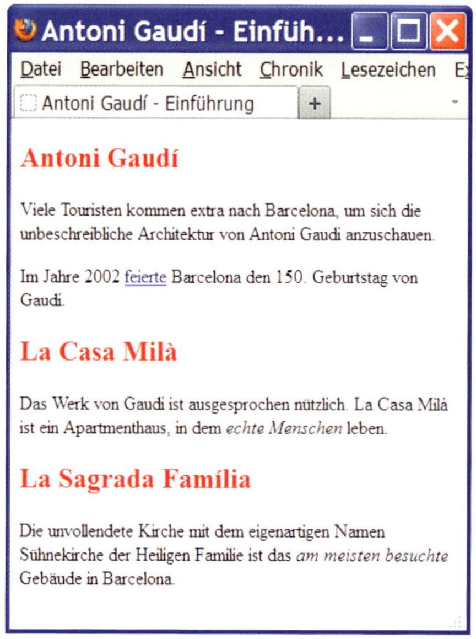

C Nun werden über eine einzige Regel sowohl die `h1`- als auch die `h2`-Elemente rot ausgegeben.

A *Dies ist nun ein echtes Prachtexemplar: Wenn man von rechts nach links liest, wird darin ausgesagt: „Wähle nur jene* `em`*-Elemente, die sich innerhalb von* `p`*-Elementen befinden, die direkt benachbarte Geschwister von* `h2`*-Elementen sind, die ein* `lang`*-Attribut enthalten, dessen Wert mit* `es` *beginnt, und innerhalb eines Elements steht, dessen* `class` *gleich* `project` *ist.“ Kapiert? Sie werden nur selten – wenn überhaupt – jemals in die Situation kommen, etwas so Kompliziertes zu schreiben, aber nun wissen Sie wenigstens, dass das bei Bedarf möglich ist. Oder falls Sie einfach mal jemanden erschrecken wollen, der Ihren Code liest.*

```
.project h2[lang|="es"] + p em {
   color: red;
}
```

B *All dieser Code* **A** *und einfach nur, um die* `em`*-Elemente rot zu machen?!? Wenn Sie glauben, dass es viel besser (und einfacher) ist, schlicht etwas wie* `.about em { color: red; }` *zu schreiben, haben Sie völlig recht. Außer Sie müssen höchst spezifisch sein und in diesem Fall können Sie unser Prachtexemplar nehmen.*

Selektoren kombinieren

Die Beispiele in diesem Kapitel waren recht einfach gestrickt, damit Sie erst einmal ein Gefühl für die verschiedenen Selektorentypen bekommen. Doch die wahre Power liegt darin, dass Sie alle der auf den letzten paar Seiten vorgestellten Techniken kombinieren können, um die Elemente zielgenau anzusteuern, die formatiert werden sollen.

Ein etwas extremes Beispiel wird in **A** gezeigt, um die Möglichkeiten zu demonstrieren. Hier werden ein paar Wege gezeigt, wie man die gleichen Resultate erzielen kann (aufsteigend nach Spezifizität geordnet):

```
em {
   color: red;
}

.project em {
   color: red;
}

.about .project em {
   color: red;
}

#gaudi em {
   color: red;
}
```

Alle diese Beispiele sind typisch für die Art von Selektoren, die Sie heutzutage schreiben werden (obwohl es, wie schon angemerkt, eine gute Sache ist, die Verwendung von `id`-Selektoren zu minimieren). Es erfordert nicht alle möglichen verrückten Selektoren, um die meisten Designs zu implementieren, egal, wie verwickelt diese erscheinen mögen.

Also kombinieren Sie Selektoren, wenn es sinnvoll ist, ich rate jedoch, dass Sie Ihre Stylesheets nur so spezifisch wie nötig machen. Wenn Sie beispielsweise etwas nur für `em`-Elemente schreiben wollen, die innerhalb von Elementen mit `class="project"` stehen, nehmen Sie `.project em { color: red; }`. Auch wenn die `em`-Elemente im HTML in `p`-Elementen verschachtelt sind, hat es wenig Zweck, `.project p em { color: red; }` zu schreiben, außer es gibt `em`-Element *außerhalb* von Absätzen, die Sie in Ruhe lassen wollen. Kurz gesagt: Fangen Sie einfach an und werden Sie bei Bedarf spezifischer.

Mehr Selektoren in CSS3

Mit CSS3 landen in Ihrem Werkzeugkasten eine Menge neuer Selektoren. Ein paar davon haben Sie in diesem Kapitel kennengelernt. Die meisten der anderen Neulinge sind Pseudo-Klassen, von denen einige ziemlich komplex, aber infolgedessen auch sehr leistungsfähig sind. Sie finden eine Tabelle aller CSS3-Selektoren und eine vollständige Beschreibung unter *www.w3.org/TR/css3-selectors/#selectors*, kurze Beschreibungen und Beispiele unter *www.w3.org/wiki/CSS/Selectors* und den Browser-Support unter *http://findmebyip.com/litmus*. Sie werden merken, dass dies von Browsern allgemein gut unterstützt wird – außer im Internet Explorer, der die meisten der neuen CSS3-Selektoren (insbesondere die Pseudo-Klassen und Pseudo-Elemente) erst seit IE9 unterstützt.

Zusammenfassung Selektoren

Rekapitulieren wir noch einmal: Selektoren kann man alle auch kombinieren und sie leisten Folgendes:

- Elemente nach Kontext auswählen
- Elemente nach Name auswählen
- Elemente nach `class` oder `id` auswählen
- Mit einer Pseudo-Klasse oder einem Pseudo-Element auswählen
- Elemente nach Attribut auswählen

10

Textformatierungen mit CSS-Regeln

Anhand von CSS können Schriftart, Größe, Neigung, Zeilenhöhe und Gewicht einer Schrift sowie deren Vorder- und Hintergrundfarbe und auch Abstände und Ausrichtung von Text bestimmt werden. Sie können festlegen, ob Text unterstrichen oder durchgestrichen erscheinen soll, außerdem alle Buchstaben in Groß- oder Kleinbuchstaben oder auch Kapitälchen umwandeln. Obendrein können Sie das auch noch auf ein ganzes Dokument oder gar eine komplette Site anwenden und brauchen dafür nur ein paar Zeilen Code. In diesem Kapitel erfahren Sie, wie das geht.

Übersicht

Die meisten der in diesem Kapitel erläuterten Eigenschaften gelten vor allem für Text, was aber nicht heißt, dass sie nur mit Text funktionieren. Viele kann man auch sehr gut bei anderen Arten von Inhalt einsetzen.

Mit dem CSS-Layout machen wir in Kapitel 11 weiter.

A *So sieht die Seite aus, wenn kein Stylesheet aktiv ist. (Die Standardgröße speziell für Überschriften kann sich bei den Browsern unterscheiden.) Sie finden den englischen Original-HTML-Quellcode (und alle folgenden CSS-Beispiele) im Beispielbereich der Site für dieses Buch: www.bruceontheloose.com/htmlcss/examples/.*

B *Weil ich im `body`-Element Palatino Linotype angegeben habe, wird dies auf andere Elemente vererbt (nennt man auch kaskadieren). Ich habe diese Einstellung für die `h1`- und `h2`-Elemente überschrieben und deren Font auf Arial Black gesetzt. Doch wie Sie noch sehen werden, reicht es nicht, nur eine einzige Schrift anzugeben, weil vielleicht nicht alle Betriebssysteme sie unterstützen. Palatino Linotype gehört zu Windows, ist aber auf einem Mac OS oder Linux-System vielleicht nicht verfügbar.*

```
body {
   font-family: "Palatino Linotype";
}

h1, h2 {
   font-family: "Arial Black";
}
```

C *Auf diesem Windows-Rechner ist Palatino Linotype standardmäßig installiert und wird hier also korrekt dargestellt. Wie Sie sehen, wird die* `body`*-Einstellung* `font-family` *an die* `a`*- und* `p`*-Elemente kaskadiert. Die* `h1`*- und* `h2`*-Elemente würden sie auch zeigen, hätten wir für die nicht Arial Black angegeben.*

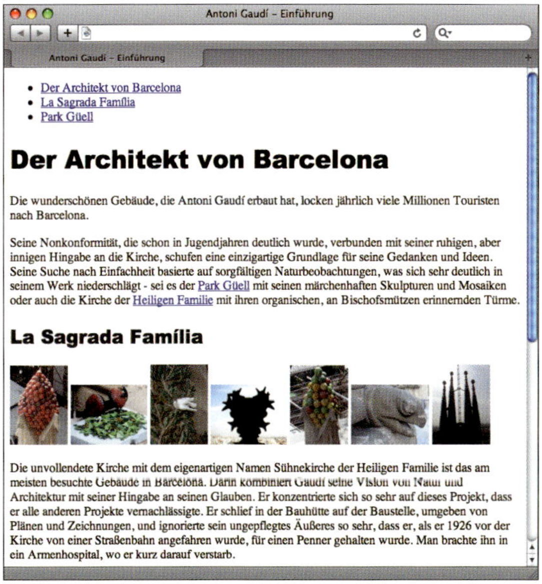

D *Auf manchen Mac-Systemen ist kein Palatino Linotype installiert. Wenn Sie eine auf dem System Ihrer Besucher nicht installierte Schrift wählen, wird deren Browser wie hier gezeigt die Standardschrift zeigen (in diesem Fall Times).*

Die Wahl der Schriftfamilie

Eine der wichtigsten Entscheidungen, die Sie bei Ihrer Website treffen, ist die für Überschriften und Text verwendete Schrift. Wie Sie später noch erfahren werden, unterstützt nicht jedes System standardmäßig die gleichen Fonts (Schriften), also sollten Sie alternative Fonts als Ausweichmöglichkeit definieren. Doch zuerst schauen wir uns an, wie man eine Font-Familie (**B** und **C**) definiert, und die Auswirkungen, wenn keine Alternativen angeboten wurden **D**.

Die Schriftfamilie festlegen

Nach dem gewünschten Selektor in Ihrem Stylesheet tippen Sie `font-family:` *`name`*, wobei *`name`* für Ihre Wahl bei der Schrift steht.

TIPP Setzen Sie Schriftnamen, die aus mehreren Wörtern bestehen, in Anführungszeichen (einfache oder doppelte).

TIPP Wenn die Schriftnamen Nicht-ASCII-Zeichen enthalten, müssen Sie die Kodierung für das Stylesheet deklarieren. Dazu fügen Sie in der allerersten Zeile Ihres CSS-Dokuments `@charset "UTF-8";` ein. Es schadet auch gar nichts, wenn Sie das in alle Stylesheets einfügen, auch wenn Sie diese Deklaration nicht immer brauchen. Wenn Sie das machen, hilft es Ihnen, spätere Probleme zu vermeiden.

TIPP Sie können zwar jede beliebige Schrift angeben, aber Ihre Besucher werden nur die bereits auf ihrem System installierten Schriften sehen. Weitere Details dazu im nächsten Abschnitt.

TIPP Mit der allgemeinen `font`-Eigenschaft geben Sie bei der Schrift die Familie, Größe und Zeilenhöhe auf einen Rutsch an (siehe „Alle Font-Werte auf einmal angeben“ später in diesem Kapitel).

TIPP Die Eigenschaft `font-family` wird vererbt.

Alternative Fonts festlegen

Sie können zwar jede beliebige Schriftart angeben, aber Ihre Besucher können nur Schriften sehen, die auf ihrem System installiert sind. Also sollten Sie am besten Schriften nehmen, bei denen davon auszugehen ist, dass sie auf möglichst vielen Systemen vorhanden sind. Es gibt eine kurze Liste von Fonts, die standardmäßig sowohl auf Windows als auch auf Mac OS verfügbar sind (siehe nächster Kasten).

Dann muss man auch noch andere Fälle bedenken. Wenn die Schrift auf verschiedenen Systemen unterschiedlich benannt ist, geben Sie *beide* Namen an und das Betriebssystem übernimmt denjenigen, der jeweils installiert ist. Wenn es die gewünschte Schrift entsprechend nur auf einem Betriebssystem gibt, können Sie eine in etwa passende alternative Schrift für das andere System nehmen. Diese passt dann vielleicht nicht zu 100 Prozent, aber das Ziel ist, einen Font anzugeben, der dem gewünschten Font so nahe wie möglich kommt. Schließlich sollte man am besten auch noch einen generischen Standardfont angeben, falls die Systeme auch die anderen, von Ihnen aufgeführten Fonts nicht vorhalten **A**.

A *Mit der Eigenschaft font-family binden Sie alternative Schriften ein, die der Browser verwenden soll, falls die erste auf dem System nicht installiert ist. In diesem Fall weisen wir den Browser an, auf Systemen ohne Palatino Linotype nach Palatino zu suchen* **C**, *und falls beide nicht zu finden sind, auf einen Standard-serif-Font zurückzugreifen. Eine Liste mit Fonts bezeichnet man als Fontstack. Ich habe auch Alternativen für die Überschriften eingefügt.*

```
body {
   font-family: "Palatino Linotype", Palatino,
   ➝ serif;
}

h1,
h2 {
   font-family: "Arial Black", Arial, sans-serif;
}
```

Gemeinsame Standardfonts auf Mac OS und Windows

Es gibt eine sehr begrenzte Anzahl von Fonts, die standardmäßig sowohl auf Mac OS als auch Windows zu finden sind: Arial, Arial Black, Comic Sans MS, Courier New, Georgia, Impact, Trebuchet MS, Times New Roman und Verdana. Konsequenterweise nutzt die übergroße Mehrheit der Sites im Web einen dieser Fonts (und davon ist Arial wahrscheinlich die üblichste Schrift). Vielleicht werden diese Fonts in Browsern auf Mac-OS- oder Windows-Systemen nicht exakt gleich gerendert, aber Sie können sicher davon ausgehen, *dass* sie dargestellt werden.

Sie haben darüber hinaus auch noch weitere Optionen. Sowohl Mac OS als auch Windows enthalten mehr (aber unterschiedliche) Systemfonts, die Sie in Ihren Fontstack aufnehmen können. Suchen Sie online nach „Fontstacks“, um Gruppen von Schriftfamiliendeklarationen zu sehen, die Sie kopieren und in Ihre Stylesheets einfügen können, um jedem Besucher einen ähnlichen Font anzubieten.

Man kann auch einen Font laden, der auf Systemen nicht standardmäßig vorhanden ist. Dieser Ansatz verbreitet sich immer mehr. Mehr darüber in Kapitel 13.

B *Die Systeme mit installiertem Palatino Linotype werden weiter mit dieser Schrift arbeiten.*

C *Systeme ohne Palatino Linotype nehmen Palatino, falls die vorhanden ist (bei den meisten Macs der Fall). Wenn auch kein Palatino da ist, wird der Browser es mit der dritten Möglichkeit versuchen. Praktisch alle Systeme enthalten generische Serifen- oder serifenlose Schriften. Beachten Sie, dass die Standardzeilenhöhe immer noch anders ist. Das passen wir gleich noch an.*

Alternative Schriften festlegen

1. Tippen Sie `font-family:` *`name`*, wobei *`name`* für Ihre erste Wahl bei der Schriftart steht.
2. Tippen Sie `,` *`name2`*, wobei *`name2`* für die zweite Schriftwahl steht. Trennen Sie bei mehreren Schriften alle mit Komma und Leerzeichen.
3. Wiederholen Sie Schritt 2 nach Bedarf und beenden Sie Ihre Liste der Fonts mit einem generischen Fontnamen (je nachdem, welcher Schriftstil am passendsten für den gewünschten Stil ist: `serif`, `sans-serif`, `cursive`, `fantasy` oder `monospace`).

TIPP Sie können Schriften für unterschiedliche Alphabete in der gleichen `font-family`-Regel festlegen (z.B. Japanisch und Englisch), um einen Textabschnitt zu formatieren, der verschiedene Sprachen und Schreibsysteme enthält.

TIPP Auf Systemen gibt es üblicherweise einen Font, der zu den folgenden generischen Fontnamen passt: Serifen- oder serifenlose Schrift, Kursivschrift, Fantasy und nichtproportionale Schrift (Serif, Sans-serif, Cursive, Fantasy und Monospace). Darum gehört es zur Standardpraxis, eine davon am Ende des Fontstacks einzufügen, falls alle anderen „daneben greifen". Von diesen werden Sie die Serifenschrift und die serifenlose Schrift weitaus am häufigsten einsetzen, weil sie mit den am häufigsten verwendeten Fonts korrespondieren.

Kursivschrift

Im traditionellen Druckwesen werden mit einer Kursivschrift (*italics*) oft Zitate, betonter Text, fremdsprachige Begriffe (z.B. *de rigueur*), bestimmte wissenschaftliche Bezeichnungen (z.B. *Homo sapiens*), Filmtitel usw. angegeben.

Browser schreiben standardmäßig bestimmte HTML-Elemente üblicherweise kursiv (z.B. `cite`, `em` und `i`), damit Sie das nicht extra in Ihrem CSS als kursiv ausweisen müssen. Wie Sie in Kapitel 1 im Abschnitt „Semantisches HTML – Markup mit Bedeutung“ erfahren haben, verwenden Sie HTML, um die Bedeutung von Inhalten zu beschreiben, und nicht, damit diese Inhalte auf eine bestimmte Weise dargestellt werden. Manchmal soll etwas kursiv werden, aber es ist unangemessen, Inhalte mit einem der Elemente auszuzeichnen, der zufälligerweise auch Text kursiv ausgibt. Mit der CSS-Eigenschaft `font-style` nehmen Sie das für jedes Element vor.

Als einfaches Beispiel zeigen wir hier, wie das bei Absätzen vorgenommen wird **A**. (Dies bleibt aber anschließend nicht so, weil kursive Schrift bei längerem Text immer schwerer zu lesen ist; darum lassen wir diese Regel in den folgenden Beispielen weg.)

Die kursive Version eines Fonts wird oft von einem Fontdesigner von Grund auf neu erstellt, vor allem für Serifenschriften. Dabei handelt es sich nicht einfach um eine leicht geneigte Version des normalen Texts, sondern sie enthält Details, die zu dieser Schriftform passen. Palatino Linotype besitzt beispielsweise einen echten kursiven Font **B**. Am Buchstaben „a“ kann man gut erkennen, dass er nicht einfach nur schräg gemacht wurde, um eine Kursivschrift nachzuahmen. Aber vielleicht gibt es bei einer Schrift gar keine kursive Version. Wenn Sie Text mit solchen Schriften auf `font-style: italic` setzen, stellt der Browser womöglich eine vom Computer simulierte, nachgemachte Kursivversion dar, die *tatsächlich* einfach die normalen Buchstaben etwas schräg schreibt, um diesen Schriftstil nachzuahmen. Allerdings ist das dann nicht die gleiche Qualität.

A *In diesem Beispiel lasse ich die Absätze kursiv darstellen.*

```
body {
   font-family: "Palatino Linotype", Palatino,
   → serif;
}

h1,
h2 {
   font-family: "Arial Black", Arial, sans-serif;
}

p {
   font-style: italic;
}
```

B *Die Absätze werden kursiv, aber nicht die Listenelemente oben oder die Überschriften.*

Zusätzlich kann ein Fontdesigner eine abgeschrägte Version (*oblique*) eines Fonts schaffen. Hier ist dann tatsächlich der normale Buchstabe einfach nur schräg dargestellt. Vielleicht wird außerdem noch der Buchstabenabstand angepasst und dergleichen, aber alles mit den gleichen Buchstaben. Sie können `font-style: oblique;` angeben, obwohl das recht unüblich ist. Diese nachgeahmte, „falsche" Kursivschrift kann dann gezeigt werden, falls keine abgeschrägte oder kursivierte Form der Schrift vorhanden ist.

Kursivschrift erstellen

1. Tippen Sie `font-style:`.
2. Nach dem Doppelpunkt (:) geben Sie `italic` für echte kursive Schrift oder `oblique` für schräg gestellten Text ein. (Wahrscheinlich werden Sie zu 99 Prozent `italic` verwenden. Ihnen wird vielleicht der Unterschied zu `oblique` bei allen Fällen gar nicht unbedingt auffallen.)

Kursivschrift abschalten

Tippen Sie `font-style: normal`.

TIPP Ein Anlass für die Abschaltung von Kursivschrift wäre z.B., wenn Sie Text in einem Absatz betonen wollen, der seine Kursivformatierung von einem übergeordneten Element geerbt hat. Weitere Infos über Vererbung finden Sie im Abschnitt „Die Kaskade – wenn Regeln konkurrieren" in Kapitel 7.

TIPP Die Eigenschaft `font-style` wird vererbt.

Text fett formatieren

Text fett zu formatieren, ist wahrscheinlich die am häufigsten eingesetzte und effektivste Art, Text hervorzuheben. Browser formatieren z.B. die `h1`-`h6`-Überschriften standardmäßig fett. So wie bei Kursivschrift können Sie jeden Text fett formatieren oder diese Formatierung abschalten. Stylesheets bieten eine große Flexibilität bei fettgedrucktem Text, indem man mit relativen Werten arbeitet. Allerdings enthalten die Fonts selbst nicht immer unterschiedliche Schriftgewichte, die zu den relativen Werten passen. So sehen sie oft ziemlich gleich aus (wenn Sie nicht ganz sicher sind, geben Sie das Schriftgewicht einfach als `bold` an) (A und B).

Text fett formatieren

1. Tippen Sie `font-weight:`.
2. Geben Sie `bold` ein, damit der Text durchschnittlich fett formatiert wird. Wahrscheinlich werden Sie meist diesen Wert verwenden.

   Oder nehmen Sie `bolder` bzw. `lighter` für einen Wert, der dann relativ zum aktuellen Gewicht der Schrift ist.

   Sie können auch ein Vielfaches von `100` eintippen (zwischen `100` und `900`, wobei `400` eine normale Schrift repräsentiert und `700` für fett steht). Das ist ein nützlicher Ansatz, wenn Sie mit Schriften arbeiten, die in verschiedenen Gewichten vorliegen.

Fett formatierten Text abschalten

Tippen Sie `font-weight: normal`.

A Bei Browsern werden Überschriften wie `h1` und `h2` automatisch fett formatiert. Ich habe ein normales Schriftgewicht angewendet, um es bei allen `h2`-Elementen abzuschalten, damit Sie auf der Seite den Unterschied sehen. Ich habe den `em`-Text auch fett formatiert und den Link verändert, wenn die Maus darüber fährt B. (Beachten Sie, dass ich nur für die Beispiele in diesem Abschnitt die `font-family` der Überschriften von Arial Black auf Arial gesetzt habe. Weitere Infos finden Sie im vorletzten Tipp.)

```
body {
   font-family: "Palatino Linotype", Palatino,
   ➝ serif;
}

h1,
h2 {
   font-family: Arial, Helvetica, sans-serif;}

h2 {
   font-weight: normal;
}

em,
a:link,
a:hover {
   font-weight: bold;
}
```

B Die `h1`-Überschrift ist fett und die `h2`-Überschrift hat ein normales Gewicht. Unbesuchte Links bleiben hervorgehoben (während die besuchten weniger aufdringlich sind).

C *Im einen Absatz sehen Sie einen Link („The Fountainhead"), im anderen das Wort „alle". Beide sind aufgrund unserer neuen Formatierungsregel nicht nur fett, sondern auch kursiv, weil der Browser standardmäßig die darin enthaltenen Elemente so darstellt. Sie sind mit `cite` bzw. `em` ausgezeichnet, weil das deren Bedeutung entspricht. (Sie sehen ebenfalls, dass die `h2`-Überschrift „Park Güell" ein normales Gewicht hat und nicht fett ist.)*

TIPP Weil die Art, wie das Gewicht der Schrift definiert wird, sich zwischen den Schriften unterscheidet, könnten vordefinierte Werte von einer Schrift zur anderen nicht relativ sein. Sie sind so gestaltet, dass sie innerhalb einer bestimmten Schriftfamilie relativ sind.

TIPP Wenn die Schriftfamilie beim Gewicht der Schrift weniger als neun Abstufungen hat oder sich diese Abstufungen an einem Ende der Skala konzentrieren, kann es sein, dass manche numerischen Werte zum gleichen Schriftgewicht korrespondieren.

TIPP Aus den Gründen, die in den vorigen beiden Tipps angesprochen werden, ist es üblich, Text einfach anhand von `font-weight: bold` zu formatieren, was immer funktioniert.

TIPP Bei welchen Elementen können Sie die Formatierung „fett" abschalten? Bei jedem Element, bei dem es automatisch angewendet wird (denken Sie an `strong` und `h1`-`h6` und `b`) und bei dem die Formatierung von einem übergeordneten Element geerbt wird (siehe „Die Kaskade – wenn Regeln konkurrieren" in Kapitel 7).

TIPP Bei den restlichen Beispielen in diesem Kapitel wird Arial Black als `font-family` für die `h1`- und `h2`-Überschriften verwendet statt der Einstellung Arial, die in **A** bis **C** gezeigt wird. Doch in diesen verbleibenden Beispielen habe ich `font-weight: normal;` sowohl für `h1` als auch für `h2` angegeben, weil Arial Black von Haus aus bereits ein fetter Font ist. Wenn Sie `font-weight: bold;` auf Arial Black anwenden, versucht der Browser womöglich, eine nachgeahmte fette Formatierung zu nehmen, um die Schrift (noch) fetter wirken zu lassen. Indem ich `font-weight: normal;` für diese Überschriften in Arial Black angebe, habe ich sie in den ursprünglichen, sehr „mächtigen" Zustand dieses Fonts zurückgesetzt. Eine damit zusammenhängende Diskussion über nachgemachte Kursivschrift lesen Sie im Abschnitt „Kursivschrift".

TIPP Die Eigenschaft `font-weight` wird vererbt.

Schriftgröße angeben

Es gibt zwei grundlegende Wege, um auf einer Webseite die Schriftgröße anzugeben: Sie können angeben, dass eine spezielle Größe verwendet werden soll **A**, oder die Größe vom übergeordneten Element abhängig machen **C**.

Man muss sich erst ein wenig daran gewöhnen, die Größe relativ zum übergeordneten Element zu setzen. Sie müssen nachvollziehen können, wie der Browser diese Einheiten relativ zu den Elternelementen behandelt, aber das erkläre ich gleich.

Wenn Sie mit dieser Methode arbeiten, sollten Sie am besten vorher eine Grundlinie für das `body`-Element einrichten, indem Sie `body { font-size: 100%; }` deklarieren **C**. Meistens wird dann die Größe entsprechend auf 16px gesetzt – das ist nämlich auf den meisten Systemen die Standardschriftgröße. Wie gewöhnlich wird dieser Wert auf die anderen Elemente weiter kaskadiert (denken Sie daran, dass die `font-size`-Eigenschaft vererbt wird), außer sie bekommen ein eigenes `font-size`.

A *Hier nehme ich Pixelwerte, um die anfängliche Schriftgröße zu steuern. Die Absätze erben das `font-size`, das für `body` gesetzt wurde. Das Ergebnis sehen Sie in* **B**.

```
body {
   font-family: "Palatino Linotype", Palatino,
   → serif;
   font-size: 14px;
}

h1,
h2 {
   font-family: "Arial Black", Arial, sans-serif;
   font-weight: normal;
   → /* entfernt nachgeahmten Fettdruck aus dem
   → bereits gewichtigen Arial Black */
}

h1 {
   font-size: 22px;
}

h2 {
   font-size: 15px;
}

em,
a:link,
a:hover {
   font-weight: bold;
}

/* Navigation Inhaltsverzeichnis */
.toc a {
   font-size: 12px;
}
```

B *Die Links im Inhaltsverzeichnis (oben auf der Seite), die Überschriften und die Absätze reflektieren alle die `font-size`-Einfügungen im Stylesheet.*

C *Die Deklaration* `font-size: 100%` *für* `body` *setzt eine Basis, auf der die Schriftgrößen für* `em` *aufbauen. Auf den meisten Systemen entspricht 100% der Standardtextgröße von 16 Pixel. Von daher ist dieses Stylesheet zu dem in* **A** *gezeigten äquivalent. Der Kommentar nach jedem* `font-size`*-Wert erklärt, wie er berechnet wurde, und zeigt die typischen Pixel-Entsprechungen.*

```
body {
   font-family: "Palatino Linotype", Palatino,
   → serif;
   font-size: 100%; /* 16px */
}

h1,
h2 {
   font-family: "Arial Black", Arial, sans-serif;
   → font-weight: normal;
}

h1 {
   font-size: 1.375em; /* 22px / 16px */
}

h2 {
   font-size: .9375em; /* 15px / 16px */
}

p {
   font-size: .875em; /* 14px / 16px */
}

em,
a:link,
a:hover {
   font-weight: bold;
}

/* Navigation Inhaltsverzeichnis */
.toc a {
   font-size: .75em; /* 12px / 16px */
}
```

Wie bekommen Sie nun heraus, welche `em`-Werte anzugeben sind? `1em` ist gleich der Standardgröße, in diesem Fall also 16px. Von hier aus können Sie die `em`-Werte (oder auch Prozentangaben) mit einer kleinen Berechnung feststellen:

```
Gewünschte Größe / Größe des Elternelements = Wert
```

Wenn Sie z.B. wollen, dass `h1` 22px haben soll, und Sie bereits die Größe des Elternelements von 16px kennen, dann rechnen Sie wie folgt:

```
22 / 16 = 1,375
```

Wenn Sie nun für `h1 {font-size: 1.375em; }` definieren, ist alles prima **C**. Diese Angabe besagt also: „Mache den `h1`-Text 1,375-fach größer als den Text des übergeordneten Elements“. Man kann die Regel auch so schreiben: `h1 { font-size: 137.5%; }`. Doch abgesehen von der Angabe der Basis-`font-size` bei `body` mit einem Prozentwert ist es üblicher, Schriftgrößen in `em` statt Prozent anzugeben.

Nun noch ein Rechenbeispiel. Die Absätze sollen 14px bekommen, also rechnen Sie:

```
14 / 16 = 0,875
```

Demzufolge schreiben Sie `p { font-size: .875em; }` **C**. (Alternativ kann man auch 87.5% angeben.)

Jetzt soll noch ein weiteres Beispiel vorgestellt werden, da Sie hier möglicherweise ins Stolpern geraten. Der erste Absatz enthält zwei Links (D und E). Nehmen wir an, die Links sollen 16px werden, während der restliche Fließtext bei den definierten 14px bleiben soll. Vielleicht tendieren Sie dazu, `font-size` für den Link auf `1em` zu setzen, weil Sie glauben, dass 1em = 16px ist.

Aber erinnern Sie sich daran, dass diese Werte relativ zum Elternelement sind, und in diesem Fall ist das übergeordnete Element das `p` und nicht das `body`. Und beim Absatz ist die Größe 14px. Damit die Links also 16px werden, müssen Sie einen `em`-Wert größer als `1em` nehmen.

```
16 / 14 = 1.1428457
```

Also schreiben Sie das (etwas lang geratene) `p { font-size: 1.1428457em; }` und bekommen das gewünschte Resultat.

Ein letzter Aspekt: Denken Sie daran, dass eine `font-size` für den `body` von `100%` meistens zum Standard 16px passt. In einer bestimmten Situation kann das davon abweichen, und zwar, wenn der Anwender diesen Standard in seinen Browsereinstellungen überschreibt. Weil er kleinere Schrift z.B. nicht so gut lesen kann, will er diesen Wert auf 20px heraufsetzen. Wenn `body` auf `100%` gesetzt wird, dann respektiert Ihre Seite dies und passt Größe im restlichen Text entsprechend … äh, *relativ* an. Das ist das Schöne daran, wenn man die Textgröße anhand solcher Instrumente wie `em` und Prozentwerte setzt.

(D) *Auf den meisten Systemen mit Standardeinstellungen passen die auf `em` basierenden Schriftgrößen zur pixelbasierten Version (B).*

(E) *Teil des HTML, bei dem zwei `a`-Elemente in einem übergeordneten `p` verschachtelt sind.*

```
...
<p>Seine Nonkonformität, die schon in Jugendjahren deutlich wurde, verbunden mit seiner ruhigen, aber
→ innigen Hingabe an die Kirche, schufen eine einzigartige Grundlage für seine Gedanken und Ideen. Seine
→ Suche nach Einfachheit basierte auf sorgfältigen Naturbeobachtungen, was sich sehr deutlich in seinem
→ Werk niederschlägt - sei es der <a href="#park-guell">Park Güell</a> mit seinen märchenhaften Skulpturen
→ und Mosaiken oder auch die Kirche der <a href="#sagrada-familia">Heiligen Familie</a> mit ihren
→ organischen, an Bischofsmützen erinnernden Türme.</p>
...
```

Eine bestimmte Schriftgröße festlegen

1. Tippen Sie `font-size:`.
2. Tippen Sie nach dem Doppelpunkt (:) eine bestimmte Größe, z.B. `13px`.

   Oder geben Sie ein Schlüsselwort an:

   `xx-small`, `x-small`, `small`, `medium`, `large`, `x-large` oder `xx-large`.

TIPP **Im Abschnitt „Der Wert einer Eigenschaft" in Kapitel 7 finden Sie weitere Infos über Einheiten.**

TIPP **Zwischen der Zahl und der Einheit darf kein Leerzeichen sein.**

TIPP **Wenn Sie die Schrift mit Pixel angeben, können Surfer mit dem Internet Explorer die Schrift nicht über die Browser-Option TEXTGRÖSSE größer oder kleiner machen. Das ist ein Argument dafür, dass Sie Schrift mit `em` oder Prozentwerten angeben. Seit IE7 können Anwender die *gesamte* Seite heran- oder wegzoomen, was eine Verbesserung gegenüber IE6 ist, aber immer noch nicht das Gleiche ist wie das Ändern nur von Text. Falls Sie sich fragen, wie weit der IE6 überhaupt noch verbreitet ist (weil er ja keinen Seitenzoom hat): In den vergangenen Jahren nahm dessen Verbreitung weltweit dramatisch ab und deswegen lassen viele Designer und Entwickler ihn ganz außer Acht (außerdem ist diese Version berüchtigt für ihre Bugs). Doch in manchen Ländern ist die User-Basis immer noch recht groß, vor allem in China und Südkorea. Sie können die Verbreitungszahlen weltweit unter *www.ie6countdown.com/* prüfen.**

TIPP **Verschiedene Browser interpretieren die Schlüsselwörter unterschiedlich.**

TIPP **Nehmen Sie Punkt (`pt`) als Einheit nur in Stylesheets für Print, nicht für den Bildschirm.**

TIPP **Aufgrund der außerordentlich unterschiedlichen Bildschirmauflösungen sollten Sie es vermeiden, `font-size` in cm, mm und pica anzugeben. In der Praxis werden sie selten verwendet.**

TIPP **Die Eigenschaft `font-size` wird vererbt.**

Eine vom übergeordneten Element abhängige Schriftgröße einstellen

1. Tippen Sie `font-size:`.
2. Geben Sie nach dem Doppelpunkt (:) einen relativen Wert wie `1.5em` oder `150%` an.

   Oder nehmen Sie ein relatives Schlüsselwort: `larger` oder `smaller`. (Diese werden weniger eingesetzt als Prozentwerte, die wiederum unüblicher sind als `em`.)

TIPP **Eine `em`-Einheit (nicht zu verwechseln mit dem HTML-Element `em`) entspricht der Größe der Schrift. Also ist `1em` gleich 100 %.**

TIPP **Die Größe des übergeordneten Elements kann vom Anwender oder Ihnen als Designer eingestellt, vererbt oder aus den Standardeinstellungen des Browsers entnommen werden. Wie bereits erwähnt, haben die meisten aktuellen Browser eine Standardgröße für das `body`-Element von 16 Pixel.**

TIPP **Das Kind eines Elements mit einer relativen Größe erbt die Größe, nicht den Faktor. Also erben die `a`-Elemente im `p` E die Größe von 14 Pixel C, nicht den relativen Wert von .875em. Die Links werden mit 14px dargestellt, außer Sie überschreiben das.**

TIPP **Sie können die Schriftgröße gemeinsam mit anderen Werten für die Schrift setzen (siehe „Alle Font-Werte auf einmal angeben" später in diesem Kapitel).**

TIPP **Mit CSS3 werden ein paar neue Einheiten eingeführt. Eine der interessantesten ist `rem` (kurz für `root em`). Das ist wie `em`, aber die gesamte Größenbemessung wird relativ zur Wurzel im DOM-Baum angegeben. Also brauchen Sie dafür nicht die Schriftgröße des Elternelements dividieren, wie ich das vorhin für `em` beschrieben habe. Moderne Browser unterstützen das sehr gut. Der Internet Explorer tut dies erst seit Version 9 (*http://caniuse.com/#search=rem*), also müssen Sie für ältere Versionen einen Standardwert angeben. Jonathan Snook beschreibt den Einsatz von `rem` und eine mögliche Strategie für IE8 und älter: *http://snook.ca/archives/html_and_css/font-size-with-rem*. (Mein Rat lautet, den `body` auf 100 % zu setzen, statt wie angegeben auf 62.5 %, und die `rem`-Größen von da aus zu berechnen.)**

TIPP **Es gibt auch die Einheit `ex`, die sich auf die x-Höhe des übergeordneten Elements bezieht, aber die wird nicht allgemein unterstützt.**

Die Zeilenhöhe setzen

Die Zeilenhöhe bezieht sich auf den sogenannten *Durchschuss* des Absatzes, also den Abstand zwischen den Zeilen. Wenn Sie einen großen Abstand nehmen, wird der Fließtext leichter lesbar. Überschriften sehen mit einer geringen Zeilenhöhe (bei mehr als einer Zeile) oft eleganter aus.

Die Zeilenhöhe setzen

1. Tippen Sie `line-height:`.
2. Geben Sie *n* ein, wobei *n* eine Zahl ist, die mit der Schriftgröße des Elements multipliziert wird, um die gewünschte Zeilenhöhe zu bekommen (das schreibt man meistens einfach als Zahl ohne Einheit).

   Oder Sie arbeiten mit *a*, wobei *a* ein Wert in `em`, Pixel, Punkt (nehmen Sie Punkt nur für Print) ist.

   Oder Sie nehmen *p*%, wobei *p*% ein Prozentwert der Schriftgröße ist.

TIPP Sie können die Zeilenhöhe zusammen mit Schriftfamilie, -größe, -gewicht, -stil und Varianten angeben (siehe nächster Abschnitt).

TIPP Wenn Sie die Zeilenhöhe mit einer Zahl festlegen, wird dieser Faktor von allen Kindelementen geerbt. Wenn die Schriftgröße eines Elternelements 16 Pixel und die Zeilenhöhe 1.5 ist, dann wird die Zeilenhöhe des Elternelements 24 sein (16 * 1,5). Wenn die Schriftgröße des Kindelements 10 ist, wird die Zeilenhöhe 15 sein (10 * 1,5). Bitte beachten Sie, dass die Werte nicht wie im Deutschen mit Komma („1,5"), sondern mit Punkt „1.5") geschrieben werden müssen.

TIPP Wenn Sie einen Prozent- oder `em`-Wert nehmen, wird nur das Endergebnis (also der „berechnete Wert") vererbt. Also wird bei einem Elternelement mit 16 Pixel und einer Zeilenhöhe von 150 % die Zeilenhöhe des Elternelements immer noch 24 Pixel sein. Allerdings werden alle Kindelemente auch eine Zeilenhöhe von 24 Pixel erben, egal welche Schriftgröße sie haben.

A *Ausgehend von einem Standard-*`body`*-Element mit 16 Pixel wird die Schriftgröße des* `p`*-Elements* `.875em` *oder etwa 14 Pixel sein. Die Zeilenhöhe ist dann etwa das 1,6-Fache dieser 14 Pixel oder etwa 22,4 Pixel.*

```
body {
   font-family: "Palatino Linotype", Palatino,
   → serif;
   font-size: 100%;
}

h1,
h2 {
   font-family: "Arial Black", Arial, sans-serif;
   font-weight: normal;
}

h1 {
   font-size: 1.375em;
}

h2 {
   font-size: .9375em;
}

p {
   font-size: .875em; /* 16px / 14px */
   line-height: 1.6;
}

...
```

B *Sind die Zeilen mit* `line-height` *auf der Seite verteilt, wirkt der Text ansprechender und lässt sich leichter lesen.*

Alle Schriftwerte auf einmal setzen

Sie können den Schriftstil, das Gewicht, Varianten, Größe, Zeilenhöhe und Schriftfamilie in einem Rutsch festlegen **A**. Das sollten Sie auch möglichst immer so machen, damit Ihre Stylesheets schlank bleiben.

Alle Font-Werte auf einmal angeben

1. Tippen Sie `font:`.
2. Je nach Bedarf tippen Sie `normal`, `oblique` oder `italic`, um den Schriftstil anzugeben (siehe „Kursivschrift").
3. Sie können das Gewicht der Schrift über `normal`, `bold`, `bolder`, `lighter` oder ein Vielfaches von `100` (bis zu `900`) angeben (siehe „Text fett formatieren").
4. Nach Belieben tippen Sie `normal` oder `small-caps`, um Kapitälchen zu entfernen oder zu setzen (siehe „Als Kapitälchen formatieren").
5. Tippen Sie die gewünschte Schriftgröße ein (siehe „Schriftgröße angeben").
6. Auf Wunsch geben Sie `/zeilenhoehe` an, wobei *`zeilenhoehe`* für den Abstand steht, der zwischen den Zeilen sein soll (siehe „Die Zeilenhöhe setzen").
7. Geben Sie ein Leerzeichen ein, gefolgt von einer oder mehreren Schriftfamilien in der entsprechenden Rangfolge und durch Kommas getrennt, wie in „Die Wahl der Schriftfamilie" beschrieben.

A *Dieses Stylesheet entspricht dem von* **A** *aus „Die Zeilenhöhe setzen" – siehe die resultierende Darstellung* **B**. *Ich habe einfach die `font`-Eigenschaften für die `body`-, `h1`- und `h2`-Regeln zusammengeführt. Beachten Sie, dass man für `h1` und `h2` nicht extra angeben muss, dass `font-weight` `normal` sein soll, weil `normal` der Standard der Eigenschaft `font` ist. Außerdem konnte ich die Deklarationen für das `p`-Element nicht zusammenführen, weil die Kurzschreibweise für `font` es erforderlich macht, dass mindestens die Schriftfamilie und -größe angegeben werden. Siehe die Beispiele im ersten Tipp, in dem in der `font`-Kurzschreibweise die Angaben für `font-style`, `font-variant`, `font-weight` und `line-height` enthalten sind.*

```
body {
   font: 100% "Palatino Linotype", Palatino,
   → serif;
}

h1,
h2 {
   font: 1.375em "Arial Black", Arial, sans-serif;
}

h2 {
   font-size: .9375em;
}

p {
   /* Dies kann nicht in font-Kurzschreibweise
   → aufgenommen werden, außer ich deklariere
   → gleichzeitig die Font-Familie. */
   font-size: .875em;
   line-height: 1.6;
}

em,
a:link,
a:hover {
   font-weight: bold;
}

/* Navigation Inhaltsverzeichnis */
.toc a {
   font-size: .75em;
}
```

TIPP Ein Beispiel für die Kombination der Deklarationen `font-size`, `line-height` und `font-family` in der `font`-Kurzschreibweise wäre `font: .875em/1.6 "Palatino Linotype", Palatino, serif;`. Die Zeilenhöhe kommt nach der Größe und dem Schrägstrich. Sie können auch `font-style`, `font-variant` und `font-weight` mit aufnehmen. Das Folgende ist ein Beispiel für alle möglichen Eigenschaften in einer Font-Deklaration: `font: italic small-caps bold .875em/1.6 "Palatino Linotype", Palatino, serif;`. Die Reihenfolge der Eigenschaften ist wichtig. Sie können die Eigenschaften beliebig kombinieren, solange Größe und Familie deklariert wurden.

TIPP Sie können auch jede Eigenschaft separat angeben, sollten aber wenn möglich die Eigenschaften mit der `font`-Kurzschreibweise kombinieren.

TIPP Die ersten drei Eigenschaften können in beliebiger Reihenfolge festgelegt oder auch ganz weggelassen werden. Wenn Sie sie weglassen, werden sie auf `normal` gesetzt – was für Sie vielleicht zu unerwarteten Ergebnissen führt **A**.

TIPP Die Eigenschaften für die Größe und Schriftfamilie müssen immer explizit angegeben werden: zuerst die Größe, dann die Familie.

TIPP Die (optionale) Zeilenhöhe muss direkt nach der Schriftgröße und dem Schrägstrich kommen.

TIPP Die Eigenschaft `font` wird vererbt.

B *Diese Seite ist mit der in* **B** *in „Die Zeilenhöhe setzen" gezeigten identisch.*

A *Sie können die Farben über den Namen, einen Hexadezimal- oder RGB-, HSL-, RGBA- oder HSLA-Wert definieren. Beachten Sie, dass bei den Farben für* `a:visited` *und* `a:hover` *(*`#909` *bzw.* `#c3f`*) die im zweiten Tipp erläuterte Abkürzung zum Einsatz kommt.*

```
body {
   color: #909;
   font: 100% "Palatino Linotype", Palatino,
   → serif;
}

h1,
h2 {
   color: navy;
   font: 1.375em "Arial Black", Arial, sans-serif;
}

h2 {
   font-size: .9375em;
}

p {
   font-size: .875em;
   line-height: 1.6;
}

em {
   font-weight: bold;
}

/* Links */
a:link {
   color: #74269d;
   font-weight: bold;
}

a:visited {
   color: #909;
}

a:hover {
   color: #c3f;
   font-weight: bold;
}

/* Navigation Inhaltsverzeichnis */
.toc a {
   font-size: .75em;
}
```

Die Farbe festlegen

Sie können auch die Farben der Elemente auf Ihrer Webseite ändern **A**.

Die Farbe festlegen

1. Tippen Sie `color:` ein.
2. Geben Sie `farbname` ein, wobei *`farbname`* eine der vordefinierten Farben ist (siehe Abschnitt „CSS-Farben“ in Kapitel 7).

   Oder verwenden Sie `#`*`rrggbb`*; dabei ist *`rrggbb`* die hexadezimale Repräsentation der Farbe. Dies ist der üblichste Weg, um Farben anzugeben.

   Oder nehmen Sie `rgb(`*`r`*`, `*`g`*`, `*`b`*`)`, wobei *`r`*, *`g`* und *`b`* Integerwerte zwischen 0 und 255 sind und für den jeweiligen Anteil der Farben Rot, Grün bzw. Blau in der gewünschten Farbe stehen.

   Oder Sie schreiben `rgb(`*`r`*`%, `*`g`*`%, `*`b`*`%)` und auch hier stehen *`r`*, *`g`* und *`b`* hier für die Anteile in Prozent der Farben Rot, Grün und Blau der gewünschten Farbe.

   Oder Sie tippen `hsl(`*`f`*`, `*`s`*`, `*`h`*`)`, wobei *`f`* eine Ganzzahl zwischen 0 und 360 ist, die den Farbton festlegt, und *`s`* und *`h`* geben in Prozentwerten die Menge von Sättigung bzw. Helligkeit der gewünschten Farbe an. (Generell ist es besser, stattdessen Hexzahlen oder RGB für nichttransparente Farben zu nehmen.)

Oder nehmen Sie `rgb(r, g, b, a)`, wobei *r*, *g* und *b* Integerwerte zwischen 0 und 255 sind und für den jeweiligen Anteil der Farben Rot, Grün bzw. Blau in der gewünschten Farbe stehen, während *a* ein Dezimalwert zwischen 0 und 1 ist, der den Anteil der Alpha-Transparenz der gewünschten Farbe angibt.

Oder Sie tippen `hsla(f, s, h, a)`, wobei *f* eine Ganzzahl zwischen 0 und 360 ist, die den Farbton festlegt, und *s* und *h* in Prozentwerten zwischen 0 und 100 die Menge von Sättigung bzw. Helligkeit der gewünschten Farbe angeben sowie der Wert von *a* für die Alpha-Transparenz der gewünschten Farbe steht.

TIPP Wenn Sie für r, g oder b einen Wert eintippen, der über 255 liegt, wird 255 verwendet. Entsprechend wird eine Prozentangabe über 100 durch 100 ersetzt.

TIPP Sie können die Farbe auch über `#rgb` festlegen, wenn die Hex-Werte sich wiederholende Zahlen sind. Das würde ich auch anraten. Dann schreiben Sie `#FF0099` etwa als `#F09` oder `#f09`.

TIPP Die Hex-Zahl sollte nicht in doppelte Anführungszeichen gesetzt werden.

TIPP Beachten Sie, dass der Internet Explorer erst seit Version IE9 HSL, RGBA und HSLA unterstützt. Wenn Sie also eines davon in den Farbdeklarationen verwenden, müssen Sie Farben angeben, auf die ältere IE-Versionen zurückgreifen können (siehe „CSS-Farben" in Kapitel 7 für weitere Details).

TIPP Die Eigenschaft `color` wird vererbt.

B *Die Überschriften sind marineblau und der Text ist hellviolett. Die Links sind dunkelviolett, werden aber heller, nachdem sie aufgerufen wurden, und verwandeln sich, damit sie sich abheben, in ein rosa getöntes Violett, wenn man mit dem Mauszeiger darüberfährt.*

(A) *Wenn Sie die Hintergrundfarbe für das body-Element eingestellt haben, gilt sie auch für den Hintergrund der gesamten Seite. Der Hintergrund, der für das Element mit der Klasse toc gesetzt wird, hebt das Inhaltsverzeichnis von anderen Teilen der Seite ab* (B).

```
body {
   background: #eef;
   color: #909;
   font: 100% "Palatino Linotype", Palatino,
   ➝ serif;
}


... [weiteres CSS kommt hierhin] ...


/* Navigation Inhaltsverzeichnis */
.toc {
   background: #ebc6f9;
}

.toc a {
   font-size: .75em;
}
```

Den Hintergrund von Text verändern

Sie können den Hintergrund einzelner Elemente oder die ganze Seite bzw. jede Kombination daraus angeben (A). Dazu können Sie den Hintergrund nur einiger Absätze oder Wörter ändern, die Links in ihren verschiedenen Zuständen unterschiedlich gestalten. Das Gleiche gilt auch für andere Bereiche mit Inhalten usw.

Den Hintergrund von Text ändern

1. Tippen Sie `background:`.
2. Geben Sie `transparent` oder *`farbe`* ein, wobei *`farbe`* für einen Farbnamen oder einen Hex-, RGB-, HSL-, RGBA- oder HSLA-Farbwert steht (siehe „Die Farbe festlegen"). Am üblichsten sind Hex-Farben.
3. Auf Wunsch tippen Sie `url(`*`image.gif`*`)`, um ein Hintergrundbild zu verwenden. Dabei steht *`image.gif`* für den Pfad und Dateinamen des Bilds relativ zum Standort des Stylesheets.

   Mit `repeat` veranlassen Sie, dass sich das Bild kachelförmig horizontal und vertikal wiederholt. Mit `repeat-x` wird das Bild nur horizontal gekachelt dargestellt, mit `repeat-y` nur vertikal und bei `no-repeat` wird das Bild gar nicht wiederholt.

   Auf Wunsch können Sie über `fixed` oder `scroll` bestimmen, ob der Hintergrund zusammen mit dem Sichtbereich gescrollt werden soll. (Lässt man das – wie meist üblich – weg, wird standardmäßig `scroll` angenommen.)

   Auf Wunsch tippen Sie *`x y`* ein, um die Position des Hintergrundbilds festzulegen. Dabei können `x` und `y` als Prozentwert oder als absolute Distanz von der oberen linken Ecke angegeben werden. Oder nehmen Sie die Werte `left`, `center` und `right` für *x* und `top`, `center` oder `bottom` für *y*.

TIPP Sie können als Hintergrund sowohl eine Farbe als auch den URL eines Bilds angeben. Die Farbe ist so lange sichtbar, bis das Bild geladen ist (oder falls es aus irgendwelchen Gründen gar nicht geladen wird), und scheint durch transparente Bereiche des Bilds hindurch. Wenn Sie ein Hintergrundbild für ein Element definieren, lautet allgemein die bewährte Vorgehensweise, eine Hintergrundfarbe zu definieren, die ausreichend Kontrast zwischen der Textfarbe und dem Hintergrund liefert. So stellen Sie sicher, dass Ihr Text lesbar bleibt, falls der Besucher die Darstellung von Bildern im Browser deaktiviert hat oder das Bild aus irgendeinem Grund nicht geladen wird. Wenn Sie nicht explizit eine Hintergrundfarbe definieren, wird jene Farbe genommen, die das Element von seinem Elternelement erbt, z.B. das standardmäßige Weiß des body-Elements. Das wäre problematisch, falls Sie hellen Text vor ein dunkles Hintergrundbild stellen wollten. Weitere Details dazu finden Sie im Abschnitt „Mehr über Hintergrund“.

TIPP Achten Sie auf ausreichenden Kontrast zwischen Vorder- und Hintergrund, damit Ihre Besucher den Text auch wirklich lesen können. Das hilft nicht nur dem durchschnittlichen Anwender, sondern ist auch für die Accessibility relevant. Der Kontrast ist besonders für farbenblinde Besucher wichtig.

TIPP Die Eigenschaft `background` wird nicht vererbt.

B *Der Hintergrund des* `body`*-Elements ist hellblau und der des Inhaltsverzeichnisses hat ein helles Lila.*

Mehrere Hintergründe und anderes mit CSS3

Mit CSS3 gibt es nun ein paar neue Möglichkeiten, den Hintergrund zu gestalten, darunter die lang erwartete Möglichkeit, mehrere Hintergründe zu verwenden, die Größe des Hintergrunds zu ändern usw. Mehr darüber erfahren Sie in Kapitel 14. Siehe *www.w3.org/TR/css3-background/*, wenn Sie alle diese neuen Features des entsprechenden CSS3-Moduls kennenlernen wollen.

Mehr über Hintergründe

Die Eigenschaft `background` ist sehr leistungsfähig und Sie werden auf viele Gelegenheiten stoßen, wo sie einsetzbar ist. Verständlicherweise sind Sie wohl ein wenig unsicher, wie man Schritt 3 von „Den Hintergrund von Text ändern" umzusetzen hat. Hier ist ein Beispiel:

```
body {
   background: #foc url(bg-page.png) repeat-x scroll 0 0;
}
```

Dabei handelt es sich natürlich um die Kurzschreibweise, wie Sie sie von der `font`-Eigenschaft kennen, um `font-family`, `font-size`, `line-height` und andere Eigenschaften in einer Deklaration zu kombinieren.

Wenn man von links nach rechts liest, kann man die `background`-Kurzschreibweise auch wie folgt ausschreiben:

```
body {
   background-color: #foc;
   background-image: url(bg-page.png);
   background-repeat: repeat-x;
   background-attachment: scroll;
   background-position: 0 0;
}
```

Das ist ganz schön viel Codetext und nun verstehen Sie sicher, warum man lieber die Kurznotation nehmen sollte, außer Sie haben Grund genug, das aufzuteilen. Tatsächlich können Sie dieses Beispiel noch weiter verkürzen, indem Sie die Standardwerte für `scroll` und `0 0` entfernen:

```
body {
   background: #foc url(bg-page.png) repeat-x;
}
```

In der Praxis wird Ihr URL etwa `../img/bg-page.png` lauten, weil Sie Ihre Bilder nicht im gleichen Ordner wie die Stylesheets haben sollten.

Und was macht dieser Code nun? Nehmen wir an, dass das Hintergrundbild `bg-page.png` ein sich wiederholendes Muster von 15 Pixel Breite und 600 Pixel Höhe ist. Die als Beispiel angeführte Regel in Kurzschreibweise besagt: „Wiederhole dieses Bild horizontal unendlich und zeige dort die Farbe `#foc`, wo dieses Bild nicht zu sehen ist." Also sehen Sie dieses Bild auf den ersten 600 Pixel Höhe. Sobald der Inhalt höher als 600 Pixel wird, werden Sie die Farbe `#foc` sehen (ein knalliges Pink – perfekt für Ihre *Hello Kitty*-Fansite).

Man sollte davon ausgehen, dass das Bild so gestaltet wird, dass es sich gut in die Farbe einfügt, damit die Besucher nicht an einer offensichtlichen Linie erkennen, wo das Bild aufhört und die Farbe anfängt. Und weil der `background` für `body` definiert wurde, befindet sich der gesamte Seiteninhalt auf dem Bild und der Hintergrundfarbe. Wenn Sie sich mal das CSS einer beliebigen Site anschauen, dann werden Sie sicher eine Variante davon finden, wie `background` für `body` gesetzt wurde.

Hier sind ein paar weitere Beispiele, um Ihnen einen Eindruck der Möglichkeiten zu verschaffen.

Eine schwarze Farbe für den Hintergrund, kombiniert mit einem Bild, das sich vertikal unendlich wiederholt:

```
body {
   background: #000 url(../../image/bg-page.png) repeat-y;
}
```

Ein Hintergrundbild, das sich unendlich in alle Richtungen wiederholt. Das Gelb erscheint, wenn das Bild nicht geladen wird oder bis das Bild geladen ist.

```
body {
   background: yellow url(../img/bg-smiley-faces.png);
}
```

Dunkelgrüne Hintergrundfarbe mit einem Hintergrundbild, das nicht wiederholt wird und 200 Pixel vom linken und 125 Pixel vom oberen Seitenrand positioniert ist. Auch negative Werte sind erlaubt. Nehmen Sie `center`, um es auf der Seite zu zentrieren.

```
body {
   background: #3f8916 url(../../img/bg-gumby.png) no-repeat 200px 125px;
}
```

Ich habe mich auf `body`-Hintergründe konzentriert, weil diese bei der Gestaltung Ihrer Seite so wirksam sind, aber Sie können `background`-Eigenschaften auf beliebige Elemente anwenden. Sie könnten also auch ein Foto von Telly Savalas als Hintergrund aller Absätze angeben, falls Sie Lust dazu haben. Das würde ich übrigens auch richtig gut finden.

A *Hier habe ich `.4em` zusätzlichen Abstand zwischen den Überschriftbuchstaben angegeben, was bei einer Schriftgröße von 22px auf beinahe 9 Pixel zwischen den Buchstaben hinausläuft* **B**.

```
body {
   background: #eef;
   color: #909;
   font: 100% "Palatino Linotype", Palatino,
   → serif;
}

h1,
h2 {
   color: navy;
   font: 1.375em "Arial Black", Arial, sans-serif;
   letter-spacing: .4em;
}

h2 {
   font-size: .9375em;
}

... [restliches CSS] ...
```

B *Die Buchstaben der Überschrift weisen nun mehr Abstand auf.*

Abstände steuern

Sie können den Abstand zwischen den Worten (die sogenannte *Laufweite*) oder zwischen Buchstaben (das *Kerning*) erhöhen oder verringern **A**.

Die Laufweite festlegen

Tippen Sie `word-spacing: laenge`, wobei *`laenge`* durch eine Zahl mit einer Einheit wie `0.4em` oder `5px` ersetzt wird.

Das Kerning festlegen

Tippen Sie `letter-spacing: laenge`, wobei *`laenge`* durch eine Zahl mit einer Einheit wie `0.4em` oder `5px` ersetzt wird.

TIPP Sie können für Laufweite und Kerning auch negative Werte nehmen.

TIPP Die Werte für die Wort- und Buchstabenabstände können auch von Ihrer gewählten Textausrichtung und Schriftfamilie beeinflusst werden.

TIPP Mit dem Wert `normal` oder `0` setzen Sie die Abstände für Buchstaben und Wörter wieder zurück auf den jeweiligen Standard (also wird kein zusätzlicher Abstand eingefügt).

TIPP Wenn Sie einen `em`-Wert nehmen, wird nur das Endergebnis (also der „berechnete Wert") vererbt. Also wird ein Elternelement mit 16 Pixel, das ein zusätzliches `word-spacing` von `.1em` aufweist, zwischen den Wörtern 1,6 Pixel Abstand einfügen. Alle Kindelemente werden ungeachtet ihrer Schriftgröße auch 1,6 Pixel mehr Platz zwischen den Wörtern haben. Geben Sie den zusätzlichen Abstand für die Kindelemente explizit an, wenn Sie einen solchen Wert überschreiben müssen.

TIPP Die Eigenschaften `word-spacing` und `letter-spacing` werden vererbt.

Einrückungen vornehmen

Sie können festlegen, wie viel Platz vor der ersten Zeile eines Absatzes sein soll, indem Sie die Eigenschaft `text-indent` angeben **A**.

Einrückungen einfügen

Tippen Sie `text-indent:` *`laenge`*, wobei *`laenge`* durch eine Zahl mit einer Einheit wie `1.5em` oder `18px` ersetzt wird.

TIPP **Ein negativer Wert schafft einen hängenden Einzug. Möglicherweise müssen Sie um einen Textkasten mit hängendem Einzug mehr Padding oder Ränder eingeben, um den überhängenden Text anzupassen (siehe „Padding um ein Element einfügen“ und „Ränder um ein Element angeben“ in Kapitel 11).**

TIPP **`em`-Werte werden wie gewöhnlich unter Berücksichtigung der Schriftgröße des Elements und Prozentwerte hinsichtlich der Breite des Elternelements berechnet.**

TIPP **Die Eigenschaft `text-indent` wird vererbt.**

TIPP **Wenn Sie einen Prozent- oder `em`-Wert nehmen, wird nur das Endergebnis (also der „berechnete Wert“) vererbt. Wenn das Elternelement also 300 Pixel breit ist, wird ein `text-indent` von `10%` dann 30 Pixel ergeben. Und bei allen Kindelementen wird die erste Zeile dann jeweils auch 30 Pixel eingerückt, egal wie breit jeweils deren Elternelemente sind.**

TIPP **Eine vererbte Einrückung entfernen Sie mit dem Wert `0`.**

A *Den p-Elementen habe ich eine Einrückung von `1.5em` hinzugefügt (was auf eine Einrückung von etwa 21 Pixel hinausläuft, weil die Schriftgröße 14 Pixel beträgt)* **B**.

```
body {
   background: #eef;
   color: #909;
   font: 100% "Palatino Linotype", Palatino,
   → serif;
}

h1,
h2 {
   color: navy;
   font: 1.375em "Arial Black", Arial, sans-serif;
   letter-spacing: .4em;
}

h2 {
   font-size: .9375em;
}

p {
   font-size: .875em;
   line-height: 1.6;
   text-indent: 1.5em;
}
... [restliches CSS] ...
```

B *Jeder Absatz ist 21 Pixel eingerückt.*

A *Der* `nowrap`*-Wert für* `white-space` *sorgt dafür, dass an Leerzeichen nicht umbrochen wird.*

```
body {
   background: #eef;
   color: #909;
   font: 100% "Palatino Linotype", Palatino,
serif;
}

h1,
h2 {
   color: navy;

font: 1.375em "Arial Black", Arial, sans-serif;
   letter-spacing: .4em;
}

h2 {
   font-size: .9375em;
}

p {
   font-size: .875em;
   line-height: 1.6;
   text-indent: 1.5em;
}

.intro {
   white-space: nowrap;
}
... [restliches CSS] ...
```

Whitespace festlegen

Standardmäßig werden mehrere aufeinanderfolgende Leerzeichen und Absatzendezeichen (also die „Ergebnisse“ von Leertasten und Eingabetasten) in einem HTML-Dokument entweder zu einem Leerzeichen zusammengefasst oder ganz ignoriert. Wenn Sie wollen, dass der Browser diese zusätzlichen Leerzeichen darstellt, nehmen Sie die Eigenschaft `white-space`.

Whitespace-Eigenschaften festlegen

1. Tippen Sie `white-space:`.
2. Geben Sie `pre` ein, damit der Browser alle Leerzeichen und Absatzendezeichen des originalen Texts darstellt.

   Oder nehmen Sie `nowrap`, damit die Leerzeichen nicht umbrochen werden.

   Oder geben Sie `normal` ein, damit Whitespace wie gewöhnlich behandelt wird.

Als Beispiel stelle ich hier vor, wie man den `nowrap`-Wert auf den ersten Absatz anwendet (**A** und **B**). Wie Sie sehen, verhindert dies den Zeilenumbruch **C**. Da wir allerdings diesen Effekt auf unserer Seite nicht wirklich haben wollen, lasse ich `class` und das damit verknüpfte CSS in den folgenden Beispielen weg.

TIPP Der Wert für `pre` in der Eigenschaft `white-space` bezieht seinen Namen vom `pre`-Element, das Text in einer nichtproportionalen Schrift ausgibt und dabei alle Leerzeichen und Absatzendezeichen bewahrt. Das `pre`-Element wiederum bekam seinen Namen vom Begriff *pre-formatted* **(vorformatiert). Mehr über `pre` erfahren Sie in Kapitel 4.**

TIPP Beachten Sie, dass sich der `pre`-Wert für die Eigenschaft `white-space` nicht auf die Schrift eines Elements auswirkt (im Gegenzug zum `pre`-Element, das Browser standardmäßig als nichtproportionale Schrift darstellen).

TIPP Sie können das `br`-Element verwenden, um manuell Zeilenumbrüche in einem Element zu erstellen, das mit `white-space:nowrap` versehen ist. Vor diesem Hintergrund ist es am besten, `br` zu vermeiden, außer Sie haben keine Alternative, weil Sie damit die Präsentation mit dem HTML mischen, anstatt dass sich das CSS darum kümmert. Mehr über das `br`-Element erfahren Sie im Abschnitt „Einen Zeilenumbruch erstellen" in Kapitel 4.

B *Rein zu Demonstrationszwecken habe ich eine* `intro`*-Klasse eingefügt, damit Sie sehen können, wie sich* `nowrap` *auf die Darstellung des ersten Absatzes auswirkt.*

```
...

<h1 id="gaudi">Der Architekt von Barcelona</h1>

   <p class="intro">Viele Touristen kommen extra
   → nach Barcelona, um sich die unbeschreibliche
   → Architektur von Antoni Gaudí anzuschauen.
   → </p>

   <p>Seine Nonkonformität, die schon in
   → Jugendjahren deutlich wurde, verbunden
   → mit seiner ruhigen, aber innigen Hingabe an
   → die Kirche, schufen eine einzigartige
   → Grundlage für seine Gedanken und Ideen...
   → </p>

...
```

C *Der erste Absatz wird nicht umbrochen, auch wenn das Browser-Fenster zu schmal ist, um die gesamte Zeile darzustellen. Als Folge davon erscheint eine horizontale Scrollleiste.*

Textausrichtung

Sie können festlegen, dass bestimmter Text immer links- oder rechtsbündig, zentriert oder als Blocksatz formatiert ist **A**.

Text ausrichten

1. Tippen Sie `text-align:`.

   Mit `right` wird der Text rechtsbündig.

   Über `center` zentrieren Sie den Text in der Mitte des Bildschirms.

   Oder richten Sie den Text mit `justify` sowohl links- als auch rechtsbündig aus (genannt Blocksatz).

A *Die Ausrichtung von Text in Überschriften und Absätzen wird nach diesen Änderungen angepasst. Vergessen Sie den Bindestrich in* `text-align` *nicht.*

```
body {
   background: #eef;
   color: #909;
   font: 100% "Palatino Linotype", Palatino,
   → serif;
}

h1,
h2 {
   color: navy;
   font: 1.375em "Arial Black", Arial, sans-serif;
   letter-spacing: .4em;
   text-align: center;
}

h2 {
   font-size: .9375em;
}

p {
   font-size: .875em;
   line-height: 1.6;
   text-align: justify;
   text-indent: 1.5em;
}

... [restliches CSS] ...
```

TIPP Wenn Sie sich für Blocksatz entscheiden, sollten Sie bedenken, dass sich das auf die Abstände zwischen Wörtern und Buchstaben nachteilig auswirken kann. Mehr Details finden Sie in „Abstände steuern“.

TIPP Beachten Sie, dass die Eigenschaft `text-align` nur auf Blockelemente angewendet werden kann, die auf `display: block` oder `display: inline-block` gesetzt sind. Elemente wie `p` und `div` sind standardmäßig auf `display: block` gesetzt. Vor HTML5 wurden diese Elementarten als Blockelemente (*block-level elements*) bezeichnet. Ihre Standardeinstellung gilt auch noch in HTML5, aber der Name Blocklevel ist weggefallen, um HTML-Semantik nicht mit der äußeren Erscheinung gleichzusetzen. Also gilt dieser Aspekt vor allem für textliche Inhalte („Inline-Elemente“ aus der Ära vor HTML5) wie `strong`, `em`, `a`, `cite` und die anderen, die im Kontext von Sätzen, Überschriften usw. erscheinen. Wenn Sie *diese* Elemente individuell ausrichten wollen anstatt mit deren umgebenden Text, dann müssen Sie zuerst deren Standardformatierung `display: inline` entweder mit `display: block` oder `display: inline-block` überschreiben und dann `text-align` entsprechend angeben. Wenn bestimmte Elemente `display: inline-block` sind, müssen Sie unter Umständen eine Breite einfügen, um den Effekt sehen zu können. In Wirklichkeit sind die Gelegenheiten ziemlich begrenzt, bei denen Sie `text-align` für „Inline-Inhalte“ setzen müssen.

TIPP Die Eigenschaft `text-align` wird vererbt. Deren Standardwert soll von der Sprache und dem Schreibsystem des Dokuments abhängen, doch in den meisten Fällen wird er willkürlich auf `left` gesetzt.

B *Nach den Änderungen werden die Überschriften zentriert, während der Absatztext in Blocksatz erscheint.*

Ⓐ *Ich will die Überschrift erster Ordnung zum Hervorheben komplett in Großbuchstaben darstellen* Ⓑ.

```
body {
   background: #eef;
   color: #909;
   font: 100% "Palatino Linotype", Palatino,
   ➝ serif;
}

h1,
h2 {
   color: navy;

font: 1.375em "Arial Black", Arial, sans-serif;
   letter-spacing: .4em;
   text-align: center;
}

h1 {
   text-transform: uppercase;
}

h2 {
   font-size: .9375em;
}

... [restliches CSS] ...
```

Ⓑ *Nun fällt die Überschrift wirklich auf.*

Groß- oder Kleinbuchstaben erzwingen

Sie können die Textschreibung in Groß- oder Kleinbuchstaben über die Eigenschaft `text-transform` definieren Ⓐ. Auf diese Weise stellen Sie Text mit Großbuchstaben zu Anfang dar (Initiale) oder durchgehend in Großbuchstaben Ⓑ, nur in Kleinbuchstaben oder so, wie er eingetippt wurde.

Die Textdarstellung verändern

1. Tippen Sie `text-transform:`.
2. Geben Sie nach dem Doppelpunkt (:) `capitalize` ein, damit das erste Zeichen eines jeden Worts als Großbuchstabe erscheint.

   Oder wandeln Sie mit `uppercase` alle Buchstaben in Großbuchstaben um.

   Oder tippen Sie `lowercase`, damit alle Buchstaben in Kleinbuchstaben geschrieben werden.

   Und mit `none` bleibt der Text so, wie er ist (möglicherweise wird dadurch ein geerbter Wert aufgehoben).

TIPP Der Wert `capitalize` hat seine Grenzen. Er weiß nicht, wann Wörter in einer Sprache aus Konvention nicht groß geschrieben werden sollen, sondern gibt einfach jedes Wort großgeschrieben aus. Wenn im HTML also etwa der Text „Jim Rice wird in die Hall of Fame aufgenommen“ steht, wird „Jim Rice Wird In Die Hall Of Fame Aufgenommen“ ausgegeben.

TIPP Warum sollte man `text-transform` nehmen, wenn man doch einfach den Text im HTML ändern kann? Nun, manchmal können Sie nicht auf den Inhalt direkt zugreifen. Daher sind Sie darauf angewiesen, die Textschreibung mit CSS anzupassen. Wenn Sie überdies wollen, dass Text nur in Großbuchstaben ausgegeben wird, dann sollten Sie meistens `text-transform: uppercase` nehmen. Suchmaschinen indexieren Text üblicherweise so, wie er im HTML geschrieben steht, und in Standardschreibung ist dieser Text möglicherweise dann besser lesbar.

TIPP Mit dem Wert `lowercase` können Sie elegante Überschriften erstellen.

TIPP Die Eigenschaft `text-transform` wird vererbt.

Kapitälchen

Viele Schriftarten enthalten eine verwandte Variante mit Kapitälchen (*small caps*), zu denen Versionen der Zeichen in Großbuchstaben gehören, die proportional auf Kapitälchengröße reduziert sind. Sie können die Kapitälchenvariante mit der Eigenschaft `font-variant` aufrufen **A**.

Eine Kapitälchenschrift verwenden

Tippen Sie `font-variant: small-caps`.

Eine Kapitälchenschrift entfernen

Tippen Sie `font-variant: none`.

TIPP **Kapitälchen sind nicht ganz so gewichtig wie Großbuchstaben, die einfach nur verkleinert worden sind.**

TIPP **Nicht alle Schriften weisen eine korrespondierende Kapitälchenvariante auf. Wenn der Browser keine solche Schrift findet, hat er verschiedene Möglichkeiten. Er kann schummeln und einfach die Großbuchstaben reduzieren, um an die Kapitälchen zu kommen (wodurch sie ein wenig gedrungen wirken), er kann Kapitälchen einfach ganz weglassen und den Text insgesamt in Großbuchstaben ausgeben (ähnlich wie `text-transform: uppercase` – wird weiter vorne beschrieben) oder theoretisch die nächste Schrift aus der Liste wählen, um zu sehen, ob sich darin Kapitälchen befinden (obwohl mir das noch nie untergekommen ist).**

TIPP **Die Eigenschaft `font-variant` wird vererbt.**

A *Ich habe `h2` auf `small-caps` geändert und gleich die Gelegenheit genutzt, die Schriftgröße etwas aufzubessern, damit sie proportional besser zu `h1` passt* **B**. *Vergessen Sie die Bindestriche in `font-variant` sowie in `small-caps` nicht.*

```
body {
   background: #eef;
   color: #909;
   font: 100% "Palatino Linotype", Palatino,
   → serif;
}

h1,
h2 {
   color: navy;

font: 1.375em "Arial Black", Arial, sans-serif;
   letter-spacing: .4em;
   text-align: center;
}

h1 {
   text-transform: uppercase;
}

h2 {
   font-size: 1.15em;
   font-variant: small-caps;
}

... [restliches CSS] ...
```

B *Nun sehen Sie Kapitälchen für jeden `h2`-Buchstaben. Kapitälchen unterscheiden sich bei den verschiedenen Browsern ein wenig.*

Text dekorieren

Mit Stylesheets können Sie Ihren Text mit Unter- oder Durchstreichungen (um vielleicht Änderungen hervorzuheben) darstellen **A**.

A Hier ist das gesamte Stylesheet für die Seite **B** *einschließlich der* `text-decoration`*-Änderungen für die Links. Sie müssen Unterstreichungen oder andere Textdekorationen nicht nur auf* `a`*-Elemente beschränken. Das kann auf jedes beliebige Element angewendet werden.*

```
body {
   background: #eef;
   color: #909;
   font: 100% "Palatino Linotype", Palatino, serif;
}

h1,
h2 {
   color: navy;
   font: 1.375em "Arial Black", Arial, sans-serif;
   letter-spacing: .4em;
   text-align: center;
}

h1 {
   text-transform: uppercase;
}

h2 {
   font-size: 1.15em;
   font-variant: small-caps;
}

p {
   font-size: .875em;
   line-height: 1.6;
   text-align: justify;
   text-indent: 1.5em;
}
```

Fortsetzung in nächster Spalte

```
em {
   font-weight: bold;
}

/* Links */
a:link {
   color: #74269d;
   font-weight: bold;
   text-decoration: none;
}

a:visited {
   color: #909;
   text-decoration: none;
}

a:hover {
   color: #c3f;
   font-weight: bold;
   text-decoration: underline;
}

/* Navigation Inhaltsverzeichnis */
.toc {
   background: #ebc6f9;
}

.toc a {
   font-size: .75em;
}
```

Text dekorieren

1. Tippen Sie `text-decoration:`.
2. Um Text zu unterstreichen, tippen Sie nach dem Doppelpunkt (:) `underline`.

   Eine Linie über dem Text bekommen Sie mit `overline`.

   Um Text durchzustreichen, tippen Sie `line-through`.

Textdekorationen abschalten

Tippen Sie `text-decoration: none`.

TIPP Bei Elementen, die diese Dekorationen normalerweise besitzen (wie `a`, `del` oder `ins`) oder von ihren Elternelementen geerbt haben, können Sie diese Dekorationen eliminieren.

TIPP Natürlich kann man die Unterstreichung der Links entfernen, aber Sie müssen dann diese Links auf andere Weise kenntlich machen, weil sonst keiner weiß, dass man damit etwas machen kann.

B *Im oberen Bild sehen Sie, dass allen Links die Unterstreichung fehlt, auch denen im Inhaltsverzeichnis. Weiter unten auf der Seite ist ein weiterer Link, der kursiv ist, weil es sich um den Titel eines Buchs handelt. Also habe ich ihn mit einem `cite`-Element im Link ausgezeichnet (die Standardformatierung von `cite` ist kursiv). Das untere Bild zeigt die Unterstreichung, die ich den Links hinzugefügt habe, über die man mit der Maus fährt, um die Anwender zu Aktionen zu ermutigen. Ich hatte weiter vorne im Kapitel die Farbe von `a:hover` auf `#c3f` gesetzt.*

11

Layout mit Formatvorlagen

Sie können mit CSS sehr vielseitige Arten von Layouts schaffen. In diesem Kapitel demonstrieren wir, wie man ein recht übliches Layout erstellt: oben einen Header (Masthead), dann zwei Spalten Inhalt und einen Footer unten **A** (siehe nächste Seite). Doch die CSS-Eigenschaften, die Sie kennenlernen werden, können Sie für ungemein vielseitige und unterschiedlichste Layouts einsetzen.

Ich werde in diesem Kapitel nicht jede einzelne CSS-Zeile aufführen. Die Textformatierung beispielsweise wurde weitgehend vorab erledigt. Rufen Sie sich bitte den vollständigen englischen Code unter *www.bruceontheloose.com/htmlcss/examples/chapter-11/finished-page.html* auf. Ich habe eine Version mit fester Breite (ohne fließend verschiebbares Inneres) unter dem Namen *finished-page-fixed-width.html* erstellt, damit Sie nachvollziehen können, wie so etwas erstellt wird. Ich habe alle Dateien ausführlich kommentiert (vor allem die Stylesheets), damit Sie den Code besser verstehen können.

Übersicht

Bedenkenswerte Aspekte zu Beginn eines Layouts

Ich stelle Ihnen hier ein paar Überlegungen vor, die Ihnen beim Anlegen Ihrer eigenen Sites helfen sollen. Damit können Sie das Material überprüfen und verfeinern, bevor Sie es auf die Welt loslassen.

Inhalt und Präsentation trennen

- Als bewährte Vorgehensweise sollten Sie stets den Inhalt (das HTML) von der Präsentation (dem CSS) trennen. Das haben Sie schon in Kapitel 8 kennengelernt, als Sie das HTML mit einem externen Stylesheet verknüpften. Wenn Sie das mit allen Ihren Seiten machen, teilen alle das gleiche Layout und denselben Grundstil. Außerdem werden Änderungen und Überarbeitungen im Design der ganzen Site zu einem späteren Zeitpunkt erleichtert, indem man einfach die CSS-Datei(en) modifiziert.

Überlegungen zum Browser

- Nicht alle Besucher werden den gleichen Browser, das gleiche Betriebssystem und noch nicht einmal das gleiche Gerät nutzen, um auf Ihre Site zu kommen. Also sollten Sie in den meisten Fällen Ihre Seiten in einer bestimmten Gruppe von Browsern testen, bevor Sie sie live auf Ihren Server stellen. Ich rate dazu, dass Sie eine Seite regelmäßig in ein paar Browsern testen, während Sie daran arbeiten. So haben Sie am Ende weniger Probleme, um die Sie sich kümmern müssen, wenn Sie umfassende Tests durchführen. Im Abschnitt „Testen Sie Ihre Seite“ in Kapitel 20 finden Sie weitere Informationen, wie Sie Ihre Seiten testen und mit welchen Browsern das zu tun ist.
- Manchmal ist es nötig, für bestimmte IE-Versionen CSS-Regeln zu schreiben. Diese sogenannten Browserweichen beheben Probleme, die vom Fehlverhalten des Internet Explorers verursacht werden. Das gilt insbesondere für den IE6 und in geringerem Ausmaß auch für den IE7.

A *Diese Seite mit ihren flexiblen Spalten, einer Überschrift und einer Fußzeile wurde mit CSS gestaltet. Deren Design wird in diesem Kapitel schrittweise erläutert.*

Das kann man auf verschiedene Weise tun, doch hinsichtlich der Performance ist es am besten, mit *Conditional Comments* (bedingten Kommentaren) zu arbeiten, um für das `html`-Element versionsspezifische Klassen für den IE zu erstellen, die Sie in den Stylesheets nutzen können. Weitere Details finden Sie unter *http://paulirish.com/2008/conditional-stylesheets-vs-css-hacks-answer-neither/*. Hier müssen Sie eine ganze Menge verdauen. Wenn Sie sich also fragen, welchen Code Sie nehmen sollten, dann lesen Sie vor allem den Abschnitt mit der Überschrift „Throw it on the html tag" (Alles ins HTML-Element werfen) und vergessen Sie nicht, auch die Anmerkungen nach dem Code zu studieren. Ein anderer Ansatz ist, die IE-Patches anhand von Conditional Comments in ein separates Stylesheet zu packen.

In den Code-Beispielen auf der Website des Buchs habe ich beide Techniken beispielhaft vorgestellt. Der erste Ansatz steckt in *finished-page.html* (siehe Einführung zu diesem Kapitel) und der zweite in *finished-page-conditional-stylesheets.html* im gleichen Verzeichnis. Mehr über Conditional Comments erfahren Sie unter *www.quirksmode.org/css/condcom.html* oder hier *http://de.selfhtml.org/css/layouts/browserweichen.htm*.

Ansätze für die Layoutgestaltung

Ihnen stehen verschiedene Wege offen, ein Layout anzugehen:

- Ein *festes Layout* hat für die ganze Seite und für jede Spalte mit Inhalt eine auf Pixel basierende Breite. Wie der Name schon sagt, ändert sich die Breite nicht, wenn die Seite auf kleineren Geräten wie Handys oder Tablet-PCs angeschaut wird oder wenn man das Fenster des Desktop-Browsers schmaler zieht. Die Wahrscheinlichkeit ist gering, dass Sie im Internet viele feste Layouts finden, vor allem bei den Sites von Unternehmen und großen Marken. Feste Layouts sind außerdem am einfachsten für den Einstieg bei CSS.
- Ein *flexibles Layout* (auch Liquid Layout genannt) arbeitet bei der Breite mit Prozentwerten. Dadurch kann sich die Seite ausgehend von den Bedingungen beim Betrachten zusammenziehen und ausdehnen. Dieser Ansatz ist kürzlich auch erweitert worden, um *reaktive* und *adaptive Layouts* zu erstellen. Solche Layouts ziehen sich nicht nur zusammen wie traditionelle flexible Layouts für Handys und Tablet-PCs, sondern verändern ihr Design auch auf spezifische Weise basierend auf der Bildschirmgröße. Das erlaubt es, das Nutzererlebnis an Handy-, Tablet- und Desktop-Anwender unabhängig zuzuschneiden, aber mit dem gleichen HTML, nicht mit drei verschiedenen Sites. (Von Ethan Marcotte stammt der Begriff „Responsive Webdesign" und das Paket der Techniken dahinter. In seinem Artikel auf *A List Apart* bekommen Sie einen Vorgeschmack: *www.alistapart.com/articles/responsive-web-design/*. In seinem Buch *Responsive Web Design* geht er weiter in die Einzelheiten – ein sehr empfehlenswertes Werk. Ein adaptives Layout arbeitet mit einigen dieser Techniken.)
- Ein *elastisches Layout* verwendet `ems` sowohl für die Breite als auch andere Eigenschaften von Größenangaben. Also skaliert die Seite entsprechend den Einstellungen des Nutzers.

Es gibt keinen einzelnen Layoutansatz, der in allen Situationen richtig ist, und überdies stehen uns auch noch hybride Ansätze zur Verfügung. In diesem Kapitel erfahren Sie, wie Sie einen Hybrid aus einem flexiblen und einem festem Layout herstellen: Die Spalten haben flexible, auf Prozent basierende Werte für die Breite, damit sie sich zusammenziehen und ausdehnen können, aber die Seite insgesamt hat ein festes Maximum, durch das die maximale Breite limitiert wird.

Die Strukturierung Ihrer Webseiten

Bei CSS geht es zuallererst darum, die Regeln für Formatierung und Gestaltung von den Inhalten der Seite zu trennen. Damit werden Ihre Seiten einfacher zu pflegen und sie bekommen die Flexibilität, auf verschiedenen Browsern, Plattformen, Geräten und sogar im Druck gut zu funktionieren. So wie beim Formatieren von Text bietet CSS eine große Bandbreite, wie Sie das Layout Ihrer Seiten insgesamt präsentieren können. Sie wenden das CSS auf die Container mit den Inhalten an, die die primären strukturellen Elemente einer Seite repräsentieren (das war Thema von Kapitel 3 **A**). Das CSS erweckt den Header, den Hauptinhaltsbereich, eine oder zwei Seitenleisten, die Fußzeile für die Seite usw. visuell zum Leben.

Eine Webseite strukturieren

1. Teilen Sie logische Abschnitte Ihres Dokuments auf passende Weise in `article`-, `aside`-, `nav`-, `section`-, `header`-, `footer`- und `div`-Elemente auf. Wenden Sie nach Bedarf ARIA-Landmark-Rollen an. In Kapitel 3 erfahren Sie mehr über beides. In **A** finden Sie Folgendes:
   - *Container*- und *Seiten*-`div`s, mit denen Teile des Designs gestaltet werden und die Seite umbrochen wird
   - Ein `header` für den Kopfbereich (Header, im englischen Sprachraum auch Masthead genannt), in dem Logo, Slogan, Suchfeld und Hauptnavigation enthalten sind
   - Ein *Haupt*-`div`, das in mehrere `section`-Elemente für die *Einträge* aufgeteilt ist, in denen der Hauptinhalt steckt
   - Ein `div` für die *Seitenleiste* (Sidebar), in der eine Spalte mit Kommentaren und Meinungen enthalten ist, die monatlich aktualisiert wird, sowie Archiv-Links in der rechten Spalte
   - Ein `footer`-Element mit einem erläuternden Text über das Blog.

A *Dieses Dokument ist in diesem Kapitel unsere Arbeitsgrundlage. Es gibt vier Hauptbereiche (`header`, `main`, `sidebar` und `footer`), insgesamt eingefasst in zwei äußere Bereiche (`container` und `page`). Sie finden die vollständige Datei auf meiner Website (www.bruceontheloose.com/htmlcss/examples/chapter-11/finished-page.html). Standardmäßig ist diese Seite einfach gehalten, sie funktioniert aber* **B**.

```
...
<body>
<div id="container">
   <div id="page">
      <!-- ==== START HEADER ==== -->
      <header id="masthead" role="banner">
         <p class="logo "><a href="/">photobarcelona&hellip; <span>Die kulturellen Schätze Barcelonas auf
         ➝ Film einfangen</span></a></p>

         <div>
            <nav role="navigation">
               ... [Liste der Links] ...
            </nav>

            <form method="get" role="search">
               ...
            </form>
         </div>
      </header>
      <!-- Ende #masthead -->

      <!-- ==== START HAUPTINHALT ==== -->
      <div id="main" role="main">
         <h1>Aktuelle Einträge</h1>
         <!-- Start Entry #1 -->
         <section class="entry">
            <header>
               <h2 lang="es">Hospital Sant Pau</h2>
               <p class="date"><time datetime="2011-06-26" pubdate="pubdate">June 26, 2011</time></p>
            </header>

            ... [Bild] ...
            <div class="intro">
               <p>Das Hospital de Sant Pau am Ende ...</p>

               <p class="continued"><a href="#">mehr</a></p>
            </div>
         </section>
         <!-- Ende .entry #1 -->

         <!-- Start Entry #2 -->
         <section class="entry">
            ...
         </section>
         <!-- Ende .entry #2 -->
```

Fortsetzung

```
        <!-- Start Entry #3 -->
        <section class="entry">
           ...
        </section>
        <!-- Ende .entry #3 -->
     </div>
     <!-- Ende #main content -->

     <!-- ==== START SIDEBAR ==== -->
     <div id="related" class="sidebar" role="complementary">
        <aside class="excerpt">
           <h2>Aus meinem Fenster</h2>

           ...
        </aside>

        <aside class="archive">
           <nav role="navigation">
           <h2>Archiv</h2>
              ... [Liste mit Links] ...


              ...
           </nav>
        </aside>
     </div>
     <!-- Ende #sidebar -->

     <!-- ==== START FOOTER ==== -->
     <footer id="footer" role="contentinfo">
        <h1>über dieses fotoblog</h1>

        ...

        ... [Liste der Bilder] ...
     </footer>
     <!-- Ende #footer -->
  </div>
  <!-- Ende #page -->
</div>
<!-- #container -->
</body>
</html>
```

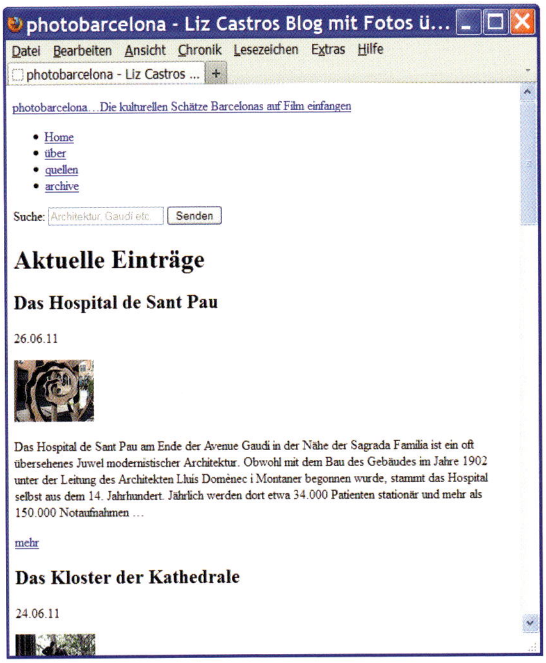

B *So sieht unser Beispiel ganz nackt ohne CSS-Regeln außer den Standardregeln des Browsers aus. Dank seiner soliden Semantik ist es etwas spartanisch, aber absolut gut lesbar und nutzbar.*

TIPP **Wahrscheinlich ist Ihnen aufgefallen, dass ich im Beispiel A mit `section`-Elementen gearbeitet habe, in denen die „Anleser" für die Blog-Einträge enthalten sind. Wären das vollständige Einträge, hätte ich sie stattdessen mit `article` ausgezeichnet, so wie ich das bei Seiten machen würde, die einzelnen, vollständigen Blog-Einträgen gewidmet sind. Ich habe mir in diesem Fall gedacht, dass ich so die Möglichkeit habe, ein vollständiges Blog-Posting zu syndizieren und nicht nur den Einführungsabschnitt, der in den teilweisen Einträgen des Beispiels enthalten ist. Es wäre nicht verkehrt, dafür `article` anstatt `section` zu nehmen. Das `section` dient nur als Kennzeichnung, dass die Ausschnitte für eine Syndizierung passend wären. Siehe Kapitel 3 für mehrere Beispiele, bei denen `article` und `section` sowohl zusammen als auch einzeln verwendet werden.**

2. Bringen Sie Ihre Inhalte in eine Reihenfolge, die auch bei fehlendem CSS möglichst praktisch ist B, z.B. ganz oben den Header, dann den Hauptinhalt, dem eine Seitenleiste (oder auch mehrere) folgt, am Ende schließlich der Footer auf Seitenebene. So vermitteln Sie einfacher die wichtigsten Inhalte ganz oben für Besucher, die mit kleinen Bildschirmen wie Handys oder Tablet-PCs kommen (und für jene, die mit älteren Geräten, die kein CSS unterstützen, auf Ihre Site surfen). Diesen Personen sollten Sie die Hauptinhalte verfügbar machen, ohne dass sie zu viel scrollen müssen. Außerdem „sehen" Suchmaschinen Ihre Seite so, als wäre kein CSS darauf angewendet worden. Wenn Sie also Ihre Hauptinhalte priorisieren, können die Suchmaschinen Ihre Site besser korrekt indexieren. Screenreader schließlich greifen auf gleiche Weise auf den Inhalt zu: in der Reihenfolge Ihres HTML (die Nutzer springen oft von einer Überschrift zur nächsten, anstatt sich die ganze Seite anzuhören – auf jeden Fall kommen sie so schneller zu Ihren Hauptinhalten).
3. Arbeiten Sie konsequent mit Überschriftenelementen (`h1`, `h2` etc.), um Ihre Informationen auf der Seite innerhalb der Bereiche zu kennzeichnen und zu gewichten.
4. Kennzeichnen Sie bei Bedarf anhand von Kommentaren die verschiedenen Bereiche Ihrer Seite und deren Inhalte. Wie in A gezeigt, arbeite ich gerne mit unterschiedlichen Schreibweisen bei Kommentaren und kennzeichne so eher den Anfang als das Ende eines Bereichs.

TIPP **Sie müssen nicht gleich die gesamte Seite mit HTML auszeichnen, bevor Sie das CSS anwenden. In der Praxis ist es nicht unüblich, erst das HTML für einen Bereich zu erledigen und dann einen Teil oder das gesamte CSS. Dann geht man zum nächsten Bereich über usw. Das ist wirklich eine Sache der persönlichen Neigung – wählen Sie das Vorgehen, mit dem Sie sich am wohlsten fühlen. Bei dem Beispiel in diesem Kapitel habe ich den gesamten Inhalt zuerst mit HTML ausgezeichnet, bevor ich ihn formatiert habe.**

Elemente mit ARIA-Landmark-Rollen in CSS-Selektoren anstatt mit ids formatieren

Die Beispielseite Ⓐ enthält ARIA-Landmark-Rollen für geeignete Elemente. In Kapitel 9 habe ich vorgeschlagen, möglichst wenig oder gar keine ids für Formatierungszwecke zu verwenden (siehe den Kasten im dortigen Abschnitt „Elemente anhand von Klasse oder ID auswählen“).

Sie können die Landmark-Rollen in Ihren CSS-Selektoren in jenen Fällen nutzen, bei denen Sie ansonsten geneigt wären, ids zu referenzieren.

Nehmen wir mal den Seiten-Footer aus Ⓐ als Beispiel. Dies ist das HTML:

```
<footer id="footer" role="contentinfo">
   ... Inhalt des Seiten-Footers ...
</footer>
```

Und hier das entsprechende (gekürzte) CSS, das id-Selektoren verwendet:

```
#footer {
   border-top: 2px dotted #b74e07;
   clear: both;
}

#footer h1 {
   margin-bottom: .25em;
}
```

Nun wollen wir das HTML vereinfachen, indem wir id="footer" entfernen, weil das einzig dafür da war, den Footer zu formatieren (anstatt als Anker-Link zu dienen, der auf den Footer zeigt).

```
<footer role="contentinfo">
   ... Inhalt des Seiten-Footers ...
</footer>
```

Bei Landmark-Rollen handelt es sich um Attribute, also können Sie in Attributselektoren damit arbeiten.

```
footer[role="contentinfo"] {
   border-top: 2px dotted #b74e07;
   clear: both;
}

footer[role="contentinfo"] h1 {
   margin-bottom: .25em;
}
```

Die erste Regel besagt: „Finde das `footer`-Element mit einem `role`-Attribut gleich `contentinfo`." Die zweite Regel lautet: „Finde das `h1`-Element *innerhalb* des `footer`-Elements mit einem `role`-Attribut gleich `contentinfo`."

Das Ergebnis ist exakt gleich wie das vorige CSS, bei dem wir mit `id`-Selektoren gearbeitet haben.

Das Gleiche können Sie auch mit anderen Elementen machen, die Landmark-Rollen enthalten, und ich habe auch eine Version der Beispielseite für dieses Kapitel erstellt, die genau das macht: Diese finden Sie unter *www.bruceontheloose.com/htmlcss/examples/chapter-11/finished-page-selectors-with-landmark-roles.html*. Siehe auch eine damit zusammenhängende Erläuterung von Jeremy Keith unter *http://adactio.com/journal/4267/*.

Bitte beachten Sie, dass der IE6 keine Attributselektoren unterstützt. Somit könnte dieser Ansatz abhängig von Ihrem Zielpublikum für Sie nicht geeignet sein.

HTML5-Elemente in älteren Browsern formatieren

Wie Sie wissen, werden mit HTML5 mehrere neue semantische Elemente eingeführt. Die meisten haben Sie in den Kapiteln 3 und 4 kennengelernt. In vielen Fällen unterstützen moderne Browser diese Elemente nativ. Aus Perspektive der Formatierung bedeutet das, dass diese Browser die Standardformatierungen für die neuen Elemente genauso anwenden, wie sie das auch bei HTML-Elementen machen, die es schon seit den Kindertagen der Sprache gibt. Solche Elemente wie beispielsweise `article`, `aside`, `nav` und `section` (sowie einige andere) werden in einer eigenen Zeile dargestellt – genauso wie `div`, `blockquote`, `p` und andere, die in den HTML-Versionen vor HTML5 als Blocklevel-Elemente definiert wurden.

Sie fragen sich vielleicht: „Was ist denn mit älteren Browsern? Wie kann ich die neuen HTML5-Elemente verwenden, wenn es die noch gar nicht gab, als diese Browser geschaffen wurden?"

Nun, die gute Nachricht lautet, dass die meisten Browser es Ihnen erlauben, Elemente zu formatieren, die sie bisher noch nicht nativ unterstützen. Der Internet Explorer bildet die Ausnahme, aber es gibt eine einfache Behelfslösung, die ich in Schritt 2 vorstelle. Also folgen Sie bitte den drei einfachen Schritten im nächsten Abschnitt, um mit der Formatierung von Seiten mit HTML5-Elementen zu beginnen.

Neue HTML5-Elemente in allen Browsern formatieren

1. Fügen Sie den folgenden Code in das Haupt-Stylesheet Ihrer Site ein (also in die Datei, die alle Ihre Seiten verwenden):

```
article, aside, figcaption,
   figure, footer, header,
   hgroup, menu, nav, section {
   display: block;
}
```

Über das HTML5-Shiv

Anders als andere Mainstream-Browser ignoriert der Internet Explorer 8 (und die Versionen davor) ein CSS bei Elementen, die er nicht nativ unterstützt.

Zum Glück gibt es einen Weg, über den diese Versionen des IE die Elemente erkennen können: Sie nutzen das JavaScript `document.createElement("elementname")` für jedes Element. Diese Entdeckung verdanken wir Sjoerd Visscher. Durch `document.createElement("aside")` versteht der Internet Explorer beispielsweise das `aside`-Element und dann wird die Formatierungsregel aus Schritt 1 von „Neue HTML5-Elemente in allen Browsern formatieren" (und alle anderen von Ihnen erstellten Formatierungen) umgesetzt.

John Resig hat diesen Ansatz dokumentiert und ihn auf „HTML5-Shiv" getauft (auch HTML5-Shim genannt). Doch glücklicherweise müssen Sie so ein JavaScript nicht für jedes neue HTML5-Element selbst schreiben, weil Johns Ansatz von Remy Sharp in einer JavaScript-Datei gebündelt wurde, die er der Community unter *html5shiv.googlecode.com/svn/trunk/html5.js* zur Verfügung stellt. Diese wurde von anderen Kollegen noch weiter ausgebaut.

Der Einsatz des HTML5-Shiv könnte nicht einfacher sein. Verlinken Sie einfach auf die Datei, wie im hervorgehobenen Code in Schritt 2 von „Neue HTML5-Elemente in allen Browsern formatieren" gezeigt. (Der Teil des Codes mit `[if lt IE 9]` bedeutet einfach, dass nur Versionen *vor* IE9 diese Datei laden. Das bezeichnet man als Conditional Comment, also einen bedingten Kommentar.)

Das HTML5-Shiv wurde auch in einige JavaScript-Bibliotheken wie Modernizr aufgenommen (*www.modernizr.com/*). Wenn Sie also Modernizr in Ihre Seiten einfügen, müssen Sie das HTML5-Shiv nicht separat laden. Übrigens ist Modernizr eine sehr praktische Bibliothek, über die Sie feststellen können, ob ein Browser verschiedene HTML5- und CSS3-Features unterstützt. Probieren Sie es mal aus!

Warum? Die meisten Browser behandeln ihnen unbekannte Elemente standardmäßig als Inline-Elemente. Also erzwingt dieses CSS die neue „blocklevel-ähnliche" HTML5-Semantik, in einer eigenen Zeile dargestellt zu werden (der IE braucht mehr Hilfe, das wird im nächsten Schritt beschrieben). `display: block;` ist die gleiche Deklaration, die von jedem in den Browser integrierten Standard-Stylesheet auf `div`, `blockquote`, `p` und andere angewendet wird.

2. Damit die Formatierung der neuen HTML5-Elemente auch in den Internet Explorern vor Version 9 funktioniert, fügen Sie den folgenden hervorgehobenen Code in das `head`-Element (*nicht* das `header`-Element) aller Ihrer Seiten ein, am besten nachdem Sie auf Ihre CSS-Dateien verlinkt haben:

```
<!DOCTYPE html>
<html lang="de">
<head>
<meta charset="utf-8" />
<title>photobarcelona</title>
<link rel="stylesheet" href="assets/css/
→ base.css" />
<!--[if lt IE 9]>
  <script src="http://html5shiv.googlecode.com/
  → svn/trunk/html5.js"></script>
<![endif]-->
</head>
<body>
...
```

Siehe Kasten „Über das HTML5-Shiv", um zu verstehen, warum dies notwendig ist und was da passiert.

3. Nun fahren Sie mit Ihren CSS-Formatierungen nach Belieben fort!

Beim Formatieren der Elemente könnte es gegebenenfalls auch mal eine Panne geben, aber Sie werden weitgehend ziemlich gut klarkommen.

Bei diesem Ansatz und diesen alternativen Optionen gibt es einen Nachteil. Weil die Formatierung von HTML5-Elementen im IE6 bis IE8 JavaScript erfordert, werden Anwender, deren Browser JavaScript nicht unterstützen oder wo JavaScript deaktiviert ist, nicht formatierte und möglicherweise chaotische HTML5-Elemente sehen. Vielleicht gehen Sie dieses Risiko gerne ein, wenn es sich um Ihre eigene Site handelt – das machen viele Designer und Entwickler. Doch wenn Sie im Kundenauftrag arbeiten, sollten Sie sich lieber deren Zustimmung einholen, bevor Sie HTML5-Elemente verwenden, die so gedacht sind, dass sie als Blocklevel-Elemente dargestellt werden. Man sollte gegebenenfalls auch Nutzeranalysen über die Verwendung bestimmter Browser hinzuziehen, um eine begründete Entscheidung zu treffen.

Alternative Ansätze:

- Wenn Ihnen das nicht recht ist, mit `article`, `section`, `nav` und den anderen aus dem eben genannten Schritt 1 zu arbeiten, können Sie stattdessen bei all Ihren Containern auch mit `div`s arbeiten. So wurden vor Einführung von HTML5 Internetseiten gebaut. Zwar reduzieren Sie so die semantische Reichhaltigkeit Ihrer Site, was aber ein akzeptables Vorgehen ist. Um sich an die neuen Elemente zu gewöhnen, entscheiden sich manche Leute sogar dafür, Klassen zu nehmen, die die neuen HTML5-Elementnamen nachahmen. Also zum Beispiel:

  ```
  <div class="header">...</div>
  <div class="article">...</div>
  <div class="section">...</div>
  ```

  usw.

- Wenn Sie doch die neuen Elemente nehmen wollen, können Sie CSS-Selektoren schreiben, die (so oft es irgend geht) auf andere Elemente zielen, um die Auswirkungen zu reduzieren, falls JavaScript abgeschaltet ist. Das habe ich auch oft mit dem Seitenlayout in diesem Kapitel gemacht. Es sieht im IE6 nicht genauso aus, wenn JavaScript deaktiviert ist, aber es ist auch nicht unbenutzbar **A**.

A *Die Seite im IE6 mit deaktiviertem JavaScript. Hier wird verhindert, dass die JavaScript-Datei mit dem HTML5-Shiv ausgeführt wird. Der Header-Bereich sieht ein wenig kaputt aus, aber die Seite insgesamt ist intakt.*

TIPP Sie können `html5.js` (die Datei mit dem HTML5-Shiv) auch herunterladen und zu den Dateien für Ihre Site stellen, anstatt *http://html5shiv.googlecode.com/svn/trunk/html5.js* zu nutzen. Aber diese Datei wird regelmäßig aktualisiert und somit wäre es keine schlechte Idee, sie von Google Code zu laden, anstatt den Code in Schritt 2 von „Neue HTML5-Elemente in allen Browsern formatieren" zu verwenden.

A *So sieht unsere Beispielseite aus, bei der wir einen Reset angewendet haben. Der offensichtlichste Unterschied ist, dass der gesamte Text eine einheitliche Größe hat und alle Margins (Ränder) und Paddings auf null gesetzt wurden.*

B *So sieht die Beispielseite aus, wenn statt des Reset die Datei* `normalize.css` *verwendet wird. Sie ähnelt der nicht formatierten Standarddarstellung, es gibt aber Unterschiede. Genauer gesagt würde diese Version sehr ähnlich aussehen, wenn Sie sie in einem der heute üblichen Browser aufrufen.*

Standardformatierungen zurücksetzen oder normalisieren

Wie bereits erwähnt, steckt in jedem Browser ein integriertes Stylesheet, das die Präsentation Ihres HTML regelt, außer Sie verfassen Ihr eigenes CSS, um es zu überschreiben. Die Standardformatierungen der Browser sind insgesamt recht ähnlich, weisen aber doch genug Unterschiede auf, dass es für Entwickler zum üblichen Arbeitsgang gehört, erst einmal das vorhandene Spielfeld zu glätten, bevor sie eigenes CSS anwenden.

Dafür gibt es zweierlei Wege:

- Setzen Sie im Haupt-Stylesheet das CSS gleich zu Anfang erst einmal „auf null", z.B. mit dem von Eric Meyer geschaffenen *Meyer Reset* (*http://meyerweb.com/eric/tools/css/reset/*). Auch von anderen Autoren gibt es solche „Alles auf Anfang"-Stylesheets.
- Beginnen Sie das Haupt-Stylesheet mit dem von Nicolas Gallagher und Jonathan Neal erstellten `normalize.css`. Das finden Sie unter *http://necolas.github.com/normalize.css/* (folgen Sie dem Link „Get the normalize.css file").

Ein CSS-Reset setzt wirksam alle Standardformatierungen der Elemente auf „null“ **A**. Die zweite Methode über `normalize.css` geht einen anderen Weg. Anstatt einfach alles zurückzusetzen, werden die Standardformatierungen angepasst, damit sie unter den verschiedenen Browsern möglichst ähnlich aussehen **B**.

Es ist nicht unbedingt erforderlich, dass Sie einen dieser Ansätze nutzen. Sie können auch ganz einfach die Standardeinstellungen der Browser belassen und Ihr CSS entsprechend schreiben.

In diesem Kapitel habe ich mit dem Meyer Reset gearbeitet und den Text formatiert, um die Seite auf den Weg zu bringen. Bevor also die restlichen, in diesem Kapitel beschriebenen Formatierungen angewendet werden, sieht die Seite wie in **C** aus. Weil ich den Reset nutze, sehen Sie deutlicher, wie sich das in diesem Kapitel vorgestellte CSS aufs Layout auswirkt. Und wenn Sie die Schritte in diesem Kapitel mit durchgehen, lernen Sie, wie Sie eine Seite anlegen, wenn Sie mit einem Reset arbeiten – ein wertvolles Wissen, wenn man die Beliebtheit dieser Vorgehensweise bedenkt.

C *So sieht unsere Beispielseite aus, bei der wir den Reset und die Textformatierung angewendet haben. Sie beginnen von hier mit der Formatierung der restlichen Seite, die sich im Laufe des Kapitels immer weiterentwickelt.*

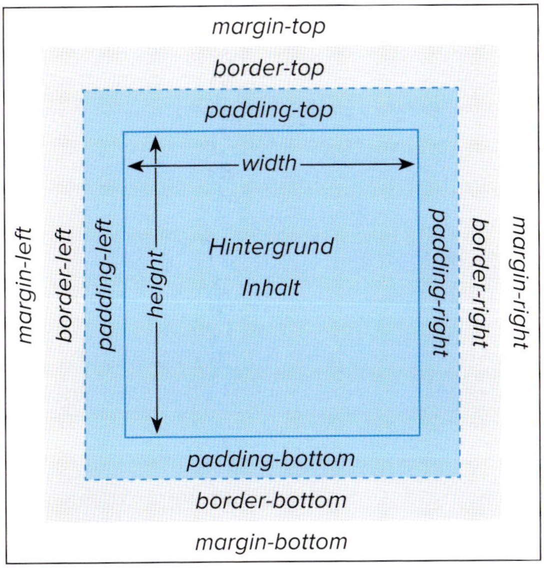

A *Jede Element-Box hat vier wichtige Eigenschaften, die ihre Größe bestimmen: Inhaltsbereich, Padding, Rahmen und Margin. Sie können jede Eigenschaft auch separat angeben.*

B *Das Box-Modell im Kontext der Seitenleiste auf unserer Seite*

Das Box-Modell

CSS behandelt Ihre Webseite, als wäre jedes darin enthaltene Element in einer unsichtbaren Box eingeschlossen. Die Box besteht aus einem Inhaltsbereich, dem diesen Bereich umgebenden Raum (*padding*), der Außenkante des Paddings (dem Rahmen, *border*) und dem unsichtbaren Bereich um diesen Rahmen (dem Rand, *margin*), der die Elemente voneinander trennt. Das gleicht ein wenig einem gerahmten Bild an der Wand, bei dem das Bild der Inhalt ist, das Passepartout ist das Padding, der Bilderrahmen ist der Rahmen und der Abstand zwischen diesem Rahmen und dem nächsten ist der Rand **A**.

Sie können per CSS sowohl das Aussehen als auch die Position aller Boxen aller Elemente bestimmen und haben somit eine beträchtliche Kontrolle über das Layout Ihrer Webseite **B**.

Wie bereits in Kapitel 1 besprochen, ist die Box eines Elements standardmäßig entweder ein *Block-Element* (und sorgt somit für einen neuen Absatz) oder ein *Inline-Element* (und generiert keinen neuen Absatz). Dieses Merkmal reguliert das anfängliche Layout der Webseite: Standardmäßig werden Elemente in der Reihenfolge dargestellt, wie das HTML von oben nach unten fließt (der sogenannte *Dokumentenfluss*) und dabei Zeilenumbrüche zu Beginn und am Ende eines jeden Elements vornimmt, das als Block-Element formatiert wurde **A**.

Es gibt vier Hauptwege, um eine Element-Box zu positionieren: Sie können die Box im Dokumentenfluss belassen (dies ist Standard und wird `static` genannt) – das wird am häufigsten gemacht. Sie können die Box aus dem Fluss nehmen und dessen genaue Koordinaten unter Berücksichtigung entweder ihres Elternelements (`absolute`, sollte mit Bedacht geschehen) oder des Browser-Fensters angeben (`fixed`, in der Praxis noch weniger üblich) oder Sie bewegen die Box unter Berücksichtigung ihrer Standardposition im Fluss (`relative`, sozusagen ein Mittelding aus beidem). Falls sich überdies die Boxen überschneiden, geben Sie die Reihenfolge an, in der das geschehen soll (`z-index`).

Sie können auch das Aussehen der Box steuern, einschließlich `background`, `padding`, `border`, `margin`, `width`, `height`, `alignment`, `color` etc. All dies besprechen wir im Verlauf dieses Kapitels.

Beachten Sie, dass manche Layouteigenschaften (insbesondere `em`- und Prozentwerte) relativ zum Elternelement eines Elements sind. Zur Erinnerung: Als *Elternelement* wird jenes Element bezeichnet, das das aktuelle Element enthält (siehe Abschnitt „Eltern und Kinder" in Kapitel 1).

TIPP Die Illustration in A wurde durch das Box-Modell-Diagramm von Rich Hauck inspiriert (das wiederum von dem in der CSS-Spezifikation inspiriert wurde): *www.mandalatv.net/itp/drivebys/css/*.

C *Erinnern Sie sich noch an die Beispielseite vom Anfang des Kapitels, bevor ich irgendetwas formatiert hatte? Dies ist der Dokumentenfluss der Seite. Und die Reihenfolge hat sich durch die Formatierung des Texts in keiner Weise geändert* **D**.

D *Dies ist die bis jetzt formatierte Seite. Der normale Fluss ist immer noch intakt, weil ich bisher nur den Text formatiert habe.*

(A) *Zuerst wenden Sie ein Hintergrundbild auf den äußersten Container an: das* `div` *mit der* `id="container"`*. Dann wiederholen Sie es vertikal (auf der y-Achse). Das ist der umständliche Weg, um Hintergrundformatierungen zu definieren: Jede Eigenschaft wird in einer eigenen Deklaration angegeben. Um meinen Code so kompakt wie möglich zu halten, nutze ich in meinem Stylesheet die Kurzschreibweise, wie sie in (B) gezeigt wird. Egal wie – das Ergebnis ist auf der Beispielseite nicht sonderlich attraktiv (C).*

```
#container {
background-image: url(../img/bg-bluebench.jpg);
→ background-repeat: repeat-y;
}
```

(B) *Sie können die Kurzschreibweise für die Eigenschaft* `background` *nehmen, die in Kapitel 10 und auf der nächsten Seite beschrieben wird, um mehr als eine auf den Hintergrund bezogene Eigenschaft anzuwenden. Ich rate Ihnen dazu, wo immer möglich die Kurzschreibweise einzusetzen, obwohl es Situationen gibt, wo man sinnvollerweise die Eigenschaften auch einzeln angeben kann. Ohne Bezug lautet der Pfad zu meinem Hintergrundbild* `../img/bg-bluebench.jpg`*, weil mein Stylesheet in einem Ordner abgelegt ist, der sich neben dem Ordner* `/img/` *befindet. Die Pfade zu Ihren Bildern können anders lauten.*

```
[Codeblock Abbildung]
#container {
background: url(../img/bg-bluebench.jpg)
→ repeat-y;
}
```

Den Hintergrund ändern

Wie Sie in Kapitel 10 erfahren haben („Den Hintergrund von Text verändern" und „Mehr über Hintergründe"), können Sie den Hintergrund der gesamten Seite oder einzelner Elemente formatieren (A). Das schließt praktisch jedes Element ein, sogar Formulare und Bilder (richtig gelesen: Auch ein Bild kann ein Hintergrundbild haben!).

Ein Hintergrundbild verwenden

1. Tippen Sie `background-image:`.
2. Dann geben Sie `url(`*`bild.png`*`)` ein, wobei *`bild.png`* für Pfad und Name des Bilds steht, das den Hintergrund bilden soll (A). Oder tippen Sie `none`, wenn kein Bild benutzt werden soll, wie in `background-image: none;` (das nehmen Sie nur, wenn Sie eine andere Formatierungsregel überschreiben wollen, die ein Hintergrundbild auf das Element anwendet).

Sich wiederholende Hintergrundbilder verwenden

Tippen Sie `background-repeat:` *`richtung`*, wobei für *`richtung`* entweder `repeat` steht (damit das Bild sowohl horizontal als auch vertikal gekachelt wird), `repeat-x` (das Bild wird horizontal wiederholt), `repeat-y` (nur vertikal) (A) oder `no-repeat` (dann findet keine Kachelung statt).

Soll das Hintergrundbild mitbewegt werden oder nicht?

1. Tippen Sie `background-attachment:`.
2. Dann geben Sie `fixed` ein, damit das Hintergrundbild im Browser-Fenster bleibt (d.h., es ist sichtbar, auch wenn der Besucher die Seite scrollt), oder `scroll`, damit es sich beim Scrollen mitbewegt. `scroll` ist der Standardwert und muss also nicht angegeben werden, wenn Sie diesen Effekt – wie er üblich ist – wünschen.

Die Position des Hintergrundbilds für ein Element festlegen

Tippen Sie `background-position:` *x y*, wobei *x* und *y* als Prozentwert oder als absolute Distanz ausgedrückt werden können, z.B. `20px 147px` (auch negative Werte sind erlaubt). Oder nehmen Sie die Werte `left`, `center` und `right` für *x* und `top`, `center` oder `bottom` für *y* (Beispiele dafür finden Sie im Abschnitt „Mehr über Hintergründe" in Kapitel 10).

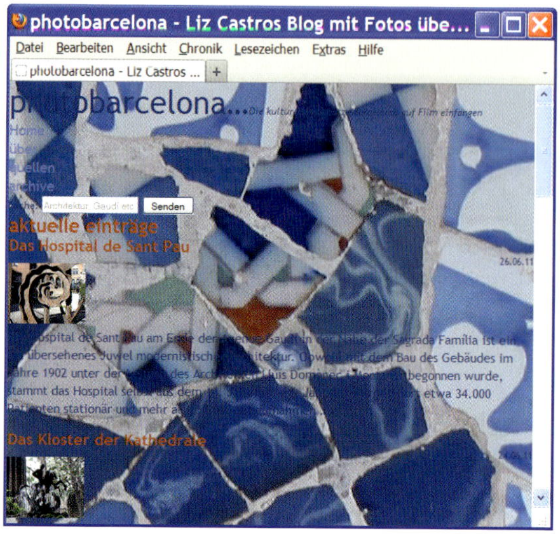

C *Diese Seite ist momentan recht katastrophal! Durch das Hintergrundbild wird der Text unleserlich. Auf der nächsten Seite werden wir den Hintergrund abdecken, so dass der Text wieder lesbar wird. Später ziehen wir wieder etwas von dieser Abdeckung ab, um ein Stück vom Hintergrund zu zeigen.*

D Die Eigenschaft `background-color` würde für alle diese funktionieren, ist aber länger als notwendig. Also habe ich mir wieder die Kurzschreibweise für `background` vorgenommen. Der Hintergrund für das `page-div` macht den Text lesbar. (Ich werde diese Farbe etwas weiter hinten im Kapitel in Weiß ändern.) Als Nächstes geben wir den Links einen Hintergrund, falls der Besucher mit der Maus darauf zeigt, damit deutlich wird, dass es sich dabei wirklich um Links handelt. Diesen Effekt überschreiben Sie für das verlinkte Logo der Site und Sie geben ihm einen transparenten Hintergrund, damit der Seitenhintergrund durchscheint, wenn man mit der Maus darüberfährt. Schließlich bekommt die Spalte mit den Features im `sidebar-div` eine Hintergrundfarbe. Ich verwende eine `class`, damit die Formatierung wiederverwendet werden kann, falls später mal eine weitere Sidebar oder ein Objekt mit einer ähnlichen Formatierung hinzugefügt wird.

```
#container {
background: url(../img/bg-bluebench.jpg) repeat-y;
}

#page {
background: #fef6f8;
}

a:focus,
a:hover,
a:active {
background: #f3cfb6;
}

.logo a:hover {
   background: transparent;
}

.sidebar {
background: #f5f8fa;
}
```

Die Hintergrundfarbe ändern

1. Tippen Sie `background-color:`.
2. Geben Sie `transparent` ein (damit der Hintergrund des Elternelements durchscheint) oder *`farbe`*, wobei *`farbe`* ein Farbname, Hex-Farbe bzw. RGB-, RGBA-, HSL- oder HSLA-Farbe ist (siehe „CSS-Farben" in Kapitel 7) (D bis F).

Alle Hintergrundeigenschaften auf einmal ändern

1. Tippen Sie `background:`.
2. Geben Sie beliebig viele der akzeptierten Werte für die Hintergrundeigenschaften an (wie in den Abschnitten „Ein Hintergrundbild verwenden" bis „Die Hintergrundfarbe ändern" beschrieben) in beliebiger Reihenfolge (B und D).

TIPP Der Standard für `background-color` ist `transparent` und der Standard für `background-image` ist `none`. Der Standard für `background-repeat` ist `repeat` und der für `background-attachment` heißt `scroll`. Der Standard für `background-position` lautet `top left` (das ist das Gleiche wie 0 0).

TIPP Wenn Sie die `background`-Eigenschaft in Kurzschreibweise nehmen wollen, müssen Sie nicht alle Eigenschaften angeben. Aber achten Sie darauf, wenn Eigenschaften auf ihren jeweiligen Standardwert gesetzt werden, dann überschreiben sie eventuell frühere CSS-Regeln.

TIPP Die background-Eigenschaften werden nicht vererbt. Sie müssen Standardwerte wie `transparent` oder `scroll` nur explizit setzen, falls Sie eine andere CSS-Regel überschreiben wollen.

TIPP Wenn Sie die Eigenschaft `background-position` mit dem Wert `repeat` verwenden, wird über die Position festgelegt, wo das erste Bild in der Wiederholung anfangen soll, z.B. `top right`, `0 20px` usw.

TIPP Sie können in der Eigenschaft `background-position` auch negative Werte verwenden. Beispielsweise positionieren Sie mit `background-position: -45px 80px` das Bild 45 Pixel nach links – nicht *von* links – (also sieht man die ersten 45 horizontalen Pixel des Bilds nicht) und 80 Pixel von der oberen Kante des Elements nach unten.

TIPP Um einen Hintergrund für die gesamte Seite zu erstellen, geben Sie die Eigenschaft `background` für das `body`-Element an.

TIPP Wenn Sie sowohl eine Farbe als auch einen URL für den Hintergrund angeben, wird die Farbe so lange angezeigt, bis das Bild über den URL geladen ist, sie ist durch transparente Bereiche des Hintergrundbilds sichtbar und wird in allen Bereichen des Elements dargestellt, die nicht vom Bild verdeckt werden.

TIPP Wählen Sie die Farben für Text und Hintergrund (und Bilder) sorgfältig, damit ein ausreichender Kontrast zwischen beiden besteht. Das ist besonders für sehbehinderte Nutzer wichtig.

E *Der Hintergrund des* `page-div` *deckt unser neues Hintergrundbild aus* **C** *komplett ab. Dem schaffen wir gleich Abhilfe (mit* `padding`*). Beachten Sie, dass die Links, auf die nicht mit der Maus gezeigt wird, den gleichen Hintergrund haben wie* `page`*, während der „Über"-Link, auf den die Maus zeigt, durch seinen Hintergrund mit höherem Kontrast abgehoben wird.*

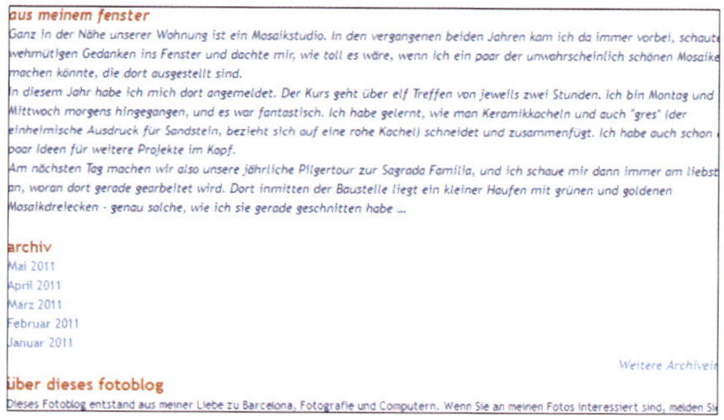

F *Die Hintergrundfarbe für die* `sidebar` *hat die hellste Blauschattierung bekommen, die ich hinkriege – gerade genug, um sie abzuheben.*

A *Wenn man das `container-div` auf 90 % des Browser-Fensters beschränkt, bekommt es mehr Platz und sieht nicht so vollgestopft aus (der Leerraum an der Seite in* **B***). Indem man das `page-div` auf 97,9167 % des `container-div` reduziert, sieht man seitlich einen Teil des Hintergrundbilds (in den Kommentaren des Beispielcodes von der Buch-Website erfahren Sie, wie ich auf diesen Prozentwert gekommen bin, aber Sie können auch konventionellere Prozentwerte nehmen). Und indem Sie das `main-div` auf 71 % des `page-div` setzen, lassen Sie Platz für die Seitenleiste, die Sie später noch zur Seite schieben werden. Die `input`-Formatierung gibt die Breite des Felds für das Suchfeld an. Die `.photo`-Dimensionen steuern schließlich die Größe der Absätze um die Bilder in den Blog-Einträgen (die passen zu der Höhe und Breite der Bilder selbst).*

```
#container {
   background: url(../img/bg-bluebench.jpg)
   → repeat-y;
   width: 90%;
}

#page {
   background: #fef6f8;
   width: 97.9167%;
}

#main {
width: 71%;
}

input[type="text"] {
   width: 150px;
}

.photo {
height: 75px;
width: 100px;
}
```

Höhe oder Breite für Elemente festlegen

Sie können für solche Elemente wie Absätze, Listenelemente, `div`s, Bilder, `video`, Formularelemente und andere, die neue Bereiche der Gliederung beginnen, die Höhe und Breite angeben (**A** und **B**). Sie können für textliche Elemente (die standardmäßig inline dargestellt werden) `display: block;` oder `display: inline-block;` angeben und auch ihnen dann eine Höhe oder Breite mitgeben (siehe „Elemente darstellen und verstecken“, wenn Sie mehr über die Eigenschaft `display` wissen wollen).

Höhe oder Breite für ein Element angeben

1. Tippen Sie `width: w`, wobei *w* die Breite des Inhaltsbereichs dieses Elements ist. Die kann man entweder als Länge (mit Einheiten wie `px` und `em`) oder als Prozentwert des Elternelements ausdrücken. Oder lassen Sie über `auto` die Breite vom Browser berechnen (das ist der Standard).
2. Tippen Sie `height: h`, wobei *h* die Höhe des Elements ist, die nur als Länge (mit Einheiten wie `px` und `em`) ausgedrückt werden kann. Oder lassen Sie über `auto` die Höhe vom Browser berechnen (das ist der Standard).

TIPP Wenn Sie nicht explizit `width` oder `height` angeben, wird `auto` verwendet (siehe Abschnitt „Breite, Ränder und auto“).

TIPP Denken Sie daran, dass ein Prozentwert relativ zur Breite des Elternelements ist – nicht zur originalen Breite des Elements selbst.

TIPP Padding, Rahmen und Margin gehören nicht zum Wert von `width` (siehe Abschnitt „Breite, Ränder und auto“).

TIPP Sie können bei Elementen, die als Inline-Elemente dargestellt werden (z.B. textliche Elemente), weder `height` noch `width` angeben, außer sie werden auf `display: inline-block;` oder `display: block;` gesetzt (siehe „Elemente darstellen und verstecken“, wenn Sie mehr über die Eigenschaft `display` wissen wollen).

TIPP `widths` und `heights` werden nicht vererbt.

TIPP Es gibt auch noch die Eigenschaften `min-width`, `min-height`, `max-width` und `max-height` **C**. (Falls Sie für Ihre Site auch den Internet Explorer 6 ansprechen wollen, sollten Sie wissen, dass diese Eigenschaften von ihm nicht unterstützt werden.)

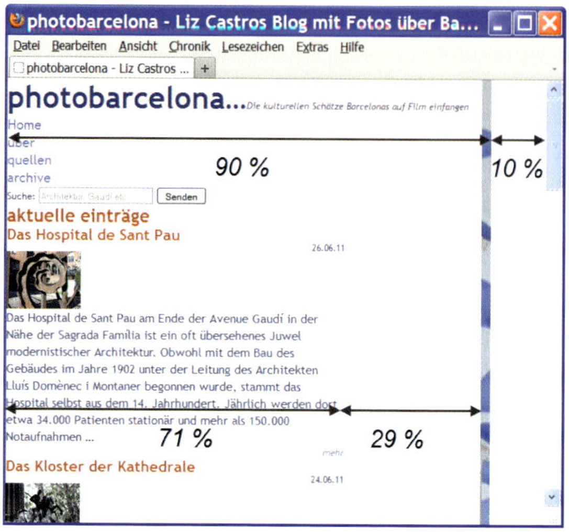

B *Das* `container-div`*, das das schattierte* `page-div` *vollständig einfasst, belegt nur 90 % des Browser-Fensters. Dessen Hintergrundbild ist seitlich teilweise sichtbar, weil auch die Breite des* `page-div` *reduziert worden ist. Die Breite des* `main-div` *beträgt 71 % derjenigen des* `page-div`*, nicht des* `container-div` *oder des Browserfensters.*

C *Die Eigenschaft* `max-width` *ist ideal, um die äußeren Begrenzungen unseres flexiblen Layouts festzulegen. In unserem Fall sollte es nicht zu breit werden, auch wenn Besucher große Monitore haben. Wenn Sie verhindern wollen, dass ein Element zu schmal wird, können Sie die Eigenschaft* `min-width` *angeben. Allerdings sollten Sie genau abwägen, ob Sie eine* `min-width` *setzen wollen, weil es immer beliebter wird, per Handy oder anderen kleineren Geräten im Netz zu surfen.*

```
#container {
background: url(../img/bg-bluebench.jpg) repeat-y;
max-width: 950px;
width: 90%;
}
```

D *In diesem Beispiel habe ich beim* `div` *des Elternelements* `width` *auf 300 Pixel gesetzt. Das wird unser äußerer Block. Dann haben beide Absätze auf jeder Seite 10 Pixel Rand sowie jeweils 5 Pixel für Padding und Rahmen. Beim ersten Absatz wird* `width` *automatisch gesetzt, weil* `auto` *der Standardwert für* `width` *ist, außer Sie geben etwas anderes an. Der zweite Absatz (bei dem im HTML* `class="example"` *steht) ist auf* `200px` *gesetzt.*

```
div {
background: yellow;
width: 300px;
}

p,
.example {
background: white;
border: 6px solid blue;
margin: 10px;
padding: 5px;
}

.example { /* der zweite Absatz */
background: white;
border-color: purple;
width: 200px;
}
```

Breite, Ränder und auto

Bei den meisten Elementen, die standardmäßig als Blocklevel dargestellt werden, wird der `auto`-Wert für `width` aus der Breite des enthaltenden Blocks minus Padding, Rahmen und Ränder des Elements berechnet. Der *enthaltende Block* ist die Breite, die das Element von seinem Elternelement bekommt.

Elemente wie Bilder haben eine `auto`-Breite, die ihrem intrinsischen Wert entspricht, d.h. den eigentlichen Maßen der externen Datei (so wie bei den Bildern der Beispielseite, die 100 x 75 sind). Gefloatete Elemente haben eine `auto`-Breite von 0. Nicht gefloatete Inline-Elemente ignorieren die Eigenschaft `width` komplett (was bedeutet, dass Sie für Elemente wie `em` und `cite` keine Breite angeben können, außer Sie setzen sie auf `display: inline-block;` oder `display: block;`). In „Elemente floaten lassen" erfahren Sie mehr über Floats und in „Elemente darstellen und verstecken" mehr über die Eigenschaft `display`.

Warum min-height gegenüber height oft vorzuziehen ist

Außer wenn Sie sicher sind, dass der Inhalt eines Elements nicht größer wird, fahren Sie fast immer besser damit, es zu vermeiden, im Stylesheet dafür eine Höhe anzugeben. In den meisten Fällen werden Sie die Höhe automatisch durch Inhalt und Browser regeln lassen. Damit kann der Inhalt nach Bedarf in den verschiedenen Browsern und Geräten fließen.

Wenn Sie doch eine Höhe angeben und der Inhalt nimmt zu, dann könnte er aus der Box für das Element auslaufen – und das sollte man vermeiden. Standardkonforme Browser erweitern unter diesen Umständen die Höhe *nicht* automatisch: Sie glauben Ihnen aufs Wort, wenn Sie eine Höhe angeben, und halten sich daran. (Der IE6 befolgt den Standard nicht und erweitert somit die Höhe.)

Wenn Sie allerdings wollen, dass das Element eine *Mindest*höhe einnimmt, setzen Sie einen Wert für `min-height`. Wenn der Inhalt später zunimmt, wird die Höhe des Elements wie gewünscht automatisch wachsen. Das ist der Unterschied zwischen `height` und `min-height` sowie auch zwischen `width` und `min-width`.

Und falls Sie sich fragen, wie es dazu kommen kann, dass Inhalte zunehmen: Dafür gibt es eine ganze Reihe von Gründen! Der Inhalt könnte aus einer Datenbank stammen oder aus einem Feed oder durch Nutzer generiert werden. Außerdem könnten Ihre Besucher die Schriftgröße im Browser heraufsetzen und damit die von Ihnen angegebene Formatierung überschreiben.

Wenn Sie die Werte für `width`, `margin-left` und `margin-right` manuell angeben und diese zusammen mit dem Rahmen und Padding nicht die Größe des enthaltenden Blocks ergeben, muss an einer Stelle nachgegeben werden. Und tatsächlich überschreibt der Browser Ihre Werte und setzt `margin-right` auf `auto` (D und E).

Wenn Sie `width` manuell festlegen, aber einen der Ränder auf `auto` setzen, wird dieser Rand sich ausdehnen oder zusammenziehen, um die Differenz auszugleichen.

Doch wenn Sie `width` manuell setzen, aber *beide* Ränder auf `auto` belassen, werden *beide* Ränder auf den gleichen Maximalwert gesetzt (was dazu führt, dass Ihr Element zentriert wird, also zentriert z.B. `#container { margin: 20px auto; }` die Seite). Genau das habe ich für die Beispielseite gemacht – siehe der nächste Abschnitt „Margins um ein Element festlegen".

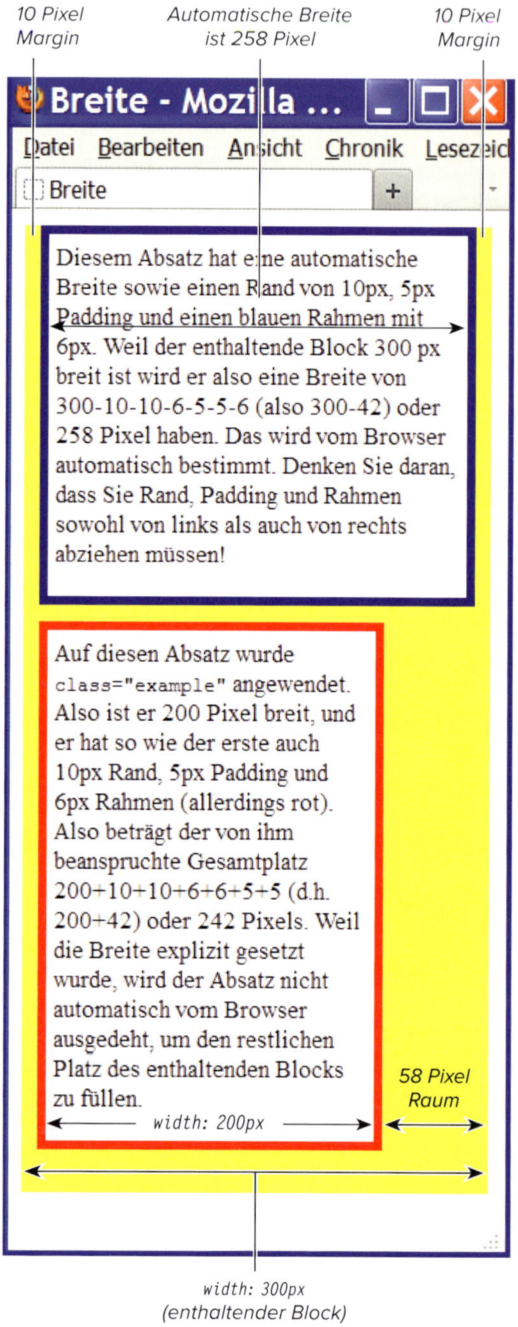

E *Wenn `width` auf `auto` gesetzt ist wie beim oberen Absatz, wird dessen Wert aus der Breite des äußeren Blocks (gelb) minus seiner eigenen Ränder, Padding und Rahmen abgeleitet. Wenn `width` manuell gesetzt wird (wie im unteren Absatz), wird der rechte Rand normalerweise angepasst, um die entstandene Lücke zu füllen.*

Ⓐ Eine der wesentlichen Anpassungen des Rands bezieht sich auf das `container-div`*. Wenn Sie zwei Werte angeben, gilt der erste für die Ränder oben und unten, der zweite für links und rechts. Wir werden den oberen und unteren Rand auf* `20px` *setzen, damit unser Design etwas Luft zum Atmen hat. Weil für* `container` *eine Breite bereits explizit definiert wurde, sorgen die linken und rechten Margins von* `auto` *dafür, dass die Seite horizontal im Browser zentriert wird Ⓑ.*

```
#container {
   background: url(../img/bg-bluebench.jpg)
   ➝ repeat-y;
   margin: 20px auto;
   max-width: 950px;
   width: 90%;
}
```

Ⓑ Die Einstellung `auto` *für den Rand zentriert das Layout im Fenster, indem die verbleibenden 10 % der Browser-Fensterbreite, die nicht vom* `container-div` *verwendet wird, unter dem linken und rechten Rand aufgeteilt wird. (Und dass die Gliederungspunkte links aus der Seite ragen – darum werden wir uns später in diesem Kapitel noch kümmern.)*

Margins um ein Element festlegen

Mit Rand (*margin*) wird der Bereich transparenten Raums zwischen einem Element und dem nächsten bezeichnet (Ⓐ und Ⓑ). Lesen Sie „Das Box-Modell", wie dies mit dem Rahmen und Padding eines Elements zusammenhängt.

Ränder um ein Element festlegen

Tippen Sie `margin:` *x* ein, wobei *x* der gewünschte Raum ist, der ergänzt werden soll, und zwar ausgedrückt als Länge, als Prozentwert der Breite des Elternelements oder mit `auto`.

TIPP Wenn Sie nur einen Wert für `margin` nehmen, wird dieser auf alle vier Seiten gleichmäßig angewendet. Wenn Sie zwei Werte nehmen, bezieht sich der erste Wert auf oben und unten und der zweite Wert dann auf links und rechts Ⓐ. Wenn Sie drei Werte verwenden, gilt der erste für oben, der zweite für rechts und links und der dritte für unten. Bei vier Werten werden diese der Reihe nach im Uhrzeigersinn oben, rechts, unten sowie links angewendet Ⓒ.

TIPP Sie können der Eigenschaft `margin` auch eines der folgenden Suffixe hinzufügen, um einen Rand nur auf einer Seite anzugeben: `-top`, `-bottom`, `-left` oder `-right` Ⓒ. Nach `margin` darf kein Leerzeichen stehen (also so: `margin-top: 10px`).

TIPP Der `auto`-Wert der Eigenschaft `margin` hängt vom Wert der Eigenschaft `width` ab (siehe „Höhe und Breite von Elementen festlegen").

TIPP Wird ein Element über einem anderen platziert, wird nur der größere der beiden sich berührenden Ränder verwendet (also die sich berührenden Margins im Element oben und unten). Vom anderen sagt man, er *kollabiere*, falle also mit dem kleineren zusammen. Linke und rechte Ränder fallen nicht zusammen.

TIPP Ränder werden nicht vererbt.

TIPP Ich habe noch einige andere Elemente mit Margins versehen als die, die in A oder C gezeigt werden. Sie finden den vollständigen Code unter *www.bruceontheloose.com/htmlcss/examples/chapter-11/finished-page.html*.

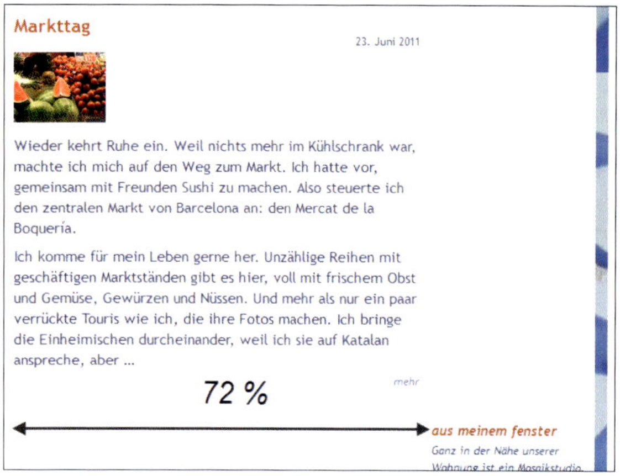

D *Die Sidebar ist nun 72 % von der linken Kante entfernt.*

E *Nun haben ein paar der Elemente etwas mehr Platz.*

C *Das* `div` *für die Sidebar (mit* `id="related"`*) wird einen linken Rand von 72 % haben und ist somit weiter von der linken Seite weg als das* `div` *des Hauptinhalts, der eine Breite von 71 % aufweist. Die Sidebar wird weiterhin unter dem Inhalts-*`div` `main` *erscheinen, bis Sie Letzteren floaten – das passiert hier im Kapitel ein wenig weiter hinten* **D***. Ich habe auch ein paar andere Elemente mit Rändern versehen, z.B. unterhalb des Headers, oberhalb des Footers, links und unten bei den Anlesern für die Blog-Einträge, damit alles genug Luft zum Atmen hat* **E**.

```
h1 {
   font-size: 1.5em; /* 24px/16px */
   margin-bottom: .75em;
   text-transform: lowercase;
}

aside h2 {
   font-size: .9375em; /* 15px/16px */
   margin-bottom: 3px;
   text-transform: lowercase;
}

#masthead {
   margin-bottom: 30px;
}

#footer {
   margin-top: 10px;
}

.entry { /* blog snippet */
   margin: 0 .5em 2em 0;
}

.continued {
   font-style: italic;
   margin-top: -5px;
}

#related { /* the sidebar */
   margin-left: 72%;
}
```

A *Ähnlich wie bei der Angabe der Margins werden bei vier Werten für* `padding` *diese der Reihe nach im Uhrzeigersinn oben, rechts, unten und links angewendet. Also gibt es hier nur oben und rechts ein Padding* **B**.

```
#container {

background: url(../img/bg-bluebench.jpg) repeat-y;
   margin: 20px auto;
   max-width: 950px;
   width: 90%;
   padding: 30px 10px 0 0;
}
```

B *Wenn Sie dem* `container`*-div ein Padding geben, entsteht zwischen dessen Margin (weil der Rahmen standardmäßig 0 beträgt) und dessen Inhalt (in diesem Fall das* `page`*-div) ein Abstand. Als Folge erscheint mehr vom Hintergrundbild des* `container`.

C *Nun bekommt der Inhalt des* `page`*-div noch etwas Padding, und zwar oben, rechts und unten, links aber nicht.*

```
#page {
   background: #fef6f8;
   max-width: 940px;
   padding: 10px 10px 10px 0;
   width: 97.9167%; /* 940px/960px */
}
```

D *Nachdem das* `page`*-div nun Padding bekommen hat, sehen Sie die zusätzlichen 10 Pixel zwischen „photobarcelona" und der oberen Kante.*

Padding für Elemente

Padding ist genau das, wonach es sich anhört: eine Art Polster um die Inhalte eines Elements, aber innerhalb des Rahmens (auch *Innenabstand* genannt). Vielleicht erinnern Sie sich noch an meine Metapher von vorhin: Padding ist wie das Passepartout zwischen einem Foto (dem Inhalt) und einem Bilderrahmen (dem Rahmen). Sie können die Breite des Paddings ändern (**A**, **C** und **E**), aber nicht dessen Farbe oder Textur. Aber ein Hintergrundbild bzw. eine Farbe kann sich im Padding-Bereich zeigen (**B**, **D**, **F** und **G**).

Einem Element Padding geben

Tippen Sie `padding:` *x* ein, wobei *x* der gewünschte Raum ist, der ergänzt werden soll, und zwar ausgedrückt als Einheit (üblicherweise in `ems` oder Pixel) oder als Prozentwert der Breite des Elternelements (`20%`).

TIPP Genau wie bei der Eigenschaft `margin` gilt: Wenn Sie nur einen Wert angeben, wird das angegebene Padding gleichmäßig auf alle vier Seiten angewendet **E**. Wenn Sie zwei Werte nehmen, gehört der erste Wert zu oben bzw. unten und der zweite Wert dann zu links bzw. rechts. Wenn Sie drei Werte verwenden, gilt der erste für oben, der zweite für rechts sowie links und der dritte für unten. Bei vier Werten werden diese der Reihe nach im Uhrzeigersinn oben, rechts, unten sowie links angewendet (**A** und **C**).

TIPP Sie können der Eigenschaft `padding` auch eines der folgenden Suffixe hinzufügen, um einen Rand nur auf einer Seite anzugeben: `-top`, `-bottom`, `-left` oder `-right`. Zwischen dem Wort `padding` und dem Suffix darf kein Leerzeichen stehen (es muss also so geschrieben werden: `padding-right: 1em`).

TIPP Padding wird nicht vererbt.

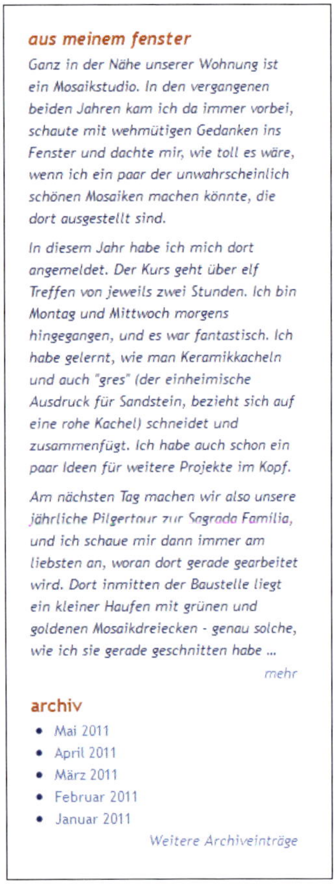

(G) Die Hintergrundfarbe der Sidebar erscheint auf allen vier Seiten, wo in (E) die 10px Padding eingefügt wurden.

(E) Ich habe die temporäre Hintergrundfarbe der Seite durch Weiß ersetzt (#fff) (F). Ich habe für alle vier Seiten der Sidebar auch etwas Padding angegeben, damit der Inhalt nicht an die Kanten stößt, und außerdem noch Padding links von der nummerierten Liste, damit die Gliederungspunkte (Bullets) eingerückt werden (G) (in Kapitel 15 erfahren Sie mehr über Listen).

```
#page {
   background: #fff;
   padding: 10px 10px 10px 0;
   max-width: 940px;
   width: 97.9167%; /* 940px/960px */
}

.sidebar {
   background: #f5f8fa;
   padding: 10px;
}

.archive ol {

/* ändert Listenelemente von Zahlen zu
Gliederungspunkten */
   list-style: disc;
   /* rückt Gliederungspunkte ein */
   padding-left: 18px;
}
```

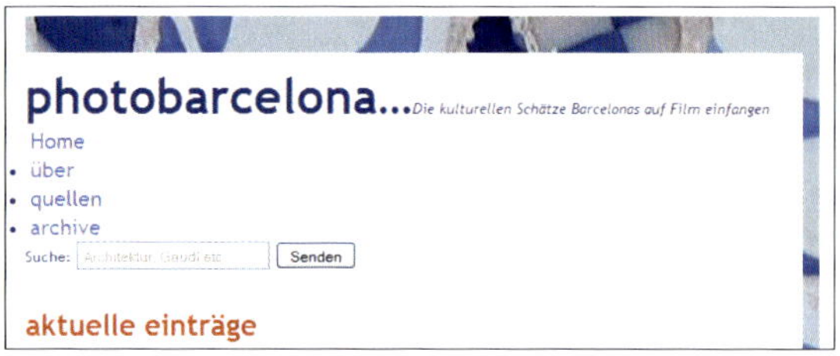

(F) Wenn der page-Hintergrund weiß wird, wird ersichtlich, warum links kein extra Padding nötig war. Ich habe noch weitere Anpassungen beim Padding vorgenommen, die Sie in den Code-Dateien auf meiner Webseite studieren können.

Elemente floaten lassen

Sie können Elemente in einem Meer von Text (oder anderen Elementen) „floaten", also frei schwimmen lassen. Mit dieser Technik lassen Sie Text um Bilder oder Diagramme herumfließen (A und B), um mehrspaltige Layouts und anderes zu erstellen.

A Wenn Sie ein Element auf eine Seite floaten, wird der Inhalt, der normalerweise danach dargestellt wird, dieses Element umfließen. Hier habe ich die Bild-Container (ein `p` *mit* `class="photo"`*) nach links gefloatet, damit der Einführungstext für die Blog-Einträge daneben erscheinen kann. (Sie können* `float` *auch direkt auf* `img`*-Elemente anwenden.) Wie Sie in B sehen, fließt der Text um einen Bild-Container, wenn er länger als dieser ist. Dieser Effekt ist in vielen Fällen wünschenswert, aber für diese Seite will ich, dass der Text direkt gerade nach unten fortgeführt wird, egal wie lang er ist. Das gelingt mir, indem ich dem Container um den Text einen linken Rand gebe C.*

```
.photo {
   float: left;
   height: 75px;
   width: 100px;
}
```

B Weil die `.photo`*-Container nach links gefloatet werden, rutscht der Text daneben und umfließt sie, wenn er länger wird.*

Text um Elemente herumfließen lassen

1. Tippen Sie `float:`.
2. Geben Sie `left` ein, wenn das Element auf der linken Seite sein und der restliche Inhalt rechts daran vorbeifließen soll (A bis G).

   Oder tippen Sie `right`, wenn das Element auf der rechten Seite sein soll und der restliche Inhalt links daran vorbeifließen soll.

C Weil der Container um den Text einen linken Margin von `110px` *bekommt, wird dessen Inhalt stets so weit entfernt von der linken Kante dargestellt, auch wenn er größer ist als der Bild-Container. Als Folge davon umfließt er ihn nicht mehr D. Das hat nichts mit dieser Aufgabe zu tun, aber ich habe den oberen Margin auf* `-5px` *gesetzt, damit er mit der oberen Kante des Bilds zur Linken abschließt.*

```
/* Diese Klasse gehört zum div, das sowohl den
→ Einführungstext enthält als auch den "mehr"-
→ Link, der darauf folgt. */
.intro {
   margin: -5px 0 0 110px;
}
```

D Der Einführungstext fließt nicht mehr um das Bild. Als Nächstes floaten Sie das `main`*-*`div` *E, damit die Sidebar daneben erscheint F.*

Oder tippen Sie `none`, wenn das Element gar nicht floaten soll. (`none` ist der Standardwert, den Sie nur dann setzen müssen, wenn Sie explizit eine andere Regel überschreiben wollen, durch die ein Element gefloatet wurde, und Sie das in diesem speziellen Fall unterbinden wollen.)

3. Mit der Eigenschaft `width` setzen Sie explizit die Breite des Elements fest (siehe „Höhe oder Breite eines Elements festlegen“).

TIPP Denken Sie daran, dass die von Ihnen gewählte Richtung auf das gefloatete Element angewendet wird und nicht auf die Elemente, die um es herumfließen. Geben Sie `float: left` ein und der Rest der Seite fließt nach rechts (und entsprechend umgekehrt).

TIPP Manche Elemente (z.B. mit textlichem Inhalt) floaten ohne eine explizite Breite möglicherweise nicht korrekt.

TIPP Die Eigenschaft `float` wird nicht vererbt.

Ⓖ *Weil das `main-div` nach links floatet, fließen alle anderen Elemente einschließlich des Footers drum herum, bis wir etwas anderes angeben. Und das machen wir im nächsten Abschnitt.*

Ⓕ *Nun nehmen Sie den gleichen Ansatz, um den Hauptinhalt nach links zu floaten, damit die Sidebar daneben erscheint. (Vorher haben Sie die Seitenleiste schon rechts vom Hauptinhalt, aber immer noch darunter geschoben, indem Sie einen linken Margin darauf angewendet haben.)*

```
#main {
   float: left;
   width: 71%;
}

/* Wir haben diesen Margin schon früher auf die
→ Sidebar angewendet. */
#related {
   margin-left: 72%;
}
```

Ⓕ *Hier wird das `main-div` nach links gefloatet und somit fließt die Sidebar einfach auf der rechten Seite neben dem gefloateten linken `main-div`. Tatsächlich macht der Footer das Gleiche Ⓖ, weil er im HTML direkt nach der Sidebar steht. (Im nächsten Abschnitt schicken wir den Footer wieder an die Stelle, wo er hingehört.) Beachten Sie, dass es streng genommen nicht nötig war, der Sidebar (`#related`) einen großen linken Margin zu geben, um den Float-Effekt zu bekommen – genauso wenig wie in der Situation, wo Sie den Blog-Text um die Bild-Container gefloatet haben (Ⓐ und Ⓑ). Doch auf die gleiche Weise, wie der linke Margin in Ⓒ und Ⓓ den Umfluss verhindert hat, sorgt er auch dafür, dass der Sidebar-Text nicht mehr unter das `main-div` läuft, falls die Sidebar jemals größer wird als das `main-div`. Auch würde die Hintergrundfarbe der Sidebar sich über das gesamte `main-div` erstrecken, falls die Sidebar keinen linken Margin bekäme.*

A *Auf der vorigen Seite haben Sie gesehen, dass der Footer um das gefloatete `main-div` herumfloss. Hier wenden Sie `clear: both;` an, um das zu verhindern* **B**. *Man kann sich auch vorstellen, hier mit `clear:left;` zu arbeiten, weil das einzige gefloatete Element, um das wir uns Gedanken machen müssten, auf der linken Seite floatet. Aber es schadet auch nichts, dass beide Seiten ein `clear` bekommen. Das kann auch ganz praktisch sein, falls unser Design komplizierter wird.*

```
#footer {
   clear: both;
   margin-top: 10px;
}
```

B *Die Eigenschaft `clear` zeigt an, dass das fragliche Element (in diesem Fall der Footer) nicht um das gefloatete Element herumfließen darf, sondern nach dem gefloateten Element dargestellt werden muss.*

Das Floaten von Elementen steuern

Sie können festlegen, neben welchen Elementen ein Element gefloatet werden soll und wo nicht. Um zu verhindern, dass ein Element an unerwünschter Stelle floatet, nehmen Sie die Eigenschaft `clear` **A**.

Gefloatete Elemente steuern

1. Tippen Sie `clear:` (**A** und **B**).
2. Geben Sie `left` ein, um zu verhindern, dass Elemente links von dem Element floaten, das Sie gerade mit CSS stylen **C**.

   Oder verhindern Sie mit `right`, dass Elemente rechts von dem Element floaten, das Sie stylen.

   Oder Sie nehmen `both`, damit keine Elemente rechts oder links von Ihrem gerade gestylten Element floaten.

   Wenn Sie `none` eingeben, fließen die Elemente auf beiden Seiten an Ihrem gestylten Element vorbei.

C *Beim Formatieren des Headers (#masthead) wird das Logo (das den Slogan enthält) nach links gefloatet. Das `div`, das die Hauptnavigation und das Suchfeld umgibt, wird nach rechts gefloatet. Und innerhalb dieses `div` wird jedes Listenelement der Navigation nach links gefloatet, damit sie alle nebeneinander erscheinen anstatt vertikal untereinander.*

```
.logo {
   float: left;
   font-size: 2.5em; /* 40px/16px */
   margin: 0;
}

/* Dieses div schließt sowohl die Hauptnavigation
→ als auch das Suchfeld ein. */
#masthead div {
   float: right;
}

/* :::: Site-Navigation :::: */
.nav li {
   float: left;
   font-size: .75em; /* 12px/16px */
   padding: 0 25px 0 3px;
}
```

TIPP **Sie fügen die `clear`-Eigenschaft dem Element hinzu, dessen Seiten von gefloateten Objekten „gecleart", also gereinigt werden sollen (D bis F). Wenn ein Element erst dann dargestellt werden soll, sobald die rechte Seite frei von gefloateten Elementen ist (und allem, was daneben herumfließt), fügen Sie *diesem* ein `clear:right;` hinzu (und *nicht* den gefloateten Elementen).**

TIPP **Ein Span umgibt den Slogan der Seite. Obwohl hier nicht gezeigt, enthält das Stylesheet eine Regel mit `.logo span { display: block; }`. Durch diese Regel wird das `span` in einer eigenen Zeile dargestellt, so wie ein Absatz oder andere Elemente, die standardmäßig als Block dargestellt werden (siehe „Elemente darstellen und verstecken" für weitere Informationen).**

D *Der Großteil des Header-Layouts ist prima, aber der Inhalt unter dem Header – vor allem die Sidebar – hat sich wegen der* `floats` *nach oben verschoben. Das liegt daran, dass die Höhe des Elements, das den Header enthält, kollabiert ist, weil es nicht die Höhe des gefloateten Elements darin berücksichtigt hat.*

E *Um die* `floats` *im Header zu clearen, damit die* `divs` *für Hauptinhalt und Sidebar nicht dort hineinfließen, könnten Sie einen* `div` *um die Haupt- und Sidebar-*`divs` *legen und darauf* `clear: both;` *anwenden. Aber das HTML sollte so schlank wie möglich bleiben, also wäre das keine ideale Lösung. Eine andere Möglichkeit ist die sehr beliebte Lösung namens* `clearfix`*. Dafür braucht man nur* `class="clearfix"` *auf den Header anzuwenden. Vorausgesetzt, das* `.clearfix`*-CSS befindet sich bereits im Stylesheet, ist das Problem nun gelöst* **F**. *Siehe den Kasten auf der nächsten Seite für weitere Details.*

```
<div id="container">
   <div id="page">
      <header id="masthead" role="banner"
      → class="clearfix">
         ...
      </header>

      <div id="main" role="main">
         ...
      </div>
```

F *Die* `clearfix`*-Methode „cleart" wie von Zauberhand die* `floats` *des Headers, damit der nachfolgende Inhalt darunter erscheint.*

Andere Methoden, um floats zu beenden

Es gibt ein paar andere Wege, wie Sie die `floats` im Kopfbereich beenden, damit der Hauptinhalt und die Sidebar nicht dort hineinfließen Ⓓ.

Die overflow-Methode

Die erste und einfachste Methode ist, Folgendes ins Stylesheet aufzunehmen:

```
#masthead {
   overflow: hidden;
}
```

(Die Eigenschaft `overflow` besprechen wir in diesem Kapitel später noch.) Es funktioniert in manchen Fällen auch `overflow: auto;`, aber es könnte auch eine Scrollleiste erscheinen, die natürlich unerwünscht ist. Und in manchen Fällen könnte `overflow: hidden;` auch Inhalte abschneiden, also sollten Sie auch darauf achten. Bei meiner eigenen Arbeit nutze ich `overflow`, um manche Float-Probleme wie das mit dem Header zu lösen, wenn es dazu in der Lage ist. Falls nicht, nehme ich `clearfix` Ⓔ. Generell ist `clearfix` die konsistentere Methode und darum habe ich sie Ihnen auch in diesem Beispiel vorgestellt, auch wenn es meine letzte Zuflucht ist.

Die clearfix-Methode

Das CSS für `.clearfix` hat im Laufe der Jahre mehrere Veränderungen erfahren, da es in der Web-Community überarbeitet wurde. Die unten gezeigte Version stammt aus dem exzellenten *HTML5 Boilerplate* (*www.html5boilerplate.com*). Ins Leben gerufen wurde es von Paul Irish und viele Entwickler in der Community haben daran mitgearbeitet. Schauen Sie sich das unbedingt einmal an.

Nicolas Gallagher, der nun zum Kernteam des Projekts gehört, hat den folgenden `clearfix`-Code beigetragen. Kopieren Sie ihn einfach und fügen Sie ihn in Ihr Stylesheet ein. Dann wenden Sie **`class="clearfix"`** auf das Element an, das die `floats` enthält Ⓔ.

```
.clearfix:before, .clearfix:after { content: ""; display: table; }
.clearfix:after { clear: both; }
.clearfix { zoom: 1; }
```

Ich spare mir die Erklärung, was das alles bedeutet, weil es recht kompliziert ist. Mehr darüber erfahren Sie unter *http://nicolasgallagher.com/micro-clearfix-hack/* (aber Vorsicht – die Erläuterungen sind recht technisch).

Zusammenfassung

Es gibt einen subtilen Unterschied, ob man die `clear`-Eigenschaft verwendet oder die Methoden `overflow` bzw. `clearfix`. `clear` wenden Sie auf das Element an, das nicht um ein gefloatetes Element herumfließen soll. Die anderen beiden Methoden wenden Sie auf einen Container des bzw. der gefloateten Elemente an.

Einen Rahmen setzen

Sie können einen Rahmen um ein ganzes Element herum oder einzelne Seiten davon setzen und dann dessen Breite, Stil und Farbe angeben **A**. Wenn Sie ein Padding angegeben haben (siehe „Padding für Elemente“), fasst der Rahmen sowohl das Padding als auch den Inhalt des Elements ein.

Den Rahmenstil definieren

Tippen Sie `border-style:` *typ*, wobei *typ* für `none`, `dotted`, `dashed`, `solid`, `double`, `groove`, `ridge`, `inset` oder `outset` stehen kann (also *kein*, *gepunktet*, *gestrichelt*, *durchgehend*, *doppelt*, *groove*, *ridge*, *inset* oder *outset*).

Die Breite des Rahmens angeben

Tippen Sie `border-width:` *n*, wobei *n* die gewünschte Breite einschließlich abgekürzter Einheiten (z.B. `4px`) ist.

Die Farbe des Rahmens festlegen

Tippen Sie `border-color:` *farbe* ein, wobei *farbe* für einen Farbnamen oder einen Hex-, RGB-, HSL-, RGBA- oder HSLA-Farbwert steht (siehe „Die Farbe festlegen“ in Kapitel 7).

A *Sie werten das Design auf, indem Sie diese Rahmen implementieren. Im Fall des gepunkteten Rahmens am unteren Rand des Headers hilft das den Lesern auch, den Kopfbereich auf einen Blick von der restlichen Seite abzugrenzen.*

```
#masthead {
   border-bottom: 2px dotted #1d3d76;
   margin-bottom: 30px;
   padding-bottom: 20px;
}

.entry {
   border-right: 2px dashed #b74e07;
   margin: 0 .5em 2em 0;
}

#footer {
   border-top: 2px dotted #b74e07;
   clear: both;
   margin-top: 10px;
}
```

B *Beachten Sie, dass ein rechter Rahmen bei jedem* `entry-section`*-Element (und nicht beim* `main-div`*) angewendet wird. Deswegen wird dieser Rahmen nach jedem Eintrag unterbrochen und beginnt bei einem neuen Eintrag neu. Anders als der Rahmen beim Header und Footer ist dieser gestrichelt.*

C *Der Footer hat oben einen Rahmen mit dem gleichen Stil (gepunktet) wie unterhalb des Headers, ist aber in einer anderen Farbe. Und genauso hilft das auch, den Footer visuell von anderen Inhalten abzugrenzen.*

D *In diesem Beispiel habe ich das Padding und den Standardrahmen für jeden Absatz angegeben. Dann habe ich beim ersten Absatz die Rahmenbreite für alle vier Seiten angegeben und anschließend den Stil für jede Seite. Bei den vier anderen Absätzen war es dann einfacher, die* `10px` *zu wiederholen, als Stil und Farbe auf zwei getrennte Eigenschaften zu verteilen.*

```
p {
   border: 10px solid red;
   padding: 15px;
}

p.ddd {
   border-width: 4px; border-style: dotted
   → dashed double solid;
}

p.inset {
   border: 10px inset blue;
}

p.outset {
   border: 10px outset green;
}

p.groove {
   border: 10px groove purple;
}

p.ridge {
   border: 10px ridge orange;
}
```

Mehrere Rahmeneigenschaften auf einmal in Kurzschreibweise bestimmen

1. Tippen Sie `border`.
2. Je nach Bedarf tippen Sie `-top`, `-right`, `-bottom` oder `-left`, um den Effekt nur auf einer Seite anzuwenden.
3. Geben Sie `-eigenschaft` ein, wobei *`eigenschaft`* für `style`, `width` oder `color` steht, damit der Effekt nur eine Eigenschaft betrifft.
4. Dann geben Sie `:` (den Doppelpunkt) ein.
5. Geben Sie dann wie in den ersten drei Techniken weiter vorne beschrieben die entsprechenden Werte an. Wenn Sie Schritt 3 ausgelassen haben, können Sie eine oder alle drei Arten von Rahmeneigenschaften anwenden (z.B. `border:1px solid` oder `border-right:2px dashed green`). Wenn Sie in Schritt 3 eine Eigenschaft angegeben haben, nehmen Sie einen akzeptierten Wert für genau diese Eigenschaft (z.B. `border-right-style:dotted`).

TIPP Rahmen werden nicht vererbt.

TIPP Die jeweiligen Rahmeneigenschaften (`border-width`, `border-style` und `border-color`) können ein bis vier Werte aufweisen. Wenn Sie einen Wert nehmen, wird er auf alle vier Seiten angewendet. Bei zwei wird der erste für oben bzw. unten und der zweite für links bzw. rechts genommen. Wenn Sie drei Werte verwenden, gilt der erste für oben, der zweite für rechts sowie links und der dritte für unten. Und vier werden der Reihe nach im Uhrzeigersinn oben, rechts, unten sowie links angewendet.

TIPP Sie müssen zumindest den Stil eines Rahmens angeben, der dargestellt werden soll. Ohne Stil gibt's auch keinen Rahmen. Der Standard ist `none`.

TIPP Wenn Sie eine Kurzschreibweise wie `border` oder `border-left` etc. nehmen, bekommen die Eigenschaften, denen Sie keinen Wert geben, ihren jeweiligen Standard. Also heißt `border: 1px black` dann `border: 1px black none`. Das heißt, Sie kriegen gar keinen Rahmen (auch wenn Sie bereits vorher mittels `border-style` einen Stil spezifiziert haben).

TIPP Die Standardfarbe ist der Wert aus der `color`-Eigenschaft dieses Elements (siehe „Die Farbe festlegen" in Kapitel 10).

TIPP Der Internet Explorer (bis einschließlich Version 7) kriegt es nicht hin, sehr dunkle zweifarbige Rahmenstile wie `groove`, `ridge`, `outset` und `inset` darzustellen. Sie werden als durchgehend dargestellt.

TIPP Mit der Eigenschaft `border` können auch Tabellen und ihre Zellen gestaltet werden.

TIPP Mit CSS3 wurde die Eigenschaft `border-image` eingefügt. Abgesehen vom Internet Explorer wird sie von allen Browsern gut unterstützt (siehe *http://caniuse.com/#search=border-image*). Sie erfahren mehr über `border-image` unter *www.sitepoint.com/css3-border-image/*.

E *Die Browser behandeln die Rahmenstile nicht alle völlig gleich, aber diese Ansicht in Firefox gibt Ihnen eine Vorstellung von den Unterschieden zwischen den Stiltypen.*

A *Obwohl das Datum rechtsbündig ist, steht es auf einer anderen Zeile als die Überschrift und erscheint somit darunter und zu nahe am Einführungstext.*

B *Denken Sie daran, sowohl die relative Positionierung anzugeben als auch den Offset. Es kann ein positiver oder ein negativer Wert sein. Mit* `ems` *erfolgt der Offset proportional zur Größe des Texts. Weil* `1em` *gleich der Schriftgröße des Elements ist, verschiebt in diesem Beispiel die Deklaration das Datum um diesen Wert nach oben (wegen* `-1em`*)* **C**.

```
.entry .date {
   line-height: 1;
   margin: 0 1em 0 0;
   padding: 0;
   position: relative;
   top: -1em;
}
```

C *Indem das Datum einen negativen Offset bekommt, schieben wir es nach oben in den Raum des vorangehenden Blocks. In diesem Fall führt es dazu, dass sich das Datum am Titel des Abschnitts ausrichtet. Die folgenden Elemente sind nicht betroffen.*

TIPP **Diese Verschiebung (auch Offset oder Versatz genannt) funktioniert nur, wenn auch die Eigenschaft `position` zum Einsatz kommt.**

TIPP **Setzen Sie ein Element auf `position: static;`, um eine `position: relative;`-Einstellung zu überschreiben. `static` ist der Standardwert für Elemente und darum erscheinen sie auch im normalen Dokumentenfluss. Ein Beispiel dafür finden Sie in „Elemente in 3D positionieren".**

TIPP **Eine Positionierung wird nicht vererbt.**

Elemente aus dem natürlichen Fluss verschieben

Jedes Element hat im Inhaltsfluss der Seite einen natürlichen Standort **A**. Wenn man ein Element bezüglich auf seinen ursprünglichen Standort bewegt, wird das als relative Positionierung bezeichnet (**B** und **C**). Die umgebenden Elemente sind davon überhaupt nicht betroffen **C**.

Elemente innerhalb des natürlichen Flusses verschieben

1. Tippen Sie `position: relative;` (Semikolon nicht vergessen; das Leerzeichen ist optional).
2. Nach Bedarf geben Sie `top`, `right`, `bottom` oder `left` ein.

   Geben Sie dann :*v* ein, wobei *v* die gewünschte Distanz ist, die das Element von seinem natürlichen Standort weg verschoben werden soll – entweder als absoluter oder als relativer Wert (z.B. `10px` oder `2em`) oder als Prozentwert ausgedrückt.
3. Wiederholen Sie bei Bedarf Schritt 2 für zusätzliche Richtungsangaben und trennen Sie dabei jedes Eigenschaft/Wert-Paar wie gehabt mit Semikolon.

TIPP **Das „relativ" bei der *relativen Positionierung* bezieht sich auf die ursprüngliche Position des Elements, nicht der umgebenden Elemente. Sie können ein Element nicht bezüglich der anderen Elemente, sondern nur unter Berücksichtigung des vorherigen Standorts verschieben. Aufpassen – das ist eine wichtige Aussage!**

TIPP **Die anderen Elemente sind von diesen Verschiebungen nicht betroffen: Sie fließen unter Berücksichtigung der enthaltenden Box des Elements und können sich sogar überlappen. Abhängig von Ihren Angaben für `top`, `right`, `bottom` oder `left` kann der von Ihnen relativ positionierte Inhalt andere überlappen.**

TIPP **Verwenden Sie die Eigenschaft `z-index`, um die Stapelreihenfolge von Elementen anzugeben, die einander überlappen, wenn sie mit `relative`, `absolute` oder `fixed` positioniert werden. Weitere Einzelheiten finden Sie in „Elemente in 3D positionieren".**

Elemente absolut positionieren

Wie bereits erwähnt, fließen die Elemente auf Ihrer Webseite normalerweise in der Reihenfolge, in der sie im HTML-Quellcode erscheinen **A**. Das heißt, wenn das `img`-Element vor dem `p` kommt, erscheint das Bild vor dem Absatz. Sie können Elemente aus dem normalen Dokumentenfluss nehmen und sie somit *absolut* positionieren, indem Sie deren präzise Position hinsichtlich des `body` **B** oder des nahegelegensten Vorfahren angeben **D**.

Elemente absolut positionieren

1. Tippen Sie `position: absolute;` (Semikolon nicht vergessen; das Leerzeichen ist optional).
2. Nach Bedarf geben Sie `top`, `right`, `bottom` oder `left` ein.

   Dann schreiben Sie `:v`, wobei *v* die Distanz ist, die das Element von seinem Vorfahren weg verschoben werden soll (angegeben z.B. als `10px` oder `2em` oder als Prozentwert des Vorfahrens). (Im zweiten Tipp finden Sie dazu einen Hinweis.)
3. Wiederholen Sie bei Bedarf Schritt 2 für zusätzliche Richtungsangaben und trennen Sie dabei jedes Eigenschaft/Wert-Paar wie gehabt mit Semikolon.
4. Bei Bedarf fügen Sie dem *Vorfahr*element, zu dem das absolut positionierte Element verschoben sein soll, noch ein `position: relative;` hinzu **D**. Wenn Sie diesen Schritt auslassen **B**, wird das Element bezogen auf `body` verschoben **C**.

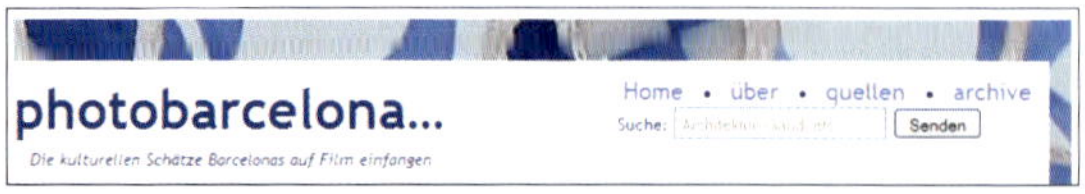

A *Unser Suchfeld sitzt immer noch unterhalb der Hauptnavigation, weil es zum normalen Dokumentenfluss gehört. Es soll aber in die obere rechte Ecke des Headers verschoben werden, in dem es sich befindet.*

B *Durch eine absolute Positionierung des Feldes habe ich es komplett aus dem Dokumentenfluss herausgenommen. Mit diesem Code allein können wir das gewünschte Resultat nicht erzielen, weil – außer Sie geben etwas anderes an – ein Element mit* `position: absolute;` *relativ zum* `body`*-Element positioniert ist, wie Sie in* **C** *sehen können.*

```
#masthead form {
   position: absolute;
   top: 7px;
   right: 0;
}
```

C *Das Suchformular wird 7 Pixel unterhalb der oberen Kante von* `body` *und 0 von rechts relativ zum* `body` *dargestellt.*

D *Ich habe den* `div`*-Container des Formulars auf* `position: relative;` *gesetzt, damit das Formular relativ zum* `div` *und nicht zum* `body`*-Element absolut positioniert wird. So kommt das Suchfeld dorthin, wo es stehen soll, aber Sie stehen nun vor einem anderen Problem* **E**.

```
/* Dieses div schließt sowohl die Hauptnavigation
→ als auch das Suchformular ein. */
#masthead div {
   float: right;
   position: relative;
}

#masthead form {
   position: absolute;
   top: 7px;
   right: 0;
}
```

E Das Suchformular wird jetzt 7 Pixel unterhalb der oberen Kante seines Container-div und 0 von rechts dargestellt. (Der extra Weißraum darüber und rechts davon ist das Padding mit 10px, das Sie für #page angegeben haben.) Es sitzt jedoch oben auf der Navigation, was nicht gut ist. Wie bereits erwähnt wird ein Element, wenn es absolut positioniert ist, aus dem Dokumentenfluss herausgenommen. Die Navigation erscheint also an der gleichen Stelle, wo sie wäre, wenn es das Suchformular überhaupt nicht gäbe. Das wollen wir nun beheben F.

F Ein einfacher Margin oben auf der Navigation schiebt diese unterhalb des Suchfeldes und richtet sie zum Slogan im Logo aus G.

```
/* Dieses div schließt sowohl die Hauptnavigation
→ als auch das Suchformular ein. */
#masthead div {
   float: right;
   position: relative;
}

#masthead form {
   position: absolute;
   top: 7px;
   right: 0;
}

.nav {
   margin-top: 45px;
}
```

G Das Suchfeld und die Navigation werden nun wie gewünscht dargestellt. Besser noch: Deren Anordnung bleibt relativ zueinander intakt, auch wenn die Seite schmaler wird H. Das ist eine gute Nachricht für Nutzer von Handys und anderen Geräten mit schmaleren Bildschirmen.

TIPP Weil absolut positionierte Elemente aus dem Dokumentenfluss herausgenommen wurden, können sie einander oder andere Elemente überlappen F (das muss nicht immer schlecht sein).

TIPP Wenn Sie keinen Offset für ein absolut positioniertes Element angeben, erscheint es an seiner natürlichen Position, beeinflusst aber den Fluss der nachfolgenden Elemente nicht.

TIPP Es gibt auch einen festen Positionierungstyp. Wenn ein Besucher im Browser-Fenster scrollt, bewegt sich der Inhalt der Seite normalerweise nach oben oder unten. Wenn Sie ein Element auf `position: fixed;` setzen, wird es ans Browser-Fenster geheftet, damit es beim Scrollen nicht mit verschoben wird. Die restliche Seite scrollt aber wie gewohnt. Der IE6 unterstützt die Eigenschaft `fixed` nicht.

TIPP Verwenden Sie die Eigenschaft `z-index`, um die Stapelreihenfolge von Elementen anzugeben, die einander überlappen, wenn sie mit `relative`, `absolute` oder `fixed` positioniert werden. Weitere Einzelheiten finden Sie in „Elemente in 3D positionieren“.

TIPP Setzen Sie ein Element auf `position: static;`, um eine `position: absolute;`-Einstellung zu überschreiben. `static` ist der Standardwert für Elemente und darum erscheinen sie auch im normalen Dokumentenfluss. Ein Beispiel dafür finden Sie in „Elemente in 3D positionieren“.

TIPP Eine Positionierung wird nicht vererbt.

H Das Suchfeld und die Navigation verschmelzen zu einer Einheit, weil sich beide im gleichen div befinden. Wenn der Browser schmal wird, rutschen sie unter das gefloatete Logo. Die Nutzererfahrung bleibt gut, weil sich das Layout auf solche Bedingungen einstellen kann.

Elemente in 3D positionieren

Wenn Sie erst einmal mit relativer, absoluter oder fixer Positionierung angefangen haben, kann es durchaus sein, dass Ihre Elemente einander überlappen – so wie das beim Suchfeld und der Hauptnavigation geschah. Sie können wählen, welches in einem solchen Fall obenauf liegen soll (A bis C).

Elemente in 3D positionieren

Tippen Sie `z-index:` *n*, wobei *n* eine Zahl ist, die die Stufe dieses Elements im Stapel der positionierten Elemente anzeigt.

TIPP Die Eigenschaft `z-index` funktioniert nur bei positionierten Elementen (d.h. `absolute`, `relative` oder `fixed`). Das Beispiel zeigt nur `absolute`-Elemente, aber Sie können alles mischen und dann werden die Einstellungen für `z-index` kollektiv und nicht separat angewendet, und zwar innerhalb der Elemente `absolute`, `relative` und `fixed`.

TIPP Je höher der Wert der `z-index`-Eigenschaft ist, desto höher im Stapel befindet sich das Element (A und B).

A Hier ist ein kurzes HTML-Codebeispiel, gefolgt von einem Stylesheet B, das wie in C dargestellt wird.

```
...
<body>
<div class="box1">
   <p>Dies ist Box 1</p>
</div>

<div class="box2">
   <p>Dies ist Box 2</p>
</div>

<div class="box3">
   <p>Dies ist Box 3</p>
</div>

<div class="box4">
   <p>Dies ist Box 4</p>
</div>
</body>
</html>
```

B *Dieses Stylesheet demonstriert, dass das absolut (oder relativ oder fest) positionierte Elemente mit der höchsten* `z-index`*-Zahl immer ganz oben im Stapel landet* **C**, *egal wo es in der Reihenfolge des HTML erscheint* **A**. *Dies zeigt auch, wie praktisch* `position: static;` *ist. Die erste Regel setzt alle vier* `div`*s auf* `position: absolute;`*, aber das habe ich dann bei* `.box3` *überschrieben und auf den Standardwert* `static` *zurückgesetzt. Damit kehrt* `.box3` *in den normalen Dokumentenfluss zurück. Auch wenn diese Box nun die höchste* `z-index`*-Zahl besitzt, wirkt sich das nicht aus und* `.box3` *wird immer ganz unten sein.*

```
div {
   background: #ccc;
   border: 1px solid #666;
   height: 125px;
   position: absolute;
   width: 200px;
}

.box1 {
   background: pink;
   left: 110px;
   top: 50px;
   z-index: 120;
}

.box2 {
   background: yellow;
   left: 0;
   top: 130px;
   z-index: 530;
}

.box3 {
   height: auto;
   min-height: 125px;
   position: static;

   /* Wirkt sich nicht auf die Stapelreihenfolge
   ➝ aus, weil das Element nicht absolut oder
   ➝ relativ positioniert wurde. */
   z-index: 1000;
}

.box4 {
   background: orange;
   left: 285px;
   top: 65px;
   z-index: 3;
}
```

TIPP **Wenn Sie Elemente ineinander verschachteln, von denen eines einen bestimmten `z-index` hat, werden alle diese verschachtelten Elemente zuerst nach ihrem jeweiligen Wert des `z-index` sortiert und dann als Gruppe im größeren Kontext gruppiert.**

TIPP **IE7 und früher implementieren `z-index` nicht wie erwartet. Jedes positionierte Element beginnt in seinem eigenen Stapelkontext, anstatt die Stapelreihenfolge aller positionierten Elemente innerhalb der gesamten Seite zu respektieren, wie es eigentlich sein sollte. Dieses Problem und eine Lösung werden unter *http://brenelz.com/blog/squish-the-internet-explorer-z-index-bug/* demonstriert. (Ignorieren Sie den Umstand, dass die Lösung in Inline-Formatierungen gezeigt wird. Platzieren Sie Ihr CSS in einem externen Stylesheet, wie Sie das normalerweise machen würden.)**

TIPP **Die Eigenschaft `z-index` wird nicht vererbt.**

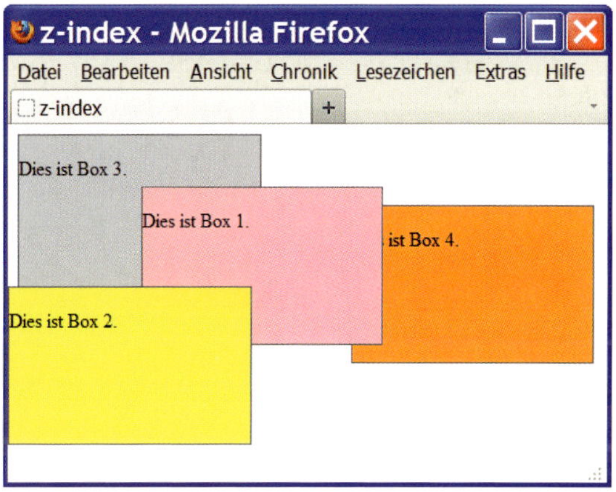

C *Die positionierten Kästen werden aufeinandergestapelt, und zwar die mit dem höchsten* `z-index` *ganz oben und bis nach ganz unten mit dem niedrigsten* `z-index`*-Wert. Der dritte Kasten liegt unter allen anderen, weil er sich im normalen Dokumentenfluss befindet.*

Überlaufende Elemente

Elemente beschränken sich nicht immer nur auf ihre Boxen. Manchmal ist die Box einfach nicht groß genug. Ein Bild könnte beispielsweise breiter sein als sein Container und läuft dann daraus aus. Oder Sie haben den Inhalt außerhalb der Box positioniert, entweder mit negativen Rändern oder mit absoluter Positionierung. Egal, wie das gekommen ist, Sie können den Bereich außerhalb der Element-Box mit der Eigenschaft `overflow` steuern.

Den Browser anweisen, wie mit Überlauf umzugehen ist

1. Tippen Sie `overflow:`.
2. Geben Sie `visible;` ein, damit die Element-Box sich so weit vergrößert, dass ihr Inhalt hineinpasst. Das ist die Standardoption.

   Oder Sie verstecken mit `hidden;` alle Inhalte, die nicht in die Element-Box passen.

   Oder nehmen Sie `scroll;`, damit das Element immer Scrollleisten hat, mit denen der Besucher auf die Inhalte zugreifen kann, die nicht in die Box passen.

   Mit **`auto;`** erscheinen Scrollleisten nur wenn nötig.

(A) Die Bilder am unteren Rand des Footers werden in mehreren Zeilen dargestellt, wenn das Fenster schmal ist. Das ist normalerweise gut, weil Sie wollen, dass Ihre Inhalte sich an unterschiedliche Bedingungen anpassen. Aber um Ihnen mal zu zeigen, wie die Eigenschaft `overflow` funktioniert, ändern wir dieses Verhalten zeitweilig ((B) und (C)).

(B) Um ungeachtet der Browser-Breite nur eine Bildreihe zu bekommen, setzen wir die Höhe des `ul`-Elements, das die Liste der Bilder enthält, auf die Höhe des größten Bilds und dann `overflow` auf `hidden`.

```
.thumbnails {
   height: 33px;
   overflow: hidden;
}
```

C *Nun bleiben die weiteren Bilder versteckt. Wenn Sie den Browser weiter aufziehen, werden mehr Bilder auf der gleichen Zeile gezeigt. Als Nächstes zeige ich einen anderen Ansatz* **D**, *obwohl der in diesem Fall unschön ist* **E**.

D *Wenn Sie den sichtbaren Bereich für die Bilder auf eine Zeile beschränken wollen, den Besuchern aber die Möglichkeit bieten wollen, alle Bilder über eine Scrollleiste zu erreichen* **E**, *falls sie sich auf mehrere Zeilen verteilen, können Sie* `overflow: auto;` *zusammen mit der gleichen Höhe wie vorher einsetzen.*

```
.thumbnails {
   height: 33px;
   overflow: auto;
}
```

E *Ich habe bis zur letzten Zeile mit Bildern hinuntergescrollt. Es ist offensichtlich, wie wenig attraktiv das in diesem Kontext ist. Aber unter bestimmten Umständen kann diese Technik praktisch sein, wenngleich für den Container die Höhe heraufgesetzt werden muss.*

TIPP In der Praxis trete ich nicht dafür ein, dass man Bilder wie in diesen Beispielen versteckt, weil man den Nutzern vorzugsweise erlauben sollte, sie ungeachtet der Breite ihrer Browser anschauen zu können (denken Sie daran, dass Handys und Tablet-PCs schmalere Bildschirme haben). Weil das Beispiel nur zu Demonstrationszwecken dient, habe ich die Deklarationen für `height` und `overflow` bei der vollständigen Version dieser Seite auf der Website des Buchs weggelassen. Außerdem würde ich es nicht zur Gewohnheit machen, derart viele Vorschaubilder in allen meinen Seiten einzubinden, weil das eine Menge Bilder sind, die geladen werden müssen. Auch hier habe ich das einzig deswegen so gemacht, um das Grundkonzept vorzuführen.

TIPP Die Eigenschaft `overflow` ist auch praktisch, um das Floating abzubrechen – siehe „Andere Methoden, um `floats` zu beenden".

TIPP Beachten Sie, dass der IE6 das Elternelement unkorrekterweise so erweitert, dass es so groß wird wie das Kindelement. Die einzige Ausnahme ist, wenn Sie die Eigenschaft `overflow` auf einen anderen Wert als `visible` (den Standard) setzen. Dann wird das Elternelement auf seine normale Größe schrumpfen und es lässt die `overflow`-Eigenschaft ihren Job machen.

TIPP Der Standardwert für `overflow` ist `visible`. Die Eigenschaft `overflow` wird nicht vererbt.

Elemente vertikal ausrichten

Sie können Elemente auf vielerlei Weise ausrichten, damit sie auf der Seite schöner aussehen als bei der Standardausrichtung (**A** bis **C**).

Elemente vertikal positionieren

1. Tippen Sie `vertical-align:`.
2. Mit `baseline;` richten Sie die Basislinie des Elements an der des Elternelements aus.

   Oder tippen Sie `middle;`, um die Mitte des Elements an der Mitte des Elternelements auszurichten.

   Nehmen Sie `sub;`, um das Element tiefer gestellt als das Elternelement zu positionieren.

   Mit `super;` wird das Element höher gestellt positioniert als das Elternelement.

   Tippen Sie `text-top`, damit die Oberkante des Elements an derjenigen des Elternelements ausgerichtet wird.

   Mit `text-bottom;` wird die Unterkante des Elements an derjenigen des Elternelements ausgerichtet.

   Bei `top;` wird die Oberkante des Elements an derjenigen des höchsten Elements in der Zeile ausgerichtet.

   Bei `bottom;` wird die Unterkante des Elements an derjenigen des niedrigsten Elements in der Zeile ausgerichtet.

   Oder Sie verwenden einen Prozentwert der Zeilenhöhe des Elements, der positiv oder negativ sein kann.

TIPP **Die Eigenschaft `vertical-align` funktioniert nur bei Elementen, die inline dargestellt werden, nicht bei solchen, die als Block dargestellt werden. Lesen Sie die Erläuterungen von Chris Coyier unter *http://css-tricks.com/what-is-vertical-align/*.**

A *Standardmäßig sind Bilder an der unteren Zeilenkante ausgerichtet.*

B *Beachten Sie, dass die Ausrichtung direkt für die Bilder selbst angegeben wird, nicht für die `li`-Elemente, die sie enthalten (mehr über Listen erfahren Sie in Kapitel 15).*

```
.thumbnails img {
   vertical-align: middle;
}
```

C *Nun sind die Bilder an der Mitte der Zeile ausgerichtet.*

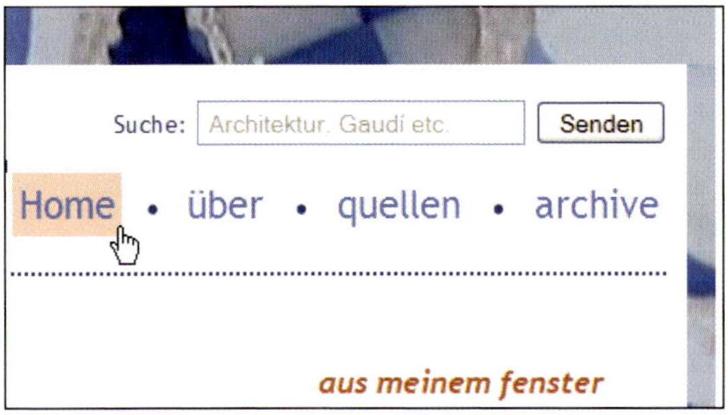

A *Wenn Sie auf den Home-Link zeigen, wird der Mauszeiger zu einer Hand mit Zeigefinger, und der Link wird wie bei jedem anderen Link farbig unterlegt.*

B *Ich habe beim Home-Link* `class="current"` *zugewiesen, wenn der Besucher sich auf der Startseite befindet. Dadurch kann ich dann die Standardfarbe und den Cursor sowie die Hintergrundfarbe für die Hover-Zustände ändern, damit der Home-Link nicht wie ein Link aussieht. (Alternativ können Sie in diesem Fall auch das* `a`*-Element um den Home-Link aus der Navigation entfernen.)*

```
a.current {
   color: #1d3d76;
}

a:hover.current {
   background: white;
   cursor: default;
}
```

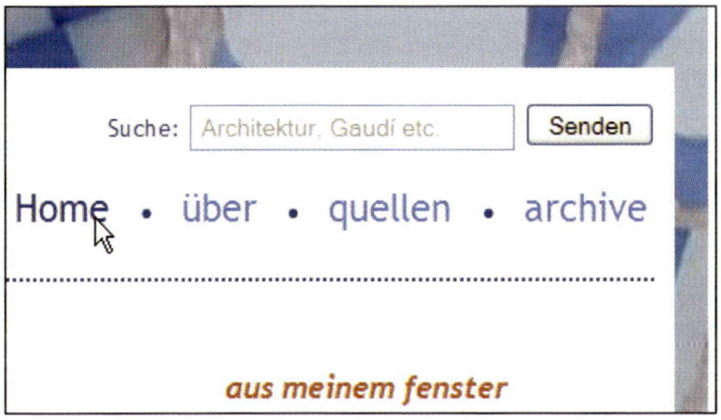

C *Obwohl das hier immer noch ein echter, funktionierender Link ist, sieht er nicht mehr danach aus. Weil Sie bereits auf der Seite sind, auf die dieser Link leiten soll, ist das auch sinnvoll.*

Ein anderer Mauszeiger

Normalerweise kümmert sich der Browser für Sie um die Form des Mauszeigers. Meist sind das ein Pfeil oder eine Hand mit einem ausgestreckten Zeigefinger, um Links **A** und anderes hervorzuheben. Bei CSS können Sie die Zügel übernehmen (**B** und **C**).

Den Mauszeiger ändern

1. Tippen Sie `cursor:`.
2. Tippen Sie für den Mauszeiger, der normalerweise über den Links erscheint, `pointer` ein (☝) oder `default` für einen Pfeil (↖), `crosshair` (+), `move` (✥), `wait` (⌛), `help` (↖?), `text` (I) oder `progress` (↖⌛).

   Wenn Sie `auto` eingeben, bekommen Sie den Mauszeiger, der gewöhnlich in der jeweiligen Situation dargestellt wird. Schließen Sie nach der Angabe des Mauszeigers mit einem `;` ab.

   Mit `x-resize` erhalten Sie einen Doppelpfeil, wobei `x` die Hauptrichtung ist, in die einer der beiden Pfeile zeigen soll: `n` (Norden), `nw` (Nordwesten), `e` (Osten) etc. Der Cursor für `e-resize` könnte wie folgt aussehen: ↔.

TIPP Je nach Browser und System sieht der Cursor etwas anders aus.

Elemente darstellen und verstecken

Die Beispielseite in **A** hilft, den Unterschied zwischen den Eigenschaften `display` und `visibility` zu demonstrieren.

Die Eigenschaft `display` hat viele Facetten. Sie können den natürlichen Darstellungstyp eines Elements überschreiben, z.B. von `inline` zu `block` ändern (**B** bis **D**) und umgekehrt. Es gibt auch einen hybriden Darstellungstyp namens `inline-block`, der es einem Element erlaubt, auf der gleichen Zeile wie andere Inhalte zu erscheinen, während es sich ansonsten wie ein Block-Element verhält. Die Eigenschaft `display` ist auch praktisch, um zu verhindern, dass ein Element und dessen Inhalt visuellen Raum auf der Seite okkupiert (**E** und **F**). Es gibt auch noch andere Werte (siehe Tipps).

Der Hauptzweck der Eigenschaft `visibility` ist zu steuern, ob ein Element sichtbar ist. Anders als bei der Eigenschaft `display` wird, wenn Sie ein Element mit `visibility` verstecken, an der Stelle, wo normalerweise das Element mit seinem Inhalt Platz nähme, eine leere Stelle erscheinen (**G** und **H**).

A *Dies ist das HTML: drei einfache `img`-Elemente. Das mittlere hat die `class hide` und die werde ich später in einem Beispiel noch aufgreifen und nutzen. Standardmäßig werden `img`-Elemente inline dargestellt* **B**.

```
...
<body>
   <img src="assets/img/top.jpg" width="300"
   → height="125" alt="Oben" />
   <img src="assets/img/middle.jpg" width="300"
   → height="100" alt="In der Mitte"
   → class="hide" />
   <img src="assets/img/bottom.jpg"
   width="300" height="125" alt="Unten" />
</body>
</html>
```

B *Hier ist kein CSS angewendet und somit erscheinen die Bilder nebeneinander, weil `img`-Elemente die Standardformatierung `display: inline;` aufweisen – so wie andere Elemente mit Textinhalt. (Wäre das Browser-Fenster schmaler, dann würden die Bilder in die nächste Zeile rutschen, um zu passen.) Man kann ganz einfach deren Formatierung ändern, damit jedes Bild stattdessen in einer eigenen Zeile steht* **C**.

C *Indem für die Bilder nun `display: block;` angegeben wird, werden sie in einer eigenen Zeile dargestellt, so wie ein Absatz oder andere Elemente, die standardmäßig als Block dargestellt werden* **D**.

```
img {
   /* So werden die Elemente in einer eigenen
   → Zeile dargestellt. */
   display: block;
}
```

D *Das sieht wie ein einziges Bild aus, aber es sind die drei gleichen `img`-Elemente aus dem Beispielcode* **A**. *Der einzige Unterschied ist, dass sie alle als Block-Element anstatt als Inline-Inhalt dargestellt werden, und zwar dank der einfachen Regel aus* **C**. *Ich habe den Browser auf der gleichen Breite belassen, damit Sie sehen, wie die Bilder einzig aufgrund der Änderung in ihrer `display`-Eigenschaft in einer eigenen Zeile erscheinen.*

E *Sie werden sich erinnern, dass für das zweite `img` die Klasse `hide` angewendet wurde* **C**. *Wenn wir für `hide` angeben, dass es nicht dargestellt wird . . .*

```
img {
   display: block;
}

.hide {
   /* Alle Elemente dieser Klasse sollen nicht
   → dargestellt werden */
   display: none;
}
```

F *. . . bleibt vom zweiten Bild keine Spur mehr übrig. (Den Browser habe ich schmaler gezogen, aber das wirkt sich nicht auf das gezeigte Ergebnis aus.)*

Elemente auf bestimmte Weise darstellen

1. Geben Sie in Ihrer CSS-Regel `display:` ein.
2. Tippen Sie `block;` ein, um das Element als Block-Element darzustellen (und so einen neuen Absatz zu beginnen) (**B** bis **D**).

   Mit `inline;` stellen Sie das Element als Inline-Element dar (also ohne neuen Absatz).

   Oder tippen Sie `inline-block;`, um die Elemente als Inline, aber mit den Charakteristika von Block-Elementen darzustellen. Das bedeutet, Sie können auch für alle vier Seiten die Elementeigenschaften zuweisen, z.B. `width`, `height`, `margin` und `padding`.

   Tippen Sie `none;`, um das jeweilige Element zu verstecken und es komplett aus dem Dokumentenfluss zu nehmen (**E** und **F**).

   In den Tipps finden Sie einen Link zu anderen `display`-Werten.

Die Sichtbarkeit eines Elements steuern

1. Geben Sie in Ihrer CSS-Regel `visibility:` ein.
2. Tippen Sie `hidden;`, um das jeweilige Element zu verbergen, ohne es komplett aus dem Dokumentenfluss zu nehmen (G und H).

   Oder geben Sie `visible;` ein, um das Element darzustellen.

TIPP Wenn Sie `display: none;` nehmen, hinterlässt das versteckte Element im Browser-Fenster keine Spur mehr. Es gibt keinen leeren Platz F. Hätten Sie `visibility: hidden;` verwendet, beanspruchte die Fläche, die das versteckte Element eingenommen hätte, im Dokumentenfluss immer noch Platz H. Der gesamte Inhalt (mitsamt allen Nachfahren) in den Elementen ist davon ebenfalls betroffen. Wenn Sie beispielsweise `display: none;` für ein `article`-Element angeben, das mehrere Elemente wie `p`, `figure` und `img` enthält, wird keines davon dargestellt. Wenn Sie stattdessen `visibility: hidden;` auf den `article` anwenden, wird ein (wahrscheinlicher großer) leerer Fleck gezeigt.

TIPP In C „Das Floaten von Elementen steuern" finden Sie ein weiteres Beispiel, wie man `display: block;` für ein Element angeben kann, das `display: inline;` als Standardformatierung hat. In diesem Fall habe ich es auf das `span`-Element angewendet, das um den Bereich des Slogans im Logo der Site gelegt ist.

TIPP Die Eigenschaft `display` hat noch einige weitere Werte, doch manche werden von IE6 und IE7 nicht unterstützt. Siehe *http://reference.sitepoint.com/css/display* für weitere Informationen (lesen Sie auf jeden Fall auch die Kommentare).

TIPP Die Eigenschaft `visibility` muss nicht unbedingt in Kombination mit der Eigenschaft `display` (und umgekehrt) verwendet werden, so wie es in G gemacht wurde.

TIPP Die Eigenschaft `visibility` hat (neben `inherit`) noch den dritten Wert `collapse`, den Sie bei bestimmten Teilen von `table`-Elementen nutzen. Weder IE6 noch IE7 unterstützen diese Eigenschaft. Mehr über `collapse` erfahren Sie unter *http://reference.sitepoint.com/css/visibility*.

G *Wenn wir die Deklaration `display: none;` aus der Klasse `hide` entfernen und die Eigenschaft `visibility` ändern auf `hidden` . . .*

```
img {
   display: block;
}

.hide {
   /* Verstecke alle Elemente mit dieser
   → Klasse */
   visibility: hidden;
}
```

H *. . . bleibt eine leere Fläche, wo eigentlich das versteckte Bild gewesen wäre.*

12 Stylesheets von Handy bis Desktop

Sie kennen solche Situationen: ein kurzfristiger Entschluss, ins Kino zu gehen. Eine Wette über die offizielle Landessprache von Andorra. Die Suche nach der Telefonnummer der Firma, bei der Sie sich für ein Meeting um eine Viertelstunde verspäten werden. Dann die Wegbeschreibung zu dieser Firma, denn Sie werden deswegen zu spät kommen, weil Sie sie nicht finden.

Wir wollen Informationen sofort, und durch die starke Zunahme leistungsfähiger mobiler Geräte in allen Größen und Formen können Sie das Internet quasi in die Hosentasche, Handtasche oder in den Rucksack stecken und nutzen – genauso einfach wie zu Hause an Ihrem Schreibtisch oder Küchentisch. Und die heutigen mobilen Browser sind jenen von gerade mal vor ein paar Jahren deutlich überlegen. Diese Entwicklung wurde vor allem durch die Verbreitung des Apple-Browsers Mobile Safari und die Beliebtheit des iPhone angespornt.

Also dürfen wir nun Websites erstellen, mit denen Besucher über beliebige Handys, Smartphones, Tablet-, Laptop- oder Desktop-PCs, über Spielekonsolen oder andere zukünftige internetfähige Geräte auf Informationen zugreifen können.

In diesem Kapitel erfahren Sie, wie Sie eine Site konstruieren, die auf allen Spielarten von Geräten funktioniert und ihr Layout den Fähigkeiten des Geräts entsprechend anpasst.

Übersicht

Mobiles Internet – Strategien und Überlegungen

Generell gibt es zwei Ansätze, um für mobile Geräte nutzbare Websites zu erstellen:

- Man kann eine Site speziell für Handys und andere mobile Geräte schaffen. Das heißt, diese Site ist auf die mobile Erfahrung zugeschnitten und steht darum separat von der Site für Nutzer von Desktop- und Tablet-PCs. Manchmal bekommen Tablet-PCs (insbesondere das iPad) noch eine eigene Version der Site. Also haben wir es insgesamt mit mindestens drei Sites zu tun.
- Man kann eine Site für alle erstellen. Alle Geräte (egal ob Handy oder Desktop-PC) bekommen das gleiche HTML, aber es wird unterschiedlich formatiert, damit es zum Gerät passt. Mit ein paar zusätzlichen Tricks können Sie sogar unterschiedlich große Bilder und Videos anbieten, damit die Nutzer mobiler Geräte nicht durch große Downloads bestraft werden.

(Beachten Sie, dass ich in diesem Kapitel sowohl Desktop-Computer als auch Laptops meine, wenn ich von „Desktop-PCs" spreche.)

Es gibt nicht *den einen* Ansatz, der für jede Situation gültig wäre. Doch haben die aktuellen Fortschritte sowohl in der Technologie als auch den Techniken der Webentwicklung den Ansatz, nur eine Site zu entwickeln, die Diskussion in der Web-Community an vorderste Front gebracht – mehr darüber gleich.

Eine Site speziell für Handys und andere mobile Geräte

Dieser Ansatz beschäftigt sich mit der Idee, dass der Unterschied zwischen einer Website für Desktops und einer für Handys nicht nur auf die Darstellungsgröße hinausläuft. Vor allem der Kontext ist anders. Dieser Ansatz postuliert, dass ein Besucher, der unterwegs mit seinem Handy

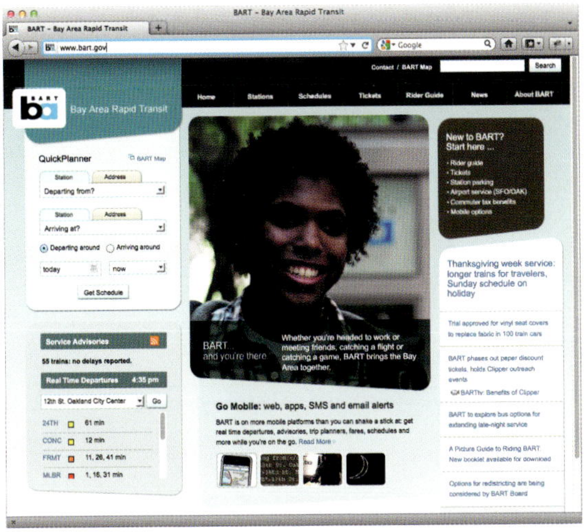

A *Hier ist die Site von BART auf einem Desktop-Computer aufgerufen. Manche andere Geräte, z.B. das iPad, bekommen standardmäßig ebenfalls diese Version. Über einen Link im Footer (hier nicht zu sehen) wechseln die Besucher auf die mobile Version* **B**.

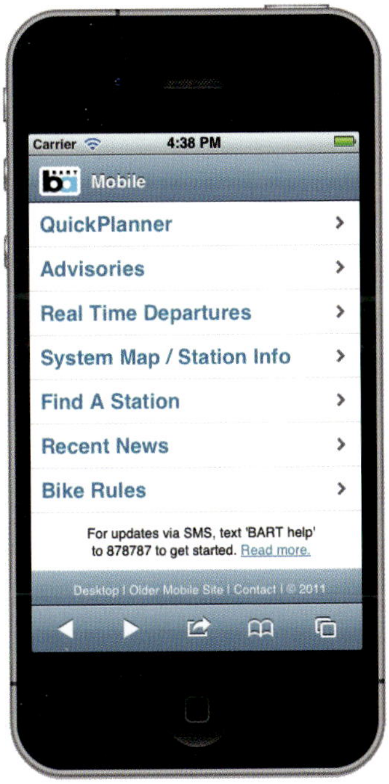

B *Die Hauptsite der mobilen BART-Version hat ein einfaches Interface und lässt die Bilder der Desktop-Site* **A** *weg, damit die Besucher schnell auf die Informationen zugreifen können. Wenn Sie den Footer näher anschauen, bemerken Sie einen „Desktop"-Link, der auf die in* **A** *gezeigte Site weiterleitet, und einen anderen Link auf „Older Mobile Site", über den die Besucher auf eine einfache Site unter www.bart.gov/wireless/ kommen.*

Webseiten abfragt, ganz andere Bedürfnisse und Anforderungen hat, als wenn er das zu Hause oder im Büro macht. Es reicht demnach nicht aus, diese Informationen einfach zu miniaturisieren. Desktop-Computer sind außerdem meist leistungsfähiger und haben schnellere Internetverbindungen als ihre mobilen Verwandten, also gibt es hier auch Möglichkeiten, eine reichhaltigere Nutzererfahrung anzubieten.

Dazu muss entschieden werden, welche Informationen für den mobilen Besucher besonders nützlich sind. Diese Infos muss er dann auf einer für die mobile Nutzung spezifisch ausgerichteten Site mit möglichst wenig Scrollen, Tippen, Klicken, Downloaden und Warten erreichen können.

Obwohl dieser Ansatz nicht exklusiv für große Firmen oder öffentliche Dienstleistungen gilt, finden Sie davon wahrscheinlich eher Beispiele in freier Wildbahn, und in nicht geringem Maße deswegen, weil diese Firmen es sich leisten können, mehrere Sites zu entwickeln und zu pflegen. Shopping-Sites wie Amazon oder Target vereinfachen in großem Maße ihre Homepages und halten auf ihren mobilen Sites andere Navigationsstrategien vor. Target z.B. (*www.target.com*) stellt seinen Filialenfinder auf der mobilen Site (*sites.target.com/site/en/spot/mobile.jsp*) deutlich mehr heraus, weil man annimmt, dass ein Besucher, der über ein mobiles Gerät auf die Site kommt, ziemlich wahrscheinlich unterwegs und auf der Suche nach einer Filiale ist. Die Besucher werden auf ganz andere Weise durch die außerordentlich große Produktvielfalt geleitet, indem die Anzahl der Top-Level-Links auf dem kleinen Bildschirm reduziert wird.

Als Anbieter des öffentlichen Nahverkehrs bedient San Francisco Bay Area Rapid Transit (BART) ein breites Publikum. Dort werden den Besuchern drei Site-Optionen geboten: eine Desktop-Site (*www.bart.gov*) **A**, eine mobile Site (*m.bart.gov*) **B** und dazu eine abgespeckte Version einer mobilen Site für ältere Geräte (*www.bart.gov/wireless/*). Überdies darf man anhand eines Links im Footer zwischen den Versionen wechseln **B** – so bekommen die *Besucher* die Kontrolle.

Nike bietet ebenfalls nicht weniger als drei verschiedene Einstiegsorte an: eine für Smartphones, eine fürs iPad und eine für den Desktop-Computer, die jeweils in steigendem Maße mit Bildern angereichert sind. Entsprechend gibt es auch bei Yahoo! mobile, Tablet- und Desktop-PC-Angebote.

Eine Site für alle

Neue Geräte scheinen mittlerweile schon wöchentlich auf den Markt zu kommen und zweifelsohne werden bereits neue *Arten* von Geräten hinter verschlossenen Firmentoren als Vision erdacht. Ist es dann überhaupt realistisch – oder gar wünschenswert –, separate Sites zu erstellen und zu pflegen? Wir können nicht wissen, was hinter der nächsten Ecke auf uns wartet. Also empfiehlt dieser Ansatz, eine Site für alle Geräte zu schaffen und dessen Layout dann entsprechend anzupassen.

Für die meisten von uns wird eine einzelne Site wahrscheinlich für alle unsere Besucher reichen. Abgesehen davon, so lauten u.a. die Argumente für eine einzelne Site, ist es heutzutage schwerer vorherzusagen, mit welchen Absichten jemand auf unsere Site kommt, vor allem seit Smartphones und deren Browser deutlich stabiler geworden sind. Es ist z.B. nicht immer eine klare Sache, dass der mobile Besucher tatsächlich mobil und unterwegs ist. Sicher gibt es viele Leute, die im Internet surfen, während sie auf dem Sofa hocken, auch wenn der Laptop bloß ein paar Schritte entfernt ist. In den meisten Fällen schaue z.B. ich mir da vollständige Sites an und keine auf mobil getrimmten Versionen der Desktop-Angebote.

Doch man kommt um die kleineren Bildschirmgrößen und die reduzierte Bandbreite von Handys nicht herum. Also bleibt es weiterhin Bestandteil unseres Jobs, eine Site abzuliefern, die auch in diesem Kontext angenehm zu betrachten ist.

Eine Site für alle – so gehen Sie vor

Okay, wenn es sich also so toll anhört, nur eine Site zu haben, wie kann man dann eine derart heterogene Bandbreite von Geräten versorgen?

C *Ob Sie's glauben oder nicht: Die hier und in* **D** *bzw.* **E** *gezeigten Ansichten der Homepage von Food Sense stammen alle von der gleichen Site www.foodsense.is und sind keine separaten, unter eigenen URLs gehostete Sites. Die Site arbeitet mit dem Ansatz des Responsive Web Design und ändert ihr Layout basierend auf den Gegebenheiten des Betrachters. Das (hier gezeigte) iPhone und Geräte mit ähnlichen Bildschirmgrößen stellen das Layout entsprechend spezifischer CSS-Regeln dar. Verschiedene CSS-Regeln zielen auf jeweils größere Browser-Ansichten (***D*** *und* ***E***), bei denen das Layout entsprechend angepasst wird.*

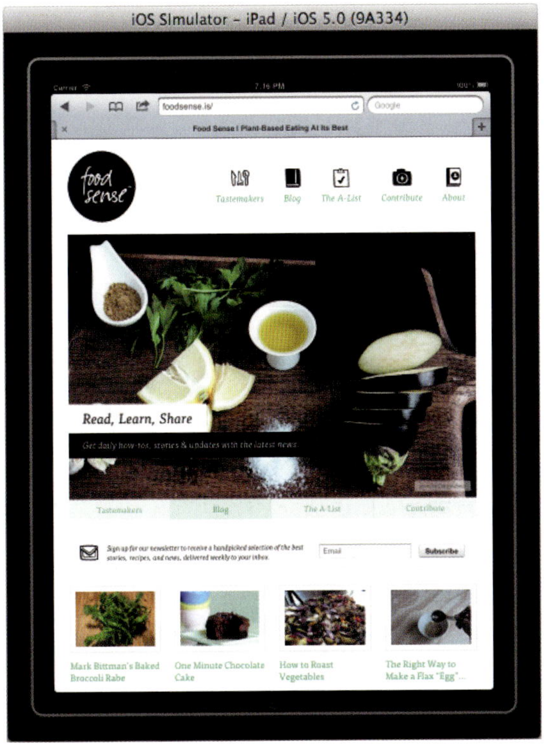

D *Diese Abbildung zeigt Food Sense, wie es auf dem iPad und anderen Geräten mit ähnlichen Bildschirmgrößen zu sehen ist. Das CSS für diese Ansicht verändert das Logo und die Navigation, weil der Browser mehr Platz hat, um Inhalte darzustellen.*

E *Dies ist die breiteste Ansicht der Site, gezeigt auf einem Desktop-Browser. Die Site hat zwei andere Layouts, die in diesen Abbildungen nicht gezeigt werden. Sie können sie aufrufen, indem Sie auf Ihrem Computer auf www.foodsense.is gehen und an der Ecke des Browsers ziehen, um das Fenster breiter oder schmaler zu machen.*

Hier kommt die progressive Verbesserung wirklich zur Geltung. (Bitte frischen Sie gegebenenfalls Ihr Wissen anhand des Abschnitts „Progressive Verbesserung als vorbildliche Praxis“ in der Einführung zu diesem Buch auf.) Wenn Sie das HTML vom CSS trennen, liefern Sie Formatierungen ab, die das Layout für höhere Auflösungen und leistungsfähigere Geräte progressiv weiterentwickeln (**C** bis **E**).

Ethan Marcotte liefert uns dafür eine Vorlage und nennt seinen Ansatz *Responsive Web Design*. Höchst empfehlenswert sind sein Artikel auf *www.alistapart.com/articles/responsive-web-design/* und sein Buch *Responsive Web Design* (A Book Apart, 2011). Sein Ansatz gründet auf drei Dinge:

- Ein flexibles, rasterbasiertes Layout. Das ist das flexible Layout, das Sie in Kapitel 11 kennengelernt haben, mit ein paar kleinen Anpassungen. Bei einer Responsive-Site sind alle Eigenschaften für `width`, `margin` und `padding` als Prozentwerte ausgewiesen, um alle Layoutkomponenten relativ anzugeben.
- Flexible Bilder und Medien. Die Bestandteile (Assets) einer Site werden auch mit Prozentwerten bemessen, damit sie einfach nach oben und unten skalieren können (lesen Sie das Exzerpt von Ethans Buch unter *www.alistapart.com/articles/fluid-images/*). Techniken wurden entwickelt, wie Bilder in verschiedenen Größen je nach Bildschirmgröße des Geräts übertragen werden. So müssen Besucher mit Handys nicht lange warten, bis große Bilder heruntergeladen sind.
- Medienabfragen (*media query*). Über diese CSS3-Komponenten können Sie das Design basierend auf Medieneigenschaften wie z.B. die Breite der sichtbaren Seite in einem Browser anpassen (siehe den Kasten „Das Browserfenster und die Nutzung des `meta`-Elements“ im nächsten Abschnitt). Sie lernen das im Abschnitt „Medienabfragen verstehen und implementieren“ und sehen in „Eine Seite erstellen, die mit Medienabfragen angepasst wird“ deren Anwendung.

Die Web-Community hat das Konzept aufgegriffen, flexibel reagierende Sites zu erstellen, und entwickelt gemeinsam Techniken, die auf Ethans Grundlage aufbauen. Und der Ansatz eignet sich nicht nur für schlichte Blogs. Der *Boston Globe* (*www.bostonglobe.com*) wurde zum Stadtgespräch, als dessen neue Site gelauncht wurde, die auf Grundlage des Responsive Web Design erstellt wurde.

Wir beschäftigen uns im restlichen Kapitel mit dieser Vorgehensweise. Sie lernen, wie man einen zuerst für die mobile Nutzung gedachten Ansatz bei der Site aus Kapitel 11 anwendet und wie man dann progressiv verschiedene CSS-Schichten darauf legt, um anhand von Medienabfragen auch höhere Bildschirmauflösungen zu bedienen (C bis E).

Doch auch diese Lösung ist nicht allüberall nutzbar. Wie bereits angemerkt, gibt es Fälle, wo Kontext, gewünschter Inhalt, Navigation, Erscheinungsbild oder Interaktionen unterschiedlich genug sind, um eine separate Site zu rechtfertigen.

TIPP Luke Wroblewski begann im November 2009 damit, das Designkonzept des „Mobile First“ zu verfechten (*www.lukew.com/ff/entry.asp?933*). Die Prämisse lautet, die Site vor dem Hintergrund einer mobilen Erfahrung zu designen und diese Prinzipien dann auf ein Desktop-Gegenstück zu übertragen (wenn diese Sites dann tatsächlich unterschiedlich sind). Auf diese Weise, erklärt er, können Sie besser identifizieren, welche Inhalte für die Nutzer aller Geräte wesentlich sind. Sie können sich unter *www.lukew.com/ff/entry.asp?1137* anschauen, wie er dieses Thema präsentiert. Er hat auch ein Buch darüber geschrieben und es passend *Mobile First* genannt (A Book Apart, 2011).

TIPP Jeremy Keith fasst diesen „Eine Site für alle“-Ansatz auf hervorragende Weise in seiner „One Web“-Präsentation zusammen (*www.vimeo.com/27484362/*). (Wer von Ihnen es lieber lesen möchte – das Transkript findet sich unter *www.adactio.com/articles/4938/*.)

TIPP Beide Videos sind höchst empfehlenswert. Wenn Sie wollen, schauen Sie sich das einfach gleich mal an. Ich warte derweil!

A *Die Formatierungen in* `base.css` *werden für alle Ausgabegeräte verwendet. Die Formatierungen in* `styles-480.css` *werden nur in Browsern eingesetzt, die Medienabfragen unterstützen, und wenn das Browserfenster mindestens 480 Pixel breit ist.*

```
<!DOCTYPE html>
<html lang="en">
<head>
   <meta charset="utf-8" />
   <title>Medienabfragen in Link-Elementen
   → </title>
   <meta name="viewport" content="width=
   → device-width, initial-scale=1.0" />
   <link rel="stylesheet" media="all"
   → href="base.css" />

   <!--
   Die logik ist only.
   Der typ ist screen.
   Der eigenschaft: wert ist min-width: 480px.
   -->
   <link rel="stylesheet" media="only screen and
   → (min-width: 480px)"
   → href="styles-480.css" />
</head>
<body>
...
```

Medienabfragen verstehen und implementieren

Wie Sie im Abschnitt „Medienspezifische Stylesheets" in Kapitel 8 erfahren haben, können Sie das CSS auf zweierlei Weise für spezielle Medientypen ausrichten. (Es gibt noch einen dritten Weg über die `@import`-Regel, die wir aber unterschlagen, da sie sich auf die Performance auswirkt.) Rekapitulieren wir: Der erste Weg verläuft über das `media`-Attribut des `link`-Elements; z.B. `<link rel="stylesheet" href="global.css" media="screen" />`. Das kommt in den `head` Ihrer Seite. Die zweite Möglichkeit nutzt eine `@media`-Regel im Stylesheet:

```
/* Druck-Stylesheet */
@media print {
   header[role="banner"] nav,
   .ad {
      display: none;
   }
}
```

Medienabfragen erweitern die Methode mit den Medienarten und erlauben es Ihnen, mit den Formatierungsangaben auf bestimmte Eigenschaften des Geräts zu zielen **A**. Sie sind hervorragend geeignet, die Präsentation der Site auf verschiedene Bildschirmgrößen anzupassen. Nun folgt eine Liste der Medieneigenschaften, die Sie in Medienabfragen einbinden können:

- `width`
- `height`
- `device-width`
- `device-height`
- `orientation`
- `aspect-ratio`
- `device-aspect-ratio`
- `color`
- `color-index`
- `monochrome`
- `resolution`
- `scan`
- `grid`

Es gibt außerdem noch einige Nicht-Standard-Medieneigenschaften, z.B.

- `-webkit-device-pixel-ratio`
- `-moz-device-pixel-ratio`

Für alles außer `orientation`, `scan` und `grid` können Sie `min-` und `max-`-Präfixe einfügen. Das `min-`-Präfix zielt auf Werte, die „größer oder gleich" sind, `max-` hingegen auf Werte „kleiner oder gleich". Wir konzentrieren uns in diesem Kapitel auf `min-width` und `max-width`, weil Sie diese Medieneigenschaften bei Responsive-Seiten immer wieder nutzen werden. Beschreibungen für alle Medieneigenschaften finden Sie in der Spezifikation für CSS-Medienabfragen (*www.w3.org/TR/css3-mediaqueries/#media1*).

Medienabfragen genießen unter modernen Desktop- und Smartphone-Browsern eine gute Unterstützung. Doch der Internet Explorer 8 und früher unterstützt sie nicht (siehe den ersten Tipp für eine Lösung für `min-width` and `max-width`).

Syntax und Beispiele für Medienabfragen

Mit einem Dankeschön an Peter Gasston und sein Buch *The Book of CSS3* (No Starch Press, 2011), das dies sehr gut zusammenfasst, folgt hier die Basissyntax für Medienabfragen.

- Für einen Link mit einem externen Stylesheet:

```
<link rel="stylesheet" media="logik typ and
→ (eigenschaft:wert)" href="ihr-stylesheet.css" />
```

- Für eine Medienabfrage innerhalb eines Stylesheets:

```
@media logic typ and (eigenschaft:wert) {
/* Hier kommen Ihre CSS-Regeln hin */
}
```

B Dieses schlichte Beispiel enthält die Formatierung für den Standardabsatz, gefolgt von den Änderungen am Absatztext, wenn die Medienabfrage true ist. Ich habe dieses Stylesheet als `basic-media-query.css` *abgespeichert und es in der in C gezeigten Seite geladen. Sie sehen die Ergebnisse in D bis F.*

```
/* Die normalen Formatierungen kommen hier hin.
→ Sie gelten für jedes Gerät, außer sie werden
→ von Regeln in der Medienabfrage überschrieben.
→ */
body {
   font-size: 100%;
}

p {
   color: green;}

/*
Die logik ist only.
Der typ ist screen.
Der eigenschaft: wert ist min-width: 480px.
*/
@media only screen and (min-width:480px)
{

/* Die Formatierungen für diese Bedingung kommen
→ hier hin. */
   p {
      color: red;
      font-weight: bold;
   }
}
```

C Diese Seite ist mit dem externen Stylesheet in B verlinkt, die ein einfaches Beispiel für eine Medienabfrage enthält.

```
<!DOCTYPE html>
<html lang="en">
<head>
   <meta charset="utf-8" />
   <title>Einfaches Beispiel einer Medienabfrage
   → </title>
   <meta name="viewport" content="width=device-
   → width, initial-scale=1.0" />
   <link rel="stylesheet" href="assets/css/basic-
   → media-query.css" />
</head>
<body>
   <p>Hallo, ich bin ein Absatz. Standardmäßig
   → bin ich grün und normal. Aber wenn Sie
   → mich in einem Browserfenster anschauen, das
   → mindestens 480px breit ist, werde ich rot
   → und fett!</p>
</body>
</html>
```

D *Das Browserfenster von Mobile Safari ist hochkant 320 Pixel breit. Also bleibt der Text aufgrund der Basisformatierungen im Stylesheet grün. (Er erbt das normale `font-weight` von den Standardformatierungen des Browsers.) Doch wenn die Seite auf einem iPad aufgerufen wird . . .*

E *. . . wird der Text rot und fett, weil das Browserfenster auf dem iPad im Hochformat 768 Pixel breit ist, und die Medienabfrage löst aus, wenn die Breite 480 Pixel oder größer ist. Das wirkt sich auch auf dem iPhone im Querformat aus, der ein Browserfenster von exakt 480 Pixel hat.*

Ich werde gleich die Syntax erklären, aber ein paar kurze Beispiele vorab (**A** und **B**) sollen helfen, alles in einen Kontext zu bringen. Die Medienabfragen in den Beispielen sind identisch, doch die Weise, wie die Formatierungen übergeben werden, unterscheidet sich. Das Beispiel **A** heißt übersetzt: „Lade und wende die Regeln in `styles-480.css` nur dann an, wenn der Medientyp `screen` lautet und das Browserfenster mindestens 480 Pixel breit ist." Das Beispiel in **B** besagt: „Lade und wende die folgenden Regeln nur dann an, wenn der Medientyp `screen` lautet und das Browserfenster mindestens 480 Pixel breit ist." (Siehe Kasten „Das Browserfenster und die Nutzung des `meta`-Elements", wenn Sie wissen wollen, was „Viewport" bedeutet). Ich habe eine Testseite **C** erstellt, die auf ein Stylesheet verlinkt, in dem der Code aus **B** enthalten ist. Sie sehen das Ergebnis auf einem iPhone **D**, einem iPad **E** und einem schmalen Desktop-Browser **F**.

Kehren wir zur Syntax zurück, um deren Komponenten zu untersuchen:

- Der *`logik`*-Bereich ist optional und hat entweder den Wert `only` oder `not`. Das Schlüsselwort `only` stellt sicher, dass ältere Browser nicht versuchen, die restliche Medienabfrage zu lesen, und das verlinkte Stylesheet dann ganz ignorieren. Das Schlüsselwort `not` negiert das Ergebnis der Medienabfrage und macht das Gegenteil wahr. Zum Beispiel wird bei `media="not screen"` das Stylesheet geladen, wenn der Medientyp irgendetwas anderes als `screen` ist.
- Im *typ*-Bereich steht der Medientyp, also z.B. `screen` oder `print`.
- Ein `eigenschaft:` *`wert`*-Paar ist optional, aber wenn es vorhanden ist, muss es in Klammern gesetzt werden, und davor muss das Wort `and` stehen. Die *`eigenschaft`* ist eine der vordefinierten Medieneigenschaften wie `min-width`, `max-width`, `orientation` oder eine der anderen. Der *`wert`* steht optional für die Eigenschaften `color`, `color-index` und `monochrome`.

Sie können ganze Gruppen von Eigenschaften und Werten mit `and` verketten und auch eine Liste von Medienabfragen erstellen, indem Sie jede Medienabfrage mit einem Komma trennen. Eine ganze Medienabfrageliste ist wahr, wenn eine der Medienabfragen in der durch Komma getrennten Liste wahr ist. **G** und **H** zeigen eine Anzahl von Medienabfragen.

Eine Medienabfrage für einen Link mit einem externen Stylesheet definieren

1. Tippen Sie `<link rel="stylesheet"` im `head`-Abschnitt jeder HTML-Seite, in der das Stylesheet verwendet werden soll.
2. Tippen Sie `media="`, um die Medienabfrage zu beginnen.
3. Erstellen Sie Ihre Medienabfrage, indem Sie die Schritte in „Eine Medienabfrage definieren“ befolgen.
4. Tippen Sie `"`, um die Medienabfrage zu beenden.
5. Tippen Sie ein Leerzeichen und dann `href="url.css"`, wobei *url.css* Name und Pfad zum Stylesheet ist, das auf die Seite angewendet werden soll, wenn die Medienabfrage wahr ergibt.
6. Geben Sie ein Leerzeichen ein und dann das abschließende `/>`. (Oder wenn es Ihnen lieber ist, kein Leerzeichen und einfach nur `>`. HTML5 erlaubt beides und das Ergebnis ist gleich.)

Eine Medienabfrage und verknüpfte Regeln innerhalb eines Stylesheets definieren

1. Tippen Sie im Stylesheet `@media`, gefolgt von einem Leerzeichen.
2. Erstellen Sie Ihre Medienabfrage, indem Sie die Schritte in „Eine Medienabfrage definieren“ befolgen.
3. Tippen Sie ein Leerzeichen und `{`.
4. Optional starten Sie in einer neuen Zeile und erstellen die Formatierungsregeln, die auf die Seite angewendet werden sollen, wenn die Medienabfrage wahr ergibt.
5. Tippen Sie `}` (optional in einer neuen Zeile), um den Block der Medienabfragen zu beenden.

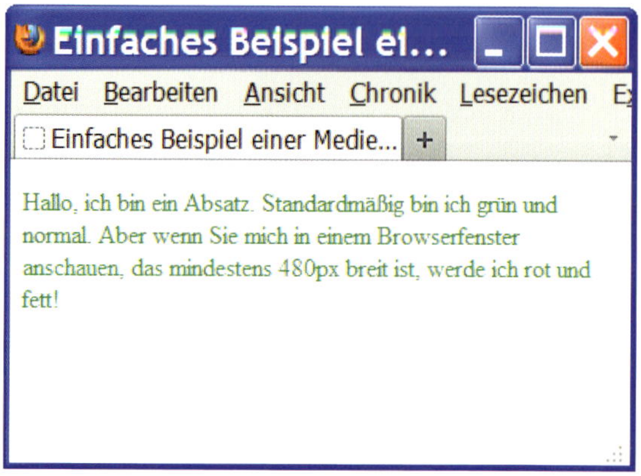

F *Moderne Desktop-Browser können ebenfalls mit Medienabfragen umgehen. Hier ist ein Firefox-Fenster, an dessen unterer rechter Ecke ich angefasst und es kleiner gezogen habe, damit das Fenster schmaler als 480 Pixel ist. Somit wird der Text grün und bekommt ein normales* `font-weight`. *Wenn ich dann das Fenster aufziehe, so dass es mindestens 480 Pixel hat, wird der Text sofort fett und rot – und alles ohne neuerliches Laden der Seite.*

G *Beispiele mit anderen Medienabfragen, mit denen man bei true externe Stylesheets laden kann.*

```
...

    <link rel="stylesheet" media="only screen and
    → (min-width: 480px) and (max-width: 767px)"
    → href="styles.css" />

    <link rel="stylesheet" media="only screen and
    → (orientation: landscape)"
    → href="styles.css" />

    <link rel="stylesheet" media="only print and
    → (color)" href="color-pages.css" />

    <link rel="stylesheet" media="only print and
    → (monochrome)" href="monochrome-pages.css"
    → />

    <link rel="stylesheet" media="only screen and
    → (color), projection and (color)"
    → href="styles.css" />
</head>
<body>
...
```

H *Dies sind die gleichen Medienabfragen wie in* **G**, *aber sie erscheinen direkt in einem Stylesheet.*

```
/* Basisformatierungen
------------------------------- */

/* Ihre Basisregeln für alle Geräte */


/* Beginn Medienabfragen
------------------------------- */
@media only screen and (min-width: 480px) and
→ (max-width: 767px)
 {
   /* Ihre Regeln */
}

@media only screen and (orientation: landscape)
{
   /* Ihre Regeln */
}

@media only print and (color)
{
   /* Ihre Regeln */
}

@media only print and (monochrome)
{
   /* Ihre Regeln */
}

@media only screen and (color), projection and
→ (color)
{
   /* Ihre Regeln */
}
```

Eine Medienabfrage definieren

1. Optional tippen Sie `only`, gefolgt von einem Leerzeichen. (Obwohl optional, empfehle ich, dies einzubinden, außer es wird `not` angegeben.) Wenn Sie nicht `only` angeben, tippen Sie optional `not`, gefolgt von einem Leerzeichen, um anzuzeigen, dass Sie wollen, dass das Gegenteil der Medienabfrage gelten soll.
2. Tippen Sie `typ`, wobei *`typ`* der Medientyp ist (üblicherweise `screen` oder `print` – siehe „Medienspezifische Stylesheets“ in Kapitel 8).
3. Optional geben Sie ein Leerzeichen ein, dann `and` und ein weiteres Leerzeichen. Als Nächstes tippen Sie `(`*`eigenschaft`*`: wert`, wobei *`eigenschaft`* einer der folgenden Werte sein kann: `width`, `height`, `device-width`, `device-height`, `orientation`, `aspect-ratio`, `device-aspect-ratio`, `color`, `color-index`, `monochrome`, `resolution`, `scan` oder `grid`. *`wert`* ist ein geeigneter *`eigenschaft`*-Wert (oftmals, aber nicht ausschließlich in Pixel oder `ems` ausgedrückt – siehe Beispiele in **B**, **G** und **H**). Wo es erlaubt und wünschenswert ist, stellen Sie der *`eigenschaft`* ein `min-`-Präfix voran, um auf Werte zu zielen, die „größer oder gleich“ sind, oder mit `max-` auf Werte, die „kleiner oder gleich“ sind. Der *`wert`* steht optional für die Eigenschaften `color`, `color-index` und `monochrome`.
4. Wenn Sie eine Liste mit Medienabfragen erstellen wollen, tippen Sie ein Komma und wiederholen dann die Schritte 2 und 3. Ansonsten ist Ihre Medienabfrage nun komplett.

TIPP Siehe „Die Formatierungen für Medienabfragen im IE8 und früher darstellen", wenn Sie wissen wollen, wie man die Mängel in diesen Versionen des Internet Explorers patcht.

TIPP Alle Formatierungsgrundregeln, die Sie außerhalb der Medienabfragen einbinden, werden auf alle Geräte angewendet. Sie können das nach Belieben mit Medienabfragen überschreiben. Um das klarzustellen: Deklarationen innerhalb von Regeln mit Medienabfragen überschreiben nur *konkurrierende* Deklarationen in den normalen Formatierungen, wie z.B. `color: green;` im Fall von B. Hätte in der `p`-Regel vor der Medienabfrage `font-style: italic;`, gestanden, dann wäre der Text trotzdem kursiv geworden, auch wenn die Medienabfrage wahr gewesen wäre, weil die `p`-Regel innerhalb der Medienabfrage keinen `font-style` angegeben hat.

TIPP Das iPhone erhöht den Zoom-Grad, wenn Sie das Handy ins Querformat drehen. Als Folge davon sind bestimmte Inhalte üblicherweise nicht mehr zu sehen, was die Besucher veranlasst, manuell wieder herauszuzoomen, damit die Breite wieder innerhalb der Bildschirmgrenzen liegt. Es gibt einen Weg, das zu verhindern, aber leider muss man dann auch akzeptieren, dass Besucher den Zoomlevel der Seite nicht mehr ändern können. Falls Sie aber das Verhalten steuern müssen, fügen Sie die hervorgehobenen Teile des folgenden Codes ein: `<meta name="viewport" content="width=device-width, initial-scale=1.0, maximum-scale=1.0, user-scalable=no" />`. Aber davon rate ich ab. Stattdessen sollten Sie diese beiden Eigenschaften weglassen und es Ihren Besuchern überlassen, wie sie auf Ihrer Site zoomen wollen.

TIPP Sie können den kostenlosen iOS Simulator von Apple nutzen, um diese Beispielseiten auf dem iPhone und dem iPad zu testen – siehe der Kasten „Tools zum Programmieren und Testen für mobile Geräte" im nächsten Abschnitt.

Das Browserfenster und die Nutzung des meta-Elements

Das *Browserfenster* (Viewport) ist der Bereich in einem (mobilen oder Desktop-)Browser, in dem Ihre Seite dargestellt wird. Dazu gehört nur der Bereich, in dem Sie eigentlich surfen, also keine solchen Sachen wie die Adressleiste des Browsers oder dessen Schaltflächen. Die Medienabfrageeigenschaft `width` entspricht der Breite des Browserfensters. Aber das unterscheidet sich von der Eigenschaft `device-width`, die sich wiederum auf die Breite des Bildschirms bezieht.

Diese Werte sind auf mobilen Geräten wie dem iPhone oft standardmäßig unterschiedlich. Das Browserfenster von Mobile Safari (das ist der Browser des iPhones) ist standardmäßig 980 Pixel breit, aber der Bildschirm des iPhones hat nur 320 Pixel Breite (und ist 480 Pixel hoch). Also nimmt das iPhone das, was einem Desktop-Browser entspricht, der auf die Breite 980 Pixel gesetzt ist, und skaliert es herunter, damit es auf die Bildschirmbreite von 320 Pixel im Hochformat passt **I**. Als Folge davon bekommt man meistens eine herausgezoomte Ansicht, wenn man in Mobile Safari auf Websites surft, die für Desktop-Browser erstellt wurden. Genau das Gleiche passiert im Querformat, aber die Breite beträgt 480 Pixel. Wie Sie in **I** sehen können, sind die Seiten oft nur schwer zu lesen, wenn man nicht hineinzoomt. (Achten Sie besonders darauf, dass die Standardbreite des Browserfensters von einem Gerät zum anderen unterschiedlich sein kann.)

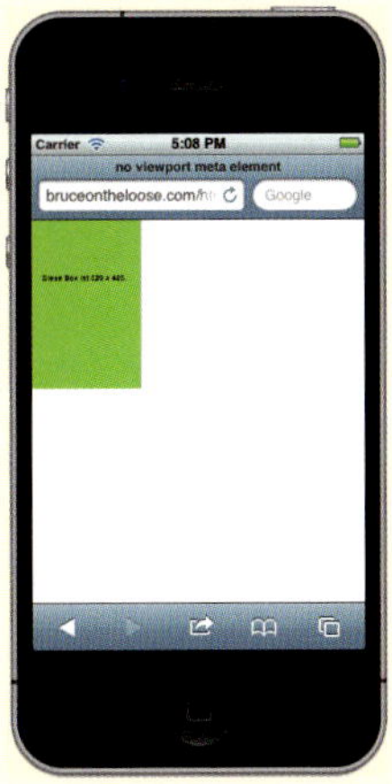

I *Meine Testseite enthält ein grünes div mit 320 x 480 Pixel. Standardmäßig ist das Browserfenster von Mobile Safari 980 Pixel breit und deswegen wird es vom iPhone kleiner dargestellt, damit es auf den 320 Pixel breiten Bildschirm passt. Darum nimmt der grüne Kasten etwa ein Drittel der Bildschirmbreite ein (also 320/980).*

Zum Glück gibt es eine einfache Lösung für flexible Layouts (also solche, die beim CSS mit Prozentwerten arbeiten). Fügen Sie einfach das `meta`-Element für das Browserfenster (Viewport) in den `head` Ihrer Seiten ein.

```
<!DOCTYPE html>
<html lang="de">
<head>
   <meta charset="utf-8" />
   <title>Toller Seitentitel</title>
   <meta name="viewport" content="width=device-width,
   → initial-scale=1.0" />
   ...
</head>
<body>
...
```

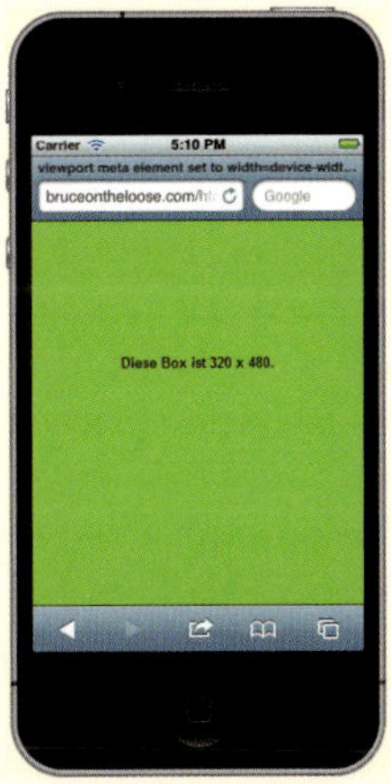

J *Der Code dieser Testseite ist genauso wie in* **I**, *außer dass das* `meta`*-Element für das Browserfenster auf* `width=device-width` *gesetzt wurde. Wie Sie sehen, ist die Breite von Bildschirm und Browserfenster nun gleich.*

Der wichtige Teil dieses Codes ist `width=device-width`. Steht das an Ort und Stelle, bekommt die Breite des Browserfensters genau die gleichen Maße wie die des Geräts (für das iPhone sind das 320 Pixel). Der Seiteninhalt mit dieser Breite füllt den Bildschirm im Hochformat **J**. Ohne diesen Code bekommen Sie nicht das Ergebnis, das Sie von Ihren Medienabfragen erwarten würden, die `min-width` und `max-width` nutzen.

Der Teil des Codes mit `initial-scale=1.0` wirkt sich nicht auf die Werte für `width` und `device-width` aus, aber es ist üblich, dies so einzubinden. Damit wird die anfängliche Zoomstufe der Seite auf 100 % gesetzt. Sie können auch Werte größer oder kleiner als `1.0` angeben.

Noch drei weitere Eigenschaften existieren, werden hier aber nicht gezeigt. Setzen Sie `minimum-scale` auf eine Zahl größer als `0` und bis zu `10.0`, um die minimale Zoomstufe der Seite anzugeben. In den Tipps stehen weitere Informationen über die Eigenschaften `maximum-scale` und `user-scalable`.

Seiten erstellen, die sich per Medienabfrage anpassen

Im vorigen Abschnitt wurde erläutert, wie Medienabfragen funktionieren. Nun werden Sie erfahren, wie sie auf eine ganze Seite angewendet werden, damit deren Layout sich auf einem Gerät an die jeweilige Größe des Browserfensters anpasst. Dies ist die gleiche Technik, die Ethan Marcotte bei seinem *Responsive Web Design* nutzt. Doch Bildgrößen werde ich nicht adaptieren, weil das üblicherweise die Responsive Designs machen (ist aber keine Pflicht). Ich nehme unsere Seite aus Kapitel 11 als Beispiel.

Ich werde Ihnen nicht alle Formatierungsregeln zeigen, die ich innerhalb eines jeden Medienabfrageblocks anwende, weil die sich von einer Site zur nächsten unterscheiden. Wichtig ist zu wissen, wie man es angeht, eine sich anpassende Site zu erstellen, und mit welchen Arten von Medienabfragen man das erzielt. Sie finden die komplette Seite und deren Code unter *www.bruceontheloose.com/htmlcss/examples/*.

Inhalt und HTML erstellen

Alles sollte mit einem soliden und wohldurchdachten Inhalt beginnen. Wenn Sie versuchen, Ihre Site mit Platzhaltertext zu designen und zu erstellen (das vielgerühmte *Lorem ipsum*), werden Sie womöglich feststellen, dass das nicht belastbar ist, wenn Sie echte Inhalte aufnehmen. Wenn möglich, sollten Sie also alle Vorarbeiten sauber erledigen, um sicherzugehen, dass Sie eine Site gestalten und entwickeln, die für Ihre Besucher (und Sie selbst) optimal dienlich ist.

Das zugrunde liegende HTML für die Beispielseite ist das gleiche wie für die Seite in Kapitel 11 – mit drei Ausnahmen:

- Ich habe `<meta name="viewport" content="width=device-width, initial-scale=1.0" />` ins `head`-Element eingefügt (im Kasten „Das Browserfenster und die Nutzung des `meta`-Elements" finden Sie Näheres über dessen Wirkung). Ich empfehle

A *Eine beispielhafte Basisformatierung, die ich auf alle Geräte anwende. Die Regeln sind so wie die anderen, die uns bis zu diesem Kapitel begleitet haben – sie sind in keine Medienabfrageblöcke eingefasst.*

```
/* Basisformatierungen
----------------------------------- */
body {
   color: #1d3d76;
   font: 100% "Trebuchet MS", Verdana,
     ➝ sans-serif;
}

h1,
h2,
h3,
h4,
h5,
h6,
.logo {
   color: #b74e07; font-weight: bold;
}

h1 {
   font-size: 1.25em; /* 24px/16px */
   text-transform: lowercase;
}

.nav li {
   display: inline;
   font-size: .7em;
}

...
```

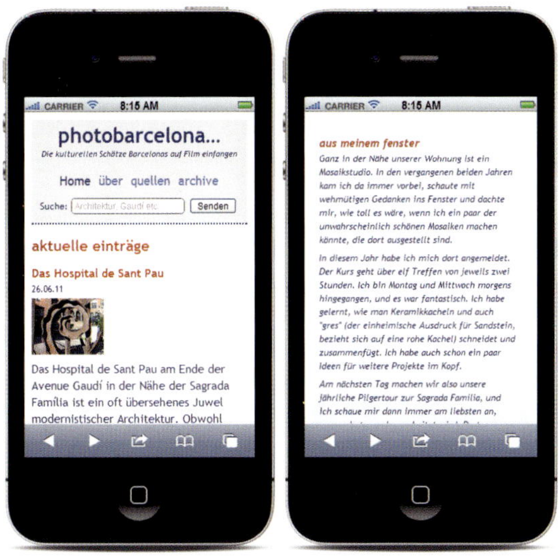

B *Das iPhone unterstützt Medienabfragen, aber ich habe sie bisher noch nicht ins Stylesheet eingefügt. Ich habe mich nur um die Basisformatierungen gekümmert und somit sind diese Screenshots repräsentativ dafür, was Browser darstellen werden, die keine Medienabfragen unterstützen. Das Seitenlayout ist linear, wobei der Teil des Bilds rechts unterhalb der „aktuellen Einträge" erscheint. Die Seitenfußzeile befindet sich darunter, wird aber nicht gezeigt.*

Ihnen, dass Sie dieses `meta`-Element in Ihren Seiten aufnehmen, wenn Sie ein flexibles Layout implementieren.

- Ich habe die kleinen Vorschaubilder ganz unten auf der Seite entfernt (davon gab es über 20). Mit Hinblick auf die Bandbreite (und die Fähigkeiten der Geräte) waren es mehr Bilder, als ich es für ratsam halte, dass sie standardmäßig von allen Geräten geladen werden. Wenn ich es ganz besonders gut machen wollte, könnte ich auch serverseitigen Code oder JavaScript schreiben, mit dem die Bilder dynamisch für größere Bildschirme geladen werden. Doch das würde hier den Rahmen des Buchs sprengen.
- Ich habe kurz vor Ende der Seite einen Aufruf von `respond.js` eingefügt, damit die Medienabfragen auch für den IE8 und früher funktionieren (siehe „Die Medienabfragen im IE8 und früher einsetzen").

Die Entscheidung für eine Designimplementierung

Es gibt zumindest mehrere verschiedene Wege, wie man eine „responsive" Seite erstellen kann. Beide Ansätze arbeiten mit dem gleichen HTML, aber das CSS unterscheidet sich ein wenig. Hier sind sie in Zusammenfassung:

Ansatz 1: Schaffen Sie einen Ausgangspunkt für alle Geräte und arbeiten Sie sich dann von kleinen Bildschirmen der mobilen Geräte hoch zu den großen der Desktop-Computer.

1. Zuerst erstellen Sie eine Grundformatierung, die für alle Geräte gilt **A**. Dazu gehören üblicherweise die Basisangaben über die Schriftformatierung und Farben sowie eventuell Standardeinstellungen zu Margins und Paddings, aber keine Floats oder Positionierung von Elementen. Der Inhalt verläuft entsprechend dem normalen Dokumentenfluss von oben nach unten. Die Vorgabe für Ihre Site lautet, dass alles in nur einer Spalte leserlich und präsentabel sein soll **B**. Infolgedessen wird die Site für alle Geräte – egal ob neu oder alt – zugänglich sein, die über einen Browser verfügen. Im direkten Vergleich könnte die Site

auf den Geräten etwas unterschiedlich aussehen, aber das ist zu erwarten und akzeptabel.

2. Arbeiten Sie sich von dort aus nach oben hoch und definieren Sie anhand von Medienabfragen die Formatierungen für immer größer werdende Bildschirme (oder andere Medieneigenschaften wie `orientation`). Die Eigenschaften `min-width` und `max-width` der Medienabfragen werden die meiste Zeit zu Ihren Hauptinstrumenten werden (C bis J).

Diesen Ansatz bezeichnet man oft als „Mobile First Responsive Web Design".

Ansatz 2: Erstellen Sie zuerst eine Site für den Desktop und kümmern Sie sich *dann* um die verschiedenen Bildschirmgrößen.

1. Formatieren Sie zuerst die Desktop-Version Ihrer Site (siehe Kapitel 11).
2. Arbeiten Sie mit Medienabfragen, um Formatierungen für andere, kleinere Bildschirme zu überschreiben.

Der erste Ansatz wurde in Internetkreisen sehr gut aufgegriffen und oft umgesetzt, weil er die progressive Verbesserung einbindet. Ich werde im Beispiel mit diesem Ansatz arbeiten, damit Sie sehen, wie das zu verwirklichen ist. Sie können den zweiten Ansatz selbst ausprobieren, indem Sie die fertige Seite aus Kapitel 11 als Startpunkt nehmen und anhand des Gelernten Medienabfragen für kleinere Bildschirme einfügen.

Das Layout weiterentwickeln

Okay, nun haben Sie also alle Inhalte beisammen, mit semantischem HTML ausgezeichnet und beschlossen, sich nach Ansatz 1 zu richten, um das Design zu implementieren. A bis J illustrieren, wie ich mit den Basisformatierungen für alle Geräte begann und mich Schritt für Schritt vorangearbeitet habe, bis ich ein Layout hatte, das für eine ganze Bandbreite von Browserfenster-Größen und Geräten passt.

In der Fachsprache für das Responsive Web Design drückt man das so aus, dass anhand von Medienabfragen Formatierungen für jeden *Breakpoint* der

C Ich füge eine Regel für Geräte ein, deren Browserfenster mindestens 320 Pixel breit ist. Damit fließt der Text um das Bild in den Blog-Einträgen D. Ich habe diese Regel nicht in die Basisformatierungen aufgenommen, weil manche Handys (sogar Smartphones) schmalere Bildschirme haben, bei denen schmaler Text neben dem Bild schwer zu lesen wäre.

```
/* Basisformatierungen
----------------------------------- */
...

/* 320px und mehr
----------------------------------- */
@media only screen and (min-width: 320px) {

   .photo {
      float: left;
   }

}
```

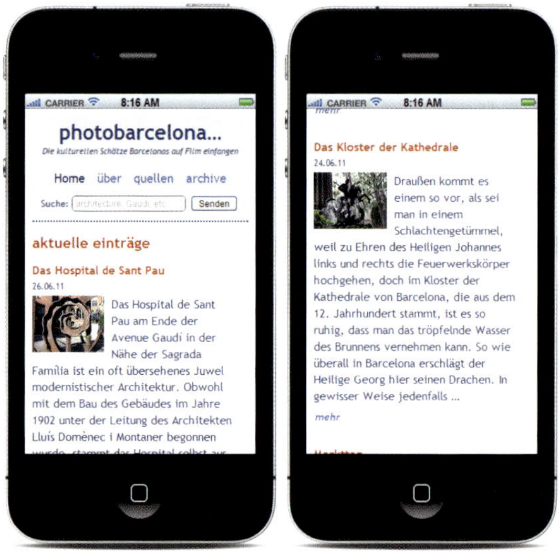

D Dank der in C definierten Medienabfragen umfließt der Text die Bilder bei den Intros der Blog-Einträge. Die Formatierung wird auf dem iPhone wirksam, weil der Viewport im Hochformat 320 Pixel breit ist.

E *Nun enthält das Stylesheet eine Medienabfrage, die auf Geräte mit einem Viewport von mindestens 480 Pixel zielt. Damit sind größere Handys wie bestimmte Android-Modelle sowie das iPhone im Querformat versorgt* F.

```
/* Basisformatierungen
---------------------------------- */
...

/* 320px und größer
---------------------------------- */
@media only screen and (min-width: 320px) {
   ...
}

/* 480px und größer
---------------------------------- */
@media only screen and (min-width: 480px) {

   .intro {
      margin: -.9% 0 0 110px;
   }

   .entry .date {
      margin: 0;
      text-align: right;
      position: relative;
      top: -1em;
   }

   #main .continued {
      margin-top: -1%;
      text-align: right;
   }

}
```

F *Hier ist der mittlere Teil der Seite bei einer Breite von 480 Pixel zu sehen. Weil mehr Platz auf dem Bildschirm ist, habe ich dafür gesorgt, dass kein Text mehr die Bilder umfließt und das Datum sowie der „mehr"-Link rechtsbündig ausgerichtet sind.*

Seite definiert werden, d.h. für jede Breite, bei der Ihre Inhalte durch eine Anpassung profitieren. Hier für dieses Beispiel habe ich Formatierungsregeln für die Breakpoints in der folgenden Liste erstellt. Behalten Sie stets im Hinterkopf, dass für jede minimale Breite, bei der keine maximale Breite als Gegenpart angegeben wird, die Formatierung für alle Geräte mit dieser `min-width` gilt *und dann auch bis hoch* zu den Desktop-Computern.

- Eine minimale Breite von 320 Pixel (C und D). Dies zielt auf iPhone, iPod touch und verschiedene Android- sowie andere Handys im Hochformat.
- Eine minimale Breite von 480 Pixel (E und F). Dies zielt auf größere Handys, z.B. bestimmte HTC-Modelle, sowie viele der 320-Pixel-Geräte, wenn sie im Querformat benutzt werden (darunter das iPhone, das iPod touch und manche Android-Modelle).
- Eine minimale Breite von 600 Pixel (G und H). Ich habe diese Regeln primär zum Vorteil von schmalen Desktop-Browsern angegeben, aber auch hier werden sie dann für jedes Gerät angewendet, deren Darstellung mit dieser minimalen Breite arbeitet.
- Innerhalb der Bandbreite einer minimalen Breite von 600 Pixel und einer maximalen Breite von 767 Pixel (G und H). Das Layout des Kopfbereichs fiel in dieser Bandbreite auseinander – es war primär durch Größenanpassung des Desktop-Browsers anschaubar. Also habe ich diese Formatierungen erstellt, um das zu beheben und die Lücke bis zum finalen Breakpoint zu füllen.
- Eine minimale Breite von 768 Pixel (I und J). Das versorgt sowohl ältere als auch neue Desktop-Browser sowie das iPad und andere Tablet-PCs.

G *Diese Medienabfragen beginnen mit der Umwandlung des Kopfbereichs vom linearen Layout zum horizontalen Ansatz. Damit wird die Seite auf Desktop-Browsern mit moderaterer Breite präsentabler* **H**.

```
/* Basisformatierungen
----------------------------------- */
...

/* 320px und höher
----------------------------------- */
@media only screen and (min-width: 320px) {
   ...
}

/* 480px und höher
----------------------------------- */
@media only screen and (min-width: 480px) {
   ...
}

/* 600px und höher
----------------------------------- */
@media only screen and (min-width: 600px) {

   #container {
background: url(../img/bg-bluebench.jpg) repeat-y;
      margin: 20px auto;
      padding: 30px 10px 0 0;
      width: 90%;
   }

   .logo {
      float: left;
      font-size: 2em; /* 32px/16px */
   }

   ...
}

/* Von 600px 767px, aber nicht darüber
----------------------------------- */
@media only screen and (min-width: 600px) and
→ (max-width: 767px) {

   .logo {
      background: #eee;
      font-size: 1.825em;
   }
```

Fortsetzung nächste Spalte

```
   #masthead form {
      width: 235px;
   }

   input[type="text"] {
      width: 130px;
   }

   .nav li {
      font-size: .625em;
      font-weight: bold;
      padding-left: 1%;
   }

   ...
}
```

H *Mit den Formatierungen aus* **G** *kommt diese Seite langsam ihrer vollendeten Form näher. Das Layout für den Inhalt ist immer noch in nur einer Spalte, aber Suchfeld und Hauptnavigation befinden sich neben dem Logo. Außerdem hat das Hintergrundbild um die Seite seinen ersten Auftritt.*

I *Dies ist die finale Medienabfrage, die auf Browserfenster mit einer Breite von mindestens 768 Pixel zielt. Das trifft für die meisten Desktop-Browser zu (außer der Nutzer hat das Fenster wie in* **H** *kleiner gezogen), aber passt auch zur Breite des iPad und einigen anderen Tablet-PCs im Querformat* **J**.

```
/* Basisformatierungen
----------------------------------- */
...

/* 320px und höher
----------------------------------- */
@media only screen and (min-width: 320px) {
   ...
}

/* 480px und höher
----------------------------------- */
@media only screen and (min-width: 480px) {
   ...
}

/* 600px und höher
----------------------------------- */
@media only screen and (min-width: 600px) {
   ...
}

/* Von 600px-767px, nicht darüber
----------------------------------- */
@media only screen and (min-width: 600px) and
→ (max-width: 767px) {
   ...
}

/* 768px
----------------------------------- */
@media only screen and (min-width: 768px) {

   #container {
      max-width: 950px;
   }

   #page {
      padding-left: 0;
      width: 97.9167%;
   }

   .nav li {
      display: list-item;
      float: left;
      font-size: .75em; /* 12px/16px */
   }
```

Fortsetzung nächste Spalte

```
   #main {
      float: left;
      width: 71%;
   }

   #related {
      margin-left: 72%;
   }

   #footer {
      clear: both;
   }

   ...
}
```

J *Mit den Formatierungen aus* **I** *ist die Seite nun vollständig. Hier wird sie auf dem iPad dargestellt, aber sie sieht auf Desktop-Browsern ähnlich aus (gegebenenfalls breiter, falls der Besucher den Browser größer gezogen hat). Die Spalte mit dem Hauptinhalt und die Sidebar werden automatisch breiter, weil deren Breite auf Prozentwerten basiert.*

Ihre Breakpoints (also die Pixelstufen, an denen die Darstellung umspringt) sind vielleicht anders als die, mit denen ich arbeite. Das hängt jeweils davon ab, was für Sie bei Inhalt, Design und Zielpublikum wünschenswert ist.

Einige Leute definieren beispielsweise eine Medienabfrage mit `(min-width: 992px)` und manchmal noch eine andere darüber für höhere Auflösungen. Stattdessen habe ich `max-width: 950px;` in den `#container`-Selektor der Beispielseite eingefügt **I**. Durch diese Angaben ist das Layout bis zu 950 Pixel flexibel, wird sich aber nicht darüber hinaus ausdehnen. Deswegen habe ich auch keine Medienabfragen angegeben, die breiter als dies sind. Beachten Sie, dass diese `max-width` zur Layout*eigenschaft* gehört und keine Eigenschaft der Medienabfrage wie `max-width: 950px)` darstellt.

Sie können auch von den Breakpoints abweichen, die an der exakten Breite der Browserfenster der Geräte ausgerichtet sind. Wenn eine Medienabfrage, die auf `(min-width: 700px)` basiert, am besten für die Präsentation Ihrer Inhalte ist, dann nehmen Sie das. Für diesen Fall müssen Sie keine Pixel als Einheit verwenden. Sie können auch eine Medienabfrage nehmen, die mit `ems` arbeitet, z.B. `(min-width: 20em)`.

Die Medienabfragen im IE8 und früher einsetzen

Eines gilt es zu beachten, wenn man Basisformatierungen schreibt und dann das Design mit Medienabfragen anpasst: Sie werden vom Internet Explorer 8 und früher nicht unterstützt. Das bedeutet, dass diese Versionen nur die Formatierungen darstellen, die Sie außerhalb von Medienabfragen definieren – gemeint sind die Basisformatierungen. Zusammengenommen stellen der IE6, 7 und 8 immer noch einen beträchtlichen Anteil des Traffic bei den meisten Sites. Also ist es recht wahrscheinlich, dass Sie auch für solche Besucher sicherstellen wollen, dass sie Ihr Design wie erwartet zu sehen bekommen.

Scott Jehl hat sich daran gemacht, dieses Problem aus der Welt zu schaffen, und zwar mit einem leichtgewichtigen Skript namens `respond.js`, mit dem er die Medienabfragen `min-width` und `max-width` in den älteren Versionen des Internet Explorers zum Laufen bringt. Sie bekommen diese Datei unter *https://github.com/scottjehl/Respond*. Aktivieren Sie den Link *respond.min.js*, um den Code zu sehen. Nach Kopieren und Einfügen in Ihrem Texteditor speichern Sie sie dann als `respond.js`.

Obwohl `min-width` und `max-width` durch dieses Skript auch in anderen alten Browsern laufen, gibt es keine anderen alten Browser von Bedeutung. Also können Sie auch nur den IE8 und früher per Conditional Comment instruieren, das Skript zu laden – siehe **K**.

Wenn Sie als Alternative planen, in Ihrem Projekt mit Modernizr zu arbeiten (*www.modernizr.com*), dann können Sie `respond.js` auch ins Konfigurations-Tool für das Build von Modernizr einbinden, anstatt es herunterzuladen und separat aus Ihrer HTML-Seite heraus aufzurufen (siehe „Die Verwendung von Polyfills bei der progressiven Erweiterung" in Kapitel 14, wenn Sie mehr über Modernizr erfahren wollen, und Kapitel 19 für Infos über Skripte).

K *Wenn Sie das Skriptelement in diesem Conditional Comment einbinden, werden nur der Internet Explorer 8 und früher* `respond.js` *laden. Ersetzen Sie den Teil mit* `assets/js/` *des* `src`*-Werts durch den Pfad (falls er anders lautet) zu* `respond.js` *auf Ihrer Site. Wenn alles eingestellt ist, werden der IE8 und frühere Versionen die Medienabfragen verstehen und die Formatierungen entsprechend anpassen.*

```
...
      <footer id="footer" role="contentinfo">
...
      </footer>
   </div>
</div>

<!--[if lte IE 8]>
   <script src="assets/js/respond.js"></script>
<![endif]-->
</body>
</html>
```

Seiten erstellen, die sich durch Medienabfragen anpassen

1. Erstellen Sie Ihre Inhalte und das HTML.
2. Im `head`-Element Ihrer HTML-Seite tippen Sie `<meta name="viewport" content="width=device-width, initial-scale=1.0" />` (siehe den Kasten „Das Browserfenster und die Nutzung des `meta`-Elements" im Abschnitt „Medienabfragen verstehen und implementieren").
3. Wählen Sie einen Ansatz für eine Design-implementierung. Ich empfehle Ihnen, zuerst die Grundformatierungen für alle Geräte zu erstellen und sich dann mit den Medienabfragen weiter voranzuarbeiten, wie es im Beispiel demonstriert wird. Wenn Ihnen das lieber ist, können Sie auch das Desktop-Layout zuerst implementieren (siehe Kapitel 11) und anschließend Medienabfragen für kleinere Geräte anwenden.
4. Adaptieren Sie Ihr Layout für unterschiedlich breite Browserfenster, wie es Ihren Inhalten gemäß ist. Identifizieren Sie Breakpoints und erstellen Sie damit verknüpfte Medienabfragen unter Berücksichtigung der in „Medienabfragen verstehen und implementieren" beschriebenen Schritte (demonstriert in C, E, G und I). Währenddessen machen Sie Ihre Seiten auch flexibel, wenn Sie bei `width`, `margin` und `padding` mit Prozentwerten arbeiten, wo immer das möglich ist.
5. Wenn Sie wollen, dass der IE8 und früher Formatierungsregeln innerhalb der Medienabfragen `min-width` und `max-width` darstellen soll, dann besorgen Sie sich `respond.js` (wie in „Die Formatierungen für Medienabfragen im IE8 und früher darstellen" erläutert).
6. Wenn Sie Schritt 5 ausgeführt haben, verknüpfen Sie `respond.js` mit Ihrer Seite, indem Sie den folgenden Code oberhalb des Schluss-Tags `</body>` K eintippen.

```
<!--[if lte IE 8]>
   <script src="pfad/respond.js"></script>
<![endif]-->
```

   `pfad` steht für den Standort der JavaScript-Datei auf Ihrer Site und `respond.js` ist gleich dem Namen der von Ihnen gespeicherten JavaScript-Datei. Die Conditional Comments um das `script`-Element sind optional.
7. Testen Sie alles gründlich! (Siehe den Kasten „Tools zum Programmieren und Testen für mobile Geräte".)
8. Überarbeiten Sie bei Bedarf Ihr CSS und die Medienabfragen in Schritt 4 und testen Sie auf verschiedenen Geräten, bis die Seite wie gewünscht dargestellt wird.

TIPP Wie in C, E, G und I gezeigt, befinden sich alle Formatierungen für die Beispielseite in einem Stylesheet. Alternativ könnten Sie auch die Instruktionen in „Medienabfragen verstehen und implementieren" befolgen, um separate Stylesheets zu verknüpfen. Generell ist nur eine Datei für die Performance besser, wenn diese nicht gerade abnorm groß ist, da der Browser umso schneller die Seite darstellt, je weniger Dateien er herunterladen muss.

TIPP Eivind Uggedals Site *http://mediaqueri.es* ist eine ständige erweiterte Galerie von responsiven und flexiblen Sites in freier Wildbahn. Es lohnt sich, wenn Sie sich dort inspirieren lassen.

TIPP Mobile Boilerplate (*www.html5boilerplate.com/mobile*) ist eine Webseite mit Startvorlagen, auf der viele mobile Best Practices umgesetzt sind. Das Team dort bietet unter *https://github.com/h5bp/mobile-boilerplate/wiki/Mobile-Matrices* auch eine praktische Matrix mit Spezifikationen für moderne mobile Geräte (Smartphones und Tablet-PCs). Auf der Seite wird darauf hingewiesen, dass diese Informationen hilfreich sind, wenn man Medienabfragen formulieren will.

TIPP **Wenn Sie Formatierungen speziell für Geräte mit einer hohen Pixeldichte wie das iPhone 4 und Handys mit dem Browser Opera Mobile 11 schreiben wollen, dann nehmen Sie die folgende Medienabfrage:**

```
@media only screen and (-webkit-min-device-pixel-
➝ ratio: 1.5), only screen and (-o-min-device-pixel-
➝ ratio: 3/2), only screen and (min-device-pixel-
➝ ratio: 1.5) {
   /* Ihre Formatierungsregeln */
}
```

Diese Empfehlung verdanken wir Mobile Boilerplate.

TIPP **320 and Up (*http://stuffandnonsense.co.uk/projects/320andup/*), geschaffen von Andy Clarke und Keith Clark, ist eine weitere Startervorlage. Sie spiegelt die hier gezeigte Methode und beginnt mit einem Set von Standardformatierungen, die von dieser Basis aus das Layout mit Medienabfragen hochskaliert.**

TIPP **Luke Wroblewski fasst den aktuellen Stand der Dinge, was die Erstellung von „responsiven" Sites angeht, schön unter *http://www.lukew.com/ff/entry.asp?1436* zusammen. Sein Artikel enthält auch mehrere Links für weiterführende Lektüre.**

TIPP **Maximiliano Firtman führt unter *http://mobilehtml5.org* eine Matrix der Unterstützung von HTML5 und CSS3 auf modernen mobilen Geräten. (Viele Informationen beschäftigen sich mit fortgeschrittenen HTML5-Features, die in diesem Buch nicht vorgestellt werden.)**

TIPP **Wenn `respond.js` nicht funktioniert, schauen Sie sich den Abschnitt „Support & Caveats" unter *https://github.com/scottjehl/Respond* an. Wenn Sie immer noch Probleme haben, probieren Sie einmal, den hervorgehobenen Code aus C direkt über das `</head>`-Schluss-Tag Ihrer Seite zu schreiben anstatt vor das `</body>`-Schluss-Tag.**

TIPP **Mehr über Conditional Comments erfahren Sie unter *www.quirksmode.org/css/condcom.html* oder hier *http://de.selfhtml.org/css/layouts/browserweichen.htm*.**

Tools zum Programmieren und Testen für mobile Geräte

Wenn Sie Ihre Seiten auf Handys und Tablet-PCs testen wollen, stellt Sie das möglicherweise vor die spezielle Herausforderung, an solche Geräte zu kommen. Zwar kann es eigentlich nichts Besseres geben, als mit den echten Geräten zu testen, aber ich stelle Ihnen einige Techniken und Tools vor, um erste Tests schon beim Programmieren durchzuführen:

- Ändern Sie die Größe Ihres Desktop-Browsers auf ungefähr die Browserbreite für verschiedene Handys und Tablet-PCs, wenn Sie die Formatierungen verfassen. Das ist natürlich nur eine grobe Näherung, um eine ungefähre Vorstellung von den Größenverhältnissen zu kriegen, aber so bekommen Sie Ihre Formatierungen schon mal gut an den Start und müssen hinterher weniger abändern, wenn es dann ans wirkliche Testen an den Geräten geht. Doch Sie sollten Ihren Browser auf jeden Fall immer wieder mal größer oder kleiner ziehen, um zu prüfen, wie Ihr Layout darauf reagiert, wenn es in einem Desktop-Browser aufgerufen wird.
- Arbeiten Sie bei den ersten Entwicklungsschritten mit ProtoFluid (*www.protofluid.com*). Mit diesem kostenlosen, browserbasierten Tool bekommen Sie Ansichten einiger populärer Gerätegrößen. Auch dies ist nicht für ein formelles Testen gedacht, weil es sich nicht wie Handys oder das iPad verhält, aber fürs anfängliche Programmieren leistet es gute Dienste. (Eine kleine Warnung vorab: Die Nutzung dieses Tools ist nicht unbedingt intuitiv zu nennen. Sie müssen sich schon eine Zeitlang damit beschäftigen, bevor Sie den Dreh heraushaben.) Damit Sie Ihre Seiten auf ProtoFluid anschauen können, müssen sie auf einem Server stehen. Das kann der Server Ihres Webhosters sein (siehe Kapitel 21) oder einer, den Sie zu Entwicklungszwecken auf Ihrem Computer laufen haben (suchen Sie online nach „localhost Server einrichten“).
- Sie können den kostenlosen iOS Simulator von Apple nutzen, um Ihre Seiten auf dem iPhone und dem iPad zu testen. Das ist wirklich eine tolle Sache und die beste Alternative zum Testen auf echten Geräten. Ihnen wird auffallen, dass auch ich bei einigen Screenshots damit gearbeitet habe. Doch das funktioniert nur auf OS X und unter Windows gibt es keine Entsprechung. Der iOS Simulator gehört zum kostenlosen Xcode, das Sie unter *http://developer.apple.com/xcode/* herunterladen können.
- Nehmen Sie unter Windows den Electric Mobile Simulator (*www.electricplum.com/dlsim.html*), das wahrscheinlich beste Tool dieser Art unter Windows. Nur damit es keine Missverständnisse gibt: Dies ist nicht äquivalent mit dem iOS Simulator von Apple.
- Nutzen Sie Emulatoren und Simulatoren für andere Geräte und mobile Browser. Auf Mobile Boilerplate finden Sie eine Liste von Links zu mobilen Emulatoren und Simulatoren für iOS, Android, Nokia Symbian und mehr (*https://github.com/h5bp/mobile-boilerplate/wiki/Mobile-Emulators-&-Simulators*).

Mit ein bisschen Glück finden Sie im Bekanntenkreis auch Leute, die verschiedene Geräte besitzen und Sie mal testen lassen. Fragen Sie einfach mal herum!

13

Die Arbeit mit Webfonts

In den vergangenen Jahren beobachten wir eine Renaissance der Nutzung von Fonts im Web. Früher gab es nur eine sehr beschränkte Auswahl bei den Schrifttypen, doch dank der Webfonts existieren nun unzählige Optionen, unter denen wir für unsere Webprojekte wählen können. Es ist gleichermaßen faszinierend und außerordentlich spannend zu beobachten, wie sich diese Änderungen entwickeln.

Die Wahl einer Schrift (der *Font*) war üblicherweise recht simpel. Man war einfach darauf beschränkt, welche Fonts man auf den Computern der Nutzer voraussetzen durfte. Das ist der Grund, warum bei den meisten Websites der `body`-Fließtext in Georgia, Arial, Verdana oder Trebuchet gesetzt wird. Diese Schriftarten sehen auch in kleiner Größe anständig und ansprechend aus und sind auf jedem Mac- oder Windows-Computer installiert.

Es ist weder dumm noch übertrieben, davon zu sprechen, dass uns heute diesbezüglich ganz neue Welten offenstehen.

Übersicht

Was ist ein Webfont?

Webfonts werden möglich dank der CSS-Regel `@font-face`, durch die CSS mit einem Font auf einem Server verknüpft wird, um diese Schrift in einer Webseite zu nutzen.

Viele halten Webfonts für eine ganz neue Entwicklung. Tatsächlich gibt es Webfonts aber schon seit etwa 1998. Netscape Navigator 4 und der Internet Explorer 4 haben diese Technologie adaptiert, aber diese Implementierungen arbeiteten alle nicht mit Standardformaten für die Schriftdateien. Also hielt sich deren Verbreitung sehr in Grenzen. Erst etwa ein Jahrzehnt später begannen Browser, diesen Standard mit allgemeiner verbreiteten Schriftdateiarten zu übernehmen, und so nahm der Einsatz von Webfonts immer mehr zu.

Dateiformate für Webfonts

Für Webfonts gibt es eine ganze Gruppe von Dateitypen.

- Embedded OpenType (.eot). Der Internet Explorer 8 und früher unterstützt für die Verwendung mit `@font-face` nur Embedded OpenType. Dieses proprietäre Format von Microsoft nutzt digitale Urheberrechtsverwaltung, um eine nicht lizenzierte Nutzung des Fonts zu unterbinden.
- TrueDoc. Ursprünglich vom Netscape Navigator 4.0 genutzt, wird aber nicht mehr länger verwendet oder unterstützt.
- TrueType (.ttf) und OpenType (.otf). Die Standarddateitypen für Fonts auf Desktop-Computern. TrueType und OpenType werden allgemein unterstützt von Mozilla Firefox (3.5 und später), Opera (10 und später), Safari (3.1 und später), Mobile Safari (iOS 4.2 und später), Google Chrome (4.0 und später) sowie Internet Explorer (9 und später). Diese Formate verwenden kein Digital Rights Management.
- Scalable Vector Graphics (.svg). Dieses Format wird besonders in Situationen genutzt, wenn andere Formate nicht unterstützt werden, z.B. auf früheren Versionen von Mobile Safari.
- Web Open Font Format (.woff). Dieser neue Standard ist speziell für die Nutzung als Webfont gestaltet. Ein „Web Open Font Format"-Font ist ein TrueType- oder OpenType-Font, der komprimiert wurde. Das WOFF-Format erlaubt auch das Einbinden zusätzlicher Metadaten, die an die Datei gehängt werden. Diese können von Schriftgestaltern oder Anbietern genutzt werden, um der Schrift Lizenzierungs- oder andere Informationen mitzugeben, die ansonsten im ursprünglichen Font nicht enthalten sind. Solche Metadaten wirken sich in keiner Weise auf die Darstellung des Fonts aus, aber können vom Nutzer auf Anfrage dargestellt werden. Das Web Open Font Format wird unterstützt von Mozilla Firefox (3.6 und später), Opera (11.1 und später), Safari (5.1 und später), Google Chrome (6.0 und später) sowie Internet Explorer (9 und später). Betrachtet man die allgemeine Unterstützung für das Web Open Font Format, scheint es sich zum Standard zu entwickeln, der sich in der Branche durchsetzt.

Browser-Support für Webfonts

Die Webfonts werden auf modernen Browsern allgemein und gut unterstützt. Weil frühere Browser sich nur auf spezielle Font-Formate verlegt haben, bringt das auf Seiten des Webentwicklers ein wenig zusätzliche Vorarbeiten mit sich, um mit diesen älteren Browsern zu arbeiten, aber der Lohn dieser Mühe ist eine reichhaltige Typografie in allen modernen Desktop-Browsern, sogar auf den meisten mobilen Smartphone-Browsern.

Rechtliche Probleme

Fonts sind auf technischer Ebene kleine Stücke Software. Ich kenne Leute, die sich ihre Brötchen damit verdienen, Fonts zu gestalten und zu erstellen. Dieser mühsame und detaillierte, kreative Prozess ist nichts für zartbesaitete Gemüter. Aus diesem Grund ist es nachvollziehbar, dass einige es nur schwer hinnehmen wollen, dass das `@font-face`-Feature überhaupt existiert. Immerhin, wenn ein Browser zu einem Font verlinken und ihn herunterladen kann, dann bedeutet das, dass praktisch jeder diesen Font auf seinen Computer herunterladen und darauf installieren kann, egal ob er ihn gekauft hat oder nicht. Darum müssen wir als Webdesigner und Webentwickler sicherstellen, dass jeder Font, der auf unseren Seiten zum Einsatz kommt, korrekt für die Internetnutzung lizenziert wurde. Die meisten Schriftschmieden und Font-Services bieten diese Lizenzierung als Bestandteil beim Erwerb eines Fonts oder als „à la carte"-Option an. Alternativ können Sie sich auf die kostenlos nutzbaren Fonts beschränken, die z.B. bei Font Squirrel (*www.fontsquirrel.com*) oder The League of Moveable Type (*www.theleagueofmoveabletype.com*) erhältlich sind. Auf jeden Fall sollten Sie sorgfältig darauf achten, dass alles seine Richtigkeit hat, wenn es um die Nutzung von Webfonts in einem Projekt geht. Das machen Sie, indem Sie sich die Lizenzierung von jedem gekauften Font anschauen. Weil das heutzutage ein ziemlich heißes Thema ist, wird diese Information oft auf der Website der Schriftschmiede veröffentlicht, von der Sie etwas kaufen. Bei Unklarheiten sollten Sie mit dem Anbieter Kontakt aufnehmen, um die erlaubte Nutzung zu klären.

Wenn Sie einen Font erworben haben und genau wissen, dass Sie ihn als Webfont nutzen dürfen, ist ein recht praktisches Tool der kostenlose `@font-face`-Generator von Font Squirrel (*www.fontsquirrel.com/fontface/generator*). Mit diesem Tool konvertieren Sie Ihren Font in alle erforderlichen Dateitypen für Webfonts, die Sie im Internet nutzen wollen.

Wo Sie Webfonts finden

Um mit Webfonts auf einer Website zu arbeiten, haben Sie zwei Optionen: Webfont-Dienste nutzen oder die Webfonts selbst hosten. Beide Möglichkeiten sind gleichermaßen gut, aber ziemlich unterschiedlich, und haben ihre eigenen Vor- und Nachteile, die es zu bedenken gilt. Wenn Sie die Vor- und Nachteile abwägen, werden Sie auch feststellen, dass nicht alle Webfonts überall verfügbar sind. Oder wenn Sie sich dafür entscheiden, sie selbst zu hosten, merken Sie vielleicht, dass genau der Font, den Sie brauchen, nur über einen Webfont-Dienst erhältlich ist. Also müssen Sie einen Font finden, der dem gewünschten möglichst nahe kommt, oder Ihr Vorgehen überdenken. Es zahlt sich aus, flexibel zu sein und alle Optionen abzuwägen, bevor man sich für etwas entscheidet.

Selbst hosten

Einen Webfont selbst zu hosten, ist der traditionellere Ansatz. Damit beschäftigen wir uns in der schrittweisen Anleitung in diesem Kapitel. Die Fonts werden auf Ihrem eigenen Server – so wie andere Materialien wie z.B. Bilder oder CSS-Dateien – bereitgestellt. Wenn mit einem Font Kosten verbunden sind, beziehen diese sich meist auf den einmaligen Kauf und es bleibt Ihnen überlassen, die Font-Dateien hochzuladen und den Font auf Ihrer Site einzubinden.

Es ist relativ einfach, Webfonts zum selbst Hosten zu finden, denn davon gibt es eine ganze Menge. Sie sind in einer qualitativ großen Bandbreite erhältlich und auch die Vergütung dafür ist breit gestreut (manche sind sogar gratis). Zu den bekannteren Webfonts gehören:

- Font Squirrel (*www.fontsquirrel.com*)
- MyFonts (*http://myfonts.com*)
- The League of Moveable Type (*www.theleagueof-moveabletype.com*)
- FontShop (*www.fontshop.com*)

Webfont-Dienste

Die Fonts solcher Dienste sind meist als eine Art Abonnement erhältlich. Sie kaufen die Fonts nicht gleich, sondern zahlen monatlich oder jährlich für das Recht, sie zu nutzen. Diese Dienste hosten die Fonts und übergeben Ihnen ein kleines Stück Code, das Sie auf Ihren Webseiten einbauen können. Abhängig vom Dienst ist dieser Code JavaScript oder CSS. Darin ist der notwendige Code enthalten, damit die Font-Dateien von einem entfernten Server geladen und auf Ihrer Site dargestellt werden können. Viele ziehen diesen Ansatz vor, weil er meist kostengünstiger ist, als die Fonts individuell zu kaufen. Außerdem können Sie auf diese Weise viele verschiedene Fonts ausprobieren.

Zu den bekannteren Webfont-Diensten gehören:

- Typekit (*https://typekit.com*)
- Fontdeck (*http://fontdeck.com*)
- Fonts.com (*www.fonts.com*)
- WebINK (*www.webink.com*)
- Google Web Fonts (*www.google.com/webfonts*)

Naturgemäß bieten Webfont-Dienste mehr an, als beim eigenen Hosten möglich ist. Alles wird auf dem Server gehostet, auch die Font-Dateien. Wenn bessere Font-Dateien oder verbesserter Code für die Bereitstellung erhältlich sind, können die Dienste das jeweils aktualisieren.

Außerdem nutzen viele dieser Dienste JavaScript, um den Code zur Bereitstellung von Webfonts einzubetten. Das bringt einige Vorteile mit sich – und auch ein paar Nachteile. JavaScript kann in diesem Prozess eine Menge bewirken, z.B. erkennen, welcher Browser die Seite lädt, und zusätzliche Steuerungsmöglichkeiten anbieten, wie die Fonts selbst geladen werden. Diese Art von Kontrolle kann die Nutzererfahrung deutlich verbessern, weil man über die Webfont-Dienste die Font-Formate und den Code zur Bereitstellung an eigene Anforderungen anpassen kann. Die Firma Typekit hat beispielsweise kürzlich angekündigt, dass sie einige ihrer Display-Fonts mit auf PostScript basierenden Konturen (nur für

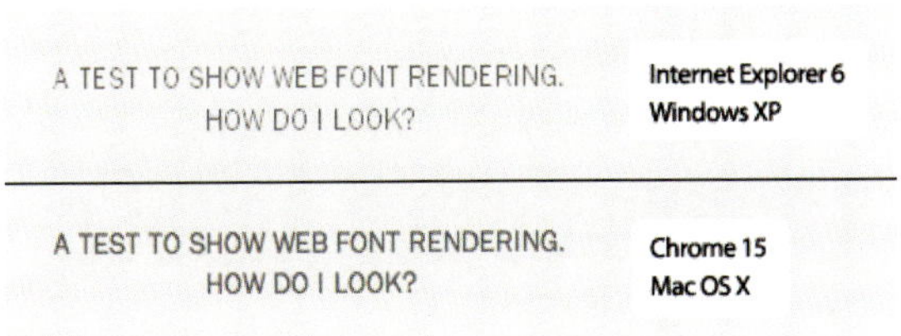

A *Dieser Screenshot zeigt den gleichen Code, wie er vom Internet Explorer 6 (oben) und Chrome 15 (unten) dargestellt wird. Sie sehen, dass im Internet Explorer die Buchstaben heller und nicht so glatt dargestellt werden.*

Windows-Browser) bereitstellt, damit die Darstellung glatter ist (*http://blog.typekit.com/2011/09/15/improved-windows-rendering-for-more-typekit-fonts/*). Solche Sachen gehen ohne JavaScript einfach nicht.

Dieser Luxus kostet natürlich: Sie verlassen sich hundertprozentig auf JavaScript. Wenn ein Anwender JavaScript in seinem Browser deaktiviert hat, kann er Ihre Webfonts nicht sehen. Außerdem kann sich JavaScript auf die Performance einer Seite auswirken. Der Anwender wird warten müssen, bis das JavaScript geladen ist, bevor irgendein Webfont in die Seite geladen wird. Solche Sachen muss man im Hinterkopf behalten, wenn man Webfonts auf die eigene Site bringen will.

Qualität und Darstellung von Webfonts

Bedauerlicherweise sind nicht alle Webfonts auf die gleiche Weise erstellt worden. Es kann merkliche Unterschiede geben, wie Webfonts zwischen den verschiedenen Browsern aussehen. Das ist am offensichtlichsten bei manchen Fonts, die in früheren Versionen des Internet Explorers einfach nicht gut aussehen.

Wenn Sie sich die verschiedenen Fonts zur Auswahl anschauen, sollten Sie alles auf Herz und Nieren prüfen, indem Sie sich die Fonts in verschiedenen Browsern anschauen **A**. Das ist mittlerweile einfacher, weil viele Webfont-Firmen nun Live-Beispiele der Webfonts anbieten, und einige stellen auch Screenshots von Fonts auf verschiedenen Browsern und Plattformen bereit.

TIPP Wenn Sie mit diesen Überprüfungen nicht weiterkommen, probieren Sie mal Web Font Specimen aus (*http://webfontspecimen.com*). Mit diesem Tool können Sie sehen, wie Ihre Webfonts in verschiedenen Kontexten und Größen ausschauen.

Einen Webfont herunterladen

Der Download eines kostenlosen Webfonts geht schnell und einfach. Wir werden dafür mit Font Squirrel arbeiten. Dort gibt es sogar eine `demo.html`-Datei, der Sie entnehmen können, wie die Fonts live aussehen.

Im nächsten Abschnitt untersuchen wir die Syntax von `@font-face` und wie man ein paar Webfonts in eine Seite integriert.

Einen Webfont von Font Squirrel herunterladen

1. Gehen Sie zum Bereich @FONT-FACE KITS von Font Squirrel (*www.fontsquirrel.com/fontface*) und wählen Sie dort einen Font aus. Ich habe mich für League Gothic entschieden.
2. Klicken Sie auf den Link GET KIT **A** und der Download sollte sofort starten. Heruntergeladen wird eine ZIP-Datei.
3. Nach Ende des Downloads öffnen Sie das Archiv. Sie finden darin einen Ordner mit den Webfonts, eine CSS-Datei und eine `demo.html`-Datei **B**.

Die ausgewählten Fonts in der Datei demo.html anschauen

Öffnen Sie die Datei `demo.html` aus dem heruntergeladenen Font in Ihrem Browser **A** (siehe „Die Darstellung Ihrer Seite in einem Browser“ in Kapitel 2).

Diese Demo-Datei zeigt, dass der Webfont tatsächlich funktioniert. Wie spannend! Bevor Sie Ihren Erfolg genießen und Feierabend machen, werden wir im nächsten Abschnitt noch mehr erforschen, wie das funktioniert.

TIPP Brauchen Sie ein paar Inspirationen, welche Fonts Sie für Ihr nächstes Projekt wählen sollten? Das Team von Typekit führt ein wundervolles Blog mit vielen tollen Infos über Webfonts und Typografie allgemein. Schauen Sie mal auf „Sites we like“ vorbei (*http://blog.typekit.com/category/sites-we-like/*).

A *Wenn Sie sich den Font noch ein wenig genauer anschauen wollen, bevor Sie ihn herunterladen, klicken Sie einfach auf* VIEW FONT. *Dann sehen Sie neben den Download-Optionen noch einige weitere Beispiele. Wenn Sie auf* VIEW @FF DEMO *klicken, bekommen Sie einen Beispieltext des Fonts als Webfont dargestellt. So können Sie schnell feststellen, wie der Font in verschiedenen Browsern aussieht.*

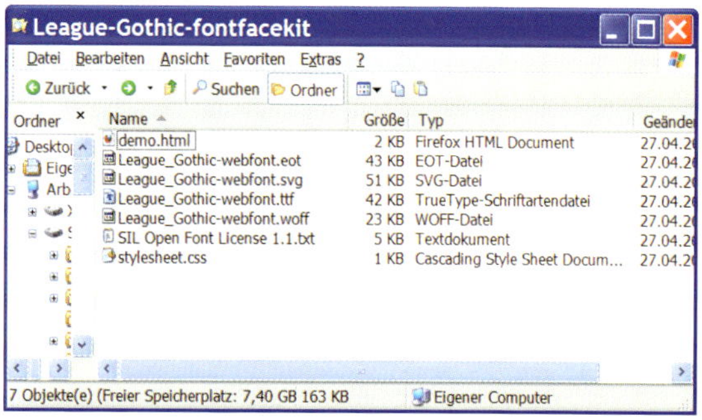

B *Das entpackte ZIP-Archiv von League Gothic. Sie sehen hier eine `demo.html`-Datei, vier Webfonts, eine Lizenz und ein Stylesheet.*

C *Siehe da – die Webfonts erscheinen in all ihrer Pracht!*

TIPP Brauchen Sie einen dieser Fonts, um etwas in Photoshop nachzubauen? Installieren Sie den TrueType-Font (.ttf), der im Webfont-Kit enthalten ist, auf Ihrem Computer. Nach der Installation können Sie ihn wie jeden anderen Font auf Ihrem Computer nutzen.

A *Dies ist die @font-face-Regel aus dem Kit von Font Squirrel. Sie haben sicher gesehen, dass darin einfache Anführungszeichen stehen statt der doppelten, die in allen CSS-Beispielen dieses Buches verwendet werden. Bei CSS funktionieren sowohl einfache als auch doppelte Anführungszeichen. Also können Sie selbst entscheiden, welche Methode Sie bevorzugen.*

```
@font-face {
font-family: 'LeagueGothicRegular';
src: url('League_Gothic-webfont.eot');
src: url('League_Gothic-webfont.eot?#iefix')
format('embedded-opentype'),
      url('League_Gothic-webfont.woff')
      → format('woff'),
      url('League_Gothic-webfont.ttf')
      → format('truetype'),
      url('League_Gothic-webfont.
      → svg#LeagueGothicRegular') format('svg');
font-weight: normal;
font-style: normal;
}
```

Die Arbeit mit @font-face

Sie haben das Webfont-Kit heruntergeladen und die demo.html-Datei in einem Browser getestet. Nun wollen wir mal hinter die Kulissen blicken, wie das funktioniert. Schauen wir uns den Code für stylesheet.css an A.

Das Stylesheet ist ziemlich einfach und hat nur eine Regel – aber zugegeben, die ist ganz schön lang!

Die Syntax für @font-face ist etwas anders als im traditionellen CSS. Sie scheint nicht der traditionellen Methode „Selektor, danach Eigenschaft-Wert-Paar" zu folgen, von der Sie am Anfang von Kapitel 8 gelesen haben. Diese Regel beginnt mit einer merkwürdig anzusehenden @font-face-Deklaration.

Um sich klarzumachen, wie @font-face funktioniert, muss man sich verdeutlichen, dass eine @font-face-Regel einfach nur ein *Tool* vorbereitet, das man im restlichen CSS verwenden kann. Diese Regel wirkt sich nicht auf die Formatierung irgendeines speziellen Elements aus, sondern sorgt dafür, dass Ihr CSS Webfonts nutzen kann.

Die erste Zeile dieser Regel ist für die Font-Familie: font-family: 'LeagueGothicRegular';.

Damit wird der Name für diesen speziellen Webfont etabliert. In diesem Fall verwenden wir LeagueGothicRegular, aber er kann auch ganz nach Belieben anders lauten. Sie können auch Dore oder Ein echt toller Font nehmen. Das bleibt ganz Ihnen überlassen.

Die nächsten paar Zeilen in der Regel sagen dem Browser, wo er die Font-Dateien findet. Dazu gehören auch die Font-Dateiformate, die für den Support all der verschiedenen Browser sorgen, die Webfonts unterstützen. Diese Syntax kann ein wenig einschüchternd wirken, aber für unsere Zwecke ist es nicht erforderlich, sie vollständig zu verstehen. Wenn Sie doch tiefer einsteigen und herausfinden wollen, warum das alles nun so aussieht, empfehle ich Ihnen die Posts von Ethan Dunham auf Fontspring (*www.fontspring.com/blog/further-hardening-of-the-bulletproof-syntax*), wo er die neuesten Ansichten zur @font-face-Syntax erläutert.

Webfonts in einer Webseite einbinden

Wir haben uns um die `@font-face`-Syntax gekümmert, aber bisher ist noch kein Webfont wirklich auf einer Seite gelandet. Schauen Sie sich den Code für `demo.html` an: Wir wollen den CSS-Code oben in der Seite untersuchen **B**.

Die eingebundenen Regeln formatieren das HTML mit dem Webfont League Gothic. In der ersten Regel werden Schriftgröße und Zeilenhöhe mit `60px/68px` angegeben. In unserem Beispiel wird diese Angabe in Pixel gemacht, Sie können aber auch gerne andere Einheiten nehmen. Darauf folgt `'LeagueGothicRegular', Arial, sans-serif`. Wie Sie seit dem Abschnitt „Alternative Fonts festlegen" in Kapitel 10 wissen, nennt man das einen Fontstack, wenn man wie hier mehrere Font-Familien durch Komma getrennt angibt. Wenn ein Browser den ersten Font im Stack nicht unterstützt, nimmt er den nächsten in der Reihe. Weil wir hier mit Webfonts arbeiten, stehen die Chancen ziemlich gut, dass der Browser einfach den Webfont darstellt, doch es bleibt eine bewährte Vorgehensweise, mit Fontstacks zu arbeiten. Immerhin unterstützt nicht jeder Browser Webfonts.

In diesem CSS bezieht sich die Eigenschaft `font` auf `LeagueGothicRegular`, basierend auf dem Namen der `font-family`, die in der `@font-face`-Regel angegeben wurde. Überdies erfolgt der Verweis darauf genau wie bei einer anderen Schriftart. Aus Sicht des Browsers kann League Gothic genauso gut auch auf dem Computer installiert sein, der die Website besucht.

Nun, da Sie einen Vorgeschmack haben, wie gut das klappt, wollen Sie vielleicht noch ein paar mehr Webfonts ausprobieren?

B *Dies ist das CSS aus dem Anfangsteil der Datei* `demo.html`. *Font Squirrel packt es zu Demonstrationszwecken an diese Stelle, aber in der Praxis ist es am besten, alles CSS in einer externen Stylesheet-Datei zu führen.*

```
h1.fontface {
   font: 60px/68px 'LeagueGothicRegular', Arial,
   → sans-serif;
letter-spacing: 0;
}

p.style1 {
   font: 18px/27px 'LeagueGothicRegular', Arial,
   → sans-serif;
}
```

C *So wie vorher klicken Sie auf* Get Kit, *um die ZIP-Datei des Webfont-Kits herunterzuladen. Nach dem Download entpacken Sie das Archiv.*

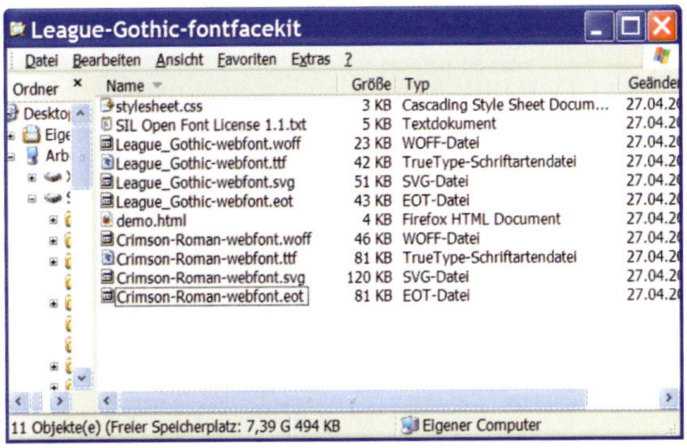

D *Nun haben wir zwei Webfonts im gleichen Ordner. Gut gemacht! (Siehe letzter Tipp zum Thema Dateien organisieren.)*

Für unsere nächste Aufgabe nehmen wir League Gothic für die Hauptüberschrift und Crimson für den restlichen Seitentext.

Mit mehreren Webfonts arbeiten

Gehen Sie noch einmal zu Font Squirrel und laden Sie das Webfont-Kit Crimson herunter, das sechs verschiedene Fonts enthält **C**.

Mehrere Webfonts im gleichen Projekt nutzen

1. Im Ordner sind eine ganze Menge Schriftdateien. Für unsere Zwecke benötigen wir nur ein paar davon. Wählen Sie die vier Webfont-Dateien für den Webfont Crimson Roman aus und kopieren Sie alle in den Ordner von League Gothic, in dem wir vorher schon gearbeitet haben. Das Ergebnis sollte wie **D** aussehen.
2. In `stylesheet.css` tippen Sie die folgende Regel:

```
@font-face {
    font-family: "CrimsonRoman";

src: url("Crimson-Roman-webfont.eot");
    src: url("Crimson-Roman-webfont.eot?#iefix")
    → format("embedded-opentype"),
      url("Crimson-Roman-webfont.woff")
      → format("woff"),
      url("Crimson-Roman-webfont.ttf")
      → format("truetype"),
      url("Crimson-Roman-webfont.
      → svg#CrimsonRoman") format("svg");
}
```

Das sieht, da bin ich sicher, erstaunlich vertraut aus. Nun besitzt unser Stylesheet Regeln für League Gothic und Crimson Roman. Der nächste Schritt ist, die Selektoren einzufügen, damit Crimson auf der Seite erscheint.

3. Nach der gerade eingetippten `@font-face`-Regel tippen Sie Folgendes in eine neue Zeile:

```
body {
   font-family: "CrimsonRoman", Georgia, serif;
}
```

4. In einer neuen Zeile tippen Sie die folgende Regel, um ein `h1` zu formatieren:

```
h1 {
   font-family: "LeagueGothic Regular", Arial,
   → sans-serif;
   font-size: 4em;
   font-weight: normal;
}
```

Als Nächstes werden wir ein neues HTML-Dokument erstellen.

5. Im gleichen Ordner erstellen Sie eine neue HTML-Datei namens `demo2.html`.

6. Tippen Sie den folgenden Code in die Seite `demo2.html` ein (beachten Sie, wie wir die Verknüpfung mit `stylesheet.css` herstellen, das wir gerade bearbeitet haben):

```
<!DOCTYPE html>
<html lang="de">
<head>
   <meta charset="UTF-8" />
   <title>Unsere atemberaubenden Beispiele für
   → Webfonts</title>
   <link rel="stylesheet" href="stylesheet.css" />
</head>
<body>
<article>
   <h1>Überschriften sind sehr wichtig</h1>
   <p>Es gibt mehr in Philadelphia als
   → Cheesesteaks, Rocky und die Liberty Bell.
   → Wussten Sie, dass Philadelphia mal
   → Hauptstadt der Vereinigten Staaten war? Sie
   → werden auch feststellen, dass in
   → Philadelphia das erste Postbüro unserer
   → Nation war, das erste Hospital und die erste
   → kostenlose Bücherei. Dieser Benjamin
   → Franklin war wirklich ein ganz schön aktiver
   → Mann!</p>
</article>
</body>
</html>
```

7. Öffnen Sie die Datei `demo2.html` in einem Browser **E** (siehe „Die Darstellung Ihrer Seite in einem Browser“ in Kapitel 2). Ihre Fonts sollten nun richtig gut aussehen.

TIPP **Wir haben die Namen der Font-Familien genommen, wie sie im Kit von Font Squirrel standen, z.B. `LeagueGothicRegular`. Das ist ein schöner, beschreibender Name, doch andere Schulen vertreten die Meinung, ein eher semantisches Bezeichnungsschema zu verwenden, z.B. `font-family: "Ueberschrift";`. Der Vorteil bei einem solchen Namensschema ist, wenn Sie es sich anders überlegen und einen neuen Webfont nehmen wollen (statt League Gothic), dann brauchen Sie nur diese `@font-face`-Regel durch die neue zu ersetzen und ihr `Ueberschrift` als Namen der Font-Familie zu geben.**

TIPP **Obwohl hier die Schritte und Beispiele davon ausgehen, dass die Font-Dateien, das Stylesheet und die HTML-Seite im gleichen Verzeichnis liegen, ist es eine bewährte Vorgehensweise, sie in verschiedenen Ordnern zu organisieren (siehe „Dateien organisieren“ in Kapitel 2). Achten Sie aber darauf, im HTML die Pfade zum Stylesheet und zu den Webfonts im CSS wie erforderlich anzupassen (siehe „URLs“ in Kapitel 1).**

E *In der Überschrift verwenden wir League Gothic und die restliche Seite wird in Crimson dargestellt.*

Webfonts formatieren und Dateigrößen verwalten

Mit Webfonts ist die Arbeit ein wenig komplizierter als mit normalen Fonts. Also sollten Sie auf ein paar Sachen achten, wenn Sie solche Webfonts einsetzen.

Ein potenzielles Risiko ist bei Webfonts, vor allem, wenn Sie mehr als ein oder zwei einsetzen, dass das aufs Gewicht der Seite schlagen kann. Ich rede hier aber nicht von Speck und Bratwurst, sondern von Kilobytes und Megabytes.

All diese Fonts müssen auf den Computer des Nutzers heruntergeladen werden, bevor sie auf der Seite dargestellt werden können. Wenn Sie ein halbes Dutzend Fonts auf einer Seite haben, kann das die Website ausbremsen, vor allem für mobile Nutzer. Von daher empfehle ich Ihnen, dass Sie umsichtig mit den Entscheidungen bei Ihren Webfonts sind. Wenn Sie merken, dass Sie mittlerweile sieben Webfonts haben, sollten Sie sich überlegen, wie Sie das verdichten können.

Eine Möglichkeit, beim Gewicht einer Seite zu sparen, ist das *Subsetting* (Untermenge bilden). Durch Subsetting speckt man die eigentliche Größe des Fonts ab, indem man einfach nur die wirklich verwendeten Zeichen aufnimmt. Wenn Sie beispielsweise League Gothic für Überschriften nehmen, aber die Site vom Design her erfordert, dass die Überschriften immer in Großbuchstaben sind, müssen die Kleinbuchstaben ja nicht verwendet werden. Mit Subsetting können Sie diese Buchstaben aus dem Font entfernen und die Dateigröße des Fonts wird messbar kleiner.

Zusätzlich können Sie sprachspezifische Subsets (Untermengen) für viele Fonts wählen. Wenn Sie sich die Fonts bei Font Squirrel anschauen, klicken Sie einfach auf View Font statt Get Kit für einen bestimmten Font. Auf der Seite dieses Fonts wählen Sie @font-face Kit, um die sprachenspezifischen Optionen vor dem Download des Kits zu sehen. Es würde den Rahmen dieses Buchs sprengen, die Einzelheiten des Subsettings zu erläutern, aber bei Font Squirrel gibt es ein Tool, mit dem Sie das Subsetting wie ein Experte vornehmen können (*www.fontsquirrel.com/fontface/generator*).

Eine andere Situation, in der sich Webfonts womöglich etwas merkwürdig verhalten, ist, wenn Sie Formatierungen vornehmen wollen – und seien es nur ganz einfache. Dazu müssen Sie auf jeden Fall im Hinterkopf behalten, dass es Webfonts pro Font nur in einem Gewicht und einem Stil gibt. Wenn Sie den Font in kursiv oder fett haben wollen, müssen Sie jeweils einzelne Regeln dafür erstellen, jede mit ihrer eigenen Webfont-Datei.

Fett- und Kursivschrift einfügen

1. Aktualisieren Sie den ersten Absatz der Datei `demo2.html` mit dem im Folgenden hervorgehobenen Code:

```
<p>Es gibt mehr in Philadelphia als Cheesesteaks,
→ Rocky und die Liberty Bell. <em>Wussten
→ Sie,</em> dass Philadelphia mal Hauptstadt
→ der Vereinigten Staaten war? Sie werden auch
→ feststellen, dass in Philadelphia das erste
→ Postbüro unserer Nation war, das erste Hospital
→ und die erste kostenlose Bücherei. Dieser
→ Benjamin Franklin war wirklich ein ganz schön
→ <b>aktiver</b> Mann!</p>
```

2. Aktualisieren Sie Ihren Browser.

   Es wirkt, dass im Absatz nun fette und kursive Schrift enthalten ist. Doch ist nicht alles so, wie es scheint. Tatsächlich ist beim Webfont Crimson Roman fette und kursive Schrift nicht eingebaut. Der Browser ahmt das nur nach, indem er normalen Text etwas fetter macht und für kursiv die Schrift ein wenig schräg stellt.

Der vorgetäuschte Effekt ist deutlich merkbar, sogar für den durchschnittlichen Betrachter **A**. Wir hingegen wollen die korrekte fette und kursive Schrift, die für diesen Font designt wurde. Gute Nachricht: Das geht ganz einfach!

Um die korrekten Schriften für Crimson zu bekommen, müssen wir diese Webfont-Dateien holen und in den Ordner kopieren, genau wie wir das bereits im Abschnitt „Mehrere Webfonts im gleichen Projekt nutzen“ gemacht haben.

3. Suchen Sie die Webfont-Dateien für Crimson-Bold und Crimson-Italic und kopieren Sie alle Formate davon (insgesamt acht Dateien) in den Ordner für das Demoprojekt **B**.

   Als Nächstes müssen wir wie vorher einfach ein paar neue `@font-face`-Regeln schreiben, um diese Dateien einzubinden.

4. In `stylesheet.css` tippen Sie Folgendes ein:

```
@font-face {
    font-family: "CrimsonBold";
    src: url("Crimson-Bold-webfont.eot");
    src: url("Crimson-Bold-webfont.eot?#iefix")
    → format("embedded-opentype"),
        url("Crimson-Bold-webfont.woff")
        → format("woff"),
        url("Crimson-Bold-webfont.ttf")
        → format("truetype"),
        url("Crimson-Bold-webfont.svg#CrimsonBold")
        → format("svg");
}

@font-face {
    font-family: "CrimsonItalic";
    src: url("Crimson-Italic-webfont.eot");
    src: url("Crimson-Italic-webfont.eot?#iefix")
    format("embedded-opentype"),
        url("Crimson-Italic-webfont.woff")
        → format("woff"),
        url("Crimson-Italic-webfont.ttf")
        → format("truetype"),
        url("Crimson-Italic-webfont.
        → svg#CrimsonItalic")
        → format("svg");
}
```

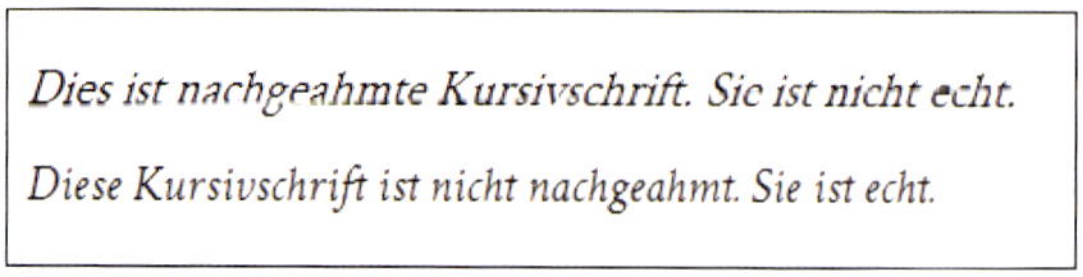

A *Welches sind die gefakten Schriftstile? Achten Sie auf die Kleinbuchstaben „e“, „a“ und „f“.*

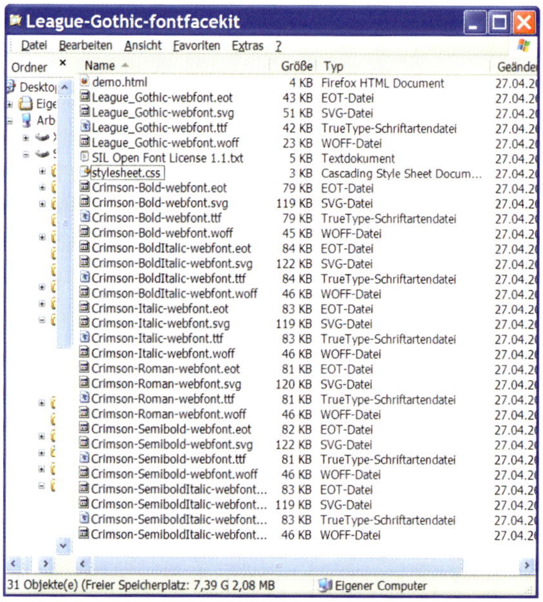

B *Puh, langsam wird's hier richtig voll! Die neuen Dateien für das fette und kursive Crimson sollten direkt neben den Dateien für Roman stehen (siehe letzter Tipp).*

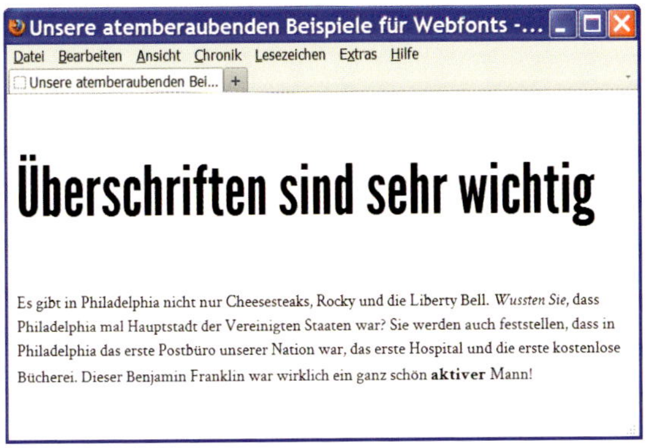

C *Mehrere Webfonts, alle korrekt formatiert*

TIPP Es gibt auch einen etwas saubereren Ansatz, um den Code mit `@font-face` zu schreiben, durch den Sie die zusätzlichen Varianten im Schriftgewicht bekommen, ohne extra Regeln für `b`, `em` oder welche Elemente Sie auch als fett oder kursiv formatieren wollen, schreiben zu müssen. Doch das bringt einige zusätzliche Risiken mit sich und ist mit dem Internet Explorer weniger kompatibel. Wenn Sie wissen wollen, wie das geht, lesen Sie diesen Blog-Post von Roger Johansson: *www.456bereastreet.com/archive/201012/font-face_tip_define_font-weight_and_font-style_to_keep_your_css_simple/*.

TIPP Wenn Sie mit Typekit oder anderen Webfont-Diensten arbeiten, die JavaScript verwenden, prüfen Sie, wie diese Schriftstile anwenden, weil es dort vielleicht eigene Arten gibt, wie die Selektoren für die Formatierung geschrieben werden müssen.

TIPP Obwohl hier die Schritte und Beispiele davon ausgehen, dass die Font-Dateien, das Stylesheet und die HTML-Seite im gleichen Verzeichnis liegen B, ist es eine bewährte Vorgehensweise, sie in verschiedenen Ordnern zu organisieren (siehe „Dateien organisieren" in Kapitel 2). Achten Sie aber darauf, im HTML die Pfade zum Stylesheet und zu den Webfonts im CSS wie erforderlich anzupassen (siehe „URLs" in Kapitel 1).

5. In `stylesheet.css` tippen Sie folgende Regeln ein:

```
b {
   font-family:"CrimsonBold", Georgia, serif;
   font-weight: normal;
}

em {
   font-family:"CrimsonItalic", Georgia, serif;
   font-style: normal;
}
```

   Die erste Regel formatiert das `b`-Element, gibt ihm die Font-Familie Crimson Bold und setzt das Schriftgewicht auf normal. Wenn Sie vergessen, `font-style` auf `normal` zu setzen, und das Schriftgewicht so lassen, wie es ist, wird der Browser versuchen, die fette Schrift noch fetter zu machen, wodurch alles noch schlimmer wird! Mit dem `em`-Element gehen Sie genauso vor: Ändern Sie die Font-Familie und setzen Sie `font-style` ebenfalls auf `normal`.

   Das sollte reichen.

6. Schauen Sie sich `demo2.html` im Browser an, um die korrekte kursive und fette Schrift zu sehen **C**.

TIPP Sie können eine fette und kursive Formatierung mit einem Webfont auf jedes Element anwenden, in dem Text enthalten ist, nicht nur diejenigen, die in den Beispielen und Schritten gezeigt wurden. Wie immer sollten Sie jenes HTML-Element wählen, das Ihren Inhalt am besten beschreibt, und es wie gewünscht formatieren.

TIPP Denken Sie daran, dass jeder Schriftstil und jedes Schriftgewicht, die neue Font-Dateien benötigen, die Dateimenge erhöhen, die der Browser herunterladen muss. Das kann sich auf die Performance auswirken. Aus diesem Grund haben sich viele Designer entschieden, Webfonts nur in Überschriften zu nutzen.

14 Verbesserungen durch CSS3

Im Laufe der Zeit mussten sich Website-Autoren u.a. der Herausforderung stellen, dass es für reichhaltige Layouts mit CSS nur eine begrenzte Anzahl Optionen gab. In den meisten Fällen bedeutete dies, mehr HTML und CSS zu nehmen und eine ganze Menge Bilder einzusetzen. Zusammengenommen führte das zu Seiten, die komplizierter und weniger zugänglich waren, länger beim Laden und die Darstellung im Browser brauchten und einfach zerbrechlicher und schwerer zu pflegen waren.

Durch die zügige Übernahme vieler CSS3-Eigenschaften in den vergangenen Jahren wurde das Blatt nun deutlich zum Besseren gewendet. Heute ist es möglich, abgerundete Ecken, Farbverläufe und Schlagschatten einzubauen, die Transparenz anzupassen und noch vieles mehr – einfach durch CSS. Das führte zu Webseiten mit schlankerem Markup und weniger Bildern. Vielleicht am wichtigsten ist, dass diese Seiten auch auf weniger leistungsfähigen Geräten wie Smartphones genauso schnell wie auf Desktop- und Laptop-Computer geladen und dargestellt werden.

Im Laufe der weiteren Entwicklung von CSS bleibt die Herausforderung bestehen, dass nicht alle Browser diese neuen CSS-Eigenschaften exakt gleich unterstützen.

Übersicht

Herstellerabhängige Präfixe

Obwohl vieles von dem, was man zu CSS3 zählt, noch nicht die W3C-Stufe „Candidate Recommendation" erreicht hat (das hieße, dass die Spezifikation abgeschlossen ist), sind in aktuellen Versionen von Firefox, des Internet Explorers, Chrome, Safari und Opera bereits viele Teile implementiert.

Um unfertige (und gelegentliche auch konkurrierende) CSS-Implementierungen, die sich möglicherweise noch ändern werden, zukunftssicher zu gestalten, werden überall, wo es erforderlich ist, bei der Browser-Implementierung sogenannte *Hersteller-Präfixe* (*vendor prefixes*) angewendet. Damit kann jeder Browser eine Eigenschaft auf seine Weise unterstützen, ohne mit der finalen Spezifikation oder anderen Browsern in Konflikt zu geraten. Außerdem kann man anhand dieser Hersteller-Präfixe sicherstellen, dass vorhandene Websites, die die experimentellen Implementierungen verwenden, bei einer ausgereiften oder abgeschlossenen Spezifikation nicht funktionsunfähig werden.

Jeder der großen Browser besitzt ein eigenes Präfix: `-webkit-` (Webkit/Safari/Chrome), `-moz-` (Firefox), `-ms-` (Internet Explorer), `-o-` (Opera) und `-khtml-` (Konqueror). Dieses Präfix, wie Sie sich sicher schon gedacht haben, stellt man vor den Namen der CSS-Eigenschaft, aber merken Sie sich, dass nicht immer alle Präfixe gebraucht werden. In den meisten Fällen benötigen Sie nur die Präfixe `-moz` und `-webkit`, wie Sie schon in unseren Beispielen hier sehen werden. Um Ihre Arbeit zukunftssicher zu machen, empfehle ich, dass Sie eine Version ohne Präfix als letzte Deklaration einfügen **A**.

In der Praxis bedeutet das weniger HTML, aber mehr CSS, um einen gewünschten Effekt zu erzielen – das werden Sie gleich in diesem Kapitel schon merken.

In diesem Kapitel schauen wir uns einige beliebte und praktische CSS3-Eigenschaften für abgerundete Ecken, Schatten und Farbverläufe an, nutzen mehrere Hintergründe bei einem Element und passen die Transparenz an. Ich zeige Ihnen auch, wie Browser-Hersteller und Webprofis in den Unternehmen die Philosophie der progressiven Verbesserung nutzen, um anhand von Hersteller-Präfixen und auf JavaScript basierenden Polyfills die Lücken zwischen Browsern zu schließen.

Die Codebeispiele in diesem Kapitel finden Sie auf der Website des Buchs *www.bruceontheloose.com/htmlcss/examples/*. Die Site bietet außerdem noch ein Extrabeispiel, in dem die in diesem Kapitel erläuterten CSS3-Effekte kombiniert werden.

A *Beispielsweise wird für die Eigenschaft* `border-radius` *ein Hersteller-Präfix benötigt (siehe die ersten beiden Deklarationen), um ältere Versionen von Firefox und auf Webkit basierende Browser wie Chrome und Safari zu unterstützen. Die aktuellen Versionen dieser Browser nutzen diese Eigenschaft nicht mehr mit, sondern ohne Präfix (also einfach* `border-radius: 10px`*). Wie immer wird in einer Regel die letzte konkurrierende Deklaration vorrangig behandelt und darum muss die Version ohne Präfix ganz zuletzt stehen.*

```
div {
   -moz-border-radius: 10px;
   -webkit-border-radius: 10px;
   border-radius: 10px;
}
```

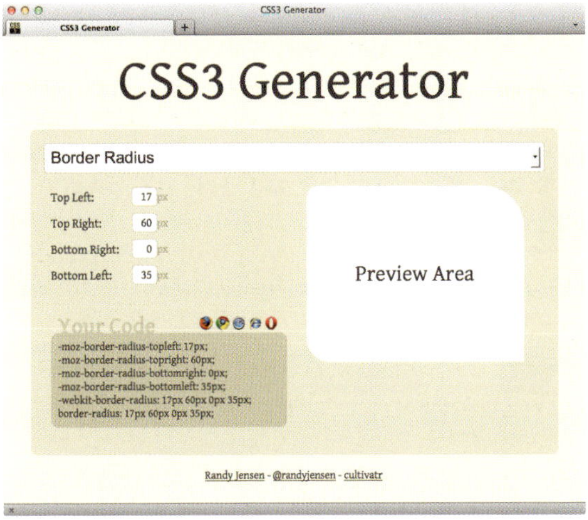

B *Der CSS3 Generator (www.css3generator.com) stellt ein hervorragendes Lernwerkzeug dar und hilft außerdem bei der Reduzierung von sich wiederholender Arbeit, wenn man die CSS-Eigenschaft für die Browser jeweils mit und ohne Präfix schreibt.*

TIPP Dienste wie der CSS3 Generator (*www.css3generator.com*) vereinfachen die Arbeit der Erstellung dieser Eigenschaften deutlich und sparen eine Menge Zeit und Tipparbeit. Auf *www.bruceontheloose.com/tools/* finden Sie eine Liste anderer Tools, die Code für Sie generieren.

border-radius	1.0	9.0	1.0	3.0	10.3
box-shadow	3.5	9.0	1.0	3.0	10.5
text-shadow	3.0	10.0	1.0	1.1	10.0
multiple backgrounds	3.6	9.0	1.0	1.3	10.0
gradients	3.6	10.0	2.0	4.0	11.1
opacity	1.0	9.0	1.0	2.0	10.0

A *Diese Tabelle zeigt, wann für jede der in diesem Kapitel erläuterten CSS-Eigenschaften der Support durch die Browser erstmals eingeführt wurde. Eine detailliertere Aufschlüsselung finden Sie, wenn Sie jede Eigenschaft unter www.caniuse.com oder www.findmebyip.com/litmus/ nachschlagen.*

Zwar erscheint durch diese Hersteller-Präfixe ein beträchtliches Maß an Wiederholungen in Ihrem CSS, aber verglichen zur Fortschrittssicherheit ist das nur ein kleiner Preis, den Sie zahlen müssen. Den haben Webprofis weitgehend akzeptiert – und wenn auch nur, weil sie die lästige Arbeit des Einfügens von Eigenschaften mit Präfix in den Code automatisieren konnten (siehe Tipp links) **B**.

TIPP Nicht alle CSS3-Eigenschaften wie `text-shadow` und `opacity` erfordern, dass man für jeden Browser mit Präfix arbeitet (siehe „Text mit Schlagschatten versehen“ bzw. „Die Opazität von Elementen angeben“). Überdies benötigen nicht alle Browser ein spezifisches Präfix für eine Eigenschaft.

TIPP Wenn sich die Syntax einer Eigenschaft verändert, bevor es die finale Version gibt, können Sie das CSS mit mehreren Versionen ausstatten. Sie finden verschiedene Beispiele dafür in diesem Kapitel bei den Eigenschaften `border-radius` und `gradient` (siehe „Abgerundete Ecken bei Elementen“ bzw. „Hintergründe mit Farbverläufen“). Jeder Browser interpretiert nur die spezielle Syntax, die er versteht, und ignoriert den Rest.

TIPP Zwar gibt es keine definierte Reihenfolge, in der die Eigenschaften mit Präfix eingebunden werden, aber Sie sollten stets eine Version ohne Präfix ans Ende stellen, um Ihre Arbeit auch für die Zukunft stabil zu machen A. So gehen Sie sicher, dass die Seite auch weiterhin funktioniert, wenn die Browser später die Eigenschaften ohne Präfix unterstützen.

Ein kurzer Blick auf die Browser-Kompatibilität

Weil sich das Tempo, mit dem sich die Browser weiterentwickeln, in den vergangenen Jahren deutlich beschleunigt hat, sollten Sie wissen, wann Sie einen verlässlichen Support für diese neuen CSS-Eigenschaften erwarten dürfen. Hier folgt eine Kurzübersicht, wann die Browser damit begonnen haben, jede der in diesem Kapitel aufgeführten Eigenschaften zumindest minimal zu unterstützen **A**.

Polyfills zur progressiven Verbesserung einsetzen

Ein allgemein akzeptierter Ansatz zur Erstellung moderner Websites basiert auf der sogenannten *progressiven Verbesserung* (*progressive enhancement*). Dabei wird die Erstellung von Inhalt und Funktionalität betont, die auf ihrer Basisstufe allen Nutzern, egal mit welchem Browser, zugänglich ist, während leistungsfähigere Browser erweiterte Erfahrungen bieten. Einfach ausgedrückt bedeutet das: Allgemein wird akzeptiert, dass Websites in den verschiedenen Browsern unterschiedlich aussehen und sich verschieden verhalten können, solange die Inhalte weiterhin zugänglich bleiben.

Ein Beispiel aus der Praxis ist die Dribble-Site (*http://dribble.com*) **A**, auf der CSS3 mittels progressiver Verbesserung für eine reichhaltigere Erfahrung in moderneren Browsern eingesetzt wird. Älteren Browsern wie dem Internet Explorer 8 **B** wird ohne Verlust an Funktionalität eine etwas andere visuelle Erfahrung präsentiert.

Es kann sein, dass Sie die Einschränkungen weniger leistungsfähiger Browser mal mittels der Fähigkeiten anderer Browser überbrücken wollen, indem Sie *Polyfills* (auch *Shims* genannt) verwenden.

Üblicherweise werden diese Polyfills anhand von JavaScript implementiert und sorgen in weniger leistungsfähigen Browsern für einen bestimmten Support-Grad bei HTML5 sowie CSS3-APIs und -Eigenschaften. Wenn diese Fähigkeiten hingegen nativ im Browser vorhanden sind, greifen sie reibungslos darauf zurück. Wichtig bleibt anzumerken, dass man dabei aber generell ein Performance-Minus in Kauf nehmen muss, weil JavaScript in weniger leistungsfähigen Browsern messbar langsamer ist (vor allem in älteren Versionen des Internet Explorers).

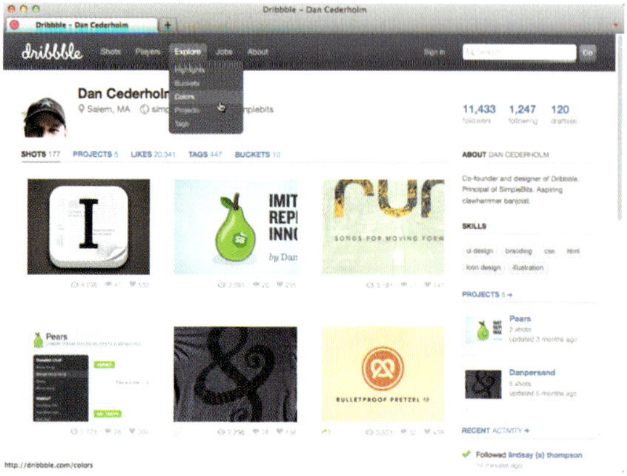

A *Die Dribble-Site arbeitet mit mehreren CSS3-Eigenschaften, z.B.* `border-radius` *und CSS3-Farbverläufe im Hintergrund, um Anwendern mit modernen Browsern eine bessere Erfahrung zu bieten. Aber auch weniger leistungsfähige Browser lässt sie nicht im Stich.*

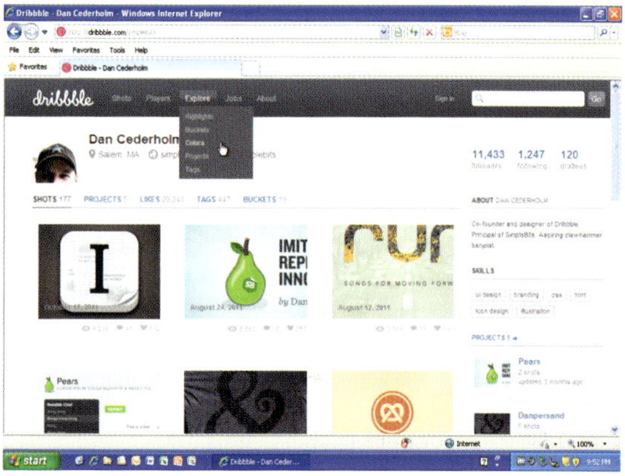

B *Wenn man sich die Site in älteren Browsern (z.B. dem Internet Explorer 8) anschaut, die* `border-radius` *nicht unterstützen, ändert sich der direkte Eindruck. Abgerundete Ecken wie die in den pillenförmigen Navigationsbuttons werden einfach quadratisch gemacht und verlieren nichts von ihrer Funktionalität. Alles funktioniert auch weiterhin. Das ist ein Aspekt der progressiven Verbesserung in Aktion.*

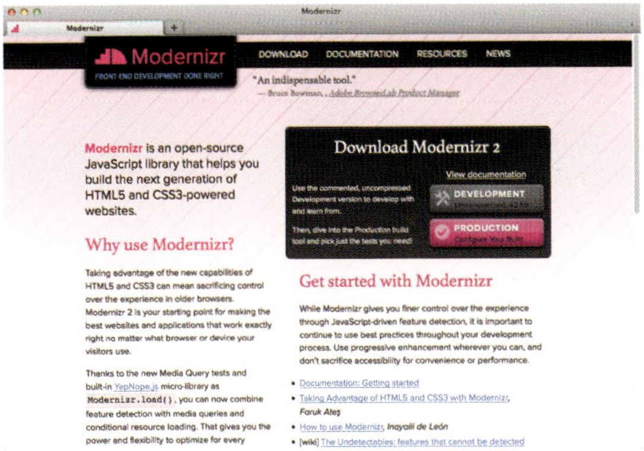

C *Modernizr ist eine JavaScript-Bibliothek, mit der Sie erkennen können, ob ein Browser spezielle HTML5-, CSS3- oder andere Features unterstützt. So erstellen Sie Websites, die basierend auf verfügbaren Fähigkeiten optimiert sind.*

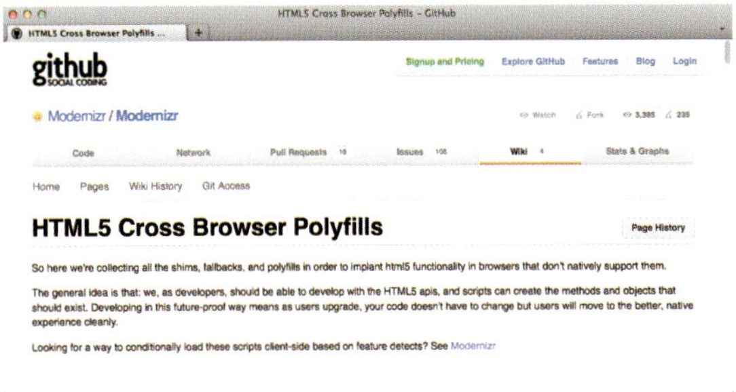

D *Sie finden eine wachsende Liste von JavaScript-Polyfills, um HTML5- und CSS3-Features in älteren Browsern zu überbrücken, die sie nicht nativ unterstützen.*

Auf der Site von Modernizr (*www.modernizr.com*), einer JavaScript-Bibliothek **C**, erfahren Sie mehr über progressive Verbesserung, viele Arten von Polyfills und wie man verantwortungsbewusst die Lücke zwischen älteren Browsern und neuer Webtechnologie füllt. Faruk Ateş schuf 2009 Modernizr, zum Team gehören heute auch Paul Irish, Alex Sexton und Ryan Seddon. Weitere Infos über Modernizr in den Tipps.

TIPP Heute weisen Browser ihre Anwender stets darauf hin, regelmäßig aktualisierte Versionen herunterzuladen (z.B. Firefox, Safari und Internet Explorer), oder sie laden die Updates dezent im Hintergrund herunter (wie Chrome).

TIPP JavaScript-basierte Tools wie Modernizr assistieren dabei, indem sie (neben anderen Tipps) darauf hinweisen, wenn neues oder experimentelles CSS in einem Browser verfügbar ist. So können Sie die Seiten mit CSS und JavaScript progressiv erweitern und verbessern und somit eine reichhaltigere Erfahrung für leistungsfähige Browser bieten, ohne andere abzuhängen.

TIPP Sie finden eine von der Webcommunity geführte Liste nützlicher JavaScript-Polyfills auf GitHub (*https://github.com/Modernizr/Modernizr/wiki/HTML5-Cross-Browser-Polyfills*) D als Bestandteil des Modernizr-Projekts. Was im Bereich „CSS3 Styles" geführt wird, ist von besonderem Interesse, vor allem PIE von Jason Johnston (*www.css3pie.com*). Damit werden viele der in diesem Kapitel erläuterten CSS3-Effekte für den Internet Explorer 6 bis 9 möglich (PIE braucht der IE9 nur, um lineare Farbverläufe darzustellen, die anderen unterstützt er nativ). Beachten Sie, dass sich die Nutzung von PIE möglicherweise auf die Performance Ihrer Site in älteren Browsern auswirken kann.

Abgerundete Ecken bei Elementen

Mit CSS3 können Sie die Ecken der meisten Elemente abrunden, darunter z.B. auch Formularelemente, Bilder und sogar Textabsätze, ohne zusätzliches Markup oder Bilder (A und B). Wie die Eigenschaften `margin` und `padding` verfügt auch `border-radius` über eine Syntax in Kurz- und Langform. Werfen Sie einen Blick auf E, dort finden Sie einfache Beispiele für die unterschiedlichen Einsatzmöglichkeiten von `border-radius`.

Alle Ecken eines Elements gleich abrunden

1. Geben Sie `-moz-border-radius:` *r* ein, wobei *r* der Radius der Ecken ist, ausgedrückt als Längenmaß (mit Einheiten) C.
2. Geben Sie `-webkit-border-radius:` *r* ein, wobei *r* der Radius der Ecken ist, mit dem gleichen Wert aus Schritt 1.
3. Tippen Sie `border-radius:` *r* ein, wobei *r* der Radius-Wert der Ecken ist, mit dem gleichen Wert aus Schritt 1. Dies ist die Standardkurzform für die Syntax dieser Eigenschaft.

A *Dieses Dokument enthält* `div`*-Beispiele mit* `class`*-Attributen. Mit jedem werden eine andere Einsatzmöglichkeit für* `border-radius` *und die unterschiedlichen Schreibweisen gezeigt, um entweder alle Ecken gleichzusetzen, eine einzelne Ecke anhand der langen Syntax anzugeben oder um eine elliptische Ecke sowie solche Formen wie Kreise festzulegen.*

```
...
<body>
<div class="all-corners"></div>
<div class="one-corner"></div>
<div class="elliptical-corners"></div>
<div class="circle"></div>
</body>
</html>
```

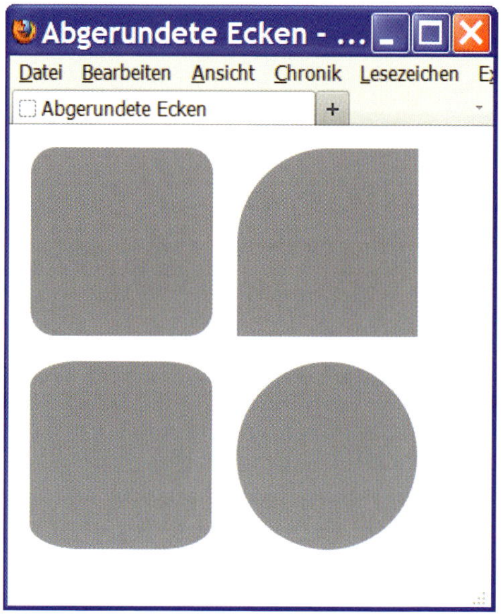

B *Wenn ein Browser die Eigenschaft* `border-radius` *mit oder ohne Hersteller-Präfix unterstützt, sollte er die Beispiele ähnlich wie diese hier darstellen können. Beachten Sie, dass es dezente visuelle Unterschiede zwischen den Implementierungen gibt, vor allem in älteren Versionen von Safari und Firefox.*

C *Das CSS der vier Beispiele für* `border-radius` *einschließlich der nötigen Hersteller-Präfixe für die Eigenschaften, um ältere Versionen von Firefox und Safari zu unterstützen. Beachten Sie, dass Opera 10.5 und Internet Explorer 9 keine Eigenschaft mit Präfix benötigen. Weitere Informationen finden Sie in* **D**.

```
div {
   background: #999;
   float: left;
   height: 150px;
   margin: 10px;
   width: 150px;
}

.all-corners {
   border-radius: 20px;
}

.one-corner {
   -moz-border-radius-topleft: 75px;
   -webkit-border-top-left-radius: 75px;
   border-top-left-radius: 75px;
}

.elliptical-corners {
   -moz-border-radius: 40px / 20px;
   -webkit-border-radius: 40px / 20px;
   border-radius: 40px / 20px;
}

.circle {
   -moz-border-radius: 75px;
   -webkit-border-radius: 75px;
   border-radius: 75px;
}
```

Nur eine Ecke des Elements abrunden

1. Geben Sie `-moz-border-radius-topleft:` *r* ein, wobei *r* der Radius-Wert der Ecke oben links ist, ausgedrückt als Längenmaß (mit Einheiten). Dies ist die ältere, nicht standardmäßige Syntax, die von Firefox-Versionen vor 4.0 verwendet wird (siehe vorletzten Tipp). Sie können diesen Schritt auch auslassen, wenn es Ihnen nichts ausmacht, dass bei den älteren Versionen die Ecken … nun ja, eckig sind **C**.
2. Geben Sie `-webkit-border-top-left-radius:` *r* ein, wobei *r* der gleiche Wert ist wie in Schritt 1.
3. Geben Sie `-border-top-left-radius:` *r* ein, wobei *r* der Radius-Wert der Ecke oben links ist, ausgedrückt als Längenmaß (mit Einheiten). Dies ist die standardmäßig lange Form der Syntax für diese Eigenschaft.

Diese Schritte beschreiben nur die Formatierung der oberen linken Ecke, aber natürlich geht das entsprechend auch bei den anderen Ecken einzeln. Und zwar so:

- Für die obere rechte Ecke ersetzen Sie in den Schritten 2 und 3 `top-left` durch `top-right`. Optional ersetzen Sie in Schritt 1 `topleft` durch `topright`.
- Für die untere rechte Ecke ersetzen Sie in den Schritten 2 und 3 `top-left` durch `bottom-right`. Optional ersetzen Sie in Schritt 1 `topleft` durch `bottomright`.
- Für die untere linke Ecke ersetzen Sie in den Schritten 2 und 3 `top-left` durch `bottom-left`. Optional ersetzen Sie in Schritt 1 `topleft` durch `bottomleft`.

Elliptische Ecken erstellen

1. Tippen Sie `-moz-border-radius:` *x* / *y*, wobei *x* der horizontale Radius-Wert der Ecken und *y* der vertikale Radius-Wert der Ecken ist, als Länge (mit Einheiten) angegeben **C**. Die Werte werden mit Schrägstrich getrennt.

Einen Kreis mit border-radius erstellen

1. Tippen Sie `-moz-border-radius:` *r* ein, wobei *r* der Radius des Elements ist (mit Längeneinheiten). Um einen Kreis zu erstellen, nehmen Sie die Kurzschreibweise, und der Wert von *r* sollte die Hälfte der Höhe oder Breite des Elements betragen **C**.
2. Geben Sie `-webkit-border-radius:` *r* ein, wobei *r* der Radius des Elements ist (mit Längeneinheiten). Das unterstützt ältere Versionen von Webkit-basierten Browsern wie Chrome und Safari.
3. Tippen Sie `border-radius:` *r* ein, wobei *r* der Radius des Elements ist (mit Längeneinheiten). Dies ist die standardmäßige Form der Syntax ohne Präfix.

TIPP **Ältere Browser, die `border-radius` nicht unterstützen, werden das Element einfach rechteckig darstellen.**

TIPP **Wie die CSS-Eigenschaften `border`, `margin` und `padding` kann `border-radius` entweder mit kurzer oder langer Schreibweise angegeben werden. Das hängt davon ab, ob Sie für jede Ecke andere Werte angeben wollen.**

Firefox Firefox 3.6	-moz-border-radius topleft -moz-border-radius-topright -moz-border-radius-bottomleft -moz-border-radius-bottomright
Webkit Safari 3 und 4 Chrome 3	-webkit-border-top-left-radius -webkit-border-top-right-radius -webkit-border-bottom-left-radius -webkit-border-bottom-right-radius
Standard CSS3-Syntax Firefox 4 Chrome 4 Safari 5 Internet Explorer 10 Opera 10.5	border-top-left-radius border-top-right-radius border-bottom-left-radius border-bottom-right-radius

D *Die andere `border-radius`-Syntax, die für Firefox 3.6 und Webkit (Safari/Chrome) nötig ist, dazu die offizielle Syntax ohne Präfix, die von den neuesten Browserversionen verwendet wird*

E *Diese Beispiele zeigen nur einige Möglichkeiten, um* `border-radius`*-Werte anzugeben – entweder anhand eines Wert-Paars oder indem Sie alle vier Ecken einzeln angeben. Die Kurzformsyntax erlöst Sie auch vom Kopfzerbrechen bei der komplexeren langen Syntax, vor allem wenn Sie auch Firefox-Versionen vor 4.0 unterstützen müssen.*

```
div {
   /* Setzt den Radius der Ecken oben links und
   → unten rechts auf 5px und den der Ecken oben
   → rechts und unten links auf 10px */
   border-radius: 5px 10px;
}

div {
   /* Setzt den Radius der Ecke oben links auf
   → 5px, oben rechts auf 10px, unten rechts auf
   → 0 und unten links auf 20px */
   border-radius: 5px 10px 0 20px;
}

div {
   /* Setzt den Radius der Ecke oben links auf
   → 20px, oben rechts auf 0px, unten rechts auf
   → 0 und unten links auf 0px */
   border-radius: 20px 0 0 0;
}

div {
   /* Setzt den Radius der oberen linken Ecke
   → auf 30px */
   -moz-border-radius-topleft: 30px;
   -webkit-border-top-left-radius: 30px;
   border-top-left-radius: 30px;
}
```

TIPP **Wenn Sie alle vier Ecken eines Elements mit dem gleichen Radius-Wert abrunden wollen, nehmen Sie die einfachere `border-radius`-Syntax in Kurzform, als gäben Sie die grundlegenden Rahmenstileigenschaften an E. Zum Beispiel gibt `border-radius: 12px;` allen vier Ecken eines Elements einen Radius von 12 Pixel.**

TIPP **Die Eigenschaft `border-radius` wird nicht vererbt.**

TIPP **Obwohl es möglich ist, den Radius einer abgerundeten Ecke mit Prozentwerten anzugeben, ist generell davon abzuraten, da manche Browser das basierend auf den errechneten Dimensionen eines Elements inkonsistent handhaben.**

TIPP **Als der Support für `border-radius` in Firefox und Safari aufgenommen wurde, nutzte Firefox anfangs eine nicht standardmäßige lange Syntaxform (`-moz-border-radius-topleft`, `-moz-border-radius-topright`, `-moz-border-radius-bottomleft`, `-moz-border-radius-bottomright`), um die Eigenschaft für die einzelnen Ecken eines Elements anzugeben D, doch seit Firefox 4.0 wird die empfohlene Syntax befolgt (`border-top-left-radius`, `border-top-right-radius`, `border-bottom-left-radius`, `border-bottom-right-radius`). Die aktuellen Versionen aller Browser unterstützen nun die `border-radius`-Eigenschaft ohne Präfix.**

TIPP **Falls Sie es verwirrend oder mühsam finden, CSS für `border-radius` zu schreiben – nur die Ruhe! Webbasierte Dienste wie der CSS3 Generator (*www.css3generator.com*) von Randy Jensen vereinfachen die Arbeit der Erstellung dieser Eigenschaften deutlich und erspart einem viel Tipparbeit. Sie geben die Radius-Werte ein und der Generator zeigt die Ergebnisse an einem Beispielelement. So erkennen Sie sofort, ob es den erwünschten Effekt hat. Noch besser ist, dass der Generator alles erforderliche CSS für Sie schreibt. Sie brauchen es nur noch zu kopieren und in Ihr Stylesheet einzufügen. Den Generator können Sie auch für andere CSS3-Eigenschaften nehmen. Sehr praktisch!**

Text mit Schlagschatten versehen

Die Eigenschaft `text-shadow` wurde ursprünglich in die CSS2-Spezifikation aufgenommen, aus CSS2.1 hinaus katapultiert und in CSS3 wieder eingebaut. Damit können Sie dynamische Schlagschatteneffekte auf Text in Elementen wie Absätzen, Überschriften (A bis C) o.Ä. einfügen, ohne zuerst den Text anhand eines Bilds darstellen zu müssen.

Schlagschatten beim Text eines Elements einfügen

1. Im CSS tippen Sie `text-shadow:`.
2. Tippen Sie die vier Werte für `x-offset`, `y-offset`, `farbe` und `unschaerferadius` (mit Längeneinheiten) ohne Kommas dazwischen ein, also z.B. so: `2px 2px 5px #999` (siehe Tipps für Informationen über erlaubte Werte).
3. Abschließend tippen Sie das Semikolon ; ein.

Mehrere Schlagschattenstile beim Text eines Elements einfügen

1. Im CSS tippen Sie `text-shadow:`.
2. Tippen Sie die vier Werte für `x-offset`, `y-offset`, `farbe` und `unschaerferadius` (mit Längeneinheiten) ohne Kommas dazwischen ein (siehe Tipps, welche Werte erlaubt sind).
3. Geben Sie das Komma , ein.
4. Wiederholen Sie Schritt 2 mit verschiedenen Werten für alle vier Eigenschaften.
5. Abschließend tippen Sie das Semikolon ; ein.

(A) Zwei Beispielimplementierungen, die die Verwendung von `text-shadow` *demonstrieren*

```
...
<body>
<h1>Textschatten</h1>
<h1 class="multiple">Mehrere Textschatten</h1>
</body>
</html>
```

(B) So sollen die beiden Beispiele aussehen, wenn sie in einem Browser dargestellt werden, der die Eigenschaft `text-shadow` *unterstützt.*

C Man kann für ein Element auch mehr als einen Schlagschatten angeben, indem man die Gruppen von Eigenschaftswerten mit Komma trennt, wie im Klassenselektor `.multiple` zu sehen ist. So können Sie Schlagschatten kombinieren, um einzigartige und interessante Effekte zu erstellen.

```
h1 {
   font-family: Helvetica, Arial, sans-serif;
   font-size: 72px;
   line-height: 1em;
   text-shadow: 2px 2px 5px #999;
}

.multiple {

text-shadow: 2px 2px 0 rgba(255,255,255,1),
→ 6px 6px 0 rgba(50,50,50,.25);
}
```

text-shadow auf Standardwert zurücksetzen

1. Im CSS tippen Sie `text-shadow:`.
2. Dann tippen Sie `none`.
3. Abschließend geben Sie das Semikolon ; ein.

TIPP Für die Eigenschaft `text-shadow` sind keine Hersteller-Präfixe erforderlich.

TIPP Obwohl die Syntax ähnlich wirkt, ist es nicht möglich, die vier Eigenschaftswerte für `text-shadow` individuell anzugeben, wie das bei Rahmen und Hintergründen geht.

TIPP Wenn nichts angegeben wurde, ist `none` der Anfangswert.

TIPP Die Eigenschaft `text-shadow` wird vererbt.

TIPP Die Eigenschaft akzeptiert vier Werte: `x-offset` und `y-offset` mit Längeneinheiten, einen optionalen `unschaerferadius` mit Längeneinheiten und schließlich einen `farbe`-Wert. Wenn Sie den `unschaerferadius` nicht angeben, wird Null angenommen.

TIPP Die Werte für `x-offset` und `y-offset` können positive oder negative Integer sein, d.h., `1px` und `-1px` ist beides gültig. Der Wert für `unschaerferadius` muss eine positive Ganzzahl sein. Alle drei Werte können auch Null betragen.

TIPP Die Farbe kann man als Hex-, RGB-, RGBA- oder HSLA-Werte angeben (siehe „CSS-Farben" in Kapitel 7) und in der Reihenfolge der Eigenschaftswerte als Erstes bzw. auch Letztes erscheinen.

TIPP Anspruchsvollere Effekte kann man anhand von mehreren Schatten bei einem Element erzielen. Dafür separieren Sie die einzelnen Schatteneigenschaften mit Komma, z.B. `text-shadow: 2px 2px 0 #999, 6px 6px 0 rgba(50,50,50,.25);` C. Die Schatten werden umgekehrt gestapelt, also der erste ganz oben und alle folgenden in ihrer Reihenfolge darunter.

Andere Elemente mit Schlagschatten versehen

Über die Eigenschaft `text-shadow` bekommt der Text eines Elements einen Schatten, aber die Eigenschaft `box-shadow` erlaubt es Ihnen, auch den Elementen selbst einen Schatten zu geben (A und B). Hier finden die gleichen Grundattribute Anwendung, doch bei `box-shadow` gibt es noch zwei weitere optionale Attribute: das Schlüsselwortattribut `inset` und das Attribut `spread`, um den Schatten zu erweitern oder schmaler zu machen.

Die Eigenschaft `box-shadow` unterscheidet sich auch insofern von ihrem Gegenstück `text-shadow`, dass sie weniger gut unterstützt wird und bei manchen Browserversionen auch Hersteller-Präfixe benötigt.

Zwar werden Sie meist nur vier Werte nutzen, aber die Eigenschaft `box-shadow` akzeptiert im Prinzip auch sechs: `x-offset` und `y-offset` mit Längeneinheiten, ein optionales Schlüsselwort `inset`, einen optionalen `unschaerferadius` mit Längeneinheiten, einen optionalen `spread`-Wert und einen `farbe`-Wert. Wenn Sie keine Werte für `unschaerferadius` oder `spread` angeben, wird Null angenommen.

A *Dieses Dokument enthält drei `div`s, die demonstrieren, wie über `box-shadow` ein oder mehrere Schatten eingefügt werden.*

```
...
<body>
<div class="shadow">
<h1>Einzelner Schatten</h1>
</div>

<div class="inset-shadow">
<h1>Inset-Schatten</h1>
</div>

<div class="multiple">
<h1>Mehrere Schatten</h1>
</div>
</body>
</html>
```

B *So sollen die drei Beispiele aussehen, wenn sie in einem Browser dargestellt werden, der die Eigenschaft `box-shadow` unterstützt.*

(C) Das CSS, mit dem die drei Beispiele erstellt wurden. Beachten Sie die beiden zusätzlich erforderlichen Eigenschaften mit Hersteller-Präfix, damit alles auch korrekt in älteren Firefox- und Webkit-Browsern dargestellt wird. Wenn ein Browser `box-shadow` nicht versteht, ignoriert er einfach diese CSS-Regeln und die Seiten werden ohne Schatten dargestellt.

```
div {
   background: fff;
   float: left;
   height: 150px;
   margin: 10px;
   width: 150px;
}

.shadow {
   background: #ccc;
   -moz-box-shadow: 2px 2px 5px #000;
   -webkit-box-shadow: 2px 2px 5px #000;
   box-shadow: 2px 2px 5px #000;
}

.inset-shadow {
   -moz-box-shadow: inset 2px 2px 10px #000;
   -webkit-box-shadow: inset 2px 2px 10px #000;
   box-shadow: inset 2px 2px 10px #000;
}

.multiple {
   -moz-box-shadow: 2px 2px 10px
   ➝ rgba(0,255,0,.75), 5px 5px 20px
   ➝ rgba(125,0,0,.5);
   -webkit-box-shadow: 2px 2px 10px
   ➝ rgba(0,255,0,.75), 5px 5px 20px
   ➝ rgba(125,0,0,.5);
   box-shadow: 2px 2px 10px
   ➝ rgba(0,255,0,.75), 5px 5px 20px
   ➝ rgba(125,0,0,.5);
}
```

Einen Schlagschatten für ein Element einfügen

1. Im CSS tippen Sie `–moz-box-shadow:`.
2. Tippen Sie die vier Werte für `x-offset`, `y-offset` und `unschaerferadius` (alle mit Längeneinheiten) sowie `farbe` ohne Kommas dazwischen ein (C).
3. Tippen Sie `-webkit-box-shadow:` und wiederholen Sie Schritt 2.
4. Tippen Sie `box-shadow:` und wiederholen Sie Schritt 2 erneut.

Einen Inset-Schatten erstellen

1. Im CSS tippen Sie `–moz-box-shadow:`.
2. Tippen Sie `inset` nach dem Doppelpunkt, gefolgt von einem Leerzeichen.
3. Tippen Sie die vier Werte für `x-offset`, `y-offset` und `unschaerferadius` (alle mit Längeneinheiten) sowie `farbe` ohne Kommas dazwischen ein, also beispielsweise `2px 2px 5px #000`.
4. Tippen Sie `-webkit-box-shadow:` und wiederholen Sie die Schritte 2 und 3.
5. Tippen Sie `box-shadow:` und wiederholen Sie die Schritte 2 und 3 erneut.

Mehrere Schatten pro Element einfügen

1. Im CSS tippen Sie -moz-box-shadow:.
2. Tippen Sie die vier Werte für x-offset, y-offset und unschaerferadius (alle mit Längeneinheiten) sowie farbe ohne Kommas dazwischen ein, also beispielsweise 2px 2px 5px #000.
3. Geben Sie das Komma , ein.
4. Wiederholen Sie Schritt 2 mit verschiedenen Werten für alle vier Eigenschaften C.
5. Tippen Sie -webkit-box-shadow: und wiederholen Sie die Schritte 2 bis 4.
6. Tippen Sie box-shadow: und wiederholen Sie die Schritte 2 bis 4 erneut.

box-shadow auf Standardwert zurücksetzen

1. Im CSS tippen Sie -moz-box-shadow: none.
2. Tippen Sie -webkit-box-shadow: none.
3. Tippen Sie box-shadow: none.

TIPP Firefox 3.5 und 3.6 brauchen das Hersteller-Präfix -moz für die Eigenschaft box-shadow und einige ältere Versionen der Webkit-basierten Browser wie Safari und Chrome benötigen das Präfix -webkit. Opera 10.5 und der Internet Explorer 9 unterstützen die Eigenschaft box-shadow und brauchen von daher kein Präfix. Sie finden detaillierte Informationen, ob Hersteller-Präfixe für box-shadow erforderlich sind, unter *http://css3please.com*.

TIPP Wenn nichts angegeben wurde, ist none der Standardwert.

TIPP Die Eigenschaft box-shadow wird nicht vererbt.

TIPP Die Farbe kann als Hex-, RGB-, RGBA- oder HSLA-Werte angegeben werden (siehe „CSS-Farben" in Kapitel 7) und als Erstes bzw. auch Letztes in der Reihenfolge der Eigenschaftswerte erscheinen.

TIPP Die Werte für x-offset und y-offset können positive oder negative Integer sein, d.h., 1px und -1px ist beides gültig. Der Wert für unschaerferadius muss eine positive Ganzzahl sein. Die Werte für alle diese drei Attribute können auch null sein.

TIPP Anspruchsvollere Effekte erzielt man anhand mehrerer Schatten pro Element. Dafür separieren Sie die einzelnen Schatteneigenschaften mit Komma, z.B. box-shadow: 2px 2px 0 #999, 6px 6px 0 rgba(50,50,50,.25); C. Die Schatten werden umgekehrt gestapelt, also der erste ganz oben und alle folgenden Schatten in der Reihenfolge darunter.

TIPP Man kann Schlagschatten auch in älteren Versionen des Internet Explorers erstellen, indem man die proprietären Eigenschaften filter und -ms-filter nimmt, aber dafür ist dann noch mehr HTML-Markup und CSS-Regeln vonnöten, um die durch diesen Filter auftretenden Probleme zu lösen.

A *Mehrere Hintergründe anwenden*

```
...
<body>
<div class="night-sky">
   <h1>Am nächtlichen Himmel ...</h1>
</div>
</body>
</html>
```

B *Browser, die mit mehreren Hintergründen umgehen können, stellen unser Beispiel so dar, dass die Bilder aufeinandergestapelt werden, und zwar das erste aus der kommagetrennten Liste oben in der Stapelreihenfolge. Mehrere Hintergrundbilder pro Element kann man ganz einfach anwenden, aber damit der Inhalt mit Sicherheit immer noch zugänglich ist, müssen Sie in den CSS-Regeln mit* `background-color` *eine einfache Notlösung parat haben.*

Mehrere Hintergründe

Eines der am meisten erwarteten Features in CSS war die Möglichkeit, mehrere Hintergründe auf ein HTML-Element anzuwenden (**B** und **C**). So wird Ihr HTML-Code vereinfacht, weil die Notwendigkeit von Elementen reduziert wird, die nur dem Einfügen zusätzlicher Bilder mit CSS dienen. Der Code ist nun einfacher zu verstehen und zu pflegen. Mehrere Hintergründe können auf praktisch jedes beliebige Element angewendet werden.

Mehrere Hintergrundbilder pro Element anwenden

1. Tippen Sie `background-color:` *b*, wobei *b* die Farbe ist, die Sie als Ersatzhintergrund für das Element nehmen wollen **D**.
2. Tippen Sie `background-image:` *u*, wobei *u* eine durch Komma getrennte Liste von absoluten oder relativen Bildpfadverweisen ist.
3. Tippen Sie `background-position:` *p*, wobei *p* eine durch Komma getrennte Gruppe von positiven oder negativen `x`- und `y-offset`-Paaren mit Längeneinheiten ist. Es sollte eine Gruppe von Koordinaten für jedes Hintergrundbild geben.
4. Tippen Sie `background-repeat:` *r*, wobei *r* eine durch Komma getrennte Liste von Werten für `repeat-x`, `repeat-y` oder `no-repeat` ist (siehe „Den Hintergrund von Text verändern“ in Kapitel 10), eine für jedes Bild.

TIPP Bei der Angabe von mehreren Hintergründen sind keine Hersteller-Präfixe vonnöten.

TIPP Sie können für die Syntax die Standardkurzform für mehrere Hintergrundbilder nehmen, indem Sie jede Gruppe von Hintergrundparametern mit Komma trennen. Sie können beispielsweise über `background: url(bild.jpg) 0 0 no-repeat, url(bild2.jpg) 100% 10% no-repeat;` das Gleiche erzielen wie mit der langen Syntax, bei der sich vieles wiederholt.

TIPP Hintergrundbilder werden aufeinandergestapelt, und zwar das erste Bild ganz oben und das letzte unten in der Stapelreihenfolge.

TIPP Wurde ein Wert für `background-color` angegeben, wird dieser als finale Hintergrundschicht hinter allen Bildern genommen und von allen Browsern verwendet, die mit mehreren Hintergrundbildern nicht umgehen können.

TIPP Browser, die keine mehrfachen Hintergrundbilder unterstützen, ignorieren diese Eigenschaft `background-image` schlicht und versuchen, auf den `background-color`-Wert zurückzugreifen.

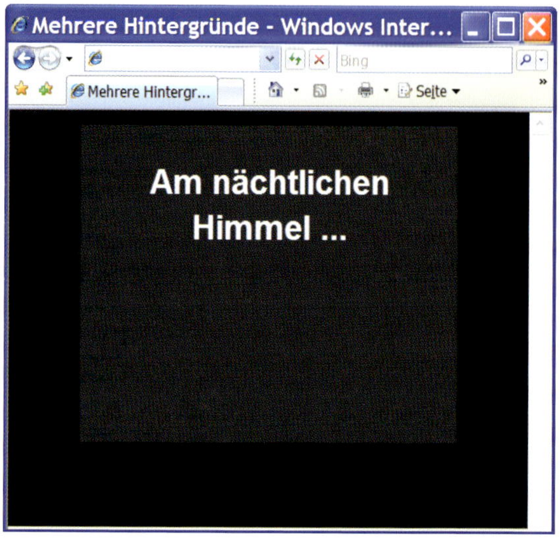

C *So sieht es aus, wenn Browser die Syntax für mehrere Hintergrundbilder nicht unterstützen. Wenn Sie der Philosophie der progressiven Verbesserung anhängen, sollten Sie als Sicherungsnetz für weniger leistungsfähige Browser vor der `background-image`-Regel entweder eine `background-color` einbauen oder nur die `background-image`-Eigenschaft nehmen.*

D *Um mehrere Hintergründe zu nutzen, müssen Sie die vier einzelnen Hintergrundeigenschaften in langer Form anwenden: `background-color`, `background-image`, `background-position`, und `background-repeat`. Darüber können Sie jeweils anpassen, wie Bilder positioniert und wiederholt werden.*

```
.night-sky {
   background-color: #333;
   background-image: url(ufo.png), url(stars.png),
   ➝ url(stars.png), url(sky.png);
   background-position: 50% 102%, 100% -150px,
   ➝ 0 -150px, 50% 100%;
   background-repeat: no-repeat, no-repeat,
   ➝ no-repeat, repeat-x;
   height: 300px;
   margin: 0 auto;
   padding-top: 36px;
   width: 75%;
}
```

A Fünf Wege, um nur mit CSS Farbverläufe zu implementieren

```
<body>
<div class="horizontal"></div>
<div class="vertical"></div>
<div class="diagonal"></div>
<div class="radial"></div>
<div class="multi-stop"></div>
</body>
```

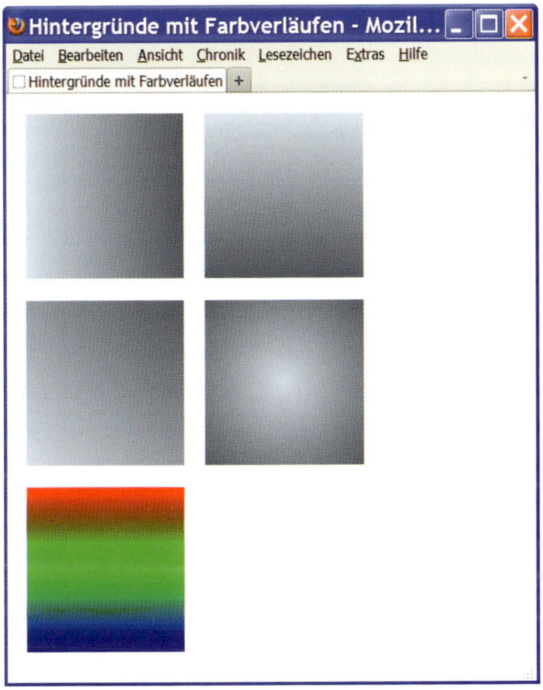

B Browser, die Hintergrundverläufe unterstützen, sollten die fünf Beispiele so wie hier gezeigt darstellen, vorausgesetzt, der Beispielcode wurde mit entsprechenden Hersteller-Präfixen ergänzt. Alle aktuellen Browser benötigen für die Hintergrundverläufe Hersteller-Präfixe. Wenn ein Browser diese Syntax nicht versteht, greift er einfach auf die `background`*-Eigenschaft zurück, falls sie angegeben wurde.*

Hintergründe mit Farbverläufen

Hintergründe mit Farbverläufen sind in CSS3 ebenfalls neu. Damit können Sie ohne Bilder Farbübergänge schaffen (A und B). Die Spezifikation ist immer noch im Fluss, doch während sich die Spezifikation langsam ihrer finalen Version annähert, wird diese Eigenschaft immer besser unterstützt.

Obwohl die Syntax für Hintergrundverläufe Hersteller-Präfixe benötigt, um möglichst viele Browser zu unterstützen, mache ich es Ihnen einfacher, solche Verläufe mal auszuprobieren, indem ich das anhand der Eigenschaften ohne Präfix demonstriere. Zusätzliche Angaben finden Sie in den Tipps für diesen Abschnitt. Die vollständigen Beispiele inklusive der erforderlichen Eigenschaften und Hersteller-Präfixe stehen im Code-Download für dieses Kapitel.

Im Einklang mit der Philosophie der progressiven Verbesserung ist es eine gute Idee, eine Ausweichoption anzugeben, falls der Browser Hintergrundverläufe nicht unterstützt. Das kann eine einfache Farbe oder ein Bild für den Hintergrund sein, die/das als separate Regel vor denen für den Hintergrundverlauf ins CSS gestellt wird.

Es gibt zwei primäre Verlaufsstile (linear und radial), die man anhand von CSS erstellen kann, und beide haben unterschiedliche erforderliche und optionale Parameter (C und D).

Eine Hintergrundfarbe als Ausweichlösung angeben

Tippen Sie `background-color:` *farbe*, wobei *farbe* einer der unterstützten Farbnamen oder ein Hex-, RGB-, RGBA- bzw. HSL-Wert ist.

Die Verlaufsart definieren

Tippen Sie `background:` *typ*`(`, wobei *typ* entweder `linear-gradient` oder `radial-gradient` ist.

Den Beginn des Verlaufs definieren

Tippen Sie `left`, gefolgt von einem `,` damit der Verlauf auf der linken Seite des Elements beginnt.

Oder tippen Sie `right` und dann ein `,` um den Verlauf auf der rechten Seite des Elements beginnen zu lassen.

Oder `top`, gefolgt von einem `,` damit der Verlauf an der oberen Seite des Elements anfängt.

Oder tippen Sie `bottom`, gefolgt von einem `,` damit der Verlauf unten am Element einsetzt.

Oder geben Sie einen `angle`-Wert an (z.B. `0deg`, `45deg` oder `120deg`), gefolgt von `,` um den Winkel des Verlaufs zu ändern. Ein Winkel wird definiert als der Bereich zwischen einer horizontalen Linie und der Verlaufslinie entgegen der Uhrzeigerrichtung **E**.

Oder tippen Sie `center` (nur bei radialen Verläufen), gefolgt von einem `,` um den Verlauf in der Mitte des Elements anfangen zu lassen **F**.

C *Ein einfacher zweifarbiger, horizontaler Verlauf, bei dem wir mit der Standardsyntax für lineare Verläufe arbeiten. Darin ist auch eine einfache Farbe als Ausweichlösung enthalten, wenn ein Browser keine CSS-Verläufe unterstützt.*

```
div {
   float: left;
   height: 150px;
   margin: 10px;
   width: 150px;
}

.horizontal {
   background: #cedce7;
   background: linear-gradient(left,cedce7,
   → #596a72);
}
```

D *Für die Erstellung eines vertikalen Verlaufs muss nur die erste Eigenschaft geändert werden, damit sie den Wert* `top` *oder* `bottom` *enthält.*

```
.vertical {
   background: #cedce7;
   background: linear-gradient(top,#cedce7,
   → #596a72);
}
```

E *Man kann einen Verlauf auch mit einer Winkelangabe versehen und ändert dazu nur den Wert der ersten Eigenschaft. So wird der Ursprung des Verlaufs auf einen Winkelwert gesetzt. Die Winkel sind festgelegt als der Bereich zwischen einer horizontalen Linie und der Verlaufslinie entgegen der Uhrzeigerrichtung. Beispielsweise erstellt* `0deg` *einen Verlauf von links nach rechts und* `90deg` *einen von unten nach oben.*

```
.diagonal {
   background: #cedce7;
   background: linear-gradient(45deg,#cedce7,
   → #596a72);
}
```

F *Für radiale Verläufe sind noch weitere optionale Parameter erforderlich, doch das einfachste Beispiel verwendet die gleichen Parameter wie ein linearer Verlauf. In diesem Fall liegt der Ursprung des Verlaufs in der Mitte des Elements, was durch das Schlüsselwort* `center` *deutlich wird.*

```
.radial {
   background: #cedce7;
   background: radial-gradient(center,#cedce7,
   → #596a72);
}
```

G *Mehrstufige Verläufe (also solche, die mehr als zwei Farben nutzen) folgen dem gleichen Muster, erfordern jedoch die Positionsangabe* `color-stop`*, die über einen Prozentwert zwischen 0 und 100 festgelegt wird.*

```
.multi-stop {
   background: url(multi-stop-gradient.jpg)
   → 0 0 repeat-x;
   background: linear-gradient(top, #ff0000
   → 0%, #00ff00 50%, #0000ff 100%);
```

Beginn und Ende einer Farbe angeben

Tippen Sie **`c1, c2)`**, wobei *c1* und *c2* für die Anfangs- und Endfarben im Verlauf stehen. Farben können anhand der Farbnamen oder eines Hex-, RGB-, RGBA- bzw. HSL-Werts angegeben werden.

Einen Verlauf mit mehreren Farben erstellen

1. Wiederholen Sie die ersten beiden Techniken für die Erstellung eines linearen oder eines radialen Verlaufs, indem Sie Verlaufstyp und Startpunkt angeben (**B** bis **D**).
2. Dann tippen Sie `c1 p1, c2 p2, c3 p3)`, wobei `c#` eine Farbe (angegeben mit seinem Farbnamen oder als Hex-, RGB-, RGBA- bzw. HSL-Wert) und `p#` die Position der Farbe ist (als Prozentwert zwischen 0 und 100) **G**.

TIPP Frühere Versionen von Webkit-basierenden Browsern (z.B. Safari 4) verwendeten eine nicht standardmäßige Syntax für Hintergrundfarbverläufe. Safari 5 und neue Versionen von Chrome unterstützen beide die gleiche Syntax wie Firefox, benötigen aber momentan noch die Hersteller-Präfixe `-webkit` und `–moz`.

TIPP Sie finden die aktuellen und detaillierten Informationen über die Eigenschaften von Verläufen bei den Teams von Mozilla (*https://developer.mozilla.org/en/CSS/-moz-radial-gradient*) und Webkit (*http://webkit.org/blog/1424/css3-gradients/*).

TIPP Sie können mehrfarbige Verläufe erstellen, indem Sie mehr als zwei Farben angeben und dann in die Verlaufssyntax einen der zusätzlichen optionalen Parameter (`color-stop`) schreiben G.

TIPP Farben werden anhand der Farbnamen oder eines Hex-, RGB-, RGBA- bzw. HSL-Werts angegeben.

TIPP Obwohl sich in den letzten Versionen der Browser der Support verbessert hat, ist die Syntax für Verläufe immer noch in Arbeit und erfordert Hersteller-Präfixe, z.B. auch für den Internet Explorer und Opera.

TIPP Sie können visuelle Tools wie den Gradient Generator von ColorZilla (*http://colorzilla.com/gradient-editor/*) oder den CSS Gradient Background Maker von Microsoft (*http://ie.microsoft.com/testdrive/graphics/cssgradientbackgroundmaker/*) nehmen, um sich die lästige Arbeit des Erstellens von Code für CSS-Verläufe zu ersparen. Diese Tools generieren außerdem gleich automatisch alle Hersteller-Präfix-Eigenschaften, so dass eine maximale Kompatibilität mit älteren Browserversionen gewährleistet ist.

TIPP Der Internet Explorer 10 verfügt nativ über die Fähigkeit, CSS-Verläufe darzustellen. Die früheren Versionen erstellen Verläufe über den proprietären Filter `filter: progid:DXImageTransform.Microsoft.gradient` oder nehmen dafür zusätzliches HTML-Markup und SVG (wie für den Internet Explorer 9). Tools wie der im vorigen Tipp erwähnte Verlaufseditor ColorZilla produzieren für Sie den nötigen Code, sodass Ihnen diese Tipperei erspart bleibt.

TIPP Sie sollten nicht unterstützte Browser mit ins Boot holen, indem Sie entweder `background-color` oder `background-image` angeben, doch denken Sie stets daran, dass Browser die Bilder im CSS immer herunterladen, egal ob sie benötigt werden oder nicht.

TIPP Firefox und Webkit unterstützen zusätzlich die mit Präfix versehenen Angaben für `repeating-linear-gradient` und `repeating-radial-gradient`.

A *Dieses Dokument enthält ein div-Beispiel mit einem integrierten Bild.*

```
...
<body>
<div class="box">
   <img src="sleeves.jpg" width="420" height="296"
   → alt="Schallplattencover" />
</div>
</body>
</html>
```

B *So sieht unser Beispiel aus, wenn die opacity des div-Elements auf den Standardwert 1 gesetzt ist.*

C *Wenn wir den Wert für opacity geringer als 1 angeben, werden das Element und dessen Kinder transparent. In diesem Fall habe ich die Opazität auf 50 Prozent oder .5 gesetzt. Vor dem Dezimalzeichen braucht keine 0 gesetzt zu werden.*

```
img {
   vertical-align: top;
}

.box {
   background: #000;
   opacity: .5;
   padding: 20px;
}
```

Transparenz für Elemente

Anhand der Eigenschaft `opacity` können Sie die Transparenz von Elementen und auch Bildern ändern (**A** und **B**).

Die Transparenz eines Elements ändern

Tippen Sie `opacity:` *o*, wobei mit *o* (in zwei Dezimalstellen, ohne Einheit) der Transparenzgrad des Elements festgelegt wird.

TIPP **Der Standardwert von `opacity` ist 1. Werte werden in zwei Nachkommastellen zwischen 0.00 (ganz transparent) und 1.00 (komplett intransparent, also opak) angegeben (C und D).**

TIPP **So produzieren Sie interessante und praktische Effekte, wenn Sie die Eigenschaft `opacity` zusammen mit der Pseudoeigenschaft `:hover` einsetzen. Sie können beispielsweise die Transparenz eines Elements ändern, wenn der Anwender mit der Maus darüber fährt, oder einem Element wie einem optionalen Formularfeld das Aussehen *deaktiviert* geben.**

TIPP Wie bei den `opacity`-Werten für RGBA- und HSLA-Farbeinheiten brauchen Sie keine 0 vor den Dezimalpunkt stellen, wenn Sie einen Wert für `opacity` angeben.

TIPP Vielleicht wirkt es anders, doch `opacity` wird als Eigenschaft nicht vererbt. Die Nachfahren eines Elements mit einer `opacity` unter 1 sind auch betroffen, doch der `opacity`-Wert für diese Kindelemente ist weiterhin 1.

TIPP Die `opacity`-Eigenschaft funktioniert nicht nativ in den Internet Explorer-Versionen vor 9, wird aber möglich, wenn man die proprietären Eigenschaften `-ms-filter: progid:DXImageTransform.Microsoft.Alpha(opacity=50);` und `filter: alpha(opacity=50);` zusätzlich zu `zoom: 1;` für das Element anwendet, das im Browser `hasLayout` triggert **E**. Mehr über diese Filter erfahren Sie bei CSS-Tricks (*http://css-tricks.com/64-css-transparency-settings-for-all-broswers/*). Finden Sie heraus, woher `hasLayout` stammt und wie es Sie betrifft, wenn Sie *http://haslayout.net/haslayout* besuchen.

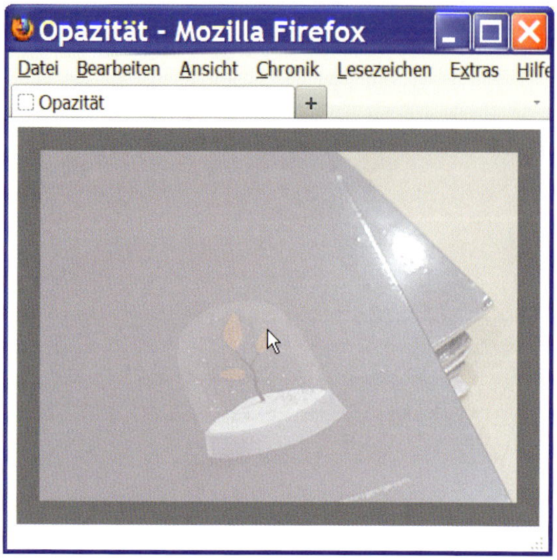

D *So sieht unser Beispiel aus, wenn die `opacity` des `div`-Elements auf den Standardwert 0.5 (50 Prozent) gesetzt ist. Beachten Sie, dass der durchgehende schwarze Hintergrund des `div`-Elements nun grau und das Bild halbtransparent ist.*

E *Dieses einfache Beispiel demonstriert, wie Sie die proprietären Filter des Internet Explorers auf Versionen vor IE9 anwenden, die nativ keine Transparenz unterstützen. Die Deklaration `-ms-filter:` deckt den IE8 ab, während die einfachere `filter:`-Deklaration die IE-Versionen 5 bis 7 unterstützt.*

```
div {
   /* Setzt die Transparenz des Elements auf 50%
   ➝ und enthält die optionalen
   ➝ Filterdeklarationen für die Internet
   ➝ Explorer vor Version 9. Stellt sicher,
   ➝ dass das Element hasLayout für diese
   ➝ älteren IE-Versionen genutzt werden kann,
   ➝ und zwar anhand der Deklaration zoom: 1 */
   -ms-filter: progid:DXImageTransform.
   ➝ Microsoft.Alpha(opacity=50);
   filter: alpha(opacity=50);
   opacity: .5;
   zoom: 1;
}
```

15 Listen

HTML enthält Elemente, die speziell zur Erstellung von Listen mit mehreren Elementen gedacht sind. Damit können Sie nummerierte Listen sowie solche mit Gliederungspunkten (sogenannte *Bullet Points*) und auch Listen mit Beschreibungen erstellen. Diese Listen kann man auch ineinander verschachteln.

Alle Listen werden durch ein Hauptelement gebildet, in dem die Art von Liste angegeben wird (`ol`, *ordered list*, für nummerierte Listen, `dl`, *description list*, für Beschreibungslisten [vor HTML5 nannte man diese Definitionslisten], `ul`, *unordered list*, für Aufzählungslisten etc.), und sekundäre Elemente, um festzulegen, welche Art von Elementen man erstellen will (`li`, *list item*, für Listenelement in einer `ol` oder `ul`, und `dt`, *description term*, für den Begriff mit `dd` (*definition* [*list*] *definition*) für die Beschreibung in einer `dl`).

Von diesen ist die Aufzählungsliste im Internet als De-facto-Standard fürs Auszeichnen der meisten Arten von Navigation am häufigsten vertreten (im Buch finden sich verschiedene Beispiele davon). Aber alle drei Listentypen haben jeweils ihren eigenen Platz und darum geht es in diesem Kapitel.

Übersicht

Nummerierte und Aufzählungslisten erstellen

Mit der nummerierten Liste kann man z.B. Anweisungen schreiben, wie eine bestimmte Aufgabe schrittweise durchzuführen ist (A und B), oder die Gliederung für ein größeres Dokument erstellen, auf Wunsch sogar komplett mit Links zu den entsprechenden Abschnitten. Ebenfalls ist diese Liste die korrekte Wahl zum Auszeichnen einer Breadcrumb-Navigation (siehe die Tipps). Kurz gesagt: für alle Listenelemente, bei denen die Reihenfolge wichtig ist.

Aufzählungslisten sind wahrscheinlich die am häufigsten verwendeten Listen im Netz, weil man sie zur Auszeichnung der Navigation gut nutzen kann (C und D).

Listen erstellen

1. Geben Sie `<ol>` für eine nummerierte oder `<ul>` für eine Aufzählungsliste ein. Für eine nummerierte Liste können Sie optional die Attribute `start`, `type` und `reversed` einfügen (siehe die Abschnitte „Der Beginn der Listennummerierung" für `start`, „Aufzählungszeichen wählen" für `type` und den letzten Tipp, in dem Sie mehr über `reversed` erfahren, das noch nicht unterstützt wird und von daher keinen sichtbaren Effekt hat).
2. Tippen Sie `<li>` (die ersten beiden Buchstaben von „Liste"), um das erste Listenelement zu beginnen. Für eine nummerierte Liste können Sie das optionale Attribut `value` einfügen (siehe „Der Beginn der Listennummerierung" für Details).
3. Schreiben Sie den Inhalt (z.B. Text, Links oder `img`-Elemente), der in das Listenelement gehört.
4. Mit `</li>` schließen Sie jedes Listenelement ab.
5. Wiederholen Sie die Schritte 2 bis 4 für jedes neue Listenelement.
6. Schließen Sie mit `</ol>` bzw. `</ul>` (also passend zum öffnenden Tag aus Schritt 1) ab und beenden Sie damit die Liste.

A Es gibt keinen offiziellen Weg, um den Titel einer Liste zu formatieren. Meist ist eine normale Überschrift (siehe Kapitel 3) oder ein Absatz (siehe Kapitel 4) der passende Beginn einer Liste – so wie hier in diesem Beispiel. Es ist üblich, aber nicht erforderlich, die Listenelemente einzurücken, um anzuzeigen, dass sie in einer `ol` stehen (gilt ebenso bei `ul`). Deswegen werden sie aber nicht eingerückt dargestellt – dabei handelt sich rein um eine Funktion des CSS, die auf die Liste angewendet wird.

```
...
<body>
<h1>Eine Glühbirne wechseln</h1>
<ol>
   <li>Zuerst ziehen Sie das Kabel der Lampe aus
   → der Steckdose.</li>
   <li>Drehen Sie die alte Glühbirne heraus.</li>
   <li>Holen Sie die neue Glühbirne aus der
   → Packung.</li>
   <li>Prüfen Sie die Wattzahl, ob sie zum Gerät
   → passt.</li>
   <li>Schrauben Sie die neue Glühbirne hinein.
   → </li>
   <li>Stecken Sie das Kabel der Lampe in die
   → Steckdose und schalten Sie die Lampe ein.
   → </li></ol>
</body>
</html>
```

B Bei dieser Liste wird die Standardoption der arabischen Ziffern für eine nummerierte Liste verwendet. Dies können Sie mit CSS ändern. Sowohl nummerierte als auch Aufzählungslisten sind standardmäßig eingerückt, egal ob das im HTML selbst auch so ist A.

C *Die Listenelemente von Aufzählungslisten sind identisch mit denen der nummerierten Listen. Nur das ul-Element ist anders.*

```
...
<body>
<h1>PageWhacker, Version 12.0 - Features</h1>
<ul>
   <li>Neue oder verbesserte Features werden mit
   → einem ausgefüllten Listenpunkt
   → gekennzeichnet.</li>
   <li>Page-Layout mit nur einem Klick</li>
   <li>Rechtschreibprüfung für 327 der
   → wichtigsten Sprachen</li>
   <li>Plug-in für Bildretusche</li>
   <li>Spezielle HTML-Filter</li>
   <li>Unbegrenztes Wiederholen und
   → Rückgängigmachen von Arbeitsschritten</li>
   <li>Automatisches Verfassen von Büchern</li>
</ul>
</body>
</html>
```

D *Aufzählungslisten haben standardmäßig ausgefüllte Bullets. Dies können Sie mit CSS ändern.*

TIPP **Wählen Sie den Listentyp nicht danach, was für eine Art Gliederungspunkte bzw. Aufzählungszeichen Sie neben Ihrem Inhalt stehen haben wollen. Immerhin können Sie das alles stets mit CSS ändern – richtig, auf Wunsch können auch Aufzählungszeichen (Bullets) vor einer nummerierten Liste stehen. Stattdessen denken Sie lieber über die Bedeutung der Liste nach: Würde sich die inhaltliche Bedeutung ändern, wenn die Reihenfolge der Listenelemente anders ist? Können Sie das bejahen, dann zeichnen Sie die Liste als nummerierte Liste aus. Falls nein, nehmen Sie eine Aufzählungsliste.**

TIPP **Was die Auszeichnung von Link-Gruppen angeht: Die sollten Sie meistens als Aufzählungsliste auszeichnen, z.B. die Hauptnavigation, eine Liste von Links auf Videos oder weiterführende Stories oder die Links in Ihrer Fußzeile. Nehmen Sie nummerierte Listen, um eine Breadcrumb-Navigation auszuzeichnen, weil die Links in einer bestimmten Sequenz stehen (anders gesagt: Die Reihenfolge ist wichtig). Eine Breadcrumb-Navigation wird oft horizontal über dem Hauptinhaltsbereich dargestellt, um anzuzeigen, wo sich die aktuelle Seite im Navigationspfad der Site befindet. Auf einer Seite, die Details über ein bestimmtes Handy enthält, könnte das beispielsweise wie folgt aussehen: HOME > PRODUKTE > HANDYS > THE FONE 3.0. Jedes Element in der Liste außer dem letzten wäre ein Link, weil sich da der Besucher auf der Seite für *The Fone 3.0* befindet. Ich habe dieses Beispiel in Abbildung E von „Verschachtelte Links formatieren" aufgeführt (die Breadcrumb-Navigation befindet sich zwischen der Hauptnavigation oben und der großen Überschrift mit dem Produktnamen).**

TIPP **Das fertige Webseiten-Beispiel in Kapitel 11 demonstriert, wie man Listen verwendet und auf verschiedene Weise präsentiert. Dort gibt es auch eine Aufzählungsliste für die Navigation (horizontal formatiert und mit Bullets), eine Aufzählungsliste für eine Bilderfolge (horizontal formatiert ohne Aufzählungszeichen), eine nummerierte Liste für eine Folge von chronologisch geordneten Links zum Archiv (mit Bullets formatiert). In Kapitel 3 gibt es auch Beispiele, bei denen ein `ul` als Navigation verwendet wird.**

TIPP **Wenn Sie es nicht anders im CSS angeben, werden Elemente einer nummerierten Liste mit arabischen Zeichen durchgezählt (1, 2, 3 etc.) A.**

TIPP **Elemente in Aufzählungslisten bekommen standardmäßig gefüllte runde Bullets B. Sie können unter verschiedenen Bullets wählen (siehe „Aufzählungszeichen wählen") oder auch eigene erstellen (siehe „Eigene Aufzählungszeichen").**

TIPP Achten Sie darauf, dass Inhalte nur innerhalb der `li`-Elemente stehen. Sie dürfen beispielsweise keinen Inhalt zwischen das `ol`- oder `ul`-Start-Tag und das erste `li`-Element schreiben.

TIPP Sie können verschiedene Typen von HTML-Elementen in `li`-Elementen verschachteln, z.B. ein beliebiges Element mit textlichem Inhalt (wie `em`, `a`, `cite` usw.). Man kann in Listenelementen auch Absätze und `div`s verschachteln, obwohl es dazu weniger Gelegenheiten gibt.

TIPP Sie können in einer Liste auch eine weitere einfügen (das bezeichnet man als *verschachtelte* Liste) und sogar nummerierte und Aufzählungslisten mischen. Achten Sie darauf, dass jede Liste mit allen erforderlichen öffnenden und schließenden Tags korrekt verschachtelt ist. Beispiele von verschachtelten nummerierten und Aufzählungslisten finden Sie in „Verschachtelte Listen formatieren".

TIPP Listen sind standardmäßig vom linken Rand her eingerückt, aber Sie können diese Einrückung mit CSS entfernen (oder auch vergrößern). Abhängig davon, wie sehr Sie den linken Margin reduzieren, könnten die Bullets neben dem Inhalt stehen oder hinter dem linken Fensterrand verschwinden. (Ein Beispiel dafür, wie sie herausragen, finden Sie in Kapitel 11.)

TIPP Falls Sie für die Richtung des Inhalts rechts nach links angeben (was z.B. der Fall ist, wenn die Grundsprache der Seite Hebräisch ist), dann werden die Listen vom rechten statt dem linken Margin her eingerückt. Dafür setzen Sie das Attribut `dir` im `html`-Element der Seite: `<html dir="rtl" lang="he">`. In diesem Fall ist `lang` auf `he` für Hebräisch gesetzt. Sie können `dir` und `lang` auch für Elemente innerhalb des `body` setzen, um die Einstellungen im `html`-Element zu überschreiben. Standardmäßig ist das Attribut `dir` auf `ltr` (*left to right*, links nach rechts) gesetzt.

TIPP Während ich dies hier schreibe, unterstützt kein Browser das boolesche Attribut `reversed`. Es ist dazu gedacht, eine absteigende nummerierte Liste anzuzeigen (dafür können Sie entweder `<ol reversed>` oder `<ol reversed="reversed">` angeben).

A *Hier ist unsere einfache Aufzählungsliste, bei der römische Ziffern (`upper-roman`) angewendet werden.*

```
...
<body>
<h1>Der Große amerikanische Roman</h1>
<ol>
   <li>Einführung</li>
   <li>Handlungsentwicklung</li>
   <li>Klimax</li>
   <li>Auflösung</li>
   <li>Epilog</li>
</ol>
</body>
</html>
```

B *Sie können die Eigenschaft `list-style-type` auf beliebige Listenelemente anwenden. Wenn Sie auf dieser Seite zwei Listen hätten, von denen eine nicht nummeriert ist, könnten Sie nur für die nummerierte Liste römische Ziffern (in groß) nehmen, indem Sie den Selektor in diesem Beispiel einfach in `ol li` ändern.*

```
li {
   list-style-type: upper-roman;
}
```

C *Nun hat auch die nummerierte Liste römische Ziffern (in groß). Beachten Sie, dass die meisten Browser numerische Aufzählungszeichen rechtsbündig ausrichten (aber wie hier zu sehen links vom Inhalt des Listenelements).*

Aufzählungszeichen wählen

Wenn Sie eine Liste erstellen, entweder nummeriert (A) oder als Aufzählungsliste, können Sie außerdem die Gestaltung der Aufzählungszeichen (Listenpunkte, also sogenannte *Bullets*, Ziffern oder Bilder) bestimmen, die links neben jedem Listenelement stehen sollen.

Aufzählungszeichen festlegen

In der CSS-Regel schreiben Sie `list-style-type:` *`zeichen`*, wobei *`zeichen`* einen der folgenden Werte übernehmen kann:

- `disc` (●)
- `circle` (○)
- `square` (■)
- `decimal` (1, 2, 3, . . .)
- `upper-alpha` (A, B, C, . . .)
- `lower-alpha` (a, b, c, . . .)
- `upper-roman` (I, II, III, IV, . . .) (B und C)
- `lower-roman` (i, ii, iii, iv, . . .)

Listen ohne Aufzählungszeichen

In der CSS-Regel schreiben Sie `list-style-type: none`.

TIPP Als Standard arbeiten Aufzählungslisten mit ausgefüllten Kreisen für die erste Ebene, nicht ausgefüllten Kreisen für die erste verschachtelte Ebene und Quadraten für die dritte und alle folgenden Listenebenen. Siehe „Verschachtelte Listen formatieren" für weitere Infos zu diesem Thema.

TIPP Die Aufzählungszeichen für Kreise und Quadrate sehen browserabhängig jeweils ein wenig anders aus.

TIPP Sie können alle Stile der Aufzählungszeichen mit `list-style-type` sowohl auf `ol` als auch `ul` anwenden. Anders gesagt kann ein `ol` quadratische Aufzählungszeichen bekommen und ein `ul` auch dezimale.

TIPP Sie können den Typ der Aufzählungszeichen auch über das Attribut `type` angeben, obwohl ich empfehle, den Listentyp, wo es irgend geht, im CSS zu definieren. Die akzeptierten Werte für `type` lauten `A`, `a`, `I`, `i` und `1`, damit wird die Art der verwendeten Nummerierung bezeichnet (`1` ist der Standard). Beispielsweise werden mit `<ol type="I">` römische Ziffern (in groß) angegeben.

Der Beginn der Listennummerierung

Sie können Ihre Liste mit einer anderen Zählung als dem Standard 1 beginnen lassen **A**.

Den Anfangswert für eine Listennummerierung festlegen

Innerhalb des `ol`-Tags tippen Sie `start="n"`, wobei *n* für den Anfangswert der Liste steht.

Die Zählung für ein bestimmtes Listenelement in einer nummerierten Liste ändern

Im gewünschten `li`-Element geben Sie `value="n"` ein, wobei *n* für den Wert dieses Listenelements steht. Der `value` wird immer numerisch angegeben und vom Browser automatisch in die im CSS oder im `type`-Attribut festgelegte Art der Aufzählungszeichen konvertiert (siehe Abschnitt „Aufzählungszeichen wählen").

TIPP **Wenn Sie `start` verwenden, geben Sie stets einen numerischen Wert an, auch wenn die Liste hinterher mit Buchstaben oder römischen Zahlen dargestellt werden soll (siehe „Aufzählungszeichen wählen"). Browser werden die Aufzählungszeichen wie gewünscht darstellen.**

TIPP **Das `value`-Attribut überschreibt den `start`-Wert.**

TIPP **Wenn Sie die Ziffer eines bestimmten Listenelements über das `value`-Attribut ändern, werden auch alle nachfolgenden Listenelemente entsprechend neu nummeriert.**

TIPP **Die Angabe von `value` ist auch praktisch, um anzuzeigen, dass zwei oder mehr Elemente in einer nummerierten Liste an der gleichen Stelle stehen. Nehmen wir z.B. eine Liste mit den fünf besten Finalisten in einem Straßenrennen. Normalerweise wird sie als 1, 2, 3, 4, 5 dargestellt. Doch falls es einen Gleichstand für den zweiten Platz gäbe, würde durch Angabe des *dritten* Listenelements als `<li value="2">` die Liste als 1, 2, 2, 3, 4 dargestellt.**

TIPP **Ihre Liste kann mehr als ein `li` mit einem `value`-Attribut enthalten.**

A *In diesem Beispiel habe ich ein paar Schritte ausgelassen, wollte aber die ursprüngliche Zählung der restlichen Schritte beibehalten. Also habe ich mit `start="2"` die ganze Liste bei 2 beginnen lassen und den Wert des zweiten Elements mit `value="5"` dann auf 5 gesetzt. Beide Attribute sind optional und müssen nicht wie hier zusammen verwendet werden.*

```
...
<body>
<h1>Eine Glühbirne wechseln (ein paar Schritte
sind weggelassen)</h1>
<ol start="2">
   <li>Drehen Sie die alte Glühbirne heraus.</li>
   <li value="5">Schrauben Sie die neue Glühbirne
   → hinein.</li>
   <li>Stecken Sie das Kabel der Lampe in die
   → Steckdose und schalten Sie die Lampe ein.
   → </li>
</ol>
</body>
</html>
```

B *Beachten Sie, dass nicht nur das erste und das zweite Element wie angegeben nummeriert werden, sondern auch das dritte Element („Stecken Sie das Kabel der Lampe …") betroffen ist.*

(A) *Dies wirkt wie eine beliebige normale Aufzählungsliste, aber mit ein bisschen CSS (B) lassen wir sie etwas anders aussehen (C).*

```
...
<body>
<h1>PageWhacker, Version 12.0 - Features</h1>
<ul>
   <li>Page-Layout mit nur einem Klick</li>
   <li>Rechtschreibprüfung für 327 der
   ➝ wichtigsten Sprachen</li>
   <li>Plug-in für Bildretusche</li>
   <li>Unbegrenztes Wiederholen und
   ➝ Rückgängigmachen von Arbeitsschritten</li>
   <li>Automatisches Verfassen von Büchern</li>
</ul>
</body>
</html>
```

(B) *Zuerst schalten wir die Standardaufzählungszeichen aus (damit keine Bullets und Pfeile sichtbar sind) und passen die Einrückung der Listenelemente an. Dann weisen wir jedem Listenelement das Pfeil-Hintergrundbild zu und positionieren es ein paar Pixel vom oberen Rand des `li` und fügen links ein Padding ein, damit der Text die Pfeile nicht überlappt. Achten Sie darauf, im `url`-Teil von `background` den korrekten Pfad zum Bild anzugeben. Der `url` sollte sich dort befinden, wo das Bild relativ zum Stylesheet ist, also nicht zur HTML-Seite (lesen Sie „Den Hintergrund von Text ändern" in Kapitel 10 für weitere Informationen).*

```
ul {
   /* Standardaufzählungszeichen abschalten */
   list-style: none;

   /* Einrückung der Listenelemente angeben */
   margin-left: 0;
   padding-left: 15px;
}

li {
   /* Bild ist 2 Pixel unterhalb von der oberen
   ➝ Kante des Elements */
   background: url(arrow-right.gif) no-repeat 0
   ➝ 2px;

   /* Text rüberschieben, damit Platz für Pfeile
   ➝ ist */
   padding-left: 25px;
}
```

Eigene Aufzählungszeichen

Wenn die Kreise und Quadrate oder gar die römischen Ziffern Ihnen als Aufzählungszeichen zu langweilig werden, können Sie anhand von Bildern eigene erstellen. Dafür brauchen Sie nicht das HTML (A) zu ändern, sondern nur das CSS (B).

Eigene Aufzählungszeichen erstellen

1. In der CSS-Regel für die gewünschte Liste oder das Listenelement geben Sie `list-style: none;` ein, um die normalen Aufzählungszeichen abzuschalten.
2. In der Regel für die gewünschte Liste geben Sie anhand der Eigenschaften `margin-left` und/oder `padding-left` an, um wie viel die Listenelemente eingerückt werden sollen. (Beide Eigenschaften sind normalerweise erforderlich, um browserübergreifend ähnliche Resultate zu erzielen.) Durch Setzen von `margin-left: 0;` und `padding-left: 0;` werden alle Einrückungen entfernt. Beachten Sie, dass Sie natürlich die Eigenschaften `margin-right` und `padding-right` anpassen müssen, falls für den Inhalt `dir="rtl"` angegeben wurde. Siehe die Tipps in „Nummerierte und Aufzählungslisten erstellen" für weitere Details über `dir`, `lang` und Sprachen, die von rechts nach links gelesen werden, in diesen Listentypen.
3. In der Regel für die `li`-Elemente innerhalb der gewünschten Liste tippen Sie `background: url(bild.ext) wiederholungstyp horizontal vertikal;`, wobei *`bild.ext`* der Pfad und Dateiname des Bilds sind, das Sie als eigenes Aufzählungszeichen nehmen wollen; *`wiederholungstyp`* ist der Wert `no-repeat` (üblich), `repeat-x` oder `repeat-y` und *`horizontal`* und *`vertikal`* sind die Werte für die Position des Hintergrunds innerhalb der Listenelemente (B).

   Tippen Sie `padding-left: wert;`, wobei *`wert`* mindestens die Breite des Hintergrundbilds sein muss, um zu verhindern, dass der Inhalt des Listenelements das eigene Aufzählungszeichen überlappt.

TIPP Zwischen dem `url` und der öffnenden Klammer darf kein Leerzeichen stehen **B**. Anführungszeichen um den URL sind optional.

TIPP Beachten Sie, dass relative URLs relativ zum Standort des Stylesheets sind, nicht zu dem der Webseite.

TIPP Wenden Sie eine Klasse auf eines oder mehrere Listenelemente an und definieren Sie eine Formatierungsregel dafür, wenn Sie für bestimmte Listenelemente innerhalb einer Liste eigene Aufzählungszeichen haben wollen. Abhängig vom gewünschten Aussehen könnte es nötig sein, den linken Margin der `li`-Elemente eher anhand der Klasse anzupassen statt des Margins und Paddings des übergeordneten `ol`- oder `ul`-Elements.

TIPP Man kann eigene Aufzählungszeichen auch über die Eigenschaft `list-style-image` darstellen. Hier ist ein Beispiel: `li { list-style-image: url(image.png); }`. Doch das konnte sich noch nie so recht durchsetzen, weil Browser es nicht konsistent darstellen. Außerdem können Sie die Platzierung der Bildaufzählungszeichen mit der in **B** gezeigten Methode besser steuern. Darum greift man eher auf diesen Ansatz zurück. Die Eigenschaft `list-style-image` überschreibt `list-style-type`. Doch wenn aus welchen Gründen auch immer das Bild nicht geladen werden kann, wird das in `list-style-type` angegebene Aufzählungszeichen verwendet.

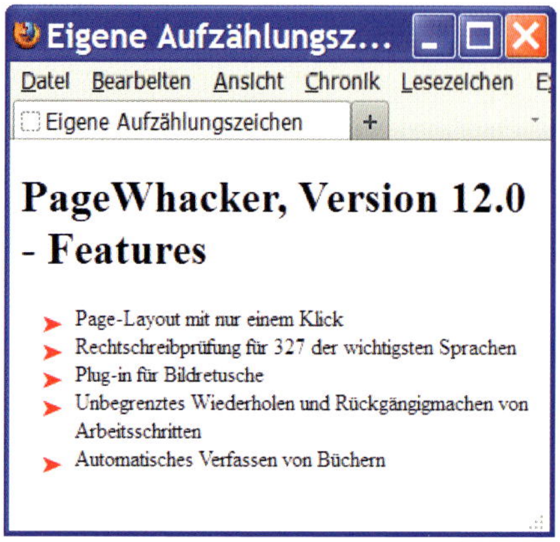

C *Die Standardaufzählungszeichen werden durch das Pfeil-Bild ersetzt.*

A *Dies demonstriert, wie Browser standardmäßig Text in einem Listenelement relativ zum Aufzählungszeichen umbrechen. Die Aufzählungszeichen befinden sich neben dem Inhalt. Dies können Sie mit CSS ändern. Ich habe beim ersten „neuen" Feature etwas mehr Text eingebaut, damit der Effekt der eingezogenen Aufzählungszeichen offensichtlicher wird (**B** und **C**).*

B *Wenn man `list-style-position` auf `inside` setzt, ändert sich die Darstellung.*

```
li {
    list-style-position: inside;
}
```

C *Die Aufzählungszeichen für die umbrochenen Zeilen beginnen am linken Rand des Listenelements anstatt außen links.*

Der Einzug von Aufzählungszeichen

Standardmäßig sind Listen vom linken Rand (ihres Elternelements) eingerückt. Ihre Aufzählungszeichen können entweder halb rechts neben diesem Startpunkt beginnen **A** (Standard) oder bündig mit dem Rest des Texts abschließen (das nennt man *inside*) (**B** und **C**).

Einrückungen von Aufzählungszeichen angeben

1. In der Stylesheet-Regel für die gewünschte Liste oder das Listenelement tippen Sie `list-style-position:`.
2. Dann geben Sie `inside` ein, damit die Aufzählungszeichen bündig mit dem Listenelementtext abschließen (**B**), oder `outside`, damit die Aufzählungszeichen links vom Listenelementtext stehen (Standard).

TIPP **Aufzählungszeichen stehen standardmäßig außerhalb des Listenabsatzes.**

TIPP **Die Eigenschaft `list-style-position` wird vererbt.**

Alle Eigenschaften für list-style auf einmal setzen

So wie es eine Kurzschreibweise für `background`, `border`, `font`, `outline` usw. gibt, enthält CSS auch eines für die Features von `list-style` **A**.

Alle list-style-Eigenschaften auf einmal ändern

1. Tippen Sie `list-style:`.
2. Geben Sie wie gewünscht die Art der Aufzählungszeichen an, die neben den Listenelementen erscheinen sollen (wie in „Aufzählungszeichen wählen“ beschrieben).
3. Geben Sie dann Ihre gewünschten eigenen Aufzählungszeichen für die Listenelemente an (wie im letzten Tipp von „Eigene Aufzählungszeichen“ beschrieben).
4. Entscheiden Sie nun, ob die Aufzählungszeichen außerhalb der Listenabsätze stehen oder bündig mit dem Text abschließen sollen (wie in „Der Einzug der Aufzählungszeichen“ beschrieben).

TIPP Falls Sie in der Kurzschreibweise für die Eigenschaft ein `list-style-image` angeben wollen, müsste man das Beispiel in A wie folgt schreiben: `li { list-style: url(arrow-right.png) inside square; }`.

TIPP Sie können eine oder gleich alle drei `list-style`-Eigenschaften angeben. In A werden zwei gezeigt.

TIPP Vielleicht glauben Sie, dass durch Weglassen einer der drei Eigenschaften diese nicht betroffen sind, aber das ist nicht immer der Fall. Alle nicht explizit angegebenen Eigenschaften werden auf den jeweiligen Standard gesetzt (`disc` für `list-style-type`, `none` für `list-style-image` und `outside` für `list-style-position`).

TIPP Die Eigenschaften können in beliebiger Reihenfolge angegeben werden.

TIPP Die Eigenschaft `list-style` wird vererbt.

A Die Schreibweise dieser CSS-Regel ist äquivalent dazu, das `list-style-position` auf `inside` und den `list-style-type` auf `circle` zu setzen. Das ist einfach nur kürzer. Sie können das `list-style-image` auch in der Kurzschreibweise angeben (siehe erster Tipp).

```
li {
   list-style: inside circle;
}
```

B Das Ergebnis ist das gleiche wie in C im Abschnitt „Der Einzug der Aufzählungszeichen“, außer dass ich die Aufzählungszeichen in nicht gefüllte Kreise geändert habe.

(A) *Hier sind vier verschachtelte Listen: eine im Listenelement Einführung, eine im Element Handlungsentwicklung, eine im Klimax-Element und eine, die fett hervorgehoben ist, innerhalb des Elements „Junge stellt Mädchen vor Ultimatum" (das sich im Klimax-Element befindet).*

```
...
<body>
<h1>Der Große amerikanische Roman</h1>
<ol>
   <li>Einführung
      <ol>
         <li>Die Kindheit des Jungen</li>
         <li>Die Kindheit des Mädchens</li>
      </ol>
   </li>
   <li>Handlungsentwicklung
      <ol>
         <li>Junge trifft Mädchen</li>
         <li>Junge und Mädchen verlieben sich
         → </li>
         <li>Junge und Mädchen streiten</li>
      </ol>
   </li>
   <li>Klimax
      <ol>
         <li>Junge stellt Mädchen vor Ultimatum
            <ol>
               <li>Mädchen traut ihren Ohren
               → nicht</li>
               <li>Junge ist ungehalten, weil
               → Mädchen empört ist</li>
            </ol>
         </li>
         <li>Mädchen fordert Jungen zum
         → Verschwinden auf</li>
      </ol>
   </li>
   <li>Auflösung</li>
   <li>Epilog</li>
</ol>
</body>
</html>
```

Verschachtelte Listen formatieren

Wenn Sie eine Art von Listen in eine andere einfügen, bezeichnet man die innere Liste als *verschachtelt*. Das geht mit nummerierten und auch Aufzählungslisten (zusammen oder unabhängig). Es gibt auch eine andere Art von verschachtelter Liste – ein Beispiel finden Sie in „Beschreibungslisten erstellen".

Verschachtelte Listen sind vor allem bei einer Gliederung praktisch, die als nummerierte Liste strukturiert ist, wo man z.B. mehrere Abstufungen der Elemente ((A) bis (C)) haben will, oder für eine Navigation mit Untermenüs, die als Aufzählungslisten strukturiert sind ((D) und (E) – siehe Kasten für weitere Details). Sie können verschachtelte Listen auf verschiedene Weise formatieren, wie in den Beispielen demonstriert wird.

Verschachtelte Listen formatieren

1. Um die äußere Liste zu formatieren, tippen Sie `toplevel li {style_regeln}` ein, wobei *`toplevel`* der Listentyp der äußeren Liste ist (z.B. `ol`, `ul`, `dt`) und *`style_regeln`* die anzuwendenden Formatierungen sind.
2. Für die Liste der zweiten Ebene geben Sie `toplevel 2ndlevel li {style_regeln}` ein, wobei *`toplevel`* zu *`toplevel`* aus Schritt 1 passen muss und *`2ndlevel`* die Listenart der Liste der zweiten Ebene ist.
3. Für die Liste der dritten Ebene geben Sie `toplevel 2ndlevel 3rdlevel li {style_regeln}` ein, wobei *`toplevel`* und *`2ndlevel`* zu den Werten aus den Schritten 1 bis 2 passen muss und *`3rdlevel`* die Listenart der dritten verschachtelten Liste ist.
4. In dieser Weise verfahren Sie mit allen verschachtelten Listen, die Sie formatieren wollen.

TIPP Ihre Selektoren sollten jeweils der verschachtelten Listenart in Ihrem Dokument entsprechen. Das heißt, Sie brauchen wahrscheinlich so etwas wie `ul ul ol li`.

TIPP Alternativ könnten Sie auch jeder verschachtelten Liste eine Klasse geben und sie entsprechend formatieren. Aber die hier gezeigte Methode erlaubt die Formatierung, ohne dass das HTML geändert werden muss.

TIPP Nummerierte Listen verwenden standardmäßig arabische Ziffern (1, 2, 3), egal an welcher Stelle der verschachtelten Liste sie stehen. Nehmen Sie `list-style-type` für ein anderes Nummerierungsschema (siehe „Aufzählungszeichen wählen"). Dem *Chicago Manual of Style* zufolge ist die korrekte Reihenfolge bei verschachtelten Listen I, A, 1, a (und dann werden die 1- und a-Ebenen ab hier wiederholt).

TIPP Standardmäßig hat die erste Ebene einer Aufzählungsliste ausgefüllte Kreise, die zweite wird mit nicht ausgefüllten Kreisen gekennzeichnet und alle folgenden haben ein quadratisches Aufzählungszeichen. Auch hier nehmen Sie `list-style-type` für die gewünschten Aufzählungszeichen (siehe „Aufzählungszeichen wählen").

TIPP Weil Listenelemente (`li`-Elemente) in andere Listenelemente verschachtelt werden können, müssen Sie ein wenig vorsichtig sein, wenn Sie Schriftgrößen mit relativen Werten angeben. Wenn Sie so etwas wie `li {font-size: .75em; }` schreiben, wird die Schriftgröße des äußersten Listenelements 75 % des Elternelements betragen. Wenn das Elternelement die standardmäßigen 16 Pixel groß ist, wird das äußerste Listenelement 12 Pixel haben, also unproblematisch sein. Allerdings beträgt die Schriftgröße des ersten *verschachtelten* Elements dann 75 % *seines* Elternelements (also des ersten Listenelements, somit 12 Pixel) und ist dann nur 9 Pixel groß. Das wird natürlich mit jeder Ebene schlimmer. Eine Lösung wäre, `li li {font-size:1em; }` B hinzuzufügen (oder `100%` statt `1em`). Nun haben die verschachtelten Elemente immer die gleiche Größe wie die der obersten Ebene C (danke an Eric Meyer, *www.meyerweb.com*).

Fortsetzung

D *Sie können jede Ebene einer verschachtelten Liste separat formatieren. Wenn Sie bei der Schriftgröße des Listentexts mit* ems *oder Prozentwerten arbeiten, vergessen Sie auf keinen Fall* `li li {font-size: 1em; }` *(oder* `100%` *statt* `1em`*), damit in den verschachtelten Listen nicht alles unleserlich schrumpft (siehe letzter Tipp).*

```
ol li {
   font-size: .75em;
   list-style-type: upper-roman;
}

ol ol li {
   list-style-type: upper-alpha;
}

ol ol ol li {
   list-style-type: decimal;
}

li li {
   font-size: 1em;
}
```

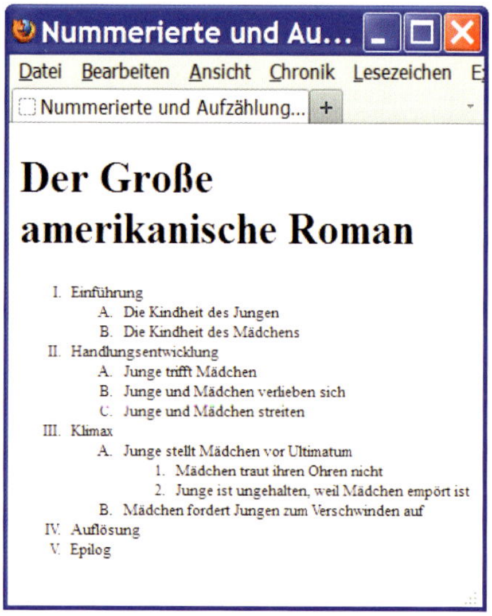

C *Die Listenelemente der ersten Stufe (*`ol li`*) haben römische Ziffern als Großbuchstaben. Die Listenelemente der zweiten Stufe (*`ol ol li`*) haben Großbuchstaben. Die Listenelemente der dritten Stufe (*`ol ol ol li`*) haben arabische Ziffern.*

D Dies ist ein weiteres Beispiel einer verschachtelten Liste. In diesem Fall ist ein Navigationsmenü als Aufzählungsliste mit zwei darin verschachtelten Aufzählungslisten für die Unternavigation strukturiert. Beachten Sie, dass jedes verschachtelte ul im übergeordneten Start-Tag <li> und End-Tag </li> enthalten ist. Mit ein wenig CSS können Sie die Navigation horizontal anlegen, die Untermenüs standardmäßig verstecken und sie abhängig von der Aktion des Besuchers zeigen E.

```
...
<body>
<nav role="navigation">
   <ul class="nav">
      <li><a href="/">Home</a></li>
      <li><a href="/products/">Produkte</a>
         <ul>
            <li><a href="/products/phones.html">Handys</a></li>
            <li><a href="/products/accessoires.html">Accessoires</a></li>
         </ul>
      </li>
      <li><a href="/support/">Support</a>
         <ul>
            <li><a href="http://www.thephoneycompany.com/support/forum/">Online-Forum</a></li>
            <li><a href="/support/contact-us.html">Kontakt</a></li>
            <li><a href="/support/how-to-guides.html">Praktische Leitfäden</a></li>
         </ul>
      </li>

<li><a href="/about-us/">Über uns</a></li>
   </ul>
</nav>
...
</body>
</html>
```

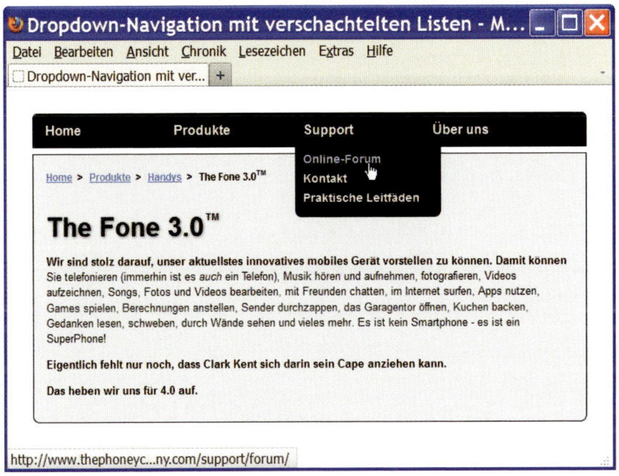

E Die Listenelemente Produkte und Support enthalten beide Untermenüs in verschachtelten uls, aber wegen des von mir angewendeten CSS wird keines davon standardmäßig sichtbar sein. In diesem Fall wird das Untermenü Support dargestellt, weil ich mit der Maus über das li fahre, in dem sowohl der Support-Link als auch die damit zusammenhängende verschachtelte Liste des Untermenüs enthalten sind C. Das komplette CSS bekommen Sie auf der Website zum Buch.

Verschachtelte Listen als Drop-down-Navigation einsetzen

Ein mögliches Einsatzgebiet von verschachtelten Listen ist die Strukturierung von Drop-down-Menüs in der Navigation D. Sie können die Navigation mit CSS formatieren, damit jedes Untermenü nur dann gezeigt wird, wenn der Besucher mit dem Mauszeiger über das übergeordnete Listenelement fährt E. Es verschwindet wieder, wenn der Cursor wegbewegt wird.

Sie können diesen Effekt auf verschiedene Weise implementieren, aber man muss dafür immer die Pseudoklasse `:hover` als Teil des Selektors, der das Untermenü aufdeckt, einsetzen. Hier ist ein solcher Ansatz, um die verschachtelten Listen standardmäßig zu verstecken und erst zu zeigen, wenn der Besucher mit der Maus darüberfährt:

```
/* Standardzustand der Untermenüs */
.nav li ul {
   left: -9999em; /* verschiebt Untermenüs vom Bildschirm */
   position: absolute;
   z-index: 1000;
}

/* Standardzustand der Untermenüs, wenn Cursor über das Eltern-li fährt */
.nav li:hover ul {
   display: block; /* für ältere IE-Versionen */
   left: auto; /* bringt Untermenüs an vorgesehenen Platz zurück */
}
```

Das korrespondierende HTML sehen Sie in D. Sie brauchen mehr als dieses CSS, um das horizontale Layout zu implementieren, die Aufzählungszeichen von den Listenelementen zu entfernen und die Präsentation noch anderweitig Ihren Anforderungen anzupassen. Das vollständige HTML und CSS für die in E gezeigte Seite finden Sie auf der Website des Buchs unter *www.bruceontheloose.com/htmlcss/examples/chapter-15/dropdown-nav.html*. Ich habe den Code auch gut kommentiert.

Sie können den Ansatz auch entsprechend für eine vertikale Navigation mit ausfahrenden Untermenüs nutzen, die seitlich erscheinen.

B *Sie können die Begriffe in den* dt*-Elementen noch zusätzlich formatieren, damit sie sich besser abheben* **C**.

```
dt {
   font-weight: bold;
}
```

C *Das definierte Wort (das* dt*) wird standardmäßig linksbündig ausgerichtet und der Wert (*dd*) wird eingerückt. Die Namen werden dank der einfachen Regel in* **B** *fett dargestellt. Andernfalls wäre das normaler Text.*

Beschreibungslisten erstellen

HTML enthält eine Art von Liste, die speziell dafür gedacht ist, die Beziehung zwischen Namen (oder Begriffen) und Werten in Gruppen zu beschreiben. In früheren Versionen von HTML nannte man das Definitionslisten (*definition lists*) und in HTML5 heißen sie nun Beschreibungslisten (*description lists*).

So steht es in der HTML5-Spezifikation: „Name-Wert-Gruppen können Begriffe und Definitionen, Metadatenthemen und Werte, Fragen und Antworten oder eine andere Gruppe mit Name-Wert-Daten sein.“ Jede Liste ist in einem `dl` enthalten und jede Name-Wert-Gruppe darin hat ein oder mehrere `dt`-Elemente (die Namen oder Begriffe), gefolgt von einem oder mehreren `dd`-Elementen (ihren Werten). **A** zeigt ein einfaches Beispiel einer Beschreibungsliste. Abgesehen von dem Text, der mit einer einfachen Formatierungsregel fett wird **B**, wird sie standardmäßig wie in **C** dargestellt.

A *Dies ist die einfachste Art einer Beschreibungsliste, mit einem* dt*, das einem* dd *in jeder Name-Wert-Gruppe zugeordnet ist. Jede Gruppe wird durch eine leere Zeile getrennt, das dient einfach nur der besseren Lesbarkeit des Codes. Der Abstand zwischen den Gruppen ist nicht erforderlich, ändert die Bedeutung des Inhalts nicht und wirkt sich nicht auf dessen Darstellung aus.*

```
...
<body>

<h1>Legenden des Horrorfilms</h1>

<dl>
   <dt>Boris Karloff</dt>
   <dd>Am bekanntesten wurde er in seiner Rolle in <cite>Frankenstein</cite> und ähnlichen Horrorfilmen.
   → Dieser Meister des Schreckens hieß in Wirklichkeit William Henry Pratt.</dd>

   <dt>Christopher Lee</dt>
   <dd>Lee hat als Graf Dracula in seinen vielen Horrorklassikern der Hammer-Filmstudios so manches
   → Kinopublikum erschreckt.</dd>

   ...
</dl>

</body>
</html>
```

Die folgenden Ausgestaltungen sind für eine Gruppe von `dt`- und `dd`-Elementen in einem `dl` möglich:

- Ein einzelnes `dt`, gruppiert mit einem einzelnen `dd` A (schauen Sie in G auch unter *Regisseur* und in der verschachtelten Beschreibungsliste unter *Besetzung* nach). So etwas wird am häufigsten eingesetzt.
- Ein einzelnes `dt`, gruppiert mit mehreren `dd`-Elementen. Siehe *Autoren* in G.
- Mehrere `dt`-Elemente, die mit einem `dd` gruppiert sind D (mit einer beispielhaften Formatierung, die in E und F gezeigt wird).
- Mehrere `dt`-Elemente, gruppiert mit mehreren `dd`-Elementen. Ein Beispiel dafür wäre es, wenn *bogeyman/boogeyman* in D mehr als eine Definition bekäme.

Nutzen Sie das Element `dfn` (*definition*) um die Namen in den `dt`s, um anzuzeigen, dass die Liste Begriffe definiert, z.B. wie in einem Glossar D (mehr über `dfn` siehe „Einen Begriff definieren" in Kapitel 4).

Fortsetzung

D *Dieses Beispiel enthält mehrere `dt`s, gepaart mit einem einzelnen `dd` in jeder Name-Wert-Gruppe, weil die definierten Begriffe mehr als eine Schreibweise haben, aber die gleiche Definition bekommen.*

```
...
<body>

<h1>Englische Wörter mit verschiedener
→ Rechtschreibung definieren</h1>

<dl>
   <dt><dfn>bogeyman</dfn>, n.</dt>
   <dt><dfn>boogeyman</dfn>, n.</dt>
   <dd>Ein Fabelwesen, das sich unter den Betten
   → kleiner Kinder versteckt hält</dd>

   <dt><dfn lang="en-gb">aluminium</dfn>, n.</dt>
   <dt><dfn>aluminum</dfn>, n.</dt>
   <dd>...</dd>
</dl>

</body>
</html>
```

E *Dadurch bekommen die Name-Wert-Gruppen etwas mehr Abstand, als sie standardmäßig sonst hätten.*

```
dd + dt {
   margin-top: 1em;
}
```

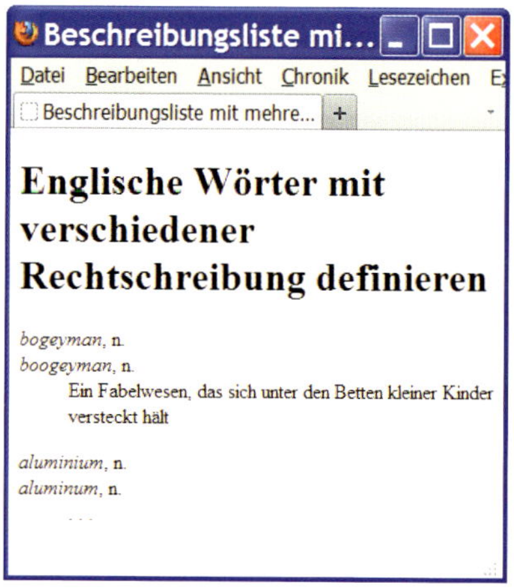

F *Nun können Sie genau sehen, wo eine Gruppe von Beschreibungen aufhört und die nächste beginnt. Die Regel in* E *funktioniert, weil „aluminium, n." in einem `dt` direkt nach dem `dd` aus der vorigen Name-Wert-Gruppe enthalten ist.*

G *Hier ist das Beispiel einer Beschreibungsliste, in der Regisseur, Autoren und Besetzung eines Films aufgeführt sind. Die Namen der Schauspieler und deren Figuren stehen in einer verschachtelten Beschreibungsliste. Sie können die verschachtelte Liste auf Wunsch auch anders formatieren* **H**.

```
...
<body>

<h1>Credits für <cite>Am&eacute;lie</cite></h1>

<dl>
   <dt>Regisseur</dt>
   <dd>Jean-Pierre Jeunet</dd>

   <dt>Autoren</dt>   <dd>Guillaume Laurant
   → (Story, Drehbuch)</dd>
   <dd>Jean-Pierre Jeunet (Story)</dd>

   <dt>Besetzung</dt>
   <dd>
      <!-- Beginn der verschachtelten Liste -->
      <dl>
         <dt>Audrey Tautou</dt>
         → <!-- Schauspieler/in -->
         <dd>Am&eacute;lie Poulain</dd>
         → <!-- Figur -->

         <dt>Mathieu Kassovitz</dt>
         <dd>Nino Quincampoix</dd>
         ...
      </dl>
      <!-- Ende verschachtelte Liste -->
   </dd>
   ...
</dl>
</body>
</html>
```

Sie können auch Beschreibungslisten verschachteln **G** und sie nach Belieben mit CSS formatieren **H**. Wenn ein `dl` in einem anderen verschachtelt ist, wird es standardmäßig automatisch um eine Stufe eingerückt **I** (das können Sie natürlich auch mit CSS ändern).

Beschreibungslisten erstellen

1. Tippen Sie `<dl>`.
2. Tippen Sie `<dt>`.
3. Geben Sie zusammen mit allen zusätzlichen semantischen Elementen (wie `dfn`) ein Wort oder einen kurzen Satz ein, das/der definiert oder erklärt werden soll.
4. Mit `</dt>` schließen Sie den Namen in der Name-Wert-Gruppe ab.
5. Wiederholen Sie bei Bedarf die Schritte 2 bis 4, falls es in der Gruppe mehr als einen Namen oder Begriff gibt **D**.
6. Tippen Sie `<dd>`.
7. Geben Sie die Definition des in Schritt 3 eingegebenen Begriffs ein.
8. Mit `</dd>` schließen Sie die Beschreibung (den Wert) in der Name-Wert-Gruppe ab.
9. Wiederholen Sie bei Bedarf die Schritte 6 bis 8, falls es in der Gruppe mehr als einen Namen oder Begriff gibt (siehe die Gruppe Autoren in **G**).
10. Wiederholen Sie die Schritte 2 bis 9 für jede Gruppe mit Begriffen und Beschreibungen.
11. Mit `</dl>` schließen Sie die Definitionsliste ab.

TIPP **Browser rücken Beschreibungen (Werte) im Allgemeinen auf einer neuen Zeile unterhalb des Begriffs (Name) ein (C).**

TIPP **Sie merken an den Beispielen ((A), (D) und (G)), dass Sie einzelne Textparagraphen nicht als p-Elemente innerhalb der dd-Elemente auszuzeichnen brauchen – oder genauer gesagt auch nicht *sollten*. Doch wenn eine *einzelne* Beschreibung mehr als einen Absatz einnimmt, dann zeichnen Sie sie *doch* mit p-Elementen in einem dd aus, anstatt jeden Absatz (ohne p-Elemente) in sein eigenes dd aufzusplitten.**

(H) *Ich will die Begriffe in der Hauptliste von denen abheben, die darin verschachtelt sind. Also formatiere ich* dt*-Elemente mit Großbuchstaben und dann setze ich alle* dt*-Elemente in einer verschachtelten* dl *zurück auf normal (anhand der Deklaration* text-transform: none*). Aber achten Sie darauf, dass alle Begriffe in fett dargestellt werden (I), weil die Deklaration in der ersten Regel auf alle* dt*-Elemente angewendet wird und ich das in der verschachtelten Liste nicht abgeschaltet habe.*

```
dt {
   font-weight: bold;
   text-transform: uppercase;
}

/* Formatiere das dt aller dls, die sich in einem
   → anderen dl befinden */
dl dl dt {
   text-transform: none;
}

dd + dt {
   margin-top: 1em;
}
```

(I) *Wenn ein* dl *in einem anderen verschachtelt ist, wird es standardmäßig automatisch um eine Stufe eingerückt. Mit den Formatierungen aus (H) sind die* dt*-Elemente der ersten Ebene in Großbuchstaben, während die anderen in den verschachtelten Listen normal sind. Alle sind fett gedruckt.*

16 Formulare

Bisher ist es in diesem Buch bei all dem HTML, das Sie gelernt haben, darum gegangen, *Ihre* Ideen und Konzepte an die Besucher zu vermitteln. In diesem Kapitel erfahren Sie, wie Ihre *Besucher* anhand von Formularen mit Ihnen kommunizieren.

Formulare haben im Wesentlichen zwei Bestandteile: die Sammlung aller Felder, Bezeichnungen und Buttons, die der Besucher auf einer Seite sieht und hoffentlich ausfüllt, und das verarbeitende Skript, das diese Information annimmt und sie in ein Format konvertiert, das Sie lesen oder auswerten können.

Die Konstruktion von Eingabefeldern und Buttons ist unkompliziert und ähnelt der Erstellung von anderen Bestandteilen der Webseite. Zu diesen Formularfeldtypen zählt man u.a. Textboxen, spezielle Passwortfelder, Radio-Buttons, Checkboxen, Drop-down-Menüs, größere Textbereiche und sogar anklickbare Bilder. Jedes Element hat einen Namen, der wie eine Art Etikett die Daten zur weiteren Verarbeitung kennzeichnet. Sie können mit CSS die Platzierung und Formatierung gestalten, damit das Formular klar und übersichtlich und leicht nutzbar ist.

Übersicht

Wenn man Formulare verwendet, braucht man oft eine serverseitige Sprache, um die übermittelten Informationen zu empfangen. Dazu ist Code auf dem Webserver nötig, der auf Formulareingaben lauscht und die Informationen in der Eingabe verarbeitet, indem er sie in einer Datenbank speichert, per E-Mail versendet oder den Nutzer zu neuen Informationen weiterleitet. Für den Anfang empfehle ich PHP. PHP ist leicht, unkompliziert und ideal dazu geeignet, Webseiten interaktiv zu machen.

Es gibt viele andere serverseitige Sprachen zur Verarbeitung von Formularen. Serverseitige Sprachen passen nicht mehr in dieses Buch und es würde auch den Rahmen sprengen, wenn ich versuchen würde, vorhandene Skripte zu erklären, aber ich stelle Ihnen hier ein paar fertige Skripte vor, auf denen Sie aufbauen können.

A *Jedes Formular hat drei Bestandteile: das form-Element, die eigentlichen Formularelemente, in denen Besucher ihre Angaben machen, und den Senden-Button (oder das aktive Bild), mit dem die gesammelten Informationen an den Server geschickt werden.*

```
<form method="post" action="showform.php">
   <fieldset>
      <h2 class="account">Konto</h2>
      <ul>
         <li>
            <label for="first_name">Vorname:
            → </label>
            <input type="text" id="first_name"
            → name="first_name" class="large" />
         </li>
         <li>
            <label for="last_name">Nachname:
            → </label>
            <input type="text" id="last_name"
            → name="last_name" class="large"/>
         </li>
...
      <input type="submit" class="create_
      → profile" value="Konto erstellen">
   </fieldset>
</form>
```

TIPP **Sie können das Skript showform.php von meiner Website (*www.bruceontheloose.com/htmlcss/examples/*) herunterladen und es in Schritt 2 verwenden, um Ihre Formulare zu testen, wenn Sie dieses Kapitel durcharbeiten. Es wird auch in A in „Formulare verarbeiten“ gezeigt.**

Formulare erstellen

Ein Formular besteht aus drei wichtigen Teilen: das form-Element mit dem URL des Skripts, das das Formular und dessen Methoden (post oder get) verarbeitet, die Formularelemente wie Eingabe- und Auswahlfelder (Checkboxen, Drop-down-Menüs und Radio-Buttons) sowie der Senden-Button, der die Daten an das Skript auf dem Server schickt **A**.

Es gibt viele Details zu beachten, wenn Sie sich entscheiden müssen, ob Ihr Formular mit method="post" oder method="get" arbeiten soll. Generell empfehle ich method="post", weil Sie mehr Daten an den Server senden können und die Informationen in Ihrem Formular nicht im URL sichtbar sind. Wenn Sie also Daten in einer Datenbank speichern, ergänzen und löschen wollen, dann ist post die richtige Wahl. Wenn Sie fürs Formular method="get" nehmen, werden Ihre Formulardaten in der Adressleiste des Browsers gezeigt, so dass der Anwender die Ergebnisse als Favorit oder Lesezeichen ablegen kann. Die meisten Suchmaschinen nehmen in ihren Suchformularen method="get", um Ihnen die Speicherung oder Weiterleitung einer Suchanfrage zu erlauben.

Ein Formular erstellen

1. Geben Sie <form method="post" ein.
2. Geben Sie action="*skript.url*"> ein, wobei *skript.url* der Ort auf dem Server ist, wo sich das Skript befindet, das gestartet wird, wenn das Formular übermittelt wurde.
3. Erstellen Sie die Inhalte des Formulars (inklusive Senden-Schaltfläche), wie es in den Abschnitten ab „Textboxen erstellen“ beschrieben wird.
4. Mit </form> schließen Sie das Formular ab.

TIPP Damit Ihre Besucher Ihnen die Daten aus dem Formular schicken können, brauchen Sie eine entsprechende Schaltfläche (Button).

TIPP Sie können die Formularelemente mit CSS gestalten **B**. Das Formularbeispiel, das ich anhand der Illustrationen in diesem Kapitel demonstriere, sehen Sie in **C**.

TIPP Sie können auch die get-Methode verwenden, um aus einem Formular stammende Informationen zu verarbeiten. Weil allerdings bei der get-Methode die Menge der Daten beschränkt ist, die Sie auf einmal erfassen können, und bei diesem Formular ein Datei-Upload vorgesehen ist, müssen Sie mit post arbeiten.

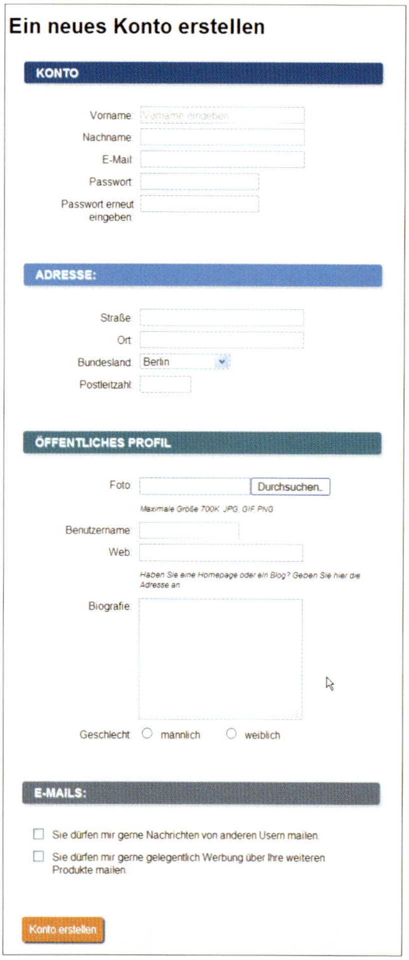

C *Hier ist das komplette Formular für ein neues Konto, das in diesem Kapitel entwickelt wird.*

B *Hier ist ein Abschnitt des Stylesheets, mit dem das Formular formatiert wird. Sie finden das komplette Stylesheet auf der Website des Buchs www.bruceontheloose.com/htmlcss/examples/.*

```
fieldset {
   background-color: #f1f1f1;
   border: none;
   border-radius: 2px;
   margin-bottom: 12px;
   overflow: hidden;
   padding: 0 10px;
}

ul {
   background-color: #fff;
   border: 1px solid #eaeaea;
   list-style: none;
   margin: 12px;
   padding: 12px;
}

ul li {
   margin: 0.5em 0;
}

label {
   display: inline-block;
   padding: 3px 6px;
   text-align: right;
   width: 150px;
   vertical-align: top;
}

input, select, button {
   font-size: 100%;
}

.small {
   width: 75px;
}
.medium {
   width: 150px;
}
.large {
   width: 250px;
}
```

Serverseitig kontra clientseitig

PHP ist eine *serverseitige* Sprache, was bedeutet, dass sie auf dem Computer läuft, der Ihre Webseiten „serviert“ (treffend als *Server* bezeichnet), und nicht auf dem Computer des Besuchers, wo die Seiten aufgerufen und betrachtet werden. Ihr Skript muss auf einen Server hochgeladen werden, damit es funktioniert. Überdies muss auf diesem Server PHP installiert sein, damit das Skript interpretiert werden kann. Serverseitige Sprachen werden für viele Funktionen einer professionellen Website benötigt, z.B. das Speichern von Daten und das Versenden von E-Mails.

Clientseitige Sprachen wie JavaScript arbeiten im Browser. Sie können viele Aufgaben erledigen, ohne überhaupt mit dem Server Kontakt aufzunehmen. Damit kann man ausgezeichnet das Browser-Fenster manipulieren, alle eingegebenen Daten überprüfen, bevor ein Formular übermittelt wird, und andere Aufgaben erledigen, die ohne Server ablaufen (oder bevor er involviert ist).

Die Verarbeitung von Formularen

Ein Formular sammelt die Informationen Ihrer Besucher und das Skript verarbeitet sie dann weiter. Das Skript kann die Informationen in einer Datenbank auf dem Server protokollieren, die Informationen per E-Mail versenden oder auch verschiedene andere Funktionen durchführen.

Da wir uns auf Webformulare konzentrieren, werden wir in diesem Kapitel ein sehr einfaches PHP-Skript verwenden, das die Daten an den Besucher zurückgibt, wenn er das Formular ausgefüllt und abgesendet hat **A**. Sie bekommen von mir auch ein Skript, mit dem Sie die Inhalte eines Formulars an Ihre E-Mail-Adresse weiterleiten können **B**.

Über PHP

PHP ist eine rekursive Abkürzung und steht für *PHP: Hypertext Preprocessor*. Dabei handelt es sich um eine Open-Source-Skriptsprache, die speziell dafür geschrieben wurde, Webseiten interaktiv zu

A *Hier ist das Skript, mit dem die Formulare in diesem Kapitel verarbeitet werden. Beachten Sie, dass das PHP-Skript direkt in einer HTML-Seite steht (eine kommentierte Version dieses Skripts finden Sie unter www.bruceontheloose.com/htmlcss/examples/).*

```
<!DOCTYPE html>
<html lang="de">
   <head>
   <meta charset="utf-8" />
      <title>Formulardaten verarbeiten</title>
   <style type="text/css">
   body {
      font-size: 100%;
      font-family: Arial, sans-serif;
   }

   </style>
</head>
<body>
<p>Dies ist ein ganz einfaches PHP-Skript, das den Namen aller Informationen (die mit dem Attribut
→ <code>name</code> für dieses Formularfeld korrespondieren) zusammen mit dem Wert ausgibt, der damit
→ direkt aus dem Browserfenster gesendet wurde.</p>
<p>Wollte man das Skript noch praktischer machen, dann könnten diese Informationen in einer MySQL-Datenbank
→ gespeichert oder an Ihre E-Mail-Adresse gesendet werden.</p>
```

machen. Diese Sprache ist bemerkenswert einfach und unkompliziert. (Lesen Sie mehr darüber in dem Buch *PHP 5.4 & MySQL 5.5 – Der Einstieg in die Programmierung dynamischer Websites* [Addison-Wesley 2012] von Florence Maurice.) Es ist richtig, dass meine Skripte nicht sonderlich kompliziert sind, und genau darum geht's ja auch. Ich habe es hingekriegt, dass sie genau das machen, was ich will, ohne dafür eine Menge Hürden zu überwinden.

PHP ist für einfache serverseitige Aufgaben im Internet genauso geeignet wie für komplexe Webanwendungen wie WordPress und Drupal. Dabei handelt es sich um beliebte Blogging- und Content-Management-Systeme. PHP ist ebenso eine

A *Fortsetzung*

```
<table>
<tr><th>Feldname</th><th>Wert(e)</th></tr>

<?php
if (empty($_POST)) {
   print "<p>Keine Daten übermittelt.</p>";
} else {

foreach ($_POST as $key => $value) {
   if (get_magic_quotes_gpc()) $value=stripslashes($value);
   if ($key=='extras') {

      if (is_array($_POST['extras']) ){
         print "<tr><td><code>$key</code></td><td>";
         foreach ($_POST['extras'] as $value) {
            print "<i>$value</i><br />";
         }
         print "</td></tr>";
      } else {
      print "<tr><td><code>$key</code></td><td><i>$value</i></td></tr>\n";
      }
   } else {

   print "<tr><td><code>$key</code></td><td><i>$value</i></td></tr>\n";
   }
}
}
?>
</table>
</body>
</html>
```

B *Das in* **A** *gezeigte Skript gibt den Namen und die Werte für jedes Feld in einer Tabelle im Browser-Fenster aus.*

Programmiersprache für Einsteiger wie für Profis. In dem Maße, wie Ihre Kenntnisse darin wachsen, kann auch PHP immer mehr für Sie tun.

PHP ist nicht nur einfach zu lernen, sondern hat auch eine Reihe von Eigenschaften, durch die es für die Verarbeitung von HTML-Formularen ideal ist. Vor allem ist PHP eine *interpretierte* (oder eine *Skripting*-) Sprache, was bedeutet, dass sie nicht zuerst kompiliert werden muss. Sie schreiben in dieser Sprache einfach Ihre Skripte und das war's dann schon. PHP-Skripte können zwar unabhängige Textdateien sein, aber oft werden sie direkt in die HTML-Seite selbst geschrieben, was PHP für Webdesigner außerordentlich praktisch macht.

Weil PHP fürs Web konzipiert ist, kann es schließlich auch besonders gut die bei Webseiten anfallenden Aufgaben erledigen und es arbeitet gut mit HTML zusammen. Es gibt schon Hunderte von eingebauten Funktionen, die Sie gleich einsetzen können. In diesem Kapitel gehen wir kurz auf die PHP-Tools zur Formularverarbeitung ein. Die offizielle PHP-Site steht unter *www.php.net*, das deutsche Manual finden Sie hier *http://www.php.net/manual/de*.

Sicherheit

Wenn Sie Informationen an den Server senden, müssen Sie ganz besonders auf die Sicherheit achten. Gehen Sie bei Ihren Daten auf keinen Fall unbedacht von bestimmten Annahmen aus. Bloß weil Sie in das Formular Sicherheitsvorkehrungen eingebaut haben, heißt das noch lange nicht, dass nicht böse Hacker ein eigenes Formular erstellen, das Ihr Skript aufruft, um damit Millionen von Spam-Mails zu verschicken. Prüfen Sie Ihre Daten explizit und achten Sie darauf, dass sie genauso sind, wie sie sein sollen, und keine bösen Extra-Bits vorkommen.

PHP-Alternativen

Es gibt viele Alternativen zur Verarbeitung von Formularen mit PHP, z.B. ASP.NET von Microsoft, ColdFusion von Adobe, JSP (JavaServer Pages) und Ruby on Rails.

Formulardaten per E-Mail versenden

Wenn Sie sich lieber nicht mit serverseitigen Skripten abmühen wollen und es okay ist, dass die Daten nicht perfekt formatiert oder von einem Skript vorverarbeitet werden, dann können Sie sich die Daten eines Besuchers per Mail schicken lassen **A**.

A *Mit diesem Skript können Formulardaten per E-Mail versendet werden. Sie finden eine kommentierte Version dieses Skripts auf der Webseite für dieses Buch.*

```
...
<body>

<?php
//Dies ist ein ganz einfaches PHP-Skript, das ...
if (empty($_POST)) {
   print "<p>Keine Daten übermittelt.</p>";
   print "</body></html>";
   exit();
}

function clear_user_input($value) {
   if (get_magic_quotes_gpc())
   → $value=stripslashes($value);
   $value= str_replace( "\n", '', trim($value));
   $value= str_replace( "\r", '',  $value);
   return $value;
}

$body ="Dies sind die übermittelten Daten:\n";

foreach ($_POST as $key => $value) {
   $key = clear_user_input($key);
   $value = clear_user_input($value);
   if ($key=='extras') {
```

A *Fortsetzung*

```
      if (is_array($_POST['extras']) ){
         $body .= "$key: ";
         $counter =1;
      foreach ($_POST['extras'] as  $value) {
            //Komma und Leerzeichen bis zum
            → letzten Element einfügen
            if (sizeof($_POST['extras'])
            → == $counter) {
               $body .= "$value\n";
               break;}
            else {
               $body .= "$value, ";
               $counter += 1;
               }
            }
      } else {
      $body .= "$key: $value\n";
      }
   } else {

   $body .= "$key: $value\n";
   }
}

extract($_POST);
$email = clear_user_input($email);
$first_name = clear_user_input($first_name);

$from='From: '. $email . "(" . $first_name .
→ ")" . "\r\n" . 'Bcc: ihremail@ihredomaene.com'
→ . "\r\n";


$subject = 'Neues Profil von der Website';


mail ('ihremail@ihredomaene.com', $subject,
→ $body, $from);
?>

<p>Vielen Dank, dass Sie sich registriert
haben!</p>
</table>
</body>
</html>
```

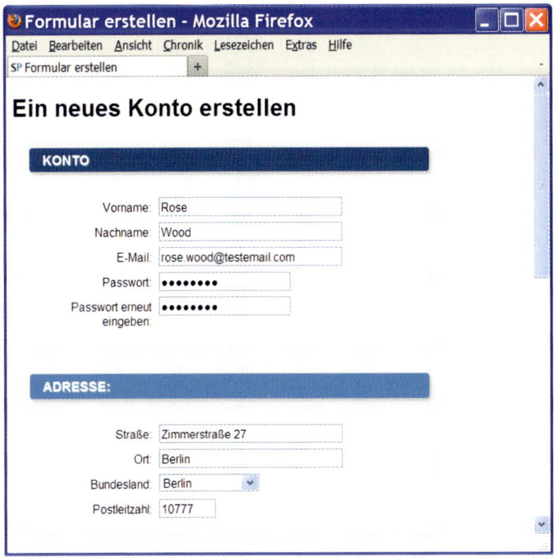

B *Bis auf das aktualisierte Aktionsfeld ist dieses Fenster identisch mit dem aus „Formulare erstellen“ in* **C**.

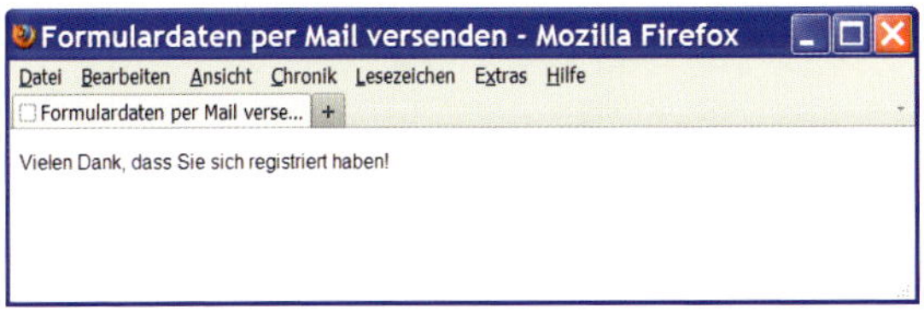

C *Es ist immer gut, wenn der Anwender eine Rückmeldung darüber bekommt, was gerade geschehen ist.*

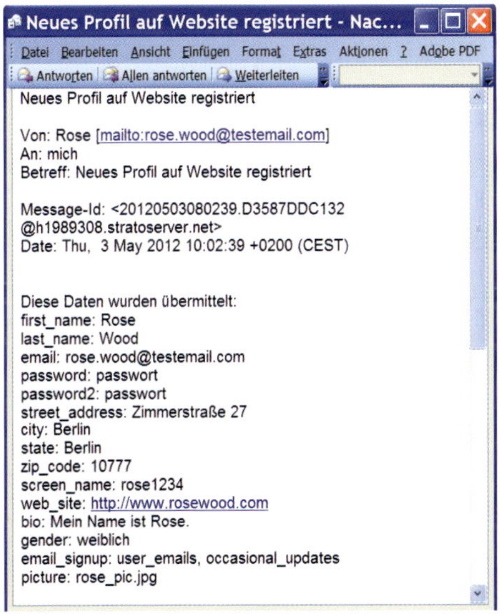

D *Eine solche E-Mail wird zugestellt, nachdem das Formular übermittelt wurde.*

Formulardaten per E-Mail versenden

1. Tippen Sie `<form method="post"` ein.
2. Geben Sie `action="`*`emailform.php`*`"` ein, wobei *`emailform.php`* für das Skript steht, das die Formulardaten per E-Mail an Sie verschickt.
3. Tippen Sie `>`.
4. Erstellen Sie die Inhalte des Formulars, wie es in den Abschnitten ab „Textboxen erstellen“ beschrieben wird.
5. Tippen Sie `</form>`.

TIPP Sie sollten die Anwender auffordern, die E-Mail-Adresse zweimal einzutippen. Dann lassen Sie das Skript die beiden Felder vergleichen. Falls sie nicht identisch sind, gibt es eine Fehlermeldung aus. Durch diese Validierung werden Tippfehler unterbunden, die verhindern, dass Sie an die Formulardaten gelangen.

TIPP Sie finden den Code für dieses Skript auf der Website des Buchs *www.bruceontheloose.com/htmlcss/examples/*. Den dürfen Sie gerne auf Ihrer eigenen Website verwenden.

TIPP Wenn dieses Skript auf Ihrem Server nicht funktioniert, ist auf Ihrem Server möglicherweise kein PHP installiert. Fragen Sie Ihren Web-Hoster (oder schauen Sie auf dessen Hilfe-Seiten nach).

Formularelemente organisieren

Wenn es auf Ihrem Formular viele Informationen einzutragen gibt, können Sie zusammengehörige Elemente mit einem `fieldset`-Element gruppieren, um das Formular leichter verständlich zu machen **A**. Je besser Ihre Besucher das Formular begreifen, desto wahrscheinlicher werden sie es auch korrekt ausfüllen. Sie können mit dem `legend`-Element auch jedem `fieldset` eine Legende (eine Art Überschrift) geben, die den Zweck der Gruppierungen beschreibt **B**.

Die Formularelemente strukturieren

1. Unterhalb des `form`-Start-Tags, aber über allen Formularelementen, die in der ersten Gruppe enthalten sein sollen, geben Sie `<fieldset>` ein.
2. Dann geben Sie bei Bedarf `<legend` ein.
3. Auf Wunsch können Sie `align="richtung"` eingeben, wobei *`richtung`* entweder für `left` oder `right` steht.
4. Tippen Sie `>`.
5. Geben Sie den Text für die Legende ein.
6. Tippen Sie `</legend>`, um die Legende abzuschließen.
7. Erstellen Sie die Formularelemente, die zur ersten Gruppe gehören sollen. Weitere Informationen bekommen Sie in den Abschnitten ab „Textboxen erstellen".
8. Geben Sie `</fieldset>` ein, um die erste Gruppe der Formularelemente abzuschließen.
9. Wiederholen Sie die Schritte 1 bis 8 für jede Gruppe von Formularelementen.

A *Ich habe das `fieldset`-Element formatiert und jedem `h2` ein `class`-Attribut gegeben, um jede Gruppe der Formularelemente einfacher formatieren zu können.*

```
<form method="post" action="showform.php">
<fieldset>
   <legend class="account">Konto</legend>
   → </fieldset>
<fieldset>
   <legend class="address">Adresse</legend>
</fieldset>
<fieldset>
<legend class="public-profile">Öffentliches
Profil</legend>
</fieldset>
```

B *Alle `fieldset`-Elemente bekommen Margin, Hintergrundfarbe und Padding und außerdem erhält jede Überschrift eine eigene Hintergrundfarbe.*

```
fieldset {
   background-color: #f1f1f1;
   border: none;
   border-radius: 2px;
   margin-bottom: 12px;
   overflow: hidden;
   padding: 0 10px;
}

legend {
   background-color: #dedede;
   border-bottom: 1px solid #d4d4d4;
   border-top: 1px solid #d4d4d4;
   border-radius: 5px;
   box-shadow: 3px 3px 3px #ccc;
   color: #fff;
   font-size: 1.1em;
   margin: 12px;
   padding: 0.3em 1em;
   text-shadow: #9FBEB9 1px 1px 1px;
   text-transform: uppercase;
}

legend.account { background-color: #0B5586; }
legend.address { background-color: #4494C9; }
legend.public-profile { background-color:
   #377D87; }
legend.emails { background-color: #717F88; }
```

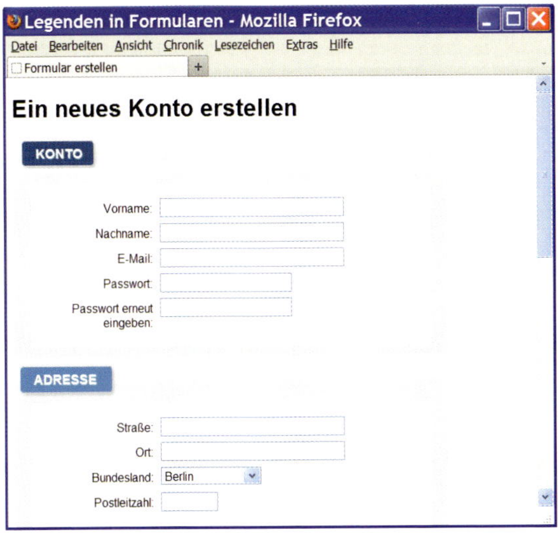

C *Browser schränken unsere Freiheit ein, das* legend*-Element zu formatieren. Wenn Sie sich diese Freiheit zurückholen wollen, nehmen Sie stattdessen ein Überschrift- oder ein* p*-Element mit einem Klassennamen.*

D *Weil die meisten Browser die visuelle Kontrolle über das* legend*-Element nicht ermöglichen, empfehle ich, ein normales Überschriftenelement zu nehmen.*

```
<form method="post" action="showform.php">
   <fieldset>
      <h2 class="account">Konto</h2>
```

TIPP **Das legend-Element beschränkt die Möglichkeiten von CSS, es zu positionieren. Darum ist bei den meisten Browsern auch dessen Formatierung begrenzt C. Ich empfehle, den Legendeneffekt mit einem passend formatierten p-Element oder h1-h6-Element erneut zu erstellen (D bis F).**

TIPP **Es bleibt völlig Ihnen überlassen, ob Sie Ihr Formular in fieldset-Elemente strukturieren.**

E *Hier formatiere ich das* legend h2 *mit einem Hintergrund, einem Rahmen und anderen CSS3-Features, von denen Sie noch erfahren werden.*

```
h2 {
   background-color: #dedede;
   border-bottom: 1px solid #d4d4d4;
   border-top: 1px solid #d4d4d4;
   border-radius: 5px;
   box-shadow: 3px 3px 3px #ccc;
   color: #fff;
   font-size: 1.1em;
   margin: 12px;
   padding: 0.3em 1em;
   text-shadow: #9FBEB9 1px 1px 1px;
   text-transform: uppercase;
}
```

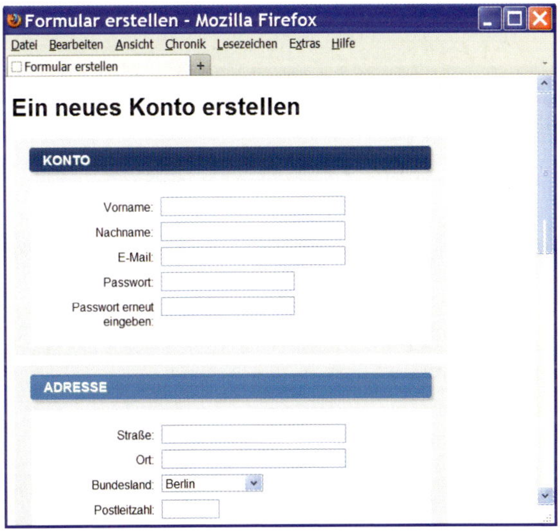

F *Nun haben die Legenden mehr Optionen für die Formatierung.*

Textboxen erstellen

Textboxen können eine Zeile mit freiem Text enthalten (d.h. alles, was der Besucher hier eingeben will) und werden normalerweise für Namen, Adressen u.Ä. verwendet.

Es gibt viele Wege, wie man die Formularelemente voneinander trennen kann. In diesen Beispielen arbeiten wir mit Aufzählungslisten **A**, aber Sie können auch mit den Elementen `div`, `p` oder `br` arbeiten, um die Formularelemente zu strukturieren.

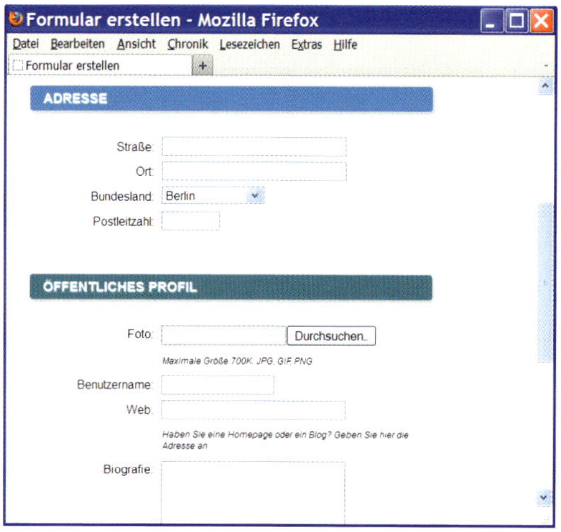

B *Textboxen können verschiedene Größen haben, um sich an unterschiedliche Feldarten anzupassen. In unserem Beispiel nehmen wir die CSS-Formatierung und setzen die Breite anhand von Klassen. Sie können die Breite für das HTML-Element auch mit dem Attribut* `size="n"` *setzen.*

A *Es ist notwendig, für jede Textbox das* `name`*-Attribut zu setzen, aber das* `value`*-Attribut müssen Sie nur dann angeben, wenn Sie für eine Textbox Standardwerte haben wollen.*

```
<form method="post" action="showform.php">
<fieldset>
   <h2 class="account">Konto</h2>
   <ul>
      <li>
         <label for="first_name">Vorname:
         → </label>
         <input type="text" id="first_name"
         → name="first_name" class="large"
         → required="required"
         → placeholder="Vornamen eingeben" />
      </li>
      <li>
         <label for="last_name">Nachname:
         → </label>
         <input type="text" id="last_name"
         → name="last_name" class="large"/>
      </li>
```

Neue HTML5-Attribute für Formulareingabe

Formulare sind ein Bereich von HTML, den die meisten Entwickler sehr mühselig finden, weil das oft eine zusätzliche Beschäftigung mit CSS und JavaScript erfordert, damit alles gut funktioniert. HTML5 hat sich vorgenommen, dies zu vereinfachen, indem viele Erweiterungen und Verbesserungen aufgenommen werden, von denen Sie schon heute viele nutzen können.

Zu diesen Attributen zählen `autofocus`, `required`, `placeholder`, `maxlength` und `pattern`. In den folgenden Beispielen lernen Sie diese neuen Features kennen.

Ältere Browser, die diese neuen Features nicht unterstützen, werden das jeweilige Attribut einfach ignorieren. Viele Entwickler nutzen JavaScript, um die Lücke in der Funktionalität für diese Browser zu schließen.

Weitere Informationen über den Status der HTML5-Formulare sowie den Support dieser Features durch Browser finden Sie unter *http://wufoo.com/html5*.

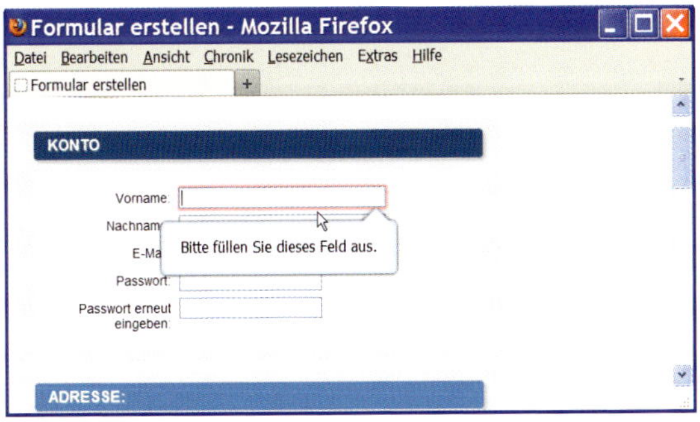

C *Die Angabe in Textboxen kann man erforderlich machen, damit ein Formular auch übermittelt wird. Sie können die Eingabe in einem Feld anhand des Attributs* required *oder* required="required" *zur Bedingung machen. Dies ist ein neues Feature in HTML5 und wird daher von älteren Browsern ignoriert. Sie sollten aber das Formular weiterhin serverseitig validieren und können anhand von JavaScript das Feld im Browser prüfen.*

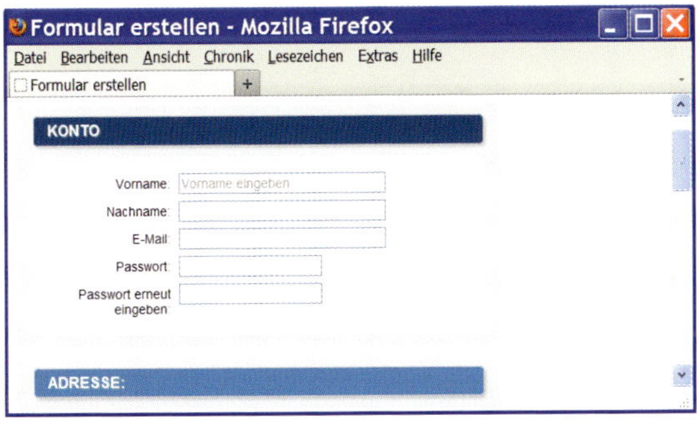

D *Mit Platzhaltern kann man seinen Usern sehr gut einen Hinweis oder zusätzliche Instruktionen zum Ausfüllen des Formulars geben. Durch das* placeholder*-Attribut erscheint in der Textbox hellgrauer Text. Wenn der User etwas in das Feld einträgt, verschwindet der hellgraue Text, er erscheint aber wieder, falls hier doch nichts eingegeben wurde. Dies ist ebenfalls ein neues Feature in HTML5, wird also von älteren Browsern ignoriert.*

Eine Textbox erstellen

1. Geben Sie die Bezeichnung ein, über die der Besucher die Textbox identifiziert (z.B. Name:).
2. Tippen Sie <input type="text".
3. Geben Sie name="*etikett*" ein, wobei *etikett* der Text ist, der die eingegebenen Daten für den Server (und Ihr Skript) identifizieren wird.
4. Geben Sie id="*etikett*" ein, wobei *etikett* der Text ist, der das Element dem passenden Etikettelement zuordnet – dies werde ich gleich erläutern. Das dient auch dem JavaScript, damit Sie Ihrem Formular weitere Funktionalitäten zufügen können. Zwar ist das nicht bindend, aber viele Programmierer nehmen für id und name den gleichen Namen.
5. Geben Sie bei Bedarf value="*standard*" ein, wobei *standard* die Daten sind, die anfänglich in diesem Feld dargestellt und an den Server gesendet werden, falls der Besucher nichts anderes eingibt.
6. Tippen Sie auf Wunsch auch required="required" ein, damit das Formular erst dann übermittelt werden kann, wenn das Feld einen Wert hat, also etwas eingegeben wurde **C**.
7. Auf Wunsch tippen Sie placeholder="*hinweistext*" ein, wobei *hinweistext* für die Daten steht, die anfangs im Feld sichtbar sein werden und denen der Anwender Hinweise für die Eingabe entnimmt **D**. Wenn der Fokus auf dem Eingabeelement ist, verschwindet der Text, damit der Anwender seine Angaben eintippen kann.

8. Auf Wunsch tippen Sie `autofocus="autofocus"` **E**. Wenn dies das erste Eingabeelement mit diesem Attribut ist, wird es standardmäßig den Fokus bekommen, wenn die Seite geladen wird.

9. Auf Wunsch können Sie die Größe des Textkastens definieren, indem Sie `size="n"` eintippen und das *n* mit der gewünschten Breite des Kastens ersetzen (also mit der Anzahl der möglichen eingegebenen Zeichen). Die Breite eines Eingabefelds können Sie auch über CSS steuern.

10. Geben Sie bei Bedarf `maxlength="n"` ein, wobei *n* die maximale Anzahl der Zeichen ist, die in den Kasten eingegeben werden können.

11. Schließen Sie den Textkasten mit dem finalen /> ab.

TIPP Auch wenn Ihr Besucher das Feld auslässt (und Sie keinen Standardtext über das `value`-Attribut angegeben haben), wird das `name`-Attribut trotzdem an den Server gesendet (mit einem undefinierten, leeren `value`).

TIPP Der Standard für `size` ist 20. Doch Ihre Besucher können Zeichen bis zu der im `maxlength`-Attribut angegebenen Grenze eingeben. Doch für größere Einträge mit mehreren Zeilen ist es immer noch besser, Textbereiche einzurichten.

TIPP Verwechseln Sie das `placeholder`-Attribut nicht mit dem `value`-Attribut. Bei beiden erscheint standardmäßig Text im Eingabefeld, aber der `placeholder`-Text wird von selbst verschwinden und nicht an den Server gesendet. Der `value` hingegen verschwindet nicht, wenn der Fokus zu diesem Eingabefeld wechselt, und dessen Inhalt wird an den Server gesendet.

E Wenn die Seite geladen wird, ist es praktisch, wenn der Fokus automatisch auf ein Feld springt, damit der Anwender sofort mit dem Eintippen beginnen kann. Nehmen Sie das Attribut `autofocus="autofocus"`, damit der Browser den Cursor ins erste Formularelement setzt.

```
<input type="text" id="first_name" name="first_
→ name" class="large" required="required"
→ placeholder="Geben Sie Ihren Vornamen ein"
→ autofocus="autofocus" />
```

A *Über das Attribut* password *wird das Passwort identifiziert, wenn Sie die Daten verarbeiten. Das* id*-Attribut dient der Formatierung und als Verweismöglichkeit für die Bezeichnung. Das* type*-Attribut muss* password *sein, aber* id *und* name *können jeden Wert annehmen, es darf nur kein Leerzeichen darin vorkommen.*

```
<li>
   <label for="password">Passwort:</label>
   <input type="password" id="password"
   → name="password" />
</li>
<li>
   <label for="password">Passwort erneut
   → eingeben:
   </label>
   <input type="password" id="password2"
   → name="password2" />
</li>/>
```

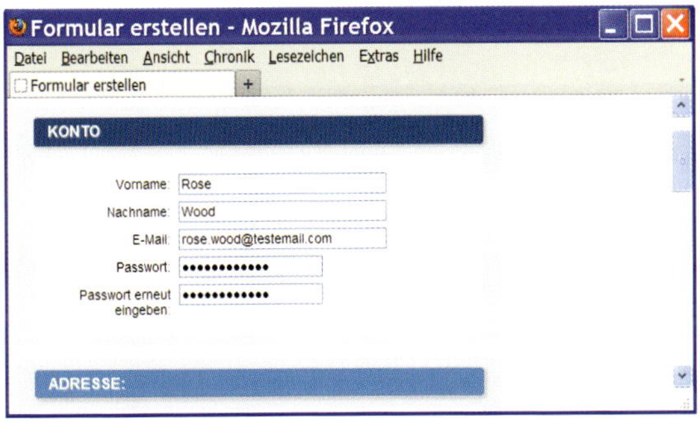

B *Wenn der Besucher in einem Formular ein Passwort eingibt, wird dieses mit Punkten oder Sternchen verborgen.*

Passwortfelder erstellen

Der einzige Unterschied zwischen einem Passwortfeld und einer Textbox ist, dass das eingetippte Passwort durch Punkte oder Sternchen verborgen ist **A**. Die Information wird nicht verschlüsselt, wenn sie an den Server gesendet wird.

Ein Passwortfeld erstellen

1. Vergeben Sie einen Namen, um das Passwortfeld für Ihren Besucher zu identifizieren (z.B. `<label for="`*`etikett`*`">Passwort</label>`), wobei *etikett* der Bezeichnung aus Schritt 4 entspricht. Mehr über diese Art Etikett erfahren Sie im Abschnitt „Formularbereiche mit Label versehen".
2. Tippen Sie `<input type="password"`.
3. Geben Sie `name="`*`etikett`*`"` ein, wobei *etikett* der Text ist, der die eingegebenen Daten für den Server (und Ihr Skript) identifizieren wird.
4. Geben Sie `id="`*`etikett`*`"` ein, wobei *etikett* der Text ist, der das Eingabefeld für dessen Etikett und JavaScript identifizieren wird.
5. Tippen Sie auf Wunsch auch `required="required"` ein, damit das Formular erst dann übermittelt werden kann, wenn das Feld einen Wert hat, also etwas eingegeben wurde.
6. Definieren Sie die Größe des Textkastens, indem Sie `size="`*`n`*`"` eintippen und das *n* mit der gewünschten Breite des Kastens ersetzen (also mit der Anzahl der möglichen eingegebenen Zeichen).
7. Tippen Sie `maxlength="`*`n`*`"`, wobei *n* für die maximale Zahl der Zeichen steht.
8. Schließen Sie die Passwort-Textbox mit dem finalen /> ab.

TIPP **Auch wenn in das Passwortfeld nichts eingegeben wird, wird der `name` doch an den Server geschickt (mit einem undefinierten `value`).**

TIPP **Ein Passwortfeld verhindert nur, dass Zuschauer das eingetippte Passwort sehen können. Um Passwörter wirklich zu schützen, sorgen Sie mit https für eine sichere Übertragung. Fragen Sie bei Ihrem Webhoster nach einem SSL-Zertifikat hierfür.**

Textboxen für E-Mail, Telefon und URL erstellen

Spezielle Eingabetypen für E-Mail, Telefon und URL sind in HTML5 neu hinzugekommen. Sie sehen genauso aus wie Textboxen, verfügen aber über ein paar kleine, doch sehr hilfreiche Features zum Validieren und zur Eingabe von Inhalten (A bis C). Diese neuen Felder werden immer besser unterstützt und ältere Browser behandeln sie als normale Textboxen D.

Textboxen für E-Mail, Telefon und URL

1. Vergeben Sie einen Namen, um den Kasten für Ihren Besucher zu identifizieren (z.B. <label for="id_etikett">Passwort</label>), wobei id_etikett der Bezeichnung aus Schritt 4 entspricht. Mehr über diese Art Etikett erfahren Sie im nächsten Abschnitt.
2. Tippen Sie für ein E-Mail-Feld <input type="email" />, für ein URL-Feld <input type="url" /> sowie <input type="tel" /> für ein Telefonnummernfeld.

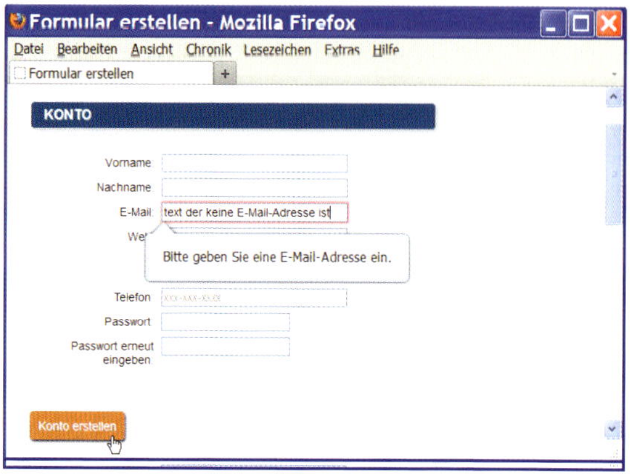

A *Wenn der Besucher Text ins E-Mail-Feld eingibt, prüft der Browser, ob das Format für E-Mails gültig ist. Ein leeres Feld besteht die Validierung, außer Sie fügen das Attribut* required *hinzu.*

B *Wenn der Besucher Text ins Web-Feld eingibt, prüft der Browser, ob das Format für URLs gültig ist. Beachten Sie, dass www.cnn.com kein gültiger URL ist, weil ein URL mit http:// oder https:// beginnen muss. Dies wäre ein idealer Einsatzort für den* placeholder*, um den Besucher an so etwas zu erinnern.*

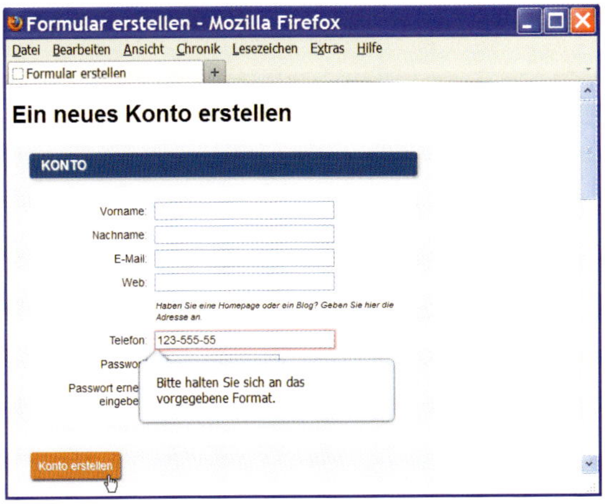

C *Wenn der Besucher Text ins Telefonfeld eingibt, prüft der Browser, ob das Format zum regulären Ausdruck im Feld* `pattern` *passt. Dort wird das für amerikanische Telefonnummern gültige Format XXX-XXX-XXXX abgefragt*[1]*. Dieses Feld ist außerdem in Safari unter iOS praktisch, weil dann gleich die Zahlentastatur statt der normalen QWERTZ-Tastatur erscheint.*

D *Das Attribut* `type` *identifiziert Textboxen für E-Mail, Telefon und URL. Das Attribut* `pattern` *ist für eine angepasste Validierung nötig. Anhand von regulären Ausdrücken wird der vom Anwender in den Kasten eingegebene Inhalt kontrolliert. Machen Sie sich keine Sorgen um die ungewöhnliche Syntax von regulären Ausdrücken. Übliche Beispiele finden Sie unter http://html5pattern.com.*

```
<li>
   <label for="email">E-Mail:</label>
   <input type="email" id="email" name="email"
   → class="large" />
</li>
<li>
   <label for="web_site">Web:</label>
   <input type="url" id="web_site"
   → name="web_site" class="large" />
   <p class="instructions">Haben Sie eine
   → Homepage oder ein Blog? Geben Sie hier die
   → Adresse an.</p>
</li>
<li>
   <label for="phone">Telefon:</label>
   <input type="tel" id="phone" name="phone"
   → placeholder="xxx-xxx-xxxx" class="large"
   → pattern="\d{3}-\d{3}-\d{4}" />
</li>
```

1 *Um den Quellcode nicht zu verändern, belassen wir es bei dem Beispiel aus dem Original. Deutsche Telefonnummern können bei Ortskennzahl und Anschlussnummer ja verschiedene Länge haben. Im Deutschen wäre es z.B. wichtig, für die Postleitzahl XXXXX anzugeben, weil diese ja stets fünf Stellen aufweisen. (A.d.Ü.)*

3. Geben Sie `name="etikett"` ein, wobei *etikett* der Text ist, der die eingegebenen Daten für den Server (und Ihr Skript) identifizieren wird.
4. Geben Sie `id="id_etikett"` ein, wobei *id_etikett* der Text ist, der das Eingabefeld für dessen Etikett und JavaScript identifizieren wird.
5. Tippen Sie auf Wunsch auch `required="required"` ein, damit das Formular erst dann übermittelt werden kann, wenn das Feld einen Wert hat, also etwas eingegeben wurde.
6. Auf Wunsch tippen Sie `pattern="regex"` ein, wobei *regex* der reguläre Ausdruck (*regular expression*) ist, der den ins Eingabegeld eingetippten Text auf ein bestimmtes Format beschränkt.
7. Auf Wunsch können Sie die Größe des Textkastens definieren, indem Sie `size="n"` eintippen und das *n* mit der gewünschten Breite des Kastens ersetzen (der Anzahl der möglichen eingegebenen Zeichen).
8. Geben Sie bei Bedarf `maxlength="n"` ein, wobei *n* die maximale Anzahl der Zeichen ist, die in den Kasten eingegeben werden können.
9. Schließen Sie den Textkasten mit dem finalen /> ab.

TIPP Reguläre Ausdrücke gehören nicht zum Spektrum dieses Buchs, aber im Internet finden Sie viele Quellen für entsprechende Muster. Achten Sie darauf, dem Anwender genau zu sagen, welcher Art Muster er bei seiner Eingabe folgen soll. Wenn Sie da nicht aufpassen, gibt er vielleicht auf und schickt sein Formular nicht ab. Lassen Sie das nicht zu!

Formularbereiche etikettieren

In HTML können Bezeichnungen so ausgezeichnet werden, dass Sie sie formell mit dem verknüpften Element verlinken und zum Skripting bzw. für andere Zwecke verwenden können. In den bisher aufgeführten Beispielen haben Sie gesehen, dass die erläuternde Information für jedes Formularelement über ein `for`-Attribut in einem `label`-Element angegeben wird.

Sie können beispielsweise „Vorname:" vor das Textfeld schreiben, in das ein Besucher seinen Vornamen schreiben soll **A**.

Manchmal werden `placeholder` unkorrekterweise als Ersatz für `label` verwendet. Achten Sie darauf, den `placeholder` nur als Hinweis zu nutzen.

Formularbestandteile formell kennzeichnen

1. Tippen Sie `<label`.
2. Schreiben Sie bei Bedarf `for="`*`idname`*`">`, wobei *`idname`* der Wert des `id`-Attributs im korrespondierenden Formularelement ist.
3. Geben Sie den Inhalt der Bezeichnung ein.
4. Tippen Sie abschließend `</label>`.

A *Wenn Sie Feldbezeichnungen in formeller Weise auszeichnen, können Sie diese hinterher auch einfach in einem Stylesheet identifizieren. Wenn Sie im `label` das `for`-Attribut verwenden, muss dessen Wert der gleiche wie beim `id`-Attribut im Formularelement sein.*

```
<fieldset>
   <h2 class="account">Konto</h2>
   <ul>
      <li>
         <label for="first_name">Vorname:
         ➝ </label>
         <input type="text" id="first_name"
         ➝ name="first_name" class="large" />
      </li>
      <li>
         <label for="last_name">Nachname:
         ➝ </label>
         <input type="text" id="last_name"
         ➝ name="last_name" class="large"/>
      </li>
   </ul>
</fieldset>
```

B *Feldbezeichnungen zu formatieren, ist eine hervorragende Möglichkeit, um das Formular ansprechender und benutzerfreundlicher zu gestalten.*

```
label {
   display: inline-block;
   padding: 3px 6px;
   text-align: right;
   width: 150px;
   vertical-align: top;
}
```

C *Durch Bezeichnungen für Radio-Buttons und Checkboxen kann der Anwender sowohl auf die Bezeichnung als auch auf das Formularelement klicken, um den Status zu modifizieren.*

TIPP **Wenn Sie das `for`-Attribut verwenden, müssen Sie dem öffnenden Tag des damit verknüpften Formularelements auch noch ein `id`-Attribut hinzufügen, um es mit einem `label` auszeichnen zu können. (Anderenfalls ist das Dokument nicht valide.)**

TIPP **Wenn Sie das `for`-Attribut weglassen, ist in dem auszuzeichnenden Element kein `id`-Attribut erforderlich. Das Etikett oder in diesem Fall das Element wird dann über die Nähe zueinander verknüpft oder vielleicht, indem sie in ein gemeinsames `div`-Element platziert werden.**

TIPP **Eine andere Auszeichnungstechnik verwendet das `title`-Attribut. Weitere Informationen hierzu finden Sie im Abschnitt „Elemente mit dem `title`-Attribut ergänzen“ in Kapitel 3. Das `placeholder`-Attribut ist allerdings kein ausreichender Ersatz für ein Label.**

TIPP **Sie können die Etiketten mit CSS formatieren B.**

Radio-Buttons erstellen

Kennen Sie noch diese altertümlichen Autoradios mit den großen Plastikknöpfen? Drücken Sie einen dieser Knöpfe und Sie hören NDR, drücken Sie einen anderen, dann haben Sie den Deutschlandfunk drin, aber nie können zwei Knöpfe auf einmal gedrückt sein. Radio-Buttons in Formularen arbeiten auf die gleiche Weise (außer dass Sie damit keinen Radiosender reinkriegen).

Einen Radio-Button erstellen

1. Geben Sie den erläuternden Text für Ihre Radio-Buttons ein. Sie könnten z.B. etwas wie `Wählen Sie hier aus` schreiben.
2. Tippen Sie `<input type="radio"`.
3. Geben Sie `name="`*`radioset`*`"` ein, wobei *radioset* sowohl die an das Skript übersandten Daten identifiziert als auch die Radio-Buttons miteinander verknüpft, so dass nur einer pro Gruppe gedrückt bzw. aktiviert sein kann.
4. Tippen Sie `id="`*`id`*`"`, wobei *id* den Radio-Button eindeutig identifiziert, den Sie mit dem Etikett verknüpfen. Anders als der Wert `name`, der für alle Radio-Buttons einer Gruppe gleich sein muss, darf die `id` für jedes Element auf der Seite nur einmal vorkommen.

A *Das Attribut `name` dient bei Radio-Buttons zwei Zwecken: Es verknüpft erstens die Radio-Buttons mit einer bestimmten Gruppe und identifiziert zweitens den `value`, wenn er an das Skript gesendet wird. Das `value`-Attribut ist ganz wesentlich, weil der Besucher keine andere Möglichkeit hat, für den Radio-Button einen Wert einzutippen.*

```
<fieldset class="radios">
<ul>
   <li>
      <input type="radio" id="gender_male"
      → name="gender" value="male" />
      <label for="gender_male">Männlich</label>
   </li>
   <li>
      <input type="radio" id="gender_female"
      → name="gender" value="female" />
      <label for="gender_female">Weiblich
      → </label>
   </li>
</ul>
</fieldset>
```

B *Durch dieses CSS werden die Listenelemente der Aufzählungsliste horizontal dargestellt. Die Etiketten haben 25 Pixel rechten Margin, um das Radio-Button/Etikett-Paar zu trennen.*

```
.radios {
   background: none;
   display: inline;
   margin: 0;
   padding: 0;
}

.radios ul {
   border: none;
   display: inline-block;
   list-style: none;
   margin: 0;
   padding: 0;
}

.radios li {
   margin: 0;
   display: inline-block;
}

.radios label {
   margin-right: 25px;
   width: auto;
}

.radios input {
   margin-top: 3px;
}
```

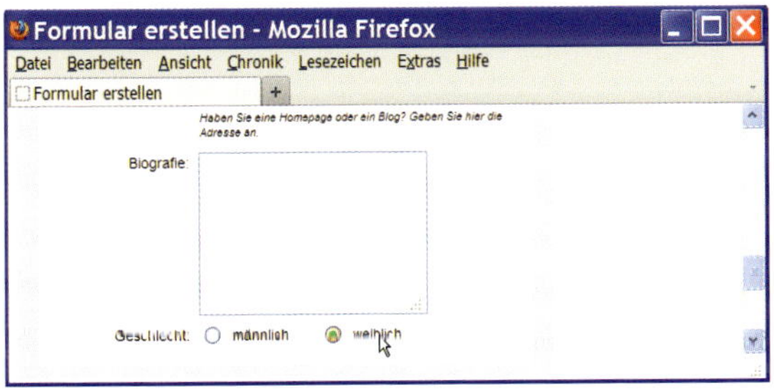

C *Die Radio-Buttons selbst werden mit den HTML-Eingabeelementen erstellt. Die Bezeichnungen (männlich und weiblich) sind* `label`*-Elemente: Durch Klick auf die Bezeichnung wird der entsprechende Radio-Button ausgewählt.*

5. Tippen Sie `value="wert"` ein, wobei *wert* der Text ist, der an den Server geschickt wird, wenn der Radio-Button aktiviert wird (entweder von Ihnen **C** oder durch den Besucher).
6. Auf Wunsch können Sie auch `checked="checked"` eingeben, damit der Radio-Button schon standardmäßig aktiviert ist, wenn die Seite geöffnet wird. Das können Sie pro Gruppe nur mit einem Radio-Button machen. (Das `="checked"` ist in HTML optional.)
7. Tippen Sie abschließend />.
8. Tippen Sie `<label for="id">radio label</label>`, wobei *id* für den `id`-Wert Ihres Radio-Buttons steht und *radio label* den Radio-Button für den Besucher identifiziert. Das ist oft der gleiche wie bei `value`, muss aber nicht unbedingt sein.
9. Wiederholen Sie die Schritte 2 bis 8 für jeden Radio-Button der Gruppe.

TIPP Wenn Sie das Attribut `value` nicht setzen, wird das Wort „on" ans Skript gesendet. Das ist nicht sonderlich hilfreich, weil man nicht erkennen kann, welcher Button der Gruppe gedrückt worden ist.

Auswahllisten erstellen

Mit Auswahllisten können Besucher auf praktische Weise aus einer vorgegebenen Reihe von Möglichkeiten auswählen. Oft werden diese als Drop-down-Listen dargestellt. Wenn Sie dem Anwender die Option geben, unter verschiedenen Antworten auswählen zu können, wird die Auswahlliste als Box mit Elementen mit einer Scrollleiste dargestellt **A**.

Auswahllisten erstellen

1. Geben Sie den Text ein, der Ihre Auswahlliste (Select-Box oder Drop-down-Box genannt) beschreibt.
2. Tippen Sie `<select`.
3. Schreiben Sie `name="`*`bezeichnung`*`"`, wobei *`bezeichnung`* die Daten identifiziert, die aus der Auswahlliste gesammelt werden, wenn sie an den Server gesendet werden.
4. Geben Sie `id="`*`id_etikett`*`"` ein, wobei *`id_etikett`* der Text ist, der das Eingabefeld für dessen Etikett und JavaScript identifizieren wird.
5. Mit `size="`*`n`*`"` geben Sie die Höhe der Auswahlliste s (*n* für die Zeilen) an.
6. Tippen Sie `multiple="multiple"` ein, wenn Ihre Besucher (mit den Tasten [Strg] oder [⌘]) aus mehr als einer Auswahllistenoption wählen sollen.
7. Tippen Sie >.
8. Tippen Sie `<option`.
9. Geben Sie `selected="selected"` ein, wenn die Option standardmäßig gewählt sein soll.
10. Schreiben Sie `value="`*`bezeichnung`*`"`, wobei *`bezeichnung`* die Daten identifiziert, die an den Server gesendet werden, wenn die Option ausgewählt wird.
11. Auf Wunsch tippen Sie `label="`*`menueoption`*`"`, wobei *`menueoption`* das Wort ist, das in der Auswahlliste erscheinen soll.
12. Tippen Sie >.

A *Auswahllisten bestehen aus zwei HTML-Elementen:* `select` *und* `option`*. Sie legen das allgemeine* `name`*-Attribut im* `select`*-Element fest und das jeweilige* `value`*-Attribut in allen* `option`*-Elementen.*

```
<label for="state">Bundesland:</label>
<select id="state" name="state">
   <option value="AL">Berlin</option>
   <option value="AK">Bremen</option>
   ...
</select>
```

B *Wir passen die Schriftgröße wieder mit CSS an. Sie können* `width`*,* `color` *und andere Attribute mit CSS anpassen, aber Browser stellen Drop-down-Boxen ein wenig unterschiedlich dar.*

```
select {
   font-size: 100%;
}
```

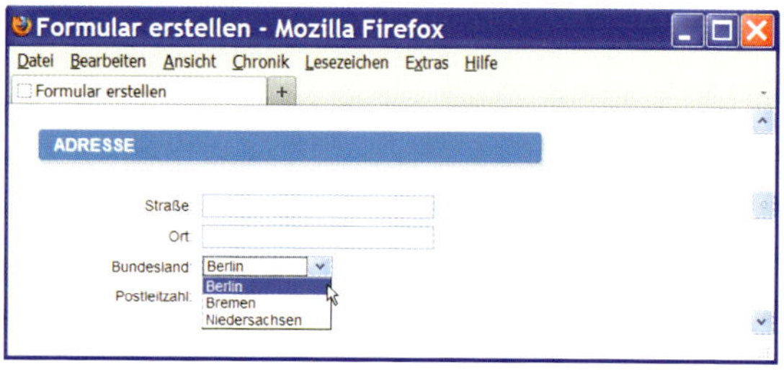

C *Ein Besucher wird in einer Auswahlliste nichts wählen können, wenn Sie nicht das* `size`*-Attribut festlegen. Die Standardauswahl ist entweder die erste Option der Auswahlliste oder diejenige, die Sie im HTML als* `selected` *angegeben haben.*

D *Jedes Untermenü hat einen Titel, der im* `label`*-Attribut des* `optgroup`*-Start-Tags angegeben wird, und verschiedene Optionen (die mit* `option`*-Elementen und normalem Text definiert werden).*

```
<label for="referral">Wie haben Sie von uns
→ gehört?</label>
<select id="referral" name="referral">
<optgroup label="Online">
   <option value="social_network">Soziales
   → Netzwerk</option>
   <option value="search_engine">Suchmaschinen
   → </option>
</optgroup>
<optgroup label="Offline">
   <option value="postcard">Postkarte</option>
   <option value="word_of_mouth">Persönliche
   → Empfehlung</option>
</optgroup>
</select>
```

E *Browser erstellen im Allgemeinen keine echten verschachtelten Auswahllisten, sondern gruppieren die Elemente in einer einzigen Liste mit Untergruppen.*

13. Geben Sie den Optionsnamen so ein, wie er in der Auswahlliste erscheinen soll.
14. Tippen Sie `</option>`.
15. Wiederholen Sie für jede Option die Schritte 8 bis 14.
16. Tippen Sie abschließend `</select>`.

Falls Sie eine besonders große Auswahlliste mit vielen Optionen haben, sollten Sie die Optionen in Kategorien gruppieren.

Optionen von Auswahllisten gruppieren

1. Erstellen Sie eine Auswahlliste wie im Abschnitt „Auswahllisten erstellen" beschrieben.
2. Vor dem ersten `option`-Element der ersten Gruppe, die Sie zusammen in ein Untermenü gruppieren wollen, tippen Sie `<optgroup`.
3. Tippen Sie `label="untergruppentitel">`, wobei *`untergruppentitel`* die Überschrift für die Untergruppe ist.
4. Nach dem letzten `option`-Element der Gruppe schließen Sie mit `</optgroup>` ab.
5. Wiederholen Sie für jedes Untermenü die Schritte 2 bis 4.

TIPP Wenn Sie das `size`-Attribut hinzufügen, erscheint die Drop-down-Box mehr wie eine Liste und es gibt keine automatisch gewählte Option (außer Sie haben `selected` genommen).

TIPP Wenn `size` größer als die Anzahl der Optionen ist, kann der Besucher alle Werte abwählen, indem er auf eine leere Stelle klickt.

Checkboxen erstellen

Radio-Buttons akzeptieren nur eine Antwort pro Gruppe, aber bei Checkboxen kann ein Besucher so viele anhaken, wie er möchte. So wie Radio-Buttons werden Checkboxen über den Wert des name-Attributs verknüpft.

Checkboxen erstellen

1. Geben Sie den erläuternden Text (etwas wie Wählen Sie ein oder mehrere Elemente aus) für Ihre Checkboxen ein.
2. Tippen Sie <input type="checkbox".
3. Tippen Sie name="*boxset*", wobei *boxset* sowohl die an das Skript gesendeten Daten identifiziert als auch die Checkboxen miteinander verknüpft.
4. Tippen Sie value="*wert*" ein, wobei *wert* der Text ist, der an den Server geschickt wird, wenn die Checkbox angehakt wird (entweder von Ihnen wie in **A** beschrieben oder durch den Besucher).
5. Tippen Sie checked="checked", damit die Checkbox standardmäßig aktiviert ist, wenn die Seite geöffnet wird. Sie (oder Ihre Besucher) können beliebig viele Checkboxen anhaken. (Das ="checked" ist in HTML optional.)
6. Mit /> schließen Sie die Checkbox ab.
7. Tippen Sie <label for="*id*">*checkbox label*</label>, wobei *id* für den id-Wert Ihres Radio-Buttons steht und *checkbox label* die Checkbox für den Besucher identifiziert. Das ist oft der gleiche wie bei value, es muss aber nicht unbedingt so sein.
8. Wiederholen Sie die Schritte 2 bis 7 für jede Checkbox der Gruppe.

TIPP Wenn Sie PHP verwenden, können Sie aus den Checkbox-Werten automatisch ein Array erstellen (das sich dann $_POST['boxset'] nennt), indem Sie in A name="*boxset*[ ]" verwenden, wobei *boxset* die an das Skript gesendeten Daten identifiziert.

A *Beachten Sie, dass der Text der Bezeichnung (hier ohne Hervorhebung) nicht unbedingt zum value-Attribut passen muss. Das liegt daran, dass der Bezeichnungstext die Checkboxen für den Besucher im Browser identifiziert, während value die Daten für das Skript identifiziert. Die leeren eckigen Klammern sind für PHP eingefügt (siehe Tipp).*

```
<ul class="checkboxes">
   <li>
      <input type="checkbox" id="email_ok_
      → msg_from_users" name="email_signup[]"
      → value="user_emails" />
      <label for="email_ok_msg_from_users">
      → Sie dürfen mir gerne Nachrichten von
      → anderen Usern mailen.</label>
   </li>
   <li>
      <input type="checkbox" id="email_ok_
      → occasional_updates" name="email_
      → signup[]" value="occasional_updates" />
      <label for="email_ok_occasional_
      → updates">Sie dürfen mir gerne
      → gelegentlich Werbung über Ihre weiteren
      → Produkte mailen.</label>
   </li>
</ul>
```

B *Bei Checkboxen müssen Sie des Öfteren das Etikett anders formatieren, weil es nach dem Formulareingabeelement kommt.*

```
.checkboxes label {
   text-align: left;
   width: 475px;
}
```

C *Der Besucher kann so viele Checkboxen anhaken wie erforderlich. Jeder korrespondierende Wert wird zusammen mit dem Namen der Checkboxgruppe an das Skript gesendet.*

A *Das value-Attribut wird beim textarea-Element nicht verwendet. Standardwerte werden gesetzt, indem man Text zwischen den Start- und Ende-Tags einfügt.*

```
<label for="bio">Biografie:</label>
<textarea id="bio" name="bio" rows="8"
→ cols="50" class="large"></textarea>
```

B *Die Schrifteigenschaften werden nicht immer standardmäßig vererbt. Also müssen Sie diese für textarea explizit angeben.*

```
textarea { font: inherit; width: 250px; }
```

C *Der Besucher kann viele Zeilen Text direkt in die Box eintippen.*

Größere Textbereiche erstellen

In manchen Fällen sollen die Benutzer mehr Platz zum Schreiben haben, z.B. für Fragen oder Kommentare. Dafür nehmen Sie Textbereiche. Diese Bereiche erweitern sich bei Bedarf **C**.

Größere Textbereiche erstellen

1. Geben Sie den erläuternden Text ein, der den Textbereich identifiziert.
2. Tippen Sie `<textarea`.
3. Geben Sie `name="etikett"` ein, wobei *etikett* der Text ist, der die eingegebenen Daten für den Server (und Ihr Skript) identifizieren wird.
4. Geben Sie bei Bedarf `maxlength="n"` ein, wobei *n* die maximale Anzahl der Zeichen ist, die in den Kasten eingegeben werden können. Dieses Attribut ist für `textarea`s in HTML5 neu, also verhält sich das bei den verschiedenen Browsern eventuell unterschiedlich (*http://wufoo.com/html5/attributes/03-maxlength.html*).
5. Tippen Sie `rows="n"`, wobei *n* die Höhe des Textbereichs in Zeilen ist.
6. Schreiben Sie `cols="n"`, wobei *n* für die Breite des Textbereichs in Zeichen steht.
7. Tippen Sie `>`.
8. Geben Sie bei Bedarf den Standardtext für den Textbereich ein.
9. Mit `</textarea>` schließen Sie den Textbereich ab.

TIPP In Textbereichen kann man das `value`-Attribut nicht verwenden. Stattdessen ist der Wert jener Text, der zwischen den Start- und Ende-Tags von `textarea` erscheint.

TIPP Besucher können in einem Textbereich bis zu 32.700 Zeichen eingeben. Falls erforderlich, erscheinen Scrollleisten.

TIPP Die Höhe und Breite für einen `textarea` gibt man besser über das CSS an.

Dateien von Besuchern hochladen

Wenn Sie Ihren Besuchern ermöglichen wollen, eine Datei wie z.B. ein Foto oder einen Lebenslauf auf den Server hochzuladen, gehen Sie wie folgt vor.

Besuchern das Hochladen von Dateien erlauben

1. Schreiben Sie `<form method="post" enctype="multipart/form-data"`. Das Attribut `enctype` gewährleistet, dass die Datei im korrekten Format hochgeladen wird.
2. Als Nächstes tippen Sie `action="`*`upload.url`*`">`, wobei *`upload.url`* der URL des Skripts ist, das die eingehenden Dateien verarbeitet. Dafür brauchen Sie ein spezielles Skript.
3. Tippen Sie das Etikett für den Upload-Bereich, damit Ihre Besucher wissen, was sie hochladen können. Etwas in der Art wie `<label for="foto">Foto:</label>` ist üblich.
4. Geben Sie `<input type="file"` ein, um einen Kasten für den Datei-Upload und einen Durchsuchen-Button zu erstellen **B**.
5. Tippen Sie `name="`*`titel`*`"`, wobei *`titel`* die hochzuladenden Dateien identifiziert.
6. Geben Sie `id="`*`etikett`*`"` ein, wobei *`etikett`* das Formularelement für das Etikett des Eingabefelds identifiziert und auf der Seite nur einmal vorkommen darf.
7. Mit `size="`*`n`*`"` geben Sie für das Feld, in dem der Besucher Pfad- und Dateiname eingeben kann, die Breite an (*n* steht für die Anzahl der Zeichen). Die Breite eines Eingabefelds können Sie auch über CSS steuern.
8. Tippen Sie abschließend `/>`.
9. Schließen Sie das Formular wie üblich einschließlich des Senden-Buttons und des abschließenden `</form>`-Tags ab.

A *Damit Ihre Besucher Dateien hochladen können, müssen Sie darauf achten, das korrekte `enctype`-Attribut zu setzen, und auch das Element `input type="file"` erstellen.*

```
<form method="post" action="showform.php"
→ enctype="multipart/form-data">
...
<label for="picture">Foto:</label>
<input type="file" id="picture" name="picture" />
<p class="instructions">Maximale Größe 700K. JPG,
→ GIF, PNG.</p>
...
</form>
```

B *Über den Datei-Upload-Bereich kann der Anwender eine Datei auf seinem System auswählen.*

TIPP **Sie können bei Formularen, die einen Upload erlauben, nicht mit der get-Methode arbeiten.**

TIPP **Server müssen korrekt konfiguriert werden, um Dateien zu speichern, bevor sie sie akzeptieren können.**

(A) *Wenn Sie ein verstecktes Feld erstellen, verwenden Sie die Variablen aus Ihrem Skript, um den Wert des Felds darauf festzulegen, was der Besucher ursprünglich eingegeben hat.*

```
<form method="post" action="whatever.php">
<input type="hidden" name="name" value="
→ <?= $name ?>" />
<input type="submit" value="Daten senden" />
```

Wann arbeitet man mit versteckten Feldern?

Nehmen wir an, Sie haben ein Formular und wollen Ihren Besuchern die Möglichkeit geben, vor dem Absenden die eingegebenen Daten noch einmal zu prüfen. Mit dem verarbeitenden Skript können Sie ihnen die übermittelten Daten zeigen und gleichzeitig ein Formular erstellen, dessen versteckte Felder die gleichen Daten enthalten. Wenn der Besucher die Daten bearbeiten will, geht er einfach einen Schritt zurück. Aber wenn er die Daten übermitteln will, sind die versteckten Felder bereits ausgefüllt, und das erspart ihm die Mühe, alles noch einmal einzutippen.

Versteckte Felder

In versteckten Feldern werden Daten im Formular gespeichert, ohne sie dem Besucher zu zeigen. Sie können sich das wie unsichtbare Textkästen vorstellen. Oft werden sie von verarbeitenden Skripten genutzt, um Informationen zu speichern, die aus einem früheren Formular gesammelt wurden, und sie mit den Daten aus dem aktuellen Formular zu kombinieren (A).

Versteckte Felder erstellen

1. Tippen Sie <input type="hidden".
2. Geben Sie name="*bezeichnung*" ein, wobei *bezeichnung* eine kurze Bezeichnung der zu speichernden Information ist.
3. Tippen Sie value="*daten*", wobei *daten* die eigentliche, zu speichernde Information ist. Das ist oft eine Variable aus dem Skript, das das Formular verarbeitet (A).
4. Tippen Sie />.

TIPP Es ist egal, wo diese versteckten Felder in Ihrem Formular stehen, weil sie ja sowieso nicht im Browser erscheinen. Es reicht, wenn sie innerhalb der öffnenden und schließenden form-Tags stehen.

TIPP Um ein Element zu erstellen, das mit dem Rest der Daten übermittelt wird, wenn der Besucher auf den Senden-Button klickt, das für ihn aber auch sichtbar ist, erstellen Sie ein normales Formularelement und verwenden dafür das Attribut readonly.

Absenden-Buttons erstellen

All die von Ihren Besuchern eingegebenen Daten sind nutzlos, wenn sie nicht an den Server gesendet werden. Sie sollten für Ihre Formulare immer einen Senden-Button erstellen, damit der Besucher Informationen an Sie übermitteln kann **A** (Sie können Formulardaten auch anhand von Bildern übermitteln – siehe Abschnitt „Absenden-Button mit Bild erstellen“).

Einen Absenden-Button erstellen

1. Tippen Sie `<input type="submit"`.
2. Geben Sie `value="`*`Nachricht übermitteln`*`"` ein, wobei *`Nachricht übermitteln`* für den Text steht, der im Button erscheint.
3. Tippen Sie abschließend />.

Einen Absenden-Button mit Bild erstellen

1. Tippen Sie `<button type="submit">`.
2. Tippen Sie den Text, der gegebenenfalls links von dem Bild im Button erscheinen soll.
3. Geben Sie `<img src="`*`bild.url`*`"` ein, wobei *`bild.url`* der Name des Bilds ist, das auf dem Button erscheinen soll.
4. Tippen Sie `alt="alternativtext"`, wobei *`alternativtext`* dann erscheint, wenn das Bild nicht dargestellt wird.
5. Ergänzen Sie bei Bedarf noch andere Bildattribute.
6. Mit /> schließen Sie das Bild ab.
7. Tippen Sie den Text, der gegebenenfalls rechts von dem Bild im Button erscheinen soll.
8. Tippen Sie `</button>` ein.

A *Wenn Sie das* `name`*-Attribut weglassen, wird das Name-Wert-Paar für den Absenden-Button nicht an das Skript übergeben. Weil Sie diese Informationen normalerweise nicht brauchen, ist das ganz praktisch.*

```
<input type="submit" class="create_profile"
➝ value="Konto erstellen">
```

B *Ich formatiere bei dem Senden-Button den Hintergrund und die Schrift und ergänze anhand einer Klasse für den Button einige CSS3-Features.*

```
.create_profile {
   background-color: #DA820A;
   border: none;
   border-radius: 4px;
   box-shadow: 2px 2px 2px #333;
   cursor: pointer;
   color: #fff;
   margin: 12px;
   padding: 8px;
   text-shadow: 1px 1px 0px #CCC;
}
```

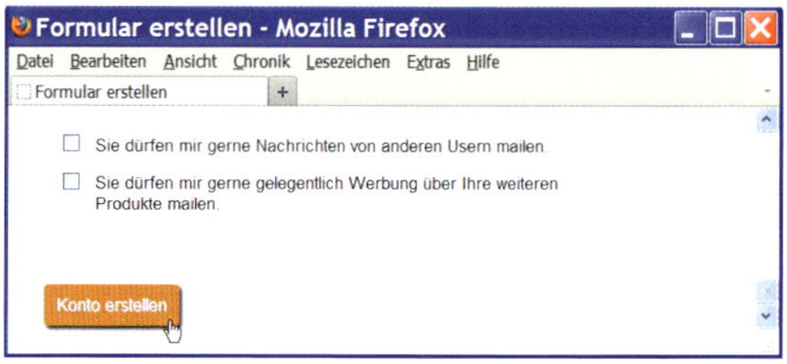

C *Der Absenden-Button aktiviert das Skript, das die Daten aus dem Formular einsammelt. Sie können den Inhalt dieses Buttons mit dem Attribut* `value` *personalisieren. (Die Formulierung „Konto erstellen“ ist für Ihre Besucher eindeutiger als der Standardtext „Daten absenden“.)*

D *Sie können anhand des* `button`*-Elements einen Absenden-Button mit Bild neben dem Text erstellen.*

```
<button type="submit" class="create_profile">
→ Konto erstellen</button>
```

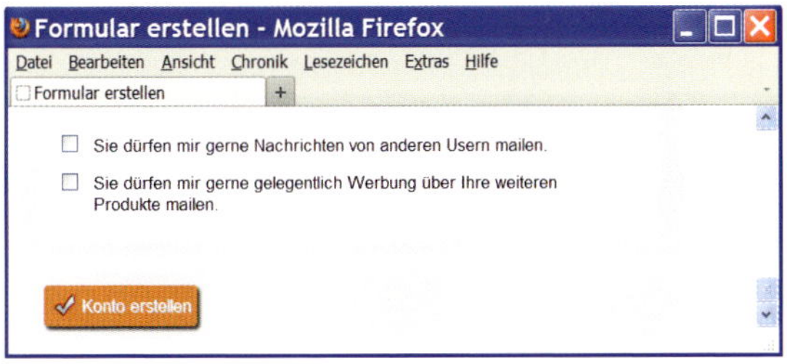

E *Der Code für einen Absenden-Button mit Bild ist ein bisschen komplizierter, aber so können Sie die Zusammensetzung und Formatierung des Elements besser steuern.*

TIPP **Wenn Sie das `value`-Attribut weglassen, bekommt der Absenden-Button standardmäßig die Bezeichnung DATEN ABSENDEN.**

TIPP **Das Name-Wert-Paar für den Absenden-Button wird nur an das Skript gesandt, wenn Sie das `name`-Attribut festlegen. Wenn Sie also das `name`-Attribut weglassen, müssen Sie sich nicht um die zusätzlichen, meist überflüssigen Absenden-Daten kümmern.**

TIPP **Wenn Sie mehrere Absenden-Buttons haben, können Sie allen ein `name`- und `value`-Attribut geben, damit Ihr Skript unterscheiden kann, auf welchen Button geklickt wurde.**

TIPP **Sie können mit dem `button`-Element auch einen Absenden-Button ohne Bild erstellen.**

TIPP **Mit dem `button`-Element von HTML5 können Sie ansehnlichere Absenden-Buttons erstellen, weil Sie den Button aus anderen HTML-Elementen zusammenstellen können, anstatt einfach nur einen Textwert zu verwenden. Doch Sie sollten wissen, dass diese Elemente von den Browsern teilweise inkonsistent dargestellt werden. Also müssen Sie alles gründlich prüfen und gegebenenfalls CSS-Notlösungen einsetzen, damit alles wirklich konsistent wird.**

Ein Formular anhand eines Bilds übermitteln

Sie können als Eingabeelement auch nur ein Bild nehmen, um ein Formular zu senden. Manchmal erstellt der Designer einen Button, der die Fähigkeiten von CSS3 mit seinen schicken Farbverläufen, Schatten und abgerundeten Ecken übersteigt **A**.

Formular mit einem Bild übermitteln

1. Erstellen Sie ein PNG-, GIF- oder JPEG-Bild.
2. Tippen Sie `<input type="image"`.
3. Tippen Sie `src="bild.url"`, wobei *bild.url* für den Standort des Bilds auf dem Server steht.
4. Geben Sie `alt="beschreibung"` ein, wobei *beschreibung* erscheint, wenn das Bild nicht dargestellt wird.
5. Tippen Sie `/>` ein, um die Definition für das aktive Bild des Formulars abzuschließen.

A *Wenn Sie mit einem aktiven Bild arbeiten, brauchen Sie keinen Absenden-Button.*

```
<input type="image" alt="Konto erstellen"
→ src="blue-submit-button.png" />
```

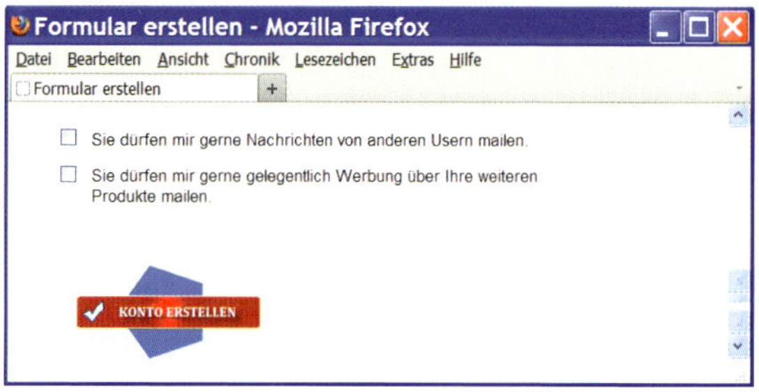

B *Formular mit einem Bild übermitteln, wenn das CSS nicht reicht*

Deaktivierte Formularelemente

In manchen Fällen sollen Ihre Besucher eventuell bestimmte Teile des Formulars nicht verwenden. Sie könnten zum Beispiel den Absenden-Button so lange deaktiviert lassen, bis alle erforderlichen Felder ausgefüllt sind **A**.

Ein Formularelement deaktivieren

Im Tag des Formularelements tippen Sie `disabled="disabled"` (es reicht auch einfach nur `disabled`).

TIPP **Sie können die Inhalte eines deaktivierten Formularelements per Skript ändern. Sie müssen sich dafür auch etwas mit JavaScript auskennen. Ich habe es mir hier ganz einfach gemacht und bei jedem Radio-Button nur `onclick="document.getElementById('other_description').disabled = false;"` eingefügt. Damit wird der Textbereich aktiviert oder deaktiviert – je nachdem, welcher Radio-Button gewählt wird. Dies ist nur eine Demo, denn es ist eine schlechte Praxis, JavaScript mit HTML wie in A zu vermischen. Bei Christian Heilmann finden Sie die korrekte Vorgehensweise (*www.onlinetools.org/articles/unobtrusivejavascript/*).**

A *Hier verwende ich JavaScript und das Attribut `disabled`, damit man den ANDERE-Textbereich erst dann verwenden kann, wenn der Radio-Button ANDERE ausgewählt wurde.*

```
<li>
   <input type="radio" name="how" value=
   "facebook" id="facebook" onclick="document.
   → getElementById('other_description').
   → disabled = true;" />
   <label for="facebook">Facebook</label>
</li>
<li>
   <input type="radio" name="how" value=
   → "other" id="other" onclick="document.
   → getElementById('other_description').
   → disabled = false;" />
   <label for="other">Andere</label>
</li>
<li>
   <textarea id="other_description"
   → disabled="disabled"></textarea>
</li>
```

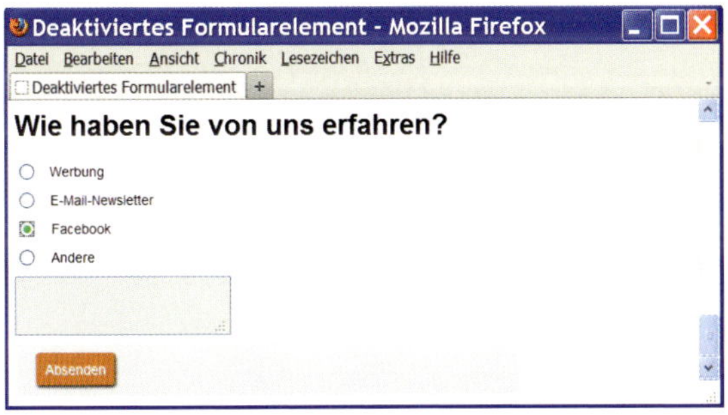

B *Wenn der Radio-Button ANDERE nicht gewählt wurde, ist der Textbereich ausgegraut und deaktiviert, so dass der Anwender diesen Bereich nicht auswählen und keinen Text eingeben kann.*

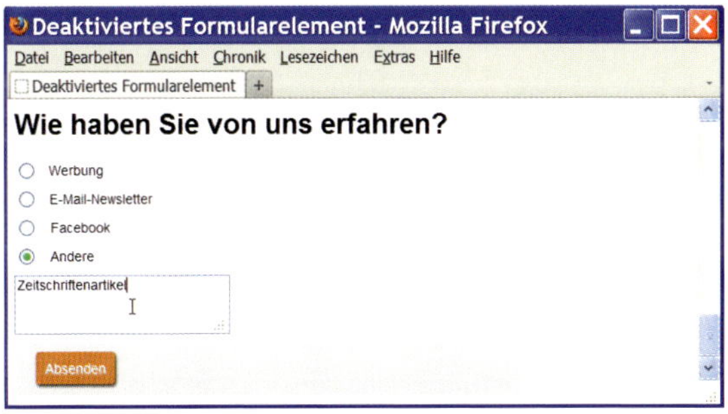

C *Wenn der Besucher den Radio-Button ANDERE wählt, wird der Textbereich weiß (dank JavaScript), und er kann etwas hineinschreiben, das dann an den Server übermittelt wird.*

Neue HTML5-Features und Browser-Support

In HTML5 gibt es viele neue Features, die die Erstellung und Nutzung von Formularen vereinfachen, und mit einigen haben wir bereits Bekanntschaft gemacht. In der neuen Spezifikation werden eine Menge neue Funktionalitäten eingeführt, z.B. neue Formularelemente, Attribute, Eingabetypen, Umgang mit Validierung und Formatierungsoptionen.

Es gibt noch mehr Features, die immer noch nicht allgemein unterstützt werden oder deren Implementierung unvollständig ist. In manchen Fällen ist gar die Spezifikation des W3C noch nicht fertig.

Weil die alten Browser diese neuen Fähigkeiten nicht unterstützen, müssen Sie wissen, was Sie als *Plan B* nehmen, um diese Features heute schon zu nutzen.

Sie können beispielsweise ein neues Formularelement namens `output` nehmen, das nun allgemein unterstützt wird. Damit werden Berechnungen aus anderen Formularelementen gezeigt. Wenn Sie z.B. einen Warenkorb haben und die Anzahl der Elemente ändern wollen, die Sie kaufen, kann das `output`-Element die neue Gesamtsumme Ihrer Bestellung ausgeben. Dieses Element wird oft gemeinsam mit JavaScript verwendet.

Eine vollständige Liste dieser neuen Features und deren unterschiedliche Unterstützung in verschiedenen Browsern finden Sie auf der Site von Wufoo *The Current State of HTML5 Forms* unter *http://wufoo.com/html5/*.

17

Video, Audio und anderes Multimedia

Das World Wide Web ist vor allem deswegen so beliebt, weil man Bilder, Klänge, Animationen und Filme auf Webseiten einbauen kann. Früher konnte man sie wegen der unzumutbaren Dateigröße von Multimedia-Dateien nicht effektiv nutzen, aber heute stoßen neue Technologien wie Streaming Audio und Video zusammen mit schnellen Breitband-Internetverbindungen die Tür zu Multimedia-Webseiten weit auf.

Solche Multimedia-Webseiten sind Heimat von Audio- oder Video-Podcasts, bei anderen stehen Werbung oder interaktive Darstellungen im Vordergrund. Wieder andere Webseiten machen sich Multimedia-Dateien zunutze, damit die Besucher mehr Spaß haben und die Seiten besser nutzen können. In diesem Kapitel erfahren Sie, wie Sie Multimedia für all diese und andere Zwecke auf Webseiten einbauen.

Vor HTML5 blieben einem nur Plug-ins von Drittanbietern wie Adobe Flash Player oder QuickTime von Apple, um Multimedia auf Webseiten zu nutzen. Mit HTML5 ändert sich alles, denn damit wird natives Multimedia eingeführt: Nun kümmert sich der Browser darum.

Übersicht

Weil die Bewohner des Webs so unterschiedlich sind, ist es manchmal recht knifflig, wenn man gewährleisten will, dass alle Besucher (oder so viele wie möglich) die bereitgestellten Dateien anschauen und anhören können. Sie müssen sich über das Dateiformat Gedanken machen, das man zum Ansehen oder Anhören braucht. Scheinbar können sich die Entwickler der Multimedia-Technologien nicht auf Standards einigen, was alles noch verkompliziert.

Bitte beachten Sie, dass dieses Kapitel als Einführung in die Arbeit mit Multimedia-Dateien gedacht ist und seinen Schwerpunkt dabei auf den benötigten HTML5-Code legt. Sie erfahren hier nicht, wie der multimediale Inhalt selbst hergestellt wird, sondern nur, wie Sie diese Inhalte Ihren Besuchern zugänglich machen können.

Plug-ins von Drittanbietern und natives Multimedia

Wie bereits erwähnt, führte vor der Einführung von HTML5 der einzige Weg, auf der eigenen Webseite Multimedia wie Audio und Video einzubauen, über Plug-ins von Drittanbietern.

Solche Plug-ins kann man sich wie eine Blackbox vorstellen. Sie verlassen sich im Prinzip darauf, dass Ihre Anwender sie bereits installiert haben. Beim Flash Player konnte man mit ziemlicher Sicherheit davon ausgehen, da er einen großen Marktanteil besitzt und auf vielen Nutzersystemen installiert ist.

Doch stand man vor Problemen: Der Code zum Einbetten eines Flash-Videos funktionierte im einen Browser, aber nicht notwendigerweise in anderen und es gab keine elegante Lösung dafür. Außerdem war die Geschwindigkeit problematisch, denn der Browser überließ dem Plug-in das Abspielen der Medieninhalte.

Vor diesem Hintergrund wurde natives Multimedia in die HTML5-Spezifikation aufgenommen. Das bietet verschiedene Vorteile: bessere Geschwindigkeit (alles, was sich bereits nativ im Browser befindet, ist schneller als ein Plug-in), die nativen Steuerungselemente sind im Browser integriert und die Abhängigkeit von Plug-ins wird drastisch reduziert (ist aber nicht ganz überwunden, wie Sie später noch sehen werden).

Wie bei jeder Gruppe von Standards gibt es auch Probleme mit dem nativen Multimedia von HTML5 und dem davon unterstützten Dateiformat. Zu Anfang benannte die HTML5-Spezifikation zwei Medienformate (jeweils eines für Audio und Video), die ein HTML5-konformer Browser unterstützen muss. Das wäre sehr praktisch gewesen, aber nicht alle Hersteller wollten sich vorschreiben lassen, was sie machen sollen. Nokia und Apple lehnten die Entscheidung für ein verbindliches Medienformat ab und so wurde diese Anforderung aus der Spezifikation gekippt. Das bedeutet für Sie, Ihre Medien in mehr als nur einem Format vorhalten zu müssen, damit sie von HTML5-fähigen Browsern abgespielt werden können. Das schauen wir uns gleich noch im Detail an.

Die Brauchbarkeit von HTML5 und nativem Multimedia erhöhte sich, als Apple verkündete, dass Flash auf mobilen Geräten wie iPhone und iPad nicht unterstützt werden wird. Da diese Geräte sich ständig weiter durchsetzen, wurde schnell deutlich, wie sehr die Abhängigkeit von Flash fürs Abspielen von Mediendateien abnahm und dass der Bedarf für andere Lösungen wuchs. Hier kommen die nativen Multimedia-Funktionen von HTML5 ins Spiel und zeigen ihre Stärken, da der Browser auf mobilen Apple-Geräten tatsächlich auch HTML5 unterstützt.

Ohne weitere Vorrede wollen wir nun also schauen, wie man natives Video auf Ihren Webseiten unterbringt.

Formate von Videodateien

Es gibt zahlreiche verschiedene Videodateiformate, *Codecs* genannt, die von HTML5 unterstützt werden.

HTML5 unterstützt drei wichtige Videocodecs. Hier sind sie gemeinsam mit den Browsern, die sie unterstützen, aufgelistet:

- Ogg Theora verwendet entweder die Erweiterung .ogg oder .ogv und wird von Firefox 3.5+, Chrome 5+ und Opera 10.5+ unterstützt.
- MP4 (H.264) arbeitet mit der Erweiterung .mp4 oder .m4v und wird von Safari 3+, Chrome 5-?, Internet Explorer 9+, iOS und Android 2+ unterstützt.
- WebM arbeitet mit der Erweiterung .webm und wird von Firefox 4+, Chrome 6+, Opera 11+, Internet Explorer 9+ und Android 2+ unterstützt.

TIPP Sie müssen ein Video in mindestens zwei verschiedenen Formaten vorhalten, und zwar MP4 und WebM, um sicher zu sein, dass alle HTML5-kompatiblen Browser unterstützt werden. Das ist gar nicht mal so übel!

TIPP Google wird MP4 in einer der nächsten Versionen von Chrome nicht mehr länger unterstützen, aber wann das ist, wurde noch nicht bekanntgegeben.

Was ist ein Codec?

Ein ***Codec*** ist ein Computerprogramm, das einen digitalen Datenstrom über einen Komprimierungsalgorithmus kodiert und dekodiert und somit für die Wiedergabe aufbereitet.

Das Ziel eines Codecs ist normalerweise, die beste Audio- und Videoqualität zu gewährleisten und gleichzeitig auf möglichst geringe Dateigrößen zu achten.

Natürlich gelingt das manchen Codecs besser als anderen.

Konvertierung zwischen Dateiformaten

Es gehört nicht zum Themenspektrum dieses Buchs, Ihnen die Erstellung eigener Videofilme zu erläutern. Aber falls Sie schon ein Video vorliegen haben und es in eines oder alle der aufgeführten Dateiformate konvertieren wollen, gibt es dafür eine Reihe kostenloser Tools. Hier sind zwei:

Miro Video Converter (*www.mirovideoconverter.com*)

HandBrake (*http://handbrake.fr*)

Ⓐ *Ein WebM-Video ohne Steuerungselemente angeben*

```
<body>
   <video src="paddle-steamer.webm"></video>
</body>
```

Videos auf der Webseite

Um ein Video ins HTML5 Ihrer Webseite einzufügen, brauchen Sie das neue `video`-Element. Damit wird es zum Kinderspiel Ⓐ.

Ein Video auf einer HTML-Seite einfügen

1. Stellen Sie die Videoressource bereit.
2. Als Nächstes schreiben Sie `<video src="`*`meinvideo.ext`*`"></video>`, wobei *`meinvideo.ext`* für Standort, Name und Endung der Filmdatei steht.

   Das war's schon!

TIPP Apple und Microsoft haben beide das Konzept des nativen Multimedia übernommen, aber auf jeweils eigene Weise. Damit natives Multimedia in Safari (und Chrome, denn auch dieser Browser basiert auf WebKit) funktioniert, muss QuickTime auf dem Gerät des Anwenders installiert sein. Der Internet Explorer 9 braucht den Windows Media Player. So ist halt das Leben ...

Attribute für video

Welche anderen Attribute können Sie mit dem `video`-Element nutzen? Schauen Sie sich Tabelle 17.1 an.

Hier gibt es eine ganze Reihe von Attributen, die Ihnen eine Menge Flexibilität bei Ihrem Video ermöglichen.

Tabelle 17.1 Attribute für das video-Element

Attribut	Beschreibung
`src`	Gibt den URL zur Videodatei an
`autoplay`	Startet die Videowiedergabe automatisch, sobald das möglich ist
`controls`	Fügt dem Video die Standardsteuerungselemente des Browsers hinzu
`muted`	Stellt die Audiowiedergabe des Videos auf stumm (wird aktuell von keinem Browser unterstützt)
`loop`	Spielt das Video in einer Endlosschleife
`poster`	Gibt an, welche Bilddatei beim Laden dargestellt werden soll (statt des ersten Videoframes); benötigt den URL zur entsprechenden Bilddatei
`width`	Die Breite des Videos in Pixel
`height`	Die Höhe des Videos in Pixel
`preload`	Hinweis an den Browser, wie viel vom Video er laden soll. Akzeptiert drei unterschiedliche Werte: `none` lädt nichts. `metadata` lädt nur die Metadaten des Videos (z.B. Dauer oder Höhe und Breite). `auto` lässt den Browser entscheiden, was gemacht werden soll (Standardeinstellung).

Steuerungselemente und Autoplay für Video

Vorhin habe ich Ihnen die einfachste mögliche Methode gezeigt, wie Sie ein Video auf Ihre Webseite bekommen. Und das Video in diesem Beispiel startet die Wiedergabe noch nicht einmal von selbst, weil es dazu von uns noch keinen Auftrag hat. Wenn überdies der Browser, in dem Sie dieses Codebeispiel aufrufen, das verwendete Dateiformat für Videos nicht unterstützt, wird er entweder ein leeres Rechteck (mit 300 x 150 Pixel, falls keine anderen Maße angegeben wurden) oder das Poster-Bild zeigen (wenn eines mit dem `poster`-Attribut angegeben wurde).

Im kurzen Codebeispiel aus „Ein Video auf einer Webseite einfügen" kommen keine Steuerungselemente für die Wiedergabe vor, aber die können Sie ganz einfach nachschieben **A**.

Das Attribut `controls` informiert den Browser, dass er einen Satz Standardsteuerelemente zeigen soll.

A *Ein WebM-Video einfügen, diesmal mit Steuerung*

```
<body>
   <video src="paddle-steamer.webm"
   → controls="controls"></video>
</body>
```

Boolesche Attribute

Boolesche Attribute wie `controls` brauchen keinen Wert, weil es reicht, dass sie innerhalb des Medienelements existieren.

Die Beispiele in diesem Buch geben Werte für diese Booleschen Attribute an, aber die Steuerung in **A** könnte man auch wie folgt schreiben:

```
<video src="paddle-steamer.webm" controls>
→ </video>
```

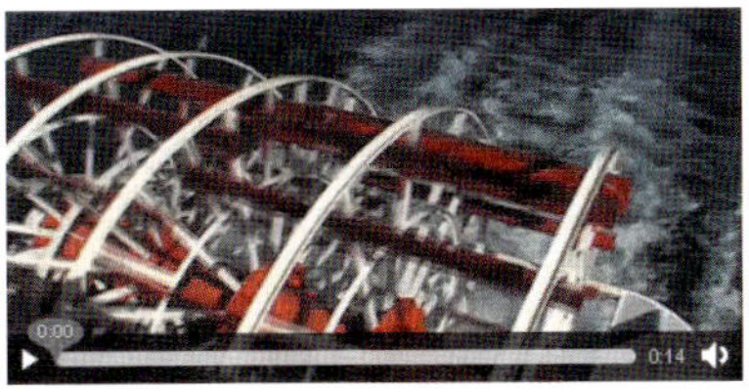

B *Die Videosteuerelemente in Firefox*

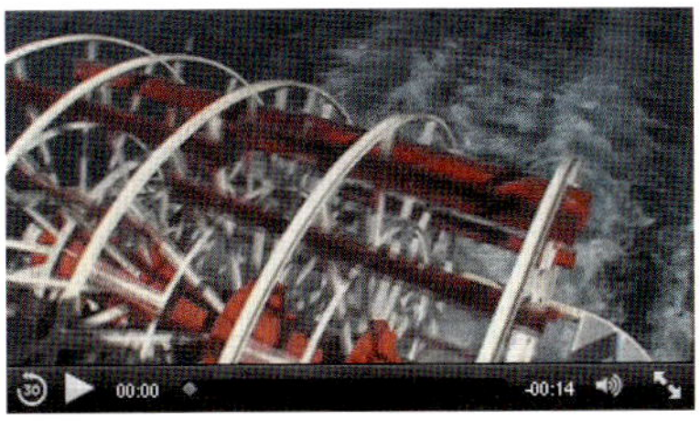

C *Die Videosteuerelemente in Safari*

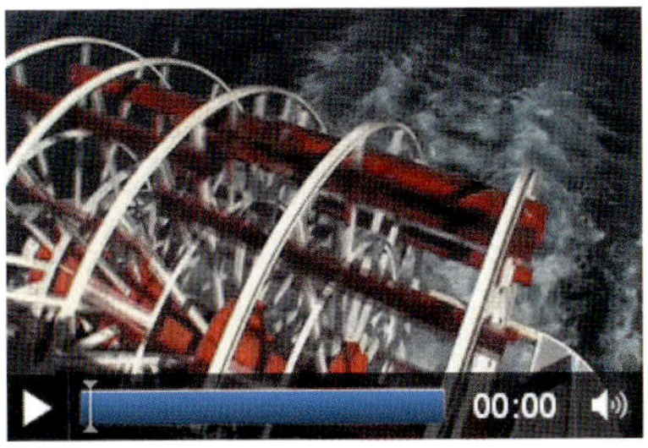

D *Die Videosteuerelemente in Chrome*

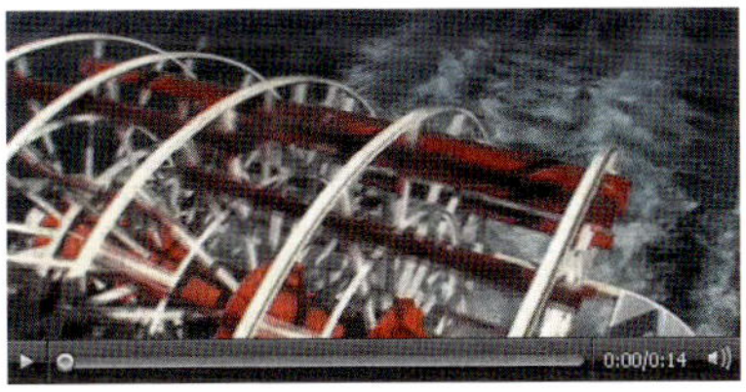

E *Die Videosteuerelemente in Opera*

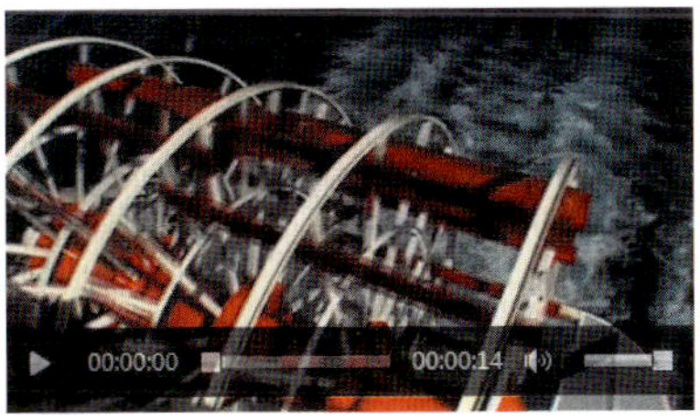

F *Die Videosteuerelemente im Internet Explorer 9*

Jeder Browser hat seine eigenen Standardsteuerelemente, die sich sehr unterscheiden können (**B** bis **F**).

Das folgende Beispiel illustriert, wie Sie einige der Videoattribute aus Tabelle 17.1 nutzen können **G**.

Steuerelemente für ein Video

Tippen Sie `<video src="meinvideo.ext" controls="controls"></video>`.

Automatische Videowiedergabe

1. Stellen Sie die Videoressource bereit.
2. Als Nächstes schreiben Sie `<video src="meinvideo.ext" autoplay="autoplay" controls="controls"></video>`, wobei ***`meinvideo.ext`*** für Standort, Name und Endung der Filmdatei steht.

G *Ein WebM-Video, das beim Laden automatisch wiedergegeben wird*

```
<body>
   <video src="paddle-steamer.webm"
   → autoplay="autoplay" controls="controls">
   → </video>
</body>
```

Poster-Bild fürs Video und Wiedergabe als Schleife

Sie können das Video nicht nur automatisch wiedergeben lassen, sondern auch endlos abspielen, bis es gestoppt wird **A**. (Das ist allerdings nicht empfehlenswert – denken Sie nur an Ihre armen User!)

Dazu nehmen Sie einfach die Attribute `autoplay` und `loop`.

Beachten Sie allerdings, dass das Attribut `loop` von Firefox nicht unterstützt wird.

Normalerweise wird der Browser das erste Frame des Videos beim Laden darstellen. Sie können das ändern und ein eigenes Bild angeben, und zwar anhand eines Poster-Bilds.

Video automatisch als Schleife wiedergeben

1. Stellen Sie die Videoressource bereit.
2. Als Nächstes schreiben Sie `<video src="meinvideo.ext" autoplay="autoplay" loop="loop"></video>`, wobei *meinvideo.ext* für Standort, Name und Endung der Filmdatei steht.

Poster-Bild für ein Video angeben

1. Stellen Sie die Videoressource bereit.
2. Als Nächstes schreiben Sie `<video src="meinvideo.ext" controls="controls" poster="meinposter.jpg"></video>`, wobei *meinvideo.ext* für Standort, Name und Endung der Filmdatei steht und *meinposter.jpg* für das Bild, das als Poster-Bild genutzt werden soll.

A *Ein WebM-Video, das beim Laden automatisch startet und dann als Endlosschleife wiedergegeben wird.*

```
<body>
   <video src="paddle-steamer.webm"
   autoplay="autoplay" loop="loop">
   </video>
</body>
```

B *Ein WebM-Video mit Steuerelementen und einem Poster-Bild, das beim Laden der Seite und vor Videowiedergabe dargestellt wird*

```
<body>
   <video src="paddle-steamer.webm"
   poster="paddle-steamer-poster.jpg"
   controls="controls"></video>
</body>
```

C *Ein Video, das ein Poster-Bild zeigt. In diesem Fall ist das Bild ein Screenshot aus dem Video selbst.*

Preload eines Videos unterbinden

Wenn es weniger wahrscheinlich ist, dass sich ein Anwender Ihr Video anschaut (weil es z.B. nicht zum Hauptinhalt Ihrer Seite gehört), können Sie den Browser so einstellen, dass das Video nicht vorab geladen wird, was Bandbreite spart **A**.

Browser soll kein Preload des Videos vornehmen

1. Stellen Sie die Videoressource bereit.
2. Als Nächstes schreiben Sie `<video src="meinvideo.ext" preload="none" controls="controls"></video>`, wobei *`meinvideo.ext`* für Standort, Name und Endung der Filmdatei steht.

A *Ein WebM-Video, das beim Download der Seite nicht geladen wird. Erst dann, wenn der Anwender versucht, es abzuspielen.*

```
<body>
   <video src="paddle-steamer.webm"
   preload="none" controls="controls">
   </video>
</body>
```

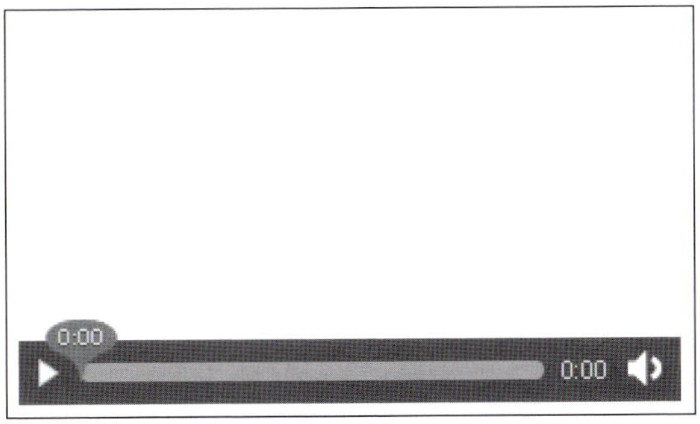

B *Ein Video, bei dem `preload` auf `none` gesetzt ist. Wie Sie sehen können, sehen Sie nichts ... weil der Browser keine Informationen über das Video hat (nicht einmal dessen Ausmaße) und kein Poster-Bild angegeben wurde.*

Video aus mehreren Quellen nutzen

Das ist alles ganz toll, aber Sie haben sicher schon gemerkt, dass in allen vorherigen Beispielen nur eine Videodatei verwendet wird und somit nur ein Format vorkommt.

Sie haben bereits gesehen, dass man Videos in mindestens zwei verschiedenen Formaten bereithalten muss, um alle HTML5-fähigen Browser zu unterstützen: MP4 und WebM.

Was machen Sie nun? Hier kommt das HTML5-Element `source` ins Spiel.

Im Wesentlichen erlaubt das `source`-Element es Ihnen, mehr als eine Quelle für ein Medienelement zu definieren, in diesem Fall ist es `video`.

`source`-Elemente können jede beliebige Anzahl von `video`-Elementen enthalten. Also ist es ziemlich einfach, zwei verschiedene Formate für unser Videobeispiel zu definieren **A**.

Zwei verschiedene Videoquellen angeben

1. Stellen Sie die Videoressource bereit (dieses Mal zwei).
2. Tippen Sie `<video controls="controls">`, um das `video`-Element mit der Standardsteuerungsgruppe zu öffnen.
3. Als Nächstes schreiben Sie `<video src="`*`meinvideo.mp4`*`" type="video/mp4">`, wobei *`meinvideo.mp4`* der Name der MP4-Videodatei ist.
4. Dann schreiben Sie `<video src="meinvideo.webm" type="video/webm">`, wobei *`meinvideo.webm`* der Name der WebM-Videodatei ist.
5. Tippen Sie `<p>Leider unterstützt Ihr Browser das video-Element nicht.</p>`, damit eine Nachricht in Browsern ausgegeben wird, die mit HTML5-Video nicht umgehen können.
6. Tippen Sie `</video>`, um das `video`-Element zu schließen.

A *Hier werden zwei Quellen fürs Video definiert: eine MP4- und eine WebM-Datei. Ältere Browser werden nur die Nachricht darstellen, die im `p`-Element enthalten ist.*

```
<body>
   <video controls="controls">
      <source src="paddle-steamer.mp4"
      ➝ type="video/mp4">
      <source src="paddle-steamer.webm"
      ➝ type="video/webm">
      <p>Leider unterstützt Ihr Browser das
      ➝ video-Element nicht.</p>
   </video>
</body>
```

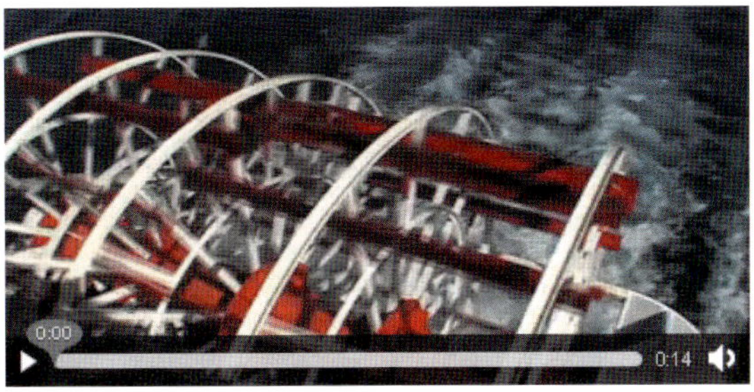

A *Das Video wird in allen HTML5-fähigen Browsern geladen, weil wir sowohl eine WebM- als auch eine MP4-Datei als Quelle angegeben haben.*

Tabelle 17.2: Attribute für das source-Element

Name	Beschreibung
`src`	Gibt den URL zur Videodatei an
`type`	Gibt den Typ des Videos an. Das hilft dem Browser bei der Entscheidung, ob er das Video abspielen kann oder nicht. Wie das Beispiel in „Video aus mehreren Quellen nutzen" zeigt, entspricht der Wert dieses Attributs dem Format oder Codec des Videos (z.B. `video/mp4`, `video/webm` oder `video/ogg`).
`media`	Damit wird eine CSS3-Medienabfrage für die Videoquelle angegeben. Somit können verschiedene (z.B. kleinere) Videos für Geräte mit unterschiedlich leistungsfähiger Darstellung angegeben werden.

Multimedia-Quellen und das source-Element

Gleich werden wir uns die verschiedenen, für das `source`-Element verfügbaren Attribute anschauen, doch zuerst soll es kurz darum gehen, warum es überhaupt funktioniert, mehrere Quellen fürs gleiche Medium anzugeben.

Wenn der Browser auf das `video`-Element trifft, schaut er zuerst nach, ob im `video`-Element selbst ein `src` (*source*, Quelle) definiert ist. Weil das nicht der Fall ist, sucht er gleich weiter nach `source`-Elementen. Diese geht er der Reihe nach durch und schaut, ob irgendwo etwas enthalten ist, was er abspielen kann. Wenn er fündig wird, spielt er das ab und ignoriert den Rest.

In unserem vorigen Beispiel wird Safari die MP4-Datei abspielen und die WebM-Datei nicht einmal sehen, wogegen Firefox feststellt, dass die MP4-Quelle nicht abgespielt werden kann, und zur WebM-Datei wechselt, die er abspielen kann **A**.

Jeder Browser, der weder das `video`-Element noch das `source`-Element erkennt (also nicht HTML5-fähig ist), ignoriert diese Tags beim Parsen des Dokuments komplett. Er wird einfach den eingegebenen Text darstellen, bevor er das `video`-Element schließt.

Schauen wir uns kurz die Attribute des `source`-Elements in Tabelle 17.2 an.

TIPP **Wenn Sie im `src`-Attribut des `video`-Elements selbst einen Wert angeben, wird er automatisch alles überschreiben, was in einem der `source`-Elemente steht.**

Videos mit Hyperlink-Alternative

Nicht alle Browser können HTML5-Videos abspielen. Für diese Browser (z.B. den Internet Explorer 8 und früher) brauchen wir eine Behelfslösung.

Wahrscheinlich haben Sie schon bemerkt, wie gut die Elemente `video` und `source` im Beispiel aus dem vorigen Abschnitt zusammenarbeiten.

Und das stimmt:

Sie können sich den Umstand zunutze machen, dass Browser, die diese beiden Elemente nicht verstehen, sie einfach ignorieren.

In diesem Beispiel haben Sie eine schriftliche Info eingefügt, die allen Nutzern von nicht HTML5-fähigen Browsern gezeigt wird. Sie können diesen Text nun durch einen Standard-Hyperlink zum Video ersetzen. So kann der Anwender die Datei nach Belieben herunterladen und anschauen.

In diesem Beispiel **A** habe ich mich entschieden, einen Download-Link zur MP4-Version unseres Videos einzubinden, aber ich hätte auch die WebM-Datei oder gar beide nehmen können.

A *MP4- und WebM-Quellen werden für das Video angegeben, während ältere Browser einen Download-Link zur MP4-Datei darstellen.*

```
<body>
    <video controls="controls">
        <source src="paddle-steamer.mp4"
        → type="video/mp4">
        <source src="paddle-steamer.webm"
        → type="video/webm">
        <a href="paddle-steamer.mp4">Laden Sie die
        → Videodatei herunter</a>
    </video>
</body>
```

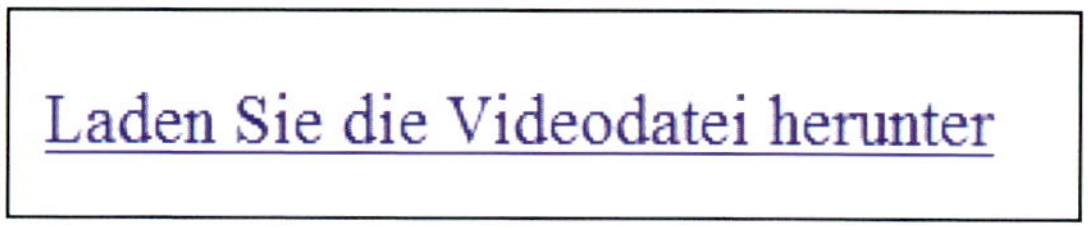

B *Der Internet Explorer 8 ignoriert die Elemente* `video` *und* `source` *und stellt einfach den Download-Link dar.*

Eine Hyperlink-Alternative für ein Video angeben

1. Stellen Sie die Videoressourcen bereit.
2. Tippen Sie `<video controls="controls">`, um das `video`-Element mit der Standardsteuerungsgruppe zu öffnen.
3. Als Nächstes schreiben Sie `<video src="`*`meinvideo.mp4`*`" type="video/mp4">`, wobei *`meinvideo.mp4`* der Name der MP4-Videodatei ist.
4. Nun tippen Sie `<video src="`*`meinvideo.webm`*`" type="video/webm">`, wobei *`meinvideo.webm`* der Name der WebM-Videodatei ist.
5. Tippen Sie `<a href="`*`meinvideo.mp4`*`">Laden Sie die Videodatei herunter</a>` (wobei *`meinvideo.mp4`* der Name der Videodatei ist) ein, um per Hyperlink eine Alternative anzubieten, damit der Anwender das Video herunterladen kann.
6. Tippen Sie `</video>`, um das `video`-Element zu schließen.

Videos mit Flash-Alternative

Neben dem Download-Link können (und sollten) Sie als Alternative einen Flash-Player angeben, der die MP4-Videodatei abspielen kann.

Ja, leider ist es trotz all dieser tollen Arbeit mit HTML5 und nativem Multimedia wahrscheinlich trotzdem noch gut, auf eingebettete Flash-Inhalte zurückgreifen zu können, falls ein alter Browser genutzt wird, der mit alledem nicht zurechtkommt. Immerhin wollen Sie doch wohl so viele User wie möglich erreichen und dafür ist diese Option gedacht!

Früher konnte man eine solche Alternativlösung per Flash-Player und Video einfach auf der Webseite anhand der Elemente `object` oder `embed` einbetten, aber beides war streng genommen kein gültiges HTML, weil beide nicht in der Spezifikation standen.

Die HTML5-Spezifikation enthält nun beide Objekte, also ist das nun gültiges HTML.

Wir werden hier `object` nehmen, weil es eine umfassendere Lösung bietet und weil alle Inhalte des `object`-Elements dargestellt werden, auch wenn der Browser das im `object`-Element angegebene Plug-in nicht unterstützt. So können Sie bei Bedarf noch eine weitere Alternative angeben. Eine Alternative zur Alternative!

Ich empfehle auch, einen Open-Source-Flash-Player herunterzuladen (z.B. JW Player oder Flowplayer), durch den es viel einfacher wird, Ihr Video auf diese Weise einzubetten **A**. Es ist ideal, wenn der auch MP4-Dateien abspielt, damit Sie eine der bei Ihnen vorhandenen Videodateien erneut verwenden können. Wenn das nicht geht, müssen Sie die dann wohl in eine SWF- oder FLV-Datei konvertieren.

A *Browser, die kein HTML5-Video unterstützen, greifen auf den Flash-Player zurück und spielen stattdessen die angegebene MP4-Videodatei ab.*

```
<body>
   <video controls="controls">
      <source src="paddle-steamer.mp4"
      → type="video/mp4">
      <source src="paddle-steamer.webm"
      → type="video/webm">
      <object type="application/x-shockwave-
      → flash" data="player.swf?videoUrl=
      → paddle-steamer.mp4&controls=true">
         <param name="movie" value="player.
         → swf?videoUrl=paddle-steamer.
         → mp4&controls=true" /></object>
   </video>
</body>
```

Alternativer Flash-Player

Der alternative Flash-Player (`player.swf`), der im Code auftaucht, ist im herunterladbaren Code enthalten, der zu diesem Kapitel gehört. Der Player selbst ist der hervorragende JW Player von LongTail Video (*www.longtailvideo.com/players/jw-flv-player*).

A *Der Flash-Alternativ-Player im Internet Explorer 8*

```
<body>
   <video controls="controls">
      <source src="paddle-steamer.mp4"
      → type="video/mp4">
      <source src="paddle-steamer.webm"
      → type="video/webm">
      <object type="application/x-shockwave-
      → flash" data="player.swf?videoUrl=paddle-
      → steamer.mp4&controls=true">
         <param name="movie" value="player.
         → swf?videoUrl=paddle-steamer.
         → mp4&controls=true" />
      </object>
      <a href="paddle-steamer.mp4">Laden Sie die
      → Videodatei herunter</a>
   </video>
</body>
```

Eine Flash-Alternative für ein Video angeben

1. Stellen Sie die Videoressourcen bereit.
2. Tippen Sie `<video controls="controls">`, um das `video`-Element mit der Standardsteuerungsgruppe zu öffnen.
3. Als Nächstes schreiben Sie `<video src="`*`meinvideo.mp4`*`" type="type/mp4">`, wobei *`meinvideo.mp4`* der Name der MP4-Videodatei ist.
4. Anschließend schreiben Sie `<video src="`*`meinvideo.webm`*`" type="video/webm">`, wobei *`meinvideo.webm`* der Name der WebM-Videodatei ist.
5. Tippen Sie `<object type="application/x-shockwave-flash" data="`*`player.swf`*`?videoUrl=`*`meinvideo.mp4`*`&controls=true">` (wobei *`meinvideo.mp4`* der Name der MP4-Videodatei ist), um anzugeben, dass es sich um die Alternative Flash-Player handelt und welcher Player bzw. welches Video genommen werden soll. Beachten Sie, dass die hier angegebenen Parameter für den *`player.swf`* spezifisch sind, der hier in diesem Kapitel verwendet wird.
6. Tippen Sie `<param name="movie" value="`*`player.swf`*`?videoUrl=`*`meinvideo.mp4`*`&controls=true" />` (wobei *`meinvideo.mp4`* der Name der MP4-Videodatei ist), um Player und Video für Browser anzugeben, die die Information in der öffnenden Definition des `object`-Elements nicht verstehen. Beachten Sie, dass die hier angegebenen Parameter für den *`player.swf`* spezifisch sind, der in diesem Kapitel verwendet wird.
7. Mit `</object>` schließen Sie das `object` ab.
8. Tippen Sie `</video>`, um das `video`-Element zu schließen.

Sie könnten nach dem Flash-Objekt auch (wie in einem der vorigen Beispiele) direkt vor Schließen des video-Elements einen Link zu einem Video-Download einfügen. Das wäre noch eine weitere Alternative, mit der die Anwender die Videodatei herunterladen können **B**. Doch diese Flash-Alternative wird in Browsern, die HTML5-Video nicht unterstützen, neben dem Download-Link dargestellt.

Flash und eine Hyperlink-Alternative für Videos angeben

1. Stellen Sie die Videoressourcen bereit.
2. Tippen Sie `<video controls="controls">`, um das video-Element mit der Standardsteuerungsgruppe zu öffnen.
3. Als Nächstes schreiben Sie `<video src="meinvideo.mp4" type="type/mp4">`, wobei *meinvideo.mp4* der Name der MP4-Videodatei ist.
4. Nun schreiben Sie `<video src="meinvideo.webm" type="video/webm">`, wobei *meinvideo.webm* der Name der WebM-Videodatei ist.
5. Tippen Sie `<object type="application/x-shockwave-flash" data="player.swf?videoUrl=meinvideo.mp4&controls=true">` (wobei *meinvideo.mp4* der Name der MP4-Videodatei ist), um den Player bzw. die Videodatei anzugeben. Beachten Sie, dass die hier angegebenen Parameter für den *player.swf* spezifisch sind, der hier in diesem Kapitel verwendet wird.
6. Tippen Sie `<param name="movie" value="player.swf?videoUrl=meinvideo.mp4&controls=true" />` (wobei *meinvideo.mp4* der Name der Videodatei ist), um Player und Video für Browser anzugeben, die die Information in der öffnenden Definition des object-Elements nicht verstehen.

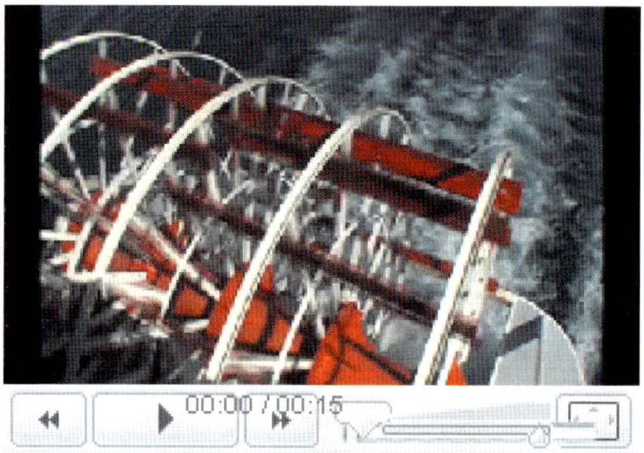

B *Browser, die kein HTML5-Video unterstützen, greifen auf den Flash-Player zurück und spielen stattdessen die angegebene MP4-Videodatei. Der Download-Link wird auch dargestellt und wenn bei einem Browser kein Flash installiert ist, bietet er immerhin noch diese Option an.*

C *Firefox-Darstellung (mit Standardsteuerung), wenn der Browser keine abspielbare Videodatei findet. Er greift nicht auf den alternativen Flash-Player zurück und stellt auch nicht den Download-Link dar.*

7. Mit `</object>` schließen Sie das `object` ab.
8. Tippen Sie `<a href="meinvideo.mp4">Laden Sie die Videodatei herunter</a>` (wobei *`meinvideo.mp4`* der Name der Videodatei ist), um per Download-Link eine Alternative anzubieten, über die der Anwender das Video herunterladen kann.
9. Tippen Sie `</video>`, um das `video`-Element zu schließen.

TIPP Falls ein Browser HTML5-Video unterstützt, aber keine Datei zum Abspielen findet, wird er nicht auf den alternativen Flash-Player zurückgreifen C.

TIPP Eine hervorragende Quelle, wie Videos für alle verfügbar werden, ist „Video for Everybody" von Kroc Camen (*http://camendesign.com/code/video_for_everybody*). Das sollten Sie sich wirklich mal anschauen – genauso wie den *Video for Everybody Generator* von Jonathan Neal (*http://sandbox.thewikies.com/vfe-generator/*).

Für Accessibility sorgen

Ein weiterer Vorteil von nativem Multimedia ist, dass der Inhalt aufgrund der den modernen Browsern eigenen Accessibility (Barrierefreiheit) besser per Tastatur zugänglich gemacht werden kann.

Sollte man zumindest meinen.

Opera ist aktuell der einzige unter den modernen Browsern, dessen Standardsteuerungsset für HTML5-Medien per Tastatur erreichbar ist.

Bei den anderen Browsern muss man, um überhaupt einen barrierefreien Medienplayer zu bekommen, sein eigenes Steuerungsset erstellen. Dafür brauchen Sie die JavaScript Media-API (gehört auch zu HTML5), aber das zählt nicht zur Thematik dieses Kapitels.

HTML5 spezifiziert auch ein neues Dateiformat, durch das man in den Videoinhalt Untertitel, Bildlegenden, Beschreibungen, Kapitel etc. einbinden kann.

Das Dateiformat WebVTT (Web Video Text Tracks) ist dafür gedacht, externe Textquellen wie z.B. Untertitel auszuzeichnen.

Kein Browser unterstützt dieses Format bisher, aber es gibt eine Reihe von JavaScript-Bibliotheken (z.B. Playr und Captionator), die Sie für WebVTT und dessen Funktionalität einspannen können.

Weitere Ausführungen über WebVTT und Untertitelung gehören nicht in dieses Kapitel, aber Sie erfahren mehr darüber unter *www.iandevlin.com/blog/2011/05/html5/webvtt-and-video-subtitles*.

TIPP ***HTML5 Multimedia: Develop and Design*** **(Peachpit Press, 2011) von Ian Devlin enthält Kapitel, in denen Sie erfahren, wie Sie eigene barrierefreie Steuerungselemente erstellen und wie man mit WebVTT arbeitet.**

Audiodateien einfügen

Video haben Sie nun auf Ihrer Seite, da fehlt nur noch Audio. Wie bei HTML5-Video gibt es zahlreiche verschiedene Dateiformate oder Codecs, die unterstützt werden.

Es gibt fünf wichtige Audio-Codecs, mit denen Sie arbeiten können. Hier sind sie, gemeinsam mit den Browsern, die sie unterstützen:

- Ogg Vorbis verwendet die Erweiterung .ogg und wird von Firefox 3.5+, Chrome 5+ und Opera 10.5+ unterstützt.
- MP3 arbeitet mit der Erweiterung .mp3 und wird von Safari 5+, Chrome 6+, Internet Explorer 9+ und iOS unterstützt.
- WAV nutzt die Erweiterung .wav und wird von Firefox 3.5+, Safari 5+, Chrome 8+ und Opera 10.5+ unterstützt.
- AAC hat die Erweiterung .aac und wird von Safari 3+, Internet Explorer 9+, iOS 3+ und Android 2+ unterstützt.
- MP4 verwendet die Erweiterung .mp4 und wird von Safari 3+, Chrome 5+, Internet Explorer 9+, iOS 3+ und Android 2+ unterstützt.

Sie erinnern sich sicher, dass MP4 als Video-Codec aufgelistet wurde, aber das kann man auch zur Kodierung von Audiodaten einsetzen.

TIPP **So wie bei Video müssen Sie Ihren Inhalt in zwei verschiedenen Formaten bereitstellen, damit auch alle HTML5-fähigen Browser versorgt sind. Die beiden besten Formate dafür sind Ogg Vorbis und MP3.**

TIPP **Die Software Miro Video Converter, die im Kasten „Dateiformate konvertieren" erwähnt wird, kann man auch zur Audiokonvertierung nehmen.**

Audiodateien auf der Webseite

Nun wollen wir eine Audiodatei auf die Webseite stellen. Das läuft praktisch genauso ab wie bei Videos, aber anhand des audio-Elements **A**.

A *Eine einfache Audiodatei, mit Ogg kodiert und ohne Steuerungselemente*

```
<body>
   <audio src="piano.ogg"></audio>
</body>
```

Eine Audiodatei auf einer Webseite einfügen

- Stellen Sie die Audiodatei bereit.
- Als Nächstes schreiben Sie <audideo src="*meinaudio.ext*"></audio>, wobei *meinaudio.ext* für Standort, Name und Endung der Audiodatei steht.

Audiodateien mit Steuerung

Wie im vorigen Beispiel gezeigt, ist es ganz einfach, eine Audiodatei auf eine Webseite zu bringen. Aber damit wird nun nichts dargestellt, weil keine Audiodatei nichts Sichtbares enthält. Also müssen Sie anhand des controls-Attributs Steuerelemente einbauen **A**.

A *Eine einfache Audiodatei, mit Ogg kodiert, zusammen mit Steuerungselementen*

```
<body>
   <audio src="piano.ogg" controls="controls">
   ➝ </audio>
</body>
```

Eine Audiodatei mit Steuerung einfügen

1. Stellen Sie die Audiodatei bereit.
2. Tippen Sie <audio src="meinaudio.ext" controls="controls"></audio>.

Natürlich ist es wie bei der Videosteuerung: Jeder Browser hat so seine eigenen Vorstellungen, wie alles aussehen soll (**B** bis **F**).

B *Die Audiosteuerelemente in Firefox*

C *Die Audiosteuerelemente in Safari*

D *Die Audiosteuerelemente in Chrome*

E *Die Audiosteuerelemente in Opera*

F *Die Audiosteuerelemente im Internet Explorer 9*

Attribute für audio

Wie beim video-Element gibt es verschiedene Attribute, die Sie für das audio-Element nutzen können. Sie werden in Tabelle 17.3 aufgelistet.

Tabelle 17.3: Attribute für das audio-Element

Name	Beschreibung
`src`	Gibt den URL zur Audiodatei an
`autoplay`	Startet die Audiowiedergabe so bald wie möglich automatisch
`controls`	Fügt der Audiodatei die Standardsteuerungselemente des Browsers hinzu
`muted`	Stellt die Audiowiedergabe auf stumm (aktuell von keinem Browser unterstützt)
`loop`	Spielt die Audiodatei in einer Endlosschleife
`preload`	Hinweis an den Browser, wie viel er von der Audiodatei laden soll. Akzeptiert drei unterschiedliche Werte: `none` lädt nichts. `metadata` lädt nur die Metadaten der Audiodatei (z.B. die Dauer). `auto` lässt den Browser entscheiden, was gemacht werden soll (Standardeinstellung).

A *Eine Ogg-Audiodatei (mit Standardsteuerungsset), die automatisch beim Laden der Seite wiedergegeben wird*

```
<body>
   <audio src="piano.ogg" autoplay="autoplay"
   → controls="controls">
   </audio>
</body>
```

B *Eine Audiodatei (mit Steuerungselementen), die beim Laden automatisch mit der Wiedergabe begonnen hat*

C *Eine Ogg-Audiodatei (mit Standardsteuerungsset), die als Endlosschleife wiedergegeben wird*

```
<body>
   <audio src="piano.ogg" loop="loop"
   → controls="controls"></audio>
</body>
```

Steuerungselemente und Autoplay für Audiodateien

Mit den Attributen controls und autoplay bekommt die Audiodatei Steuerelemente und wird abgespielt, sobald die Seite geladen wird (A und B).

Mit dem loop-Attribut geben Sie an, dass die Audiowiedergabe in einer Endlosschleife geschehen soll C.

Steuerelemente für eine Audiodatei einfügen und Wiedergabe automatisch starten

1. Stellen Sie die Audiodatei bereit.
2. Als Nächstes schreiben Sie <audio src="meinaudio.ext" autoplay="autoplay" controls="controls"></audio>, wobei *meinaudio.ext* für Standort, Name und Endung der Audiodatei steht.

Wiedergabe der Audiodatei in einer Endlosschleife

1. Stellen Sie die Audiodatei bereit.
2. Nun schreiben Sie <audio src="meinaudio.ext" loop="loop" controls="controls"></audio>, wobei *meinaudio.ext* für Standort, Name und Endung der Audiodatei steht.

TIPP Firefox unterstützt das Attribut loop nicht.

TIPP Bloß weil Sie die Audiowiedergabe automatisch und als Endlosschleife starten können, heißt das nicht, dass Sie das auch so machen sollten.

Preload einer Audiodatei

Sie können über die verschiedenen Attribute für das `audio`-Element (siehe Tabelle 17.3) den Browser anweisen, wie er die Audiodatei vorab laden soll (A und B).

Preload nur für die Metadaten der Audiodatei

1. Stellen Sie die Audiodatei bereit.
2. Als Nächstes schreiben Sie `<audio src="meinaudio.ext" preload="metadata" controls="controls"></audio>`, wobei *meinaudio.ext* für Standort, Name und Endung der Audiodatei steht.

Dem Browser den Preload der Audiodatei überlassen

1. Stellen Sie die Audiodatei bereit.
2. Nun schreiben Sie `<audio src="meinaudio.ext" preload="auto" controls="controls"></audio>`, wobei *meinaudio.ext* für Standort, Name und Endung der Audiodatei steht.

TIPP Wenn man einen Wert für das Attribut `preload` angibt, ist das Verhalten des Browsers damit nicht garantiert, sondern es ist mehr wie eine Art Antrag.

TIPP Wenn man über das Attribut `autoplay` die automatische Wiedergabe angibt, wird damit jede Einstellung des Attributs `preload` überschrieben, weil die Audiodatei ja erst geladen werden muss, um abgespielt werden zu können.

A *Für diese Ogg-Datei sollen beim Laden der Seite nur die Audio-Metadaten (z.B. die Dauer) geladen werden.*

```
<body>
   <audio src="piano.ogg" preload="metadata"
   ➝ controls="controls">
   </audio>
</body>
```

B *Diese Ogg-Audiodatei erlaubt es dem Browser, selbst zu entscheiden, wie viel von der Datei geladen werden soll.*

```
<body>
   <audio src="piano.ogg" preload="auto"
   ➝ controls="controls"></audio>
</body>
```

A *Für dieses audio-Element sind neben dem Standardsteuerungsset zwei Audiodateien definiert: eine als Ogg kodiert und die andere als MP3.*

```
<body>
   <audio controls="controls">
      <source src="piano.ogg" type="audio/ogg">
      <source src="piano.mp3" type="audio/mp3">
   </audio>
</body>
```

Mehrere Audiodateien angeben

Wie bereits erwähnt, muss man Audiodateien in mindestens zwei verschiedenen Formaten bereithalten, um alle HTML5-fähigen Browser zu bedienen. Das geschieht genauso wie beim `video`-Element: und zwar anhand des `source`-Elements **A**.

Der ganze Prozess funktioniert auf gleiche Weise wie bei mehreren Videodateien. Der Browser ignoriert alles, was er nicht wiedergeben kann, und spielt das, was er kann.

Zwei verschiedene Audioquellen angeben

1. Stellen Sie die Audiodateien bereit.
2. Tippen Sie `<audio controls="controls">`, um das `audio`-Element mit dem Standardsteuerungsset zu öffnen.
3. Als Nächstes schreiben Sie `<source src="meinaudio.ogg" type="audio/ogg">`, wobei *`meinaudio.ogg`* für Standort, Name und Endung der Ogg-Vorbis-Audiodatei steht.
4. Anschließend schreiben Sie `<source src="meinaudio.mp3" type="audio/mp3">`, wobei *`meinaudio.mp3`* für Standort, Name und Endung der MP3-Audiodatei steht.
5. Dann tippen Sie `</audio>`, um das `audio`-Element zu schließen.

TIPP Das Attribut `type` hilft dem Browser bei der Entscheidung, ob er die Quelldatei abspielen kann. Bei Audioformaten ist der Wert stets `audio/`, gefolgt vom Format selbst: `audio/ogg`, `audio/mp3`, `audio/aac`, `audio/wav` und `audio/mp4`.

Audiodateien mit Hyperlink-Alternative

Auf das Risiko hin, mich zu wiederholen: Die Alternativlösung für Audio funktioniert genauso wie die bei Video.

Sie definieren anhand der Elemente `audio` und `source` mehrere Quelldateien und fügen die Alternative dann für Browser ein, die nicht HTML5-fähig sind, bevor Sie das `audio`-Element schließen **A**.

Eine Hyperlink-Alternative für Audiodateien angeben

1. Stellen Sie die Audiodateien bereit.
2. Tippen Sie `<audio controls="controls">`, um das `audio`-Element mit dem Standardsteuerungsset zu öffnen.
3. Als Nächstes schreiben Sie `<source src="`*`meinaudio.ogg`*`" type="audio/ogg">`, wobei *`meinaudio.ogg`* für Standort, Name und Endung der Ogg-Vorbis-Audiodatei steht.
4. Dann schreiben Sie `<source src="`*`meinaudio.mp3`*`" type="audio/mp3">`, wobei *`meinaudio.mp3`* für Standort, Name und Endung der MP3-Audiodatei steht.
5. Tippen Sie `<a href="`*`meinaudio.mp3`*`">Laden Sie die Audiodatei herunter</a>` (wobei *`meinaudio.mp3`* der Name der Audiodatei ist), um per Download-Link eine Alternative für nicht HTML5-fähige Browser anzubieten.
6. Tippen Sie `</audio>`, um das `audio`-Element zu schließen.

A *Zwei Audioquellen werden für dieses* `audio`*-Element definiert. Nicht HTML5-fähige Browser stellen einfach den Link zur herunterladbaren MP3-Version der Audiodatei dar.*

```
<body>
   <audio controls="controls">
      <source src="piano.ogg" type="audio/ogg">
      <source src="piano.mp3" type="audio/mp3">
   <a href="piano.mp3">Laden Sie die Audiodatei
   ➝ herunter</a>
   </audio>
</body>
```

A *Zwei Audioquellen werden für dieses* `audio`*-Element definiert. Browser wie der Internet Explorer 8 werden einfach auf den angegebenen alternativen Flash-Player zurückgreifen, der die MP3-Datei als Audioquelle nutzt.*

```
<body>
   <audio controls="controls">
      <source src="piano.ogg" type="audio/ogg">
      <source src="piano.mp3" type="audio/mp3">
      <object type="application/x-shockwave-
      → flash"
         data="player.swf?audioUrl=piano.
         → mp3&controls=true">
         <param name="movie" value="player.
         → swf?audioUrl=piano.mp3&controls=true"
         → />
      </object>
   </audio>
</body>
```

Audiodateien mit Flash-Alternative

So wie bei Video ist Flash oft das Plug-in der Wahl, wenn man Audioinhalte einbetten will. Und ebenso wie bei Video können Sie eine Alternative mit Flash-Player für solche Browser angeben, die nicht HTML5-fähig sind, z.B. den Internet Explorer 8.

Eine Flash-Alternative für Audiodateien angeben

1. Stellen Sie die Audiodateien bereit.
2. Tippen Sie `<audio controls="controls">`, um das `audio`-Element mit dem Standardsteuerungsset zu öffnen.
3. Als Nächstes schreiben Sie `<source src="meinaudio.ogg" type="audio/ogg">`, wobei *`meinaudio.ogg`* für Standort, Name und Endung der Ogg-Vorbis-Audiodatei steht.
4. Anschließend schreiben Sie `<source src="meinaudio.mp3" type="audio/mp3">`, wobei *`meinaudio.mp3`* für Standort, Name und Endung der MP3-Audiodatei steht.
5. Tippen Sie `<object type="application/x-shockwave-flash" data="player.swf?audioUrl=meinaudio.mp3&controls=true">` (wobei *`meinaudio.mp3`* der Name der Audiodatei ist), um anzugeben, dass es sich um die Alternative Flash-Player handelt und welcher Player bzw. welches Video genommen werden soll. In diesem Fall ist `player.swf` der gleiche alternative Flash-Player, der in den Abschnitten über Video verwendet wurde. Beachten Sie, dass die hier angegebenen Parameter für den *`player.swf`* spezifisch sind, der hier in diesem Kapitel verwendet wird.

6. Tippen Sie `<param name="movie" value="player.swf?audioUrl=meinaudio.mp3&controls=true" />` (wobei *meinaudio.mp3* Name, Standort und Erweiterung der Audiodatei ist), um Player und Audiodatei für Browser anzugeben, die die Information in der öffnenden Definition des `object`-Elements nicht verstehen.
7. Mit `</object>` schließen Sie das `object` ab.
8. Tippen Sie `</audio>`, um das `audio`-Element zu schließen **B**.

TIPP **Ein Browser wie der Internet Explorer 8 wird die Elemente `audio` und `source` einfach ignorieren und direkt zur Alternative Flash-Player gehen. Wenn auf dem Computer des Anwenders Flash installiert ist, wird die Audiodatei abgespielt.**

B *Die Audio-Alternative Flash-Player im Internet Explorer 8*

Audiodateien mit Flash- und Hyperlink-Alternative

Sie können nach dem Flash-Player als zusätzliche Alternative auch noch einen Download-Link angeben **A**.

Eine Flash- und Hyperlink-Alternative für Audiodateien angeben

1. Stellen Sie die Audiodateien bereit.
2. Tippen Sie `<audio controls="controls">`, um das `audio`-Element mit dem Standardsteuerungsset zu öffnen.
3. Als Nächstes schreiben Sie `<source src="`*`meinaudio.ogg`*`" type="audio/ogg">`, wobei *`meinaudio.ogg`* für Standort, Name und Endung der Ogg-Vorbis-Audiodatei steht.
4. Nun schreiben Sie `<source src="`*`meinaudio.mp3`*`" type="audio/mp3">`, wobei *`meinaudio.mp3`* für Standort, Name und Endung der MP3-Audiodatei steht.
5. Tippen Sie `<a href="`*`meinaudio.mp3`*`">Laden Sie die Audiodatei herunter</a>` (wobei *`meinaudio.mp3`* Name, Standort und Erweiterung der Audiodatei ist), um per Download-Link eine Alternative für nicht HTML5-fähige Browser anzubieten.
6. Tippen Sie `<object type="application/x-shockwave-flash" data="`*`player.swf`*`?audioUrl=`*`meinaudio.mp3`*`&controls=true">` (wobei *`meinaudio.mp3`* der Name der Audiodatei ist), um anzugeben, dass es sich um die Alternative Flash-Player handelt und welcher Player bzw. welches Video genommen werden soll. Beachten Sie, dass die hier angegebenen Parameter für den *`player.swf`* spezifisch sind, der in diesem Kapitel verwendet wird.
7. Tippen Sie `<param name="movie" value="player.swf?audioUrl=`*`meinaudio.mp3`*`&controls=true" />` (wobei *`meinaudio.mp3`* der Name, Standort und Erweiterung der Audiodatei ist), um Player und Audiodatei für Browser anzugeben, die die Information in der öffnenden Definition des `object`-Elements nicht verstehen.
8. Mit `</object>` schließen Sie das `object` ab.
9. Tippen Sie `<a href="meinaudio.mp3">Laden Sie die Audiodatei herunter</a>`.
10. Tippen Sie `</audio>`, um das `audio`-Element zu schließen.

A *Zwei Audioquellen werden für HTML5-Browser definiert sowie eine Flash-Alternative für solche Browser wie den Internet Explorer 8, die kein Flash unterstützen. Eine weitere Alternative gibt es in Form eines einfachen Hyperlinks auf die MP3-Version der Audiodatei.*

```
<body>
   <audio controls="controls">
      <source src="piano.ogg" type="audio/ogg">
      <source src="piano.mp3" type="audio/mp3">
      <object type="application/x-shockwave-
      ➝ flash" data="player.swf?audioUrl=piano.
      ➝ mp3&controls=true" width="280">
         <param name="movie" value="player.swf?
         ➝ audioUrl=piano.mp3&controls=true" />
      </object>
      <a href="piano.mp3">Laden Sie die
      ➝ Audiodatei herunter</a>
   </audio>
</body>
```

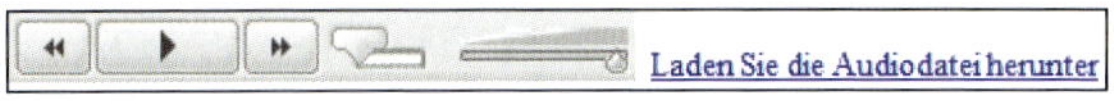

B *Die Audio-Alternative Flash-Player und Hyperlink im Internet Explorer 8*

Multimedia-Dateien erstellen

Die am häufigsten auf Webseiten eingebetteten Multimedia-Dateien sind Musik bzw. Töne und Videos. Sie können Klänge und Musik mit einem Mikrofon aufnehmen und mit Software digitalisieren (z.B. SoundRecorder für Windows und Amadeus für Mac). Überdies gibt es viele Programme, die CDs in MP3-Dateien umwandeln.

Mit dem Aufkommen von Smartphones und deren Kameras (die auch immer besser werden) ist es noch viel einfacher geworden, Videos ins Netz zu stellen. Auch wenn das Video nicht im erforderlichen Format ausgegeben wird, können Sie mit solchen Tools wie dem Miro Video Converter oder HandBrake die Dateien leicht ins richtige Format konvertieren.

Außerdem finden Sie Audio- und Videodateien auch im Internet, wobei Sie die entsprechenden Lizenzbedingungen sorgfältig lesen sollten.

Aber beschränken Sie sich nicht nur auf Audio und Video. Auch wenn Sie durch das HTML5-Element `canvas` mithilfe von dessen JavaScript-API Animationen usw. erstellen können, steht es Ihnen immer noch frei, Flash-Animationen auf gleiche Weise wie vorher, nämlich mit dem `object`-Element, einzubetten. Trotz der Verbesserungen, die mit HTML5-Medien erreicht werden, gibt es für Flash immer noch Einsatzmöglichkeiten.

Überlegungen zur digitalen Rechteverwaltung

Ihnen wird sicher klar geworden sein, dass bei all diesen eingebetteten Audio- und Videodateien die Tatsache bestehen bleibt, dass die URLs zu den Quelldateien nun für jeden zum Download verfügbar sind. Alle können Ihre Inhalte „stehlen“ – genauso wie eingebettete Bilder, HTML-, JavaScript- und CSS-Quelldateien.

Dagegen können Sie nichts tun.

HTML5 liefert keinerlei Methode, um Ihre Medieninhalte irgendwie zu schützen, obgleich sich das in Zukunft ändern könnte.

Wenn Sie also Ihre Mediendateien schützen wollen, sollten Sie momentan weder natives HTML5-Multimedia noch die in diesem Kapitel gezeigten alternativen Flash-Methoden verwenden, weil es für ein digitales Rechtemanagement (Digital Rights Management, DRM) erforderlich ist, dass die Mediendateien eingebettet sind und dass die DRM-Tools auch quasi schon im Quellmaterial „eingeschweißt“ sein müssen.

A *Um eine Flash-Animation einzubetten, geben Sie als MIME-Typ `application/x-shockwave-flash` an.*

```
<head>
<title>Flash-Film einbetten</title>
</head>
<body>
<object type="application/x-shockwave-
→ flash" data="http://www.sarahsnotecards.com/
→ catalunyalive/minipalau.swf" width="300"
→ height="240">
<param name="movie" value="http://www.
→ sarahsnotecards.com/catalunyalive/minipaulau.
→ swf" />
</object>
</body>
```

B *Die Flash-Animation wird anhand des `object`-Elements auf der Seite eingebettet.*

Eingebettete Flash-Animationen

Mit der Software Adobe Flash, die im Internet sehr verbreitet ist, können Sie Animationen, Filme und andere Medien erstellen. Das dazugehörige Plug-in wurde oft genutzt, um Video- und Audiodateien in einer Webseite einzubetten. Aber Flash wurde und wird für mehr verwendet. Weil Animationen oft mit Adobe Flash erstellt und obwohl sie auf solchen Geräten wie dem iPad oder iPhone nicht dargestellt werden, wird es weiterhin Gelegenheiten geben, bei denen Sie sich dafür entscheiden.

Sie haben bereits gesehen, wie man mit Adobe Flash Audio- und Videodateien als Ausweichlösung für ältere Browser nehmen kann, indem man einen heruntergeladenen Flash-Player nutzt. Hier erfahren Sie nun, wie man eine echte Adobe Flash-Animationsdatei im Format SWF einbettet (**A** und **B**).

Flash-Animationen einbetten

1. Tippen Sie `<object`, um das `object`-Element zu beginnen.
2. Schreiben Sie `type="application/x-shockwave-flash"`, um den MIME-Typ für Flash-Animationen anzugeben.
3. Tippen Sie `data="`*`dateiname.swf`*`"`, wobei *`dateiname.swf`* für den Namen und den Standort der Flash-Animation auf dem Server steht.
4. Legen Sie die Maße für die Animation über `width="`*`w`*`" height="`*`h`*`"` fest, wobei beide Werte für *`w`* und *`h`* in Pixel angegeben werden.
5. Schließen Sie das öffnende `object`-Tag dann mit `>` ab.
6. Fügen Sie `<param name="movie" value="`*`dateiname.swf`*`" />` ein, wobei *`dateiname.swf`* zu dem passt, was Sie in Schritt 3 genommen haben.
7. Mit `</object>` schließen Sie das `object` ab.

TIPP Diese Technik basiert auf dem Artikel *Flash Satay* von Drew McLellan auf *A List Apart* (*www.alistapart.com/articles/flashsatay*) (deutsch auf *http://www.dodabo.de/html+css/flashsatay/*).

TIPP Drew fand bei dieser Technik heraus, wie man Flash-Animationen mit kleinen Referenzfilmen helfen kann, korrekt zu streamen. Er erklärt in diesem Artikel detailliert sein Vorgehen.

TIPP Viele arbeiten mit einer Kombination aus dem `object`-Tag und dem nicht standardkonformen `embed`-Tag, um Flash auf einer Webseite einzufügen. Beides ist nun gültiges HTML5. Wenn Sie mehr wissen wollen, suchen Sie auf der Site von Adobe nach *embed Flash* oder *Flash einbetten* (*http://www.adobe.com/de*).

YouTube-Video auf der Webseite

YouTube (und andere Dienste) bieten nun einen Server an, auf den Sie Ihre Videodateien hochladen (die meist beträchtlich groß sind) und für Ihre Besucher bereitstellen können.

YouTube-Videos einbetten

1. Gehen Sie auf die Seite von YouTube (*http://www.youtube.com*) und rufen Sie das gewünschte Video auf.
2. Kopieren Sie den Code für den Film aus der Adresszeile. Sie kommt direkt nach dem `v=` und geht bis zum kaufmännischen Und (`&`).
3. Folgen Sie den Schritten im Abschnitt „Flash-Animationen einbetten“. An den beiden Stellen, wo Sie den URL für die Flash-Animation einfügen müssen, tippen Sie `http://www.youtube.com/v/`*`filmcode`*, wobei *`filmcode`* durch das ersetzt wird, was Sie in Schritt 2 kopiert haben.

TIPP Wenn Sie den Filmcode für ein YouTube-Video wissen wollen, finden Sie ihn nach dem `v=`. Doch wenn Sie den URL konstruieren, um auf den Film zu verweisen, nehmen Sie `v/`.

Video mit canvas nutzen

Dass es bei HTML5 nun natives Multimedia gibt, führt zu einer anderen tollen Sache: Es kann mit vielen der anderen neuen Features und Funktionalitäten zusammenarbeiten, die es entweder bei HTML5 schon gibt oder die damit zusammenhängen.

Eines dieser neuen Features ist das `canvas`-Element.

Mit diesem Element und dessen korrespondierender JavaScript-API können Sie auf Ihrer Webseite Objekte zeichnen und animieren.

Sie können die API auch zusammen mit HTML5-Videos nutzen, weil das `video`-Element genauso behandelt werden kann wie jedes andere HTML-Element und darum auch `canvas` darauf zugreifen kann.

Mit der JavaScript-API können Sie Bilder aus einem laufenden Video abgreifen und es im `canvas`-Element als Bild neu zeichnen. So können Sie beispielsweise Screenshots aus dem Video erstellen.

Sie können mit der API pixelgenau Bilder manipulieren und weil man in `canvas` Bilder aus einem Video erstellen kann, lassen sich so auch die Videopixel manipulieren, z.B. alles in Graustufen konvertieren.

Nun haben Sie wenigstens eine kleine Vorstellung davon, was `canvas` zusammen mit dem `video`-Element anstellen kann, denn eine gründliche Diskussion davon sprengt den Rahmen dieses Buchs. Weitere Informationen über `canvas` und dessen JavaScript-API finden Sie im Abschnitt „Weitere Infoquellen“ am Ende des Kapitels.

Video mit SVG koppeln

SVG (Scalable Vector Graphics) ist eine andere Technologie, die seit Aufkommen von HTML5 mehr beachtet wird.

SVG gibt es schon viele Jahre (seit 1999, um genau zu sein), doch seit HTML5 ist nun das `svg`-Element im Spiel und damit kann man auf der Webseite selbst SVG-Definitionen einbetten.

Durch SVG kann man über XML Formen und Grafiken definieren, die dann vom Browser interpretiert werden, um die eigentlichen Formen zu zeichnen. In den SVG-Definitionen sind nur die verschiedenen Instruktionen enthalten, was und wie gezeichnet werden soll.

Die durch SVG produzierten Grafiken sind außerdem nicht rasterbasiert, sondern vektorbasiert. Das bedeutet, sie skalieren gut, weil der Browser einfach die Zeichenanweisungen verwendet, um die Formen in der benötigten Größe zu zeichnen. Rastergrafiken enthalten Pixeldaten und wenn Sie ein Bild größer als das Original neu zeichnen wollen, gibt es nicht genug Pixeldaten für die neue Größe, was zu einem Verlust bei der Bildqualität führt.

Wir können uns in diesem Buch nicht erschöpfend mit SVG befassen, aber es sollte hier erwähnt werden, damit Sie wissen, dass man Videos auch gemeinsam mit SVG-Definitionen nutzen kann. Durch SVG erstellte Formen kann man zum Maskieren von Videos nehmen, d.h. das Video quasi wie durch ein Schlüsselloch anzeigen lassen.

Es gibt verschiedene SVG-Filter, die Sie auf HTML5-Video anwenden können, z.B. Schwarzweißkonvertierung, Gaußsche Unschärfe und Farbsättigung. Weitere Informationen über SVG finden Sie im nächsten Abschnitt „Weitere Infoquellen“.

Weitere Infoquellen

In diesem Kapitel konnten wir nur die Grundlagen für HTML5-Multimedia vorstellen. Es gibt noch viel mehr zu lernen, also füge ich hier einige Quellen an, die Sie bei Gelegenheit mal anschauen können.

Online-Ressourcen

- „Video on the Web" (http://diveinto.html5doctor.com/video.html)
- HTML5 Video (http://html5video.org)
- „WebVTT and Video Subtitles" (www.iandevlin.com/blog/2011/05/html5/webvtt-and-video-subtitles)
- „HTML5 Canvas: The Basics" (http://dev.opera.com/articles/view/html-5-canvas-the-basics)
- „Learning SVG" (http://my.opera.com/tagawa/blog/learning-svg)
- „Video Flash – Alles rund um Web & Mobile" (http://www.video-flash.de)
- „CSS3 & HTML5 – Einstieg in die neuen Webstandards" (http://css3-html5.de/) mit sehr vielen themenbezogenen Webvideos

Bücher

- Ian Devlin: HTML5 Multimedia: Develop and Design. Peachpit Press, 2011. (http://html5multimedia.com)
- Shelley Powers: HTML5 Media. O'Reilly Media, 2011.
- Silvia Pfeiffer: The Definitive Guide to HTML5 Video. Apress, 2010.
- Bruce Lawson, Remy Sharp: HTML5 – Eine Einführung für Umsteiger. Addison-Wesley 2011.
- Klaus Förster, Bernd Öggle: HTML5 – Leitfaden für Webentwickler. Addison-Wesley 2012.

18 Tabellen

Wir alle kennen tabellarische Daten aus unserem Alltag. Sie können in vielerlei Formen erscheinen, z.B. als Finanzdaten, Umfragen, Veranstaltungskalender, Busfahrpläne oder Fernsehprogramme. Meist werden diese Informationen in Spalten mit Zeilenköpfen präsentiert.

Das `table`-Element zusammen mit seinen Kindelementen ist Thema dieses Kapitels. Ich konzentriere mich hier auf die einfache Formatierung und Strukturierung von `table`. HTML-Tabellen können recht komplex werden, obwohl Sie wahrscheinlich wenig Gelegenheit haben, solche zu implementieren, außer bei einer besonders datenintensiven Site. Die folgenden Links zeigen Codebeispiele für komplexe Tabellenstrukturen und stellen vor, wie man Tabellen barrierefrei und zugänglich machen kann:

- „Bring On the Tables" von Roger Johansson (*www.456bereastreet.com/archive/200410/bring_on_the_tables/*)
- „Accessible Data Tables" von Roger Hudson (*www.usability.com.au/resources/tables.cfm*)
- „Techniques for Accessible HTML Tables" von Stephen Ferg (*www.ferg.org/section508/accessible_tables.html*)
- „Benimmregeln für Datentabellen" (*http://www.einfach-fuer-alle.de/artikel/barrierefreie-datentabellen*)
- „Barrierefreie Datentabellen" (*http://wiki.sitepark.com/index.php/Tinymce_(SPT-Tag)#Barrierefreie_Datentabellen*)

Übersicht

Tabellen strukturieren

Alles, was Sie normalerweise in eine Tabellenkalkulation schreiben können, ist auch für die Präsentation in einer HTML-Tabelle geeignet.

Auf der einfachsten Stufe besteht ein `table`-Element aus Zeilen und Spalten. Jede Zeile (`tr`, *table row*) enthält Zellen für den Tabellenkopf (`th`, *table head*) oder für Daten (`td`, *table data*) oder beides. Sie können der Tabelle mit `caption` auch eine Legende geben, damit Ihre Besucher die `table` besser verstehen. Außerdem werden Screenreader oder andere assistive Geräte anhand des Attributs `scope` (ebenfalls optional, aber empfohlen) informiert, dass ein `th` der Spaltenkopf für eine Tabellenspalte (wenn `scope="col"`) oder für eine Tabellenzeile (wenn `scope="row"`) ist usw. (siehe letzter Tipp) **A**.

Standardmäßig stellen Browser Tabellen innerhalb des verfügbaren Platzes auf der Seite nur so breit dar, wie die darin enthaltenen Informationen es erfordern **B**. Wie man sich denken kann, sind Tabellen per CSS formatierbar – das werde ich gleich zeigen.

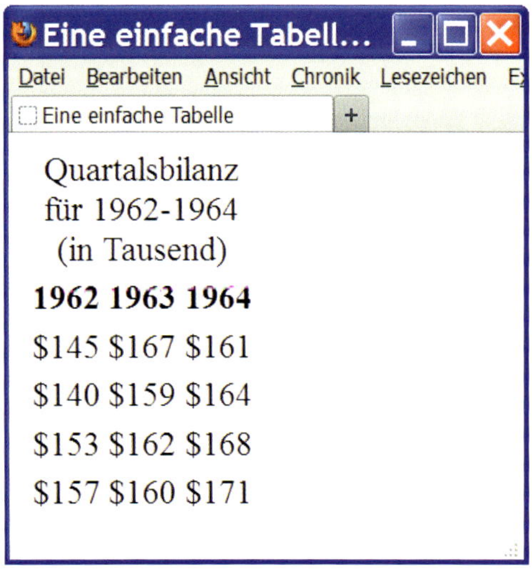

B *Standardmäßig ist `th`-Text fett, `th`- und `caption`-Text zentriert und die Tabelle nur so breit wie deren Inhalt.*

A *Jede Zeile wird durch ein `tr`-Element markiert. Diese ganz simple Tabelle hat eine Zeile, die die Spaltenköpfe enthält (die `th`-Elemente) und dann noch drei Zeilen mit Datenzellen (die `td`-Elemente). Wenn Sie mit `caption` eine Legende einfügen, muss das das erste Element in `table` sein (`caption` kann auch ein `p` oder andere Textelemente enthalten).*

```
...
<body>
<table>
   <caption>Quartalsbilanz für 1962-1964 (in
   → Tausend)</caption>
   <tr>
      <th scope="col">1962</th>
      <th scope="col">1963</th>
      <th scope="col">1964</th>
   </tr>
   <tr>
      <td>$145</td>
      <td>$167</td>
      <td>$161</td>
   </tr>
   <tr>
      <td>$140</td>
      <td>$159</td>
      <td>$164</td>
   </tr>
   <tr>
      <td>$153</td>
      <td>$162</td>
      <td>$168</td>
   </tr>
   <tr>
      <td>$157</td>
      <td>$160</td>
      <td>$171</td>
   </tr>
</table>
</body>
</html>
```

C *Ich habe die Bereiche der Tabelle explizit mit* `thead`, `tbody` *und* `tfoot` *definiert. Anschließend fügte ich ein* `th` *zu Beginn jeder Zeile ein. Die* `th` *in* `tbody` *und* `tfoot` *enthalten dann* `scope="row"`, *um sie als Zeilenkopfzellen zu kennzeichnen.*

```
...
<body>
<table>
   <caption>Quartalsbilanz für 1962-1964 (in
   ➝ Tausend)</caption>
   <thead> <!-- Tabellenkopf -->
      <tr>
         <th scope="col">Quartal</th>
         <th scope="col">1962</th>
         <th scope="col">1963</th>
         <th scope="col">1964</th>
      </tr>
   </thead>
   <tbody> <!-- Tabellenkörper -->
      <tr>
         <th scope="row">Q1</th>
         <td>$145</td>
         <td>$167</td>
         <td>$161</td>
      </tr>
      <tr>
         <th scope="row">Q2</th>

         <td>$140</td>
         <td>$159</td>
         <td>$164</td>
      </tr>
      ... Q3- und Q4-Zeilen ...
   </tbody>
   <tfoot> <!-- Tabellenfußzeile -->
      <tr>
         <th scope="row">Gesamt</th>
         <td>$595</td>
         <td>$648</td>
         <td>$664</td>
      </tr>
   </tfoot>
</table>
</body>
</html>
```

Der Tabelle in **A** fehlt allerdings etwas. Woher soll man wissen, was jede Datenzeile repräsentiert? Es wäre einfacher, wenn die Tabelle auch noch Zeilenköpfe *neben* jeder Zeile hätte. Dafür fügt man einfach ein `th` als erstes Element in jeder Zeile ein. Und während bei den Spaltenköpfen `scope="col"` steht, hat jedes Zeilen-`th`, das vor einem `td` steht, ein `scope="col"` **C**.

Ich habe **C** auch als Gelegenheit benutzt, ein paar andere für die Definition von Tabellen spezifische Elemente einzuführen: `thead`, `tbody` und `tfoot`. Das `thead`-Element (*table head*) zeichnet einen oder mehrere Zeilenköpfe explizit als Tabellenkopf aus. Das `tbody`-Element (*table body*) umfasst alle Datenzeilen. Das `tfoot`-Element (*table foot*) zeichnet explizit eine oder mehrere Zeilen als Fußzeile der Tabelle aus. Sie können `tfoot` wie in **C** auch für Spaltenberechnungen nehmen oder um die `thead`-Überschriften für eine lange Tabelle zu wiederholen, z.B. einen Zugfahrplan (manche Browser geben die `tfoot`- und `thead`-Elemente auch auf jeder Seite aus, wenn die Tabelle mehrere Seiten umfasst). Die Elemente `thead`, `tfoot` und `tbody` wirken sich nicht aufs Layout aus und sind nicht erforderlich (obwohl ich rate, sie zu nehmen), außer dass `tbody` immer erscheinen muss, sobald Sie ein `thead` oder `tfoot` einfügen. Außerdem kann man alle drei jeweils formatieren.

Wie Sie gesehen haben (B), wirken standardmäßige Tabellen womöglich ein wenig gequetscht. Durch CSS (D) schaffen Sie mit padding Platz in den Zellen und sorgen für eine bessere Verteilung. Sie fügen mit border Rahmen ein, um die Zellengrenzen zu kennzeichnen, und formatieren den Text – alles, damit Ihre Tabelle besser verständlich ist (E).

Eine Tabelle strukturieren

1. Tippen Sie <table>.
2. Auf Wunsch tippen Sie <caption>*tabellenunterschrift*</caption>, wobei *tabellenunterschrift* Ihre Tabelle beschreibt.
3. Vor dem ersten tr-Element des Abschnitts, den Sie erstellen wollen, tippen Sie <thead>, <tbody> oder <tfoot> ein (was jeweils passend ist).
4. Mit <tr> definieren Sie den Beginn der Zeile.
5. Tippen Sie <th scope="*tabellenumfang*">, um eine Kopfzelle zu beginnen (wobei *tabellenumfang* entweder col, row, colgroup oder rowgroup ist), oder tippen Sie <td>, um den Beginn einer Datenzelle zu definieren.
6. Geben Sie den Inhalt der Zelle ein.
7. Tippen Sie </th>, um eine Kopfzelle abzuschließen, oder </td> zum Abschluss einer Datenzelle.
8. Wiederholen Sie die Schritte 5 bis 7 für jede Zelle in der Zeile.
9. Mit </tr> schließen Sie die Zeile ab.

(D) *Dieses einfache Stylesheet fügt jeder Datenzelle einen* border *hinzu und verleiht den Kopf- und Datenzellen ein* padding. *Außerdem werden das* caption *der Tabelle und dessen Inhalt formatiert. Ohne das für* table *definierte* border-collapse: collapse; *würde zwischen dem Rahmen eines* td *und dem des benachbarten* td *Leerraum erscheinen (die Standardeinstellung lautet* border-collapse: separate;*). Sie können auch für die* th*-Elemente einen Rahmen einfügen – siehe Abschnitt „Mehrere Spalten und Zeilen überspannen".*

```
body {
   font: 100% arial, helvetica, serif;
}

table {
   border-collapse: collapse;
}

caption {
   font-size: .8125em;
   font-weight: bold;
   margin-bottom: .5em;
}

th,
td {
   font-size: .875em;
   padding: .5em .75em;
}

td {
   border: 1px solid #000;
}

tfoot {
   font-style: italic;
   font-weight: bold;
}
```

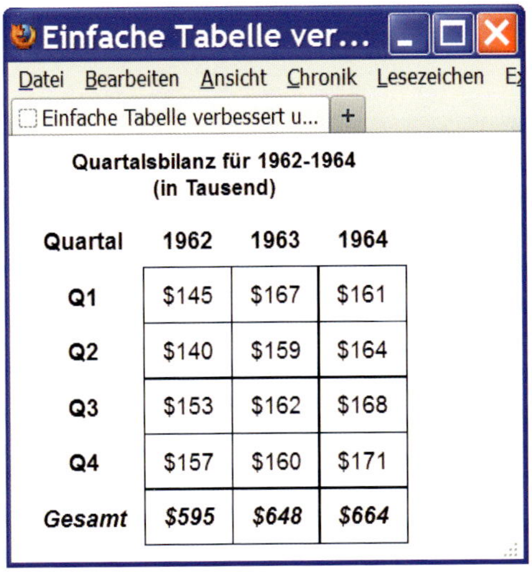

Quartalsbilanz für 1962-1964
(in Tausend)

Quartal	1962	1963	1964
Q1	$145	$167	$161
Q2	$140	$159	$164
Q3	$153	$162	$168
Q4	$157	$160	$171
Gesamt	*$595*	*$648*	*$664*

E *Nun besitzt die Tabelle Kopfzellen für Spalten und Zeilen sowie für die Gesamtsummen von Spalten eine Zeile, die in einem `tfoot`-Element steht. Die Formatierung für den Rahmen, den Zelleninnenabstand (Padding) und die Inhalte für `caption` und `tfoot` wird ebenfalls dargestellt.*

10. Wiederholen Sie die Schritte 4 bis 9 für jede Zeile des Bereichs.
11. Wenn Sie in Schritt 3 einen Bereich begonnen haben, schließen Sie ihn mit `</thead>`, `</tbody>` bzw. `</tfoot>` ab (je nachdem, was passend ist).
12. Wiederholen Sie für jeden Bereich die Schritte 3 bis 11. Beachten Sie, dass eine Tabelle nur ein `thead` oder `tfoot`, aber mehrere `tbody`-Elemente haben kann.
13. Mit `</table>` beenden Sie die Tabelle.

TIPP Wenn ein `table` das einzige andere Element ist außer einem `figcaption`, das in ein `figure`-Element verschachtelt ist, lassen Sie `caption` weg und beschreiben Sie das `table` lieber mit `figcaption` (siehe „Eine Abbildung erstellen" in Kapitel 4). Noch einmal ganz deutlich: Verschachteln Sie das `figcaption` nicht im `table`, sondern im `figure` wie üblich.

TIPP Obwohl im CSS-Beispiel nicht gezeigt D, können Sie in Ihrem Stylesheet auch `background`, `width` und anderes für die Elemente `table`, `td` oder `th` definieren. Kurz gesagt gelten die meisten Angaben für Text und andere Formatierungen von HTML-Elementen auch für Tabellen (in „Mehrere Spalten und Zeilen überspannen" findet sich noch ein Beispiel). Möglicherweise stellen Sie kleine Unterschiede zwischen den Browsern fest, besonders beim Internet Explorer.

TIPP Sie können das Attribut `scope` auch einem `th` zuweisen, das die Kopfzelle für eine ganze Gruppe von Spalten (`scope="colgroup"`) oder Zeilen (`scope="rowgroup"`) ist. Ein Beispiel für Letzteres finden Sie im nächsten Abschnitt.

Mehrere Spalten und Zeilen überspannen

Sie können ein `th` oder `td` auch über mehr als eine Zeile bzw. Spalte reichen lassen, und zwar mit den Attributen `rowspan` bzw. `colspan`. Anhand der Zahl, die Sie den Attributen zuweisen, geben Sie die Anzahl der zu überspannenden Zellen an (**A** und **B**).

Eine Zelle mehrere Spalten überspannen lassen

1. Wenn Sie an der Stelle sind, wo Sie die Zelle definieren wollen, die sich über mehrere Spalten erstreckt, tippen Sie `<td`, dann ein Leerzeichen.
2. Geben Sie nun `colspan="n">` ein, wobei *n* gleich der Anzahl der Spalten ist, die die Zelle überspannen soll.
3. Schreiben Sie Inhalte in die Zelle.
4. Tippen Sie `</td>` ein.
5. Füllen Sie den Rest der Tabelle, wie es in „Tabellen strukturieren" beschrieben ist. Wenn Sie eine Zelle erstellen, die über zwei Spalten reicht, müssen Sie eine Zelle weniger in dieser Reihe definieren. Wenn Sie eine Zelle erstellen, die drei Spalten überspannt, müssen Sie in dieser Zeile zwei Zellen weniger definieren usw.

A *Ich habe verdeutlicht, dass Rachs Restaurantschule dienstags und mittwochs um 20 Uhr gezeigt wird, indem ich `colspan="2"` auf das `td` anwende, das die Show enthält. Entsprechend habe ich dem `td`, das den Film der Woche enthält, ein `rowspan="2"` gegeben, weil der zwei Stunden dauert. Beachten Sie außerdem, dass im Zeit-`th` ein `scope="rowgroup"` steht, weil das die Überschrift für alle Kopfzellen in der Gruppe von Kopfzellen direkt darunter ist.*

```
...
<body>
<table>
   <caption>Fernsehprogramm</caption>
   <thead> <!-- Tabellenkopf -->
      <tr>
         <th scope="rowgroup">Uhrzeit</th>
         <th scope="col">Montag</th>
         <th scope="col">Dienstag</th>
         <th scope="col">Mittwoch</th>
      </tr>
   </thead>
   <tbody> <!-- Tabellenkörper -->
      <tr>
         <th scope="row">20 Uhr</th>
         <td>Wer wird Millionär?</td>
         <td colspan="2">Rachs Restaurantschule
         ➝ </td>
      </tr>
      <tr>
         <th scope="row">21 Uhr</th>
         <td>Bauer sucht Frau</td>
         <td>Let's dance</td>
         <td rowspan="2">Film der Woche</td>
      </tr>
      <tr>
         <th scope="row">22 Uhr</th>
         <td>Extra – Das Magazin</td>
         <td>Monk</td>
      </tr>
   </tbody>
</table>
</body>
</html>
```

B *Wahrscheinlich ist es mit Blick auf den Code nicht ganz einfach zu erkennen, wie sich* colspan *und* rowspan *auf die Darstellung der Tabelle auswirken, doch im Browser kann man es schnell nachvollziehen Ich habe die Tabelle auch mit CSS formatiert. Das Stylesheet finden Sie auf der Website des Buchs ww.bruceontheloose.com/htmlcss/examples/.*

Eine Zelle mehrere Zeilen überspannen lassen

1. Wenn Sie an der Stelle sind, wo Sie die Zelle definieren wollen, die sich über mehrere Zeilen erstreckt, tippen Sie <td, dann ein Leerzeichen.
2. Geben Sie dann rowspan="n"> ein, wobei *n* gleich der Anzahl der Zeilen ist, die die Zelle überspannen soll.
3. Tippen Sie den Inhalt der Zelle ein.
4. Tippen Sie </td> ein.
5. Füllen Sie den Rest der Tabelle, wie es in „Tabellen strukturieren" beschrieben ist. Wenn Sie eine Zelle mit dem rowspan-Wert 2 definieren, müssen Sie die korrespondierende Zelle in der nächsten Reihe nicht definieren. Wenn Sie eine Zelle mit dem rowspan-Wert 3 definieren, müssen Sie die korrespondierenden Zellen in den nächsten beiden Reihen nicht definieren usw.

TIPP Bei jeder Zeile in einer Tabelle muss die gleiche Zellenanzahl definiert werden. Zellen, die über mehrere Spalten gehen, zählen für so viele Zellen, wie im Wert ihres colspan-Attributs steht.

TIPP Bei jeder Spalte in einer Tabelle muss die gleiche Zellenanzahl definiert werden. Zellen, die über mehrere Zeilen gehen, zählen für so viele Zellen, wie im Wert ihres rowspan-Attributs steht.

19 Skripte

HTML definiert die Inhalte Ihrer Webseite und CSS deren Präsentation, aber durch JavaScript wird ein spezielles Verhalten gesteuert.

Sie können einfache JavaScript-Programme schreiben, um Inhalte zu zeigen und zu verstecken, oder auch komplizierte, um Daten zu laden und Webseiten dynamisch zu aktualisieren. Sie können damit eigene Steuerelemente für `audio` und `video` schreiben und browserbasierte Spiele schaffen, die das `canvas`-Element von HTML5 nutzen. Und Sie können damit ausgereifte Webapplikationen schreiben, um die leistungsfähigsten Features von HTML5 und damit zusammenhängende Technologien auszureizen (allerdings werden diese anspruchvolleren Themen in diesem Buch nicht weiter ausgeführt).

Übersicht

Wie Sie sehen, gibt es eine ganze Bandbreite an Einsatzmöglichkeiten für JavaScript, dessen Nutzung deswegen regelrecht explodiert. JavaScript-Bibliotheken wie jQuery (*jquery.com*), MooTools (*mootools.net*), YUI (*yuilibrary.com*) und andere erleichtern es, die eigenen Webseiten mit einfacher Interaktivität und anspruchsvollem Verhalten auszustatten. Gleichzeitig helfen sie dabei, dass die Seiten sich browserübergreifend konsistent verhalten. Von den Genannten erfreut sich jQuery der weitesten Verbreitung, vor allem deswegen, weil es anfängerfreundlich ist, eine gute Online-Dokumentation besitzt und dahinter eine große Community steht.

Browser-Hersteller haben einen beträchtlichen Aufwand betrieben, damit ihre Browser JavaScript signifikant schneller verarbeiten, als das noch vor wenigen Jahren der Fall war. JavaScript funktioniert auch in den Browsern von Tablet-PCs und modernen mobilen Geräten, doch aus Performance-Gründen sollten Sie sich gut überlegen, wie viel Sie in Seiten für diese Geräte packen.

Leider ist JavaScript selbst nun auch ein abendfüllendes Thema, das wir in diesem Buch nicht weiter verfolgen werden. In diesem Kapitel werde ich mich auf die Erklärungen beschränken, wie Sie diese Skripte nach der Erstellung in Ihre HTML-Dokumente einbauen. Währenddessen versorge ich Sie auch mit ein paar grundlegenden Ratschlägen, wie man dabei die Darstellungszeit Ihrer Seite möglichst gering hält, und Sie bekommen einen kleinen Eindruck von Event-Handlern.

A *Das* `src`*-Attribut des* `script`*-Elements referenziert den URL des Skripts. Meist ist es besser, Skripte ganz am Ende der Seite direkt vor dem schließenden* `</body>`*-Tag zu laden. Sie können Skripte auch im* `head`*-Element der Seite laden* **B**, *aber das drückt eventuell auf die Geschwindigkeit der Darstellung. Siehe „Best Practices für Skripts und Performance" für weitere Informationen.*

```
<!DOCTYPE html>
<html lang="de">
<head>
   <meta charset="utf-8" />
   <title>Externes Skript laden</title>
<link rel="stylesheet" href="css/base.css" />
</head>
<body>
... Hier kommt der gesamte HTML-Inhalt hin ...

<script src="behavior.js"></script>
</body>
</html>
```

B *Dieses Beispiel zeigt ein Skript, das stattdessen im* `head` *geladen wird. Es folgt nach dem* `link`*-Element, blockiert also nicht das Laden der CSS-Datei. Siehe Kasten „Best Practices für Skripts und Performance" für Infos, warum Sie möglichst wenige Skripte im* `head` *laden sollten.*

```
<!DOCTYPE html>
<html lang="de">
<head>
   <meta charset="utf-8" />
   <title>Externes Skript laden</title><!--
Stylesheets vor allen JavaScript-Dateien laden
→ -->
<link rel="stylesheet" href="css/base.css" />
<script src="behavior.js"></script>
</head>
<body>
... Hier kommt der gesamte HTML-Inhalt hin ...
</body>
</html>
```

Externe Skripte

Skripte gibt es primär entweder als solche, die aus einer externen Datei geladen werden (in reinem Textformat) oder die in Ihre Seite eingebettet sind (darum geht es im nächsten Abschnitt). Das ist das gleiche Konzept wie bei externen und eingebetteten Stylesheets.

Und wie beim Einfügen von Stylesheets ist es generell besser, Skripte aus einer externen Datei zu laden **A**, als sie ins HTML einzubetten. Sie ernten einige der gleichen Vorteile, da eine JavaScript-Datei von jeder Seite geladen werden kann, die sie braucht. Sie können besser ein Skript bearbeiten als viele ähnliche Skripte in einzelnen HTML-Seiten.

Ob das Skript nun extern geladen oder eingebettet wird, auf jeden Fall verwenden Sie das `script`-Element.

Ein externes Skript aufrufen

Tippen Sie `<script src="script.js"></script>`, wobei *`script.js`* für den Standort des externen Skripts auf dem Server und den Dateinamen steht. Platzieren Sie jedes Skriptelement, wo immer möglich, direkt vor das schließende `</body>`-Tag **A** anstatt im `head`-Element des Dokuments **B**.

TIPP Ihre Seite kann viele JavaScript-Dateien laden und mehrere eingebettete Skripte enthalten (siehe **A** in „Ein eingebettetes Skript einfügen"). Standardmäßig laden Browser (wenn nötig) Skripte in der Reihenfolge, wie sie im HTML erscheinen, und führen sie auch so aus. Lesen Sie den Kasten, warum Sie wenn möglich mehrere Skripte vermeiden sollten.

TIPP Wenn ein Browser kein JavaScript versteht (was zugegebenermaßen ziemlich selten ist) oder es vom Anwender deaktiviert wurde, ignoriert er die JavaScript-Datei. Achten Sie also darauf, dass sich Ihre Seite nicht komplett auf JavaScript verlässt, damit die Anwender auf den Inhalt zugreifen können und die Seite in Grundfunktionen noch nutzbar bleibt.

TIPP Um die Dateien gut zu organisieren, ist es üblich, die JavaScript-Dateien in einen Unterordner zu legen (der dann gerne `js` oder `scripts` genannt wird). Die Werte für die `src`-Attribute müssen natürlich wie bei jedem URL, der auf eine Ressource zeigt, angepasst werden. Wenn sich also beispielsweise die Datei in **A** in einem Ordner namens `assets/js/` befindet, schreiben Sie `<script src="assets/js/behavior.js"></script>`. (Das ist nur ein Beispiel, es gibt noch andere Wege, um den URL zu repräsentieren – siehe „URLs" in Kapitel 1.)

TIPP Die JavaScript-Datei in den Beispielen (**A** und **B**) heißt `behavior.js`, aber Sie können auch andere gültige Dateinamen nehmen, solange sie die Erweiterung `js` tragen.

TIPP Technisch gibt es noch einen dritten Weg, um eine Webseite mit JavaScript auszustatten: Inline-Skripte. Ein *Inline-Skript* ist ein kleines Stück JavaScript, das bestimmten Elementattributen direkt im HTML zugewiesen wird. Ich zögere, mehr darüber zu erwähnen, weil ich eigentlich nur aufzeigen möchte, dass Sie ebenso davon die Finger lassen sollten wie bei Inline-Stylesheets. So wie Inline-Stylesheets HTML und CSS unsauber mischen, sorgen Inline-Skripte für ein Kuddelmuddel bei HTML und JavaScript, anstatt beides in bewährter Weise getrennt zu halten.

Best Practices für Skripte und Performance

Erschöpfende Erläuterungen über die auf Skripte und Seitenperformance bezogenen Best Practices sind nicht Thema dieses Buchs, aber die wesentlichsten Punkte möchte ich gerne hervorheben.

Zuerst einmal ist es gut, wenn man verstanden hat, wie ein Browser mit Skripten umgeht. Wenn eine Seite geladen wird, werden die Skripte standardmäßig vom Browser heruntergeladen (jedenfalls die externen), geparst und dann der Reihe nach vom Browser ausgeführt, so wie sie im HTML erscheinen. Während der Verarbeitung lädt der Browser aber keine Inhalte herunter, die nach dem `script`-Element erscheinen, und stellt auch nichts dar – nicht einmal Text. Das bezeichnet man als *Blockadeverhalten*.

Das gilt gleichermaßen für eingebettete und externe Skripte und wie Sie sich vorstellen können, ist das – abhängig von der Größe Ihres Skripts und welche Aktionen es ausführt – wirklich relevant für die Darstellungsgeschwindigkeit Ihrer Seite.

Die meisten Browser machen dies, weil in dem JavaScript Code enthalten sein könnte, auf den andere Skripte sich verlassen oder der sofort bestimmte Inhalte generiert oder Ihre Seite vielleicht auf andere Weise verändert. Browser müssen all das berücksichtigen, bevor sie die Darstellungsberechnung abschließen können.

Wie vermeiden Sie das? Die einfachste Technik ist, alle `script`-Elemente ganz am Ende der Seite zu laden, direkt vor dem schließenden `</body>`-Tag. Wenn Sie sich nur mal den Quellcode von ein paar fremden Seiten angeschaut haben, dann sind Sie zweifellos auf Skripte gestoßen, die im `head`-Element geladen werden. Abgesehen von besonderen Umständen, wo das erforderlich sein mag, betrachtet man diese Praxis als veraltet und eine, die Sie möglichst vermeiden sollten. (Eine Situation, bei der sie wirklich nötig ist, wäre das Laden des HTML5-Shivs, wie in Kapitel 11 beschrieben.) Wenn Sie Skripte doch im `head` laden, platzieren Sie sie nach allen `link`-Elementen, die CSS-Dateien laden (auch hier wieder wegen der Performance).

Sie können das Laden Ihres Skripts auch anders beschleunigen: Führen Sie das gesamte JavaScript in eine einzige Datei (oder in so wenige Dateien wie möglich) zusammen und „minifizieren" Sie den Code. Üblicherweise hat minifizierter Code keine Zeilenumbrüche, Kommentare oder zusätzliche Leerzeichen (abgesehen von anderen möglichen Unterschieden zu nicht minifiziertem Code). Stellen Sie sich vor, dass der Code in einer ganz langen Zeile geschrieben wird, ohne jemals auf die Taste [↵] oder [Enter] zu drücken.

Um Ihre Skripte zu minifizieren, können Sie solche Tools wie die folgenden nehmen:

- Google Closure Compiler:
  http://code.google.com/closure/compiler/ (Download und Dokumentation)
  http://closure-compiler.appspot.com (Online-Version des Tools)
- YUI Compressor:
  http://developer.yahoo.com/yui/compressor/ (Download und Dokumentation)
  http://refresh-sf.com/yui/ (inoffizielle Online-Version dieses Tools)

Alle reduzieren die Dateigröße, aber die Ergebnisse sind von Skript zu Skript unterschiedlich. Generell gesprochen kann ein Browser *eine* Datei schneller laden als zwei (oder mehr), auch wenn die eine Datei größer ist als alle einzelnen Dateien zusammengenommen (wenn diese eine Datei nicht gerade *viel* größer ist).

Diese zwei üblichen und sehr wirkungsvollen Methoden kratzen aber nur an der Oberfläche dessen, was möglich ist. Für tiefer gehende Erläuterungen über die Methoden und Optimierungen für das Laden von Skripten lege ich Ihnen besonders das Buch *Even Faster Web Sites* (O'Reilly Media, 2009) von Steve Souders ans Herz, und auch seine Site *www.stevesouders.com*. Aber seien Sie gewarnt – einige Ausführungen sind ziemlich technisch.

Eingebettete Skripte

Ein eingebettetes Skript befindet sich praktisch genauso wie ein solches Stylesheet direkt im HTML-Dokument. Ein solches Skript ist in einem script-Element enthalten **A**. Das ist zwar nicht die ratsame Methode (siehe „Ein externes Skript laden"), aber manchmal notwendig.

Ein eingebettetes Skript einfügen

1. Im HTML-Dokument schreiben Sie <script>.
2. Geben Sie den Inhalt des Skripts ein.
3. Schließen Sie mit </script> ab.

TIPP Alle script-Elemente werden in der Reihenfolge verarbeitet, wie sie im HTML erscheinen, egal ob es externe oder eingebettete Skripte sind (siehe „Ein externes Skript laden").

TIPP Auch wenn das script-Element ein schließendes Tag erfordert (</script>), können Sie keinen Code zwischen diesem und dem öffnenden Tag einbetten, wenn ein src-Attribut vorhanden ist (siehe „Ein eingebettetes Skript laden"). So etwas wie <script src="behavior.js">Hier steht eine Funktion</script> ist somit nicht valide. Jedes beliebige script-Element kann entweder nur per src ein externes Skript laden oder darin kann ein Skript eingebettet sein und kein src enthalten.

A *Ein eingebettetes Skript hat kein src-Attribut. Stattdessen befindet sich der Code in der Seite. Wenn Sie ein Skript einbetten, machen Sie das – wann immer möglich – direkt vor dem schließenden </body>-Tag. Man kann ein Skript auch im head einbetten* **B***, aber aus Sicht der Performance wäre dies weniger wünschenswert.*

```
<!DOCTYPE html>
<html lang="de">
<head>
   <meta charset="utf-8" />
   <title>Ein eingebettetes Skript einfügen
   → </title>
<link rel="stylesheet" href="css/base.css" />
</head>
<body>
... Hier kommt der gesamte HTML-Inhalt hin ...

<script>
/*
Hier kommt der JavaScript-Code hin
*/
</script>
</body>
</html>
```

B *Dieses Beispiel zeigt ein Skript, das im head eingebettet ist. Es erscheint nach dem link-Element, so dass die CSS-Datei schneller geladen wird. Siehe Kasten „Best Practices für Skripts und Performance" für Infos, warum Sie möglichst wenige Skripte im head einbetten sollten.*

```
<!DOCTYPE html>
<html lang="de">
<head>
   <meta charset="utf-8" />
   <title>Externes Skript laden</title>
<!-- Stylesheets vor allen JavaScript-Dateien
→ laden -->
<link rel="stylesheet" href="css/base.css" />
<script>
/* Hier kommt der JavaScript-Code hin
*/
</script>
</head>
<body>
... Hier kommt der gesamte HTML-Inhalt hin ...
</body>
</html>
```

JavaScript-Events

In der Einleitung zu diesem Kapitel sprach ich davon, dass eine eingehendere Beschäftigung mit JavaScript nicht zu den Themen dieses Buchs gehört. Doch will ich Ihnen einen kleinen Einblick über JavaScript-Events geben, damit Sie eine ungefähre Vorstellung davon bekommen, was JavaScript für Sie leisten kann.

Sie können JavaScript schreiben, das auf spezielle, vordefinierte Events reagiert, die entweder durch den Besucher oder den Browser ausgelöst werden. Die folgende Liste ist nur ein kleines Beispiel für die Event-Handler, die Ihnen beim Schreiben von Skripten zur Verfügung stehen. Mit HTML5 werden zahlreiche andere eingeführt und davon beschäftigen sich viele mit Events, die mit den `audio`- und `video`-Elementen zu tun haben. Auch manche Touchscreen-Geräte greifen diese Möglichkeiten auf und bieten besondere, auf Berührungen basierende Event-Handler an.

Bitte beachten Sie, dass „Maus" in dieser Liste für alle „Zeigegeräte" steht. Zum Beispiel wird ein `onmousedown` ausgelöst, wenn ein Besucher einen digitalen Stift, eine Computermaus oder ein ähnliches Gerät nutzt.

- `onblur`. Der Besucher verlässt ein Element, das vorher den Fokus besaß (siehe `onfocus`).
- `onchange`. Der Besucher modifiziert den Wert oder die Inhalte des Elements. Das kommt am häufigsten bei Formularfeldern zum Einsatz (Kapitel 16 beschäftigt sich mit Formularen).
- `onclick`. Der Besucher klickt auf den angegebenen Bereich oder drückt die Taste ↵ bzw. Enter, während der Fokus darauf ist (wie bei einem Link).
- `ondblclick`. Der Besucher klickt doppelt auf den angegebenen Bereich.
- `onfocus`. Der Besucher klickt auf den angegebenen Bereich, selektiert ihn oder springt mit der Tabulatortaste dorthin.
- `onkeydown`. Der Besucher drückt eine Taste, während er sich im angegebenen Element befindet.
- `onkeypress`. Der Besucher drückt eine Taste, während er sich im angegebenen Element befindet, und lässt sie wieder los.
- `onkeyup`. Der Besucher lässt eine Taste los, nachdem er im angegebenen Element etwas eingetippt hat.
- `onload`. Der Browser beendet das Laden der Seite einschließlich aller externer Dateien (Bilder, Stylesheets, JavaScript usw.).
- `onmousedown`. Der Besucher drückt über dem angegebenen Element die Maustaste.
- `onmousemove`. Der Besucher bewegt den Mauszeiger.
- `onmouseout`. Der Besucher bewegt den Mauszeiger vom angegebenen Element weg, nachdem der Zeiger sich darüber befunden hat.
- `onmouseover`. Der Besucher zeigt mit der Maus auf das Element.
- `onmouseup`. Der Besucher lässt die Maustaste los, nachdem er auf das Element geklickt hat (das Gegenteil von `onmousedown`).
- `onreset`. Der Besucher klickt auf die Zurücksetzen-Schaltfläche des Formulars oder drückt die Taste ↵ bzw. Enter, während der Fokus sich auf der Schaltfläche befindet.
- `onselect`. Der Besucher wählt ein oder mehrere Zeichen bzw. Wörter im Element.
- `onsubmit`. Der Besucher klickt auf die Übermitteln-Schaltfläche des Formulars oder drückt die Taste ↵ bzw. Enter, während der Fokus sich auf der Schaltfläche befindet.

Sie finden eine vollständige Liste der HTML5-Event-Handler von HTML5 unter *http://dev.w3.org/html5/spec-author-view/global-attributes.html*. Die berührungsbasierten Event-Handler, die es bei manchen Touchscreen-Geräten wie Smartphones und Tablet-PCs gibt, enthalten `touchstart`, `touchend`, `touchmove` und mehr (*https://dvcs.w3.org/hg/webevents/raw-file/tip/touchevents.html*).

20

Webseiten testen und debuggen

Nun haben Sie also Ihre erste brandneue Seite fertig und rufen sie im Browser auf, nur um festzustellen, dass sie absolut nicht wie erwartet aussieht. Oder sie wird erst gar nicht dargestellt. Oder sie sieht in Ihrem Standard-Browser klasse aus, aber wenn sie von Ihnen oder Ihrem Kunden in anderen Browsern aufgerufen wird, sieht die Seite ... tja, etwas merkwürdig aus.

Bei HTML, CSS und der Vielzahl von Browsern (vor allem älteren) und Plattformen, auf denen die Seiten aufgerufen werden können, ist es kein Wunder, wenn's mal zu Problemen kommt. Dieses Kapitel stellt Ihnen einige häufige Fehler vor und unterstützt Sie beim Ausbessern hausgemachter Macken.

Einige dieser sogenannten Debugging-Techniken wirken ziemlich schlicht gestrickt, aber Probleme mit Webseiten sind oft ebenfalls recht simpel. Bevor Sie sich auf die Suche nach einem großen Problem machen, sollten Sie sich erst einmal sicher sein, keine kleinen mehr zu haben. Wie das gemacht wird, zeige ich Ihnen im ersten Abschnitt.

Wenn Ihr Code erst einmal korrekt ist, sollten Sie Ihre Site auf verschiedenen Browsern und mehreren Plattformen testen, damit Sie sicher sind, dass jede Seite so wie gewünscht funktioniert (siehe Abschnitt „Webseiten testen" und den Kasten „Mit welchen Browsern sollten Sie testen?").

Übersicht

Einige Debugging-Techniken

Hier sind ein paar bewährte und gute Techniken, um einer Webseite die Macken auszutreiben.

- Überprüfen Sie zuerst die grundlegenden Sachen.
- Seien Sie aufmerksam und gehen Sie methodisch vor.
- Arbeiten Sie sich stückweise vor. Verändern Sie Kleinigkeiten und testen Sie die Seiten nach jeder Änderung. Auf diese Weise bestimmen Sie genau die Quelle eines Problems, falls eines auftaucht.
- Beim Debugging sollten Sie mit etwas anfangen, von dem Sie wissen, dass es funktioniert. Erst danach fügen Sie Stück für Stück die schwierigen Sachen ein (und testen nach jeder Änderung die Seite im Browser), bis Sie die Quelle des Problems gefunden haben.
- Arbeiten Sie sich per Ausschlussprozess vor, um herauszufinden, welche Code-Bereiche Ihnen Kopfschmerzen bereiten. Sie können beispielsweise eine Hälfte des Codes auskommentieren, um zu sehen, ob die Probleme in der anderen Hälfte sind **A**. Falls nicht, kommentieren Sie den kleineren Bereich der fehlerhaften Hälfte aus und machen immer so weiter, bis Sie auf das Problem gestoßen sind (siehe „Kommentare einfügen" in Kapitel 3 sowie „Kommentare in die Formatierungsregeln einfügen" in Kapitel 7).
- Achten Sie auf die Groß-/Kleinschreibung und schärfen Sie Ihren Blick für Tippfehler. Viele verwirrende Probleme sind letzten Endes einfach Tippfehler oder unterschiedliche Schreibweisen, wenn Sie z.B. einen Klassennamen im HTML so und im CSS anders geschrieben haben.
- Wenn Sie beim CSS nicht sicher sind, ob das Problem bei der Eigenschaft oder beim Selektor liegt, versuchen Sie, beim Selektor eine ganz einfache Deklaration wie `color:red` oder

A *Ich habe den mittleren Bereich auskommentiert, um zu sehen, ob der Übeltäter dort sitzt. Beachten Sie, dass es bei vielen HTML- und CSS-Editoren die Syntaxhervorhebung gibt, also eine automatische Farbkodierung von Elementen, Selektoren usw. Das hilft beim Debugging. Wenn Sie beispielsweise den Namen einer CSS-Eigenschaft verkehrt geschrieben haben, wird der Editor ihn nicht in der erwarteten Farbe darstellen – das ist ein Hinweis, dass etwas nicht valide ist.*

```
...

.entry {
   border-right: 2px dashed #b74e07;
   margin: 0 .5em 2em 0;
}

.entry h2 {
   font-size: 1.25em;
   line-height: 1;
}

/*
.continued,
.entry .date {
   text-align: right;
}

.entry .date {
   line-height: 1;
   margin: 0 1em 0 0;
   padding: 0;
   position: relative;
   top: -1em;
}

.intro {
   margin: -5px 0 0 110px;
}
*/

.photo {
   float: left;
   height: 75px;
   width: 100px;
}

.photo a {
   margin: 0;
   padding: 0;
}

...
```

`border: 1px solid red;` einzufügen (oder wählen Sie eine ungewöhnliche Site-Farbe wie `pink`, wenn `red` Bestandteil Ihres Designs ist). Wenn das Element rot wird, liegt das Problem bei der Eigenschaft, wenn nicht, hat der Selektor eine Macke (vorausgesetzt, dass Sie keinen anderen Selektor haben, der spezifischer ist oder nach dem fraglichen Selektor kommt).

- Legen Sie mal eine Pause ein. Manchmal kriegen Sie in den 15 Minuten nach einem einstündigen Spaziergang mehr weggeschafft als nach einer durchgearbeiteten Stunde. Mir sind auch schon Lösungen eingefallen, während ich ein kurzes Nickerchen gemacht habe.
- Testen Sie Änderungen am HTML oder CSS direkt im Browser, indem Sie eine der vielen verfügbaren Developer-Toolbars nutzen. Oder inspizieren Sie den Code mit diesen Tools, um das Problem zu lokalisieren (siehe den Kasten „Developer-Tools im Browser“).

Developer-Tools im Browser

Entweder enthält der Browser selbst Debugging-Tools oder man kann ihn per Erweiterung damit aufrüsten. Viele Tools haben ähnliche Features. Das Feature, das Sie sicher häufig aufrufen werden, ist die Möglichkeit, das CSS bzw. HTML zu ändern und zu schauen, wie sich das unmittelbar auf die Seite auswirkt. Damit können Sie schnell Änderungen testen, bevor Sie sie in den Code aufnehmen.

Zur Abrundung folgt nun eine Zusammenstellung der Tools, die am häufigsten für jeden Browser genutzt werden:

- Chrome: Entwicklertools (*http://code.google.com/chrome/devtools/docs/overview.html*)
- Firefox: das extrem beliebte Add-on Firebug (*http://getfirebug.com*). Web Developer hingegen (*http://chrispederick.com/work/web-developer/*) ist eine etwas andere Art Tool, aber sehr praktisch. Unter dem gleichen Link gibt es dies auch für Chrome.
- Internet Explorer: Bei IE8+ sind die Entwicklertools direkt integriert (*http://msdn.microsoft.com/en-us/ie/aa740478*). Für IE6 und IE7 gibt es die Internet Explorer Developer Toolbar (*www.microsoft.com/download/en/details.aspx?id=18359*).
- Opera: Dragonfly (*www.opera.com/dragonfly/*)
- Safari: Web Inspector (*http://developer.apple.com/technologies/safari/developer-tools.html*)

Schauen Sie sich online die Dokumentation und Videos zur Verwendung dieser Tools an.

Beispiele für Firebug und Web Inspector in Aktion finden Sie in den Abschnitten „Die simplen Sachen prüfen: HTML“ bzw. „Die simplen Sachen prüfen: CSS“.

Die simplen Sachen prüfen: Allgemeines

Zwar *könnte* der Unterschied zwischen Browsern auch von einem obskuren Browser-Bug herrühren oder von einer ganz neuen Technik, die Sie gerade eingesetzt haben, aber oft ist es viel eher etwas ganz Simples. Egal, ob Anfänger oder Experte – alle machen hin und wieder ganz dumme Fehler und verheddern sich dabei, den zu finden. Es passiert leicht, dass man dem Code die Schuld gibt und sich stundenlang mit dem Debugging abmüht, nur um herauszufinden, dass man zwar an der einen Datei herumgefeilt hat, dann aber auf den Server eine ganz andere hochgeladen und aufgerufen hat!

Bei vielen der folgenden Vorschläge geht es darum, Ihre Site vom URL der Site auf dem Server aus zu testen.

Die eher einfachen Sachen prüfen

- Validieren Sie Ihren Code, wie es im Abschnitt „Den Code validieren" beschrieben wird. Das ist ein sehr guter Ausgangspunkt, weil Sie so Fehler bei der Codesyntax als Ursache der wahrgenommenen Probleme ausmerzen können.
- Achten Sie darauf, dass auch *die* Datei hochgeladen wurde, die Sie testen wollen.
- Schauen Sie nach, ob die Datei auch an die Stelle hochgeladen wurde, wo sie hingehört.
- Checken Sie, ob Sie auch den URL eingetippt haben, der der zu testenden Datei entspricht. Oder wenn Sie versucht haben, von einer anderen Seite aus zu dieser Seite zu surfen, dann lesen Sie noch einmal genau nach, ob der in den Link zu dieser Seite eingegebene URL wirklich dem Namen und Standort der Datei entspricht.

- Achten Sie darauf, dass Sie die Datei speichern (inklusive der letzten Änderungen), bevor Sie sie hochladen.
- Passen Sie auf, ob auch alle zusätzlichen Dateien (CSS, Bilder, Musik, Videos etc.) hochgeladen worden sind.
- Überprüfen Sie, ob die Groß- und Kleinbuchstaben in Ihrem URL auch wirklich *ganz genau* zur Groß- und Kleinschreibung Ihrer Dateinamen passen. (Das ist übrigens der Grund, warum ich eine durchgängige Kleinschreibung empfehle: So reduzieren Sie das Risiko von Tippfehlern in URLs – für sich selbst und Ihre Besucher.) Und stellen Sie sicher, dass Sie nicht aus Versehen Leerzeichen in den Dateinamen verwendet haben (nehmen Sie stattdessen Bindestriche).
- Wenn Sie bei früheren Tests bestimmte Browser-Features wie JavaScript deaktiviert haben, prüfen Sie, ob Sie nicht möglicherweise das Einschalten vergessen haben.
- Stellen Sie sicher, dass nicht der Browser das Problem ist. Der einfachste Weg ist, die Seite in einem anderen Browser zu testen.

In den nächsten beiden Abschnitten gebe ich Ihnen einen kleinen Einblick, wie man die einfachen Sachen in HTML und CSS checken kann.

Die simplen Sachen prüfen: HTML

Manchmal ist das Problem im HTML versteckt.

Grundlegendes beim HTML prüfen

- Ein kleiner Tippfehler oder ein Zahlen-/Buchstabendreher wird leicht übersehen **A**. Achten Sie darauf, dass alles korrekt geschrieben ist und Sie den Attributen gültige Werte zugewiesen haben **B**. Nehmen Sie einen der HTML-Validatoren, um einen solchen Lapsus aufzudecken und zu beheben (siehe „Den Code validieren").
- Passen Sie beim Verschachteln von Elementen auf. Wenn Sie z.B. `<p>` öffnen und dann mit `<em>` weitermachen, achten Sie darauf, dass das schließende `</em>` vor dem finalen `</p>` kommt.
- Wenn Zeichen mit Akzent oder Sonderzeichen nicht korrekt dargestellt werden, schauen Sie nach, ob `<meta charset="utf-8" />` (oder die passende Zeichenkodierung, falls Sie eine andere als UTF-8 nehmen) direkt nach dem Beginn des Dokument-`head` erscheint. Beim Texteditor müssen Sie ebenfalls darauf achten, dass beim Speichern von HTML-Dateien die gleiche Kodierung genutzt wird. Wenn damit die Probleme nicht behoben sind, probieren Sie es mit der entsprechenden Zeichenreferenz.
- Gehen Sie alle Attributwerte durch, ob diese auch in gerade (und nicht in sogenannte typografische, also schräge) Anführungszeichen eingefasst sind. Der Wert eines Attributs kann einzelne Anführungszeichen enthalten, wenn der Wert in doppelte Anführungszeichen gesetzt ist **C** – das ist die Norm. Wenn der Wert selbst doppelte Anführungszeichen enthält, nehmen Sie Zeichenreferenzen für die inneren Anführungszeichen **D**.

A *Sehen Sie das Problem? Ich habe mich bei* `src` *verschrieben und in den Werten für* `width` *und* `height` *eine Einheit angegeben. Die HTML-Validatoren werden diese Fehlerart ausweisen und ersparen es Ihnen somit, an der falschen Stelle zu suchen, wenn Ihnen diese Tippfehler nicht auffallen.*

```
<img scr="woody.jpg" width="200px"
→ height="150px" alt="Woody, die Katze" />
```

B *Die korrigierte Version zeigt das richtig geschriebene* `src`*-Attribut und außerdem habe ich das* `px` *aus den Werten für* `width` *und* `height` *gelöscht.*

```
<img src="woody.jpg" width="200"
→ height="150" alt="Woody, die Katze" />
```

C *Wenn der Wert eines Attributs ein einfaches Anführungszeichen hat, können Sie es wie gewöhnlich in doppelte Anführungszeichen einfassen.*

```
<img src="cafe.jpg" width="325" height="275"
→ alt="Rick's Café" />
```

D *Wenn der Wert eines Attributs doppelte Anführungszeichen enthält, setzen Sie Zeichenreferenzen um den Text in Anführungszeichen innerhalb des Werts.*

```
<img src="goethe.jpg" width="250" height="200"
→ alt="Goethe sagte: &quot;Mehr Licht!&quot;" />
```

E *Geben Sie bei leeren (void) Elementen wie* `img` *kein End-Tag an. Die HTML-Validatoren kennzeichnen das folgende Beispiel als fehlerhaft.*

```
<img src="cafe.jpg" width="325" height="275"
→ alt="Rick's Café"></img>
```

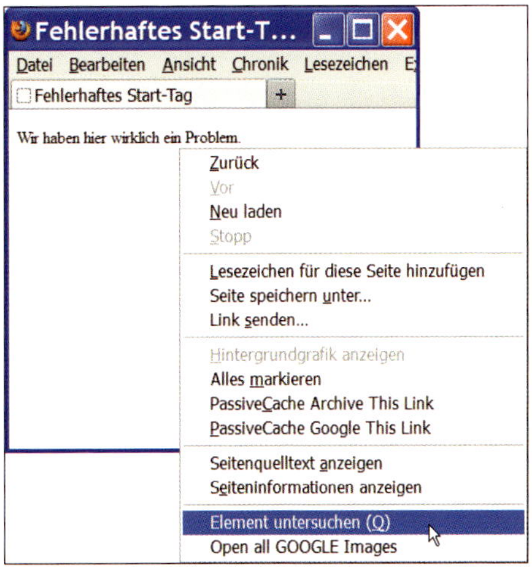

F *Wenn Sie Firebug in Firefox installiert haben, können Sie mit der rechten Maustaste (oder mit einem* Ctrl *-Klick auf dem Mac) den Inhalt auswählen und dann* ELEMENT INSPIZIEREN *wählen. Dann wird in Firebug die dem Inhalt zugrunde liegende Struktur dargestellt* G.

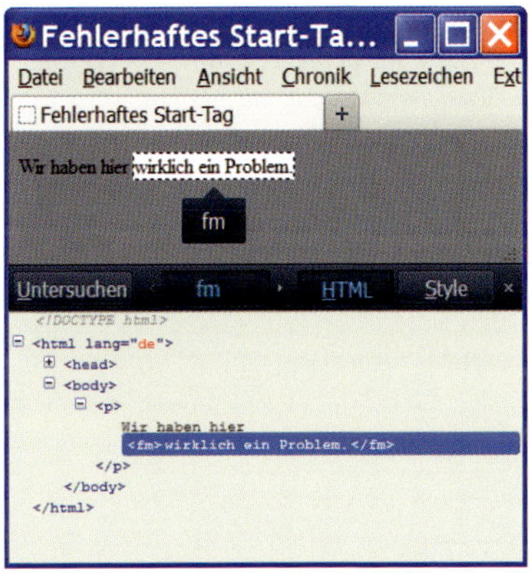

G *Wenn Sie den Absatz mit Firebug untersuchen, sehen Sie, dass Firefox das HTML als* `<p>Wir haben hier <fm>wirklich ein Problem</fm>.</p>` *strukturiert hat, als es auf den Fehler in* H *traf.*

H *Dieses* em*-Element hat einen Tippfehler im Start-Tag. Wenn ein Browser wie Firefox das HTML parst, versucht er, den Fehler nachzuvollziehen, und verändert die zugrunde liegende Struktur des Dokuments, wenn er die Seite wie in* G *gezeigt darstellt. Die HTML-Validatoren werden diesen Fehler ebenfalls kennzeichnen.*

```
<p>Wir haben hier <fm>wirklich</em> ein Problem.
→ </p>
```

- Achten Sie darauf, dass alle entsprechenden Elemente Start- und End-Tags haben. Und nehmen Sie keine separaten Start- und End-Tags für leere (*void*) Elemente E. (Technisch gesehen werden Browser die Elemente wahrscheinlich korrekt darstellen, wenn Sie das End-Tag weglassen oder bei einem leeren Element eines einfügen, aber gehen Sie da lieber auf Nummer sicher.)
- Nehmen Sie die Browser-Entwicklertools, um die Dokumentenstruktur zu inspizieren, wie sie erscheint, nachdem der Browser sie geparst hat F, und vergleichen Sie sie mit der von Ihnen erwarteten Verschachtelung der Elemente G. So bekommen Sie womöglich den Standort eines nicht wohlgeformten Tags heraus, ein nicht geschlossenes Element oder ein Element, das Sie zu früh geschlossen haben (siehe Kasten „Developer-Tools im Browser“.)

Die simplen Sachen prüfen: CSS

Zwar ist die Syntax von CSS eher unkompliziert, darin stecken aber ein paar allgemeine Fallstricke, vor allem, wenn Sie eher das Schreiben von HTML gewöhnt sind. Ein CSS-Validator wird solche Syntaxfehler wie die hier in diesem Abschnitt angeführten Beispiele melden. Also validieren Sie einfach Ihre Stylesheets, bevor Sie sich auf Ihrer Fehlersuche durchs CSS graben.

Grundlegendes beim CSS prüfen

- Achten Sie darauf, dass die Eigenschaft vom Wert durch einen Doppelpunkt (:) und nicht durch ein Gleichheitszeichen getrennt wird, wie man das in HTML macht (A und B).
- Passen Sie auf, dass alle Eigenschaft-Wert-Paare (also die *Deklarationen*) mit einem Semikolon (;) abgeschlossen werden. Achten Sie darauf, dass es keine zusätzlichen Semikolons gibt (C und D).
- Fügen Sie keine Leerzeichen zwischen Zahlen und deren Einheiten ein (E und F).
- Vergessen Sie nicht, geschweifte Klammern auch wieder zu schließen.
- Achten Sie darauf, dass Sie jeweils akzeptierte Werte verwenden. Etwas wie `font-style: none;` wird nicht funktionieren, weil der „`none`"-Wert für diese Eigenschaft `normal` heißt. Im Anhang B (den finden Sie auf der deutschen Website für dieses Buch) finden Sie eine vollständige Liste der CSS-Eigenschaften und -Werte.

A *Huch – es ist schwer, sich abzugewöhnen, die Eigenschaften und Werte mit dem Gleichheitszeichen zu trennen.*

```
p {
   font-size=1.3em;
}
```

B *Viel besser. Setzen Sie zwischen Eigenschaft und Wert immer einen Doppelpunkt. Unwichtig ist hingegen, ob Sie vor und nach dem Doppelpunkt Leerzeichen schreiben, aber üblicherweise kommt nach dem Doppelpunkt eines hin.*

```
p {
   font-size: 1.3em;
}
```

C *Noch ein Fehler. Setzen Sie ein und nur ein Semikolon zwischen jedes Eigenschaft-Wert-Paar. Hier fehlt eines und eines ist zu viel.*

```
p {

font-size: 1.3em font-style: italic;;
→ font-weight: bold;
}
```

D *Der Fehler ist einfacher zu entdecken, wenn jedes Eigenschaft-Wert-Paar in seiner eigenen Zeile steht, weil die Semikolons nicht in einem Wust von Eigenschaften, Werten und Doppelpunkten untergehen.*

```
/* Immer noch verkehrt, aber einfacher zu
→ erkennen */
p {
   font-size: 1.3em;;
   font-style: italic
   font-weight: bold;
}

/* Hier ist die korrekte Version */
p {
   font-size: 1.3em;
   font-style: italic;
   font-weight: bold;
}
```

E *Und noch ein Fehler: Setzen Sie nie Leerzeichen zwischen Zahl und Einheit.*

```
p {
   font-size: .8275 em;
}
```

F *So funktioniert's. Beachten Sie, dass das Leerzeichen zwischen dem Doppelpunkt und dem Wert optional (aber üblich) ist.*

```
p {
   font-size: .8275em;
}
```

G *Ich habe den Code* `<h1>Aktuelle Einträge</h1>` *mit dem Web Inspector von Safari untersucht. Das CSS, das auf das Element angewendet wird, ist im rechten Bereich dargestellt. Es zeigt eine durchgestrichene Einstellung für* `font-size`*, was bedeutet, dass dies von einer anderen Regel überschrieben wurde (und zwar von der darüber). Das ist das Ergebnis, was ich in diesem Fall haben wollte. Sie können mit dieser Technik auch nachverfolgen, warum eine Formatierung sich vielleicht nicht so wie erwartet verhält. Sie können die Regeln auch direkt im rechten Bereich bearbeiten, um verschiedenes CSS zu testen.*

- Vergessen Sie das schließende `</style>`-Tag bei eingebetteten Stylesheets nicht.
- Passen Sie auf, ob Sie das HTML-Dokument mit der korrekten CSS-Datei verknüpft haben und dass der URL auf die gewünschte Datei zeigt.
- Beachten Sie die Leerzeichen und die Zeichensetzung bei den Selektoren.
- Achten Sie darauf, ob die Browser auch unterstützen, was Sie zu tun versuchen, vor allem bei CSS3, denn der Browser-Support entwickelt sich mit fortschreitender Reifung von CSS3 erst noch. Im Anhang B (auf der deutschen Website für das Buch) finden Sie URLs, über die Sie den Browser-Support für bestimmte Eigenschaften und Werte überprüfen können. Ein CSS-Validator wird Ihnen nicht sagen, ob ein spezieller Browser ein bestimmtes CSS-Feature unterstützt, aber er *wird* melden, wenn Sie einen Selektor, eine Eigenschaft oder einen Wert eingetippt haben, den es in CSS nicht gibt.
- Inspizieren Sie anhand der Browser-Entwicklertools die Formatierungsregeln, wie sie vom Browser geparst werden (und auch die aktuell berechneten Elementformatierungen), um schnell festzustellen, wo der Code nicht wie erwartet geparst wird oder wie die Regeln der Spezifizität angewendet wurden **G** (siehe Kasten „Developer-Tools im Browser").

Den Code validieren

Um Fehler auf einer Seite **A** zu finden, kann man sie prima durch einen Validator **B** schicken. Ein HTML-Validator gleicht Ihren Code mit den Regeln der Sprache ab und zeigt Fehler oder Warnungen für alle gefundenen Inkonsistenzen an. Er meldet Syntaxfehler, nicht valide Elemente, Attribute und Werte sowie unkorrekte Verschachtelungen von Elementen **C**. Aber Sie erfahren dadurch nicht, ob Ihr Inhalt mit den Elementen ausgezeichnet wurde, die ihn am besten beschreiben – also liegt es weiterhin in Ihrer Hand, semantisches HTML zu schreiben (siehe „Semantisches HTML – Markup mit Bedeutung" in Kapitel 1). CSS-Validatoren funktionieren ähnlich.

Es ist nicht erforderlich, dass Ihre Seiten die Validatoren fehlerfrei durchlaufen müssen, bevor Sie sie ins Internet stellen. Tatsächlich enthalten die meisten Sites noch Fehler. Außerdem kennzeichnet der CSS-Validator des W3C Hersteller-Präfixe bei Eigenschaftsnamen als Fehler, aber das bedeutet nicht, dass Sie Hersteller-Präfixe aus Ihren Stylesheets werfen müssen (Infos über Hersteller-Präfixe finden Sie in Kapitel 14).

Browser sind so konstruiert, dass sie mit vielen Fehlertypen umgehen können (und andere ignorieren) und Ihre Seite trotzdem darstellen, so gut sie können. Auch wenn also für Ihre Seite Validierungsfehler ausgegeben werden, sehen Sie wahrscheinlich keinen Unterschied. Bei anderen Gelegenheiten wirkt sich ein Fehler unter Umständen direkt auf die Darstellung **A** oder das Verhalten der Seite aus. Also nutzen Sie die Validatoren, um Ihren Code so fehlerfrei wie möglich zu kriegen.

Lesen Sie die Abschnitte „Die simplen Sachen prüfen: HTML" und „Die simplen Sachen prüfen: CSS", wenn Sie mehr über die von Validatoren gefundenen Fehler wissen wollen.

A *Der Text rechts neben dem Bild sollte nicht so groß sein. Ich habe mein CSS bereits durchgesehen, um auszuschließen, ob das von einer unbeabsichtigt großen Einstellung für* `font-size` *kommt. Aber wo ist das Problem?*

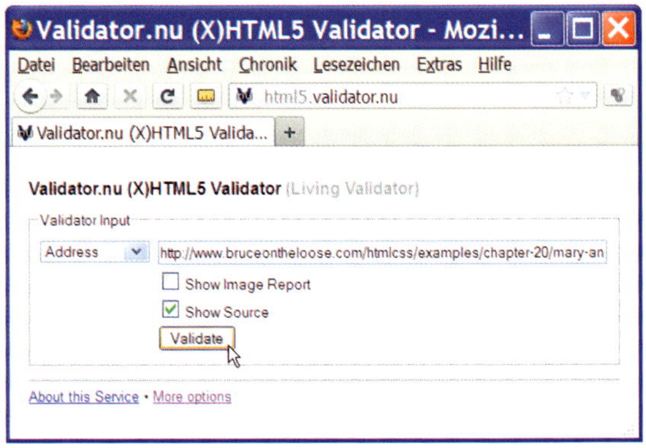

B *Ich habe den URL, den ich prüfen will, in das Adressfeld eingefügt. Ich habe auch die Option* Show Source *angehakt (sie ist standardmäßig deaktiviert), damit mein HTML-Quellcode unter dem jeweils vom Validator gefundenen Fehler erscheint, wobei die fehlerhaften Teile hervorgehoben werden.*

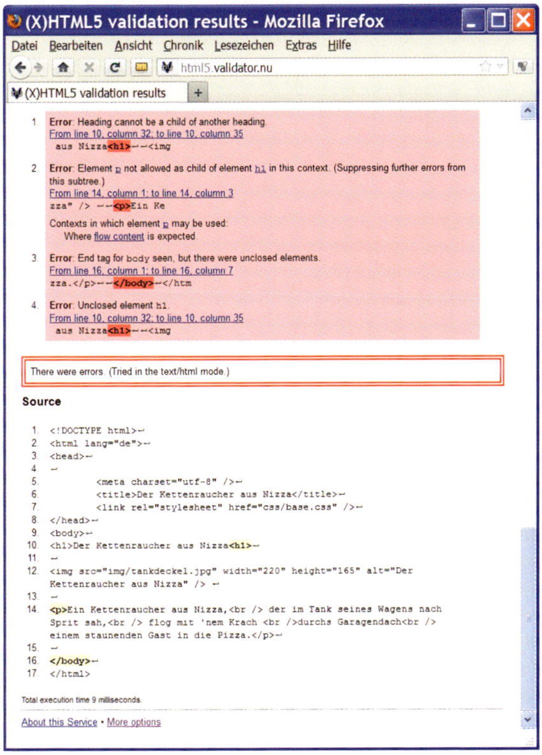

C *In Zeile 10 steckt hier der Fehler: Anstatt ein schließendes </h1>-Ende-Tag zu schreiben, habe ich dummerweise ein öffnendes <h1> genommen. Die anderen Fehler werden von diesem ersten verursacht. Wenn ich den behebe, ist die Seite fehlerfrei.*

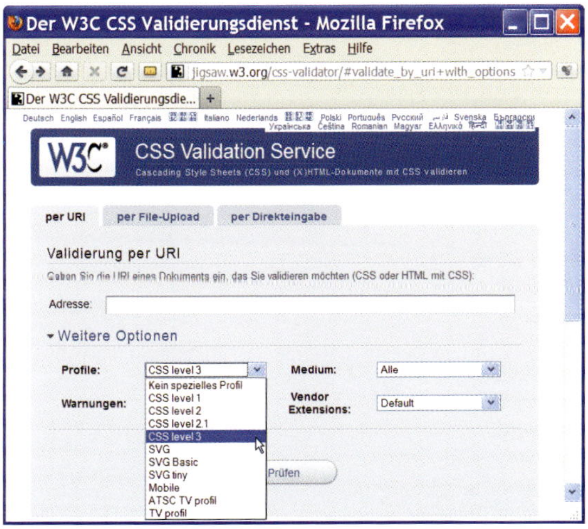

D *Der Validator nimmt standardmäßig das Profil CSS Level 2.1. Wählen Sie CSS Level 3, falls in Ihrem Stylesheet CSS3 steht. Ansonsten würde der Validator mehr Fehler ausgeben, weil die CSS3-Features kein Bestandteil von CSS 2.1 sind.*

Code validieren

1. Lassen Sie das HTML zuerst entweder mit *http://html5.validator.nu* (**B** und **C**) oder im W3C-Validator überprüfen (*http://validator.w3.org/*, auch *http://validator.de.selfhtml.org/*). Siehe die ersten beiden Tipps für weitere Infos.
2. Beheben Sie alle ausgegebenen HTML-Fehler, speichern Sie die Änderungen und laden Sie die Datei bei Bedarf wieder auf den Server. Dann wiederholen Sie Schritt 1.
3. Sie können unter *http://jigsaw.w3.org/css-validator/* nach CSS-Fehlern suchen. Achten Sie darauf, dass Sie im Drop-down-Menü CSS Level 3 ausgewählt haben, falls es in Ihrem Stylesheet CSS3 gibt **D**. Anderenfalls wird der Validator mehr Fehler ausspucken, als tatsächlich in Ihrem Stylesheet enthalten sind.

TIPP Der Validator des W3C (*http://validator.w3.org/*) nutzt die Validierungs-Engine von *http://html5.validator.nu/*. Suchen Sie sich also das Passende aus. Die Fehlermeldungen des W3C sind einfacher zu lesen, aber es werden keine fehlerhaften Bereiche des HTML-Quellcodes hervorgehoben.

TIPP Sie können das HTML validieren, indem Sie den URL eingeben A, die HTML-Datei hochladen oder das HTML in den Validator einfügen. Mit den Methoden Datei-Upload oder Copy/Paste prüfen Sie Dateien, ohne sie auf den Server laden zu müssen.

TIPP Ein HTML-Fehler kann dominomäßig in den Resultaten des Validators für weitere sorgen. Ein fehlendes Ende-Tag kann beispielsweise einen ganzen Schwall Fehlermeldungen verursachen C. Beheben Sie das und die daraus resultierenden Fehler verschwinden. Beginnen Sie oben und beheben Sie stets nur ein paar Fehler auf einmal. Dann validieren Sie die Datei erneut, um zu sehen, ob andere Probleme auch gelöst wurden.

TIPP HTML ist ziemlich nachsichtig, wie bestimmte Bereiche des Codes formatiert werden. Zum Beispiel ist es egal, ob Sie leere Elemente wie `img` schließen. Also sind sowohl `<img src="tankdeckel.jpg" alt="Tankdeckel" />` als auch `<img src="tankdeckel.jpg" alt="Tankdeckel">` valide. Die Validatoren weisen nicht darauf hin, ob der Code in diesen Bereichen konsistent ist. Wenn Sie darüber gerne mehr wissen wollen, schicken Sie jede HTML-Seite durch *HTML Lint* (*http://lint.brihten.com/html/*). Darin kann man als Option angeben, ob geprüft werden soll, dass leere Elemente geschlossen wurden, ob Start- und Ende-Tags bzw. Attribute klein geschrieben sind usw.

Webseiten testen

Auch wenn der Code valide ist, könnte es immer noch sein, dass die Seite nicht so wie gewünscht funktioniert (A). Oder der Code läuft in einem Browser korrekt, aber nicht im nächsten. Es ist deshalb wichtig, die Seite in verschiedenen Browsern und auf unterschiedlichen Plattformen zu testen (siehe Kasten „Welche Browser sollen Sie testen?").

HTML-Seiten testen

1. Validieren Sie das HTML und CSS (siehe „Code validieren") und nehmen Sie notwendige Änderungen vor.
2. Gehen Sie in einem Browser auf Datei > Datei öffnen. Suchen Sie die zu testende Webseite und klicken Sie auf Öffnen. Die Seite erscheint im Browser.
3. Gehen Sie die ganze Seite gründlich durch und achten Sie darauf, ob sie genauso wie gewünscht aussieht, zum Beispiel:
   - Sieht die Formatierung so aus, wie ich das haben will?
   - Verweisen alle URLs in den Links auf die korrekte Seite oder die richtige Datei? (Sie können die URLs testen, indem Sie die Links aktivieren und beobachten, ob das Richtige passiert.)
   - Wird korrekt auf die CSS-Datei verwiesen ((A) bis (C))?
   - Werden alle Bilder dargestellt? Sind sie korrekt platziert und ausgerichtet?
4. Ohne die Seite im Browser zu schließen, öffnen Sie das entsprechende HTML- oder CSS-Dokument und nehmen die erforderlichen Änderungen vor.
5. Speichern Sie das Dokument ab.
6. Gehen Sie wieder zum Browser und klicken Sie auf Aktualisieren oder Aktuelle Seite neu laden.

(A) Diese Seite ist valide, sieht aber absolut nicht so aus wie gewünscht. Wo ist das Problem (B)?

(B) Die Lösung liegt hier bei der verknüpften CSS-Datei: Die Datei heißt `styles.css` und hier verlinke ich auf `style.css`. Von daher ist es kein Wunder, dass der Browser das CSS nicht findet und darum die Seite verkehrt darstellt (A). Nachdem ich den Dateinamen im Code korrigiert habe, wird das Stylesheet geladen.

```
<!DOCTYPE html>
<html lang="de">
<head>
   <meta charset="utf-8" />
   <title>Der Kettenraucher aus Nizza</title>
   <link rel="stylesheet" href="css/style.css" />
</head>
<body>

...

</body>
</html>
```

C *Nun ist der Link zum CSS korrigiert und die Seite erscheint korrekt.*

7. Wiederholen Sie die Schritte 3 bis 6, bis Sie mit Ihrer Webseite zufrieden sind. Lassen Sie sich nicht entmutigen, wenn mehrere Durchläufe nötig sind. Validieren Sie wiederum den Code, um sicher zu sein, dass Sie keine neuen Fehler eingebaut haben.
8. Beginnend mit Schritt 2 führen Sie die gleiche Testprozedur in anderen Browsern aus, bis Sie zufrieden sind und finden, dass diese Seite auf Ihrer Website live geschaltet werden kann.
9. Laden Sie die Dateien auf den Server.
10. Geben Sie im Browser den URL Ihrer Webseite in die Adresszeile ein und drücken Sie die Eingabetaste. Die Seite erscheint im Browser.
11. Da die Seite nun auf dem Server liegt, gehen Sie sie noch einmal durch und schauen, ob alles okay ist. Vergessen Sie nicht, sie auch auf mobilen Geräten zu testen, wenn Ihre Besucher auch von dort darauf zugreifen sollen.

TIPP Ich empfehle nachdrücklich, die lokale Version der Site gründlich zu testen, bevor Sie die Dateien auf den Server laden. Egal, wie oft Sie alles schon während der Entwicklung der lokalen Version getestet haben – nach dem Upload testen Sie alles noch einmal gründlich, aber auf dem Server, denn das ist die Version, die Ihre Besucher zu sehen bekommen.

TIPP Noch einmal: Wenn es Ihnen möglich ist, testen Sie die Seite in verschiedenen Browsern und Plattformen (siehe Kasten „Welche Browser sollen Sie testen?“). Sie wissen nie, mit welchem Browser (oder Computer) Ihre Besucher kommen.

TIPP Lesen Sie den Abschnitt „Seiten erstellen, die sich durch Medienabfragen anpassen“ in Kapitel 12, wie Sie Tests mit den Browsern mobiler Geräte durchführen.

TIPP Wenn statt der Seite der HTML-Code im Browser erscheint, schauen Sie nach, ob die Datei auch die Erweiterung *.html* oder *.htm* hat (und keine wie *.txt*).

TIPP Manchmal liegt's aber auch einfach nicht an Ihnen – vor allem bei Formatierungen. Achten Sie darauf, ob ein Browser das Feature überhaupt unterstützt, das Ihnen Probleme bereitet, bevor Sie davon ausgehen, dass Ihr Code fehlerhaft ist. In den Anhängen A und B (auf der deutschen Website für das Buch) finden Sie verschiedene URLs mit Infos, wie Sie den Browser-Support für bestimmte HTML- bzw. CSS-Eigenschaften und -Werte überprüfen können.

Welche Browser sollen Sie testen?

Generell kann man davon ausgehen, dass die meisten Leute, die Websites erstellen, diese in den folgenden Browsern verifizieren:

- Chrome – aktuelle Version. Chrome aktualisiert sich auf Ihrem Computer eigenständig. Ein neues Release erscheint etwa alle sechs Wochen. Laden Sie Chrome bei *www.google.com/chrome* herunter.
- Firefox – aktuelle Version. Firefox hat einen gleichermaßen flotten Release-Plan wie Chrome, aber die Updates erfolgen nicht automatisch. Laden Sie Firefox bei *www.firefox.com* herunter.
- Internet Explorer 7+. Download für den IE bei *http://windows.microsoft.com/de-DE/internet-explorer/downloads/ie*
- Safari 5+. Beschränken Sie in den meisten Fällen Ihre Tests auf die Mac-Version. Obwohl es Safari auch für Windows gibt, hat das nur eine sehr kleine Benutzerbasis und ein Testen lohnt sich von daher nicht. Laden Sie Safari bei *www.apple.com/de/safari* herunter.
- Opera 11+. Opera hat in vielen Bereichen der Welt nur einen kleinen Marktanteil, aber einen hervorragenden HTML5-Support und -Tools. Laden Sie Opera bei *www.opera.com* herunter.

Die Fähigkeiten der Browser sind aufgrund von HTML5, CSS3, den verbesserten JavaScript-Engines und anderen Technologien regelrecht explodiert. Die meisten der hier aufgeführten Browser werden Ihr CSS ähnlich darstellen (Ausnahmen beziehen sich weitgehend auf CSS3). Die Internet Explorer 7 und 8 sind viel älter und somit deutlich anfälliger für Unterschiede (und Bugs). Somit ist es also okay, wenn Ihre Site im IE7 und IE8 verglichen mit modernen Browsern etwas anders ausschaut.

Und was ist mit dem Internet Explorer 6? Der ist wegen seiner zahlreichen Macken und Bugs den Designern und Entwicklern schon seit Jahren ein Dorn im Auge. Zum Glück ist sein Marktanteil signifikant geschrumpft (siehe *www.ie6countdown.com*). Heutzutage geben sich Website-Eigentümer üblicherweise keine besondere Mühe mehr, dass ihre Sites auch im IE6 gut laufen, doch das hängt ganz von deren Zielpublikum ab. Manche große Unternehmen sind immer noch nicht gewillt, gänzlich vom IE6 abzurücken, aber allgemein geht der Trend weg vom IE6. Es springt wahrscheinlich wenig für Sie heraus, viel Energie hineinzustecken, dass Ihre Site im IE6 läuft. Aber Sie sollten über Ihr Zielpublikum Bescheid wissen. Manche Gegenden der Welt wie z.B. Asien (hier insbesondere China) haben immer noch eine große IE6-Benutzerbasis. Außerdem arbeiten manche große Organisationen mit dem IE6 als Standard-Browser.

Es stellt eine nicht unbeträchtliche Herausforderung dar, Zugriff auf all diese Browser und Plattformen zu bekommen. Lesen Sie im Artikel von Addy Osmani seine Vorschläge, wie Sie Ihre Seiten in verschiedenen Browsern testen, vor allem unter den Versionen des Internet Explorers: *http://coding.smashingmagazine.com/2011/09/02/reliable-cross-browser-testing-part-1-internet-explorer/*. Auch bei Freunden oder Verwandten können Sie Hilfe finden, wenn es dort Browser gibt, die Sie nicht haben. Wenn Sie zeitlich knapp dran sind oder wenige Ressourcen haben und Ihre Tests beschränken müssen, prüfen Sie Ihre Seiten wenn möglich wenigstens in den aktuellen Versionen von Chrome und Firefox sowie dem IE7.

Der Browser-Markt verändert sich schnell: Während Sie dies lesen, werden Tests wahrscheinlich schon längst in neueren Versionen dieser Browser durchgeführt. Doch wenn Sie sich an das Prinzip der progressiven Verbesserung halten, bieten Ihre Sites in älteren Browsern eine solide einfache Erfahrung und eine bessere in modernen Browsern.

Vor diesem Hintergrund führte Yahoo! das Konzept des abgestuften Browser-Supports ein (Graded Browser Support, *http://yuilibrary.com/yui/docs/tutorials/gbs/*) und wendet das auf Tests mit YUI an, dem JavaScript- und CSS-Framework von Yahoo! (*www.yuilibrary.com*). Das Konzept ist, Browser in Abstufungen zu kategorisieren, in denen definiert wird, was während der Tests von ihnen erwartet wird. Sie können diesen Ansatz übernehmen und entsprechend die Browser für Ihr Projekt kategorisieren.

A *Der Dateiname für das Bild lautet `tankdeckel.jpg`, aber im HTML wird fälschlicherweise auf `Tankdeckel.jpg` mit großem T verwiesen. Als Folge davon wird es nicht dargestellt, wenn Sie die Seite auf Ihrem Server prüfen* **B**.

```
...
<body>
<h1>Der Kettenraucher aus Nizza</h1>

<p><img src="Tankdeckel.jpg" width="220"
→ height="165" alt="Tankdeckel" />Ein
→ Kettenraucher aus Nizza ...</p>
</body>
</html>
```

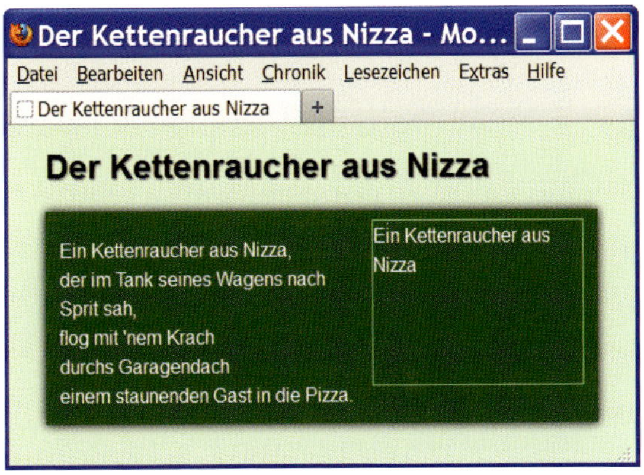

B *Auf Ihrem Computer sieht alles prima aus, weil sich Ihr Rechner in Sachen Groß- und Kleinschreibung nicht anstellt. Wenn die Seite aber auf dem Server steht, der seinerseits sehr wohl die Schreibweise beachtet, kann das Bild nicht gefunden werden und stattdessen wird der `alt`-Text gezeigt.*

Wenn keine Bilder dargestellt werden

Kleine rote Xe, kaputte Bild-Icons, Alternativtext oder manchmal auch gähnende Leere – das alles sind Zeichen, dass Ihre Bilder nicht korrekt geladen werden (**A** und **B**). Egal wie's gekommen ist, es nervt einfach, wenn Sie eigentlich nur Ihr gewünschtes Bild sehen wollten.

Wenn die Bilder weg sind

- Überprüfen Sie zuerst, ob der Dateiname des Bilds auf dem Server *exakt* dem Namen entspricht, auf den Sie im `img`-Element verweisen – auch hinsichtlich Groß-/Kleinschreibung sowie Dateiendung **A**.
- Verwenden Sie in Dateinamen keine Leerzeichen – siehe „Dateinamen" in Kapitel 1.
- Achten Sie darauf, dass der URL des Bilds im `src`-Attribut des `img`-Elements korrekt ist. Ein schneller Test besteht darin, ein Bild ins gleiche Verzeichnis wie die HTML-Seite zu stellen. Dann brauchen Sie im `img`-Element nur den korrekten Dateinamen mit der richtigen Endung, aber keine Pfadinformation. Wenn das Bild erscheint, lag das Problem wahrscheinlich am Pfad. Doch es ist kein gutes Vorgehen, Bilder im gleichen Verzeichnis wie die HTML-Dateien abzulegen, weil die Site so schnell unstrukturiert wird. Also entfernen Sie nach dem Test das Bild aus dem HTML-Seitenverzeichnis und korrigieren den `src`-Pfad, der darauf zeigt (siehe „URLs" in Kapitel 1).
- Wird das Bild dargestellt, wenn Sie die Seite auf Ihrem eigenen Computer anschauen, fehlt es aber, wenn Sie die Datei auf den Server hochgeladen haben, dann checken Sie, ob das Bild auch auf dem Server gelandet ist.
- Haben Sie das Bild als PNG, GIF oder JPEG gespeichert? Wenn ja, werden alle Browser es darstellen, was für ein BMP oder TIFF nicht gilt. In Kapitel 5 erfahren Sie mehr darüber.

Sie hängen immer noch fest?

Glauben Sie bitte nicht, ich wolle Sie bevormunden, aber Sie sollten nun erst einmal eine Pause einlegen. Manchmal ist das Beste, was Sie bei einem Problem tun können, es einfach ein paar Minuten auf sich beruhen zu lassen. Wenn Sie zurückkehren, kann es sein, dass die Lösung Sie förmlich anspringt. Falls nicht, möchte ich Ihnen die folgenden zusätzlichen Vorschläge machen.

1. Suchen Sie noch einmal nach Tippfehlern. Validieren Sie noch einmal den Code (siehe „Code validieren").
2. Überprüfen Sie die einfachen Dinge zuerst. Prüfen Sie alles, von dem Sie glauben, dass Sie es wirklich gut kennen, bevor Sie sich bei der Suche nach dem Problem an die Untersuchung der weniger vertrauten Dinge machen.
3. Vereinfachen Sie das Problem. Gehen Sie zurück zur aktuellsten Version der Seite, die korrekt funktionierte. (Damit zusammenhängend sollten Sie Kopien Ihrer Seite machen, während Sie sie weiterentwickeln, damit Sie Versionen haben, auf die Sie bei Bedarf zurückgreifen können.) Dann fügen Sie nur ein neues Element auf einmal hinzu und prüfen die Seite dann wieder.
4. Wenn Ihre Seite mit bestimmten Ressourcen verlinkt ist, dann tippen Sie den URL für dieses CSS, Bild, JavaScript oder diese Mediendatei direkt in die Adressleiste des Browsers, um sicher zu sein, dass auch alles dort vorhanden ist, wo Sie es erwarten.
5. Lesen Sie dieses Kapitel noch einmal durch – vielleicht haben Sie beim ersten Mal etwas übersehen oder Sie kommen auf einen anderen guten Gedanken.
6. Es gibt zahlreiche Sites, wo Sie nach Lösungen suchen oder um Rat bitten können. Stack Overflow (*www.stackoverflow.com*) oder SitePoint (*www.sitepoint.com/forums/forumdisplay.php?40-design-your-site*) sind zwei gute Beispiele. Weitere solche Sites (z.B. *www.forum.de.selfhtml.org*) finden Sie durch eine Online-Suche.

21

Webseiten im Internet publizieren

Wenn Sie die Arbeiten an Ihrem Meisterstück abgeschlossen haben und bereit sind, es der Öffentlichkeit zu präsentieren, müssen Sie die Seiten auf den Server des Webhosts transferieren, damit sie aufgerufen werden können.

Sie sollten dafür auch Kontakt mit Ihrem Internetanbieter, dem sogenannten Webhoster oder Internet Service Provider (ISP), aufnehmen, um sich über den besten Weg zum Upload von Dateien zu erkundigen. Dort erhalten Sie üblicherweise eine Anleitung, wie die Verbindung mit deren Servern aufzubauen ist und die Dateien hochzuladen sind.

Testen Sie Ihre Seiten wirklich gründlich, bevor Sie sie veröffentlichen, und auch hinterher online. Mehr Details finden Sie in Kapitel 20.

Übersicht

Eigene Domänennamen

Bevor die Besucher Ihre Site sehen können, brauchen Sie einen damit verknüpften Domänennamen **A**. Dafür registrieren Sie einen eigenen Domänennamen und suchen sich dann einen Webhoster, der Ihre Site allen zur Verfügung stellt, die diese Domäne in einem Browser besuchen (siehe „Einen Hoster für die Site finden“). Wenn Sie eines Tages einen anderen Webhoster haben wollen (oder Ihr momentaner seinen Betrieb einstellt), können Sie Ihre Domäne dann immer auf den Server eines anderen Webhosters verschieben und alle Ihre URLs bleiben exakt gleich.

Einen eigenen Domänennamen bekommen

1. Gehen Sie zu einer zentralen Domänenregistrierungsstelle wie dem Deutschen Network Information Center (*www.denic.de*) **B**. Dort prüfen Sie online, ob die gewünschte Domäne verfügbar ist. Eine Übersicht der Registrierungsstellen weltweit finden Sie unter *http://www.internic.net/alpha.html*.

2. Wenn Sie einen geeigneten Domänennamen gefunden haben, registrieren Sie ihn entweder selbst oder melden sich bei Ihrem Webhoster, damit er sich darum kümmert – das ist einfacher. Die Gebühren sind bei den verschiedenen Anbietern unterschiedlich, aber etwa 15 € für eine .de-Domäne sind nicht unüblich (andere Endungen können einen anderen Preis haben). Bei manchen Webhostern ist die Registrierung einer Domäne gleich mit in den Gebühren enthalten.

TIPP Im Kasten „Domäne und Webhoster verbinden“ im nächsten Abschnitt finden Sie wichtige Infos über die erforderliche Konfiguration, damit Ihre Site bei Aufruf des URL dargestellt wird.

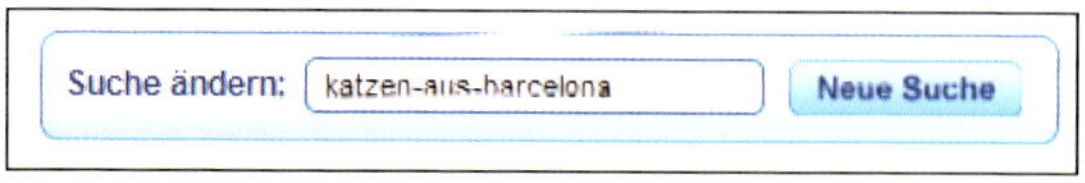

A *Nur bestimmte Unternehmen dürfen Domänennamen registrieren (diese Ansicht und die darunter stammen von www.united-domains.de – womit keine Empfehlung verbunden ist). Auf dieser Site oder der von www.denic.de können Sie prüfen, ob ein gewünschter Domänenname verfügbar ist.*

Domain-Name	Status		Preis pro Jahr	Land / Bezeichnung	registrieren
katzen-aus-barcelona.de	✓	frei	15,- €/Jahr	Deutschland	☑
katzen-aus-barcelona.eu	✓	frei	29,- €/Jahr	Europa	☐
katzen-aus-barcelona.com	✓	frei	15,- €/Jahr	Commercial	☐
katzen-aus-barcelona.net	✓	frei	15,- €/Jahr	Network	☐
katzen-aus-barcelona.org	✓	frei	15,- €/Jahr	Organisation	☐
katzen-aus-barcelona.info	✓	frei	19,- €/Jahr	Information	☐
katzen-aus-barcelona.biz	✓	frei	39,- €/Jahr	Business	☐
katzen-aus-barcelona.me	✓	frei	39,- €/Jahr	"ich" / Montenegro	☐
katzen-aus-barcelona.at	✓	frei	49,- €/Jahr	Österreich	☐
katzen-aus-barcelona.co.uk	✓	frei	39,- €/Jahr	Großbritannien	☐
Alle auswählen					☐

Domain(s) registrieren »

B *Wenn der Name frei ist, können Sie ihn entweder über die Site der Registrierungsstelle registrieren lassen oder Ihren Webhoster damit beauftragen. (Und nun wissen Sie, dass die Domäne www.katzen-aus-barcelona.de noch zum Erwerb frei ist!)*

Ihr ISP als Webhoster

Wenn Sie schon einen Internetzugang haben, steht Ihnen wahrscheinlich über Ihren Internet Service Provider (ISP) schon Webspace zur Verfügung. Das ist für Ihre gesamte Website sicher nicht genug, aber für den Anfang wird es wohl reichen. Fragen Sie Ihren ISP nach Einzelheiten. Doch sollten Sie nachhaken, weil mit dieser Art von gehostetem Webspace üblicherweise kein eigener einmaliger Domänenname verbunden ist. Stattdessen befindet sich die Site dann in einer Subdomäne oder einem Unterverzeichnis der Domäne des ISP, z.B. *www.irgendeinisp.de/ihre-site/* statt *www.ihredomaene.de*. Anders gesagt: Wenn Sie professionelle Ambitionen für Ihre Site hegen, sollte sie nicht auf dem kostenlosen Webspace gehostet werden, den Ihr ISP vielleicht bietet.

Einen Hoster für die Site finden

Wenn Sie nicht gerade einen eigenen Server besitzen, müssen Sie sich wahrscheinlich Speicherplatz auf einem Server mieten. Webhoster vermieten einen Teil ihrer Server für die Dateien Ihrer Site und bieten auch andere Dienstleistungen, erstellen z.B. E-Mail-Adressen, die mit Ihrem Domänennamen enden (z.B. *ihrname@ihredomaene.de*).

Es gibt Hunderte, vielleicht Tausende Firmen, die das Hosting von Websites anbieten. Die meisten berechnen je nach angebotenen Diensten eine monatliche Gebühr. Bei manchen gibt es kostenlosen Speicherplatz; im Gegenzug erscheinen dann auf Ihrer Site Werbebanner. Obwohl Sie natürlich auch im Internet nach einem Webhoster suchen können, rate ich Ihnen dazu, mit Freunden zu sprechen, ob die eine Empfehlung für einen Hoster aussprechen können – oder vielleicht hat der Autor eines Blogs, dem Sie vertrauen, mal eine Bemerkung fallen gelassen, bei welchem Hoster er ist.

Wenn es um die Wahl eines Host geht, müssen neben dem Preis noch einige andere Dinge berücksichtigt werden.

- Wie viel Speicherplatz bekommen Sie für Ihre Website? Bezahlen Sie nicht mehr, als Sie brauchen. Doch meistens bieten auch die einfachsten Angebote genug Platz für Ihre Site. Denken Sie daran, dass HTML-Dateien sehr wenig Platz beanspruchen, während Bilder, Sounds und Videos deutlich speicherintensiver sind.
- Welchen Datenverkehr (Bandbreite) erlaubt das Angebot pro Monat? Damit ist die Gesamtgröße der Daten gemeint, das HTML, CSS, Bilder, Mediendateien usw. Es geht also darum, was von den Besuchern abgerufen wird, und weniger, wie viel Platz Sie auf dem Server erhalten. Wenn Sie also davon ausgehen können, dass Besucher auf eine Menge großer Dateien zugreifen werden, dann brauchen Sie ein größeres monatliches Paket an Daten-Traffic.

- Trifft der Webhoster Vorkehrungen für Sites mit einer Menge Traffic, um sicherzustellen, dass die Site nicht abstürzt?
- Wie viele Mailboxen dürfen Sie für Ihre Domäne erstellen? (Webhoster erlauben oft sehr viele.)
- Dürfen Sie mit diesem beabsichtigten Vertrag mehr als eine Domäne führen oder braucht jede Site ein separates Konto?
- Wie ist es um den technischen Support bestellt, den der Webhoster anbietet? Gibt es Kontakt per Telefon, E-Mail oder Online-Chat? Wie lange braucht der Webhoster, um auf Ihre Anfragen zu reagieren? Interessant ist auch, in welchem Zeitraum der Hoster Support bietet (ist freitags ab 17 Uhr Wochenende?). Und können Sie auf dessen Site bereits ausführliche Support-Informationen abrufen? (So können Sie sich von der Qualität dieser Inhalte vielleicht schon überzeugen, bevor Sie Kunde werden.)
- Wie oft macht dieser Webhoster Backups von den Daten auf den Servern (falls es Probleme gibt)?
- Welche Art serverseitige Sprachen und Softwarepakete gehören zu diesem Vertrag? Arbeitet der Webhoster mit PHP, MySQL, WordPress oder anderen fortschrittlichen Features?
- Werden Webanalysen geboten, denen Sie entnehmen können, wie viele Leute Ihre Site besucht haben? Oder auch andere nützliche Daten?

Domäne und Webhost verbinden

Nachdem Sie eine Domäne auf Ihren Namen registriert und einen Webhost gefunden haben, ist ein weiterer wichtiger Schritt nötig, um beides miteinander zu verknüpfen: Sie müssen Ihre Domäne auf Ihren Webhost zeigen lassen, damit Ihre Site geladen wird, wenn Besucher dessen URL eintippen.

Damit das funktioniert, konfigurieren Sie den sogenannten Nameserver, der mit Ihrer Domäne verknüpft ist. Von Ihrem Webhoster bekommen Sie für diese Konfiguration die Informationen über den Nameserver.

Die eigentliche Konfiguration kann man abhängig davon, wo Sie Ihre Domäne haben registrieren lassen, bei einer von zwei Stellen vornehmen (siehe „Eigene Domänennamen“). Wenn Sie sich bei einer Domänenregistrierungsstelle angemeldet haben, loggen Sie sich dort in Ihr Konto ein und geben Sie die Informationen über den Nameserver für Ihre Domäne ein (dazu bekommen Sie Instruktionen von der Domänenregistrierungsstelle). Wenn Sie Ihre Domäne über einen Webhoster registriert haben, loggen Sie sich in das dortige Konto ein, um die Einstellungen zu aktualisieren.

Machen Sie sich keine Sorgen, wenn sich das alles etwas verwirrend anhört. Üblicherweise übernehmen in Deutschland die großen Anbieter von Domänen den Service, alles für Sie einzurichten. Ihr Webhoster und die Domänenregistrierungsstelle (falls es zwei verschiedene sind) liefern Ihnen die Anweisungen, wie das zu tun ist, und Sie bekommen von dort üblicherweise bei Bedarf auch praktische Unterstützung.

Ein anderer bedenkenswerter Punkt: Wenn Sie die Einstellungen des Nameservers ändern, dauert es zwischen 24 und 48 Stunden (aber höchstens 72), bis sich dieses Update im Internet verbreitet hat. Doch diese Änderung greift nicht gleichzeitig überall. Wenn Sie also den Nameserver Ihrer Domäne aktualisiert (und die Dateien für Ihre Site wie in „Dateien auf den Server bringen“ beschrieben hochgeladen) haben, können Ihre Freunde auf die Site möglicherweise schon zugreifen, während Sie selbst sie vielleicht noch nicht sehen können (oder umgekehrt). Es sollte dann nicht mehr lange dauern, bis Ihre Site weltweit zu sehen ist.

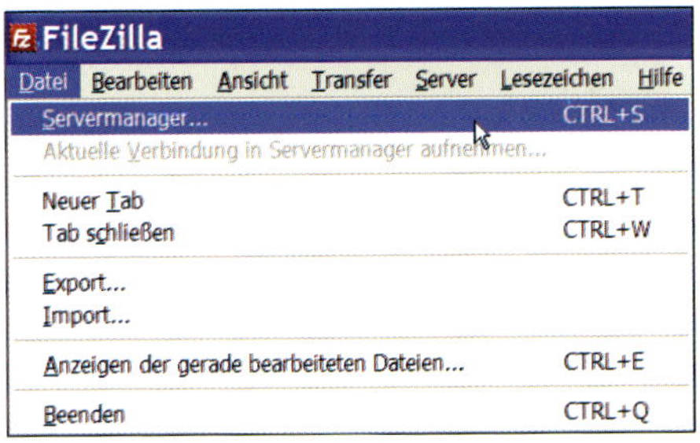

A *Um Informationen über einen neuen Server einzugeben, wählen Sie im Hauptfenster von FileZilla* Datei > Servermanager. *Im Servermanager konfigurieren Sie die FTP-Verbindung für jede Site.*

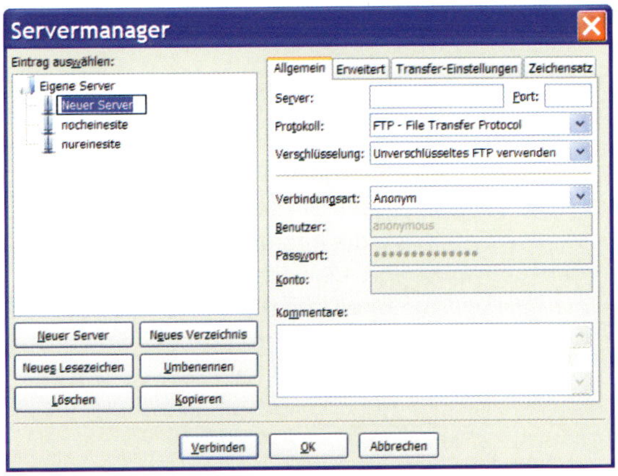

B *Wenn Sie auf den Button* Neuer Server *im Servermanager klicken, erscheint ein temporärer Name unter* Eigene Server.

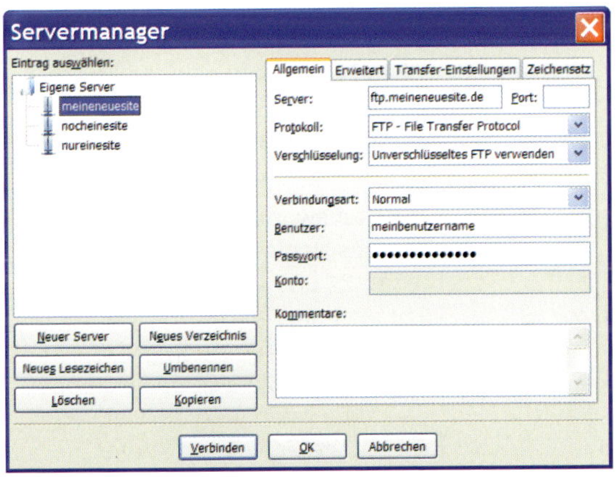

C *Ersetzen Sie den temporären Namen durch einen Ihrer Wahl und konfigurieren Sie die Verbindungsdetails im Reiter* Allgemein. *Über den Button* Verbinden *speichern Sie die Informationen und richten sogleich eine Verbindung mit dem Server ein. Mit einem Klick auf den OK-Button hingegen speichern Sie nur die Informationen.*

Dateien auf den Server bringen

Damit Ihre Seiten auch von anderen im Internet aufgerufen werden können, müssen Sie sie auf den Server des Webhosters hochladen. Das erledigen Sie ganz einfach mit einem FTP-Client wie FileZilla (*http://filezilla-project.org*), der für Windows, Mac OS X und Linux kostenlos erhältlich ist (in den Tipps finden Sie noch andere FTP-Clients). Viele Website-Editoren sind oft auch FTP-fähig, damit Sie Ihre Seiten direkt aus dem Programm heraus publizieren können, ohne ein Programm wie FileZilla zu nehmen.

Üblicherweise bekommen Sie per E-Mail von Ihrem Webhost die für die FTP-Verbindung nötigen Informationen, nachdem Sie dort einen Vertrag abgeschlossen haben (melden Sie sich dort, wenn Sie nichts erhalten haben). Anhand dieser Informationen konfigurieren Sie Ihre Serververbindung und speichern Sie unter einem Namen (**A** bis **C**), damit Sie auch später ganz einfach weitere Dateien veröffentlichen bzw. vom Server der Site herunterladen können.

Dann bauen Sie einfach die Verbindung mit dem Server auf A und übertragen die Dateien (E und F).

Beachten Sie, dass FileZilla bei Mac OS und Windows jeweils anders aussieht; aber die Benutzeroberfläche ist sehr ähnlich aufgebaut.

Die Eigenschaften einer neuen FTP-Site definieren

1. Wählen Sie DATEI > SERVERMANAGER aus dem Hauptmenü von FileZilla A.
2. Wenn Sie auf den Button NEUER SERVER B im Servermanager klicken, erscheint ein temporärer Name unter EIGENE SERVER.
3. Tippen Sie eine Bezeichnung für die Site ein (und ersetzen Sie damit den temporären Namen). Das muss nicht der gleiche wie der Domänenname sein, es ist einfach wie ein Etikett. Folgen Sie den Informationen, die Sie von Ihrem Webhoster bekommen haben, um die entsprechenden Felder im Reiter ALLGEMEIN auszufüllen. Mindestens muss hier der Host-URL eingetragen werden, als Verbindungsart wird NORMAL gewählt und dann tragen Sie Ihren Benutzernamen und das Passwort ein (das bekommen Sie meist dann, wenn Sie den Vertrag mit dem Webhoster abschließen) C.
4. Wenn Sie die Verbindungsdetails eingetragen haben, klicken Sie entweder auf den Button VERBINDEN, um die Informationen abzuspeichern und sich direkt mit dem Server zu verbinden, oder auf OK, um die Infos zu speichern und die Verbindung später aufzubauen C.

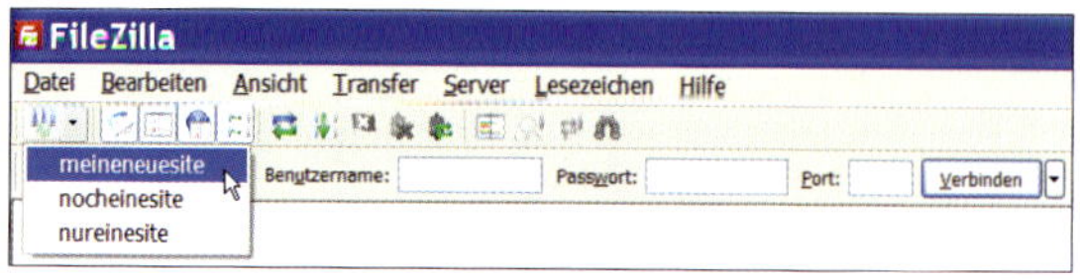

D Nun sind die Verbindungsinformationen im Servermanager gespeichert und Sie können eine Verbindung mit dem FTP-Server Ihres Webhosters aufbauen, ohne alles immer wieder neu einzutippen. Kehren Sie (über das Server-Icon oder das Menü in A) zum Servermanager zurück, wählen Sie Ihre Site aus der Liste und klicken Sie dann auf VERBINDEN C. Alternativ können Sie unter Windows (wie in der Abbildung gezeigt) den Pfeil nach unten neben dem Server-Icon aktivieren (ganz links) und dann den Namen der Site aus dem erscheinenden Menü wählen. FileZilla baut nun die Verbindung zum Server auf.

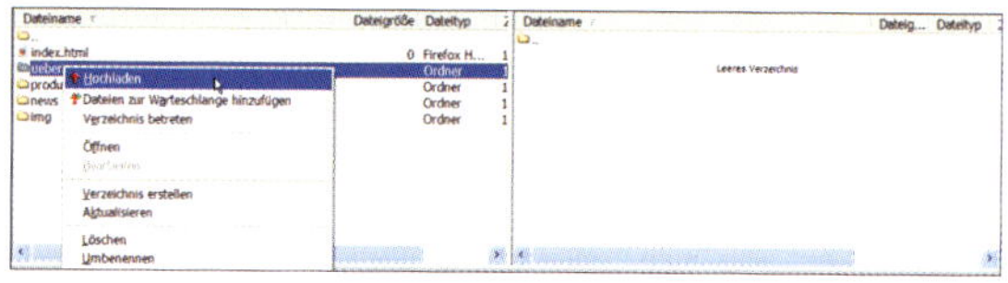

E Im rechten Teil des Fensters wählen Sie das Zielverzeichnis des Servers. In der linken Fensterhälfte gehen Sie auf Ihrer lokalen Festplatte zu dem Verzeichnis, aus dem Sie die Dateien hochladen wollen. Dann klicken Sie mit rechts auf die wesentlichen Dateien oder Ordner und wählen HOCHLADEN.

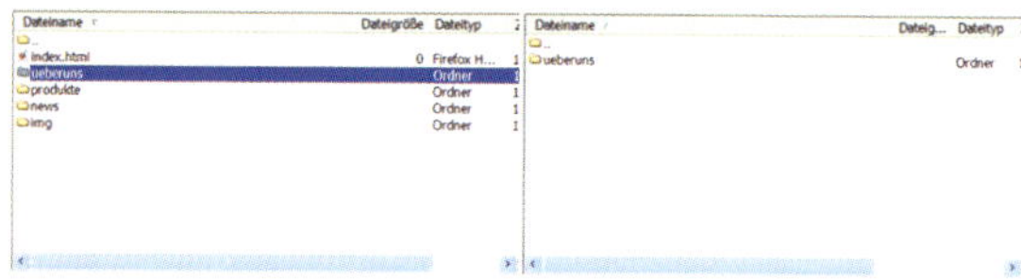

F Der gerade übertragene Ordner erscheint im Frame auf der rechten Seite des Fensters. Befolgen Sie den gleichen Prozess für alle Dateien und Ordner, die Sie auf die Site transferieren wollen. Oder Sie markieren gleich mehrere auf einmal und übertragen mit Rechtsklick und HOCHLADEN dann alle zusammen.

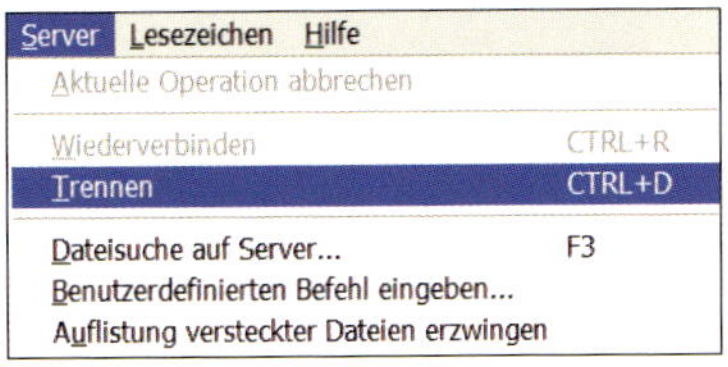

G *Wählen Sie Server > Trennen, wenn Sie fertig sind.*

Dateien mit FileZilla auf den Server transferieren

1. Öffnen Sie FileZilla.
2. Wählen Sie den Pfeil nach unten neben dem Server-Icon (ganz links, direkt unter dem Hauptmenü). Dann wählen Sie den Namen der Site aus dem Menü **D**. FileZilla baut die Verbindung mit dem Server auf.
3. In der rechten Fensterhälfte navigieren Sie zum Verzeichnis auf dem Server, in das Sie die Dateien hochladen wollen.
4. In der linken Fensterhälfte gehen Sie auf Ihrem Computer zu dem Verzeichnis, aus dem Sie die Dateien hochladen wollen.
5. Im linken Fensterbereich klicken Sie mit der rechten Maustaste auf den gewünschten Ordner oder die Datei und wählen aus dem Kontextmenü Hochladen **E**. Die Dateien werden nun übertragen **F** (das dauert bei großen Dateien wie Videos länger). Sie können Dateien auch in die andere Richtung übertragen (siehe erster Tipp).
6. Ihre Site-Updates sind nun „live“. Surfen Sie zu Ihrer Site *www.ihredomaene.tld* (wobei *ihredomaene.tld* die von Ihnen registrierte Domäne ist). tld steht für Top Level Domain, also .de, falls Sie Ihre Domäne nicht unter einer anderen TLD wie .com oder .net haben registrieren lassen. Dort schauen Sie nun nach, ob alles funktioniert. Bearbeiten Sie bei Bedarf die Dateien auf Ihrem Computer und laden Sie sie anschließend anhand der Schritte 3 bis 5 auf den Server hoch (vielleicht müssen Sie Schritt 2 noch einmal wiederholen, wenn längere Zeit verstrichen ist). Wiederholen Sie diesen Schritt, bis die Site so ist wie beabsichtigt.
7. Schließen Sie FileZilla oder wählen Sie Server > Trennen aus dem Hauptmenü, wenn der Dateitransfer abgeschlossen ist **G**.

TIPP Sie können auch Dateien vom Server der Site auf Ihren Computer transferieren. Dafür klicken Sie auf Dateien oder Ordner im rechten Fensterbereich und wählen HOCHLADEN im nun erscheinenden Kontextmenü.

TIPP FileZilla ist nur einer von vielen verfügbaren FTP-Clients. Zu den beliebten Programmen dieser Art für Mac OS X gehören CyberDuck (kostenlos, *http://cyberduck.ch*), Transmit (*www.panic.com/transmit*) und Fetch (*http://fetchsoftworks.com*). Mac OS X hat außerdem noch eine eingebaute FTP-Fähigkeit (siehe *http://osxdaily.com/2011/02/07/ftp-from-mac/*). Mehr darüber finden Sie für Windows und Mac, wenn Sie eine Suche nach `FTP Client` starten. Alle arbeiten im Prinzip ähnlich, aber einige haben mehr Features als andere.

TIPP Wenn Sie Dateien und Ordner transferieren, werden sie in den Zielordner kopiert. Im Ausgangsordner auf dem lokalen Computer verbleiben die ursprünglichen Dateien.

TIPP Ihr FTP-Programm wird Sie wahrscheinlich warnen (FileZilla jedenfalls macht das), wenn Dateien oder Ordner überschrieben werden, weil sie am Zielort bereits vorhanden sind. Jeder FTP-Client ist da ein wenig anders, also könnte Ihrer das womöglich unterlassen. Probieren Sie mal mit einer Testdatei aus, wie Ihr FTP-Client damit umgeht.

TIPP Relative URLs bleiben erhalten, wenn Sie einen Ordner auf den Server kopieren.

TIPP Falls Ihre Site nicht geladen wird, wenn Sie deren URL aufrufen, kann das an verschiedenen Dingen liegen. Zuerst sollten Sie noch einmal prüfen, ob Sie die Dateien ins richtige Verzeichnis hochgeladen haben. Oft gehören Ihre Seiten in ein Verzeichnis namens *public_html*, *www* oder ähnlich. In den Instruktionen Ihres Webhosters sollte der korrekte Standort zu finden sein. Fragen Sie sonst noch mal nach, wenn Sie nicht sicher sind. Wenn die Dateien an Ort und Stelle sind, aber die Site immer noch nicht erscheint, könnte das Problem bei den Einstellungen des Namensservers der Domäne liegen (siehe Kasten „Domäne und Webhost verbinden").

TIPP Wenn Sie eine neue Version einer Datei auf Ihren Server hochgeladen haben, beim Aufrufen der Site aber keine Änderungen zu sehen sind, leeren Sie den Cache des Browsers und prüfen Sie die Seite noch einmal. Suchen Sie gegebenenfalls in der Hilfefunktion des Browsers nach „Cache leeren".

TIPP Sie können das Fenster der meisten FTP-Clients größer oder kleiner ziehen, um mehr (oder weniger) Dateien auf einmal zu zeigen. Klicken Sie einfach auf die Ecke unten rechts und ziehen Sie das Fenster auf.

Stichwortverzeichnis

B

C

D

E

F

G

I

L

M

R

S

T

U

V

W

Y

Z